Joachim Kunstmann

Religionspädagogik

Eine Einführung

2., überarbeitete Auflage

A. Francke Verlag Tübingen und Basel

Prof. Dr. Joachim Kunstmann lehrt Evangelische Religionspädagogik an der Pädagogischen Hochschule in Weingarten.

Bibliografische Information der Deutschen Bibliothek

Die Deutsche Bibliothek verzeichnet diese Publikation in der Deutschen Nationalbibliografie; detaillierte bibliografische Daten sind im Internet <http://dnb.d-nb.de> abrufbar.

2., überarbeitete Auflage 2010
1. Auflage 2004

© 2010 · Narr Francke Attempto Verlag GmbH + Co. KG
Dischingerweg 5 · D-72070 Tübingen
ISBN 978-3-7720-8389-1

Das Werk einschließlich aller seiner Teile ist urheberrechtlich geschützt. Jede Verwertung außerhalb der engen Grenzen des Urheberrechtsgesetzes ist ohne Zustimmung des Verlages unzulässig und strafbar. Das gilt insbesondere für Vervielfältigungen, Übersetzungen, Mikroverfilmungen und die Einspeicherung und Verarbeitung in elektronischen Systemen.
Gedruckt auf chlorfrei gebleichtem und säurefreiem Werkdruckpapier.

Internet: http://www.francke.de
E-Mail: info@francke.de

Einbandgestaltung: Atelier Reichert, Stuttgart
Satz: Informationsdesign D. Fratzke, Kirchentellinsfurt
Druck und Bindung: CPI Ebner & Spiegel, Ulm
Printed in Germany

ISBN 978-3-8252-2500-1 (UTB Bestellnummer)

Religiöse Wahrheit will sinnbildende Evidenz erlangen
Hermann Timm

Vorwort

Die Religionspädagogik ist eine noch junge akademische Disziplin. Obwohl sie eine lange Vorgeschichte hat, nimmt sie am Schicksal jeder modernen Wissenschaft teil: sie differenziert sich, tritt in Spezialgebiete auseinander und wird zunehmend zum Ort von Experten, die in der Gefahr stehen, den Überblick über das Ganze zu verlieren. Die Religionspädagogik ist mehr als jede andere theologische Teildisziplin auf die Gegenwart bezogen und darum in ständiger Bewegung ist. Nicht immer ist klar, was die eigentlich wichtigen Fragen sind.

Der hier vorgelegte Band versucht ein umfassendes Porträt der Religionspädagogik zu zeichnen. Er will Einführung und Zusammenfassung sein für Studierende, Lehrende, Erziehende und alle, die sich für religiöses Lernen interessieren.

Eine Einführung muss sich neutral geben und den Stand der Forschung darlegen. Wo aber nach den Voraussetzungen und Möglichkeiten religiösen Lernens unter den Bedingungen der Gegenwart gefragt wird, da kann es nicht ausbleiben, dass bestimmte Betonungen gesetzt werden – etwa bei den Fragen nach der derzeitigen Plausibilität religiöser Gehalte, nach der Rolle der Phantasie in religiösen Lernprozessen und nach dem Wesen religiöser Erfahrung, oder bei der Betonung psychologischer Einsichten und der religiösen Bildung. Einen besonderen Stellenwert bekommen dann auch die Herausforderungen, die die pluralisierte und individualisierte Welt an das religiöse Lernen stellen.

So wie jedes Buch ist auch dieses ein Zusammenfluss von eigenen Erfahrungen, einsamer Arbeit, teilnehmender Geduld und inspirierenden Hilfen. Mein Dank gilt den Herren Prof. Dr. Rolf Schieder und Prof. Dr. Ulrich Schwab für erste Ideen und Perspektivierungen; Herrn Dr. Ingo Reuter für im besten Sinne kritisch-konstruktive Begleitung; Frau Renate und Herrn Thomas Peter für genaue Gegenlesung des Manuskripts; und nicht zuletzt Frau Kathrin Heyng vom Francke Verlag, die das Projekt ins Leben gerufen und seine Entstehung gewissenhaft begleitet hat.

München, im März 2004   Joachim Kunstmann

Vorwort zur 2. Auflage

Die vorliegende Einführung wurde für die neue Auflage ergänzt und auf den neuesten Stand gebracht. Sie ist vor allem bei Studierenden, Fachkollegen und pädagogisch Interessierten auf gute Resonanz gestoßen. Offensichtlich ist es ihr gelungen, die grundlegenden religionspädagogischen Fragestellungen übersichtlich und verständlich zu präsentieren.

Bestätigt kann sich das Buch auch durch die neuesten Entwicklungen im Fach sehen, die sich betont dem Phänomen Religion zuwenden. Die Performative Religionsdidaktik nimmt bis in einzelne Formulierungen hinein die Idee einer „Didaktik religiöser Formen und Vollzüge" auf (11.5). Performative Religionsdidaktik, Interreligiöses Lernen, aber auch die neue Suche nach Religion in der Geisteswissenschaft und im privaten Leben zeigen, dass es die Religionspädagogik mit einem Gegenstandsbereich eigenen Formats zu tun hat, der sich einer kritisch-wissenschaftlichen Rationalität allein nicht angemessen erschließt. Kognitive, problemorientierte und funktionale Zugänge bekommen dessen spezifische Eigenart und Logik nicht ausreichend in den Blick. Insofern sind auch die Schlusskapitel, die sich den grundlegenden Ausdrucksformen der Religion zuwenden und dabei tendenziell eigene Schwerpunkte markieren, bleibend aktuell.

Weingarten, im Juli 2010   Joachim Kunstmann

Inhalt

Einleitung 1

Grundlagen

1 Was ist Religionspädagogik? 11
   1 Einführung in die Fragestellung 12
   2 Vorgeschichte, Entstehung und historische Entwicklung der RP   15
   3 „Gemeindepädagogik" 21
   4 RP als Wissenschaft – die enzyklopädische Frage 23
   5 Wichtige Entwürfe und grundlegende Literatur 28

2 Kann und soll man Religion lernen? 34
   1 Glauben lernen – Katechetik und Katechismus 34
   2 Zur Lehr- und Lernbarkeit der (christlichen) Religion 38
   3 Begründungsargumente für religiöses Lernen 40
   4 Religiöse Erziehung, Sozialisation und Bildung 43
   5 Religionspädagogische Zielhorizonte – religiöse Kompetenzen . 46

3 Konzeptionsmodelle der Religionspädagogik 50
   1 Liberale RP 50
   2 Evangelische Unterweisung 52
   3 Hermeneutische RP 54
   4 Problemorientierte RP 56
   5 Sonderform Therapeutische RP 59
   6 Verbundmodelle, neue Ansätze und offene Fragen 61

4 Religion im Lebenslauf 67
   1 Lebensgeschichte und Religion 67
   2 Psychoanalytische Entwicklungsmodelle 70
   3 Kognitiv-strukturelle Entwicklungsmodelle 73
   4 Sinn und Grenzen der Entwicklungsmodelle für die RP 77
   5 Wie entsteht eigentlich Religiosität? 79

Orte der RP in Familie, Staat und Gemeinde

5 Kind und Familie – christliche Primärsozialisation 85
   1   Familie und Kindsein heute 85
   2   Erste Begegnungen mit dem Christentum 90
   3   Gottesbilder und die Religion von Kindern 92
   4   Christliche Erziehung im Kindesalter 95

6 Religionsunterricht – Schulfach zwischen Staat und Kirche 101
   1   Vorgeschichte und derzeitige Situation des RU 101
   2   RU und die Schularten 104
   3   Rechtliche Rahmenbedingungen 107
   4   Rolle und Position der Kirchen 110
   5   Konfessioneller, gemeinsamer und religionskundlicher RU 115
   6   Sinn und Chance des RU für Kinder und Jugendliche heute ... 118

7 Religiöses Lernen an der Hochschule 121
   1   Die Universität 121
   2   Universitäts-Theologie 126
   3   Fachdidaktik Religion und religionspädagogisches Studium ... 131

8 Kinder-, Konfirmanden- und Jugendarbeit in der Gemeinde 135
   1   Kindergottesdienst und Gemeindearbeit für Kinder 135
   2   Kirchlicher Kindergarten 138
   3   Konfirmandenarbeit und Konfirmation 140
   4   Konzepte und Didaktik der Konfirmandenarbeit 143
   5   Kirchliche Jugendarbeit 146

9 Kirchliche Arbeit mit Erwachsenen 150
   1   Gemeindearbeit mit Erwachsenen 150
   2   Gemeindearbeit mit älteren Menschen 153
   3   Allgemeine und kirchliche Erwachsenenbildung 156
   4   Kirchliche Akademien 160

Religionsdidaktik

10 Grundfragen der Religionsdidaktik 165
   1   Allgemeine Didaktik 166
   2   Spezifika der Fachdidaktik Religion 170
   3   Religiöse Elementarisierung, Vermittlung und Aneignung 174
   4   Erfahrungsbezug 177
   5   Religionsdidaktische Grundprinzipien 180

11 Formen christlicher Religionsdidaktik 184
1 Bibeldidaktik 185
2 Symboldidaktik 188
3 Lernort Kirchenraum 194
4 Interreligiöses Lernen 196
5 Didaktik religiöser Formen und Vollzüge 199
6 Performative Religionsdidaktik 201

12 Didaktik des Religionsunterrichts 205
1 Schüler und ihre Einstellung zum RU 205
2 Die Lehrenden 208
3 Lehrplan und Lernziele 211
4 Unterrichtsvorbereitung 213
5 Methoden, Medien, Sozialformen und Orte des RU 216
6 Unterrichtsführung 222

13 Was ist religiöses Lernen? 228
1 Lernen 228
2 Was ist ein religiöser Lernprozess? 232
3 Religiöse Traditionen als Medien religiösen Lernens 235
4 Die Schlüsselrolle der Phantasie 237
5 Einsichten der Neurobiologie 240
6 Didaktik religiöser Lernprozesse 243

Herausforderungen

14 Religion in der modernen Welt 249
1 Pluralisierung – Leben in der spätmodernen Welt 249
2 Säkularisierung? – Der Weg der Religion in der Moderne 255
3 Christentum heute 259
4 Religion in der populären Kultur 264
5 Veränderung der Religion durch die Medien 267
6 Tradierungsabbruch, Bildungsdilemma und die RP 270

15 Individualisierung der Religion 273
1 Individualisierung und Subjektsein heute 273
2 Von der Außen- zur Innenorientierung 277
3 Privatisierung der Religion 279
4 Religiöse Nutzen- und Erlebnisorientierung 281
5 Der lange Weg der RP zum Subjekt 283

16 Jugend und Religion ... 287
   1 Jugend heute ... 287
   2 Veränderungen der jugendlichen Lebenswelt ... 290
   3 Ziele, Vorbilder und Lebensgefühl der Jugendlichen ... 293
   4 Narzisstische Sozialisation ... 296
   5 Existenzielle Fragen und religiöse Einstellungen ... 299

Perspektiven

17 Religion und Kultur ... 307
   1 Religion ... 307
   2 Religion und Kultur – religiöse Kulturhermeneutik ... 313
   3 Hermeneutik religiöser Wahrnehmung ... 316
   4 Die Rolle der Tradition ... 318

18 Religiosität ... 322
   1 Von Religion zu Religiosität ... 322
   2 Religiöse Entwicklung durch religiöse Erfahrung ... 325
   3 Religionspsychologie ... 327
   4 Religiosität von Männern und Frauen ... 331
   5 Spiritualität als religionspädagogisches Thema ... 333

19 Religiöse Bildung ... 336
   1 Was ist Bildung? ... 337
   2 Der Bildungsbegriff in der RP ... 339
   3 Die Bildungstheorie der Klassiker ... 341
   4 Bildung und Religion als ästhetische Phänomene ... 344
   5 Religiöse Bildung als Aufgabe der RP ... 348

20 Ästhetische Zugänge zur christlichen Religion ... 352
   1 Wahrnehmung und Begehung von Religion ... 353
   2 Liturgik und religiöser Mitvollzug ... 355
   3 Bibliodrama und religiöses Spiel ... 356
   4 Private religiöse Praxis ... 361
   5 Religionsdidaktik zwischen Hermeneutik, Präsentation und Mystagogie ... 363

Literaturverzeichnis ... 367

Register ... 379

Einleitung

Religions-Pädagogik

Religiöses Lernen geschieht heute nur noch zum sehr kleinen Teil in Form einer durch Autorität und Institutionen verbürgten Lehre. In einer pluralen Welt sind die Menschen längst ganz selbstverständlich persönliche Autonomie und freie Auswahl gewohnt. Darum würden Glaubens-Erziehung und Glaubens-Unterweisung als ersetzbare Möglichkeiten des Lernens unter vielen anderen erscheinen. Didaktisch gesprochen käme das einem Verlust an Plausibilität gleich, d.h. an offensichtlicher Einsicht in ihren Sinn und vor allem in ihre Notwendigkeit. Dazu aber ist religiöses Lernen für die Menschen ebenso wie für das Christentum viel zu bedeutsam und wertvoll. Es muss sich unter modernen Bedingungen also neu begründen und explizieren.

Die bloße Behauptung christlicher Gehalte, die selbstverständliche Voraussetzung ihrer Gültigkeit, selbst das klare Bekenntnis reichen also nicht mehr aus. Unter Bedingungen einer umfassenden Pluralität können sie religionspädagogisch sogar kontraproduktiv sein. Eine christliche Didaktik, die sich normativ gibt und deduktiv von angeblich voraussetzbaren „festen" Wahrheiten ausgeht, verfehlt in der Regel *sowohl* die heutigen Menschen als auch den Sinn der christlichen Überlieferung selbst.

Die Religionspädagogik (RP) hat sich mit genau dieser Einsicht als wissenschaftliches theologisches Fach etabliert: Christentum, Religion überhaupt, sind für den modernen Menschen nicht mehr selbstverständlich, wenig verbindlich und manchmal kaum noch bekannt. Die RP fragt darum nach dem Sinn religiösen Lernens unter modernen Bedingungen und nach dem Rahmen, in dem dieses geschieht – nach *Religion*, Kultur, Medien; nach den Erfahrungen und Bedürfnissen der Menschen heute – und nach einer entsprechend einleuchtenden Didaktik, die neue Erkenntnisse zu Lernen und Bildung aufnimmt. Schließlich fragt sie natürlich nach den Orten, an denen religiöses Lernen (vorrangig) geschieht: Familie, Schule, Gemeinde, Öffentlichkeit. Die RP muss darum den *Lebensbezug* der Religion verstehen. Sie muss die mögliche subjektive Betroffenheit durch Religion begreifen, also die Frage, welche religiösen Gehalte die Menschen wann und wie ansprechen. Sie muss ferner die Bedingungen der Einsichtigkeit, Übernehmbarkeit und möglichen Akzeptanz religiöser Gehalte und Formen kennen. Das sind für die RP noch recht neue Fragestellungen. Damit zeigt sie sowohl einen starken Gegenwartsbezug als auch eine Angewiesenheit auf andere wissenschaftliche Fächer: Kulturtheorie, Anthropologie, Biographieforschung, Pädagogik, Lerntheorie, Soziologie, Psychologie usw. RP ist notwendig interdisziplinär.

Mit der Abwendung vom deduktiven Denken ändert sich auch der Blick auf die Inhalte. Christliche Themen sind weit mehr und anderes als die Bestände katechetischer oder dogmatischer Lehre. Menschen lernen das Christentum (so wie Religion allgemein) faktisch in aller Regel über ganz andere Wege kennen als über kognitive Inhalte. Darum ist hier von religiösen „Gehalten" die Rede, die die religiösen *Gestaltungsformen* (sakrale Räume, Symbole, Sprache, Gottesdienst, Bräuche, Personen, Bilder usw.) mit einbeziehen. Die RP fragt schließlich auch danach, wie die *Logik religiöser Anschauungen* und die *Vollzugslogik religiöser Prozesse* einsichtig gemacht und sinnvoll strukturiert werden können; hier hat vor allem die Religionsdidaktik ihre Aufgabe.

Nicht „Theologie", sondern der christliche Sprach-, Interpretations- und Ritualzusammenhang und dessen Lebensbedeutung ist grundlegender Ausgangs- und Bezugspunkt einer christlichen RP. Sie diskutiert eine bestimmte, durch das Evangelium begründete Perspektive auf das Leben, das sich in kulturell wahrnehmbare Gestaltungen übersetzt. Sie analysiert, profiliert und fördert die Kommunikation mit und in der christlichen Lebenstradition. Ihre Leitfrage ist:

Wie geschieht christliches bzw. religiöses Lernen heute, wozu ist es sinnvoll, wie soll und kann es angebahnt und gefördert werden?

Aufgabenbereiche der RP

„Auch wenn ein allgemeiner terminologischer Konsens derzeit nicht erreichbar ist, erweist sich ein umfassendes Verständnis von Religionspädagogik als auf Religion bezogene Theorie von Erziehung, Bildung, Sozialisation, Lernen und Entwicklung in Kirche, Schule und Gesellschaft doch als unverzichtbar für die wissenschaftstheoretische Konstitution eines zusammenhängenden Bereichs religionspädagogischer Theorie und Praxis" – so schreibt Friedrich Schweitzer ganz zu Recht (NHRPG 47). Derzeit stehen in der Tat „Religionspädagogik", Katechetik, Gemeindepädagogik und Religionsdidaktik meist recht unverbunden nebeneinander. Nach wie vor gilt „RP" oft als die Fachdidaktik des Religionsunterrichts (RU); das aber ist eine „Verkürzung" (Grethlein 1998, 209), die durch neuere Veröffentlichungen im Fach ansatzweise auch bereits überschritten ist. Rudolf Englert bilanziert bereits 1995, „daß Religionspädagogik insgesamt mehr im Blick haben muß als nur Schule und Unterricht. So besteht heute weitgehend Konsens darüber, daß dieser nur *ein* Segment im Aufgabenspektrum der Religionspädagogik ausmacht, wenn auch ein nach wie vor besonders wichtiges" (Ziebertz/Simon 1995, 156). Englert sieht es auch bereits als unhinterschreitbare Einsicht an, dass RP über *kirchliche* Lernprozesse hinausgehen muss: „Ein Verständnis der Religionspädagogik als ‚Theorie des pädagogischen und didaktischen Handelns der Kirche' kann ... nicht mehr zufriedenstellen." Sie geht ferner über *intentionale*, d.h. absichtlich gesteuerte religiöse Lernprozesse hinaus auch zu beiläufigem religiösem Lernen, das sich – so erstmals Ulrich Hemel – unter anderem auch in der „Öffentlichkeit" vollzieht.

Katechese, Gemeindepädagogik und Religionsdidaktik sollen darum als Teil-Dimensionen der RP stehen. Keine von ihnen ist ersetzbar, und keine von ihnen ist unabhängig von den anderen denkbar. „Die RP versucht die Bestimmung ihres Gegenstandes ... aufgrund solcher Kriterien, die in *allen* Praxisfeldern zur Geltung kommen" (Angel in Weirer/Esterbauer 2000, 249).

So gilt zunächst für die **Katechetik** (→ 2.1), dass sie Teil der RP bleiben muss. Auch wenn die Katechetik weitgehend von der Gemeindepädagogik beerbt und weitergeführt wird, muss die RP Auskunft geben können über die lehrende Weitergabe des Glaubens. Die Katechese kann unter modernen Bedingungen freilich nicht mehr das Konzept der RP bestimmen.

Weiter gehören **Gemeindepädagogik** (→ 1.3, 5, 8, 9) und RP aus prinzipiellen Gründen zusammen, obwohl sie fast durchgehend getrennt behandelt werden. Dafür aber kann es allenfalls pragmatische Gründe geben, sachlich ist eine Trennung kaum zu rechtfertigen. Ihre wichtigsten Handlungsfelder sind hier unter den „Orten" zusammengestellt. Adam/Lachmann unterscheiden in ihrem „Neuen gemeindepädagogischen Kompendium" (2008) eine „Allgemeine" RP, die in Gemeindepädagogik und „RP im engeren Sinne" unterteilt wird, womit der schulische Religionsunterricht gemeint ist. Zwar seien, so die Autoren, die Begriffe „schulische" und „gemeindliche RP" eigentlich angemessener, aber insofern unpassend, weil erstere sich durch Religion, letztere durch ihren jeweiligen Ort qualifiziere. Das gilt aber ja auch umgekehrt: auch Schule ist ein Ort, und auch die Gemeindepädagogik hat es mit Religion zu tun! Diese Aufteilung ist auch insofern problematisch, als der gesamte (und heute besonders bedeutsame) Bereich der privaten religiösen Praxis (→ 19, 20.4) ebenso aus dem Raster der RP herausfällt wie die öffentlichen Orte religiösen Lernens (→ 9.3–4, 14.5); Grundfragen religiösen Lernens (→ 13) und die religiöse Bildung (→ 19), die mit guten Gründen als Basis der RP überhaupt gelten kann, sind nicht konsistent zuzuordnen. Der vorliegende Band begreift darum Gemeinde als gewichtigen religionspädagogischen *Raum* neben anderen, mit eigenständigem Profil, Aufgaben und Möglichkeiten. In ihm müssen sich religionspädagogische Einsichten und Prinzipien ebenso bewähren wie andernorts. Damit ist alles andere als eine angebliche „Nivellierung" gemeint (ebd. 18), nämlich eine Rückbindung an grundlegende Prinzipien.

Dasselbe gilt für die **Religionsdidaktik** (→ 10–13, 20), die – will sie unter modernen Bedingungen wirklich überzeugen – grundsätzlich für alle Bereiche religiösen Lernens gelten muss, keinesfalls nur für den RU an der Schule. Die Religionsdidaktik ist hier als begleitende Grundlage religionspädagogischer Arbeit verstanden und an keiner Stelle von dieser zu trennen. Wenn gefragt wird: Wie geschieht religiöses bzw. christliches Lernen heute, wozu ist es sinnvoll, wie soll es geschehen?, dann kann die Religionsdidaktik nicht abgetrennt von der RP behandelt werden, sondern muss deren integraler Bestandteil sein. Die religionsdidaktische Frage, wie und unter welchen Bedingungen christliches Lernen sinnvoll und plausibel gelingen kann, ist nur zu beantworten durch die religionspädagogische Ermittlung des Bezugsrahmens. Umgekehrt ist eine schlüssig begründete religiöse Didaktik der Prüfstein der RP. Über die häufige und missverständliche Einschränkung auf „Methodik" hinaus muss die Religionsdidaktik die Bildungsbedeutung allen religiösen Lernens begründen und seine Strukturierung besorgen. Sie stellt darüber hinaus die gewichtige Frage nach einem religiösen Lernen, das sich vom allgemeinen Lernen in charakteristischer Weise unterscheidet – und unterscheiden muss, will es als eigenständiges und nicht ersetzbares erkennbar sein. Damit wird deutlich, dass Religionsdidaktik wesentlich eine *religiöse* Didaktik sein muss, die weder nur schulische Fachdidaktik (→ 12) ist, noch nur „kritisch-problemorientiertes" Bedenken religiöser Themen, noch gar die „Anwendung" theologischer Themenvorgaben. Das wichtige 13. Kapitel (Religiöses Lernen) fungiert darum als ein weiteres Grundlagenkapitel und dient in seinen Bezügen auf neue Forschungsbereiche als Scharnier und Übergang zu den „Herausforderungen" in Kapitel 14 bis 16.

Absicht und Leitbild der RP

Die hier verhandelte RP ist die christliche. Sie setzt die klassischen Themen Bibel, Jesus von Nazareth, ein Wissen um die Geschichte der Christenheit im Abendland, die katechetische Lehrtradition usw. voraus. Die Klärung dieser Themenbestände ist Sache der einzelnen theologischen Disziplinen. RP fragt demgegenüber nach den Bedingungen ihrer sinnvollen Weitergabe unter veränderten Lebensumständen. Sie tut das so, dass manche dieser „Themenbestände" ihr Gewicht gegenüber subjektiven religiösen Erfahrungen und religiösen Bildungsprozessen verlieren können. Ein entsprechend größeres Gewicht bekommen *Evidenzen* und bedeutsame Erfahrungen, bei denen zunehmend nachvollziehbar wird, dass sie die christlichen Urerfahrungen und Themen je neu zu generieren und so wirklich plausibel einsichtig und übernehmbar zu machen vermögen.

Zu zentralen Fragen der RP werden darum: wie sind religiöse bzw. christliche *Erfahrungen* möglich? Wie entstehen religiöse Sichtweisen und Identifikationen? Damit ist etwas deutlich anderes als die „Erfahrbarkeit" christlicher oder gar theologischer Themenvorgaben gemeint (→ 10.4, 13). Es rücken tendenziell eher Orte, Bilder und Vollzüge religiöser Praxis in den Blick als theologische Denkweisen und katechetisch auflistbare Themenbestände.

RP ist Wissenschaft (→ 1.4), also Theorie – allerdings eine direkt auf gegenwärtige und mögliche Praxis bezogene. Sie benutzt (text- und verstehens-)hermeneutische, empirische, phänomenologische und andere Verfahren. Sie stellt Bezüge zu den Kirchen (→ 6.4), zur Gesellschaft (→ 14), zur Religion in der gegenwärtigen Kultur (→ 14, 17), zu den Individuen und ihren Fragen, Lebensgewohnheiten und -einstellungen (→ 15, 16, 18) her. Sie verfährt normativ, d.h. sie ist an interne Standards gebunden, die sich aus der christlichen Tradition ergeben, und die sie nach innen wie nach außen hin plausibel machen muss. Sie ist an angrenzenden Wissenschaften wie Lerntheorie, Religionspsychologie, Neurowissenschaften und anderen interessiert, vor allem am Gespräch mit der Pädagogik. Sie unterscheidet zwischen religiöser Erziehung (Einweisung und Einführung in das Christliche), Sozialisation (Einführung in den christlichen, d.h. kirchlichen, gemeindlichen, öffentlichen, aber auch privaten religiösen Lebenskontext) und Bildung (persönliche Entfaltung durch christlich angestoßene und erfahrene Religiosität, → 2.4).

Ihr angemessenstes theoretisches Leitbild ist die *Bildung* (→ 19), verstanden als der offene Entfaltungsprozess einer Person, der durch Anstöße aus *allen* Bereichen des Lebens geschehen kann (Staat, Gesellschaft, Kultur, Menschen, Natur, Medien, Arbeit usw.). Die Kernfrage der RP ist darum die nach der Bedeutung der Religion für die Ausgestaltung und Entwicklung einer „gesunden", lebensfähigen, reifen und souveränen Persönlichkeit. Ihr Zielhorizont ist also nicht primär die Erziehung zum Glauben oder die sozialisatorische Einweisung ins Christentum, wenn diese als notwendige Elemente auch immer mitgedacht und bleibend sinnvoll sind. Erstrebenswert ist aber zunächst schlicht das „Interesse am Christentum" eines Menschen (Schleiermacher), das wiederum grundlegend verstehbar ist als religiöses

Interesse. Die RP strebt darum religiöse Kompetenzen (→ 2.5) vor einem christlichen Hintergrund und in christlichem Geist an. Leitende Annahme ist, dass die christliche Weltdeutung und Lebenssicht nach wie vor als menschlich angemessen gelten kann – wenn denn ihr provozierender Gehalt verstanden und wirklich gelebt wird. Sie ist solide reflektiert, achtet die Freiheit der Person und kann auch unter heutigen Bedingungen sinnvolle Lebensgrundlage sein. Damit orientiert sich die RP, so wie sie im vorliegenden Band verstanden ist, nicht mehr an geschlossenen theologischen Konzepten, sondern an der *Idee und Logik des Christlichen*. Sie betreibt keine direkte Anzielung christlicher Religion als integrales, Kirchlichkeit, Theologie, christliche Sitte umfassendes „Gesamtpaket", sondern eher die „Kommunikation des Evangeliums" (Ernst Lange), die in „Mitteilung und Darstellung" (Schleiermacher) der Förderung von *Religiosität* vor einem christlichen Hintergrund dient (→ 18), die Teil der persönlichen Bildung ist. Damit ist keinesfalls ein Rückzug von theologischen Standards angetreten, sondern vielmehr die Frage nach dem Kerngehalt und der Lebensdienlichkeit des Christlichen neu gestellt.

Als **Leitbild** ergibt sich:
> RP ist die wissenschaftliche Analyse, Begründung und Strukturierung religiöser Lernprozesse in christlicher Verantwortung und im Interesse umfassender Bildung.

Zum Aufbau des Buches

Die fünf Kapitel des Bandes gehen unter *Grundlagen* von grundsätzlichen Fragen wie der wissenschaftstheoretischen Einordnung der RP, ihrer Geschichte, grundlegenden Konzeptionsvorstellungen, Begründungsfragen, Lehrbarkeit der Religion und deren Bezug zum Lebenslauf aus. Unter *Orte der RP* werden die „klassischen" Orte religiösen Lernens in Familie, Schule (RU) und Gemeinde vorgestellt. Es schließt sich die *Religionsdidaktik* an, die neben der Fachdidaktik des RU allgemeine religionsdidaktische Modelle vorstellt und die grundsätzliche Frage nach dem Spezifikum religiösen Lernens in allen seinen Bereichen stellt. Unter *Herausforderungen* werden die massiven Veränderungen der modernen Lebenswelt behandelt, durch die Religion und Christentum nachhaltig betroffen sind: Plurale Gesellschaft, Individualisierung, Säkularisierung, Erlebnisorientierung usw. Schließlich werden *Perspektiven* vorgestellt, die die Herausforderungen der veränderten Welt durch die Aufnahme neuer Themen in die RP zu beantworten versuchen, die sich im Fach merklich verbreiten: Kulturtheorie, Religiosität, religiöse Bildung und ästhetisch konturierte didaktische Zugänge zur Religion.

Die verschiedenen Lebensalter von der Kindheit bis ins Erwachsenenalter finden sich unter den „Orten", die Jugend auf Grund ihrer Bedeutung für die RP an zwei weiteren Stellen: unter Didaktik des RU (12) und unter den Herausforderungen der RP (16).

Die Kapitel beginnen jeweils mit einer aktuellen Hinführung bzw. einführenden Frageformulierungen. Sie enden mit einer knappen Zusammenfassung. Die Literaturangaben sind weniger als einschlägige wissenschaftliche Werke, sondern eher als erste Einführungen zu verstehen, die sich für eine neue Orientierung in den jeweiligen Bereichen anbieten. Aus Gründen der Lesbarkeit werden inklusive Formen verwendet (Schüler, Lehrer – der Respekt vor den Frauen zeigt sich nicht in der eigenen Verwendung weiblicher Formen). Als Abkürzungen werden nur RP (Religionspädagogik) und RU (Religionsunterricht) verwendet. Die Literatur ist aus Platzgründen „amerikanisch" zitiert, also nur mit Autor und Jahreszahl; häufig zitierte und abgekürzt angegebene Literatur ist auf S. XIII zusammengestellt.

Grundlagen

1 Was ist Religionspädagogik?

> „Die Religionspädagogik ... erweist sich als Antwort auf den sich in der Aufklärung zeitigenden Modernisierungsprozess, der mit einer normativ-deduktiven Vermittlung des ‚Glaubens' nicht in Einklang zu bringen war."
> (Wegenast in NHRPG 41)

Die RP ist die jüngste theologische Disziplin. Modernisierung kann in der Tat als Grund für ihre Entstehung angegeben werden. Denn unter modernen Bedingungen stößt die Weitergabe des christlichen Glaubens auf Schwierigkeiten durch massiv veränderte Verhältnisse der Lebenswelt.

Man stelle sich – um ein Schlaglicht auf diese Veränderungen zu werfen – einen Jugendlichen vor, der angesichts eines Sonnenunterganges am Meer von einer hohen Düne herunterläuft und ins Meer springt; ihm wird dieses Erlebnis zu einer Lebenswende, denn er hat das Gefühl, in diesem Moment alles hinter sich zu lassen und die Welt in einem neuen Licht zu sehen. Auch wenn er dabei gar nicht an Gott denkt, so ist der Moment für ihn doch eine persönliche Offenbarung, die ihn im Innersten betrifft. Für die RP stellen sich da gewichtige Fragen: handelt es sich hier um Religion, und wenn ja, inwiefern? Um christliche Religion? Kann man solche persönlichen Erfahrungen kommunizieren, und wie? Welchen Sinn kann für den Jugendlichen die Weitergabe christlicher Inhalte und christlichen Glaubens haben, wie können sie ihn erreichen? Warum spielen Erlebnis-Sehnsüchte heute eine so große Rolle? Und wie verändern sie die Bedeutung der Religion?

Mit dieser Fragenpalette wird deutlich: RP muss *weit* mehr sein als die Frage nach den Weitergabebedingungen theologischer Wahrheiten. Sie fragt nach der Weitergabe christlicher Gehalte, Einstellungen und Vollzüge und nach deren Plausibilität und Evidenz heute; darum fragt sie auch nach dem heutigen Menschen, seinen Prägungen, Bedürfnissen, Lebenseinstellungen und seiner Kultur; sie fragt nach den Orten, an denen christliches Lernen geschieht, nach der Bedeutung und dem Verständnis von Religion heute und nach einer sinnvollen religiösen Didaktik.

1. Einführung in die Fragestellung

„Im Grunde stellt sich, in vielerlei Variationen, immer wieder die gleiche Grundfrage: Wie kann die Religionspädagogik in einem durch ein hohes Maß an religiöser Pluralität gekennzeichneten, ‚nachchristlichen', ‚postmodernen' Kontext, in dem traditionelle Verlässlichkeiten weggebrochen sind, und in dem sich auf Kontinuität angelegte Identifikationen vielfach als zu unflexibel erweisen, religiöse Lernprozesse so anlegen, dass deutlich wird, erstens: Der Ausgriff auf die in den großen Religionen thematisch werdende Dimension von Leben und Welt ist auch unter den veränderten Bedingungen ein wesentliches Moment personaler Bildung; und zweitens: Der Bezug auf die Überlieferung und die Überzeugungen der großen Religionen ist auch für die vom Einzelnen letztlich in eigene Regie zu nehmende Ausbildung eines individuellen Lebensglaubens wirklich hilfreich?" (Englert in Schweitzer u.a. 2002, 50)

Der Gegenstandsbereich der RP

Seit der Aufklärung war es üblich geworden, das Christentum als „Religion" neben anderen zu bezeichnen. Die „Religions-Pädagogik" nimmt darauf Bezug. Der Begriff, der um 1900 eingeführt ist und sich heute durchgesetzt hat, spiegelt die massiven lebensweltlichen Veränderungen, die sich im 19. Jh. vollzogen: die Ausweitung der persönlichen Freiräume, Möglichkeiten, Sicherheiten und Reichweiten durch die Technisierung der Welt; ferner durch das Auseinandertreten von kirchlich gebundener Frömmigkeit und wissenschaftlichem Denken. Religiöse, gar kirchliche Zugehörigkeit war nicht mehr selbstverständlich.

Die junge Disziplin nimmt psychologische Einsichten auf und orientiert sich in ganz moderner Weise am autonomen „Subjekt". Sie tritt darum neben die *Katechese* (→ 2.1), die kirchliche Glaubensunterweisung. Nach wie vor ist umstritten, ob sich die RP in ihrem Kern auf die Glaubensunterweisung bezieht, oder auf Pädagogik, auf Religionswissenschaft, auf Psychologie oder auf Bildungstheorie – oder auf mehrere von diesen zugleich.

Die RP ist nach gängiger Einschätzung „eine moderne deutsche Wissenschaft zwischen Theologie und Pädagogik" (Grethlein 1998, 1). Sie ist Teil der Praktischen Theologie, innerhalb derer sie sich am meisten von der ursprünglich pastoraltheologischen, d.h. auf die Pfarramtsführung bezogenen Aufgabe entfernt hat. Ulrich Hemel definiert RP darum umfassend als „Theorie religiöser Vermittlung". Ähnlich bestimmt Heinz Schmidt die RP als Vermittlung von Religion, die „in unserem Kulturkreis kein einheitliches Phänomen mehr" ist (Schmidt 1991, 7).

RP ist Theorie – aber in besonderem Maße Praxistheorie. Ihr Gegenstandsbereich sind alle religiösen Lern- und Bildungsprozesse im Kontext der Zeitsituation. Um diese zu verstehen und verbessern zu können, betreibt die RP die Analyse und Reflexion religiöser Vorstellungen und Vollzüge. Ihr Ausgangspunkt sind also nicht unbedingt die christlichen Traditionsbestände. RP muss in mindestens zwei Bereichen kompetent sein: in der Erschließung der christlichen Tradition und in der genauen Kenntnis der Situation und des Blickwinkels, aus dem das Christliche heute gesehen, verstanden und angeeignet wird. Das letztere betrifft vor allem die Wahrnehmung der gesellschaftlichen Lage, der Bedürfnisse der Menschen usw. Schließlich muss sie auch eine plausible und kompetente Didaktik entwerfen (→ 10), die sich weniger als Brücke zwischen Tradition und Situation versteht, sondern die eher nach der Nachvollziehbarkeit der in der Tradition gespeicherten religiösen Erfahrung unter heutigen Bedingungen fragt.

Die RP wird fachintern vor allem als Reflexion des RU an der Schule verstanden. Die Fachdidaktik Religion reflektiert dann dessen Faktoren: Auswahl und Begründung von Unterrichts-Inhalten, Schüler, Lehrer, Methoden usw. Eine Ausweitung über diesen Bezug hinaus nahm erstmals K.-E. Nipkow in seinen „Grundfragen der RP" (1975ff.) vor, die pädagogische Handlungsfelder der Kirche einbeziehen und für die RP eine gleichgewichtige Einordnung zwischen Theologie und allgemeiner Pädagogik versuchen, faktisch allerdings einen theologischen Schwerpunkt erkennen lassen. Seither erfährt die RP eine starke Ausweitung durch Einbezug von Sozialwissenschaften und Handlungstheorie, seit den 1980er Jahren durch Symboltheorien, seit den 1990ern durch den Bezug zur Populären Kultur usw. Die Ausweitung spiegelt sich z.B. im Lehrbuch von G.R. Schmidt (1993), das Ethik, allgemeine Religiosität und christlichen Glauben als gleichgewichtige Teile der RP verhandelt.

Die Begriffe RP, Katechese, Gemeindepädagogik, Religionsdidaktik stehen aber nach wie vor weitgehend unverbunden nebeneinander. RP gilt zumeist als Oberbegriff über die lernortbezogene „Religionsdidaktik" für den RU an der Schule (→ 6), wogegen eine „Gemeindepädagogik" (→ 1.3) die pädagogischen Arbeitsfelder in der Gemeinde umfasst. Die Gemeindepädagogik hatte sich ihrerseits mit der Einsicht etabliert, dass der Lernort Schule überschätzt würde. Eine solche Aufteilung in Religions- und Gemeindepädagogik scheint allerdings ebenso unsinnig wie der ausschließliche Bezug der Religionspädagogik bzw. -didaktik auf die Schule. Auch die Gemeindepädagogik braucht religionspädagogische und -didaktische Reflexion; und die RP kann sich heute – wie gezeigt – nur verständlich machen, wenn sie über Schule und Gemeinde hinausgeht und Religion in der Öffentlichkeit ebenso reflektiert wie die Bedürfnisse, Denkweisen und das Lebensgefühl der Menschen.

Was ist Religionspädagogik?

Theologisches Profil

RP betreibt die Reflexion und Förderung religiöser Bildung *im christlichen Geist* – dazu braucht sie die Analyse aller Formen, Orte, Prozesse und Wege christlichen *und religiösen* Lernens, seiner möglichen Ziele und deren Begründung. Ihr Spezifikum ist ihr Gegenwartsbezug. RP nimmt darum von allen theologischen Fächern am stärksten an den Veränderungen der modernen Lebenswelt teil. Sie beschreibt die zunehmende Pluralisierung der Gesellschaft (→ 14.1) und die Individualisierung (→ 15) der Lebens-, Denk- und Haltungsmuster, die Veränderung der Kommunikation und des Lebensgefühls usw. Denn das Christentum und die Religion allgemein sind von allen diesen Veränderungen zutiefst betroffen. Christliches Lernen kann sich nicht mehr an der fraglos-allgemeinen, alternativlosen und kulturprägenden christlichen Lehre früherer Zeiten orientieren. Selbst eine religiöse Pädagogik der „Vermittlung" (→ 10.3) stößt inzwischen auf Schwierigkeiten. Eher muss sie die Bedingungen der *selbst verantworteten Aneignung* von Religion bedenken, und zwar unter der Frage der *Lebbarkeit* des christlichen Glaubens heute. Dafür sind die Kenntnis der geschichtlichen, gesellschaftlichen, kulturellen, wissenschaftlichen und der subjektiven, psychologischen Voraussetzungen und eine entsprechend bedingte Einschätzung der Religion unverzichtbar geworden. Wer nach der Lebbarkeit fragt, muss das Leben gut kennen.

Das aber heißt für die RP, dass sie nur interdisziplinär denkbar ist. Sie bezieht Erkenntnisse der Sozialwissenschaften (→ 14.1-3), der Kulturtheorie (→ 14.4-5, 17), der Ästhetik (→ 19.4), der Bildungstheorie (→ 19), der Psychologie (→ 16.4, 18.3) usw. in ihre Überlegungen mit ein. Mit dieser Interdisziplinarität und ihrem Gegenwartsbezug stellt sie eine unterschwellige Rückfrage an die anderen theologischen Fächer, vor allem an die Systematische Theologie, die keineswegs so eindeutig mehr ihre Bezugswissenschaft oder gar Rahmenvorgabe darstellt.

Die Frage nach dem normativen Bezug

Derzeit tendiert die RP zur Beschreibung – sie versteht sich oft als Empirie und Phänomenologie (Wahrnehmungslehre). Sie kann aber nicht auf Normativität verzichten, wenn sie neben Beschreibungen sinnvolle und einsichtige Angebote machen will. Was also ist ihre interne Norm?

Wird der bekenntnisgebundene christliche Glaube als Norm gesetzt, dann ist RP Katechese, also Einweisung in den Bestand der christlichen Lehre. Das aber setzt eine Akzeptanz voraus, die nicht mehr allgemein gegeben ist. Der Glaube kann darum zumindest nicht die *alleinige* Norm sein. Vergleichbares gilt für den Bezug zur Kirche. Auch er ist unverzichtbarer, aber nicht alleiniger Bestandteil religionspädagogischer Reflexion. Denn auch er würde auf Einweisung, autoritätsgeleitete Erziehung oder Sozialisation zielen, die unter heutigen Bedingungen zunächst Akzeptanz voraussetzen.

Auch der normative Bezug zur wissenschaftlichen Theologie wäre eine Engführung, da neben der dogmatischen Lehre weite Bereiche christlicher Lebensvollzüge, die für christliches Lernen bedeutsam sind, wenig bedacht werden (s.u. 3.). Sinnvoll erscheint darum der *offene* normative Bezug zum *Christentum* in allen seinen kulturprägenden Formen. Theologie, Glauben, Kirche sind darin Dimensionen unter anderen, etwa neben Gestaltungen, Haltungen, Vollzügen, Räumen, Bräuchen, Symbolen, Erfahrungen usw. Schleiermachers weitherzige Bestimmung all derer als Christen, die „Interesse am Christentum" haben, kann darum als Leitbild einer religionsfreundlichen RP stehen. Auch können ihr Schleiermachers Vorstellungen als gute Leitlinie dienen, in denen er als Aufgabe jeder Theorie neben der Sichtung die „Verbesserung" der Praxis – also des christlichen, darum des religiösen Lernens überhaupt – angibt. Auch in diesen normativen Überlegungen verfährt die RP induktiv – sie begibt sich auf eine gemeinsame Suche und geht nicht von angeblich vorausliegenden Wahrheiten aus.

2. Vorgeschichte, Entstehung und historische Entwicklung der RP

Vorgeschichte

Bereits im Alten Testament ist die Überlieferung der Befreiungstat Gottes, seiner Selbstoffenbarung und seines Bundes mit seinem Volk der Grundbestand einer religiösen „Pädagogik". Ihre Grundform ist die mündliche Erzählung, die erst später schriftlich niedergelegt wird. Dazu tritt die Weisheitslehre als eine Vorform erzieherischer Unterweisung. Ursprünglich also war das erzählende Weitergeben der Erfahrungen mit Gott nicht getrennt von einer eigenständigen theologischen Lehre. Auch das Neue Testament kennt „religionspädagogische" Elemente. Jesus wird als Lehrer dargestellt (vor allem bei Matthäus, vgl. etwa die Bergpredigt Mt 5–7); er selbst verwendet in seinen Gleichnissen anschauliche, auf die Erfahrung der Hörer abgestimmte „didaktische" Formen. In den Briefen wird ein zunehmend lehrhafter Ton spürbar, der die Erfahrungen und Erzählungen um Jesus sowie die ersten theologischen Deutungen als anvertraute „Überlieferung" an die ersten Gemeinden weitergibt. Dazu treten ethische Unterweisungen.

In diesem Zusammenhang entwickelte sich bereits früh die katechetische Lehre (vgl. Tit 1,9 u.a.), die Grundbestände des christlichen Glaubens in kurzen, oft formelartigen Aussagen zusammenfasste. Gebraucht wurde sie vor allem bei der Aufnahme von (erwachsenen) Tauf-Bewerbern in die Gemeinden, die oft ein mehrere Jahre dauerndes Katechumenat durchlaufen mussten. Dadurch kam es zur Entstehung des wichtigsten christlichen Bekenntnisses, des apostolischen Glaubensbekenntnisses. Von hier aus begann auch die altkirchliche theologische Lehrentwicklung. Sie war neben ihrem Bezug zur Taufunterweisung Lehrpredigt, die Rechenschaft gegenüber einer heidnischen Umgebung zu geben versuchte. Die ersten großen Katechetenschulen in Antiochien, Alexandria und Caesarea übernahmen die antike Erziehungsidee der „paideia" und hatten ausgearbeitete Katechismus-Entwürfe; diese wurden durch die Jahrhunderte weitertradiert und weiterentwickelt.

Mit Durchsetzung der Kindertaufe wurde die christliche Einweisung zum Teil Sache der Erziehung in den Familien. Das christliche Wissen war allerdings bis lange ins Mittelalter hinein sehr begrenzt. Bekannt ist die Aussage Papst Gregors des Großen, der die Bilder in den Kirchen mit dem Argument verteidigte, sie seien die Lehre für diejenigen, die nicht lesen konnten – und das war der weit überwiegende Teil der Bevölkerung. Erst Karl der Große sorgte für eine umfassende, allerdings auf Fundamente wie etwa die Kenntnis des Vaterunsers beschränkte christliche Volkserziehung. Auf Grund der ganz anderen Lebenszusammenhänge konnte man „christlich" sein ohne genauer intellektuell zu begreifen, was das bedeutete; die Kirche, so dachte man, stand für den Glauben ihrer Mitglieder ein.

Weitere Vorformen einer christlichen Pädagogik formierten sich dann in den Orden, den Domschulen (für die Klerikerausbildung) und den Klosterschulen (aus denen die ersten Stadtschulen hervorgingen), seit dem 13. Jh. dann vor allem in den neuen Universitäten; hier war die Theologie fraglos die erste Wissenschaft (→ 7.1). Einen großen Schub erhielt die christliche Erziehung durch die Reformation. Martin Luthers 1520 verfasste Schrift „An den Adel deutscher Nation: Von des christlichen Standes Besserung" sorgte für eine starke Verbreitung der Schulen und für eine wirksame Strukturierung der Glaubensunterweisung. Neben Luther betrieb sein Freund Philipp Melanchthon den Ausbau und die Neustrukturierung der höheren Schulen und der Universitäten. Das entscheidende Argument lautete: jeder Mensch sollte die Bibel lesen und verstehen können zur eigenen Verantwortung seines Heils. Das wirkte als starker Antrieb für die Entwicklung des deutschen Schulwesens. Bis zur Einführung der allgemeinen Schulpflicht im 19. Jh. und darüber hinaus dominierten im Schulbetrieb christliche Stoffe; die geistliche Schulaufsicht bestand sogar bis zur Weimarer Republik.

Höchst bedeutsam für die christliche Erziehung wurde der Kleine Katechismus Luthers (→ 2.1). Auch andere Katechismen, etwa solche der katholischen Gegenreformation, fanden weite Verbreitung. Hier spielte seit Mitte des 16. Jh. vor allem der Jesuitenorden eine gewichtige Rolle, der sich als straff organisiertes Werkzeug der Kirche verstand, und der als Erzieher im Geist des Humanismus und des katholischen Bekenntnisses unter anderem an vielen Fürstenhöfen tätig war und dadurch großen Einfluss hatte. Ein weiterer Meilenstein der christlichen Pädagogik war Comenius (J.A. Komensky, 1592–1670). Mit seiner „Didactica magna" schuf er ein überaus bedeutsames Erziehungsbuch, das zum letzten Mal die Welt als geschlossenes Schöpfungswerk Gottes begreift und das Ganze der von Gott geschaffenen Welt pädagogisch vermitteln wollte. Comenius Absicht war es, „alle Menschen alles zu lehren".

Aufklärung und Moderne

Die Aufklärungszeit des 18. Jh. brachte einen neuen und starken, am Ideal der selbsttätigen Vernunft orientierten Erziehungs-Impetus, die allmähliche Einführung der Schulpflicht und die Entstehung der modernen Pädagogik – die jetzt nicht mehr religiös, sondern erstmals säkular begründet war. RU gab es jetzt als eigenständiges, von anderen Stoffgebieten getrenntes schulisches Fach. Dennoch spielten die Kirchen aufgrund ihrer institutionellen Präsenz weiterhin und noch für sehr lange Zeit eine dominierende Rolle im Schulwesen (Geistliche Schulaufsicht; Schulen waren fast durchgehend Konfessionsschulen; Kleriker als Schulmeister). Dadurch kam es zu einer „Verschulung" auch der christlichen Erziehung. Da die aufgeklärten Ideen von Autonomie und Vernunft prinzipiell religionskritisch waren oder mit Religion wenig anfangen konnten, wurde die Religion vor allem mit der „Sittlichkeit" (d.h. der Ethik) zusammengebunden. Die Katechetik der Aufklärungszeit nahm wissenschaftliche Formen an und richtete sich entsprechend auf die sittliche Volkserziehung.

Vor diesem Hintergrund aufgeklärter Vernunft, Religions- und Kirchenkritik kam es zur Entstehung der RP im eigentlichen Sinne. Eine wichtige Rolle spielte der Aufstieg der modernen Geisteswissenschaften, vor allem der Pädagogik, auch wenn diese zunächst oft nur als Methodik aufgefasst wurde. Rousseaus Erziehungsroman „Émile" (1762) und später Herbarts „Formalstufen" des Unterrichtsablaufs (Klarheit, Assoziation, System, Methode) hatten nachhaltigen Einfluss auf die Herausbildung einer eigenständigen *religiösen* Pädagogik. Gefördert wurde diese auch durch die voranschreitende Industrialisierung; moderne Technik, Medizin, Verlängerung der Lebenserwartung führten zu einer starken Differenzierung der Lebensbereiche, in deren Zuge auch die Religion – und die Prinzipien ihrer Weitergabe – als eigenständige Aufgabe erkannt wurden. Deutlich wurde hier auch, dass Religion nicht umstandslos mit „Sittlichkeit" zusammengespannt werden kann, sondern eine eigenständige und nicht ersetzbare Dimension des Lebens ist. Hier konnte man auf Friedrich Schleiermacher zurückgreifen, den großen romantischen Theologen. Der hatte die Religion gerade nicht mit der aufgeklärten Vernunft, sondern mit Anschauung, Gefühl und Bildung verbunden, also grundsätzlich vom Subjekt und seiner Religiosität aus gedacht.

Wenn Religion auf Gefühl und Gesinnung gegründet ist, dann kann zu ihr nicht mehr bruchlos erzogen, ja sie kann nicht einmal mehr so einfach durch „Lehre" weitergegeben und angestoßen werden!

> „Zu jenem Endzweck [nämlich der Bildung zur Religion] kennt die Religion kein anderes Mittel, als nur dieses, daß sie sich frei äußert und mitteilt." (Schleiermacher 1981, 291)

Mit diesem Gedanken wird Schleiermacher zum eigentlichen Begründer einer wissenschaftlichen „RP" (TRE 28, 705). Da er davon ausgeht, dass Religion Grundlage jeder Bildung ist, behandelt er die religiöse Erziehung jeweils im theologischen *und* pädagogischen Kontext. Anfangs lehnt er einen schulischen RU ab (→ 2.2). Religiöses Lernen kann nur gelingen, wenn es den Menschen ergreift; darum geschieht es grundlegend im Gespräch, nicht im Vortrag – und überall dort, wo es zu innerer Beteiligung angesichts religiöser Gehalte und Vorstellungen kommt.

Der *Begriff* „RP" findet sich erstmals beim Systematiker M. Reischle 1889. In dieser Zeit wird es auch bei Theologen üblich, nicht exklusiv von „Kirche" oder „Christentum" zu sprechen, sondern den umfassenderen Begriff „Religion" zu benutzen; seit der Aufklärungszeit war die Existenz anderer Weltreligionen in den Blick gekommen.

Grundlegend für die neu getaufte Disziplin ist die Wendung von der exklusiv kirchlichen Katechetik hin zu den Einsichten der modernen Pädagogik und Psychologie, d.h. zunächst die Wendung zum Kind. Man will keine christliche Nische mehr kultivieren. Damit ist auch die Einlösung der immer wieder erhobenen Forderungen gegeben, pädagogisch zu denken. Maßgeblich an dieser Umformung sind die großen liberalen Religionspädagogen Richard Kabisch und Friedrich Niebergall beteiligt, so dass man diese als Begründer der RP im engeren Sinne ansehen könnte. Ersterer stellt vor allem die Frage nach der Lehrbarkeit der Religion (→ 2.2), letzterer spannt die RP in eine übergreifende Erziehungstheorie ein, die öffentlich plausible Begründungen für ihr Tun angeben soll. Man will weg von einer reinen Stofforientierung. Die religiöse „Pädagogik vom Kinde aus" wird bei Niebergall zunehmend ergänzt durch die Idee einer auf die Kultur und auf mündige Staatsbürgerschaft zielenden Charaktererziehung.

„Die RP hat sich als ‚undogmatische' Kulturwissenschaft gegenüber der kirchlichen Katechetik selbständig gemacht." (TRE 28, 700). Diese Differenzierung bedeutet allerdings, dass neben der Aufklärung auch die Katechetik eine gewichtige *Bedingung* der RP abgibt; ohne diese und ihre moderne Entwicklung hätte die RP nicht entstehen können. In der Folge spricht man von „Katechetik" bei der gemeindlichen Unterweisung etwa der Konfirmanden, von „RP" beim schulischen RU.

Phasen im 20. Jahrhundert

Im 20. Jh. setzt eine geradezu stürmische Modell- und Gedankenentwicklung ein, die sich aus der schnell verändernden Welt und der immer schwieriger zu bestimmenden Rolle der christlichen Religion in der Öffentlichkeit (und dann auch im privaten Bereich) erklärt. Evangelische und katholische Entwicklung verlaufen weitgehend parallel; seit den 70er Jahren entsteht eine verstärkte ökumenische Kooperation. Für die katholische Seite kennzeichnend ist das Nebeneinander einer (allgemeinen) RP und einer auf kirchliches Glaubenslernen bezogenen, auch theologisch-wissenschaftlich geführten „Katechetik".

a. Eine erste Phase nach der Jahrhundertwende, die sog. Liberale RP (→ 3.1), ist geprägt durch Orientierung an den Lernenden und explizite Aufnahme von pädagogischen (Reformpädagogik u.a.) und vor allem psychologischen Einsichten, ferner durch eine Bemühung um eine plausible Vermittlung religiösen Lernens mit der gegenwärtigen Kultur. Nicht die Kirche, sondern die Religion des Menschen steht im Mittelpunkt. Auf katholischer Seite zeigt sich allerdings eine weitgehende Beibehaltung einer stark systematisch geordneten Lehr-Katechese (sog. Reformkatechetik).

b. Seit den 20er Jahren setzt eine nachhaltige Veränderung des theologischen Denkens insgesamt ein. Die Orientierung gibt jetzt die sog. „Dialektische" Theologie im Gefolge von Karl Barth, Rudolf Bultmann, Friedrich Gogarten, Paul Althaus u.a. vor. Daraus resultiert in der RP, die sich jetzt „Evangelische Unterweisung" (→ 3.2) nennt, eine deutliche Abgrenzung vom Kulturbezug und vom Religionsbegriff der vorangegangenen Phase, ferner eine steile theologische – nicht pädagogische oder psychologische – Begründung aller christlichen Erziehung als *„kirchliche* Verkündigung des Wortes Gottes". Diese Orientierung ist zusammen mit den restaurativen Bestrebungen nach dem Zweiten Weltkrieg trotz der massiven Modernisierung der Lebenswelt bis Anfang der 60er Jahre wirksam. Auf katholischer Seite zeigt sich die parallele Entwicklung vor allem in J.A. Jungmanns Forderung einer „materialkerygmatischen Wende": eine theologisch-deduktive Katechetik, die von der vorausliegenden Wahrheit kirchlich dokumentierter christlicher Gehalte ausgeht.

c. Mit der steilen wirtschaftlichen Entwicklung nach dem Krieg verändert sich der gesellschaftliche Hintergrund nachhaltig. Wissenschaft und Technik, die modernen Medien- und Kommunikationstechniken, aber auch der Verkehr, haben einen immer größeren Einfluss auf die Lebenswelt und gestalten die Lebensweise und die innere Einstellung der Menschen nachhaltig um. Die „hermeneutische" (→ 3.3) und die „problemorientierte" RP (→ 3.4) reagieren auf diesen fortwährenden Modernisierungsschub mit dem Versuch der Aufnahme moderner hermeneutischer, soziologischer und curricularer Einsichten sowie mit dem thematischen Bezug auf Problemstellungen, die sich aus der modernen Weltsituation ergeben. Auf katholischer Seite führt die Orientierung an der anthropologisch ausgerichteten Theologie Karl Rahners, an der des evangelischen Theologen Paul Tillich und an der modernen Exegese zur Entwicklung neuer Bibeldidaktiken (H. Halbfas, G. Stachel, → 11.1) und einer RP, die „Tradition und Situation", Glaube und Erfahrung in der für lange Zeit gültigen „Korrelationsdidaktik" (seit 1972) in gegenseitige Vermittlung bringt (G. Baudler, → 3.6).

d. Spätestens seit den 80er Jahren macht sich eine breite Wendung zu ästhetischen Themen (→ 19.4) wie etwa dem Symbol (Symboldidaktik seit etwa 1980, → 11.2), dem Mythos und dem Spiel bemerkbar (Bibliodramabewegung, → 20.3). „Religion" und ihre Eigenständigkeit wird als Thema wiederentdeckt, zumal die These der „Säkularisierung" der Welt durch die Moderne, d.h. die Annahme eines Aussterbens der Religion, als voreilig erkannt wird. Die Ästhetik orientiert sich an religiösen Gestalten, Formen und Vollzügen und geht davon aus, dass Inhalte durch diese nicht nur nachhaltig mitbestimmt werden, sondern ohne Formen gar nicht existieren. Daneben kommt es zu einer Wendung zu konkreten Lebensfragen: Identität, Sinnsuche, sinnliche Erfahrbarkeit von Religion und deren „Nutzen" im Leben, inzwischen auch nach dem Selbstwertgefühl, bilden neue Fragehorizonte. Auch hier verläuft die katholische Entwicklung weitgehend parallel. Kennzeichnend ist hier zwar die deutlich stärkere Betonung der offiziellen kirchlichen Glaubenslehre und des katechetischen Modells; gleichzeitig aber zeigt sich von Anfang an ein durchgehendes Bewusstsein um die allgemein menschliche Bedeutung der Religion und um die Bedeutung ihrer Formen, Symbole und Atmosphären.

Es zeigt sich: Im Abendland hatte das Christentum in allen Epochen einen nachhaltigen und maßgeblichen Einfluss auf die Erziehung, nicht nur auf die religiöse, sondern auch auf die allgemeine Erziehung. Unzähligen Menschen hat sie Heimat und die Möglichkeit gegeben, sich selbst und die Welt zu verstehen. Die dunkle Seite der christlichen Pädagogik aber ist ihre oft asketische, strenge und moralisierende Grundhaltung, ferner ihre tendenzielle Verabsolutierung der (dogmatischen) Lehre zum unberührbaren

Heiligtum. Speziell die Vorstellung Gottes als Richter wurde für viele zum drückenden „Über-Ich". Dadurch wurden Weltflucht, Körperfeindlichkeit, Schuldgefühle und Angst vor Strafe begünstigt, die ihrerseits die allzu große weltliche Macht der Kirche abstützten. Bei kritischem Blick muss auffallen, dass die christliche Erziehung den abendländischen Menschen nicht friedfertiger und gelassener gemacht hat. Verständlich und ernst zu nehmen ist darum Sigmund Freuds Kritik der Religion als infantile „Illusion", die das vernünftige Erwachsenwerden blockiert – auch wenn sich diese Kritik im Einzelnen widerlegen lässt. Die Frage nach einer *sinnvollen* und vernünftigen RP ist mit diesen Überlegungen gerade neu eröffnet.

3. „Gemeindepädagogik"

> „Angesichts des sich schnell ausbreitenden religiösen Analphabetismus in unserer Gesellschaft, der selbst in den sog. Bildungsschichten grassiert, wird die Gemeindepädagogik die Aufgabe wahrnehmen müssen, zusammen mit dem schulischen Religionsunterricht die Organisation religiösen Wissens besser als bisher zu gestalten, um das Ziel, Erwachsenen und Jugendlichen ein Wissen darum zu eröffnen, was es heißt, evangelisch zu sein und eine Herkunftsgeschichte zu haben, die eine christliche ist, mit größeren Erfolgsaussichten anstreben zu können." (Wegenast/Lämmermann 1994, 54f.)

Hier wird der Gemeindepädagogik eine Aufgabe von grundlegender *religionspädagogischer* Bedeutung zugesprochen. Das plausible Zitat von Wegenast und Lämmermann belegt als verdecktes, bisher ungelöstes Theorieproblem der Gemeindepädagogik ihre Isolierung neben und innerhalb der Erwachsenenbildung und der RP insgesamt. „Gemeindepädagogik und [kirchliche] Erwachsenenbildung stehen in wechselseitiger Sprödigkeit nebeneinander" (Nipkow ²1992, 560); und dasselbe gilt eben noch einmal für Gemeindepädagogik und RP: ihre Zuordnung ist weitgehend unklar. Faktisch wird RP derzeit mit dem fast ausschließlichen Blick auf den RU in der Schule betrieben, die Gemeindepädagogik mit Blick auf die pädagogischen Handlungsfelder in der Gemeinde. Diese Nebeneinanderstellung bleibt schon deshalb unzureichend, weil in beiden Bereichen grundlegend gleiche religionspädagogische Bedingungen sowie religionsdidaktische Prinzipien gelten bzw. gelten müssen (→ Einleitung).

„Gemeindepädagogik" wurde erstmals 1973 von Enno Rosenboom angesichts didaktisch und konzeptionell unzulänglicher Gemeindearbeit programmatisch gefordert. Wichtigster Grund ihrer Entstehung war die Einsicht, dass das pädagogische Handeln in der Gemeinde faktisch auf den Konfirmandenunterricht beschränkt und dieser weitgehend ohne Kenntnis modernen pädagogischen Wissens und überhaupt fast ohne Theoriebildung geblieben war. Die sinnvolle und wirksame „Kommunikation des Evangeliums" erfordert aber in allen ihren Bereichen pädagogische Einsichten. Die Gemeindepädagogik nimmt die alte „Katechetik" in neuer Weise in sich auf, reflektiert darüber hinaus insbesondere die in der Gemeinde handelnden Personen (vor allem die Mitarbeiter), die religiöse Erziehung in der Familie, den kirchlichen Kindergarten, Kindergottesdienst, Konfirmanden- und Jugendarbeit, Evangelische Erwachsenenbildung und Altenarbeit. „Gemeindepädagogik" ist also Überbegriff für alle Formen pädagogischer Aktivität im Bereich der Kirchengemeinde.

Von Anfang an sind die Erwartungen an die neue Gemeindepädagogik sehr unterschiedlich gewesen: Soll sie den Gemeindeaufbau vorantreiben? Ist sie zur pastoralen Kompetenz-Stärkung da? Soll sie die konzeptionelle Vernetzung der Gemeindearbeit reflektieren? Oder soll sie eine entsprechende gemeinde-spezifische religiöse Didaktik entwickeln? Die beiden letzteren Posten dürften zumindest als ihre Hauptaufgabe anzusprechen sein. Inzwischen hat sich allerdings auch die grundlegende und für die gesamte RP folgenreiche Einsicht etabliert, dass die Aktivitäten des Gemeindelebens – einschließlich des Gottesdienstes! – eine fundamental wichtige *didaktische Komponente* haben, also religionspädagogisch von unverzichtbarer Bedeutung sind. In ihnen wird christliche Religion erfahren, gelebt, und darum immer auch weitergegeben und grundlegend gelernt. Die bekannte Grundformel von Ernst Lange, Aufgabe der Gemeinde sei die „Kommunikation des Evangeliums", versucht dieser Tatsache auf mehreren Ebenen Rechnung zu tragen.

Der Diskurs um die Gemeindepädagogik ist in der gesamten Praktischen Theologie eher am Rand geblieben. Grund dafür mag die schwierige und umstrittene, manchmal schlicht übergangene Zuordnung zur bzw. innerhalb der RP sein. Durch die Orientierung an den gemeindlichen Orten allein lässt sich kaum ein eigenständiges gemeindepädagogisches Konzept erkennen.

Inzwischen fordern manche Autoren, die Gemeindepädagogik weiter auszubauen. Nach Wegenast und Lämmermann soll „darauf hingearbeitet werden, dass sie z.B. im Rahmen religionspädagogischer Lehrstühle an Fakultäten und Fachhochschulen als eigene Dimension kirchlichen Handelns in Forschung und Lehre vertreten wird" (1994, 54). Dieselben schlagen für eine theoretische Grundlegung vor, bei den „Alltagserfahrungen ihrer Adressaten" anzusetzen. Altershomogene wie generationen-übergreifende Gruppen müssen in gleicher Weise im Blick sein. Die „Kommunikation des Evangeliums" dient als Grundformel; Basis der Arbeit muss eine Erörterung des eigenen Glaubens der Menschen in den Gemeinden sein, jenseits einer kirchlich-theologischen „Behauptungskultur", im pluralen (interkulturellen und interreligiösen) Kontext der Zeit und im Zusammenhang mit gegenwärtigen Problemen und Fragen. Dafür ist vor allem eine kritische Kompetenz im Umgang mit Informationen und Medien nötig, ferner müssen vor allem neue Zugänge zur Bibel überlegt werden, die das heutige Autonomiebewusstsein der Menschen ernst nehmen.

Auch Christian Grethlein (1994) versteht die Gemeindepädagogik ähnlich, nämlich als die „Theorie der Bildung in der Gemeinde", sieht sie theoretisch also lediglich durch einen spezifischen Ort zuammengehalten. Grethlein stellt jeweils historische Entwicklung, derzeitige Situation, kritische Beurteilung und Handlungsperspektiven der einzelnen Felder zusammen. Aufgenommen in seinen Entwurf ist vor allem der Gottesdienst (Liturgik) als eigener Bereich, ferner sind die Mitarbeiter ausführlich reflektiert.

Erstmals *zusammengespannt* hatte den RU und die gemeindepädagogischen Felder Karl-Ernst Nipkow 1990 in seinem Band „Bildung als Lebensbegleitung und Erneuerung" (²1992), ohne dort allerdings die Begriffe RP und Gemeindepädagogik breiter zu reflektieren; der Band stellt eine Reihung religionspädagogischer Aktivitäten unter dem Stichwort „Bildung" entlang des Lebenslaufes dar. Im ersten Teil wird die christliche „Bildungsverantwortung" aus der Perspektive der Kirche, des neuzeitlichen Christentums und der Gesellschaft verhandelt. Im zweiten Teil des Buches begegnen die klassischen Felder religionspädagogischer Arbeit: Familie, Kindergarten, Kindergottesdienst, Konfirmandenarbeit, RU, Erwachsenenbildung.

Die neueste gemeindepädagogische Entwicklung zeigt eine verstärkte Aufnahme des Bezugs zur Alltagswirklichkeit der Menschen in den Gemeinden: der Lebensweltbezug des christlichen Glaubens und Lebens scheint ein zentrales Thema zu werden. Die Gemeinde gilt dann weniger als Ziel, eher als Lern- und Lebens-Ort eines alltagsbezogenen Glaubens bzw. einer lebendigen christlichen Religiosität. Sinnvoll und notwendig scheint darüber hinaus eine Vernetzung der Gemeindepädagogik mit den weiteren Theoriefeldern *innerhalb* der RP.

4. RP als Wissenschaft – die enzyklopädische Frage

Das wissenschaftliche Selbstverständnis der RP

Historisch steht die neuere RP im Zusammenhang mit der Praktischen Theologie. Diese verstand sich zunächst als Pastoraltheologie, d.h. als Reflexion der pfarramtlichen Tätigkeiten innerhalb der Gemeinde. Ihre wissenschaftliche Begründung hatte sie wiederum durch Friedrich Schleiermacher erhalten. In der Schrift „Kurze Darstellung des theologischen Studiums" wird sie als „Kirchenleitung" bezeichnet, die die „Kunstregeln" ermittelt, die zur „Verbesserung" des kirchlichen Lebens beitragen; dieses wird als freier religiöser Austausch der Menschen im Rahmen der christlichen Tradition verstanden.

Die RP ist von dieser Auffassung nachhaltig geprägt; ihre weitere Entwicklung vollzieht sich im Wesentlichen parallel zu der der Praktischen Theologie insgesamt. Ihr wissenschaftstheoretisches Selbstverständnis ist darum zunächst das einer Handlungswissenschaft, die Praxis reflektiert und verbessert. Die Handlungswissenschaft wird heute aber nicht mehr als durchgängiges Paradigma verstanden. Wichtige Bereiche wären nicht unter diesem Begriff zu fassen – etwa die Frage nach der Präsenz von Religion heute, die Frage nach dem Verhältnis von Religion und Bildung und von Glaube und Lernen, die Frage nach der Besonderheit religiöser Lernprozesse, die wissenschaftstheoretische Zuordnung der RP zu Lerntheorie, Ästhetik, Neurophysiologie usw.

Das wissenschaftliche Selbstverständnis der RP änderte sich bereits im zeitlichen und sachlichen Zusammenhang mit der „Problemorientierten" Konzeption (→ 3.4) und dem Einbezug der Sozialwissenschaften zu einer Empirischen Wissenschaft. Klaus Wegenast sprach hier von der „empirischen Wende" der RP. Allerdings kann Empirie allein die Fragen der RP ebenso wenig lösen wie die Handlungsorientierung; sie bleibt als Teil unverzichtbar, muss aber durch Hermeneutik, d.h. Verstehen von Texten, aber auch von Auffassungs- und Lebensweisen ergänzt werden.

Die jüngste Entwicklung zeigt darum eine deutliche Hinwendung zu einem Verständnis der RP als Kulturhermeneutik (→ 17.2). Religiöse Lernprozesse können nur gelingen, wenn die religiösen Kulturtraditionen und Lebensmuster durchschaut und in ihrer Bedeutung für Menschen und Gesellschaft verstanden werden; religiöses Lernen lässt sich nicht unabhängig von der Lebenswelt und von persönlichen Bezügen und Verstehensweisen betreiben. Im Zusammenhang mit dieser Neuorientierung wird inzwischen oft auch von einer Wahrnehmungswissenschaft gesprochen. Wenn RP als „Theorie der Praxis christlicher Lern- und Bildungsprozesse" (TRE 28, 702) verstanden wird, dann ist diese Praxis vor einem gesellschaftlichen, kulturellen, lebensweltlichen und privaten Hintergrund verstanden.

RP als interdisziplinäre „Verbundwissenschaft"

Da die RP traditionellerweise zwischen Katechese, Theologie, Anthropologie, Religion und Pädagogik angesiedelt ist, stellt sich die Frage nach ihrem Ort zwischen anderen Disziplinen noch vor ihrer innertheologischen Zuordnung. RP ist der theologische Spezialfall interdisziplinären Arbeitens, da sie mehr als jedes andere theologische Fach auf Öffentlichkeit bezogen ist und die *allgemeine* Plausibilität christlich-religiösen Lernens zur Frage hat. Das Interesse der RP richtet sich generell nicht nur auf die „Weitergabe" christlicher Gehalte, sondern zugleich damit notwendigerweise auch auf die Frage nach deren Verstehbarkeit, nach deren Annehmbarkeit und ihrer nach Situation und Person verschiedenen Wirkung. Sie betreibt also *religiöse Kommunikation* vor einem christlichen Hintergrund und Interesse, und bereits aus der mehrperspektivischen Struktur der Kommunikation lässt sich die Verwiesenheit der RP auf andere Wissenschaften gut ablesen.

Welche Disziplinen sind gemeint? In der RP gilt die übliche Annahme, sie stünde vor allem zwischen christlicher Theologie und allgemeiner Pädagogik. Allerdings ist die RP weder ein Spezialfall der Pädagogik, die allgemeine pädagogische Strategien sozusagen mit theologischen Gehalten aufrüsten könnte – auch wenn die RP an manchen Hochschulen als Teilfach der Erziehungswissenschaften geführt ist und von religionspädagogischen Autoren wie Gert Otto, Günter R. Schmidt u.a wissenschaftstheoretisch so zugeordnet wird; die Religion käme hier in ihrer umfassenden Bedeutung zu kurz, die eigenständige Herkunft und die sehr spezifische Fragestellung der RP wären unterbewertet. Noch ist sie eine Anwendung der Theologie; denn so müsste sie von der vorausliegenden Wahrheit und Gültigkeit theologischen Denkens ausgehen und könnte die religiösen Einstellungen, Bedürfnisse, Erfahrungen der Menschen immer nur als sekundär betrachten.

Unklar bleibt beim Rekurs auf die Pädagogik, warum nicht die weiteren Sozialwissenschaften (Psychologie, Soziologie usw.) oder die Religionswissenschaft den Bezugspartner abgeben könnten. Nicht gesehen wird meist auch, dass die Theologie in der Pädagogik faktisch kaum wahrgenommen wird. Der Bezug zur Pädagogik ist für die RP zwar konstitutiv, nicht aber als fest stehender Verbund, sondern im Sinne gegenseitiger Gesprächspartner, deren Verhältnis kein exklusives sein kann. Der Begriff „Verbundwissenschaft" ist darum eigentlich unglücklich. Eine sinnvolle Einschätzung wäre: RP ist eine empirisch, hermeneutisch und kulturwissenschaftlich arbeitende, in ihrem religiösen Interesse und vor ihrem christlichen Horizont grundsätzlich theologische Disziplin, die allerdings fundamental angewiesen ist auf Bezüge zu mehreren Nachbarwissenschaften. Die Betonung liegt also auf dem *zwischen*: RP nimmt grundlegende *Einsichten* von Pädagogik und anderen Wissenschaften in sich auf, allen voran die an der Entfaltung des Menschen interessierte Bildungstheorie; dennoch darf sie als eine *theologische* Disziplin gelten, die in christlichem Interesse alle Formen religiösen Lernens und Bildens untersucht.

Die RP und die Theologie

Noch einmal komplizierter als die Einordnung der RP in den Zusammenhang der Wissenschaften ist ihre innertheologische Zuordnung. Die Katechese konnte noch relativ leicht als Anwendungsdisziplin theologischen Sachwissens verstanden werden. RP aber hat es mit Religion (→ 17) zu tun, die mehr ist als christlicher Glaube. Geht es also um Religion oder ums Christliche? Oder um Glauben? Um dogmatisch bestimmte Lehre? Was sind die religionspädagogischen Inhalte? Muss Religion über Theologie verstanden werden oder umgekehrt, oder sind beide zu trennen?

Die Zuordnung der RP zur Theologie ist also klärungsbedürftig, ähnlich wie ihr Bezug zu Kirche und Gemeinde. RP wird sich nicht als deren direkter „Agent" verstehen, auch wenn der Bezug jeweils konstitutiv bleibt. Sinnvoll scheint ein Bezug auf die übergeordnete Größe des *Christentums*, verstanden als eine Dimension der Kultur, die Theologie und Kirche in sich begreift.

Im katholischen Bereich lassen sich wiederum parallele Zuordnungen vornehmen. Allerdings muss eine terminologische Differenz beachtet werden: RP gilt hier oft als Teildisziplin der „Katechetik", die dann Überbegriff über alles religiöse Lernen ist.

Wenn RP als theologische Disziplin aufgefasst wird, dann stellt sich die Frage nach ihrer Bedeutung und ihrem Ort innerhalb des theologischen Fächergefüges (→ 7.2). Die RP ist zunächst Teil der Praktischen Theologie. Diese erforscht christliche Praxis, d.h. die christlichen Lebensvollzüge; sie analysiert diese Praxis und versucht sie anhand eigens reflektierter Kriterien zu fördern bzw. zu verbessern. Dazu ist der Blick auf „Religion" auch außerhalb des Christlichen inzwischen unverzichtbar geworden. Die RP bedenkt darum das Vorkommen und die Bedeutung von „Religion" auch ganz unabhängig von christlichen Einstellungen und Interessen – etwa in ihren Analysen zur Religion in der Populären Kultur, zur Bedeutung von religiösen Einstellungen für die Lebensführung usw.

Die theologischen Fächer Altes und Neues Testament kommen als direkte wissenschaftliche Partner der RP weniger in Betracht. Sie geben die biblischen Themenbereiche vor; da sie in ihrer Auslegung der Schrift (Exegese) nahezu ausschließlich „historisch-kritisch" verfahren, tragen sie aber wenig zur Identifikation mit den biblischen Gehalten heute bei. Aus religionspädagogischer Sicht zeigt die Exegese ein markantes hermeneutisches Defizit. Eher wäre die Bibel darum als Kunde von Erfahrungen und im Sinne einer heutigen Wiedererkennbarkeit, d.h. auf mögliche aktuelle Bedeutungszusammenhänge hin zu befragen – was in den exegetischen Fächern wenig Tradition hat. Vergleichbares gilt für die Kirchengeschichte.

Anders ist das bei der Systematischen Theologie, die weitgehend als direkte Bezugs- oder gar Leitwissenschaft der RP gilt – trotz der Tatsache, dass gerade Praktische Theologen dort nicht die größte Wertschätzung genießen.

Primäre Bezugswissenschaft Systematik?

RP hat, wie gezeigt, ein großes Gebiet, das über die „Umsetzung" von Inhalten, die von anderen theologischen Wissenschaftszweigen „vorgegeben" werden könnten, deutlich hinausgeht. Kann die Systematik also primäre Bezugswissenschaft sein? Da sie grundsätzlich positionell denkt, wäre zunächst zu fragen: welche Systematik ist gemeint? Es ergeben sich aber auch prinzipielle Probleme der Zuordnung. Denn die RP bemerkt Wirkungslosigkeit und Plausibilitätsmangel einer hoch spezialisierten systematischen Theologie, die für Leben und Alltag bedeutungslos und fremd bleibt. Wie verhält sich etwa die „Rechtfertigung allein aus Glauben" zu den gängigen diffusen religiösen Sehnsüchten? Was heißt „Erlösung" für einen Hauptschüler? Die Systematik kann hier oft keine einschlägigen Antworten oder Richtungsanweisungen geben. Ihre Hermeneutik, ihr methodischer Schlüsselbereich, ist faktisch stark eingegrenzt auf Texte der Vergangenheit: Bibel, Bekenntnis und vor allem die dogmatische Lehrtradition des Christentums. Hier hat die Systematik auch ihre unverzichtbare Aufgabe. Nur: müssten nicht auch Gegenwartsfragen und -erfahrungen hermeneutisch „gelesen" werden können? Der Wahrheitsgehalt von Texten entscheidet heute mitnichten mehr über deren Akzeptanz und mögliche Tradierung. Systematik als sinnvolles Gegenüber der RP braucht darum eine „existential-soziale Hermeneutik" (Lachmann in Ritter/Rothgangel 1998, 38) und muss die Relativität von Historie und Erkennen mitbedenken, will sie nicht „antididaktisch" sein (ebd. 49). Ihre Aufgabe sollte sehr viel mehr die Aufrechterhaltung der *Kommunikation* mit den Grundtexten sein, weniger die Reflexion von normierender Verbindlichkeit – das aber ist eine Kritik, die der Systematik von der RP gestellt wird.

> „Nach unserer Auffassung kann die Religionspädagogik schon deshalb nicht unter die Dominanz der Fachwissenschaft Theologie kommen, weil Theologie kein eindeutig-einheitliches absolutes Erklärungskonzept darstellen kann. Die verwickelte, komplexe Korrelation von Lebenswelt und religiöser Tradition läßt sich nicht unter der *Dominanz* theologischer Erkenntnismuster vereindeutigen" (Zilleßen/Beuscher 1998, 42). Eine Vorordnung der Systematik kann also nicht mehr überzeugen. RP ist umfassend zu verstehen als die „wissenschaftliche Erforschung der Bedingungen für mögliche Religionsfähigkeit." (ebd. 63)

Gängige Gegenüberstellungen wie Glaube und Handeln, Inhalt und Methode, Theorie und Praxis, auch Situation und Tradition, greifen offensichtlich generell zu kurz. Es gibt nicht „die" Bezugswissenschaft für die RP. Die RP kann – und sollte! – ihrerseits Bezugswissenschaft für andere (nicht nur theologische) Disziplinen sein. An dieser Stelle liegt sogar die Vermutung nahe, dass der Geltungsverlust der klassischen Theologie als Fachwissenschaft durch Gegenwartsblindheit Rückzüge ins „Eigentliche" fördert – was zwar der internen Sicherung dient, faktisch aber zu einem weiteren öffentlichen Geltungsverlust führt und damit zum eigenen Schaden. RP wie Praktische Theologie insgesamt haben sich inzwischen zum Anwalt des Gegenwartsbezugs von Theologie gemacht. Sie arbeiten mit Religionspsychologie (→ 18.3), Religionswissenschaft und -phänomenologie, Kulturtheorie (→ 17.2,3), philosophischer Ästhetik (→ 19.4), Neurobiologie (→ 13.5) u.a. zusammen, um Gehalt und Sinn christlich-religiösen Lernens und Tuns unter modernen Bedingungen zu erschließen.

5. Wichtige Entwürfe und grundlegende Literatur

Die religionspädagogische Literatur ist kaum noch zu überschauen. Das verhält sich ähnlich wie in anderen Wissenschaften, ist aber doch auffällig für ein so junges Fach. Auffällig ist auch, dass sehr viele Veröffentlichungen zu Einzelfragen vorgelegt werden, in letzter Zeit verstärkt zur Religion in der gegenwärtigen Lebenswelt, vor allem natürlich zu Fragen des Religionsunterrichts. Es gibt eine Reihe von Überblickswerken, allerdings sehr wenige konzeptuell eigenständige Entwürfe, also Gesamtdarstellungen eigenen Zuschnitts.

Gesamtentwürfe

K.-E. Nipkow: Grundfragen der Religionspädagogik, 3 Bände, Gütersloh 1975–1982. Lange Zeit das prägende Werk der RP und höchst verdienstvoll; hat mitgeholfen, die RP als eigenständige Wissenschaft zu etablieren, u.a. durch mehrfache fachliche Innovationen (z.B. den Einbezug der entwicklungspsychologischen Forschung, → 4). Hier wird die „konvergenztheoretische" Stellung der RP zwischen Theologie und Pädagogik grundgelegt, werden „mehrperspektivische" Zugänge benannt; neben der Bemühung um *alle*, also auch die öffentlichen religiösen Lernprozesse steht eine betonte ökumenische Offenheit. Nipkow lehnt eine Begründung der RP im Religionsbegriff ab und zeigt ein deutlich kirchlich-institutionelles Begründungs-Interesse; Religion gilt ihm als „kritische Religiosität", die die sinnlichen, ästhetischen und wahrnehmungsbedingten Zugänge (noch) nicht in den Blick bekommt.

K.-E. Nipkow: Bildung als Lebensbegleitung und Erneuerung, Gütersloh 1990 (²1992). Eine weitere einflussreiche Arbeit des Autors, die im ersten Teil (christliche) Bildungstheorie aus mehreren Perspektiven beleuchtet, im zweiten die klassischen Orte der RP vorstellt. Erstmals werden Gemeinde und Schule in einem gemeinsamen religionspädagogischen Zusammenhang behandelt, ferner Familie, Konfirmation, Erwachsenenbildung. Das Buch stellt einen gut lesbaren Fundus für Informationen über einzelne Orte der RP dar. Nipkow ist um eine gleichrangige („konvergente") Beachtung von Gesellschaft und Kirche bemüht, die Kirche behält aber einen Vorrang. Die „kirchliche Bildungsverantwortung", der das Interesse gilt, stellt für nicht kirchlich Gebundene heute eine nur formale Begründung dar und ist daher religionspädagogisch nur noch bedingt plausibel.

G.R. Schmidt: Religionspädagogik. Ethos, Religiosität, Glaube in Sozialisation und Erziehung, Göttingen 1993. Das Buch ist unterteilt in: I. Sozialisation und Erziehung (allgemeine Pädagogik), II. Religiöse Sozialisation und Erziehung (allgemeine religiöse Pädagogik), III. Christliche Sozialisation und Erziehung (Die „Pädagogik christlichen Glaubens"). Analysierte aktuelle Begriffe sind Lernen, Kultur, Religiosität u.a.; der christliche Teil III ist auf Themenbereiche wie Erfahrung, Kirche, Gottesdienst und Verantwortung bezogen, die gleichberechtigt und konzeptuell plausibel neben Glauben, Bibel und Lehre stehen. Das Buch zeichnet sich durch begriffliche Schärfe aus, verfährt aber oft schematisch und orientiert sich an einem traditionellen Bild des Christlichen. Teil III bleibt weitgehend unverbunden mit den allgemeinen Teilen I und II; Religionsdidaktik und Bildungstheorie werden nicht reflektiert.

H. Schmidt: Leitfaden Religionspädagogik, Stuttgart 1991. Der Band stellt Grundfragen der RP anhand der Begriffe Erziehung, Sozialisation, Lebensgeschichte, Religion und Religiosität mit gutem Blick für die gegenwärtige Weltsituation dar. Die Bereiche Kindererziehung, RU, Konfirmandenarbeit und Erwachsenenbildung stehen gleichrangig nebeneinander. Ein kleiner, gehaltvoller Band, der mit hohem Problembewusstsein nachvollziehbar religionspädagogische Grundfragen bearbeitet und zu plausiblen Orientierungen führt. Trotz Fehlen des Bildungsgedankens und ästhetischer Zugänge zur Religion sehr empfehlenswert zur Orientierung im Fach.

N. Mette: Religionspädagogik, Düsseldorf ³2006 (1994). Der katholische, ökumenisch offene Band beginnt beachtlich und lesenswert bei Herausforderungen durch die gegenwärtige Welt und der „manifeste(n) Erfolglosigkeit" der RP; das wird an rückläufiger Kirchenbindung, dem Thema Jugend und Religion, der Individualisierung usw. gezeigt. Zur religiösen

Erziehung gibt es einen aufschlussreichen historischen Rückblick. Die wichtigen religionspädagogischen Lernorte werden gleichberechtigt neben den RU gestellt. Ein eigener didaktischer Teil „Vermittlungen" bringt als Pointe die religiöse „Mystagogie" (→ 20.5). Mette sieht die Erfahrungen in der Glaubensgemeinschaft („Mathetik") als Ausgangspunkt der RP. Deren grundlegende Ausrichtung kann nicht mehr an traditionellen christlichen Themen entlang gehen, sondern an Befreiungstheologie und Handlungstheorie. Hier wirkt der Band etwas einseitig.

Kompendien

G. Adam/R. Lachmann: Religionspädagogisches Kompendium, Göttingen ⁶2003. Übersichtliches, in klare Kapitel gegliedertes Standardwerk, das in seiner ausschließlichen Konzentration auf den Religionsunterricht (Fachdidaktik und Begründung des RU, Konzeptionen, Schüler/in, Lehrer/in, Lehrpläne, Unterrichtsvorbereitung usw.) eigentlich Kompendium des RU heißen müsste (vgl. Grethlein 1998, 190 Anm. 859). Das wird durch die „fachdidaktische Umsetzung" im zweiten Teil unterstrichen (hier werden Bibel, Kirchengeschichte, Glaube als dogmatische Lehre, Ethik, Weltreligionen als Themen und Bedingungsfelder des RU behandelt).

C. Grethlein: Religionspädagogik, Berlin/New York 1998. Ein als Gesamtdarstellung konzipiertes Lehrbuch, das im 1. Teil die Geschichte der RP, im 2. Teil die heutigen lebensweltlichen Bedingungen (besprochen werden: Entwicklungspsychologie, Gesellschaft und Kirche) und im 3. Teil die Orte der RP darstellt, zu denen neben Familie, Schule und Gemeinde auch die Medien gezählt werden. Stark historisch ausgerichtet, mit deutlich kirchlichem Begründungsbezug und viel statistischem Belegmaterial.

R. Boschki: Einführung in die Religionspädagogik, Darmstadt 2008. Knappes, sehr übersichtliches Werk mit vielen klugen Hinweisen, das die hier vorgelegte Idee aufnimmt und die Gemeindepädagogik ebenso integriert wie die Religionsdidaktik. Viele Reihungen verschiedener Aspekte führen dazu, dass die Fragen nach Religion und religiöser Erfahrung, individualisierten Lebensverhältnissen, ästhetischen Zugängen zur Religion nur gestreift werden. Orientiert sich nicht an „Religion", sondern an rationaler „Glaubenskommunikation" i.S. der klassischen Korrelationsdidaktik.

G. Adam/R. Lachmann: Neues Gemeindepädagogisches Kompendium, Göttingen 2008. Übersichtlicher Abriss der religionspädagogischen Arbeitsfelder im Bereich der Kirchengemeinde, von Kindergottesdienst über

Kirchenpädagogik bis Kirchentag unter dem Leitbild einer „Kommunikation des Evangeliums", das allerdings ebenso wie das zu Grunde gelegte Bildungsverständnis als rationale Selbstklärung verstanden wird, während die emotionalen und ästhetischen Dimensionen religiösen Lernens nicht bearbeitet sind. Problematisch ist auch die Abtrennung vom schulischen RU (→ Einleitung).

Nachschlagewerke

Evangelischer Erwachsenenkatechismus. Suchen, glauben, leben, hg. von M. Kiessig u.a., Gütersloh [8]2010. Ein umfangreicher, moderner „katechetischer" Entwurf, der zentrale Themen des christlichen Glaubens unter deutlicher Einbeziehung heutigen Lebens und Denkens darstellt (Mensch, Gott, Jesus Christus usw.). Gut als Nachschlagewerk zu katechetischen Fragen brauchbar.

Lexikon der RP, hg. von N. Mette und F. Rickers, Neukirchen [2]2007. Ein neues Lexikon für fast alle Stichworte des Fachs. Ausgesprochen informativ und mit aktuellen Stichworten; die Artikel sind allerdings von recht unterschiedlicher Qualität.

Neues Handbuch religionspädagogischer Grundbegriffe, hg. von G. Bitter/ R. Englert/G. Miller/K. E. Nipkow, München [2]2002. Löst das alte „Handbuch religionspädagogischer Grundbegriffe" ab. Übersichtliche Darstellung in Kurz-Essays, die bemerkenswert aktuelle Themenstellungen aufgreifen – z.B.: Religiöse Bildung, Ziele religionspädagogischen Handelns, Symbolhandlungen, Mythen und Märchen, Glück, Sehnsucht, Neue Medien, Religion in der Kindheit, Spirituelle Bildung, Religiöse Milieus, uva. – einschließlich der Religionsdidaktik (Erzählen, Umgang mit Bildern usw.). Sehr empfehlenswert!

H. Halbfas: Das Christentum. Erschlossen und kommentiert, Düsseldorf [2]2005. Großartiger, engagierter, erstaunlich sachkundiger und im besten Sinne kritischer Überblick über Geschichte und Denken des Christentums. Eine reich illustrierte Fundgrube in hervorragenden, erhellenden thematischen Längsschnitten. Ausgesprochen empfehlenswert.

Empfehlenswert für Einblicke in religionspädagogische Grundfragen:

R. Englert: Religionspädagogische Grundfragen. Anstöße zur Urteilsbildung, Stuttgart [2]2008. Ein ausgezeichneter Band mit scharfem Blick und bemerkenswerten Reflexionen zu grundlegenden Fragen und Problembeständen der RP, so z.B. zum Interreligiösen Lernen und seinen oft nivellierenden Folgen, zur Bedeutung der Zivilreligion, zum Problem der religiösen Tradition als „Resonanzraum" für heutige Lebensdeutung,

den neuen Bildungsstandards usw., der sich vor allem zur vertieften Beschäftigung empfiehlt.
F. Schweitzer: Lebensgeschichte und Religion. Religiöse Entwicklung und Erziehung im Kindes- und Jugendalter, Gütersloh ⁶2001. Übersichtliche und interessante Darstellung der Bedeutung der Religion im Lebenslauf und der für die RP wichtigen Entwicklungstheorien.
K.-E. Nipkow: Erwachsenwerden ohne Gott? Gotteserfahrung im Lebenslauf, München ⁵1997. Gehaltvolles kleines Bändchen vor allem zu den religiösen Fragen von Kindern und Jugendlichen und zum religiösen Lebenslauf. Sehr empfehlenswert.
Identität und Verständigung. Standort und Perspektiven des RU in der Pluralität, hg. vom Kirchenamt der EKD, Gütersloh ⁵2000. Die Denkschrift der Evangelischen Kirche zum Religionsunterricht, die vor allem die Begründungsfrage für (schulisches) religiöses Lernen bearbeitet.
H.-J. Fraas: Die Religiosität des Menschen. Religionspsychologie, Göttingen ²1993. Kompendienartige Darstellung der Entstehung und lebensgeschichtlichen Entwicklung von Religiosität, der religiösen Erfahrung, verschiedener Frömmigkeitsformen und des Zusammenhangs von Religion und Persönlichkeit. Sehr lesenswerte, unmittelbar einleuchtende und für viele Grundfragen der RP bedeutsame Überlegungen.
H. von Hentig: Bildung. Ein Essay, Weinheim ⁸2009. Großartiges, pädagogisch klares, höchst plausibles und nachdenkenswertes Plädoyer für eine Bildung, die diesen Namen wirklich verdient.

Einzelne Studien

H.-M. Gutmann: Der Herr der Heerscharen, die Prinzessin der Herzen und der König der Löwen. Religion lehren zwischen Kirche, Schule und populärer Kultur, Gütersloh ²2000. Spannende und anschauliche Pionier-Studie zur Religion in der populären Kultur und zur Frage nach der Lehrbarkeit des Christlichen heute.
H.-J. Höhn: Zerstreuungen. Religion zwischen Sinnsuche und Erlebnismarkt, Düsseldorf 1998. Eine bemerkenswert klare, aufschlussreiche und empfehlenswerte Studie über die Religion in der gegenwärtigen Gesellschaft und Kultur, die Lage der Kirche, Theologie und die Suche nach Glück usw.
B. Beuscher/D. Zilleßen: Religion und Profanität. Entwurf einer profanen Religionspädagogik, Weinheim 1998. Ausgesprochen interessanter Entwurf, der eingespielte Sichtweisen manchmal radikal in Frage stellt, das aber mit oft überraschender Plausibilität; kommt immer wieder zu sehr ursprünglichen und religionspädagogisch bedeutsamen Einsichten in das Wesen des Christlichen.

> **Zusammenfassung**
>
> Die RP hat sich als Reaktion auf die massiven Veränderungen durch die Moderne herausgebildet und bereits eine bewegte Geschichte hinter sich. Zwar wurde schon immer religiös gelehrt und gelernt, spätestens seit der Aufklärung aber stößt eine traditionsgeleitete Glaubenserziehung (Katechetik) an Grenzen. Die RP bedenkt darum den größeren Bereich der Religion, ihr Vorkommen in der gegenwärtigen Lebenswelt und Bedingungen und Möglichkeiten religiösen Lernens. Sie orientiert sich im christlichen Interesse am Leben der Menschen. Sie ist eine interdisziplinäre Wissenschaft und Teil der Praktischen Theologie. Zu ihr gehören auch Gemeindepädagogik und Religionsdidaktik.

Literatur: Ausführlich zu Vorgeschichte, Katechetik, Entstehung der RP und Konzeptionen: C. Grethlein 1998, 1. Kapitel (1–214). Zu 1: TRE 28, Art. RP – NHRPG I.6 – U. Hemel: Theorie der RP, 1984. Zu 2: M. Meyer-Blanck 2003 – TRE 28, Art. RP, 4. – C. Grethlein 1998, 41–96 – NHRPG I.5 – N. Mette 2006, 57–101. Zu 3: NHRPG IV.2.5. Zu 4: H. Schmidt 1991, 88–92 – R. Englert: Wissenschaftstheorie der Religionspädagogik, in Ziebertz/Simon 1995, 147–174 – R. Lachmann in Ritter/Rothgangel 1998, 36–49 (RP und Systematische Theologie) – K. Wegnast ebd. 63–80 (RP und biblische Wissenschaft) – G. Lämmermann ebd. 81–93 (RP und Praktische Theologie).

2 Kann und soll man Religion lernen?

> „Was durch Kunst und fremde Tätigkeit in einem Menschen gewirkt werden kann, ist nur dieses, daß ihr ihm eure Vorstellungen mitteilt und ihn zu einem Magazin eurer Ideen macht ... aber nie könnt ihr bewirken, daß er die, welche ihr wollt, aus sich hervorbringe." (Schleiermacher 1981, 293)

Religion ist für die meisten Menschen heute eine Sache der inneren Einstellung und des Gefühls – also eine sehr private Angelegenheit. Ähnlich privat ist allenfalls der Bereich der Sexualität. In die eigene Privatsphäre lässt man sich nicht gern hineinreden, man gestaltet und verantwortet sie selbst. Für die Religion heißt das: religiöse Vorgaben, Verbindlichkeiten, Autoritäten und Normen haben für die meisten Menschen praktisch keinen Kredit mehr. Die traditionellen Formen religiösen Lehrens und Lernens kommen damit in massive Schwierigkeiten. Mehr noch: wenn Religion Sache der eigenen inneren Einstellung ist, dann muss bezweifelt werden, ob sie gelernt werden kann wie eine physikalische Formel oder ein historisches Datum. Beruht die ganze RP also auf einer unsinnigen Voraussetzung?

1. Glauben lernen – Katechetik und Katechismus

Katechese und Katechismus

Die Weitergabe des Glaubens war im Christentum immer katechetisch strukturiert. *„Katechese"* bezeichnet die Glaubensunterweisung der Kirche, die die grundlegenden dogmatischen Inhalte und Prinzipien der christlichen Lebensführung in elementaren lernbaren Sätzen präsentiert. Dazu zählten von Anfang an vor allem das Glaubensbekenntnis (Allmacht, Schöpfertum und Heilswille Gottes, Gottessohnschaft Jesu, Erlösung am Kreuz, Kirche als Gemeinschaft der Gläubigen, Hl. Geist, Trinität, Auferstehung), das Vaterunser, später die wichtigsten Gebote und kirchlichen Verhaltensnormen; noch später traten die Sakramente dazu. „Der Gegenstand der Katechisation ist der kanonische Text aus Bibel und Bekenntnis" (TRE 17, 696).

Der Begriff *katecho* meint wörtlich „von oben herab antönen", generell jedes religiöse Unterrichten. Die Katechese folgt einer einfachen Methodik von vorgegebener (Lehr-) Frage und Antwort und ist damit eine Art Urform der Pädagogik. Die Bezeichnung „Katechet" für den Religionslehrer wurde beibehalten. „Katechetik" war auch die übliche Bezeichnung für die Christenlehre in der ehemaligen DDR und für die Diskussion um den Konfirmandenunterricht (→ 8.3,4). Umfassend wird der Begriff im katholischen Bereich gebraucht, wo er oft den Bereiche dessen meint, der hier unter RP gefasst ist.

Katechismen als Bücher gibt es seit der Reformation. Der Katechismus meint übertragen die verdichtete Zusammenfassung der Glaubensinhalte, dessen also, was Christentum bedeutet, und zugleich dessen lehrende Weitergabe. Katechismusbücher waren seit Einführung der allgemeinen Schulpflicht neben der Bibel auch die Grundbücher des allgemeinen Schulunterrichts.

Katechismen haben auf Grund ihrer konzentrierten theologischen Aussagen auch eine identifizierende Bedeutung für die Glaubensgemeinschaft. Manche von ihnen haben den Rang von Bekenntnisschriften; so etwa der verbreitetste überhaupt, der Kleine Katechismus Luthers, oder der Heidelberger Katechismus, das Grundbuch der Reformierten. Verbreitet ist auch der sehr offen und modern gestaltete „Evangelische Erwachsenenkatechismus" (seit 1975, derzeit 6. Auflage). Auch in der katholischen Kirche gibt es bis heute eine ganze Reihe von ganz unterschiedlichen Katechismen.

Der Kleine Katechismus Luthers (1529) sticht in dieser Reihe immer noch hervor. Er richtete sich zunächst nicht ans Volk, sondern an die Hausväter zur Unterweisung der ihnen Anvertrauten. Anlass war Luthers ernüchternde Erfahrung mit der damaligen religiösen Grundbildung, verbunden mit seiner Forderung nach eigenständigem Wissen und Verantwortung der eigenen Glaubensantwort. Er bringt darum als christliche „Hauptstücke" die Zehn Gebote (die als „Gesetz" vorgeschaltet sind, um dem Menschen seine Situation vor Gott zu zeigen), das Glaubensbekenntnis, das Vaterunser, sowie die Sakramente Taufe und Abendmahl (– nur diese zwei, so die reformatorische Lehre, sind von Jesus Christus selbst eingesetzt und gewollt).

Diese Auswahl der zentral wichtigsten Stücke, der geringe Umfang von wenigen Druckseiten, der durchsichtige Aufbau und vor allem der recht konkrete Lebensbezug führten zu einer enormen Verbreitung. Über 200 Jahre haben Schüler damit das Lesen gelernt. Luther gibt kurze, einprägsame Auslegungen, die die existenzielle Bedeutung der Lehrsätze herausstellen. Das war für die Zeit des ausgehenden Mittelalters ein ungewohntes Vorgehen, das bereits die Neuzeit ankündigte.

Berühmtes Beispiel ist die Kommentierung des ersten Artikels im Glaubensbekenntnis: Die theologische Vorgabe „Ich glaube an Gott den Vater, den Allmächtigen, den Schöpfer des Himmels und der Erde" wird mit der katechetischen Frage verbunden: „Was ist das?" (Was heißt das?). Als Antwort ist formuliert: „Ich gläube, daß Gott mich (!) geschaffen hat sampt allen Kreaturn, mir Leib und Seel, Augen, Ohren und alle Glieder, Vernunft und Sinne gegeben hat und noch erhält, dazu Kleider und Schuch (Schuhe), Essen und Trinken, ... (mich) mit aller Notdurft und Nahrung dies Leibs und Lebens reichlich und täglich versorget ..." Luther übersetzt hier abstrakte Aussagen in verständliche Zusammenhänge und macht deutlich, was christlicher Glaube im konkreten Leben bedeuten kann.

Bezeichnend ist auch, dass Luther die auslegenden Antworten auf die einzelnen Gebote jeweils mit dem Satz einleitet: „Wir sollen Gott fürchten und lieben...". Alle Gebote sind Ausdruck einer Beziehung zwischen Gott und Mensch, in der der Mensch Gott in Ehrfurcht und Vertrauen zugleich begegnet.

Die neuere Entwicklung der Katechetik

Im engeren Sinne ist die Katechetik eine „Frucht der späten Aufklärung in Deutschland" (TRE 17, 686); ihre altkirchlichen Wurzeln gehören dann in die Vorgeschichte der Katechetik. Seit dem 18. Jh. wurde gegen die „blinde" Katechetik die sog. „Sokratik" gestellt, eine Gesprächsmethode, die gegen mechanisches Auswendiglernen die vernünftige Einsicht setzte, sich methodisch aber nach wie vor am Wechsel von Frage und Antwort ausrichtete. Abgebrochen wurde diese Entwicklung durch die Altprotestantische Orthodoxie und parallel durch die katholische Neuscholastik (Katechismus von J. Deharbe 1847), die wieder normativ-deduktiv dachten und das Auswendiglernen favorisierten.

Im 19. Jh. galt die Katechetik als Teil der pastoraltheologisch (d.h. pfarramtlich) denkenden Praktischen Theologie. Sie betrieb die Sicherung der kirchlichen Bestände, bedachte aber durchaus auch die religionskritischen Anfragen der Aufklärung und war nach damaligem Stand durchaus pädagogisch orientiert; sie integrierte Einsichten der lehrenden Gesprächsführung; ihr Ziel war bereits die religiöse *Mündigkeit*. Noch eigenständiger wurde sie gegen Ende des 19. Jh. durch Ausbildung einer eigenen wissenschaftlich-didaktischen Methodik.

Durch diese Entwicklung ist die Katechetik Vorläufer der RP, die heute sehr viel weitere Bereiche als die Glaubensunterweisung umfasst – die heutige Lebenswelt, Entwicklungspsychologie, subjektive Zugänge zur Religion, moderne Medien, Bildungstheorie usw. Die Katechetik gibt da nur noch einen sehr kleinen, für die christliche Identität allerdings gewichtigen Bereich ab.

Die wachsende *Verkirchlichung* des Christentums im 19. Jh. führte die Katechetik aber zu einer Abschottung: es entstand eine problematische Distanz zur sich schnell entwickelnden, auf Schule bezogenen allgemeinen Pädagogik und zur neu sich bildenden RP, die bis heute nicht überwunden ist. Anfang des 20. Jh., zur Zeit der Liberalen Theologie, versucht die katholische „Reformkatechetik" dem wieder entgegen zu steuern. Obwohl sie normativ bleibt und an den traditionellen Inhalten festhält, versucht sie, die Adressaten und die Methoden pädagogisch zu verstehen. Die „materialkerygmatische" Wende beendet – parallel zur Evangelischen Unterweisung – auch diesen Versuch: sie will wieder die theologischen *Inhalte* zentral stellen.

Die Katechetik ist heute mit drei gewichtigen Problemen konfrontiert. Zunächst zeigt die Tatsache, dass es viele verschiedene Katechismen gibt, die die zentralen Inhalte des Glaubens zu bündeln versuchen, dass der Grundbestand der christlichen Lehre nicht auf wahre Sätze reduzierbar, sondern grundsätzlich relativ ist – abhängig von (theologischen, kirchlichen) Interessen und historischer Situation. Noch gewichtiger ist der Umstand, dass jede Katechese ein Einverständnis mit dem Christlichen voraussetzt, das heute immer weniger gegeben ist – schon weil Kirchenzugehörigkeit, Glauben und Religiosität sich immer weniger decken. Damit hängt schließlich das Problem der Subjektivität von Religion zusammen: Wenn Religion per Lehrsatz gelernt wird, ist damit noch keineswegs sichergestellt, ob sie beim Lernenden überhaupt ankommt und religiös bildend wirkt. Schleiermacher meinte darum, der beste Katechismus sei der, den sich ein Mensch jeweils *selbst mache*; dazu schienen ihm weniger Lehrsätze, sondern eher das anregende und religiöse „Erregung" kommunizierende lebendige Gespräch geeignet, in dem Religion zur „Darstellung" gelangt und in dem jeder Teilnehmer seinen eigenen religiösen Bezug herstellen kann. Katechetisches Ziel war für ihn nicht ein Wissen, sondern „der einzelne soll fähig gemacht werden, an dem Cultus Antheil zu nehmen" (Kurze Darstellung § 291), also den Gottesdienst zu verstehen und mitzugestalten – eine bemerkenswert „moderne" religionsdidaktische Idee!

Die Katechese kann unter heutigen Bedingungen nicht mehr das grundlegende *Modell*, Ausgangspunkt und Strukturprinzip religiösen Lernens abgeben. Denn die christlichen Glaubens- und Wissensverluste lassen sich heute weder durch vermehrte katechetische Propagierung von Glaubenswissen noch durch verstärktes Bekennen aufhalten. Nicht nur mangelndes Wissen, sondern vor allem mangelndes *Interesse* am Christlichen kennzeichnet die Situation. Dem aber ist allein durch den plausiblen Aufweis des Lebensbezugs des Glaubens zu begegnen, d.h. vor allem durch einladende religiöse Praxis – nicht (mehr) durch normierte Lehre.

2. Zur Lehr- und Lernbarkeit der (christlichen) Religion

Aus theologischen Gründen ist Glaube nicht lehrbar. Er ist Sache der Gnade und des Hl. Geistes, also Gottes freie Zuwendung, und er lässt sich weder durch guten Willen noch durch „Werke" erreichen – nicht durch gute Taten und Wohlverhalten, nicht durch religiöse Praxis, nicht einmal durch besondere Frömmigkeit. Glaube ist unverfügbar. Das ist auch psychologisch nachvollziehbar: Glaube als Haltung des Vertrauens kann man nicht selbst herstellen und machen; er stellt sich ein, man erfährt ihn als Geschenk. Gilt das aber auch für die Religion überhaupt, zu der der Glaube gehört? Und was ist dann Sinn und Zweck der „RP", vor allem der Religionsdidaktik?

Gegen das theologische Argument steht die Einsicht, dass es ja schon immer eine christliche Lehrpraxis gab, die auf nichts anderes als Glauben zielte. Die lehrende Weitergabe der christlichen Überlieferung machte von Anfang an die selbstverständliche Annahme: Glauben ist lehrbar; selbst im Auswendiglernen von Glaubenssätzen sah sie lange kein besonderes Problem. Heute gesellt sich zu dieser alten Annahme noch ein ganz anderes Argument: Glauben kann immer nur unter den kulturell gebräuchlichen Zeichen (Sprache, Symbole, Ausdrucksverhalten usw.) kommuniziert werden, also *in der Gestalt von Religion*. Zu dieser sichtbaren Religion aber kann erzogen werden.

Nicht eigentlich aus einem theologischen, sondern aus einem subjektiv-religiösen Grund hatte Schleiermacher noch in seinen „Reden" einen (schulischen) Unterricht in Religion abgelehnt (was er später allerdings revidiert hat):

> „Aus dem Innersten seiner Organisation aber muß alles hervorgehen, was zum wahren Leben des Menschen gehören und ein immer reger und wirksamer Trieb in ihm sein soll. Und von dieser Art ist die Religion ... Alles, was, wie sie, ein Kontinuum sein soll im menschlichen Gemüt, liegt weit außer dem Gebiet des Lehrens und Anbildens. Darum ist jedem, der die Religion so ansieht, Unterricht in ihr ein abgeschmacktes und sinnleeres Wort."
> (Schleiermacher 1981, 294)

Religion, auch und gerade die christliche, ist ein umfassendes, existenzbetreffendes Gefühl, eine Anschauungshaltung, ein emotionales Bewusstsein. Das kann nicht Gegenstand einer Lehre sein; denn Lehre führt zu Wissen und Metaphysik oder zu moralischer Erziehung – das aber ist nicht Religion und kann sie sogar verfälschen. Eine ernst zu nehmende Position!

Trotz deutlicher Bezugnahme auf Schleiermacher vertrat der liberale Religionspädagoge Richard Kabisch die gegenteilige Position. Sein Buch „Wie lehren wir Religion?", 1910 erschienen und bis 1931 in sieben Auflagen verbreitet, wurde zu einer Art gehobenem Standardwerk, das für mehrere Jahre die RP bestimmte. Das Kind stand im Mittelpunkt des Interesses. Kabisch war pädagogisch ausgerichtet und kritisch gegen die Kirche als Institution eingestellt. Sein zentrales Anliegen: die erfahrene Religion und die innere „Phantasiereligion" der Lernenden dürfen nicht auseinanderfallen! Religion war hier ähnlich wie bei Schleiermacher als (erhebendes) Gefühl verstanden. Gefühle aber sind durchaus lehrbar:

> „Es sollte eigentlich etwas Selbstverständliches sein: Vorstellungen lehrt man durch Darstellung seiner Vorstellungen, Gefühle durch Darstellung seiner Gefühle." (Kabisch 1910, 50)

Lehren ist mehr „als bloßes Gedankenübertragen" (ebd. 59). Darum kann auch Religion gelernt werden, die Grenzen sind hier die des allgemeinen Lernens. Die religiöse „Anlage" jedes Menschen ist durch Erlebnisse zu stimulieren, zu entwickeln und zu fördern. Auch Vorstellungen sollen in Gefühle überführt werden! Dazu ist die Phantasie anzuregen als Vermittlungsinstanz, was vor allem durch emotional spannende religiöse Erzählung geschieht. Dieser Ansatz nimmt (lern-)psychologische Erkenntnisse auf und ist darin religionsdidaktisch geradezu vorbildlich. Im Übrigen entspricht er der Erfahrung: Glauben und Religiosität entstehen nur in Ausnahmefällen spontan, in aller Regel aber dort, wo zu ihnen hingeführt wird. Kabisch betreibt allerdings Methodik; objektive Religion soll subjektive erzeugen.

Man wird also sagen können: Religion ist lehrbar, allerdings nur in einem begrenzten Maße: als Wissen um Inhalte, um Formen und Einstellungen (Lehre, Dogmatik, Geschichte, Symbole, Weltsicht usw.), um Formen der Inkulturation (Kirchenbauten, religiös begründete Kunst, Sprachformen, Rechtsauffassungen usw.), und als religiöse Verhaltensweise (Bräuche, Riten, Haltungen usw.). Nicht oder nur sehr begrenzt lehrbar ist Religiosität als innere Einstellung und als Form von Bewusstheit.

Die Unverfügbarkeit religiöser Lern- und Bildungsprozesse muss man also grundsätzlich im Blick behalten. Sie sind nicht direkt lehrbar – *aber anstoßbar!* Ähnlich wie auch Gefühle *gelernt* werden – vgl. die Prägungen in der frühen Kindheit – ist Religion immer *auch* gelernt; sie geht in dem Gelernten aber nie auf. Der Anstoß muss also erfolgen, und zwar passend, wahrnehmbar, verarbeitbar. Allerdings wird religionsdidaktisch entscheidend immer das bleiben, was sich einem planbaren und operationalisierbaren Lehren und Lernen letztlich entzieht. Auch der Glaube wird in aller Regel angestoßen durch die Begegnung mit Religion. Das belegen alle empirischen Studien zur religiösen Sozialisation ganz deutlich, und seit 1986 gibt es eine Zeitschrift „Glaube und lernen". Wo keinerlei religiöses

Wissen, Leben und Praxis bekannt sind, können kaum religiöse Identifikationen stattfinden. Auch der gnadenhaft geschenkte Glaube ist kein unbeschreibbares und didaktisch im Niemandsland liegendes Wunder, sondern vollzieht sich „in, mit und unter" (so Luthers einleuchtende Formulierung zum Abendmahlssakrament) diesseitiger Materie und Erfahrung.

3. Begründungsargumente für religiöses Lernen

Warum soll Religion eigentlich gelernt werden, warum soll sie Gegenstand des schulischen Unterrichts sein? Das ist in Zeiten religiöser Pluralisierung und Privatisierung keine banale Frage mehr. Begründungsargumente stehen oft im Zusammenhang mit den grundlegenden religionspädagogischen Konzeptionen (→ 3) und werden meist im Blick auf den RU geäußert. Wollen sie wirklich plausibel sein, sollten sie aber in *allen* religionspädagogischen und auch in allen *religionsdidaktischen* Bereichen und Vollzügen gültig und nachvollziehbar sein. Freilich lassen sich spezifische Begründungen für ein Schulfach RU von denen für Religion als Teil von Lern- und Bildungsprozessen überhaupt auch unterscheiden. Beides bringt Friedrich Schweitzer in der Formulierung zusammen: „Nur wenn Religion als allgemeines Interesse einsichtig wird, kann sie einen Platz an der Schule behaupten." (Schweitzer in Adam/Lachmann 2003, 106).

Die Begründungsargumente für religiöse Lehre sind in wachsender Plausibilität:

a. rechtlich. Im Grundgesetz (GG) Art. 7 (3) in Verbindung mit Art. 4 ist der RU als „ordentliches Lehrfach" gesichert (→ 6.3) und sind negative (abgrenzende) und positive Religionsfreiheit (Recht auf religiöse Ausübung) festgeschrieben. Das formale Recht auf schulischen RU ist eine Sicherung, die nur im Grenzfall ein Argument für religiöses Lernen überhaupt abgibt. Es lässt sich als positives Recht der Lernenden auf Religion, weit weniger als das der Institution Kirche verstehen. Ähnlich ist das beim Artikel 4, der umfassend die Ausübung der Religion und den Schutz religiöser Anschauungen garantiert – auch damit aber lässt sich religiöse *Lehre* nur innerhalb gewisser institutioneller Schranken begründen.
b. ethisch. Religion gilt oft als „Beitrag" zur „Wertebildung" und zum sozialen Denken und Verhalten. Dies ist die häufigste öffentlich kommunizierte Begründung für religiöses Lernen. Oft wird das Christentum regelrecht *als* Ethik verstanden. Das ist als Argument nahe liegend, aber auch gefährlich: hier wird eine Funktion von außen an die Religion herangetragen, die ihr nur mittelbar entspricht. Religion ist zunächst Einstellung,

Emotion, Haltung und Bewusstsein, aus der eine Ethik *folgt* – aber nicht auf Ethik *reduzierbar*.

c. katechetisch. Christliches Lehrwissen soll zum Glauben führen. Dieser ist notwendig zum Heil jedes einzelnen Menschen. Dieses Argument setzt als Rahmen die christliche Überlieferungsgemeinschaft und Tradition voraus, kann darum nur als kirchlich inklusives Modell einer abgegrenzten „Gruppe" Gültigkeit haben.

d. volkskirchlich-bildungstheoretisch. Die Kommunikation des Evangeliums (Gottes Liebe und seine Rechtfertigung des Menschen) muss zur Begründung und Vermehrung der Lebensfähigkeit heutiger Menschen öffentlich stattfinden; der Glaube trägt zur persönlichen Bildung bei, und darum gibt es auch ein persönliches Recht und einen Anspruch auf religiöse Bildungsleistungen der Kirche. Dieses Argument nimmt die Perspektive der Menschen ein. Es stößt aber auf das Problem, dass die Kirchen Religion in einer bestimmten (konfessionellen) Überzeugungshaltung anbieten, die nicht die *aller* Menschen sein kann (ohne die Religion aber auch gar nicht kommuniziert werden kann). Dennoch ist das Argument plausibel. Es hängt allerdings – soweit es nicht überhaupt eine kircheninterne Logik bleibt – entscheidend von der Qualität und Überzeugungskraft, sprich: der *religiösen Kompetenz* der kirchlichen Bildungsangebote ab und steht als wählbare Option neben anderen „Anbietern".

e. kulturgeschichtlich bzw. -theoretisch. Das christliche Erbe prägt unsere Kultur (→ 17) in hohem Maße durch seine Sprache, die biblischen Vorstellungs-Motive, Symbole, Einstellungen zum Menschen usw.; diese sind in das Alltagsverstehen und auch die Philosophie, in Kunst und Kultur eingegangen (Geschichte und Kunstgeschichte sind weitgehend *Kirchen-* und *christliche* Kunstgeschichte!), ebenso lassen sich grundlegende Wertvorstellungen auf die christliche Tradition zurückführen. Um die Kultur zu verstehen, ist also Kenntnis ihres Ursprungs notwendig. Auch wenn Menschenrechte oft gegen den Widerstand der Kirchen durchgesetzt werden mussten, ist dieses Hauptargument der „Hermeneutischen RP" (→ 3.3) ausgesprochen plausibel. Allerdings muss auch in Rechnung gestellt werden, dass die heutige Welt zunehmend ohne kulturelle Identifikationen auszukommen scheint. Ökonomie und funktionales Denken lassen Kultur immer mehr zum Freizeitvergnügen degenerieren.

f. gesellschaftlich. Religion ist sichtbarer und gewichtiger Teil der heutigen Lebenswelt. Auch wenn sie sich immer mehr als Suche und Sehnsucht zeigt, wird sie doch auch konkret in Form multireligiöser Anschauungen, Sektenbildung, Fundamentalismen usw. gesellschaftlich einflussreich. Es ist darum unverzichtbar, hier Bescheid zu wissen und kritisch urteilen zu können. Gelebte Religion ist ein persönliches Orientierungs-

und Entfaltungsrecht, das faktisch zum Wohl der Allgemeinheit ausschlägt. Dieses Argument ist plausibel, bleibt allerdings allgemein auf Religion bezogen, nicht spezifisch auf die christliche. Hier kann man freilich anfügen (wie unter c.), dass die Logik der „Religion" nur in einer spezifischen, d.h. konfessionellen Gestalt erkennbar ist.

g. anthropologisch. Religiosität (→ 18.1) ist Teil der Anlagen des Menschen und seiner Kulturarbeit. Sie steht im Zusammenhang mit Sinnfindung, Selbstverwirklichung, Orientierung und Heilung, darum grundsätzlich mit Zufriedenheit und Erfüllung; sie ist also gewichtiger Teil der Lebensqualität. Dieses Argument ist aus bildungstheoretischen Gründen höchst bedeutsam, aber auch sehr vage; es lässt sich zunächst (ähnlich wie das gesellschaftliche) nur auf Religion allgemein beziehen und ist aus religionskritischer Sicht bestreitbar.

h. bildungstheoretisch. Dieses Argument führt das anthropologische fort. Religion bzw. Religiosität sind Teil der umfassend verstandenen Bildung (d.h. Entfaltung, → 19) eines Menschen, die ohne diesen Bereich rudimentär und ohne Basis bleibt. Religion ist nicht abtrennbar von den oft problematisierten „Sinn- und Wertfragen", sie macht Menschen in besonderer Weise orientierungs-, deutungs-, sprach- und lebensfähig. Bildung ist so verstanden eine Aufgabe, die der Staat zwar nicht selbst leisten, d.h. inhaltlich bestimmen kann, die er aber als Möglichkeit garantieren und anbieten muss. Darum unterhält der Staat Schulen, Erwachsenenbildung usw., und darum muss in ihnen Religion thematisch werden. Das Argument ist sehr plausibel, zumal die Bedeutung der Bildung öffentlich stark diskutiert wird. In diesem Zusammenhang steht ein weiteres, noch kaum genanntes Argument der Neurobiologie (→ 13.5), die Emotionen als Grundlagen von Wissensspeicherung und Entscheidungen zu verstehen lehrt. Religiosität als emotional grundierte Bewusstseinserweiterung ist darum ein geistiger Fortschritt und dient der Lebensfähigkeit, d.h. wiederum der Bildung des Menschen.

Wichtig sind in einer individualisierten Gesellschaft vor allem Argumentationen, die die Bedeutung der Religion für die eigene Lebensführung ausweisen. Der Bedeutungsverlust der traditionellen Religionsformen (Kirche und Theologie) darf also nicht zu einer vorschnellen Verabschiedung der Religion überhaupt führen. Für die Menschen wäre der Verlust der Religion eine Einbuße an Lebensqualität – an Orientierung, an Selbstdeutung und Weltverstehen, an Gewissheit, an Verwurzelung (Beheimatung) in einem sie Übersteigenden, darum an Sinnerfahrung. Dies unterstützt vor allem das anthropologische und das bildungstheoretische Argument, gilt mittelbar aber auch für das kulturtheoretische und das gesellschaftliche.

4. Religiöse Erziehung, Sozialisation und Bildung

Die Bereiche Erziehung, Sozialisation und Bildung müssen auch in religiöser Hinsicht klar voneinander unterschieden werden, da sie keineswegs bruchlos ineinander übergehen.

Erziehung

Erziehung meint die absichtliche, geplante, teleologische (d.h. mit einem bestimmten Ziel versehene) Einwirkung eines Älteren bzw. Erfahreneren auf einen „Zögling", die bestimmte Mittel bis hin zu Strafen benutzt. Sie bezeichnet also eigentlich ein Generationenverhältnis und setzt die Anerkennung oder das Vorhandensein von Autorität und Abhängigkeit voraus – und ist daher immer missbrauchbar: autoritäre und despotische Erziehung kann Infiltration und das Aufzwängen eines fremden Willens bedeuten, der dem zu Erziehenden schadet. Grundsätzlich ist Erziehung aber unersetzbar. Vor allem sind es die grundlegende Kulturtechniken, Wissen, Verhaltensweisen, Regeln, selbst ein bestimmtes Engagement, die Erziehung brauchen. Auch eine als persönliche Entfaltung gedachte Bildung setzt Erziehung immer voraus.

Erziehung ist nötig vor allem in der Kindheit, die die Zeit der Abhängigkeit von den Eltern ist. Das Ziel der Erziehung ist persönliche Mündigkeit (Autonomie), die sich logischer- wie paradoxerweise zunehmend gegen die anfangs notwendigen Autoritäten richtet. Erziehung muss darum von Bildung abgelöst werden.

Durch die *Aufklärung* bekommt Erziehung einen euphorischen Beigeschmack und eine stark erhöhte Bedeutung. Wenn die Gestaltung der Welt und der eigenen Person Sache der selbsttätigen Vernunft sind, dann kann zu ihnen erzogen werden – Erziehung setzt sich da nachgerade an die Stelle des Erlösungsgedankens.

> „Im mittelalterlichen und frühneuzeitlichen Europa verstand man unter Befähigung zum Leben in erster Linie eine Hineinführung in die ständische Gesellschaftsordnung und ihren symbolischen Kosmos. Die geistigen und politischen Erschütterungen des ausgehenden Mittelalters und der frühen Neuzeit zerstörten den Glauben an eine dem Menschen vorgegebene Ordnung. Die Gestaltung von Lebensformen wurde seit der Aufklärung zu einer Aufgabe der Gemeinschaft vernunftbegabter bürgerlicher Individuen. So erklärt es sich, daß Werte wie Selbstbestimmung, Selbständigkeit, Mündigkeit, Selbst- und Sozialerziehung als oberste Erziehungsziele etabliert werden konnten." (Schmidt 1991, 14)

Dieses Zitat zeigt pointiert, dass der Trend zur Erziehung nicht abgebrochen ist, sondern sich weiter verstärkt. Nahezu die gesamte derzeitige „Bildungs"-Landschaft ist Vermittlung von Wissen und Fähigkeiten und berufliche *Ausbildung*, die die Entfaltung der Person nicht weiter beachtet – die also mit ihren vorgegebenen Stoffen und Zielen *Erziehung*, keineswegs Bildung (s.u.) betreibt. Ihre Problematik zeigt sich in voranschreitender Rationalisierung und Effizienzsteigerung, d.h. in zunehmendem Leistungsdruck. Wer aber Leistung will, muss auch Opfer wollen – die Individuen mit ihren Bedürfnissen bleiben da zunehmend auf der Strecke. Gleichzeitig fällt die elementare Erziehung der Kinder durch Eltern immer mehr aus; Kinder bleiben sich selbst oder allenfalls pädagogischen Experten überlassen (→ 5.1).

Religiöse Erziehung bezeichnet die erste Einweisung in den gegebenen Bestand religiöser, zunächst also christlicher Dinge, Lehren, Bräuche, Verhaltensweisen und Ansichten. Dazu gehört das Kennenlernen der biblischen Geschichten, des Glaubenbekenntnisses, des Betens, christlicher Bräuche usw. Sie bleibt grundlegend wichtig für alle späteren pädagogischen Weiterführungen und eigenständigen Auseinandersetzungen, und auch für die Ausbildung einer religiösen Haltung. „Jede religiöse Erziehung hat eine kulturell eingebundene Religiosität zum Ziel ... Auch christlich-religiöse Erziehung ist auf bestimmte Lebensformen ausgerichtet, in denen christliche Religiosität Gestalt gewinnen kann." (Schmidt 1991, 26) Zwar betreiben immer weniger Eltern eine religiöse Erziehung, da sie meinen, das Kind solle „später selbst entscheiden". Das ist allerdings ein Scheinargument; denn entscheiden kann man sich nur für etwas, das man kennt – sonst liegt eine Ablehnung aus mangelnder Kenntnis und Interesse allzu nahe. Darum ist mit einer Erziehung zu religiösem *Interesse* heute schon viel erreicht: „Ein Grundanliegen der religiösen Erziehung besteht in der Aufrechterhaltung des Interesses an Religion und der Offenheit für religiöse Fragen" (Schweitzer 1999, 240).

Sozialisation

Sozialisation bezeichnet das Hineinwachsen in einen gesellschaftlich bzw. kulturell vorgegebenen Bestand an Wissen, Verhaltens- und Denkweisen, also die „Vergesellschaftung" des Individuums durch Kenntnis der Lebenswelt, Umgangssicherheit in gesellschaftlich akzeptierten und geforderten Verhaltensweisen, Anpassung an äußere Strukturen und Denkmuster, Kenntnis von Kultur und Technik usw. Sozialisation ist zugleich Prägung und Entwicklung; aktive und passive Anteile mischen sich. Sie ist notwendig für die Lebensfähigkeit im gesellschaftlichen Kontext, aber ähnlich problematisch wie Erziehung: zum einen tendiert sie zum Anpassungszwang an den status quo; zum anderen wird sie immer schwieriger, da einerseits die

Welt immer differenzierter und unübersichtlicher wird, andererseits eingespielte Sozialisationsmechanismen (z.B. innerhalb der familiären Erziehung) immer mehr nachlassen. Diese Defizite werden zunehmend durch die Medien (→ 14.5) ausgeglichen, die dadurch eine eigene sozialisatorische „Wirklichkeit" herstellen mit tendenziell primitiven Anschauungen und Verhaltensstandards.

Sozialisations-Institutionen bzw. „-Agenturen" sind Familie, Kindergarten, Schule, Öffentlichkeit (politische, kulturelle Ereignisse), die Medien. Sie werden von den Sozialisationstheorien untersucht. Diese gehen in der Regel von einer stark prägenden Bedeutung der Umweltbedingungen für den Menschen aus und beschreiben Nachahmungsverhalten, Rollenübernahmen, Interaktionen mit Bezugsgruppen, die prägende Rolle von Medien und Kultur und den Aufbau entsprechender Verhaltens- und Identifikationsmuster.

Religiöse Sozialisation bezeichnet entsprechend das Vertrautwerden mit den religiösen Verhaltens- und Denkweisen. Christlich sozialisiert ist, wer sich im Bereich des Christentums (in Gemeinde, Kirche, Theologie) einigermaßen zurechtfindet, wer also christliche Verhaltensweisen kennt (Gottesdienst, Handeln aus christlicher Verantwortung usw.) und wer fähig wäre, kirchliche Aufgaben und Ämter zu übernehmen. Dem entspricht Schleiermachers Gedanke der „Kultusfähigkeit" (s.o.). Es dürfte klar sein, dass religiöse Sozialisation weitgehend unbewusst und „automatisch" durch gemeinsam gemachte und kommunizierte religiöse Erfahrungen geschieht. Das wurde früher durch die religiöse Erziehung in den Familien, ferner durch weitgehend selbstverständlichen Kirchgang und Gemeindebezug gewährleistet, die heute deutlich nachlassen. Nachweislich nach wie vor bedeutsam in dieser Hinsicht sind die Großmütter, die aber oft nicht mehr vor Ort sind. Darum wird auch die religiöse Sozialisation faktisch immer mehr von den Identifikationsangeboten der Medien übernommen.

Bildung

Bildung bedeutet im deutlichen Gegensatz zu *Aus*bildung, auf die sich alle sog. Bildungseinrichtungen und die Bildungspolitik unserer Gesellschaft beziehen, die *persönliche Entfaltung* eines Menschen (→ 19). Eine solche ist zwar nicht ohne von außen kommende Anstöße denkbar, sperrt sich aber gegen vorgeordnete Autorität, Zeitdruck und Effizienzdenken ebenso wie gegen vorgegebene Lernstoffe und Lernziele. Zur Bildung führen nur „Freiheit" und „mannigfaltige Situationen" (Humboldt, → 19.3). Alles im Leben kann bildend wirken – faktisch tut das aber vor allem die intensive Begegnung, die eine innere Resonanz auslöst und als bedeutsam erfahren wird.

Bildung ist darum weit weniger Wissen und Können als vielmehr entfaltete Sensibilität, Kombinationsvermögen, Gespür und Geschmack.

Religiöse Bildung bezeichnet entsprechend alle Begegnungen und Erfahrungen mit Religion, die für das Leben eines Menschen Bedeutung haben und die ihn reicher, reifer und sensibler machen können. Darum sollte man nicht von religiösen „Bildungszielen" sprechen, sondern allenfalls von Ziel-Horizonten oder von religiösen Kompetenzen. Religion beurteilen, verstehen, sich in ihr bewegen können ist erst dann religiöse Bildung, wenn sie zum Teil einer religiösen Einstellung wird. Religiöse Bildung meint also eine persönlich ausgeformte bzw. sich ausformende Religiosität, die sich vor allem am Bewusstsein des eigenen Verdanktseins und an der Schönheit des Lebens entzündet. So verstanden gilt, dass Religion ein nicht ersetzbarer und gewichtiger Teil *jeder* Bildung ist.

5. Religionspädagogische Zielhorizonte – religiöse Kompetenzen

Was soll das Ziel religionspädagogischer Bemühungen sein? Die Frage muss schon deshalb gestellt werden, weil es nur allzu nahe liegt, vermeintlich „wahre" vorgegebene Inhalte weiterzugeben, ohne nach deren Bedeutung für die Menschen zu fragen. Vor jeder Form von deduktiv-abbildlicher „Resultatsdidaktik" (D. Zilleßen), die immer schon weiß, was wahr ist, kann religionspädagogisch nur gewarnt werden. Echte Religiosität, die sich die Religion innerlich zu Eigen macht und sie fortschreibt, setzt Freiheit voraus. Zur Freiheit aber kann nie direkt erzogen werden, sie muss *gebildet* werden. Darum gilt:

> „Nicht Bevormundung, sondern die *Befähigung zu kritischer Rationalität* und *entfalteter Emotionalität* in religiösen Fragen bilden ... das Ziel von Religionsunterricht. Zur gelebten Demokratie gehört auch die religiöse Kompetenz, sich für einen bestimmten Lebensentwurf zu entscheiden und lebensfreundliche von lebensfeindlichen religiösen Angeboten ... zu unterscheiden." (Hemel, in Angel 2000, 71)

Was Ulrich Hemel hier vom RU sagt, lässt sich auf die ganze RP übertragen. „Entfaltete Emotionalität", ein eigener selbst verantworteter „Lebensentwurf" – das sind Lern-„Ziele", die sich nicht direkt anzielen lassen. Hemel hat darum als erster von „religiösen Kompetenzen" gesprochen, die solche für die RP grundlegenden Dimensionen mit einbeziehen. In seinem Buch „Ziele religiöser Erziehung" (1988) nennt er als Ziele Mündigkeit und Emanzipation, Reife und Identität, Menschenwürde und Humanität; als zugehörige Kompetenzen nennt er religiöse Sensibilität, religiöses Ausdrucksverhalten, eine Kompetenz in religösen Inhalten (erst an dritter Stelle) und eine religiös motivierte Lebensführung. Diese ausgesprochen plausible und weit reichende Liste ist bis heute religionspädagogisch kaum wirklich eingelöst.

Der Begriff *Kompetenz* eignet sich am ehesten dafür, Zielhorizonte, nicht aber durch Erziehung und vorgegebene Autorität direkt anvisierbare und überprüfbare „Ergebnisse" religiösen Lernens zu kennzeichnen (→ 2.2; 7.1,3). Kompetenzen sind umfassende Befähigungen, die Wissen, Beurteilungsfähigkeit und „versiertes" Verhalten („Sich-bewegen-Können" in etwas) mit einer grundsätzlich interessierten Haltung (Einstellung) zusammenschließen und die nie ganz abgeschlossen, sondern immer in Entwicklung sind.

Religiöse Kompetenzen werden in unserer Öffentlichkeit in der Kirche und bei ihren Mitarbeitern vermutet – dort aber oft nicht gefunden. Hier gibt es eher theologisches und praktisches Wissen. Volker Drehsen hat das zu dem skeptischen Buchtitel „Wie religionsfähig ist die Volkskirche?" veranlasst (1994). Ziel religiösen Lernens sollte darum die Anbahnung, Entwicklung, Förderung und Stärkung religiöser Kompetenzen sein.

Rudolf Englert versucht in diesem Zusammenhang Hemels Gedanken weiter zu differenzieren:

> „Religionspädagogisch weiterführend scheint vor allem der Versuch, im Anschluss an ein Dimensionierungsmodell von Religiosität einzelne Komponenten religiöser Kompetenz zu unterscheiden, insbesondere: religiöse Sensibilität, religiöses Wissen, religiöse Kommunikationsfähigkeit, religiös motivierte Handlungsbereitschaft und religiöse Positionierungsfähigkeit." (NHRPG 54)

Als Komponenten solcher Religiosität zählt Englert auf: die Fähigkeit zum Umgang mit religiösen Traditionen, mit ethischen Konfliktsituationen, mit existenziellen Krisensituationen und mit religiöser Pluralität (ebd. 57f.).

Religiöse Kompetenzen haben also über theologisches Wissen hinaus mehrere Komponenten:

a. Sachkompetenz: Wissen, Information, Kenntnis über Religion, ihre Erscheinung, ihr Wesen und ihre kulturelle, öffentliche und persönliche Bedeutung
b. Hermeneutische bzw. Deutungskompetenz: Reflexion, Zuordnung und Beurteilung von religiösen Phänomenen in der gegenwärtigen und vergangenen Kultur: ihrer äußeren Erscheinung und ihrer inneren Vollzugslogik
c. Emotionale Kompetenz: religiöse Sensibilität, Gespür
d. Anwendungskompetenz: Religiöse Sprach-, Ausdrucks- und Gestaltungsfähigkeit (– ein fundamental wichtiges, aber fast brach liegendes Gebiet religiösen Lernens!)

e. Selbstkompetenz: Orientierungskompetenz und menschliche Reife; religiöse oder religiös angestoßene Selbstdeutungsfähigkeit und Selbstentfaltung, die sich selbst mitsamt aller Fähigkeiten und der eigenen Autonomie als verdankt und in einem vorgegebenen Kontext weiß. Einzelne weitere Komponenten sind die Fähigkeit der Präsenz, begründete sinnvolle Erwartungen an das Leben, Verstehen des Zusammenhangs der eigenen Lebensgeschichte, Umgang mit erfahrenem Leid und mit den Fragen nach Sinn, Glück, Erfüllung und Hoffnung.

Diese Dimensionen stehen nicht je für sich, sondern sind nur zugleich und als sich überlagernd denkbar. So gibt es z.B. keine religiöse Kompetenz ohne religiöses Gespür und ohne Selbstbezug. Insgesamt zielen sie auf ein religiöses Lernen, das zur Lebensfähigkeit beiträgt:

> „Daraus ergibt sich die Aufgabe religiöser Erziehung, einen positiven Beitrag für die Ich-Stärkung zu leisten. Religiöse Erziehung kann die Erfahrung vermitteln, dass das Leben lebenswert ist; die Überzeugung stärken, dass Heranwachsende für andere Menschen wertvoll sind; an die Kompetenz erinnern, schon öfter Schwierigkeiten gemeistert zu haben und auf diese Weise Menschen aufbauen und ermutigen; die Gewissheit verstärken, geborgen zu sein; und das Gefühl der Hoffnung vermitteln, dass das Leben gut ausgeht. Negativ ausgedrückt geht es um die Vermeidung von Angstgefühlen (Bedrohung), von falschen Schuldgefühlen (tue nichts richtig), Inkompetenzgefühlen (kann nichts wirklich), Minderwertigkeitsgefühlen (bin nichts wert) und Sinnlosigkeitsgefühlen (das ganze Leben ist nichts). Christlich-religiöse Erziehung ist demnach die Anleitung, mit diesen Gefühlen umgehen zu lernen und Erfahrungen mit Tod, Leere, Sinnlosigkeit und Schuld bewältigen zu können." (Ziebertz in Hilger u.a. 2001, 116)

Der Bezug religiöser „Erziehung" (die hier eigentlich religiöse Bildung heißen könnte) zur je eigenen Person, den Hans-Georg Ziebertz hier aufzeigt, ist ausgesprochen einleuchtend. Zwar klingt er zunächst „nur" nach psychologischer Hilfe – das entspricht aber eben zutiefst dem ur-christlichen Gedanken der Liebe Gottes zu den Menschen.

Zusammenfassung

Die Katechetik ist die strukturierte Weitergabe des christlichen Glaubens. Glaube, auch Religiosität überhaupt, ist zwar nicht direkt lehrbar, aber anstoßbar und auch angewiesen auf Anstöße, Hinweise und Praxiserfahrung. Religiöse Erziehung und Sozialisation sind sinnvoll und unverzichtbar zur Kenntnis von Kultur und gegenwärtigen Religionsformen. Vor allem aber trägt die religiöse Bildung grundlegend zur Entfaltung, Orientierung und Stärkung des Menschen bei.

Literatur: Zu 1: LexRP Art. „Katechese, Katechetik" – C. Grethlein 1998, 43–58 – N. Mette 2006, 77–78 – NHRPG III.3.3. Zu 2: NHRPG V.1.1 – F. Schleiermacher: Über die Religion, 3. Rede (1799) – R. Kabisch: Wie lehren wir die christliche Religion? (1910). Zu 3: R. Schröder 2008 – G. Adam/R. Lachmann 2003, 121–137. Zu 4: H. Schmidt 1991, 9–26 und 168–183 – NHRPG II.4.2. Zu 5: NHRPG I.8 – PrTh 36 (2001) (Themenheft religiöse Kompetenz) – H.-G. Ziebertz in G. Hilger/ S. Leimgruber/H.-G. Ziebertz 2001.

3 Konzeptionsmodelle der Religionspädagogik

Wozu wird Religion unterrichtet? Um Gottes Wort zu verkünden, um die Tradition zu verstehen, oder um Menschen unter heutigen Bedingungen lebensfähig zu machen? Wenn einzelne Begründungen für religiöses Lernen (→ 2.3) zur Idee hinter einem größeren Zusammenhang werden, der auch weitere Rahmenbedingungen bedenkt, dann sprechen wir von einer Konzeption. Solche Modelle werden historisch oft erst im Nachhinein erkennbar. Sie reflektieren Zielhorizonte, die Rolle der Lehrenden, die wichtigsten Gehalte usw. Die grundlegenden Konzeptionen sind bisher im Blick auf den RU formuliert worden; sie müssen aber für alle Bereiche des religiösen Lernens anwendbar sein. Die Entwicklung verläuft im evangelischen und im katholischen Bereich weitgehend parallel.

1. Liberale RP

Die Entstehung der jungen Disziplin RP fällt mit ihrer liberalen Epoche am Anfang des 20. Jh. zusammen. Die Liberale Theologie, die den Hintergrund abgab, zeichnete sich aus durch ihren Kulturbezug und ihre Hochschätzung der „Persönlichkeit". Es war die Zeit des deutschen Kaiserreiches und der Kulturblüte des Jugendstils mit Gustav Mahler, Richard Strauss, Hugo von Hoffmannsthal, R.M. Rilke, Arnold Böcklin, Gustav Klimt, aber auch die Zeit von Sigmund Freud und Max Planck. Die RP nahm vor allem psychologische Einflüsse auf, die sich gegen eine einseitige Orientierung an exegetischer und dogmatischer Theologie richteten. Ihr Ziel war nicht mehr die Kirche, sondern die reife Persönlichkeit als Teil eines gebildeten Charakters und in ihrem Bezug zur Kultur.

Richard Kabisch (1868–1914) hat mit seinem Buch „Wie lehren wir die christliche Religion?", das seit 1910 in mehreren Auflagen erschien, einen starken Einfluss. Er markiert die Abwendung von einer deduktiven Anwendungspädagogik kirchlich normierter religiöser Gehalte und stellt die Frage nach der Lehrbarkeit der Religion (→ 2.2) vor einem wissenschaftlichen Horizont, ferner in Bezug auf alltagsreligiöse Erfahrungen. Er fordert darum – sehr modern! – die empirische Erforschung der Entwicklung des *religiösen Bewusstseins*; für sie scheint ihm das Gefühl von zentraler Bedeutung. „Erlebnis-" und „Phantasiearbeit" sollen als Brücke zwischen Vorstellung und Gefühl gebraucht werden. Damit ist eine psychologische Grundlegung der RP gegeben: es geht um das religiöse Selbstbewusstsein einer Person, das didaktisch und methodisch stimulierbar ist. Kabisch empfiehlt vor allem das emotionale Vortragen von Erzählungen.

Auch wenn Kabischs Gedanken durch die nachfolgende Konzeption der „Evangelischen Unterweisung" scharf abgelehnt wurden, so sind seine Einsichten aus heutiger Sicht ausgesprochen hellsichtig. Religion und Gefühl hängen in der Tat untrennbar zusammen. Religion sperrt sich gegen den rein rationalen Zugang, sie braucht – vor jeder rationalen Auseinandersetzung – Emotionen, Personen, Atmosphären und äußere wie innere Beteiligungen.

Otto Eberhard, ein weiterer Vertreter der Liberalen RP und Gründer der Evangelischen Erziehungsschule, greift in den 1920er Jahren Ideen der Arbeitsschule (Kerschensteiner) auf. Ähnlich wie bei Kabisch stehen im Mittelpunkt das Kind und Erleben und Selbsttätigkeit der Schüler.

Friedrich Niebergall versucht mit seinem Buch „Der neue RU" (1922) die Verbindung einer wiederum auf den Einzelnen bezogenen RP mit dem objektiv gegebenen Christentum, das er als *Kultur*größe und „Gesinnungsmacht" verstand. Nachhaltiges Interesse hat er an der Entwicklung der „*Persönlichkeit*", die niemals bruchlos in die gegenwärtige Kultur eingepasst werden kann, sondern immer eine eigenständige Profilierung haben soll. Ein reifer Charakter ist aber nie ohne Bezug auf die Kultur, und diese nicht ohne Religion denkbar. Niebergall bezieht sich für seine Grundlegung der RP neben Pädagogik und Psychologie vor allem auf die Religionswissenschaft. Das zeigt vor allem seine zweibändige „Praktische Theologie" mit dem Untertitel: „Lehre von der kirchlichen Gemeindeerziehung auf religionswissenschaftlicher Grundlage".

Ertrag und Kritik. Die Liberale RP geht auf den Menschen ein, seine Religiosität, seine religiösen Gefühle und seine religiöse Bildung. Sie ist methodisch bisweilen ausgesprochen aktuell. Kritisch angefragt werden muss allerdings ihre weitgehende Gleichgültigkeit gegenüber den Inhalten der christlichen Tradition. Durch die Distanz zur Theologie und die Betonung des religiösen Erlebens erscheinen die christlichen Gehalte als austauschbar und sind in ihrer Eigenbedeutung unterbewertet.

2. Evangelische Unterweisung

In den 20er Jahren bereits begann sich ein Modell christlichen Unterrichts an den Schulen zu entwickeln, das die bis dahin vorherrschende liberale, kulturbezogene RP ablösen sollte: die Evangelische Unterweisung. Sie war an der sog. „Dialektischen" Theologie orientiert, die dem theologischen Denken überhaupt eine Verflechtung mit dem allzu menschlichen Bereich der Kultur, also eine vorschnelle Anpassung an die Welt vorwarf. Das bedeutete für sie einen Verrat am eigenen Auftrag.

Zeitlicher Hintergrund war die Katastrophe des Ersten Weltkriegs, der Zusammenbruch des Kaiserreichs, und damit das Ende einer langen deutschen Kulturgeschichte. Führende Theologen hatten sich am Ersten Weltkrieg beteiligt – das war erklärbar aus dem kulturellen Selbstbewusstsein der Epoche, allerdings aus christlicher Einstellung heraus nicht tragbar. Der scharfe Einspruch der Dialektischen Theologie, vertreten durch Karl Barth, Rudolf Bultmann, Paul Althaus, Friedrich Gogarten u.a., war also sachgemäß. Barth hatte in seinem Kommentar zum Römerbrief (1919, wirksam die Neuauflage 1921) darum den *Bezug Gottes zum Menschen* in den Mittelpunkt seines theologischen Denkens gestellt. Er polemisiert scharf gegen jede Vermengung theologischer Kernaussagen mit Kultur und Welt, er lehnt sogar die Idee der modernen „Autonomie" ab; selbst den Begriff der *Religion* diskreditiert er aus theologischen Gründen als rein menschliche Selbst-Ermächtigung und damit als „Sünde" und „Hybris" (Überheblichkeit). Christlich kann es nicht um Religion, sondern nur um Glauben gehen, verstanden als Antwort auf Gottes Zuruf. Diese Position sorgte in ihrer steilen Klarheit auch in der intellektuellen Öffentlichkeit für eine enorme Konjunktur theologischen Denkens.

Es konnte nicht ausbleiben, dass sie sich in der RP wiederfand (– auch wenn Barth selbst nicht religionspädagogisch gewirkt hat). Die Evangelische Unterweisung stellte entsprechend den Begriff der *Verkündigung* klar in ihren Mittelpunkt. Grundüberzeugung war die Annahme, dass es im RU nicht um Religion, sondern nur um Glauben und das Wort Gottes gehen könne. Entsprechend galt der RU als Verkündigung des Evangeliums in der Schule, war also *kirchlich* gebundener Auftrag. Die Fremdheit dieses Auftrags im staatlichen Schulbereich wurde durchaus gesehen, aber aus theologischen Gründen bewusst betont. Der Religionslehrer war Zeuge des Evangeliums, seine Glaubensüberzeugung wurde entsprechend hervorgehoben. Kern ist der Zuspruch und Anspruch Gottes, der an den Schüler zu vermitteln ist und diesen zum Glauben bzw. zu einer Entscheidung zum Glauben führen soll. Zentraler Inhalt ist darum naheliegenderweise die Bibel.

Starke Wirkung hatte vor allem Gerhard Bohnes Buch „Das Wort Gottes und der Unterricht" (1929). Er fordert hier einen klaren Bruch mit dem liberalen religionspädagogischen Denken. Bohne lehnt Kulturbezug zwar nicht ab, versteht das Wort Gottes aber als „Krisis" und „Störung" allen Weltbezugs. Es kann im RU nicht um Religion gehen, da diese menschliche Anlage ist, sondern allein um den von Gott gewirkten Glauben. RU ist darum als *Verkündigung des Wortes Gottes* zu bestimmen, der Lehrer ist engagierter Zeuge des Glaubens. Zentral wichtig ist für Bohne die Entscheidung der Schüler zum Glauben, die das Ziel des RU darstellt.

Sehr ähnlich denkt auch Oskar Hammelsbeck, ein weiterer wichtiger Vertreter der Konzeption. Nicht die Kultur, nicht der Mensch, nicht irgendein „Anknüpfungspunkt" oder religiöses Aproiri im Menschen, keine Pädagogik kann Bedingung und Ausgangspunkt sein – sondern allein der Glaube als Antwort auf den zuvor ergangenen Anruf Gottes. Gott schafft also den Glauben ohne Vorbedingungen und Voraussetzungen. RU ist darum Verkündigung des Wortes Gottes in der Schule.

Wiederum ähnlich wie Bohne argumentiert Martin Rang (1939). RU ist *Kirche in der Schule*, er ist Teil des Katechumenats, das in der Taufe begründet ist und zur Kirche hinführen soll. Er ist „nachgeholter Taufunterricht". Dafür kann es im strengen Sinne nicht einmal eine (religionsdidaktische) Methodik geben; denn wirksam ist letztlich nur der Heilige Geist.

Helmuth Kittel legt mit seinem Buch „Religionsunterricht" (1947) die Bilanzierung des Konzepts vor. Er beginnt mit der Aussage: „Nie wieder Religionsunterricht!" Die Aufgabe heißt für ihn Evangelische Unterweisung. Jede Wissenschaftsorientierung (etwa an Psychologie) wird als Aberglaube bezeichnet. RU ist ein „Fremdkörper" in der Schule, denn er ist an die Kirche gebunden: er wird „im Zusammenhang mit dem Leben der Kirche" erteilt. Kittel ist durchaus pädagogisch interessiert; so betont er z.B. die Bedeutung des Lehrers und seiner Glaubenseinstellung. Dennoch favorisiert er klar ein deduktives Denken biblisch-christlicher Vorgaben.

Kittels Buch wurde Wegbereiter für die durchschlagende Wirkung des Modells nach Ende des Krieges, die bis in die 60er Jahre hinein den RU geprägt hat, darüber hinaus zum Teil auch den Konfirmandenunterricht.

Ertrag und Kritik. Die Konzeption zeigt Klarheit und gläubiges Engagement. Sie hat missionarische Züge und setzt auf vorwiegend katechetische Einweisung in das Hören und Verstehen des Evangeliums. Sie kann darum als klassischer Fall religiösen Erziehungsdenkens im Unterschied zu religiöser Bildung betrachtet werden. Sie weiß um den unverzichtbaren Bezug christlichen Lehrens und Lernens zur Kirche, hat darum die kirchliche Bevollmächtigung für die Unterrichtenden eingeführt („Vocatio", kath. „Missio"). In ihrer Betonung der Glaubensentscheidung wirkt die Philosophie des Existentialismus – was bereits zeigt, dass eine Unabhängigkeit von Zeithintergrund und Kultur für die RP gar nicht möglich ist. Man hat diesem Konzept „Autoritäre Behauptungskultur" (Wegenast, TRE 28, 710) und die „Trennung von Evangelium und Erziehung" (Schmidt 1991, 102) vorgeworfen – was nicht von der Hand zu weisen sein dürfte. Völlig offen ist die Frage nach dem Recht der Kirche auf schulischen, also staatlichen RU. Vor allem aber werden die Schüler mit ihren Fragen, Sorgen, Bedürfnissen ebenso wenig reflektiert wie die gegenwärtige Lebenswirklichkeit; sie kommen vorwiegend als passive Empfänger der Glaubensbotschaft in den Blick. Glauben und Lebenserfahrung bleiben getrennt. Eine spezifische Didaktik ist nicht vorgesehen.

3. Hermeneutische RP

Die Evangelische Unterweisung setzte eine geschlossene christliche Glaubenskultur und ein allgemeines Einverständnis mit ihr voraus. Das sollte sich bald als überholte Annahme erweisen. Die Gesellschaft veränderte sich rapide. Traditionsgeleitete Unterweisung passte nicht mehr bruchlos zum „Wirtschaftswunder" mit seinem Einzug von Technik und Konsum in die Lebenswelt. „Wissenschaft" war öffentlichkeitswirksam und populär geworden; Auto, Flugzeug, Fernsehen, Telefon, Waschmaschine usw. wurden in wenigen Jahren selbstverständlich und veränderten das Lebensgefühl der Menschen.

Die RP war jetzt deutlich herausgefordert. Die exklusive Bindung an Bibel und Bekenntnis war in einer modernen Gesellschaft nicht mehr als übergreifendes Begründungskonzept möglich. Das verlangte eine Umorientierung, die einer Zerreißprobe glich: Wie konnten schultheoretische, gesellschaftliche, wissenschaftliche Bedingungen aufgenommen werden, ohne dass dabei die Zentralstellung der biblischen Tradition aus dem Blick geriet?

So griff die RP zu einer Begründung des schulischen RU, die bis heute eine hohe Plausibilität hat: RU galt ihr als Einführung in die christlich geprägte Kultur. Das war die Grundlage der Hermeneutischen Konzeption (Hermeneutik = auslegendes Verstehen, vorwiegend auf historische Texte bezogen). Damit kam es erneut zu einer Anknüpfung an die führende Theologie der Zeit, diesmal an die von Rudolf Bultmann, der mit seiner Aufnahme der Existenzphilosophie und seinem Programm der „Entmythologisierung" der Bibel für öffentliche Diskussion gesorgt hatte.

Im Mittelpunkt der RP stehen jetzt die Zeugen des christlichen Abendlandes, die bis heute kulturprägenden sittlichen und künstlerischen Überlieferungen, allen voran die Texte der Bibel. Die Vertreter dieser Konzeption halten es für unrealistisch, die Wirklichkeit Gottes im Unterricht erschließen zu wollen; sie gehen nicht mehr davon aus, „daß sich ein wahres Verstehen der Bibel schon deshalb ereignen könne, weil alle, auch alle Schüler, in der Gemeinschaft des Glaubens ihren Platz haben und sich das Bibelwort im Adressaten selbst Erkennen schafft ... Die Fragen, die es ... jetzt zu lösen galt, lauteten: Gibt es überhaupt eine Möglichkeit, wieder einen Zugang zur Tradition zu gewinnen? Und: Wie kann solches legitim geschehen?" (Wegenast in Zilleßen u.a. 1991, 29). RU soll nicht zum Glauben führen, sondern zum Verstehen der biblischen Überlieferung, da diese Teil unserer Kultur und zum eigenen Selbstverständnis wichtig ist.

Als Grundanliegen gilt also interpretierendes Verstehen mit Hilfe der Wissenschaft. Das soll auch die eigene Existenz aufschließen, konkret zu einer existenziellen Entscheidung führen (das wird bei der Kritik an dieser Position oft übersehen). Der Religionslehrer ist Ausleger, „Hermeneut" der Überlieferung. Das bedeutet die Rückkehr der *pädagogischen* Begründung des RU, ferner den Bezug zur wissenschaftlichen, d.h. exegetischen Auslegung der christlichen Tradition, allem voran: der Bibel. Ein so verstandener RU kann sich gleichrangig mit anderen schulischen Fächern fühlen.

Den Beginn der Phase markiert Martin Stallmanns Buch „Christentum" (1958). Hier wird der Bezug zu Schulwirklichkeit und Bildungstheorie explizit gemacht. Die These ist: RU muss auslegend verfahren und verstehende Erschließung der christlichen Tradition sein, die als Bedingung des eigenen Selbst-Verstehens gesehen wird. Damit steht nicht mehr der Glaube, sondern existenzielles Fragen im Mittelpunkt des Interesses.

Heinrich Stock (1960) bringt zudem das Vorverständnis der Ausleger ins Spiel; der RU kann nicht (mehr) von der „Voraussetzung besonderer Gläubigkeit" ausgehen, er würde sonst ein unwirkliches „Religionsstunden-Ich" fördern. – Gert Otto (1961) betont vor allem die Differenz des RU zum kirchlich-katechetischen Unterricht, von dem er vor allem den Religionslehrer abgrenzt.

Ertrag und Kritik. Der RU wird pädagogisch und schultheoretisch begründet, was ihn öffentlich plausibel macht. Betont wird das unverzichtbare Recht der Tradition und ihr Sinn auch unter gegenwärtigen Lebensbedingungen; unter Einbezug moderner Wissenschaft wird die Zentralstellung der biblischen und christlichen Themen beibehalten, unter verändertem Blickwinkel und Zugang. Dadurch hat das Modell eine grundsätzliche Bedeutung. Die veränderte gesellschaftliche Wirklichkeit kommt ihm allerdings nicht wirklich in den Blick. Ebenso wie in der Evangelischen Unterweisung ist darüber hinaus die stark gewachsene Bedeutung der autonomen Subjektivität der Schüler zu wenig gesehen – trotz Betonung der Existenz-Entscheidung. „Das hermeneutische Ziel des Verstehens bzw. Selbstverständnisses des Schülers hätte eine Erschließung der Verstehensvoraussetzungen, also psychologische Forschungen, nahelegen müssen" (Schmidt 1991, 107). Das Modell bleibt deduktiv. Sein anspruchsvolles theologisches Analysieren ist auch in methodischer Hinsicht problematisch.

4. Problemorientierte RP

Das hermeneutische Konzept war nur wenige Jahre lang erfolgreich. Es konnte nicht verborgen bleiben, dass es sich nach wie vor an den traditionellen Stoffen abarbeitete, allen voran der Bibel.

Wegbereiter eines neuen Konzepts wurde Hans-Bernhard Kaufmann bereits 1966 mit einem wenige Druckseiten umfassenden Thesenpapier mit dem Titel „Muß die Bibel im Mittelpunkt des RU stehen?", das eine fanalartige Wirkung zeigte – die Zeit war offensichtlich reif für eine weitere Veränderung:

> „Die traditionelle Mittelpunktstellung der Bibel *als Gegenstand und Stoff des Religionsunterrichts* ist ein Selbstmißverständnis und weder theologisch noch didaktisch gerechtfertigt. (...)
>
> Die gegenwärtige Krise des Religionsunterrichts, wie sie u.a. in den epidemischen Abmeldungen in manchen Gegenden zum Ausdruck kommt, ist m. E. auch darin begründet, daß ein Religionsunterricht, der sich fast ausschließlich im Medium der biblischen Bücher und der traditionellen christlichen Stoffe bewegt, als ob es nur um ihre Auslegung und Tradierung, um ihre Übernahme und Aneignung gehe, von Schülern, die diese Texte kritisch anfechten und die von ganz anderen Themen und Fragen bewegt werden, als Fremdkörper und Getto empfunden wird. (...)
>
> Die Frage nach Gott und das Zeugnis des Neuen Testaments ... gehen auf das Ganze der Wirklichkeit und des Menschen. Sie kommen deshalb in ihrer Bedeutung nur dann recht in den Blick, wenn es gelingt, sie im Kontext der geschichtlichen Welt und der menschlichen Lebenswirklichkeit sowie im Dialog mit dem Welt- und Selbstverständnis des heute lebenden Menschen zur Sprache zu bringen." (Kaufmann in Otto/Stock 1968, 79f.)

Der Begriff „Selbstmißverständnis" ist scharf formuliert und schlägt einen neuen Ton an. Kaufmann will damit die Bibel keinesfalls ersetzen; seine Kritik richtet sich gegen einen „materialen Bildungsbegriff", der die Bibel als fremdes Buch mit dem Wort Gottes gleichsetzt, und der eine „traditionsgeleitete Orientierung theologischen und kirchlichen Denkens" spiegelt. Gegen solchen Formalismus stellt er die Stichworte „Lebenswirklichkeit" und heutiges „Selbstverständnis". Das sind klassische Formulierungen für die moderne Aufgabe der RP bis heute. Für sie will Kaufmann die Bedeutung der Bibel gerade neu hervorheben.

Spätestens die Proteste der 68er-Generation gegen Autorität und nicht hinterfragte Tradition nötigten auch öffentlich zu einer neuen Ortsbestimmung. Äußerlich zeigte sich die Nötigung in massenhaften Austritten von Schülern vor allem der höheren Klassen aus dem RU, die ihre Parallele in der ersten Austrittswelle aus den Kirchen hatte. Auf einem Transparent war zu lesen: „Unter den Talaren / Der Muff von tausend Jahren"; ein Flugblatt forderte:

> „Laßt euch nicht länger mit Jesus und Paulus abspeisen ... Meldet euch beim Religionslehrer ab! Scheut etwaige Konflikte mit Eltern und Lehrern nicht. Beginnt damit, den Religionsunterricht auszutrocknen. Massenhaft. Dann wird der Weg frei für einen kritischen Unterricht." (EvErz 2/1968, 484)

Um diese drastische Kritik zu verstehen, muss wieder auf den Zeithintergrund eingegangen werden. Russland hatte – für die Weltöffentlichkeit völlig überraschend – 1957 den ersten Satelliten um die Erde geschickt, während in deutschen Klassenzimmern nach wie vor die literarischen Klassiker behandelt wurden. Dieser „Sputnik-Schock" führte Georg Picht zur Diagnose der „Deutsche(n) Bildungskatastrophe" (1964), was eine heftige öffentliche Diskussion um die Rückständigkeit des Bildungssystems auslöste. Diese mündete in die nachhaltige und breitenwirksame Rezeption der sog. curricularen Lehrplantheorie (Saul B. Robinsohn 1969, → 12.3). In den USA hatte sich zur gleichen Zeit infolge des ebenso sinnlosen wie menschenverachtenden Kriegs in Vietnam die Protestbewegung der Hippies verbreitet, die sich gegen das etablierte Bürgertum richtete und alles, was zu dieser Zeit „Ruhe und Ordnung" versprach. Es kam zu einer neuen Subkultur des provozierenden Äußeren (Blumen, Tücher, lange Haare usw.) mit freier Sexualität, Rauschgiftkonsum, exzessiver Popmusik. Die Bewegung fand in Deutschland ihren Widerhall in den Studentenunruhen. Speziell die Popmusik und mit ihr das neue Lebensgefühl konnte sich über die neuen Medien schnell verbreiten. Elvis Presley, Beatles, Rolling Stones, das legendäre Woodstock-Festival (1969) u.a. wurden zu Symbolen einer beginnenden Gegenkultur, die sich gegen Tradition, Autorität, Ordnung und Wohlstand richtete und zu heftigen Konflikten der Jüngeren mit ihren Eltern führte.

Hier nimmt die sog. Problemorientierte Konzeption ihren Ausgangspunkt, die einen Bruch mit den vorausgehenden Entwürfen darstellt und bis heute weitgehend bestimmend geblieben ist. Der RU wird jetzt zentral als Arbeit an den Problemen der Wirklichkeit verstanden. Er hat konsequenterweise die Zielvorstellung, dem Schüler mit Hilfe der christlichen Religion *Orientierung in der gegenwärtigen Welt* zu geben, ist also wiederum klar pädagogisch begründet, nicht mehr theologisch oder gar kirchlich. Grundlegende Idee ist, dass sich die Bedeutung der Bibel, des Glaubens und der christlichen Tradition nur im Rückschluss von heutigen Fragen aus ergeben kann, bei diesen ist darum (zunächst) anzusetzen. Darum sind „Themen statt Texte" (Gloy) zu unterrichten, die die heutige „Erfahrung" berücksichtigen müssen. Das Vorgehen muss induktiv sein und sich auf die Gegenwart beziehen. Im Umgang mit der gegenwärtigen Wirklichkeit gelten Emanzipation, Mündigkeit, Kritikfähigkeit als neue Leitziele. Hier zeigt sich ein Einfluss des modernen Öffentlichkeitsbewusstseins, wie es vor allem durch die Medien bedingt ist.

Neben aktuelle Gesellschaftsfragen tritt eine Orientierung an den Human-Wissenschaften (Soziologie, Anthropologie usw.). Von besonderer Bedeutung sind die *Lernziele*, die aus der allgemein breit rezeptierten Curriculumtheorie (→ 12.3) übernommen werden, und die das Unterrichtsgeschehen planbar und überprüfbar machen sollen. Der allgemeine Zielhorizont ist nicht mehr die Hinführung zum Glauben, sondern religiöse Sozialisation, die als „Ausstattung zum *Verhalten* in der Welt" verstanden wird; das zeigt, dass der RU eine stark *ethische* Akzentuierung erhält, nicht mehr eigentlich eine religiöse.

Der kritisch-moderne Geist der „68er" ist hier deutlich zu spüren, ebenso das Bestreben, im RU Anschluss an die neue Zeit zu gewinnen. Vermuten lässt sich auch ein unterschwelliger Einfluss der anthropologisch akzentuierten Theologie von Paul Tillich (ev.) und Karl Rahner (kath.), die zu diesem Zeitpunkt bereits stark verbreitet ist. Sie fragt nach der Existenz und den Nöten des Menschen, nach seinen Wurzeln in der Kultur und seiner Lebensfähigkeit und wendet sich damit ab von einem normativen dogmatischen Denken. So kommt es religionspädagogisch zur zentralen Orientierung an den *Problemen der Gegenwart*; der Lehrer fungiert jetzt vorwiegend als Moderator und Diskussionsleiter. Diese Grundlegung hat sich in ihrem erklärten Bemühen um *kritische Auseinandersetzung* weitgehend durchgesetzt und strukturiert die Lehrpläne bis heute.

Neben Kaufmann und vielen weiteren Autoren hat vor allem wieder Gert Otto (1967/78) zum Ausbau dieser Konzeption beigetragen. Sie ist freilich weit weniger geschlossen als die vorangehenden; darum entstehen jetzt in rascher Folge weitere Modelle mit je eigenem Profil. Otto selbst hat zusammen mit anderen 1972 den RU als gesellschafts- und religionskritischen (!) Unterricht entworfen, später wendet er sich einer RP als allgemeiner Religionskunde zu (→ 6.5).

Ertrag und Kritik. Das Modell hat entschlossen den Bezug zur Gegenwart, zu Gesellschaft und Humanwissenschaften aufgenommen. Es gibt eine pädagogische Begründung des RU und versucht die Schüler angesichts der heutigen Weltlage ernst zu nehmen und zu kritischer Mündigkeit zu führen. Gleichwohl bleiben viele Fragen offen, denn hier wird die Auslegung der Tradition gleichsam *ersetzt* durch das Verstehen der modernen Weltsituation. Kann man aber die christlichen Inhalte als „Problemlösungspotenzial" für heutige Problemsituationen einschätzen und so gleichsam verzwecken? Übergangen ist genau genommen auch die Situation der Schüler mit ihren Fragen, Nöten und Bedürfnissen. Verhandelt wurden nämlich grundsätzlich *gesellschaftliche* Probleme, deren Auswahl letztlich den Lehrplanern vorbehalten blieb („das Problem der Probleme"). Muss und kann ein Zugang zur Wirklichkeit ausschließlich über Problemorientierung erfolgen, und ließe er sich nicht auch über individuelle Bildung erreichen? Daran schließen sich didaktische Probleme an, etwa der alles verplanende „Lernzielfetischismus" (der gerade für religiöse Fragen wenig angemessen scheint), kognitive Überlastung und erwartbare Problemmüdigkeit. Am gravierendsten scheint der Verlust der religiösen Dimension; es gab im RU lange kaum ein Bewusstsein über deren Wesen und Eigenständigkeit gegenüber aller ethischen und gesellschaftlichen Verrechenbarkeit. Auch die spätere Ergänzung durch christliche und persönliche Themen führte nur zu unbefriedigenden Misch-Modellen.

5. Sonderform Therapeutische RP

> „Einem sozialtherapeutisch akzentuierten Religionsunterricht gelang es zweifellos deutlicher als anderen Konzepten, Lernprozesse aus schulischer Enge zu öffnen." (Heimbrock 1998, 238)

Das Zitat markiert die Sonderstellung des therapeutischen Modells, die sich auch daran zeigt, dass es Idee geblieben und als solche nie in die Lehrpläne eingegangen ist. Die Konzeption wird auch „sozialisationsbegleitender" RU genannt. Beide Bezeichnungen stammen von Dieter Stoodt, dem Ideengeber und Entwickler des Modells (seit 1970). Es gilt oft als Unterform des problemorientierten Konzepts, was als Zuordnung allerdings beide Konzeptionen verzeichnet. Stoodts Modell ist das erste religionspädagogische Konzept, das weder theologische noch öffentliche Vorgaben übernimmt, sondern konsequent bei den Schülern ansetzt. Es ist darum in allem Ergänzung und Gegenstück zu der rational verfahrenden und auf die Gesellschaft gerichteten Problemorientierung (so Lämm 147ff.), auch wenn diese zumindest die Absicht der „Emanzipation" und der Humanorientierung hat. Im Mittelpunkt steht hier der Schüler, nicht die Außenwelt, die Gesellschaft oder allgemeine Problemlagen.

Grundgedanke ist zum einen die wirkliche Zuwendung zum *Schüler*, zum anderen eine neue Wahrnehmung der *Religion* der Schüler, die diese meist nur in verzerrter und wenig lebensdienlicher Form kennen lernen. Ein „schülerorientierter" RU ist nicht dann ein solcher, wenn er theologische Inhalte auf Schüler bezieht, sondern nur dann, wenn er die individuellen Fragen und Bedürfnisse von Schülern wirklich ernst nimmt. Religionspädagogisch ist ein Unterricht ferner nur dann sinnvoll, wenn er Religion bedenkt – und zwar wiederum so, dass sie für Schüler aufgeschlossen, wahrnehmbar und lebendig wird. Das Modell ist neben der Liberalen RP das einzige nicht-kognitive und ist zusammen mit seinen Anliegen religionspädagogisch ausgesprochen bedeutsam.

Für Stoodt sind die Texte, Themen, Bekenntnisse und Formen der religiösen Tradition im besten Sinne *Medien*, die der Erschließung eigener heutiger Erfahrung dienen sollen (→ 13.3). Damit nimmt Stoodt eine klare Abgrenzung gegen die Lernzielorientierung vor: unterrichtliche Interaktion kommt grundsätzlich vor jedem Themenbezug! Er geht weiter davon aus, dass Heil und *Heilung* nicht auseinandergerissen werden können und dass Religion nicht denkbar ist ohne Veränderung der persönlichen Sichtweise und des Lebensgefühls. Entscheidend für religiöse Lernprozesse ist immer die Innen-, nicht (primär) die Außenorientierung. Klar gesehen ist auch, dass eine religiöse Sozialisation – gar eine gelungene – bei vielen Schülern nicht mehr vorausgesetzt werden kann. Darum gilt es zunächst, religiöses Halbwissen, Versatzstücke und Klischees zu klären und vor allem darum, deren lebensdienlichen Sinn zu erschließen. Religion will kommuniziert, d.h. als Erfahrung aufgeschlossen und zugänglich gemacht werden. Stoodt geht dafür auf die „Lebenspraxis Jesu" zurück und nennt als Aufgaben des RU Hilfe zur Selbsthilfe, zur Solidarisierung, zu stellvertretendem Handeln und zu alternativem Denken. RU ist primär die Interaktion zwischen Personen und menschlichen Grunderfahrungen; er zielt vor allem auf *Lebenshilfe*.

Im Zentrum steht daher die Aufarbeitung von (religiösen) Sozialisationsdefiziten. Stoodt geht von „falscher" Religion und religiöser „Entfremdung" aus und bezieht sie auf mögliche Lebensentwürfe. Dies soll zur Ich- und Selbstfindung der Schüler beitragen. Es geht also um die Gewinnung von Identität. Es ist darum nahe liegend, dass das Modell den Bezug zur Psychologie herstellt. Der Lehrer hat entsprechend eine seelsorgerliche und „therapeutische" Funktion.

Ertrag und Kritik. Das Konzept hat einen klaren Bezug zur Person und leistet als einziges wirkliche Subjektorientierung. Es bemerkt erstmals die ambivalente Funktion von Religion, die schlechte Abhängigkeit erzeugen und neurotische Einstellungen begünstigen kann; dagegen soll ihr lebendiger, Ich-stärkender Zug eingebracht werden. Es weiß um die Erfahrbarkeit und die persönliche Bedeutung der religiösen Gehalte, ist darum an Interaktion orientiert, dadurch grundsätzlich auch didaktisch stimmig. Auch wenn der Begriff nicht eigens reflektiert wird, liegt hier klar ein *Bildungs*-Konzept vor. Bei aller Sympathie und Plausibilität für diese Position muss freilich gesehen werden, dass sie im Unterricht nur begrenzt verwirklichbar ist. Der Religionslehrer kann nur im Ausnahmefall Seelsorger und Therapeut sein (– wobei genau diese Funktionen wiederum gerade einen wirklich guten Lehrer ausmachen). Der Idealismus des Konzepts ist darum kritisch eher gegen die Schulwirklichkeit zu richten, weniger gegen das Konzept selbst. Für die über den RU hinausgehende RP insgesamt behält das Modell eine hohe (und bisher unterschätzte) Bedeutung.

6. Verbundmodelle, neue Ansätze und offene Fragen

Überblickt man die mittlerweile klassisch gewordene Abfolge der religionspädagogischen Konzeptionen, so wird deutlich, dass jede von ihnen den typischen Stempel einer Generation trägt. Die Prägungen bestimmter Jahrgänge gehen hier sichtbar in die Vorstellungen ein, wie christlicher Unterricht zu gestalten sei. Die Abfolge lässt sich also als fortlaufender religionspädagogischer Generationenwechsel verstehen. Deutlich zeigt sich auch der Vorgang der Ent-Traditionalisierung, der parallel zur allgemeinen kulturellen Entwicklung verläuft.

Heute kann keine der klassischen Konzeptionen mehr als bestimmend angesehen werden, auch wenn die Problemorientierung faktisch immer noch dominiert. Vielmehr hat sich die Einsicht durchgesetzt, dass der Wechsel von einander widerstreitenden Positionen nicht mehr im Sinne einer dieser Positionen entschieden werden kann – die Vorläufer behalten immer ihr relatives Recht. Darum herrschen heute Verbundmodelle vor, die die klassischen Positionen miteinander zu vermitteln versuchen und sie in ihren jeweiligen Stärken beerben.

Verbundmodelle

Nipkows „Konvergenzmodell", das die RP zwischen Theologie und Pädagogik stellt, wird oft zur Problemorientierung gerechnet. Es bringt Bibel-Themen und Themen des Christseins in der Gegenwart im Wechsel und bestimmt faktisch die Lehrpläne. Fraglich ist aber, ob hier von einem Modell gesprochen werden kann; denn hier liegt der Versuch vor, die Probleme der Problemorientierung im RU durch ein „Sowohl-als-auch" zu lösen. Ein solches additives Nebeneinander stellt allenfalls eine pragmatische Verfahrenslösung dar. Der Bezug des Konvergenzmodells zur lebensweltlichen Verortung religiöser Erfahrung bleibt weitgehend offen.

Seit dem folgenreichen Beschluss der Würzburger Synode (1974), die sich am 2. Vatikanum orientierte, ist im katholischen Bereich die sog. *Korrelationsdidaktik* fast bis heute das grundlegende religionspädagogische Modell geblieben. Sie wurde vor allem durch Georg Baudler entwickelt. Im Hintergrund steht die „Korrelationsmethode" von Paul Tillich, der die Vorgaben der christlichen Tradition als Antworten versteht, die ihre Bedeutung nur im Zusammenhang mit heute gestellten Fragen entfalten können und sollen. Für die Korrelationsdidaktik wird „Erfahrung" (→ 10.4) ein Schlüsselbegriff; die Tradition ist Niederschlag von Erfahrung und soll in einen wechselseitigen Austausch- und Befragungsprozess mit heutigen Erfahrungen und Fragen gebracht werden.

Gemeinsam ist den Verbundmodellen der Versuch, Einseitigkeiten auszugleichen. Sie nehmen Bezug auf theologische *und* pädagogische Begründungen. Allerdings ergeben sich so keine geschlossenen und profilierten Konzepte mehr, sondern Zusammenstellungen. Das spiegelt sich etwa im Globalziel, das für den RU aller Schularten in Bayern formuliert ist:

> „Der Religionsunterricht hat die Aufgabe, der Kommunikation des Schülers mit dem christlichen Glauben in der gegenwärtigen Welt zu dienen. In diesem Sinne versteht er sich als Dienst der Kirche an der Gesellschaft. Er geschieht unter den Gegebenheiten und Bedingungen der Schule. Darum müssen die Ziele des Religionsunterrichts von Kirche und Schule gemeinsam verantwortet werden können." (Lehrpläne für den Religionsunterricht in Bayern)

Die zentrale Bedeutung der „Kommunikation" erklärt sich durch die gleichrangige Bedeutung der Schüler, der gegenwärtigen Welt und der christlichen Tradition. RU hat also die Aufgabe, innerhalb dieser Dimensionen eine lebendige *Beziehung* herzustellen, bei der es prinzipiell keine Vorränge geben kann. Als Erklärung heißt es weiter: „Der Religionsunterricht soll Antworten von Christen auf die Fragen, Nöte und Herausforderungen unserer Zeit suchen und entfalten; ... er informiert und orientiert über die christliche Tradition; ... er schuldet dem Schüler konkrete Lebenshilfe; ... er hat den Anruf Gottes in der christlichen Überlieferung gegenüber dem Menschen unserer Zeit auszusprechen." Hier kehren mit Ausnahme der liberalen alle klassischen Positionen wieder: Problemorientierung, Hermeneutik, Sozialisationsbegleitung und Verkündigung.

In der religionspädagogischen Theoriebildung hat sich vor allem die Erfahrung als Integrationsbegriff angeboten (→ 10.4, 18.2). Erfahrung ist ein Grunderfordernis der RP – wo der Erfahrungsbezug fehlt, ist schon die

Didaktik schlecht. Erfahrungsbezug muss dort eingeklagt werden, wo die RP lebensfremd zu werden droht. Allerdings muss die RP vor allem klären, was eine *religiöse* Erfahrung ist! Erfahrung lässt sich, wie das religionspädagogisch meist versucht wurde, nicht abstrakt einfordern. Und die RP muss, wenn sie auf Erfahrung setzt, immer auch den Weg zu ihr angeben, also eine entsprechende Didaktik anbieten – sonst liegt der Verdacht nahe, dass die gesuchte Erfahrung nur wieder die Erfahrbarkeit der immer schon vorhandenen und bekannten christlichen Inhalte ist, nicht die Erfahrung der Schüler. Bedacht werden müsste dann auch, dass die Schülererfahrung möglicherweise eine ganz andere als die christlich gewollte ist, dass sie also gar nicht mehr bruchlos mit traditionellen christlichen Angeboten vermittelbar ist.

Erfahrungsorientierung und Vermittlungsmodelle können belegen, dass der Prozess der Enttraditionalisierung keineswegs fatale Wirkungen haben muss, sondern konstruktiv aufgenommen werden kann. Das Abrücken von autoritär vermittelten Vorgaben hat hier zu einer nachgeraden Entdeckung und konsequenten Beachtung der Schüler, ihrer Fragen und ihrer Lebenssituation geführt (→ 15.5). Die Verkündigung des Evangeliums verändert da zwar ihre Form, kommt aber gerade in neuer Weise zu ihrem Recht.

Neue Ansätze

Zwei Grundlegungen der weiteren Entwicklung sind nicht mehr unterschreitbar: die entschlossene Wendung zum Menschen und die Neuentdeckung religiöser Gestaltungsformen.

Auf der einen Seite wird RP als „Lebensbegleitung" (Nipkow) verstanden. Mittlerweile gilt es als Standard, alle religionspädagogischen Bemühungen auf je spezifische Lebensphasen zu beziehen und entsprechend zu differenzieren. RP insgesamt lässt sich auf den Lebenslauf, also auf die „Biographie" des Menschen beziehen (→ 4.1).

Breit diskutiert werden inzwischen auch entwicklungspsychologische (→ 4.2-4) und sozialwissenschaftliche Forschungen, die aber noch kaum in Begründungsfragen der RP eingehen. Sie gehen einen Schritt in Richtung weiterer Schülerorientierung – allerdings nur einen Schritt mit heuristischem Wert, der den Lebensbezug wenigstens durch den biographischen Standortbezug herzustellen versucht: wie wird Religion eigentlich verstanden und aufgefasst? Die Entwicklungsmodelle sagen aber nichts aus über religiöse Interessen und Erschließungswege. Sie stellen sich als analytische Bereicherung dar, kaum als Grundlage neuer Modellentwicklung. Vergleichbares gilt auch für die ebenso breit diskutierte religiöse „Elementarisierung" (→ 10.3), die didaktische Erschließungsfragen bedenkt.

Mit dieser konzeptionellen Neuentwicklung kann die Religionspädagogik auch als Modell für eine Kirche gelten, die sich mit der zunehmenden Individualisierung nicht leicht tut. Freilich unter der Bedingung, dass sie das Erbe ihrer vorangehenden Generationen nicht – wie das das erwähnte Bayrische Globalziel leider nahelegt – additiv versteht und alles auf einmal will. RP braucht Profil. Dass christliche RP religiöse Bildung ist, also Begegnung mit christlicher Religion, die den Menschen zugute kommt, ist nur scheinbar eine Banalität. Nicht nur die polemische Ablehnung von „Religion" und autonomer Bildung in der Evangelischen Unterweisung steht dem entgegen, sondern auch das Verständnis des RU als „Religionskunde". Eine heute plausible RP muss *religiöse Kompetenz* (→ 2.5) anzielen im Sinne derer, denen sie erschlossen werden soll, nicht nur Glauben, und nicht nur eine kognitive Kundigkeit im Bereich des Religiösen.

Darum steht auf der anderen Seite eine Hinwendung zu den Ausdrucks- und Vollzugsformen der Religion, die sich der Erfahrung durch Mitvollzug erschließen.

Die Symboldidaktik (→ 11.2) kann als der erste neue Versuch gelten, genuin religiöse Erfahrungen anzubahnen. Sie setzt in ihrem Versuch, religiöse Symbole zu erschließen, gleichermaßen beim Schüler, bei der Tradition und der gegenwärtigen Situation an und will vor allem einen Sinn für die Logik religiöser Anschauung eröffnen, die der Bildung der Menschen dient.

In der Bibeldidaktik (→ 11.1) begegnet eine ähnliche Idee. Die Sprache der biblischen Überlieferung soll so aufgeschlossen werden, dass sich Menschen heute in ihr wiederfinden – mit ihren Sorgen, Nöten, Hoffnungen und Bedürfnissen. Die Bibel enthält selbst eine auf Erfahrung bezogene „implizite" Didaktik, ist also kein Buch der Vergangenheit. Allerdings liegt hier weniger ein grundlegendes religionspädagogisches Modell vor, da kaum Begründungsfragen für religiöses Lernen gestellt werden, sondern der Sinn von religiösem Lernen vorausgesetzt wird. Symbol- und Bibeldidaktik sind eher als neue Zugangswege bzw. als religions*didaktische* Konzeption zu verstehen.

Vielversprechend ist vor allem die „Performative Religionsdidaktik" (→ 11.6), die die christliche Religion im Vollzug erschließen will und grundlegende religionspädagogische Fragestellungen einer pragmatischen, aber plausiblen Lösung zuführt. Möglicherweise kündigt sich hier ein tief greifender Tendenzwechsel von einer texthermeneutisch verfahrenden zu einer religiös-ästhetisch orientierten RP an (→ 20).

Offene Fragen

Nach wie vor wohl das zentrale Problem scheint das Verhältnis zwischen christlich-religiöser Tradition und den Lernenden, dogmatisch gesprochen zwischen Offenbarung und Erfahrung. Als weitgehend ungelöste Frage der Konzeptionsentwicklung bleibt, wie eine plausible Verbindung der christlich-religiösen Glaubens-, Kultur- und Lebensgehalte mit den Erfahrungs- und Lebensbedingungen der Gegenwart möglich ist und gelingen kann. Wie ist beides in ein stimmiges, einsichtiges und bildendes Verhältnis zu bringen?

Damit hängt das Grundproblem der Subjekt- bzw. Schülerorientierung zusammen. Ist sie wirklich geleistet? Wie ist sie erreichbar? Die Evangelische Kirche in Deutschland hat 1971 in einer verfassungsrechtlichen „Stellungnahme" ein Bekenntnis zum Bildungsgedanken abgegeben und die Ablehnung jeder selbstbezogenen Privilegierung der Kirche im RU proklamiert; RU ist Dienst am Schüler, nicht primär kirchliches Interesse. Trotz dieser bemerkenswerten Stellungnahme bleibt als Frage aber: Was interessiert die Menschen eigentlich? Wie sind sie religiös ansprechbar, wie ist *ihre* Religiosität kommunizierbar und förderbar? Klar ist, dass diese Fragen religionspädagogisch nicht beantwortet werden können ohne Bezug zur christlichen Tradition.

Das Problem verschärft sich dadurch, dass die Ablehnung von oder schlicht das Desinteresse an christlichen Gehalten größer werden. Durch eine solche mögliche Ablehnung hindurch die christliche Religion im Sinne der Menschen zu erschließen – das wäre die zentrale Aufgabe einer heute plausiblen RP. Hier fehlt ihr deutlich eine Reflexion der psychosozialen Verfassung der Menschen heute: Was bewegt sie? Was ersehnen sie sich? Wo finden und erhoffen sie sich Erfüllung, Glück, Sinn? Wie lässt sich das Evangelium auf solche Existenzfragen beziehen?

Ausgesprochen sinnvoll und wünschenswert scheint hier ein Bezug zur Diskussion um die Postmoderne (→ 14.1), die das heutige Lebensgefühl philosophisch spiegelt, ferner der Einbezug der Narzissmus-Theorien (→ 16.4), die Bedürfnisse, psychische Verfassung und Orientierungen der Menschen heute reflektiert. Die religionspsychologische Forschung (→ 18.3), vor allem die Arbeiten von Bernhard Grom und Hans-Joachim Fraas, sind in der RP bisher ein Nebenschauplatz mit nur geringem Einfluss geblieben. Dazu müsste konsequent die Bedeutung und Funktion der Religion für Menschen, Gesellschaft und Kultur wiederentdeckt und entsprechend aufgearbeitet werden (→ 17). Die RP hat es in der Religion mit einer sehr eigenständigen Dimension der Lebenswirklichkeit zu tun, die keineswegs vorschnell durch Ethik und kritisches Denken ersetzbar ist, sondern die in ihrer Eigenständigkeit regelrecht neu entdeckt sein will. Genau diese religiöse Dimension gälte es für die Menschen aufzuschließen und ihrer zunächst immer ganz subjektiven *Religiosität* zuzuführen: Das zeigt als grundlegendes Konzeptions-Erfordernis die Entfaltung einer religiösen *Bildungs*-Theorie (→ 18 und 19).

Der Generalnenner der Erfahrungen, die die RP in ihrer Debatte um die Konzeptionen gewonnen hat, ließe sich als eine Hinwendung zur Subjektivität und zu den Ausdrucksformen der Religion begreifen. Weder die exklusive Alternativität konzeptioneller Standpunkte, noch eine autoritative Erziehungshaltung kann religionspädagogisch zeitgemäß sein. An die Stelle von Belehrung muss die Eröffnung von Begegnungen mit der christlichen Religion treten. Es geht um Kommunikation, um die Eröffnung von Beziehungen und von Erfahrungen, die ohne ein konsequentes Ernstnehmen von Subjektivität nicht ehrlich sein könnte. Damit ist RP als religiöse Bildung zu entwerfen: Selbsttätigkeit, Mündigkeit und die Individualität von Erfahrung werden konstitutiv. Die Fähigkeit zu echtem Dialog, der die Verschiedenheit und Vielschichtigkeit von Subjektivität beachtet, wird zu einer formalen Grundkategorie der RP.

Gleichzeitig werden die Begegnung mit gestalteter und gelebter Religion, die wenigstens probeweise Teilnahme an religiösen Vollzügen und die Auseinandersetzung mit religiösen Deutungsmustern zu zentralen Aufgaben.

Zusammenfassung

Die RP hat von Beginn ihrer Entstehung an eine schnelle Entwicklung durchlaufen. Diese hat sich in sehr verschiedenen zeitbedingten Konzeptionsmodellen niedergeschlagen, die jeweils bestimmte Aspekte christlichen Lernens betonen, allerdings nur im Verbund sinnvoll sind: Die Liberale RP fordert die emotionale Anregung der subjektiven Religiosität, die Evangelische Unterweisung dagegen eine auf Glauben zielende Verkündigung; die Hermeneutische RP versteht sich unter Einbezug moderner Wissenschaften als Auslegung der christlichen Tradition, die Problemorientierte RP dagegen (die bis heute dominiert) versucht die Religion durch gegenwärtige gesellschaftliche und ethische Fragestellungen zu erschließen. Ganz beim „Subjekt" ist nur die Therapeutische RP, die sich als Lebenshilfe versteht; ganz bei ihrer Sache ist nur eine RP, die gelebte Religion im Blick hat.

Literatur: G. Adam/R. Lachmann 2003, 37–86 – G. Hilger u.a. in G. Hilger/S. Leimgruber/H.-G. Ziebertz 2001, 42–66 – T. Lotz in H.G. Heimbrock 1998, 178–201.

4 Religion im Lebenslauf

> „Früher dachte ich, Gott ist auf einer Wolke, er hat einen langen grauen Bart und er ist sehr alt, um ihn rum schweben lauter Engel. Jetzt denke ich, Gott ist um die ganze Welt rum und schaut auf uns runter." (Schüleräußerung)

Diese Aussage eines jungen Menschen wirkt durch ihre Konkretheit naiv. Wie soll die RP mit solchen „kindlichen" Anschauungen umgehen? Soll sie sie auf sich beruhen lassen, fördern oder korrigieren hin zu einem „erwachseneren" Gottesverständnis? Die Aussage zeigt, dass sich das Gottesbild – und religiöse Auffassungen überhaupt – mit den Lebensphasen verändern; entsprechende Unterschiede müssen bekannt und zunächst einmal wahrgenommen werden. Damit wird deutlich, dass individualisierte Religion einen konstitutiven Bezug zur Lebensgeschichte hat. Es stellt sich dann aber auch die Frage, wo Religion überhaupt herkommt: wie entsteht Religiosität?

1. Lebensgeschichte und Religion

> „Stellt das bürgerliche ‚Haus' das Muster für die Privatisierung der sozialkulturellen Lebensräume dar, so bezeichnet die ‚*Lebensgeschichte*' das charakteristisch neuzeitliche Paradigma für die Individualisierung der Lebenszeit." (Steck 2000, 394)

Mit dieser Wendung zur Lebensgeschichte verändert sich auch die Religion. Wurde sie früher als eine alles übergreifende Ordnung erfahren, so erscheint sie heute eher als Hintergrund der individuellen Biographie, innerhalb derer sie vor allem an den Übergängen der einzelnen Lebensphasen als konkret erfahrbares Ritual hervortritt: bei Geburt, Erwachsenwerden, Heirat, besonderen Jubiläen, beim Sterben. Religion wird als der Bereich verstanden, der die eigene Herkunft und Entwicklung, Leiderfahrungen, den Lebenssinn, das Geheimnis und die Momente der Erfüllung spiegelt. Die Lebensgeschichte ist der eigentliche „Ort von Religion" (Schweitzer), an dem sie für einen Menschen erinnerbar und bedeutsam wird. Das zeigt: Religion wird nicht nur von Mensch zu Mensch verschieden erlebt und aufgefasst, sie verändert sich auch in ein und derselben Person.

Dass Lebenslauf und Religion zusammenhängen, ist eine Einsicht bereits der Gegenaufklärung. Johann Georg Hamann hatte erstmals „Gott als Autor meiner Lebensgeschichte" bezeichnet. Auch C.G. Jung sieht das Selbst mit der Gottesvorstellung verbunden. Er geht deshalb davon aus, dass wir Gott für das verantwortlich machen, was wir selbst versäumt haben oder nicht annehmen können. Das zeigt noch einmal, wie sehr auch im persönlichen Gott die eigene Lebensgeschichte verdichtet ist. Das Thema ist für die RP allerdings noch relativ neu. Henning Luther hatte in seinem bemerkenswerten Buch „Religion und Alltag" (1992) die Wendung der Praktischen Theologie zum Subjekt markiert. Die Lebensgeschichte ist hier erstmals als Ort der Religion verstanden worden. Inzwischen wird das Thema in der RP vor allem im Zusammenhang mit den kognitiven und religiösen Entwicklungstheorien reflektiert.

Der Lebenslauf besteht aus Phasen, die einen je spezifischen Bezug zur Religion haben. Die Geburt und Ankunft eines neuen Menschen wird mit der Taufe begangen. Bereits mit der Geburt beginnt die für das Menschsein grundlegende Spannung zwischen Selbstsein und Abhängigkeit, Freiheit und Bindung, deren Gestaltung bleibende Lebensaufgabe ist – und Urthema der Religion: Geborgenheit in Gott und prophetischer Aufbruch in die Freiheit sind die großen Themen der Religion, die in polarer Spannung zueinander stehen (→ 17.1). Und sie sind zugleich die Grundbedingungen jeder menschlichen Entwicklung; zum basalen und für das ganze Leben grundstimmenden Gefühl des Gehaltenseins durch die Eltern kommt allmählich und immer mehr als ebenso gewichtige Lebensbedingung ein begleitendes Loslassen hinzu, das Neugier, Sich-Öffnen und Freiheitstrieb unterstützt. Kleinkinder erfahren in den biblischen Geschichten, den christlichen Festen, in mythischen Figuren (Christkind, Nikolaus, Engel) von der geheimnisvollen Tiefenschicht des Lebens (→ 5.1–2).

Religion wird in der kindlichen Welt wichtig als symbolischer Raum, der im Zusammenhang mit den „Übergangsobjekten" (Winnicott, → 13.4) steht. Diese Übergangsobjekte (der Teddy, Puppen, ein Zipfel vom Betttuch) stellen eine Mischung aus erlebtem Wirklichkeitsbezug und innerer Phantasie dar, die eine Balance herstellen zwischen Geborgenheit und Eigentätigkeit. Hier werden religiöse Figuren, Szenen, Geschichten und Vorstellungen höchst bedeutsam für die menschliche Entwicklung. Die alte Auffassung Rousseaus und anderer Pädagogen nach ihm, wonach Religion eine Sache der Erwachsenen, nichts aber für Kinder (oder für sie sogar schädlich) sei, ist mit diesen Einsichten der neueren Säuglings- und Kinderforschung klar überholt.

Die Jugend (→ 16) ist die beginnende Selbständigkeit und Ablösung vom Elterneinfluss; Unsicherheit und Zweifel begleiten die Suche nach der eigenen Identität. Die Grundfrage: Wer bin ich? stellt sich in vielen Facetten: bin ich liebenswert, respektabel, eigenständig, selbstbewusst (genug)? Was will ich, was kann ich? Religiöse Kindheitsmuster werden in Frage gestellt, vor allem, soweit sie eher kognitiv vermittelt sind und keinen tieferen Bezug zum eigenen Leben gefunden haben. Die Gottesvorstellung wird abstrakter. Verstärkt wird die Frage nach dem Sinn und Nutzen von Religion gestellt. Gleichzeitig wächst oft die Sehnsucht nach ganzheitlicher und spiritueller Erfahrung.

Der Übergang der Jugendzeit zum ersten Auftreten als Erwachsener wird mit Konfirmation bzw. Firmung begangen. Auffällig ist, dass Junge Erwachsene von der Zeit des Berufseintritts bis zur Familiengründung keine eigenen religiösen Angebote bekommen. Die Heirat wird dann mit der kirchlichen Trauung begangen, der Eintritt in die Elternschaft mit der Taufe der eigenen Kinder; deren religiöse Erziehung stellt durch Kindergarten und Kindergottesdienst oft den Bezug zur Religion erneut her.

Das Erwachsenenalter ist durch die Übernahme von Rollen, (beruflichen) Aufgaben, Streben nach sozialer Akzeptanz und einen selbst verantworteten und konstruktiven Bezug zu Gesellschaft und Kultur gekennzeichnet. Die selbständige Gestaltung der eigenen Lebensumstände steht jetzt im Mittelpunkt, in der Regel vor allem von Partnerschaft und Familie. Eine oft nicht verstandene und schwer zu bewältigende Grundaufgabe bleibt die konstruktive Trennung von prägenden Kindheitserfahrungen, die „Ablösung von den Eltern", die Bedingung für Selbstsein und reifes Beziehungsverhalten ist. Religion scheint hier auf den ersten Blick entbehrlich, da die grundlegende Orientierung nicht an Traditionen oder an den Älteren geschieht, sondern an eigenen Bedürfnissen. Reife Religiosität geht darum in aller Regel mit der Einsicht in das Verdanktsein des eigenen Lebens, meiner Kräfte, Beziehungen und erfüllten Erfahrungen einher, spiegelt also den kostbaren Wert der Vorgaben des eigenen Lebens.

Das Ende des Lebens wird mit dem Ritual der kirchlichen Beerdigung begangen. Das Altwerden (→ 9.2), das mit der Erfahrung von Abbau, oft auch von Leid und mit Gedanken an das Sterben einher geht, markiert für viele eine neue Zuwendung zur Gemeinde und zum Gottesdienst. Das Gelingen des Alters hängt weitgehend von der Akzeptanz der eigenen Biographie ab und von der Fähigkeit loslassen zu können. Das ist mit der modernen Vorstellung ungebrochener Autonomie schwer vereinbar – verinnerlichte und gelebte Religion kann aber gerade als Voraussetzung auch für die eigene Selbständigkeit verstanden werden, im Sinne des Wissens: es gibt etwas, das ist größer als ich. Wer im Alter vermag, Gott als Autor der eigenen Lebensgeschichte zu verstehen, gibt keine Verantwortung aus der Hand, sondern dokumentiert Dank und die Annahme des Lebens, wie auch immer es sich vollzogen hat. Vor allem am Ende des Lebens wird dann der Zusammenhang von Religion und Lebenssinn deutlich.

Grundlegend für jede Entwicklung – und auch für die Erfahrung von Sinn – ist der möglichst reich entfaltete Bezug zwischen Ich und Welt. Dieser Bezug, der sich auch als die umfassende Lebensaufgabe verstehen lässt, ist prinzipiell unabschließbar und geht darum in seiner Entfaltung nie im Nächstliegenden auf, muss also das „Umgreifende" mit einbeziehen, die Religion. Jede Beziehungsaufnahme erfordert und sucht außerdem eine symbolische Gestaltung, die selbst wiederum tendenziell religiöser Natur ist. Hans-Joachim Fraas fasst das zusammen:

> „Die Lebensaufgabe des Menschen besteht darin, Autonomie zu gewinnen, indem er in Einbindung und Ausgrenzung zur Umwelt in deren dreifachem Sinn von Gegenständlichkeit, sozialen Beziehungen und Umgreifendem schlechthin sich selbst gewinnt, dieses Verhältnis gestaltet und symbolisch ausformt." (Fraas 1993, 157)

RP, die sich als „Lebensbegleitung" versteht (Nipkow), muss darum heute offensichtlich mehr sein als die Reflexion von Kindergarten, RU, Erwachsenenbildung usw. Sie muss vor allem den Sinn und die Logik der Religion für die Biographie der einzelnen Menschen aufschließen. Wilhelm Gräb hat auf Grund des Zusammenhangs der Religion mit der Lebensgeschichte Religion überhaupt als „Arbeit an Lebensdeutungen" bezeichnet. RP sollte dem zuarbeiten, also Deutungsmöglichkeiten und -angebote ebenso vermitteln wie religiöse Symbolisierungs- und Ausdrucksfähigkeit. Sätze des Glaubens sind nicht zu glauben, sondern wahr nur als Deutungsangebote und selbst verantwortete symbolische Gestaltungen des je eigenen Lebens.

2. Psychoanalytische Entwicklungsmodelle

Grundlagen des heutigen Zeitverständnisses sind Linearität und innovative Entwicklung. Da kann es kaum ausbleiben, dass sich der Entwicklungsgedanke auch an Person und Biographie festmacht: Jeder Mensch bringt eine bestimmte Veranlagung mit, die durch seine soziale, kulturelle und natürliche Umwelt (Gesellschaft, Wohnort, Elternhaus usw.) geprägt und entfaltet wird. Entwicklung ist ein Merkmal des Menschlichen. Und auch die Religion unterliegt einer entsprechenden Veränderung im Lebenslauf.

Die neueren Entwicklungstheorien untersuchen den Lebenslauf, die Entfaltung des Denkens, der moralischen und der religiösen Auffassung; sie gehen davon aus, dass sich Entwicklung weitgehend unabhängig von der kulturellen Umgebung vollzieht. Die beobachtbaren „Stufen" der Entwicklung gelten als menschheitsweit vergleichbar, sie können angeblich nicht einmal übersprungen werden.

Ausgangspunkt der Theorien war wie in vielen anderen Bereichen der psychologischen Forschung Sigmund Freud. Dessen Menschenbild war eine radikale und ernüchternde Reduzierung der „Persönlichkeit" auf Abhängigkeiten: der Mensch ist nicht einmal „Herr im eigenen Haus". Freud sah das bewusste „Ich" eingespannt in den Bereich des „Über-Ich", zu dem er alle von außen kommenden Anforderungen zählte: Pflichten, Gebote, Normen, Autoritäten wie Eltern und Gott. Aus der eigenen psychischen Innenwelt heraus wird das Ich zugleich permanent vom „Es" bedrängt, den „Trieben", zu denen Freud vor allem die als „Sexualtrieb" verstandene „Libido" (Lebensenergie) und den „Todestrieb" (Aggression) rechnete. Wer diesem Druck nicht standhält, wird neurotisch. Eine sinnvolle Abfuhr kann durch „Sublimierung" geschehen, d.h. durch Umwandlung in Kunst, Bewegung, usw. Vor allem aber sah Freud als Ziel jeder Entwicklung, sich durch vernünftige, realitätsorientierte, d.h. rationale Selbststeuerung des Ich von jeder Abhängigkeit überhaupt zu befreien. Das sollte seinen Abschluss in der Adoleszenz finden.

Diese im ersten Moment sehr einleuchtende Darstellung stellt allerdings ein tendenziell pessimistisches Menschenbild dar, das Glück und Erfüllung nur als Ausgleich von Druck kennt, vor allem aber Entwicklung schlicht auf Rationalität beschränkt. Bezeichnenderweise stellt der erste Gegenentwurf durch Heinz Kohut eine ganz andere Zielrichtung vor: Nicht die „Libido" ist für ihn der primäre menschliche Trieb, sondern der „narzisstische", d.h. die Suche nach Selbstbestätigung und Selbstwertgefühl; Ziel jeder Entwicklung ist daher Selbstannahme und gesundes Selbstbewusstsein (→ 16.4).

Eine bedeutende Erweiterung führte auch Erik Erikson ein. Für ihn ist Entwicklung Prinzip des Lebens überhaupt; sie dauert das ganze Leben lang an, ist nicht mit dem Erwachsen- oder Vernünftigwerden abgeschlossen. Bekannt gewordene Stichworte Eriksons sind das Grundvertrauen („basic trust") als Basis und Hintergrund der gesamten Entwicklung und „Identität" als deren Kern. Das Leben ist eine Abfolge von „Krisen", d.h. von entscheidenden Phasen, die jeweils positiv oder negativ bewältigt werden und die weitere Entwicklung jeweils mit beeinflussen. Besonders nachvollziehbar ist das beim Grundvertrauen, das bereits im Säuglingsalter vermittelt wird, und das grundsätzlich prägend wird für das Selbstwertgefühl und das Vertrauen sowohl in die eigene Person als auch in die umgebende Welt. Fällt es positiv aus, so sind Selbstvertrauen, Gelassenheit, Lebensfreude, Akzeptanz des Lebens usw. die Folge; fällt es negativ aus („Grundmisstrauen"), so kommt es zu Selbstzweifel, Unsicherheit, Unzufriedenheit, innerer Anspannung, eher passiver Haltung usw. Bemerkenswert und in seiner Bedeutung kaum auszudenken ist dabei, dass unser Lebensgefühl also regelrecht „gelernt" wird! Prägungen sind entscheidend für unsere Art und Weise, mit uns selbst und der Welt umzugehen.

Lebensphase	„Krise"	Kommentar zur Bewältigung und positiven Bedeutung der Krise
Säuglingsalter	Grundvertrauen gegen Grundmisstrauen	Ich kann mich verlassen Gefühl des Gehalten-Seins und der Verlässlichkeit der Welt; Stabilität der eigenen Person
Frühe Kindheit	Autonomie gegen Schamgefühl und Selbst-Zweifel	Ich darf Gefühl des Rechts auf das eigene Leben, Denken und Tun
Spielalter	Initiative gegen Schuldgefühl	Ich traue mich Ausbildung von Phantasie, Neugier und eigenem Willen
Schulalter	Werksinn gegen Minderwertigkeitsgefühl	Ich kann Lust und Fähigkeit zum Spiel und zu Tätigkeit überhaupt, Stolz auf das eigene Tun
Adoleszenz (Pubertätszeit)	Identität gegen Identitätskonfusion	Ich bin Selbstbewusstsein, Selbstachtung, Entscheidungsfähigkeit, sichere Übernahme von Rollen
Frühes Erwachsenenalter	Intimität gegen Isolierung	Ich kann lieben und mich binden Fähigkeit zum Ausgleich von Geben und Nehmen, Distanz und Nähe, Freiheit und Hingabe; Beziehungsfähigkeit
Erwachsenenalter	Generativität gegen Stagnation	Ich kann etwas weitergeben Erziehung von Kindern; Einsatz für andere Menschen, Gesellschaft und Kultur
Hohes Alter	Integrität gegen Verzweiflung, Ekel	Ich kann mein Leben annehmen Akzeptanz der eigenen Herkunft und Entwicklung mit allen eigenen Fehlern und Schwächen und allem Unvollendeten (nach Erikson 1982)

Entscheidende Phasen sind die Ausbildung des alles Weitere prägenden Grundvertrauens, dann aber auch der Identität in der Adoleszenz (→ 16). Wer keine stabile Identität aufbauen kann, wird unsicher wirken, Entscheidungsschwierigkeiten haben und eher verschlossen, leistungsschwach, bedrückt, rat- und rastlos und ein Suchender bleiben. Es ist klar, dass die psychische Energie, die ein solches Lebensgefühl kostet, nicht zur gesunden Entwicklung des nächsten Lebensschritts zur Verfügung steht.

Wenn die (positive) Entwicklung grundsätzlich gebunden ist an das Gefühl des Gehaltenseins, dann liegt hier auch eine Bedeutung für die *religiöse* Entwicklung. Glaube lässt sich nämlich als Grundvertrauen verstehen, als Zuspruch und umfassende Geborgenheit, christlich gesprochen: als Gottes bedingungslose Annahme und Liebe. Auch die zweite grundlegend wichtige Phase der Identitätsbildung ist religiös verstehbar: Religion betreibt die Freiheit des Menschen und seine Entfaltung, christlich gesprochen: sie zeigt Gottes Rechtfertigung ohne jede Vorleistung. Erikson selbst geht davon aus, dass Religion mit ihren Bildern und Ritualen bei der Bewältigung der Krisen hilfreich sein kann. Es zeigt sich hier die Umsetzung und die mögliche „Wirkung" der Religion: Sie kann zur Ausbildung von Grundvertrauen und Identität (und natürlich auch von Autonomie, Generativität usw.) *maßgeblich* beitragen.

Eriksons Modell ist nicht nur auf Grund dieser religiösen Parallelen für die RP interessant. Es zeigt über den konkreten biographischen Ausdruck von Religion hinaus auch, dass mögliche Leitziele einer gesunden menschlichen Entwicklung für religiöses Lernen immer mitbedacht werden sollten – etwa ein gesundes Selbstbewusstsein, Offenheit anderen Menschen gegenüber, Akzeptanz der Lebensumstände, Souveränität und Reife.

3. Kognitiv-strukturelle Entwicklungsmodelle

Untersuchungen der Kognitionsentwicklung, also der Strukturen des Verstehens, Denkens und Urteilens, haben in der RP derzeit einen hohen Kurswert. Sie gehen empirisch vor und kommen zu gegenseitig vergleichbaren Stufen, die sich jeweils einem bestimmten Lebensalter zuordnen lassen und die einen Stand der Entwicklung spiegeln. Sie stellen implizite, nicht unbedingt bewusste Strukturen dar, die Denken und Handeln eines Menschen bestimmen. Die Entwicklung insgesamt zeigt einen Bewusstseinsfortschritt von einfachen Auffassungen hin zu steigender Autonomie und Abstraktion; sie gilt als unumkehrbar.

Ausgangspunkt der neueren Stufentheorien ist das Modell der kognitiven Entwicklung von *Jean Piaget*. Dieser geht davon aus, dass jede Entwicklung, eigentlich jedes Lernen überhaupt, eine „Äquilibration" (Herstellung einer Balance) durch „Assimilation" und „Akkomodation" ist, d.h. durch Angleichung dessen, was verstanden werden soll, an die eigenen Denkstrukturen einerseits, andererseits durch allmähliche und je begrenzte Veränderung dieser Strukturen selbst. Piaget unterscheidet nach der sensomotorischen Vorstufe (Entwicklung von angeborener Reizbeantwortung beim Säugling) drei Stufen, die vom konkreten Be-Greifen der Kleinkinder über die Kategorienentwicklung der Logik bei Kindern zum abstrakten Denken der Erwachsenen führt: vor-operationale Stufe („egozentrisch" orientierte intuitive begriffliche Zuordnungen), konkret-operationale Stufe („soziales", noch anschaulich bleibendes Denken in den Kategorien von Zeit, Raum, Kausalität zwischen 7. und 11. Jahr), formal-operative Stufe („umfassendes", abstraktes, formallogisches, hypothetisches Denken).

Lawrence Kohlberg (1969) nahm dieses Stufenmodell zum Anlass, die Entwicklung des „moralischen Urteils" zu untersuchen, eines ebenfalls kognitiven Bereichs, der parallel zur Denk-Entwicklung verläuft. Die drei Niveaus werden von Piaget übernommen, sind aber jetzt differenziert in sechs Stufen. Untersuchungsgegenstand sind *moralische Begründungen*, untersucht an schwierigen Entscheidungsfällen, deren bekanntester das sog. „Heinz-Dilemma" geworden ist: Heinz braucht für seine Frau, um sie vor dem Sterben zu retten, ein Medikament, das er nicht bezahlen kann; soll und darf er beim Apotheker einbrechen? Die Begründungsantworten der Probanden ergaben eine Stufung in drei grundlegende Urteils-Niveaus:

I. „Präkonventionelle Moral", die ihr Urteil als reine Außenvorgabe übernimmt und durch Angst vor Bestrafung bzw. Suche nach Belohnung motiviert ist, darum abhängig von der unbedingten Anerkennung äußerer Autorität. Hier lassen sich eine autoritätshörige Stufe („Heteronome Moralität") und eine des sozialen Vergleichs unterscheiden („Individualismus und Austausch").
II. „Konventionelle Moral", die durch Konformität, Anpassung, Loyalität gegenüber der Gemeinschaft gekennzeichnet ist und die übliche moralische Einstellung spiegelt. Hier lassen sich eine alltagsbezogene Stufe des Gleich gegen Gleich („Wechselseitige Erwartung") und eine reifere des moralischen Bezugs zur größeren Gruppe unterscheiden („Soziales System und Gewissen").
III. „Postkonventionelle Moral", die sich nach allgemeingültigen Prinzipien ausrichtet und als Ausgleich von Individuum und Gesellschaft („Sozialer Kontrakt und individuelle Rechte") bzw. in ihrer reifsten Form als Menschenrecht verstanden wird („Universale ethische Prinzipien").

Fritz Oser und Paul Gmünder übertragen diese Stufenfolge des moralischen Urteils in die des „religiösen Urteils". Ihre empirische Untersuchung galt dem Verhältnis zum „Ultimaten" (d.h. Letztgültigen, womit in aller Regel Gott bezeichnet ist), von dem angenommen wird, dass es (implizit) das religiöse Denken, Sprechen, Fühlen und Handeln bestimmt, darüber hinaus aber jedem Denken als eine Art „Mutterstruktur" zugrunde liegt. Auch dieses Stufenmodell wurde an „Dilemmageschichten" gewonnen. Bekannt ist das „Paul-Dilemma:" Paul erlebt einen Flugzeugabsturz und leistet ein religiöses Gelübde, das sein weiteres Leben massiv binden und einschränken wird; nachdem er überlebt, wird die Frage gestellt, ob er nun tatsächlich gebunden ist. Der Vergleich der gegebenen Antworten beobachtet einen zunehmenden Ausgleich zwischen der Autonomie Gottes und der Autonomie des Menschen – was natürlich bereits das Ausgangsdilemma, also die Frage-Vorgabe selbst nahe legt. Problematisch bei den verwendeten Begriffen ist auch, dass im Prinzip das *Gottesverständnis* untersucht wird, nicht ein (allgemeines) religiöses Urteil.

Gott erscheint im Kindesalter zunächst als der Alles-Könner (1. „Deus ex machina"), dann als beeinflussbar (2. „Do ut des", lat.: „Ich gebe, damit du gibst"); in der späten Kindheit und beginnenden Jugend rückt Gott in kritische Distanz (3. „Deismus", die theologische Vorstellung der Aufklärung von einem Schöpfer, der sich nicht mehr zeigt), erscheint aber auch schon als Bedingung für die eigene Existenz (4. „Apriorität"; a priori sind Dinge, die vorgegeben und uns nicht verfügbar sind), in einer noch reiferen Form des Begreifens als Bedingung von menschlicher Beziehung (5. „Kommunikativität"); eine weitere Stufe sehen Oser und Gmünder zwar als denkbar, nicht mehr aber als empirisch erhebbar.

James Fowler schließlich (seit 1981) hat „Stufen des Glaubens" untersucht, den er inklusiv und umfassend versteht als Lebensvertrauen bzw. Lebenseinstellung, als grundsätzliche Orientierung und als Sinnbezug („faith"), der vom Menschsein gar nicht abtrennbar ist. Sein Modell versucht die bisher besprochenen zu integrieren, unter Einbezug psychoanalytischer Theorien, angeblich auch unter Einbezug der emotionalen Dimension; damit versucht es über die *kognitive* Entwicklung hinaus zu gelangen. Fowler rechnet (vergleichbar dem Urvertrauen bei Erikson oder der sensomotorischen Vor-Phase bei Piaget) mit einer Phase „undifferenzierten" Glaubens, die die Basis für die weitere Entwicklung bleibt. Die Bezeichnungen der einzelnen Stufen sind sehr genau gewählt:

1. Der „intuitiv-projektive" Glaube ist eine Projektion unbewusster, „kindlicher" religiöser Intuitionen.
2. Der „mythisch-wörtliche" Glaube versteht mythische und symbolische Rede naiv wortwörtlich.
3. Der „synthetisch-konventionelle" Glaube besteht aus übernommenen religiösen Einzelvorstellungen, die (noch) nicht in einen persönlich verantworteten Zusammenhang integriert sind.
4. Der „individuierend-reflektierende" Glaube bezeichnet die eigenständige und kritische Befragung gängiger religiöser Vorstellungen, also den beginnenden Zweifel.
5. Der „verbindende" Glaube versteht sich als spirituelle Religionsgemeinschaft aller Menschen.
6. Der „universalisierende" Glaube begreift Glauben als Grundlage menschlicher Reife.

Entwicklungspsychologische Modelle
Kognitiv-strukturelle Psychologie der rationalen, moralischen und religiösen Auffassung

Jean Piaget **Entwicklung des Verstehens** Angleichung von Denken und Wirklichkeit	Lawrence Kohlberg **Entwicklung des moralischen Urteils** Entwicklung von ethischen Begründungen	Fritz Oser/Paul Gmünder **Stufen des religiösen Urteils** Religiöses Verstehen, vorwiegend die Einstellung zum „Ultimaten" (d.h. zu Gott)	James W. Fowler **Stufen des Glaubens** Glauben, verstanden als die grundlegende Lebenseinstellung
I. Präoperationales Denken „egozentrisch" Begriffe, abhängig von konkreter Anschauung (Frühe Kindheit)	Präkonventionelle Moral 1. Heteronome Moralität *Reine Vorgabe von außen; egozentrisch-hedonistische Orientierung*	1. Deus ex machina *Gottes Allmacht. Gott greift ein wie ein Zauberer, straft und belohnt; Vorstellung absoluter Heteronomie*	1. Intuitiv-projektiver Glaube *(ca. 3–7 Jahre) Phantasie und unbewusste Projektionen innerer (religiöser) Vorstellungs-Bilder*
	2. Individualismus und Austausch *Einhalten von Spielregeln; instrumentelle Orientierung am Nutzen*	2. Do ut des *Beeinflussbarkeit des „Ultimaten" durch Riten (Gebet, rechtes Verhalten); Versuche, Gott günstig zu stimmen*	2. Mythisch-wörtlicher *(ca. 7–12 Jahre) „Kinderglaube"; erste Weltorientierung durch wörtliches Verstehen von religiösen Elementen*
II. Konkret-operationales Denken „sozial" Entwicklung der Logik (ca. 7–11 Jahre)	Konventionelle Moral 3. Wechselseitige Erwartung *Beziehungsmoral, vgl. die „Goldene Regel"; moralische Konformität*	3. Deismus – Häufigste Stufe – *Autonomie und kritische Distanz. Verantwortung für das eigene Leben, Gott ist eher für die Welt zuständig*	3. Synthetisch-konventioneller *Übernommene, nicht weiter befragte konventionell gebräuchliche religiöse Einzelvorstellungen*
	4. Soziales System und Gewissen *Pflichten gegen die Gemeinschaft; Orientierung an Gesetz und Ordnung*	4. Apriorität *Religion als Grundvoraussetzung von Freiheit, d.h. auch Autonomie und Freiheit sind vermittelt und verdankt*	4. Individuierend-reflektierender *Kritische Autonomie, Zweifel, Traditionskritik; Gott wird am ehesten im Menschen gesehen*
III. Formal-operationales Denken „umfassend" Abstraktes und hypothetisches Denken (Jugendalter)	Postkonventionelle Moral 5. Sozialer Kontrakt und individuelle Rechte *Ausgleich verschiedener Interessen; Orientierung am Gemeinwohl*	5. Kommunikativität *Gott als Voraussetzung und Grund allen Redens, Handelns und aller Beziehung*	5. Verbindender *Allgemeine, die Kulturen übergreifende, eher diffuse Religiosität, spirituelles Interesse*
	6. Universale ethische Prinzipien *Gleiche Rechte und Würde aller Menschen; allgemeine ethische Prinzipien*	6. (später weggelassen) *Unbedingtes Angenommensein*	6. Universalisierender *Umfassende Menschlichkeit: Weisheit und Liebe*

4. Sinn und Grenzen der Entwicklungsmodelle für die RP

Die Kenntnis der Entwicklungsmodelle ist für das Verstehen und die Einschätzung der Auffassung religiöser Gehalte ausgesprochen sinnvoll. Grundvertrauen, Gewissensbildung, die Ausformung der Gottesvorstellung usw. können je nach Alter und „Stufe" sehr unterschiedlich ausgeprägt sein. Entwicklungstheorien zeigen die Abhängigkeit des Verstehens und Erlebens von Alter und Entwicklungsstand und können darum die Sicht schärfen für bestimmte Vorstellungen, Wertungen, Erklärungs- und Argumentationsmuster. Individuelle Ausformungen religiösen Denkens lassen sich so besser zuordnen, Unterrichtsgehalte angemessener auf Schüler hin ausrichten. Die Modelle sind also eine heuristische (= Such-) Hilfe, darum sinnvoll für das didaktische und methodische Vorgehen bei religiösen Lern- und Unterrichtsprozessen. Sie machen deutlich, dass bei Überforderung des Verstehens (etwa durch zu große Abstraktion) kein Lernen stattfindet, sondern eher Verunsicherung eintritt.

Allgemein wird empfohlen, die vorgefundene Stufe zunächst zu bestätigen und gleichzeitig behutsam weiterführen („+ 1"-Prinzip). Eine didaktische Grenze dieses Vorgehens ist allerdings bereits da erreicht, wo innerhalb einer Lerngruppe verschiedene Stufen gleichzeitig vorhanden sind, was der Regelfall sein dürfte. Sehr sinnvoll ist die Kenntnis der Lebenskrisen nach Erikson. Sein Modell ist ausgesprochen einleuchtend auch für eine *religiöse* Biographie und Persönlichkeitsbildung. In dieses Konzept sind mögliche *Fehlentwicklungen* integriert, es ist darum deutlich mehr als ein nur kognitives.

Die kognitiven Stufenmodelle beschreiben die Entwicklung der Kognition; die *affektive Seite*, die gerade für moralische und religiöse Einstellungen entscheidend und unverzichtbar ist, ist deutlich unterbelichtet. Auch Fowler beschreibt „Glauben" nicht als Haltung und innere Einstellung, sondern weitgehend als Auffassung.

Neben dieses emotionale Defizit treten Anfragen an das Stufenkonzept. Lässt sich die behauptete *Allgemeinheit* der Stufen belegen? Rückfragen provoziert bereits der Umstand, dass bei Oser der kritische Einbruch auf der dritten, bei Fowler auf der vierten Stufe erfolgt. Erfahrungsgemäß bestehen verschiedene Frömmigkeitsauffassungen und -stile (-typen) auch in gleichen Altersstufen nebeneinander; religiöse Erfahrungen können sehr unterschiedlich verarbeitet werden. Skepsis ist auch gegen die behauptete *Stetigkeit* der Entwicklung angebracht: Religiöse Lernwege verlaufen allzu oft unstetig. Plötzliche Konversionen, das Überspringen von Stufen und vor allem Rückentwicklungen (Regressionen) sind in den Modellen nicht „vorgesehen". Schließlich muss eine Anfrage an die implizite Bewertung der Stufen vorgenommen werden, die ganz offensichtlich eine *Hierarchie* repräsentieren: Die Stufen legen automatisch die Annahme einer Höherentwicklung nahe, die die unteren Stufen als defizitär erscheinen lassen. Das ist theologisch wie menschlich problematisch. Jede Stufe hat einen Eigenwert (vgl. z.B. der durch Jesus gepriesene Kinderglaube); außerdem muss bedacht werden, dass jeder „Fortschritt" zu höheren (kritischeren, abstrakteren) Stufen zugleich immer auch Verlust und Verarmung bedeutet. Oser und vor allem Fowler haben diese Kritik zurückgewiesen: es handele sich um Statistik, die das nicht aussagen soll.

Ganz ausgeblendet sind bei den kognitiven Modellen *negative Entwicklungen* von Religiosität, etwa zunehmende religiöse Distanz, religiöse Fehlformen wie z.b. neurotische oder paranoide, bei denen sich ähnliche Stufen vermuten ließen. So fehlt die „narzisstische" Entwicklung (→ 16.4) nach Kohut, deren grundsätzliche Aussage über Menschsein und Selbstwertgefühl eng mit religiösem Bewusstsein verbunden ist – Kohut beschreibt sowohl eine negative als auch eine positive Entwicklung und denkt dabei bezeichnenderweise nicht in Stufen. Die kognitiven Entwicklungstheorien behandeln aber nur die positiv vorhandene Moral bzw. Religiosität.

Die Modelle geben eine Einsicht in die Prinzipien der *Weiter*-Entwicklung von religiösen Vorstellungen – das Vorhandensein von Religiosität wird dabei aber schlicht vorausgesetzt.

Grundsätzlich liegt bei den kognitiven Modellen die Annahme nahe, dass zunehmende Autonomie und Abstraktion erstrebenswerte *Ziele* der religiösen Entwicklung seien. Allerdings lassen sich auch ganz andere Ziele religiöser Entwicklung annehmen, die in diesen Modellen kaum als Möglichkeiten gestreift werden: z.B. Offenheit, Neugier, Interesse an Religion und die angemessene Reaktionsfähigkeit allem Religiösen gegenüber; oder: die grundsätzliche Fähigkeit und Bereitschaft sich zu verändern aufgrund des Gefühls religiöser Geborgenheit; oder: Gelassenheit, Akzeptanz, Souveränität im Auftreten und Verhalten aufgrund religiös begründeten Vertrauens; oder: die Wertschätzung von Beziehungen und der Dank für das eigene Leben, usw. Nicht beachtet ist auch die für religiöse Entwicklung konstitutive Symbolfähigkeit (sowohl das Symbolverstehen als auch die Symbolisierungsfähigkeit). Die Modelle beschreiben daher den relativ kleinen Ausschnitt religiöser *Verstehens*-Entwicklung. Die Ausnahme macht auch hier wieder das sehr viel umfassendere Modell von Erikson.

Eine weitere Frage, die eher eine Folgefrage ist, ist die nach dem Entstehen dessen, was sich da entwickelt: wo, wann und wie entstehen eigentlich Religion bzw. Religiosität? Wie wird ein Mensch religiös? Prägende Faktoren wie erste Eindrücke, die Rolle bestimmter Personen und Bezugsgruppen, Wertesysteme, Institutionen, der ökonomischen und kulturellen Situation, die Rolle religiöser Erfahrung, schließlich die der Phantasie und der individuellen Bedürfnisse, die über die Entwicklung von Religion immer mitentscheiden, sind nicht weiter berührt. Offen bleibt bei den Entwicklungstheorien darum auch die Frage, welche Faktoren die religiöse Entwicklung fördern oder hemmen können. Gerade hier aber wären genaue Kenntnisse für die RP dringend wichtig (→ 5.2; 13.2,4,5; 18.2).

Ausgesprochen spannend werden diese Fragen angesichts neuester Erkenntnisse der Genetik. Dort gilt als gesichert, dass die genetische Ausstattung eines Menschen zu weit überwiegendem Anteil nur unter bestimmten Voraussetzungen „aktiviert" wird, darum in verblüffend hohem Maße von Situation, Umstand und Verarbeitungsstrategien abhängt – Erfahrungen, Einstellungen und Verhaltensweisen der einzelnen Person haben darum einen weit größeren Einfluss auf die eigene Entwicklung, als das die alte Diskussion um Erb-Veranlagung und Umwelteinflüsse (philosophisch: um Determinismus und Freiheit) je ahnen ließ. Und es zeigt sich eine erstaunliche Nähe zum Kern der religiösen Erfahrung, die als Bewusstwerdung, neues Sehen und „Umkehr" erfahren wird. Größter Gewinn der Entwicklungstheorien ist neben der Schärfung des Blicks für die RP darum die Aufmerksamkeit für neue Fragestellungen, deren weitere Verfolgung für religiöses Lernen höchst bedeutsam und lohnend erscheint.

5. Wie entsteht eigentlich Religiosität?

Grundsätzlich wird man davon ausgehen müssen, dass selbst die besten religiösen Angebote und Bedingungen nicht zu einer Ausformung von Religiosität führen müssen, so wie umgekehrt ein Aufwachsen ohne jeden religiösen Einfluss nicht unbedingt bedeuten muss, dass ein Mensch nicht dennoch eine eigene Religiosität ausbilden kann (zu Religiosität umfassend → 18). Wenn also danach gefragt wird, wie Religiosität entsteht, dann können nur Aussagen für die reguläre Erwartung gegeben werden.

Die Frage soll an dieser Stelle nur formal im Blick auf mögliche Faktoren beantwortet und so in einen ersten Rahmen gestellt werden. Sie betrifft zunächst mehrere Teilfragen: 1. Wie entsteht Religiosität? 2. Welche Bedeutung hat für die Religiosität die gestalthafte, vorgefundene erfahrene Religion? 3. Was ist für einen (heutigen) Menschen eigentlich religiös „attraktiv", was also ist für ihn nachvollziehbar und übernehmenswert?

(1) Grundsätzlich entsteht Religiosität aus einer Mischung von Veranlagung, Prägungen und Eindrücken, sowie von spezifischen Verarbeitungsweisen – also aus *Erfahrungen*. Die Veranlagung wurde immer wieder unter der Frage nach einer religiösen „Anlage" diskutiert, die man sich allerdings nicht als eine Art religiösen „Keim" vorstellen sollte, der nur auf

seine Entwicklung wartet – sondern eher im Sinne einer allgemeinen Veranlagung, vergleichbar mit der Veranlagung zur Sprache, oder mit *Musikalität* (→ 13.4–5). Die Erfahrung zeigt, dass es Menschen gibt, die weniger zu logisch-kausalem und abstraktem Denken, sondern eher zu Gefühl, Kunst, menschlichen Beziehungen und Religion neigen – wobei hier natürlich keine klaren Grenzen zu ziehen sind.

(2) Prägungen geschehen vor allem durch Angebote, die die Erziehung macht; dazu gehören die familiäre Atmosphäre, ihre Bereitschaft für symbolisches Denken, ihre Akzeptanz und Wertschätzung von Geheimnis, Sinn, Gespür und Phantasie, ferner ihre Bereitschaft zum Gespräch über Lebensfragen (→ 5.2). Prägungen religiöser Art können freilich auch durch Ereignisse geschehen, die nicht steuerbar sind. Um ein Beispiel zu nennen: Wenn ein Kind beim eindrucksvollen Anblick des riesigen Vollmondes vor dem nächtlichen Fenster das Gesicht des lieben Gottes vermutet (so dem Autor geschehen), dann liegt es ausgesprochen nahe, dass seine Gottesvorstellung auch später gesichthafte und geheimnisvolle Züge behalten und von der Vorstellung des Himmels und der Nacht begleitet sein wird, eher vielleicht als die Assoziation Gottes mit der Sonnenseite rational aufgeklärten Verstandes – usw.

Diese Überlegung markiert den *entscheidenden* Einfluss von Erlebnissen und emotionalen Eindrücken für die Religiosität: „Ausgangspunkt aller Religiosität ist das religiöse Erleben" (Fraas 37; → 18.2). Auch Bekehrungen setzen ein religiöses Erleben immer bereits voraus. Hierfür wiederum lässt sich als ausschlaggebend vermuten, dass – neben der Möglichkeit des Gesprächs – Begegnungen mit Religion stattfinden, d.h. mit Personen (Pfarrer, Nonne, Nikolaus...), Kirchenräumen, religiösen Bräuchen, Haltungen, Anschauungen, Atmosphären usw. Höchst bedeutsam für die Entstehung und Entwicklung von Religiosität ist also ein religiöses *„Angebot"*. Dieser Zusammenhang ist in der RP merkwürdig unterbelichtet und praktisch nicht erforscht; in aller Regel geht man hier von einer „problemorientierten", also kognitiven Auseinandersetzung mit Informationen *über* religiöse Gehalte aus, die in der Regel als „Themen" oder als „Inhalte" eingeführt werden, die aber genau besehen ein stark erfahrungs- und gefühlsabhängiges Phänomen betreffen.

(3) Auch die dritte Frage ist in der RP weitgehend Terra inkognita: wann kommt es eigentlich zu religiösem Interesse? Wann erscheinen religiöse Gehalte als einleuchtend, stimmig und lebensdienlich? Noch schwieriger: Wann kommt es zu religiöser Akzeptanz – oder gar zu religiöser Selbstzuschreibung und zur Identifikation mit religiösen Vorstellungen und Gehalten? Eine förderliche Atmosphäre ist sicher sehr wichtig, gibt aber natürlich noch keine Garantie dafür ab. Die nahe liegendste Annahme, die auch der

hier vorgestellten Religionsdidaktik zugrunde liegt, wird wohl die sein, dass die Begegnung mit Religion in allen ihren Formen und die Teilnahme an religiösen Vollzügen am ehesten geeignet sind, Interesse zu wecken und die lebensbezogene „Logik" der Religion für Menschen aufzuschließen.

Die RP sollte darum sehr viel mehr auf die privaten, in aller Regel lebensgeschichtlich bezogenen religiösen Vorstellungen und Bedürfnisse der Menschen eingehen, sollte also „Lebensbegleitung" (Karl-Ernst Nipkow) sein und die alters- und situationsbezogene „Pünktlichkeit" ihrer Lernangebote beachten (Rudolf Englert). Nicht nur in der Schule hängt der Erfolg ihres Arbeitens zunehmend vom Situations- und Lebensbezug ab. Religiöse Gehalte, Ideen, Deutungen, Orientierungen müssen wirklich *kommuniziert* werden, d.h. sie müssen nicht nur in die Erfahrungswelt der Beteiligten übersetzt werden, sondern von dieser auch ausgehen. Religion kann dann zum Aufbau des Selbstwertgefühls, als Einspruch und Hilfe gegen die technisch-funktionale Verrechnung des Menschen und als Basis seiner Lebensfreude dienen.

Zusammenfassung

Religion wird in den verschiedenen Lebensphasen unterschiedlich aufgefasst, ändert darum jeweils ihre Bedeutung. Sie hat auch einen Bezug zum Lebenslauf insgesamt. Die Kenntnis psychoanalytischer (Erikson) und kognitiv-struktureller Entwicklungsmodelle (Oser/Gmünder, Fowler) ist darum sinnvoll für eine Einschätzung des Entwicklungsstandes. Die kognitiven Modelle sind allerdings in ihrer Aussagekraft begrenzt. Sie setzen Religiosität voraus und geben keinen Hinweis auf deren Entstehung, auf Gründe für deren Entwicklung und für religiöse Identifikation.

Literatur: Zum Ganzen: F. Schweitzer [4]1999 – K.-E. Nipkow [5]1997. Zu 1: L. Kuld 1997 – H. Luther 1992, bes. 160–182 – H.-J. Fraas 1993, 57–73 – R. Englert in Adam/Lachmann 2008, 85–110 – NHRPG II.41 – W. Gräb 1998. Zu 2–4: B. Grom, bes. Kapitel 2, 4, 6 und 7 – N. Mette 2006, 164–172 – H. Schmidt 1991, 56–87.

Orte der Religionspädagogik
in Familie, Staat und Gemeinde

5 Kind und Familie – christliche Primärsozialisation

Solche „Kinderlust" ist ein Bild aus der Vergangenheit, das heute naiv wirkt und Sehnsucht weckt.

Das Leben von Kindern bedeutet in unserer technisierten, funktional denkenden und hektischen Welt ein „Aufwachsen in schwieriger Zeit" (EKD 1995). Kinder scheinen alles zu haben – materiellen Wohlstand, Sicherheit, medizinische und pädagogische Versorgung – und doch das Wichtigste nicht mehr zu bekommen: Aufmerksamkeit, Liebe, Zeit und Orientierungssicherheit. Die religiöse Erziehung, die ebenfalls viel Zeit, Pflege und Betreuung braucht, scheint immer mehr zum Freizeitangebot zu verkommen und aus der Welt der Kinder zu verschwinden. Wie kann sie Kindern (neu) zugänglich gemacht werden?

1. Familie und Kindsein heute

Kindheit früher und heute

Die Kindheit ist die Zeit der Abhängigkeit von den Eltern in der Grundversorgung des Lebens. Sie dauert bis zum Eintritt der Pubertät mit 12 oder 13 Jahren. Anthropologisch gilt der Mensch auf Grund dieser sehr langen Kindheit als „Mängelwesen": er ist abhängig und instinktarm, dafür aber enorm formbar und weltoffen. Spätestens seit der Psychoanalyse wissen wir, dass jeder Erwachsene sein Leben lang in hohem Maße rückbezogen bleibt auf die Erfahrungen in der eigenen Kindheit. Für viele ist die Verarbeitung dieser Erfahrungen eine kraftzehrende Lebensaufgabe.

Die gesellschaftlichen Einschätzungen der Kindheit machen sich in der Erziehung der Kinder bemerkbar. Rousseau ging davon aus, das Kind sei von Natur aus gut und würde durch gesellschaftliche Einflüsse verdorben. Im Bürgertum dagegen galt das Kind als böse, darum sollte die Erziehung vor allem seinen „Eigensinn brechen". Bis heute wirkt die Romantik fort, die das Kind als Sehnsuchtsobjekt verstand und zur eigentlichen Entdeckerin der Kindheit wurde. Reform- und Montessoripädagogik im 20. Jh. halfen mit, Kinder als eigenständige Subjekte und die Kindheit als eigene Lebensphase zu verstehen. Heute wissen wir: Kinder sind keine kleinen Erwachsenen. Sie sind nicht „vernünftig" und können Wahrnehmung und Wirklichkeit noch nicht trennen. Sie brauchen sehr viel Aufmerksamkeit und Zeit für ihre Entfaltung.

Die Kindheit unterliegt heute einem raschen und problematischen, zumindest ambivalenten Wandel. Kinder sind heute auf der einen Seite sicher und in der Regel behütet. Fast alle sind geplante „Wunschkinder"; niemand käme heute auf die Idee, einen Säugling einer Amme zu übergeben. Möglichkeiten und Bildungschancen sind so groß wie nie. Auf der anderen Seite aber spüren Kinder ein hohes Maß von teils verdrängten sozialen, psychologischen und ökologischen Risiken. Das unbesorgte „Kinderglück" gehört weitgehend der Vergangenheit an. Kinder werden sehr früh an Konsum- und Leistungsdenken herangeführt, Durchsetzungsfähigkeit wird zum Erziehungsziel – während gleichzeitig „kindliche" Verhaltensweisen bei Erwachsenen zunehmen (Spaß haben, nur für den Moment leben usw.).

Die Lebenswelt der Kinder hat sich dramatisch verändert. Bereits seit dem 19. Jh. geht in Deutschland die Geburtenrate stetig zurück. Auffällig ist der sog. „Pillenknick" bei Einführung der chemischen Empfängnisverhütung; nach Öffnung der Mauer sank die Geburtenrate in den Neuen Bundesländern um mehr als die Hälfte innerhalb von drei Jahren. Heute gibt es statistisch 1,4 Kinder pro Ehepaar, die in der überwiegenden Zahl Einzelkinder sind; um 1900 waren vier und mehr Kinder die Regel. Gleichzeitig steigt die Lebenserwartung (Überalterung der Gesellschaft). Die Kleinfamilie wird oft zur Kleinstfamilie: Insgesamt wachsen knapp 20% aller Kinder mit allein erziehender Mutter auf, in Ballungszentren etwa 25%. Etwa ein Drittel aller Geburten sind nichtehelich. Die Verwandtschaftsnetze sind ausgedünnt, Großeltern leben oft weit entfernt. Die vielen Trennungen durch Scheidung werden als besonders einschneidend erlebt und lassen den allgemeinen Wunsch nach Geborgenheit und Sicherheit bei Kindern besonders hoch ausfallen.

„Viele leben in und mit den bescheidenen Angeboten ihrer Elternhaushalte, in passiv-rezeptivem Konsum vor dem Fernseher, auf dem Asphalt ihrer nächsten Wohnumgebung, zumindest in der Tendenz anregungsarm, immobil, isoliert, konfliktreich und resigniert." (EKD 1995, 135)

Nur noch wenige Kinder haben ein unberührtes Dorf, einen unbegrenzten Wald und andere Kinder vor der Haustür. Durch die wachsende Verstädterung verkleinern sich ihre Räume („Verhäuslichung" und „Verinselung" der Kindheit). Die Flexibilitätsanforderungen der Berufe der Eltern führen zu häufigen Ortswechseln. Spielgefährten müssen oft mühsam gesucht, Kontakte schon früh mit dem Terminkalender geplant und organisiert werden. Zu diesem weitgehenden Verlust sozialer Erfahrung kommt eine meist nur geringe emotionale Pflege, da Eltern immer weniger Zeit für ihre Kinder haben.

Dazu gesellt sich der Verlust von Naturerfahrung, insgesamt von Primärerfahrung überhaupt. In die entstehenden Leerräume rücken in breiter Front die Medien ein, vor allem das Fernsehen, und verstärken den Prozess. Erfahrungen aus erster Hand werden immer mehr durch inszenierte Sekundärerfahrungen ersetzt. Fettleibigkeit, Apathie und Konzentrationsstörungen durch Bewegungsarmut, schlechte Ernährung und mangelnde Zuwendung nehmen drastisch zu. Soziologen sprechen nachgerade von einem „Verschwinden" der Kindheit, die auch durch deren „Pädagogisierung" kaum aufgehalten wird: Eltern überlassen ihre Kinder immer mehr den pädagogischen Einrichtungen (Kindergarten, Schule, Freizeitangebote usw.)

Armut unter Kindern nimmt zu, vor allem in kinderreichen Familien. Ein großes Problem stellt für viele auch das Gefühl dar, auch durch gute Anpassung und Leistungen keineswegs mehr die Aussicht auf eine stabile Lebensperspektive zu haben. In den Schulen wächst der Leistungsdruck; in Deutschland sind Grundschulklassen mit durchschnittlich über 25 Kindern die Regel (im europäischen Durchschnitt fast 10 weniger!); die staatlichen Ausgaben für das Bildungssystem werden immer weiter gedrosselt, Schulen bieten immer weniger Gestaltungsraum.

Kinder wachsen heute in einer technisierten Welt auf: Fernsehen, Auto, Handy und Computer prägen ihren Alltag. Die Technisierung der Lebenswelt fördert zwar das Machbarkeitsdenken, weniger aber die Zufriedenheit; und sie schürt Zukunftsängste durch das Gefühl, in viele bedrohliche Entwicklungen nicht eingreifen zu können. Das Bewusstsein der Relativität und Austauschbarkeit aller Dinge wächst, verstärkt durch die Pluralität der Lebensformen und Kulturen im eigenen Land. Kinder finden eine hoch komplexe Welt vor, die als „schon fertig" erscheint und gegen spielerische

Veränderungen und eigene Gestaltung weitgehend resistent ist. Wie soll man da eine Heimat finden?

Auffällig ist die frühe Selbständigkeit und Versiertheit vieler Kinder. Sie wissen in manchen Bereichen mehr als Erwachsene, ihre Medienkompetenz ist früh entwickelt. Gleichzeitig scheinen sie ihre „kindliche" Naivität weitgehend verloren zu haben. Auffällig ist ferner eine hohe Anspruchshaltung, die oft von Disziplinlosigkeit und Unlust begleitet ist (sog. „Wohlstandverwahrlosung"): durch frühe Konsumorientierung (Kinder sind längst als eigener Markt entdeckt) entstehen eine zunehmende Beschaffungsmentalität und Bequemlichkeit. Insgesamt scheint die psychische Stabilität der Kinder geringer zu werden. Die Folgen für das Lernen insgesamt ebenso wie für religiöses Lernen sind problematisch.

Die kindliche Entwicklung

Anfangs ist das Erleben des Kindes von einer vollständigen Einheit mit der versorgenden Mutter geprägt, eine Symbiose, die als „Paradies", Verschmelzung, fraglose Geborgenheit, Urvertrauen erfahren wird. Die allmähliche Vergrößerung des erfassten und erreichten Umfelds geschieht bei Kindern im Wortsinne immer zunächst durch Be*greifen* und Ausprobieren, später durch das Ausreißen: neue Räume wollen erobert werden. Die beiden menschlichen Grundtriebe des Geborgenheitsbedürfnisses und der entdeckenden Neugier (Antrieb) bestehen also nebeneinander und gehen je nach Situation verschiedene Mischungen ein. Das zunehmende Weltverstehen und die Ausdifferenzierung des eigenen Könnens und des Ich-Gefühls gehen also Hand in Hand, und sie machen Freude: die Grundidee des Bildungsgedankens.

Starke und nachhaltige Prägung erfahren Kinder durch die ersten Bezugspersonen und die sie umgebende Atmosphäre. Das Lebensgefühl, auch tragende Wert- und Sinnkonzepte, werden in der Kindheit gelernt: Glückliche und zufriedene Eltern lehren das Kind das Leben und sich selbst als lustvoll, stabil und interessant zu erfahren. Eine depressive Mutter dagegen lehrt das Kind, die Welt als schmerzlich, vergänglich und schwermütig zu begreifen und führt neben der Ausbildung eines entsprechenden Lebensgefühls auch zu einer bestimmten Selbstauffassung. Ein zwanghaft-autoritärer Vater lehrt die Welt als starr, wenig beweglich und unlebendig zu verstehen. Ein schwacher, allzu liebevoller Vater führt in eine Welt ohne Halt ein – usw. Die Verdrängung von Schuld und traumatischen Erlebnissen im familiären Umfeld führen, wie wir heute wissen, zur unbewussten Übernahme solcher Belastungen durch das Kind. Es kann zur Ausbildung einer Opferrolle kommen, deren Ursachen später nur sehr schwer und meist unter

Schmerzen aufzudecken sind. Eine stabile, durch Grundvertrauen geprägte Selbst- und Lebensauffassung stellt nachgerade eine Art Glücksfall dar, keineswegs die erwartbare Regel.

Wichtige Schritte der kindlichen Selbst-Entwicklung beginnen mit dem Erblicken des eigenen Bildes im Spiegel: Das „Ich", das da jubelnd begrüßt wird, gibt ein allererstes (glückliches!) Gefühl der eigenen Identität. Später führen die krabbelnden Ausreißversuche zu ersten Entdeckungen einer Welt, die groß und lustvoll erscheint; sie müssen freilich von der Mutter durch Zurückholen begrenzt werden, wenn sich nicht das Gefühl einstellen soll, sich im Grenzenlosen zu verlieren. Dann zeigen die Fort-da-Spiele (Kinder laufen um eine Säule oder bedecken das eigene Gesicht mit der Hand usw.) die große Lust an der Wahrnehmung von Objektkonstanz und der Beständigkeit innerer Vorstellungsbilder: auch was man nicht sieht, ist – für Kinder anfangs erstaunlich – noch da! Vergleichbares geschieht im Zerstören und Wiederaufbauen mit Bauklötzen.

In diesen Spielen kommt es zur Ausbildung des „intermediären Raumes" (→ 13.4), der im Zusammenhang mit der Erweiterung des inneren Vorstellungsvermögens (Phantasie) grundlegend bedeutsam wird für die Entfaltung des Denkens, der Wirklichkeitserfahrung und des Selbstvertrauens. Nicht nur die Phantasie, sondern vor allem das freie Spiel sind darum weit mehr und anderes als kindlicher Zeitvertreib. Sie sind unverzichtbare Grundlagen für jede Entwicklung.

Familie

Die Familie genießt hohe Wertschätzung. Sie soll Heimat und Geborgenheit geben und gilt für viele nachgerade als „heilig". Auch öffentlich wird die Familie hoch geschätzt. Im Gegensatz zu dieser Einschätzung steht ihre nur noch geringe Stabilität und der Mangel an gesellschaftlicher Unterstützung.

Vorläufer der bürgerlichen Familie ist das „Haus", in dem es klar verteilte Rollen gab: Der Vater galt als Vorstand in allen Dingen, die Mutter kümmerte sich um die interne Versorgung („Kinder, Küche, Kirche"), die Kinder beteiligten sich an der Hausarbeit. Oft wohnten drei Generationen mitsamt dem Gesinde unter einem Dach. Heute dagegen nehmen Kleinstfamilien, nichteheliche Lebensgemeinschaften, Gemeinschaften auf Zeit und Singles zu. Etwas mehr als jede zweite Ehe wird geschieden; klar machen muss man sich allerdings, dass früher aus finanziellen Gründen nur sehr wenige Menschen überhaupt heiraten konnten. Mobilitätsanforderungen und deren Folgen tragen zur Instabilität der Familien bei.

Kinder werden oft nahezu funktional betrachtet: man „leistet" sich Kinder! Kinder sollen den eigenen Lebensentwurf abrunden. Dazu passt die weitgehende Liberalisierung der Erziehung, die auf das Aushandeln setzt, nicht mehr auf Befehle. Die zugehörige Toleranz geht allerdings oft auch in generelles Desinteresse aneinander über. Kinder erfahren kaum noch Autorität. Das bedeutet das Fehlen klarer Vorgaben und den Verlust von Grenzen und führt zu Verunsicherung angesichts einer als unübersichtlich erfahrenen Welt. Oft ist die Unsicherheit bereits bei den Eltern spürbar: Kinder werden als emotionaler Puffer für deren Krisen missbraucht, als Ersatzpartner, als Platzhalter für den Lebenssinn.

Die Funktion der Familie verlagert sich insgesamt von der materiellen Versorgung und Erziehung zu emotionaler Aktion. Die Erwartungen an die Familie sind hoch, aber oft ungedeckt durch eigenen Einsatz: man hofft auf funktionale Arbeitsteilung, auf Geborgenheit, Gespräch und Anerkennung, gleichzeitig aber geht man von der Freiheit aller Familienmitglieder aus. Erwartung und Realität sind da nicht mehr konform. Zudem werden die früher klaren Funktionszuweisungen allmählich von frühen Freiheiten und früher Gleichberechtigung überlagert. Das Ideal der Selbstverwirklichung aller ist ein zusätzlicher Herd für Konflikte. Die Individualisierung (→ 15) hat auch die Familien erfasst. Erschwert wird das Familienleben und seine Kommunikation auch durch das Fernsehen.

2. Erste Begegnungen mit dem Christentum

„Religiöse Erziehung wird heute von vielen Eltern unabhängig von ihrer Kirchenbindung für wertvoll gehalten und als eine Grundlage angesehen, das Leben auch in schwierigen Situationen zu bewältigen. Freilich sind viele Eltern ratlos, wie sie eine gute religiöse Erziehung unter den veränderten gesellschaftlichen Bedingungen praktizieren können." (Harz in NHRPG 298)

Die ersten Erfahrungen und Eindrücke, die Kinder mit der Religion machen, sind höchst bedeutsam. Sehr häufig wird die Frage: „Warum bin ich Christ?" später damit beantwortet, dass die eigenen Eltern es auch waren. Auch grundsätzlich gilt, dass erste Eindrücke oft lebenslang prägend bleiben.

Zuallererst begegnen Kinder religiösen Bräuchen und im Zusammenhang mit diesen bestimmten Figuren: vor allem dem Nikolaus, dem Christkind, den Engeln am Weihnachtsfest. Die Geschichte der Geburt Jesu führt in symbolischer Verdichtung Krippe, Weihnachtsbaum, Kerzen, später die Geschenke als Zeichen des Besonderen vor. Das Weihnachtsfest zeigt deutlich den symbolischen Zugang zur Religion, der in besonderer Weise an bestimmte Atmosphären gebunden ist, die sich der Erinnerung nachhaltig einprägen können.

Ähnlich früh begegnen Kinder religiösen Familienbräuchen, allen voran dem Gute-Nacht-Gebet und damit der allerersten Gottesvorstellung, die sich aus dem Gegenüber des Gebets ergibt. Selten geworden ist in den Familien das Tischgebet; hier ist der religiöse Traditionsverlust sichtbar. Zur gemeinsamen rituellen Praxis der Familie zählen ferner der Kirchgang (anfangs mit dem Kindergottesdienst) und die Teilnahme am Gemeindeleben. Von besonderer Bedeutung für Kinder ist der Austausch über religiöse Fragen und Themen im gemeinsamen Gespräch; es zeigt den Kindern, dass ihre Fragen und religiösen Motive ernst genommen werden und einen Platz beanspruchen dürfen.

Ein weiterer Bereich religiöser Begegnung sind die biblischen Geschichten. Wo Geschichten von Mose, Noah, Josef, David, Jona, Daniel, Jesus und den Jüngern erzählt werden, lernen Kinder weit mehr als nur biblische Inhalte. Sie lernen die Welt unter der Voraussetzung des besonderen Vertrauens auf Gott zu verstehen. Ferner erhalten sie einen Zugang zum tiefen Sinn von Mythologie und symbolischer und szenischer Darstellung, die zu einer imaginären Rollenübernahme und Identifikation einladen und dadurch die Grenzen des eigenen Ich zur umgreifenden Welt hin erweitern.

Prägend sind schließlich natürlich immer auch bestimmte Personen, die mit der Religion in Verbindung stehen. Das können neben den Eltern ältere Geschwister sein, die bereits mehr von Bibel oder Kirche wissen, natürlich die Kindergärtnerin, der Pfarrer usw. Eine gewichtige religiöse Bedeutung und Funktion können die Großeltern haben, vor allem die Großmütter – Kinder haben oft Glück, wenn sie vor Ort und bereit sind, ihre Religion zu kommunizieren.

Da Phantasie und reale Eindrücke in allem, was Kinder erfahren, ein Mischungsverhältnis eingehen, ist alles, was die Phantasie stärkt und anregt, auch für die religiöse Entwicklung gut. Wunder und Geheimnis, religiöse Bilder und kirchliche Räume sind in der Kindheit von unersetzbarer Bedeutung. Wenn später die Frage „ist das wahr?" auftaucht, also der Realitätsgehalt religiöser Symbole und Vorstellungen überprüft wird, dann liegt es ausgesprochen nahe anzunehmen, dass eine konstruktive Verarbeitung dieser Frage vor allem dann gewährleistet ist, wenn solche Erfahrungen in der Kindheit auch wirklich gemacht und kommuniziert wurden. Dasselbe gilt für die Theodizee-Problematik, also die Frage nach Gott angesichts des Leides, oder für Vergänglichkeitserfahrungen. Wo Kinder keine echten Begegnungen mit Religion machen konnten, werden sie später *in der Regel* auch kein Interesse an ihr ausbilden.

Verbreitet ist eine christliche „Familienreligiosität" (Ulrich Schwab), die wenig kirchlich, nach außen hin wenig verbindlich und insgesamt eher vage bleibt. Sie orientiert sich vor allem an der Familiengeschichte (Geburtstage, Jubiläen, besonders Kasualien) und an bestimmten Anlässen im Jahreszyklus (Feste). Taufen – die eher als Familienereignis gelten, nicht als kirchliches – und das Weihnachtsfest sind für sie die wichtigsten Stationen. Familienreligiosität zeigt sich auch in einer bestimmten Frömmigkeitspraxis, etwa im Tisch- und Abendgebet, in Kinderliedern usw., die für die religiöse Einstellung der Kinder oft prägend werden. Sie hat eine eigene religiöse „Färbung" und Stimmung, ähnlich der „civil religion", und kann über mehrere Generationen hinweg bemerkenswert konstant sein. Die Offenheit für die religiöse Erziehung der Kinder ist nach wie vor groß, zielt allerdings nicht mehr auf kirchliche Einbindung.

Die meisten Familien zeigen freilich eine wachsende Distanz zur Kirche. Eine bewusste christliche Familienkultur mit gemeinsamen Gebeten, Liedern, Gottesdienstbesuch und christlichen Bräuchen zeigt sich immer seltener. Auch das Bewusstsein für die eigene Konfession geht zurück; oft sind kaum noch die Unterschiede zwischen evangelisch und katholisch bekannt. Die Familie kann in dieser Situation offensichtlich weit weniger für die religiöse Erziehung leisten als angenommen. Diese bleibt darum immer mehr der Gemeinde und dem RU überlassen, die die Defizite aber kaum auffangen können. Die kirchliche Arbeit wiederum ist auf Kinder *oder* Erwachsene zugeschnitten – für Familien gibt es nur wenige Angebote (Familiengottesdienste, Gemeindefeste und manche Freizeiten; → 8.1). Platz für die Einübung in religiöse Bräuche und Riten gibt es in der Kirche allenfalls im Kindergarten.

Unsicherheit in Sachen Religion, der Wegfall von religiösem Wissen und Brauchtum führen zu einem religiösen Sozialisationsdefizit in den Familien, das dann an die nächste Generation weiter „vererbt" wird. Die spirituelle Leere, die dadurch entsteht, ist auch durch den Ausfall religiöser Praxis bedingt; Spiritualität ist abhängig von Übung. Die Medien, die auch generell an die Stelle familiärer Kommunikation treten, halten religiöse und vor allem die christlichen Symbole und Weltdeutung nur sehr versprengt und schwer erkennbar neben anderen bereit. Weit über die Hälfte der Kinder um acht Jahre herum sind heute der Meinung, jeder solle das glauben, was er für richtig hält. Die Religion verliert so ihre Konturen und damit ihren lebensfördernden Einfluss.

3. Gottesbilder und die Religion von Kindern

> Tabea (7jährig): „Sag mal, Papa, kommen alle Menschen in den Himmel, auch die Räuber?" Tobias (5jährig, ihr Bruder): „Ja, die kommen auch in den Himmel, aber in den Räuberhimmel." (EKD 1995, 69)

Dieses Zitat zeigt die religiöse Einstellung von Kindern sehr schön: sie sind weniger an der Logik interessiert, sondern eher daran, dass alle religiösen Symbole, die sie kennen, nebeneinander bestehen bleiben können. Kinder haben eine eigene „Theologie".

Kinder sind Konstrukteure ihrer eigenen Wirklichkeit, auch der religiösen, die sie sich aktiv aneignen. Sie leben nicht in einem kausal-logisch geordneten, sondern in einem *mythologischen Weltbild*. Aus diesem ergeben sich automatisch Fragen, die religiöser Art sind. „Kinder fragen radikal" (Kuld 2001, 7). Auch die mythologischen Figuren (Nikolaus und Knecht Ruprecht, das Christkind, der Schutzengel, der Osterhase usw.) spiegeln eine eigene ernst zu nehmende Welt-Ansicht. Kinder sind insofern kleine Theologen; der Kinderglaube ist religionspädagogisch grundlegend ernst zu nehmen.

Die Abwendung von der mythologischen Weltwirklichkeit in der späteren Kindheit verläuft in der Regel undramatisch, sofern die Mythologie wirklich ihre Zeit gehabt hat, also angeboten und kommuniziert wurde. Die Erfahrung lehrt, dass beim Gespräch über religiöse Zweifel Kinder oft ihre eigenen Kompromisslösungen suchen und finden; das zeigt auch das oben stehende Zitat mit aller Deutlichkeit. Auch hier muss Kommunikation angeboten werden – nicht aber fertige Antworten aus der Erwachsenenwelt. Ebenso gilt: Wenn Fragen abgeblockt werden, können sich Kinder dauerhaft verschließen. Im Übrigen darf daran erinnert werden, dass im sog. Kindheitsevangelium (Mk 10,13–16) von Jesus keineswegs nur die kindliche Naivität gepriesen wird, sondern ganz offensichtlich auch das selbstbewusste Vordrängeln, das sich nicht vorschnell abfertigen lässt.

Friedrich Schweitzer hat von der „Religion des Kindes" gesprochen (Formulierung von Kabisch). Diese besteht immer zugleich aus einer Religion der Erfahrung, die sich aus unmittelbaren Eindrücken speist, und einer Religion der Phantasie, in der die religiösen Geschichten und Erlebnisse verarbeitet werden. Beide müssen in einen sinnvollen Bezug zueinander gebracht werden. Reale und imaginierte Erfahrung (Phantasie) gehen auch in der Religion zusammen: „Kein Kind nähert sich dem ‚Haus Gottes' ohne seinen Lieblingsgott unter dem Arm" (Rizzuto 1979, 8).

Entsprechend ist auch die Gottesvorstellung der Kinder gebildet.

> „Mythologische Vorstellungen prägen die kindlichen Weltbilder. Entsprechend ist auch der Glaube, insofern er ausdrücklich wird, mythologisch-wörtlich geformt. Gott ist allmächtig, d.h. er kann alles und greift auch belohnend oder strafend in die Welt ein; er schützt aber auch in Gefahren und gibt den Menschen vor, was gut und böse ist." (Mette 2006, 180)

Diese Gottesvorstellung verändert sich mit den Lebensphasen. Mystische Einheitsvorstellungen, die die Mutter-Kind-Symbiose spiegeln, werden von der Vorstellung Gottes als Autorität (der strenge Vater), als Garant der Freiheit (die entdeckende Neugier), als partnerschaftliches Gegenüber (die sorgenden Bezugspersonen) usw. abgelöst.

Ana-Maria Rizzuto geht aus von der „Annahme, daß jedes Kind im Alter von 2 bis 3 Jahren ... aus Vorstellungsmaterial (Repräsentanzen), das es im Umgang mit seinen ersten Bezugspersonen (primären Objekten), das heißt mit Mutter, Vater, Großeltern, Geschwistern, erworben hat, im Bereich der Übergangsobjekte eine unbewußte Gottesvorstellung bildet. Diese ist – wie andere Übergangsobjekte auch – keine Halluzination, sondern (nach Winnicott) gleichzeitig außen, in der Realwelt, und innen, in der Phantasiewelt. Sie ist ... notwendig für die Lebensbewältigung" (Grom 37). Das Elternbild, das für die Gottesvorstellung offensichtlich prägend ist, stellt also eine *sinnvolle* Projektion dar, die kein Argument gegen die Existenz Gottes abgibt. Diese Projektion fügt sich aus der Muttererfahrung (Geborgenheit, Zuwendung, Vertrauen) und der Vatererfahrung (Autorität, Selbständigkeit, Tatkraft) zusammen. *Zu* diesen Vorstellungsgehalten tritt dann der Gott der Bibel, des Kindergartens und der Kirche; Kinder nehmen hier ihre individuellen Verarbeitungs-Synthesen vor. Entscheidend dürfte immer auch die Atmosphäre im Elternhaus und natürlich der Glaube der Eltern selbst sein.

Kinder stellen sich Gott sehr konkret und oft menschlich vor: er ist meist freundlich, ein Mann mit Bart über der Erde, oft in Wolken. Gott hat für manche eine Frau und ein Haus. Natur-Elemente und andere primäre Erfahrungen gehen hier in das Gottesbild ein, manchmal auch einzelne christliche Symbole wie Kreuz, Regenbogen usw. Mit zunehmendem Alter werden nicht-personale Vorstellungen häufiger. Gott ist eine Sonne (Schreiner in Ritter/Rothgangel 1998, 279), eine die Menschen verbindende Wolke, ein Vogel, der die Welt in sich fasst:

Die „naive" Gottesvorstellung denkt Gott wie einen Menschen, dem man vertrauen kann (vgl. das humoristische Buch „Hallo Mister Gott hier spricht Anna").

> „Die Schwierigkeiten und daher Fragen des Kindes im Bereich der Religion lauten: Sieht mich Gott, wenn ich ihn nicht sehe? Wie kann er überall sein, wenn er im Himmel ist?" (Kuld 2001, 56)

Erste Fragen können sich aber bereits im Kindesalter einstellen, vor allem wenn die Erfahrung des Todes eines geliebten Menschen, eines Haustiers oder von Krankheit gemacht wird. Warum hilft Gott nicht? Meist aber finden die Kinder selbst ihre Antworten und Lösungen für solche Fragen. Gott muss eben für so viele Menschen sorgen – da hat er evtl. im Moment keine Zeit. Die Fragen: Wer hat alles gemacht? Und wie? Was war eigentlich vor Gott? verweisen schon in die ältere Kindheit und die Jugend (→ 16). Hier kann auch die Unsichtbarkeit Gottes zum Problem werden. „Es ist zum einen die Schwierigkeit mit einer Rede von Gott, der sich nicht zeigt, nicht konkret eingreift, nicht hilft. Es ist zweitens das Interesse an Gott als Erklärung des Rätsels der Welt ... Drittens ... der Zweifel, ob es sich nicht überhaupt bei der Gottesvorstellung um eine menschliche Fiktion handelt" (Nipkow [5]1997, 33).

Die religiöse Skepsis verstärkt sich im Übrigen auch durch immer früheres Wissen und das wachsende Relativitätsbewusstsein. Kinder brauchen um so mehr Schonräume zur Ausbildung symbolischer Figuren und Ordnungen, denn diese sind grundlegend bedeutsam für die weitere Entwicklung – nicht nur die religiöse.

4. Christliche Erziehung im Kindesalter

Faktoren der religiösen Entwicklung

Die Eltern behalten eine grundlegende Bedeutung für die Entfaltung von Religiosität. Ihre Lebenseinstellung, Freundlichkeit oder Feindlichkeit der Welt gegenüber wird gelernt, vor allem im entscheidenden ersten Jahr. Am einflussreichsten ist die emotionale Zuwendung der Mutter – ihr Halten, später ihr Loslassen und ihre Förderung von Neugier, noch später ihre Unterstützung des Eintritts in eine symbolische Ordnung (vgl. Schäfer 1995, Kap. 3). Aber auch das Klima in der Familie wirkt prägend. Die kindliche Entwicklung beruht auf der freien Entfaltung von affektiven Dispositionen (Gefühlsveranlagungen). Kinder *sind* ihre Gefühle! Sie gehen ganz in Gefühlen wie Freude oder Angst auf, die sie nicht rational relativieren oder wegschieben können wie Erwachsene. Diese emotionale Abhängigkeit macht verständlich, warum sie Ermutigung, Unterstützung und Bestätigung brauchen. Das aber setzt die emotionale Stabilität der Eltern voraus, und vor allem deren Präsenz.

Für die religiöse Entwicklung gilt das noch einmal in besonderem Maße. Gewissheit und „Urvertrauen" (Erikson, → 4.2) wollen gelernt sein und können nur emotional, allenfalls gestisch und symbolisch vermittelt werden, nicht durch Argumente. Dafür brauchen Kinder – neben der Präsenz der Bezugspersonen und der Kommunikation – dann auch Angebote geistiger Art: Geschichten über Wunderbares, den Schutzengel, Gute-Nacht-Geschichten, Abendgebete und andere Rituale.

Finden sich diese Überlegungen in der RP wieder? Willi Loch sprach noch 1964 von der „Verleugnung des Kindes in der evangelischen Pädagogik". In den Kirchen hatte sich nach dem Zweiten Weltkrieg eine restaurative und traditionslastige Haltung etabliert, die Gottesdienste, Gesangbücher und religiöse Lehre am scheinbar Alt-Bewährten ausrichtete, die Lernenden aber kaum eigens wahrnahm. Seither ist das pädagogische und psychologische Wissen stark gewachsen. Wir wissen heute viel über die Mechanismen des Lernens, die Rolle von Motivation, Lust und Unlust, über die Lern-Atmosphäre und über die Rolle der Einsicht in die *Bedeutung* des Gelernten, schließlich über die Bedeutung spielerischen Lernens, das ein besonderes Augenmerk auf die (innere) Beteiligung lenkt:

> *„Wie verbinden sich unsere religionspädagogischen Hilfen mit der inneren Geschichte des Kindes?* Für eine am Lebenslauf orientierte, die individuelle religiöse Lebenslinie ernstnehmende Religionspädagogik ist dies eine der religionspädagogischen Kardinalfragen." (Nipkow [5]1997, 40)

Friedrich Schweitzer hat diese Frage mit dem Hinweis auf „Das Recht des Kindes auf Religion" (2000) beantwortet. Seine einleuchtende Argumentation: Kinder stellen Fragen, die einen offenen Rand zu *religiösen* Fragen und Anschauungen haben und ohne diese nicht bearbeitet werden können – z.B. die Frage nach sich selbst (wer bin ich?); oder die nach dem Sinn angesichts des Todes; nach Geborgenheit und Schutz und im Zusammenhang damit nach Gott; nach gerechtem Handeln; nach fremden Religionen. Darum ist eine Erziehung, die Kindern Religion vorenthält, pädagogisch ebenso fragwürdig wie der früher häufige Missbrauch religiöser Erziehung zu moralischen Zwecken. Dieser darf also nicht als Argument verstanden werden, Religion in der Erziehung gar nicht mehr vorkommen zu lassen.

Kindliches Lernverhalten

Kindliches Lernen (→ 13) ist zunächst immer Nachahmung. Kinder setzen Erfahrenes schnell in Spiel um. Dadurch entsteht neben neuem Können auch das Mit-Fühlen, der Aufbau von „Verhaltensdispositionen" und grundsätzliches Interesse. Und darum sind Vorgaben und Angebote unverzichtbar für jede Entwicklung.

Neben die zwei Grundbedingungen „Gehaltensein" und „Neugier" (Geborgenheit und Ablösung, Sicherheit und Selbständigwerden; vgl. Schäfer 1995) tritt die hohe Bedeutung der „Übergangsobjekte" (Winnicott), zu denen neben Puppen usw. auch Märchen und Sagen zählen, die unmittelbar die Phantasie stimulieren. Kinder erleben solche Geschichten oft als ausgesprochen dramatisch.

Kinder leben in hohem Maße in inneren Phantasie-Bildern für Macht, Schutz, Recht, Selbständigkeit usw. (– was auch für Erwachsene mehr gilt als es scheint); darum ist ihr Denken „mythologisch". Der Phantasie, die zum intermediären Bereich zählt, kommt bei diesen mythologischen Bildern die Rolle einer Vermischungs-Agentur von Bedeutungs- und Wirklichkeitserfahrung zu. Sie verbindet Dinge und Eindrücke mit persönlichen Bedeutungen und baut sich so ihre eigenen bildhaften Sinnwelten und Erfahrungen auf. Etwas Vergleichbares geschieht im Spiel. Darum wäre es auch völlig unsinnig, von Kindern ein „vernünftiges" abstraktes Verstehen zu erwarten. Pädagogisch geboten ist vielmehr, Phantasie, Spiel und Neugier zu fördern. Bruno Bettelheim folgerte bereits vor Jahren: „Kinder brauchen Märchen" – was in der modernen Welt lange Zeit verkannt worden war. Sie brauchen aber eben auch *religiöse* Geschichten und Symbole, Mythen und Wunder. Kinder sind religiös ansprechbar.

Die beiden Grundbedingungen Geborgenheit und Neugier zeigen die Notwendigkeit von stabilisierendem Ritual (Kinder sind „Ritualisten") *und* von Veränderung (Kinder sind neugierig). Beide stehen der inneren Verarbeitungstätigkeit der Kinder in Phantasie und Spiel gegenüber. Diese wiederum brauchen stimulierende Angebote: Mythen, Märchen und religiöse Geschichten, und natürlich Spielzeug und Spielgefährten.

Der alten pädagogischen Auffassung, religiöse Erziehung sei erst ab dem Jugendalter zu betreiben, ist damit noch einmal widersprochen. Religion kann gerade dann in ihrer *Bedeutung* verstanden werden, wenn bereits Kinder die Chance erhalten, sie sich auf ihre Weise anzueignen. Dabei sind alle „kindlichen" Naivitäten erlaubt, sogar erwünscht.

Grundsätze christlicher Erziehung im Kindesalter

> „Kinder sind nicht Objekte der Belehrung, sondern Subjekte eines eigenständigen religiösen Nachdenkens." (Kuld 2001, 8)

1. Grundsatz: Christliche Erziehung ist Zuspruch. Daher darf sie keine moralische Instrumentalisierung betreiben; Gott darf nicht als Drohung und als Mittel zum Wohlverhalten missbraucht werden („Der liebe Gott sieht alles"). Ebenso sollten keine überhöhten moralischen Vorbilder gegeben werden (Jesus, Heilige als Über-Menschen). Das Christentum ist an keine Bedingungen gebunden. Gottes liebender Zuspruch soll sich daher auch im *Stil* der Erziehung bemerkbar machen. Diese kann zwar nie völlig ohne Autorität und Leitung sein, soll aber an Förderung, Entfaltung und Liebe orientiert sein. Bernhard Grom (Grom 2000) nennt als Ziele einer so verstandenen christlichen Erziehung 1. das Grundvertrauen (= Bejahtsein), 2. positive Lebenseinstellung (= Freude, Dankbarkeit), 3. prosoziales Empfinden (= Mitleid und Liebe); erst an 4. Stelle kommen dazu Kognition, Reflexion und Deutung – das aber ist *zunächst* ganz sekundär; Kinder stellen ja ihre Fragen von selbst.

2. Grundsatz: Christliche Erziehung muss auf das Leben und die Person bezogen sein. Sie hat also auf den Erfahrungsbezug zu achten und muss Vorgaben und Eigentätigkeit wechselseitig in Verbindung bringen – ebenso wie sie Geborgenheit und Freiheit, Gewohntes und Neues gleichermaßen fördern und anbieten muss. Sie darf keine christliche Sonderwelt kultivieren. Grundproblem ist an dieser Stelle der Traditionalismus. Traditionen sollen lebensfördernd sein, nicht sakrosankt für sich stehen. Nicht nur für die kindlichen Gottesbilder heißt das, dass die Phantasien und Projektionen der Kinder ernst zu nehmen sind, und nicht mit christlichen Vorstellungen konfrontiert oder gar durch sie ersetzt werden dürfen. Es sind also Erfahrungen zu kommunizieren und schrittweise neue Vorstellungen anzubieten. Ziel muss die Entfaltung des je eigenen Lebens sein, d.h. Bildung durch Förderung von Religiosität (→ 18, 19).

3. Grundsatz: Christliche Erziehung muss Kindern etwas anbieten. Sie orientiert sich also keineswegs allein am Kind, sondern bringt ihre Schätze ins Spiel. Jeder Mensch bildet innere Repräsentanzen von Geborgenheit,

Schutz, Vertrauen aus. Wenn diese nicht verblassen oder durch schlechten Ersatz verkümmern sollen, dann müssen hilfreiche religiöse Symbolisierungen angeboten werden. „Daher ist symbolische Abstinenz ebenso gefährlich wie Zuwendungsmangel oder Machtorientierung" (Schmidt 1991, 131). Die christlichen Themen, Räume und Bräuche sind in ihrer Größe und Heiligkeit der Erfahrung zugänglich zu machen – in dem Wissen, dass ihr tiefer Erfahrungsschatz sich oft ganz von selbst der Phantasie, den inneren Bildern, der Bedeutungsvorstellung der Kinder zu verstehen gibt und so ihre religiöse Entfaltung stimuliert.

4. Grundsatz: Christliche Erziehung soll Religion vorwiegend in Bildern, Geschichten, Ritualen und Gefühlen kommunizieren. Das kommt pädagogisch lange vor Überzeugungen, Lehren und Bekenntnissen. Die biblischen Geschichten, die christlichen Gestalten und Symbole sind Träger von existenziellen Erfahrungen, also von *Bedeutungen*. Solche Bedeutungen können kaum rational erschlossen werden, sondern sind Sache des Nach-Erlebens. Kinder übernehmen sie so, dass sie entwicklungsfördernd werden.

Das grundlegende Problem: es fehlt heute eine überzeugende und ansprechende private religiöse Praxis (→ 20.4). Auch religiös interessierte Lehrer und Erzieher haben oft keine religiöse Handlungsroutine mehr.

Konkrete Aufgaben christlicher Primärerziehung

Am Anfang stehen religiöse *symbolische Figuren und Zeichen*. Der Schutzengel, der Nikolaus, das Christkind, der Regenbogen, die Arche, das Kreuz usw. sind Grundlage eines religiösen Erziehungsangebots, in das sich Kinder mit ihrer eigenen Vorstellungswelt einfinden können. Dazu treten bereits früh die *biblischen Geschichten* von Befreiung und Rettung, von Wundern, Heilung und Schutz. Sie sind Erfahrungen mit Gott und ermöglichen die Vorstellung von geordneten, sinnvollen Abläufen und von Gottes manchmal dramatischem, aber liebevollem Handeln und seiner Zuwendung. Vor allem in den Gleichnissen Jesu, die Kinder auf ihre Art verstehen dürfen, werden das Leben und die Welt in eine neue Perspektive gestellt.

Eine weitere grundlegende Bedeutung haben religiöse *Rituale*, allen voran das Gebet. Vor allem das Gute-Nacht-Gebet sorgt für Schutz und Sicherheit an dem für Kinder schwierigen Übergang in die Nacht. Es fördert die Vorstellung Gottes als eines persönlichen Gegenübers, lässt sie naheliegenderweise gar erst entstehen. Das Gebet muss immer zunächst angeboten und eingeübt werden. Geformte Gebete können individuell erweitert und frei weiter formuliert werden. Zu den Ritualen lassen sich auch die Feiern und Feste des Kirchenjahres und der Gemeinde zählen. Sie können besondere und prägende Erlebnisse für Kinder sein, eine Gemeinschaftserfahrung, die Lebensfreude, Dank und das Bewusstsein des Lebens als Geschenk spiegeln – die Grunderfahrung der christlichen Religion überhaupt. Ausgesprochen sinnvoll erscheint ferner die rituelle Gestaltung konkreter Erfahrungen und Anlässe im Lebenslauf: Geburt, Tod, Ereignisse in Öffentlichkeit und naher Umwelt bieten sich solcher Gestaltung vorwiegend innerhalb der Familien, aber auch im Kindergarten an. Schließlich ist das behutsam vorbereitete Abendmahl mit Kindern aus religionspädagogischer Sicht ausgesprochen empfehlenswert. Es ist kaum einzusehen, warum es Erwachsenen vorbehalten bleiben sollte.

Religiöse Fragen der Kinder erfordern einen behutsamen Umgang. Sie sind ernst zu nehmen, sinnvollerweise aber nicht rational zu beantworten, sondern zunächst zurück zu spielen: Was denkst du denn? Hinter Fragen stehen häufig Kommunikationswünsche. Darum könnte man für christliche Erziehung auch zusammenfassend sagen: Es geht in ihr nicht primär um Antworten auf Fragen – sondern um das Angebot symbolischer Verdichtungen für die kindliche Erfahrung. Die häufigste Zweifel-Frage „Ist das auch wirklich passiert?" führt *dann* ganz offensichtlich weniger weg von Religion überhaupt, wenn wirklich religiöse Erfahrungen angeboten und diese individuellen Deutungen zugeführt werden.

Zusammenfassung

Die Kindheit hat sich massiv verändert. Die Familien werden immer kleiner, der Einfluss der Medien wächst, die Welt erscheint als unsicher. Heute stehen einer guten materiellen Versorgung seelische Vernachlässigung, Vereinzelung und Überforderung gegenüber. Nur wenige Kinder werden noch durch die Familie religiös sozialisiert. Wo das der Fall ist, spielen mythologische Figuren, Geschichten, Rituale und Bezugspersonen eine prägende Rolle. Kindliche religiöse Vorstellungen kommen durch Nachahmung, Phantasie und Spiel zu Stande und sind eigenständig, bildhaft und meist sehr konkret.

Literatur: Zu 1: EKD 1995 – LexRP Art. „Kind" – LexRP Art. „Familie (Elternhaus)". Zu 2: U. Schwab 1995. Zu 3: H. Hanisch 1996 – R. Oberthür 1995 – NHRPG II.4.5. Zu 4: K.-E. Nipkow [5]1997 – NHRPG IV.1.1 – H. Schmidt 1991, 141ff. – F. Schweitzer 2000.

6 Religionsunterricht – Schulfach zwischen Staat und Kirche

Stellen Sie sich einmal vor, Sie würden – etwa in einem Restaurant – durch Zufall dem Kultusminister Ihres Bundeslandes begegnen und mit ihm ins Gespräch kommen. Dabei erfahren Sie, dass der RU, für den Sie sich beruflich engagieren, abgeschafft werden soll. Sicher nicht aus ideologischen Gründen, denn die Zeiten, in denen öffentlich und aggressiv um den RU gestritten wurde, sind lange vorbei; sondern aus nahe liegenderen, nämlich aus finanziellen. Der Staat muss sparen. Zugegeben: eine hypothetische Situation. Wie aber würden Sie argumentieren, um das Fach Religion in der Schule zu verteidigen?

1. Vorgeschichte und derzeitige Situation des RU

Zur Vorgeschichte des RU an der Schule

Die Schule dient der Sozialisation, der Reproduktion des Wissens, der Qualifikation für die weitere Ausbildung und den Beruf, schließlich der Selektion, d.h. der Auslese der Besseren. Sie erhebt den Anspruch, für Werteerziehung und Charakterformung zu sorgen. Sie ist die bedeutendste Bildungsinstitution der modernen Gesellschaft. Ihre Hauptkennzeichen sind jahrgangsgestufte Klassenverbände, eine professionelle Lehrerschaft, nach Fächern getrennter Unterricht, staatlich verantwortete Lehrpläne. Menschen verbringen einen Großteil ihrer Jugend in der Schule.

Die ursprüngliche griechische Wortbedeutung von „Schule" meinte die zweckfreie Hingabe an eine Sache oder Beschäftigung in beschaulicher „Muße". Die heutige Schule stellt nahezu das Gegenteil dieses Ideals dar. Sie dient der Elementarerziehung, d.h. dem Erlernen der Kulturtechniken, insgesamt fast ausschließlich aber der Vermittlung von Wissen (Information) und dem Erwerb von Zeugnissen. Dadurch unterstehen die Schüler einem erheblichen Leistungsdruck, nicht nur in den oberen Klassenstufen. Die moderne Schule betreibt eine funktional gesteuerte und durch gesellschaftliche Anliegen geprägte Erziehung, kaum jedoch eine im ursprünglichen Sinne verstandene Bildung, d.h. eine freie, vielgestaltige Entfaltung der Person (→ 19).

Unterschwellige Ängste und die Unlust vieler Schüler stellen heute ein massives Problem dar, aus dem aber kaum jemals pädagogische Konsequenzen gezogen werden. Abgesehen von der Primarstufe und Teilen der Hauptschule haben Erkenntnisse der modernen Pädagogik und Lerntheorie bisher nur sehr zögerlich Anwendung gefunden. Auch gibt es keine allgemein gültige umfassende Schultheorie, die die Frage nach der guten Schule und einer echten Schulkultur beantwortete. Die permanenten Schulreformen, die „von oben" verordnet sind, erhöhen eher den bereits vorhandenen Druck. Ernste Versuche alternativer Schulen (Hartmut von Hentig, Montessori-Pädagogik usw.) bleiben bisher ohne Auswirkungen auf die staatliche Schule.

Die Schule ist eigentlich eine kirchliche Idee. Im Mittelalter gab es nur sehr wenige, ausschließlich kirchlich getragene Schulen, vor allem die „Lateinschulen". Alle Schüler waren im selben Raum versammelt und wurden gemeinsam unterrichtet. Biblische Geschichten, christliche Legenden, Bräuche und Lehren bildeten den Schwerpunkt des Unterrichtsgeschehens, denn sie stellten die wesentlichen kulturellen Inhalte der Zeit dar. Erst relativ spät bildete sich das Fächersystem heraus. Noch später erkannte man, dass ein effektives Lernen voraussetzt, dass altersgemäß, also in Klassenstufen unterrichtet wird. Erst im 19. Jh. wurde die allgemeine Schulpflicht eingeführt; bis dahin war der Schulbesuch weitgehend abhängig vom Stand und von den finanziellen Mitteln der Eltern.

Nachhaltig gefördert wurde das Schulwesen durch die Reformation (→ 1.2): die Schüler sollten die Heilige Schrift lesen können, da dort ihr Heil zur Verhandlung stand. Martin Luther hatte in einer seiner großen Reformationsschriften (An den Adel, 1520) dafür plädiert, dass möglichst alle Jungen und Mädchen – auch diese: das waren neue Töne – Lesen und Schreiben lernen sollten; er hatte seinen Aufruf bezeichnenderweise nicht an die Kirche, sondern an die Landesherren gerichtet, da er der Kirche in diesem Punkt nicht mehr viel zutraute, und auch, weil er von der öffentlichen Bedeutung dieses Gedankens überzeugt war. Seither hat sich das Schulfach RU in der Stundentafel allmählich eingebürgert. Seine Inhalte waren vorwiegend katechetisch und klar auf das kirchliche Leben bezogen.

Die erziehungs-euphorische, aber religionskritische Aufklärung stellte dann die Forderung nach einem auf das Leben bezogenen, in Inhalten und Lernmethoden an den Kindern ausgerichteten Unterricht. Seither ist zwar zunächst nicht der RU, aber vor allem die geistliche Schulaufsicht zunehmend in die Kritik geraten – die Kirche war nach wie vor Trägerin der Schulen. Das zeigte sich vor allem darin, dass die meisten Lehrer Pfarrer oder Küster waren. Die geistliche Schulaufsicht bestand dennoch bis fast zum Ende des 19. Jh.

RU heute: das umstrittenste Fach

RU wird in fast allen Bundesländern in den meisten Klassen zweistündig erteilt. Ebenso ist fast überall das Ersatzfach „Ethik" (auch „Werte und Normen", „Philosophie" u.ä.) für Schüler eingeführt, die aus Gewissensgründen religiöses Lernen ablehnen. Bereits 1905 forderte die Bremer Lehrerschaft in einer Denkschrift die Abschaffung des RU und die Einrichtung eines allgemeinen Sittenunterrichts (d.h. von Ethik) für alle Schüler. Ethik wird als eigenständiges Fach immer mehr geschätzt, auch von den Kirchen. Seine Inhalte überschneiden sich mit denen des RU weit mehr als oft angenommen. So werden im RU Fremdreligionen, Atheismus und (ausführlich) ethische Fragen bearbeitet, in Ethik auch sozial sichtbare religiöse Einstellungen.

Schule dient der Reproduktion, Qualifikation und Selektion. Welche Rolle kann der RU da spielen? Plausible Begründungen für religiöses Lernen (→ 2.3) zielen weniger auf die Reproduktion von Wissen, sondern aus religionsdidaktischen Gründen eher auf Orientierung und persönliche Bildung. Die allgemeine Erwartung an den RU ist, er solle der Wertebildung dienen – diese eigentlich ethische Zielsetzung kann aber nur von untergeordneter Bedeutung sein! Verbreitet ist leider immer noch die Einschätzung, der RU diene der Bestandssicherung der Kirchen. Das aber ist schon auf Grund der recht kirchendistanzierten Einstellung der meisten Religionslehrer, vor allem aber durch den klaren Einspruch der Kirchen selbst gegen diese Erwartung nicht richtig.

Religion ist mehr als andere Unterrichtsbereiche – vergleichbar nur mit den künstlerischen Fächern – eine persönliche Sache der inneren Einstellung und Betroffenheit, darum auch nur eingeschränkt im herkömmlichen Sinne unterrichtbar (→ 2.2). Angesichts der faktischen Bedeutung von Religion für die Menschen und die Gesellschaft ist das aber keinesfalls ein Argument *gegen* den RU an der Schule. Es erklärt allerdings die anhaltende Diskussion um das Fach. So behält der RU eine Sonderstellung. Aus einer technisch-funktionalen Perspektive heraus kann er als „überflüssig" erscheinen, andererseits birgt er gerade die große Chance, Schülern angesichts dieser heute vorherrschenden Sicht bei der Orientierung zu helfen.

Welche Begründungen für den RU können heute überzeugen? Lässt sich angesichts der Pluralisierung der religiösen Überzeugungen und Stile durch die Präsenz verschiedener Religionsformen seine konfessionelle Gestalt aufrecht erhalten? Das kulturgeschichtliche Argument ist ähnlich plausibel wie das gesellschaftliche (→ 2.2), genau genommen aber auch durch andere schulische Fächer einzulösen; zudem trifft es Sinn und Anliegen des RU nicht vollständig. Das gilt noch mehr für das ethische Argument; zu erinnern ist auch daran, dass Religion und Ethik nicht umstandslos miteinander identifiziert werden können. Darum sollte man vor allem anthropologisch argumentieren, muss dann aber wissen, dass diese Begründung eher vage und dem Staat möglicherweise schlicht zu teuer ist, da nicht unmittelbar nutzbringend. Eindeutig und stichhaltig ist allein die rechtliche Begründung nach GG Art. (7). Nur sorgt ein positives Recht natürlich auf Dauer nicht für gesellschaftliche Akzeptanz; fällt diese weg, ist das Recht grundsätzlich veränderbar.

Die Begründung des RU muss *öffentlich plausibel* sein. Darum führt zunächst an einer allgemein-*pädagogischen* Begründung nichts vorbei. Eine kirchliche oder exklusiv christliche Begründung kann also nicht (mehr) ausreichen. Der RU nimmt also am Bildungsauftrag der Schule teil. Religion aber ist ein unverzichtbarer Teil der Bildung, so wie andere schulische Inhalte auch. Sie dient nicht nur der Entfaltung der Person (Orientierung, Selbstbestimmung, Nachdenkenkönnen über das Leben, Lebensqualität usw.), sondern ist auch sozial wichtig (Kenntnis der verschiedenen Religionen, Wissen um die Bedeutung von Religion für Menschen und Gruppen, um Sekten, Fundamentalismen usw.).

Die sinnvollste und plausibelste Begründung für den heutigen RU geht also, wenn sie denn eine pädagogische sein will, von den Schülern aus. Sie sollte aufzeigen können, dass ohne genaue Kenntnis des Phänomens Religion wichtige gesellschaftliche und lebensbezogene Kompetenzen fehlen. Daraus ergeben sich religionsdidaktische Konsequenzen. Zu solcher „Kenntnis" gehört nämlich in jedem Fall, dass über Religion, in diesem Fall die christliche, nicht nur informiert wird. Eine Grundeinsicht in den Vollzugssinn und die „Logik" der Religion ist unverzichtbar zu ihrem Verständnis. Diese Logik wiederum lässt sich nicht an einer „abstrakten" Religion gewinnen, sondern nur an einer anschaulich-konkreten, d.h. für den RU: an der christlichen. Die Auseinandersetzung mit dem Phänomen Religion bietet dann Formen der Orientierung und Identifizierung an, die in einer psychisch instabilen Gesellschaft zunehmend an Bedeutung gewinnen, und die von der Ethik allein nicht erreicht werden. Sie müssen frei bleibende Angebote sein, den eigenen Weg und die eigene Stabilität zu finden.

2. RU und die Schularten

Grundschule und Sekundarstufe I

Die Grundschule dient der Elementarerziehung. Themen sind die elementaren Kulturtechniken, wichtige soziale Beziehungen und die Systematisierung des ersten Weltzugangs. Der RU gibt erste weltanschauliche Orientierung, kommt dem Bedürfnis nach ritueller Ordnung und mythischer Erzählung nach (letzteres vor allem mit seinen biblischen Inhalten) und ist sehr beliebt. Die Grundschüler „stufen ihn als beglückend und als wichtig für ihr Leben ein; auch attestieren sie ihm hohe Lerneffekte" (Bucher 2000, 52). Grund dafür sind offensichtlich auch die innovativen methodischen Lern-Formen (kreative Beteiligung, Spiel usw.).

Die Hauptschule umfasst das Alter von zehn bis etwa 16 Jahren. Sie endet nach der 9. Klasse mit der Möglichkeit des Qualifizierenden Hauptschulabschlusses („Quali") bzw. nach der an manchen Schulen seit kurzem eingeführten 10. Klasse (Mittlere Reife, die zu dieser Zeit auch in Realschule oder Gymnasium erreicht wird). Sie ist in mehrfacher Hinsicht mit großen Schwierigkeiten konfrontiert. Zum einen fallen ihre Jahrgänge weitgehend in die Pubertätszeit. Ferner wird sie immer mehr zur „Restschule", die die sozial Schwächeren versammelt, die geringere gesellschaftliche Chancen haben und darum oft wenig Arbeitsdisziplin. Schließlich leidet sie durch den inzwischen sehr hohen Ausländeranteil oft an innersozialen Problemen, etwa bei der sprachlichen Verständigung oder bei aggressiv geführten Auseinandersetzungen. Die Hauptschule zeigt inzwischen eine deutliche Tendenz hin zur sozialen Betreuung. In den alten Bundesländern nehmen über 80% aller Hauptschüler am RU teil, an Ethik meist unter 10%. In den neuen Bundesländern dagegen sind z.T. nur 3% der Schüler im RU. Das Fach verzeichnet einen hohen Unterrichtsausfall. Seine Beliebtheit sinkt in den Durchschnittsbereich, RU ist aber etwas beliebter als die Schule insgesamt (Bucher 2000; → 12.1).

Sekundarstufe II (gymnasiale Oberstufe, Berufsschule)

Das Gymnasium war einst Eliteschule, ist heute aber zur Normalschule geworden. Dadurch kam es zu einer deutlichen Absenkung des Niveaus. Das Gymnasium ist stark leistungsorientiert und unterrichtet vorwiegend kognitiv. RU ist in der Oberstufe Wahlpflichtbestandteil des Kurssystems. Seine Beliebtheit liegt unter dem Fächer-Durchschnitt. Der RU gibt allerdings immer wieder auch Anstoß zur intellektuellen Auseinandersetzung mit Religion, oft auch für eine spätere Berufswahl als Religionslehrer, Pfarrer usw. Grundlegende Inhalte des RU sind theologische Gehalte der eigenen Religionsgemeinschaft, Ideologien, Religionskritik, Weltanschauungen, Weltreligionen und Wertfragen (Ethik).

Ein erheblicher Teil aller Jugendlichen besucht die Berufsschule. Die Bezeichnung „Berufsschule" ist seit 1921 etabliert; sie entstand aus dem pädagogischen Gedanken einer Bildung durch den Beruf. Die Schüler sind Junge Erwachsene, die eine praktische Berufsausbildung durchlaufen, die größtenteils in Betrieben stattfindet. In der Schule erhalten sie dazu eine theoretische Fundierung und Allgemeinwissen. Wenn nicht im Block unterrichtet wird, ist oft nur ein Schultag pro Woche vorgesehen. Die Berufsschule hat, ähnlich wie die Hauptschule, mit mangelnder Motivation und Disziplin in den Klassen zu kämpfen. RU wird in Vollzeitklassen im Regelfall einstündig erteilt. Bei der derzeitigen Reduzierung der Schultage und stärkerer Gewichtung der Ausbildung in den Betrieben zeigt sich eine Tendenz, zuerst die „Kernfächer" (Deutsch, Mathematik) abzudecken. Der RU wird immer mehr in fächerübergreifende Projekte eingebunden; hier besteht die Gefahr eines Profilverlustes, ebenso aber auch die Chance einer lebenspraktischen Ausrichtung und dadurch einer Stärkung des Interesses an Religion. Das Interesse der Schüler am RU ist vergleichsweise gering. Hier verzeichnet er seinen höchsten Stundenausfall (ca. 40%), was von den Kirchen kaum eingeklagt wird.

Die Lehrpläne des Berufsschul-RU sind schon immer deutlich an ethischen und gesellschaftstheoretischen Fragestellungen ausgerichtet. Daneben besteht eine betonte Orientierung an den Lebensproblemen und Fragen der Schüler: Für die Ablösung vom Elternhaus, die Berufs- und Rollenfindung, für Beziehungen usw. sollen die Auszubildenden Orientierungsangebote durch das Evangelium erhalten. Das ist angesichts der zunehmenden Auflösungen von Standards, Normenvorgaben und Regeln und des steigenden Leistungsdrucks in allen Lebensbereichen gerade für junge Berufstätige aktuell.

Sonderschulen

Sonderschulen sind Pflichtschulen für Kinder und Jugendliche mit körperlichen oder geistigen Behinderungen. Die größten Gruppen sind lernbehinderte Schüler, dann folgen schwerhörige/gehörlose, geistig behinderte, sprachbehinderte, körperbehinderte, sehbehinderte/blinde Schüler (LexRP, 1813f.). Die Klassen sind mit durchschnittlich 11–12 Schülern sehr klein und ermöglichen Betreuung und pädagogische Zuwendung. Die unterrichtenden Lehrer brauchen eine spezielle Ausbildung. In den sog. Förderschulen können Abschlüsse erreicht werden, die denen der Hauptschule entsprechen. Die Sonderschule geht heute weniger von Beeinträchtigung und Einschränkung oder gar Makel ihrer Schüler aus, sondern versteht sich als Bereitstellung eines Erfahrungs- und Lebensraumes. Eine spezifische Schwierigkeit ist die weitgehende soziale Isolation behinderter Kinder und Jugendlicher, also ihre faktische Ausgrenzung aufgrund ihrer Beeinträchtigungen. Dadurch leiden sie häufig unter schlechtem Selbstwertgefühl, zeigen folglich oft wenig Leistungsbereitschaft und Motivation. RU ist ebenso wie an allen anderen Schularten ordentliches Lehrfach. Er wird konzeptionell von der RP nur am Rande bedacht; die Konzeptionsentwicklung hinkt darum hinter der der anderen Schularten her. Ein der Evangelischen Unterweisung angelehntes Konzept hat sich relativ lange erhalten.

Aus praktischen Gründen ist die Zusammenlegung des RU zu einem gemischt-konfessionellen Unterricht häufig. Nur wenige Bundesländer haben einen übergreifenden Lehrplan für den RU, der prinzipiell an die Grundschulpädagogik angelehnt ist. Die Themenvorgaben sind mitbestimmt durch die Frage der Auffassungs- und Gestaltungsmöglichkeiten der Schüler, die die Arten der jeweiligen Behinderungen berücksichtigen muss. Zentral wichtige Inhalte sind Jesus Christus und Gott als schützendes persönliches Gegenüber. Ganzheitliches Lernen wird betont. In letzter Zeit setzt sich an die Stelle der Einschätzung der Schüler als „behindert" immer mehr der Versuch einer Förderung ihrer spezifischen Fähigkeiten, Stärken und Kompetenzen.

Kirchliche Schulen

Kirchliche Schule sind Schulen in kirchlicher Trägerschaft. Vergleichbar z.B. den kirchlichen Kindergärten werden sie zum größten Teil vom Staat finanziert, sind allerdings durch ein bestimmtes Profil gekennzeichnet. Sie binden auf je spezifische Weise Schulbildung und Leben zusammen. Ihr christlicher Geist zeigt sich vor allem im Schulleben, das eine oft bemerkenswerte „pädagogische Kultur" aufweist. Die christliche Lebens- und Weltanschauung wirkt hier als ein Hintergrund, der eine „corporate identity" und ein entsprechendes Gemeinschaftsgefühl bei Lehrern und Schülern ausbildet. Die knapp 1000 kirchlichen Schulen in Deutschland, die in der Mehrzahl berufsbildende Schulen sind, sind auf Grund ihres Schulklimas, ihres geistigen Hintergrunds, schließlich ihrer oft weit über den schulischen Standard hinausgreifenden Bildungsangebote ausgesprochen beliebt. Für die kirchliche Bildungsarbeit kommt ihnen eine große und wachsende Bedeutung zu.

3. Rechtliche Rahmenbedingungen

Die Kenntnis der rechtlichen Bedingungen für den RU ist unverzichtbar für jeden, der RU erteilt oder sich an der Diskussion beteiligt. RU gilt als eine rechtliche „Res mixta" (gemischte Angelegenheit), in der der Staat ebenso zuständig ist wie die Kirchen. Einschlägig sind vor allem zwei Artikel des Grundgesetzes (GG), die Art. 4 und 7. In Art. 4 sind „Glaubens-, Gewissens- und Bekenntnisfreiheit, Kriegsdienstverweigerung" geregelt:

GG Art. 4
(1) Die Freiheit des Glaubens, des Gewissens und die Freiheit des religiösen und weltanschaulichen Bekenntnisses sind unverletzlich.
(2) Die ungestörte Religionsausübung wird gewährleistet.
(3) Niemand darf gegen sein Gewissen zum Kriegsdienst mit der Waffe gezwungen werden. (...)

Hier sind die grundlegenden Freiheitsrechte gewährt: die Freiheit des Gedankens, der Gewissensüberzeugung, der Verweigerung des Wehrdienstes und eben der „Ausübung der Religion". Darunter sind neben religiösen Überzeugungen und dem Recht auf deren Vertretung die Ausübung religiöser Bräuche zu verstehen, etwa der Gottesdienstbesuch, das islamische Gebet usw. Wer sich z.B. durch die Glocken eines nahen Kirchturms gestört fühlt und vor Gericht geht, der muss (bisher) damit rechnen, dass seine Klage mit Artikel 4 abgewiesen wird – Glockengeläut ist Teil der „Ausübung" der christlichen Religion.

Juristisch lassen sich hier eine negative Religionsfreiheit (Schutz vor und Abwehr von ideellem und religiösem Zwang) und eine positive unterscheiden (Schutz und dadurch Garantie des Angebots und der Praktizierung von religiösen und ideellen Überzeugungen und Handlungen). Der Staat garantiert hier, dass die Person rechtlich *vor* der staatlichen Institution steht. Der Staat verpflichtet sich selbst also in allen Bereichen der privaten Überzeugung und Haltung zu strikter Neutralität; darüber hinaus garantiert er den Schutz der privaten Überzeugungen und Handlungen. Hinter diesem Schutz stehen die Erfahrungen mit dem Nationalsozialismus. Dieser hatte Religion und Kunst schnell „gleichgeschaltet", was faktisch eine Verfügbarmachung und Unterwerfung unter staatliche Kalküle bedeutete.

Bemerkenswert ist dabei, dass Diktaturen in aller Regel mit genau diesen persönlichen Bereichen ihre Macht zu entfalten beginnen: mit Kunst und Religion! Hier sind die Freiheiten der Menschen am schnellsten und nachhaltigsten blockierbar. Das sollte auch noch einmal im Sinne einer Begründung für religiöses Lernen zu denken geben. Heute allerdings herrscht in Sachen Religion leider oft genug Gleichgültigkeit – was faktisch wiederum anfällig macht für *schleichende* Ideologien, etwa den heute so beherrschenden Konsumzwang.

Zu beachten ist, dass die Religionsfreiheit keineswegs allein für das Christentum gilt. Vielmehr ist *jedes* religiöse Bekenntnis und jede religiöse Handlung erlaubt und geschützt. Muslime dürfen sich zu Allah bekennen, auch religiöse Splittergruppen wie etwa Sekten sind damit grundsätzlich unter Schutz gestellt. An dieser Stelle ist das Religionsrecht auch missbrauchbar; vgl. etwa die „Scientology Church", die eigentlich ein totalitäres Wirtschaftsunternehmen ist. Die Grenze dieses Rechtes ist lediglich der Schutz anderer

Rechte. Dass neben dem Läuten von Kirchenglocken grundsätzlich auch der Ruf eines Muezzins geschützt und erlaubt ist, empfinden wir als eigenartig; es entspricht aber dem Geist dieses Rechts. Faktisch kommt es bisher aber vor allem zum Schutz kultureller Üblichkeiten.

Für den RU ist GG Art. 7 zum „Schulwesen" höchst bedeutsam:

> GG Art. 7
> (1) Das gesamte Schulwesen steht unter der Aufsicht des Staates.
> (2) Die Erziehungsberechtigten haben das Recht, über die Teilnahme des Kindes am Religionsunterricht zu bestimmen.
> (3) Der Religionsunterricht ist in den öffentlichen Schulen mit Ausnahme der bekenntnisfreien Schulen ordentliches Lehrfach. Unbeschadet des staatlichen Aufsichtsrechtes wird der Religionsunterricht in Übereinstimmung mit den Grundsätzen der Religionsgemeinschaften erteilt. Kein Lehrer darf gegen seinen Willen verpflichtet werden, Religionsunterricht zu erteilen.
> (4) Das Recht zur Errichtung privater Schulen wird gewährleistet. (...)

Absatz (1) bestätigt das Ende der kirchlichen Schulaufsicht; die Schule ist Angelegenheit des Staates, also der Allgemeinheit. Sie ist durch die staatlichen Kultusministerien der Bundesländer und die zugeordneten Schulämter organisiert. Der Staat sorgt also dafür, dass Schulen eingerichtet, Lehrer ausgebildet, eingestellt und bezahlt werden – und zwar auch Religionslehrer – und dass Kinder ihrer Schulpflicht nachkommen.

Die Eltern können nach Abs. (2) bis zur Vollendung des 18. Lebensjahres bestimmen, ob und welchen RU das Kind besucht. Umgehen kann ein Schüler das dadurch, dass er in eigener Initiative aus der Kirche austritt – das ist bereits mit Vollendung des 14. Lebensjahres möglich. So bestimmt es die Regelung im „Reichsgesetz über die religiöse Kindererziehung" von 1921, das nach wie vor gültig ist. Dort heißt es im entscheidenden § 5: „Nach der Vollendung des vierzehnten Lebensjahres steht dem Kinde die Entscheidung darüber zu, zu welchem religiösen Bekenntnis es sich halten will." Das ist kein Widerspruch zum GG Art. 7 (2): will ein Kind aus dem RU austreten, kann es sich gegen den Willen seiner Eltern durchsetzen, wenn es in eigener Verantwortung die Religion, d.h. die Kirche verlässt. Da es sich hier um das denkbar persönlichste Recht überhaupt handelt, ist dieser Schritt bereits so früh möglich.

Auch ohne den Austritt aus der Kirche kann die Teilnahme am RU aus Gewissensgründen verweigert werden. Dafür gibt es das „Ersatzfach" Ethik, das besser Alternativfach genannt werden sollte. Erstmals ist dies in der Bayerischen Verfassung Art. 137 (2) geregelt und dann durch die meisten anderen Länder übernommen worden: „Für Schüler, die nicht am Religionsunterricht teilnehmen, ist ein Unterricht über die allgemein anerkannten Grundsätze der Sittlichkeit einzurichten." Aus dieser Regelung ergibt sich ein schulpraktisches, aber auch grundsätzliches Problem: Das Nebeneinander von RU und Ethik bedeutet ein Zerreißen des Klassenverbandes, eine (wegen der beiden Konfessionen) dreifache Lehrerschaft, darum die größte Schwierigkeit bei der Stundenplanerstellung der Schulen: RU wird wegen dieser Komplexität noch vor dem Sportunterricht eingeteilt. Finanziell bedeutet das einen erheblichen Aufwand.

Abs. (3) ist der für den RU entscheidende Absatz. Oft wird er einfach zitiert als „Sieben drei". RU ist „ordentliches Lehrfach". Das bedeutet: er ist regulärer Teil der Stundentafel und versetzungserheblich – man muss theoretisch wegen einer Note 6 im RU die Klasse wiederholen. Die „Übereinstimmung mit den Religionsgemeinschaften" bezeichnet die grundsätzliche Zuständigkeit der Kirchen – und zwar als *Konfessionen* verstanden – in Sachen RU. Faktisch bedeutet das die Zusammenarbeit von Kirche und Staat bei der Lehrplangestaltung und den Schulbüchern für den RU. Außerdem sprechen die Kirchen den Religionslehrern eine Bevollmächtigung aus („missio"/„vocatio"). Kirchliche Lehrkräfte können an staatlichen Schulen unterrichten. Anders geregelt war das bisher in Berlin (alleinige Verantwortung der Kirchen; 2009 wurde das per Volksentscheid abgeschafft) und in Bremen (alleinige Verantwortung des Staates), ferner in Brandenburg (s.u.). Grundsätzlich sind auch hier wieder andere „Religionsgemeinschaften" als die christlichen denkbar, etwa die Juden oder die Muslime. Für beide ist die Einführung eines eigenen RU im Gespräch, was aber bisher an den weitgehend ungeklärten Zuständigkeiten scheitert. Hier zeigt sich für die Christen ein deutlicher Vorteil der Institution Kirche! – Dass nach Abs. (4) kein Lehrer zur Erteilung von RU gezwungen werden darf, entspricht wieder ganz dem Art. 4 GG.

4. Rolle und Position der Kirchen

Die Rechte der Kirchen

Eine ganz logische rechtliche Folge daraus, dass der Staat die Gewissens- und Religionsfreiheit seiner Bürger schützt, ist das Recht der selbständigen Organisation religiöser Gruppen. Der Staat ist in Sachen Religion ebenso wenig zuständig und auch kompetent wie etwa in der Medizin oder in der Wissenschaft – in allen diesen Bereichen benötigt er Spezialisten, die sich auskennen. Die Religion gehört in den Bereich der privaten Überzeugungen. Darum gewährt der Staat die entsprechenden Rechte, die im Prinzip Bürgerrechte sind.

Religiöse Gemeinschaften haben das Recht, sich zu versammeln, ihre Religion auszuüben und sich entsprechend zu organisieren. Geregelt ist das im Art. 137 der Weimarer Reichsverfassung (WRV), der ins Grundgesetz übernommen wurde. Dort ist im Abs. (1) zunächst die strikte Trennung von Staat und Kirche festgeschrieben: „Es besteht keine Staatskirche", dann das Organisationsrecht (2): „Die Freiheit der Vereinigung zu Religionsgesellschaften wird gewährleistet. Der Zusammenschluss von Religionsgesellschaften innerhalb des Reichsgebietes unterliegt keinen Beschränkungen." In Abs. (3) ist festgehalten, dass die „Religionsgesellschaften" sich selbständig verwalten und „ihre Ämter ohne Mitwirkung des Staates" verleihen. Kirchen dürfen also Angestellte beschäftigen, die einen beamtenähnlichen Status haben.

Dieselben Rechte haben wiederum auch andere öffentliche Organisationen, die den Status einer „Körperschaft des öffentlichen Rechts" erhalten, etwa die jüdische Kultusgemeinde, die Städte, Universitäten, das Rote Kreuz usw. Der Körperschaftsstatus ist allerdings keine Bedingung für eine Religionsgemeinschaft, sondern ein praktischer Rechtsstatus.

Für den RU bedeutet das, dass der Staat die äußere Form zur Verfügung stellt (Klassenzimmer, Lehrer, Schulbücher usw.) und dass er den Kirchen die inhaltliche Gestaltung überlässt. Das stimmt allerdings nur im Prinzip; denn bei der Erstellung der Lehrpläne für den RU sind keineswegs die Kirchen allein gefragt, sie haben eher ein Mitspracherecht. Der Staat lässt sich hier auch die inhaltliche Ausgestaltung des Faches nicht ganz aus der Hand nehmen. Praktisch sieht das so aus, dass die Lehrpläne von gemischten Kommissionen erstellt werden, in denen Vertreter von Staat *und* Kirchen mitarbeiten. Dieses Verfahren hat sich für beide Seiten bewährt. Manche Länderverfassungen sehen eine Mitarbeit der Religionsgemeinschaften am öffentlichen Erziehungswesen überhaupt vor; andere haben nur die Zusammenarbeit hinsichtlich des RU festgeschrieben.

Die Grundsätze der Religionsgemeinschaften

Diese „Grundsätze" werden für den RU ausschließlich von den Kirchen selbst bestimmt. Sie sind in den beiden großen Konfessionen in Deutschland zwar ähnlich, aber die bleibenden Differenzen zwischen ihnen machten es bisher notwendig, dass der RU nach Konfessionen getrennt unterrichtet wird. Sie gelten im Prinzip nicht nur für den schulischen RU, sondern für alle Formen der religiösen Pädagogik, an denen die Kirche beteiligt ist.

Die Evangelische Kirche geht vom Grundsatz der Alleingültigkeit der Heiligen Schrift aus, die als „norma normans" (normierende Norm, Grundnorm) für jegliche Dogmatik gilt und die ihr Zentrum in der befreienden Botschaft Jesu von Nazaret hat. Natürlich muss es immer eine zeitbezogene Auslegung der Schrift geben; diese ist in den „Bekenntnissen" festgehalten, die als norma normata (normierte, abgeleitete Normen) gelten. Zu diesen Bekenntnissen zählen das apostolische Glaubensbekenntnis, die beiden Katechismen Luthers, die Confessio Augustana, die Schmalkaldischen Artikel u.a.

Grundsätzlich gilt das Prinzip „sola scriptura" – allein die Schrift entscheidet in den Fragen der Lehre und des Heils, nicht die Kirche. Davon sind weitere gewichtige „Allein"-Bestimmungen abgeleitet: „solo Christo" bedeutet, dass allein durch Christus das Heil zu den Menschen gelangt; er ist „Mitte" und Auslegungsprinzip der Schrift und zeigt die geschenkte Zuwendung Gottes. Der Mensch kommt zum Heil ferner „sola gratia" und „sola fide", d.h. allein aus Gnade und allein aus dem Vertrauen des Glaubens an Gott. Der Mensch kann sich also sein Heil nicht verdienen, auch nicht durch frommes Bemühen. Er lebt allein von der geschenkten Gnade Gottes, die an keine Bedingung gebunden ist und durch nichts und niemanden vermittelt werden muss. Diese zentrale Aussage wird auch als „Rechtfertigungslehre" bezeichnet. Sie ist in der „Confessio Augustana" im Art. 4 festgelegt und gilt als der Artikel, mit dem „die Kirche steht und fällt". Der Mensch kann nur antworten mit seinem Vertrauen auf Gottes Zuwendung, d.h. mit seinem Glauben, mit dem er unmittelbar vor Gott steht.

Die katholische Kirche geht dagegen vom doppelten Grundprinzip „Schrift und Tradition" aus. Mit „Tradition" ist die Lehrtradition der katholischen Kirche gemeint, zu der die Dogmen, Beschlüsse der Konzilien, das kirchliche Recht und Verlautbarungen des Papstes gehören. Schrift und Tradition stehen gleichberechtigt nebeneinander. Darin drückt sich die Auffassung aus, dass Gott in der Schrift zwar durchaus voll- und endgültig gesprochen hat, dass das Verständnis der Schrift aber einer fortlaufenden Enthüllung bedarf. Damit ist zum einen die religiöse Autorität des Papstes und der Priester begründet; zum anderen ist die Unverzichtbarkeit der Kirche ausgesagt, außerhalb derer es nach katholischem Verständnis „kein Heil" geben kann. Für die katholischen Christen ist die Kirche nicht einfach die „Versammlung der Gläubigen", sondern das „corpus mysticum", ein geweihter und heiliger Bereich.

Die entscheidenden Differenzen zwischen den beiden großen Konfessionen bestehen in der Auffassung von Amt und Sakrament. Die Pfarrer der evangelischen Kirche sind grundsätzlich Laien, denen nur eine bestimmte Funktion in der Gemeinde übertragen ist. Jeder getaufte evangelische Christ darf im Prinzip predigen oder eine Taufe vornehmen. Die katholischen Priester dagegen sind geweihte, in der Sukzession (der unmittelbaren Nachfolge) der Apostel stehende Personen; diese Sukzession wird für die evangelischen Pfarrer nicht anerkannt. Außerdem ist das Priesteramt ausschließlich Männern vorbehalten, die zudem nicht heiraten dürfen (Zölibat).

Aus dieser Auffassung heraus wird auch verständlich, dass die katholische Kirche die Teilnahme an der Eucharistie nur den katholischen Christen vorbehält, deren Teilnahme am evangelischen Abendmahl dagegen verbietet. Diese Trennung wird immer wieder als „Skandal" angesehen; trotz aller ökumenischen Bemühungen bewegt sich hier kirchenoffiziell allerdings nichts. Das ist an der Basis anders: dort kümmert man sich immer weniger um kirchliche Beschlüsse. Das Sakramentsverständnis ist auch insgesamt verschieden: die evangelische Kirche kennt nur die zwei von Jesus selbst eingesetzten Sakramente Taufe und Abendmahl, die katholische Kirche dagegen sieben: neben Taufe und „Eucharistie" Firmung, Beichte, Eheschließung, Priesterweihe und Krankensalbung („letzte Ölung").

Denkschrift und Bischofswort

Die evangelische Denkschrift soll genauer dargestellt werden, da sie die gegenwärtige Einstellung der Kirche umfassend wiedergibt. Das katholische Bischofswort ist Reaktion darauf und argumentiert weitgehend parallel. Darum sollen nur die entscheidenden Unterschiede markiert werden.

Die evangelische Kirche verfasst immer wieder sog. Denkschriften zu aktuellen Zeitfragen (so zum Arbeitsmarkt, zur Frage nach dem Status der östlichen Bundesländer zu Zeiten der ehem. DDR, zur Friedensfrage usw.). Die Denkschrift „Identität und Verständigung. Standort und Perspektiven des Religionsunterrichts in der Pluralität" (Gütersloh 1994) ist mit ihren 91 Seiten die bisher umfangreichste. Bereits 1971 hatte die Evangelische Kirche eine pädagogische Begründung des RU vorgelegt; der RU dient demnach keinesfalls einer kirchlichen Bestandssicherung. Die Denkschrift führt diese Linie fort:

> „Das Fach hat es mit *Religion* zu tun, mit Erfahrungen ganz eigener Art. Religion ist eine unverwechselbare Dimension des Lebens, die nicht mit Moral oder Philosophie gleichzusetzen ist. ... Ohne Religionsunterricht würden viele Heranwachsende Religion nicht wirklich kennenlernen und in religiösen Dingen sprachlos bleiben." (30)

Der RU ist hier eindeutig pädagogisch begründet, also von den Schülern aus: Religion und die Frage nach Gott ebenso wie die Glaubenserfahrung sind Teil der Bildung des Menschen. Das betont die Eigenständigkeit und Unersetzbarkeit des Faches RU. Das hat dann aber auch Folgen für die Eigenständigkeit des RU, der sich jeder staatlichen Bevormundung entzieht:

> „Der christliche Glaube lebt aus einer umfassenden und radikalen Erfahrung, die den Gläubigen zugleich befreit und verpflichtet. Der Zusammenhang von ‚Zuspruch und Anspruch' unter dem einen Herrn Jesus Christus ... umgreift mehr als das, was die staatliche Schulpolitik als Beitrag des Religionsunterrichts zu Sinn- und Wertfragen normalerweise erwartet und auch erwarten darf. Für die säkulare Theorie der Schule ist das, was als eine in der Offenbarung begründete Glaubenserfahrung über die ethische und kulturelle Seite des Christentums hinausgeht, kein Aspekt, den sie aus sich heraus entwickeln kann; sie hat ihn jedoch zu respektieren, weil sie nicht auf der einen Seite die kulturelle Rolle des Christentums bildungstheoretisch bejahen und auf der anderen Seite die Substanz des christlichen Glaubens geringschätzen, instrumentalisieren oder gar unterdrücken darf." (36)

Sehr klar wird hier die „Mitte" des Faches herausgestellt und gesagt: der Staat hat durchaus Recht, wenn er die Rolle des Christentums für die Kultur und für die Vermittlung von Werten und Sinnerfahrung betont. Darin geht aber der Sinn des RU gerade nicht auf. Wenn der Staat die Religion, konkret das Christentum in seiner Rolle für Menschen und Kultur akzeptiert, dann muss er auch den christlichen Glauben an die Offenbarung Gottes respektieren, den Bereich also, in dem er selbst keine Zuständigkeit haben kann. Er muss diesen Glauben als Grund des RU anerkennen, und sein Verständnis zugleich den Gläubigen (d.h. den Kirchen) überlassen. Kurz gefasst: der Staat muss den RU garantieren, kann ihn selbst aber nicht verantworten.

Die bisherige konfessionelle Trennung des RU soll beibehalten werden, und zwar wiederum aus pädagogischen Gründen – was mit dem Grundrecht auf positive Religionsfreiheit in Verbindung gebracht wird:

> „Das verfassungsmäßig verbürgte Recht auf Religionsfreiheit schließt für Eltern und Schüler das Recht ein, in einer bestimmten geschichtlich gewordenen konfessionellen Gestalt des Christentums, die ihnen vertraut ist, allein durch Vertreter dieser Religion unterrichtet zu werden." (64)

Schließlich plädiert die Denkschrift dafür, die konfessionelle Struktur des RU „nachdrücklich zu modifizieren": konfessionelle *Identität* und ökumenische *Verständigung* (vgl. die Titelformulierung) sind wechselseitig aufeinander angewiesen; sie bedingen sich also, und schließen sich gerade nicht aus. Nur ein RU, der sich seines eigenen Profils gewiss ist, kann (und soll) sich ökumenisch öffnen. Darum ist „das Gemeinsame inmitten des Differenten zu stärken, in einer Bewegung durch die Differenzen hindurch, nicht oberhalb von ihnen." (S. 65). Hier darf es also keine simplifizierende Gleichmacherei geben. Das bedeutet: kein allgemeiner RU für alle, der die Differenzen verwischt! Sondern ein RU, der auf „konfessionelle Kooperation" setzt, d.h. der die Zusammenarbeit und den Austausch mit der anderen Konfession, darüber hinaus den mit dem Fach Ethik bewusst sucht und praktiziert. Hier ist von einer „Fächergruppe" die Rede, in der auch die Eigenständigkeit des Fachs Ethik betont wird.

Die Katholische Kirche hat auf diese Denkschrift mit dem Bischofswort „Die bildende Kraft des Religionsunterrichts" (1996) geantwortet. Der entscheidende Unterschied besteht in der sog. „Konfessionellen Trias", die nach dem Wort der Bischöfe erhalten bleiben muss: Schüler, Religionslehrer und Bekenntnis des katholischen RU müssen katholisch sein. Das bedeutet im Gegensatz zur evangelischen Position, die allen Schülern die Teilnahme am evangelischen RU freilässt, vor allem, dass im katholischen RU ausschließlich Schüler teilnehmen, die dem katholischen Bekenntnis angehören. Ein Gaststatus ist nur in Ausnahmefällen vorgesehen:

> „Die Bindung an das Bekenntnis hat zur Folge, daß der kirchliche Religionsunterricht von drei Faktoren bestimmt wird: Lehrer, Schüler, Lehrinhalt. Lehrer und Lehrerinnen haben den Auftrag, als Zeugen loyal zum Bekenntnis ihrer Kirche zu stehen und dieses glaubwürdig zu vermitteln. ... Ein an das Bekenntnis der Kirche gebundener Inhalt gibt in einer pluralistischen, oft unübersichtlichen Gesellschaft dem Schüler und der Schülerin eine bestimmte, zuverlässige Orientierung. ... Für die Identität des katholischen Religionsunterrichts sind und bleiben die drei Bezugsgrößen Lehrer, Schüler und Inhalt konstitutiv. Diese Trias bildet auch weiterhin die Grundlage für die kirchliche Prägung dieses Unterrichtsfaches." (77f.)

Hier ist eine sehr viel engere Bindung an die Kirche vorgenommen, wenn – pädagogisch bedenklich! – sogar von „kirchlichem RU" gesprochen wird.

5. Konfessioneller, gemeinsamer und religionskundlicher RU

Christlicher RU

Welche Form, d.h. welche konzeptionelle Gestalt kann und soll der RU haben, wenn Kirche *und* Staat (und das heißt immer auch: die Gesellschaft) zu ihrem Recht kommen wollen? Die beiden großen Kirchen wollen aus nahe liegenden Gründen den konfessionell getrennten RU beibehalten. Das ist die übliche Form des RU auch in den meisten europäischen Ländern; in der Regel gibt es jeweils auch ein Alternativfach (Ethik). Ausnahme ist Frankreich, wo (wie in den USA) religiöse Erziehung an der öffentlichen Schule generell nicht betrieben werden darf – hier wirkt das Erbe der religionskritischen französischen Revolution bis heute nach.

Die Argumentation der Denkschrift, Schüler sollen aus pädagogischen Gründen Religion in einer bestimmten Gestalt kennenlernen, überzeugt. Religion hat es mit Lebensfragen, mit grundlegenden Gefühlen, Haltungen und Anschauungen zu tun, die nicht wirklich verstanden werden, wenn nur aus der unbeteiligten Außenperspektive *über* sie informiert und reflektiert wird. Nicht ganz zwingend allerdings ist daraus die *konfessionelle* Identität des RU abzuleiten: kann seine Gestalt nicht auch eine *christliche* sein? In der gegenwärtigen Situation sollte man dankbar sein, wenn Schüler überhaupt ein Interesse am Christentum entwickeln; Umfragen zeigen, dass etwa der Sinn des Pfingst- und Osterfestes nur einem Bruchteil der Schüler bekannt ist. Konfessionelle Differenzen sind noch viel weniger bekannt oder gar prägend, spielen also kaum noch eine erkennbare Rolle. Auch unter *evangelischen* Erwachsenen mehren sich Kirchenaustritte, die durch Schwierigkeiten mit dem Papst oder katholischen Verlautbarungen begründet sind. Die konfessionelle Trennung, die gerade unter engagierten Christen oft als Skandal und Ärger erfahren wird, ist von außen also weitgehend unverständlich geworden. Dazu kommt das finanzielle Argument, das in seiner Bedeutung nicht mehr zu unterschätzen ist: getrennter RU ist teuer. Positiv gewendet hieße das: die Konfessionen sollten in schwierigen Zeiten nicht auf alten Pfründen beharren, sondern besser ihre Kräfte bündeln.

Differenzen sollen und dürfen nicht aufgegeben oder überspielt werden; nicht umsonst ist in und nach der Reformation heftig um sie gerungen worden. Nur: können sie *heute* noch die konfessionelle Trennung des Fachs begründen? Ein gemeinsamer ökumenischer RU, der seiner Erkennbarkeit halber dann besser *christlicher* RU hieße, könnte das gemeinsame Christliche gerade stärken. Die Gemeinsamkeiten zwischen den Konfessionen sind immerhin stark überwiegend: Gott, Christus, Bibel, Glaubensbekenntnis, Vaterunser usw. Differenzen bestehen dagegen in der Auffassung der Kirche und des Sakraments. Gegen einen gemeinsamen RU spricht nach wie vor die hierarchische Glaubensverwaltung der katholischen Amtskirche, die nach evangelischem Verständnis dem Evangelium widerspricht. Dieser Widerspruch kann nicht aus praktischen Gründen übergangen werden.

Da der RU aber ja keine Veranstaltung der Kirche ist, könnten Schüler in einem christlichen RU gerade sinnvolle Einblicke in die andere Konfession erhalten. Dem Staat gegenüber wäre das ein Entgegenkommen, das den schulischen RU auch öffentlich plausibler machen würde. Rechtlich wäre das möglich, da die Plural-Formulierung in GG Art. 7 (3) „in Übereinstimmung mit den Religions*gemeinschaften*" einen gemeinsam verantworteten RU erlaubt. Als pragmatisches, übrigens auch pädagogisches Argument käme ferner hinzu, dass die Klassenverbände im RU nicht aufgelöst werden müssten.

Nicht ganz einfach, aber durchaus lösbar wären für einen gemeinsamen christlichen RU die Fragen nach der Konfession der jeweiligen Religionslehrer (Wer soll den RU halten? Prägt die konfessionelle Einstellung den Unterricht?) und nach ihrer (ökumenischen) Ausbildung, ferner die nach der Ausgestaltung der Lehrpläne. Für letztere wären konfessionell gemischte Gremien denkbar, wie in anderen Bereichen auch. Das sind also letztlich Verfahrensfragen. Die bleibenden katholisch-evangelischen Differenzen im Verständnis von Amt (Priester, Papst, Ordination von Frauen) und Sakrament (Zahl der Sakramente und kirchliche Weihe), darüber hinaus die in der Frömmigkeit (Maria, die Heiligen, das Kirchenverständnis; Luther, Laienpriestertum, Betonung der Predigt usw.) sollten wiederum aus pädagogischen Gründen, so wie in anderen Fächern auch, *neben*einander stehen und so gerade Grund zur konstruktiven Auseinandersetzung bilden. Inhaltliche Verflachung durch die Angleichung der Differenzen wäre zwar eine Gefahr, aber kein prinzipieller Hinderungsgrund – sie kann auch als didaktische Aufgabe gesehen werden.

Inzwischen verbreiten sich Modellversuche „interkonfessioneller Kooperation", die in diese Richtung gehen und die wohl die weitere Entwicklung vorzeichnen. Hier wechseln evangelische und katholische Lehrkraft meist im Halbjahresrhythmus.

Allgemeiner, multireligiöser RU und LER

Die Idee eines gemeinsamen RU berührt noch nicht die Frage nach dem Alternativfach Ethik. Hier schlägt wiederum das finanzielle Argument durch; außerdem tendieren die Staaten faktisch dazu, die Einflüsse der Religionsgemeinschaften zurückzudrängen. So gibt es in England, bedingt auch durch das Bevölkerungs- und Religionsgemisch durch den Commonwealth, seit langem einen multireligiösen Unterricht. Obwohl sich dort inzwischen die Bedenken gegenüber seiner pädagogischen Tauglichkeit mehren, wird auch in Deutschland über eine solche Form nachgedacht. Die Präsenz von Fremdreligionen, vor allem des Islam, legt das nahe. Kenntnisse über die *Religionen* sind aber auch wichtig für die Orientierung in der modernen, vernetzten Welt.

Für starke Diskussion hat das Fach „LER" (Lebensbegleitung, Ethik, Religionskunde) gesorgt, das vor einigen Jahren in Brandenburg für die Jahrgangsstufen 7 bis 10 als allgemeines Pflichtfach für alle Schüler eingeführt wurde. Das Modell beruft sich auf die sog. „Bremer Klausel", die eine Ausnahme vom GG Art. 7 (3) für Länder vorsieht, für die bei Einführung des GG „eine andere Regelung bestand". Praktischer Hintergrund ist, dass heute nur etwa 20% der Bevölkerung Brandenburgs kirchlich gebunden sind und eine kirchliche Mitbestimmung am RU daher nicht sinnvoll erscheint. Ob Brandenburg sich heute auf die Klausel berufen kann, ist grundrechtlich umstritten. Die Kirchen haben gegen diese Auslegung Verfassungsklage eingelegt, sind aber abgewiesen worden.

Das Fach LER verfolgt die Absicht eines allgemeinen Orientierungsfachs in ethischen, philosophischen und lebenskundlichen Fragen, in dem Überblicks-Informationen über den „Beitrag" der Religion(en) gegeben werden. Es soll nicht nur bekenntnisfrei, sondern auch weltanschaulich und religiös neutral allein durch staatliche Lehrer unterrichtet werden. Damit will LER offensichtlich (zu) viel auf einmal. Das Problem des Faches LER zeigt sich auch bereits in der Namengebung: Das Kürzel „R" stand anfangs für „Religion", später für „Religionskunde". Lebensbedeutsame Inhalte können didaktisch aber nicht „neutral", als kognitive Information und ohne Stellungnahme und Positionierung vermittelt werden; so kann Religion nicht wirklich einsichtig und nachvollziehbar werden. Unterricht in Deutsch oder Kunst ist kaum sinnvoll ohne Übung im Lesen und Schreiben und im künstlerischen Gestalten. Deutsch etwa ist mehr und anderes als rational geordnete Grammatik, Kunstunterricht mehr und anderes als Kunstgeschichte und Kunsttheorie. Das gilt für alle schulischen Fächer, für das existentiell bedeutsame Fach RU aber ganz besonders. Ausgerechnet im RU wird bisweilen nach wie vor für eine kognitiv-problemorientierte, d.h. also religionsdistanzierte Verfahrensweise plädiert, die dem Gegenstandsbereich des Faches aber nur ganz eingeschränkt gerecht werden kann. Darum sieht LER die zeitweise Beteiligung „authentischer Religionsvertreter" vor – ersichtlich eine didaktisch wenig überzeugende Hilfskonstruktion. Der Versuch unterstreicht die Schwierigkeit mehr als er sie löst. Denn auch hier bleibt Religion Vorgabe von außen; ihre Bedeutung für das eigene Leben ist didaktisch dem Zufall überlassen.

Die Einführung von LER ist für die Kirchen kein „Dammbruch". Aller Voraussicht nach werden sich regionale Lösungen für die Länder einspielen. Sinnvoll erscheint darum vorerst das Vorantreiben der fächerübergreifenden Kooperation im RU und die weitere Ausbildung einer überzeugenden religiösen Didaktik..

6. Sinn und Chance des RU für Kinder und Jugendliche heute

Die offene Frage zur Diskussion um Religionskunde und LER hat bereits angedeutet, dass das Grundproblem des RU derzeit nicht ein rechtliches oder rechtlich zu lösendes ist, sondern ein didaktisches. Wenn heute christliche Elementaria oft kaum noch bekannt, geschweige denn in ihrer Lebensbedeutung verständlich und nachvollziehbar sind, und wenn zugleich eine katechetische Einweisung in den christlichen Glauben als Modell nicht mehr überzeugen kann, dann stellt sich die didaktische Frage nach dem Vermögen des RU, *Religion* ansichtig werden zu lassen. Nur im Zusammenhang mit der allgemein verständlichen Logik der Religion macht auch das Angebot christlicher Gehalte längerfristig einen nachvollziehbaren Sinn. Der RU müsste darum zeigen, was die Logik religiöser Anschauungen, Haltungen und Vollzüge ist und was sie für das Leben des Einzelnen bedeuten kann. Dann wäre er über die einzelnen Individuen hinaus auch gesellschaftlich plausibel. Dass er das aus didaktischen Gründen nur aus einer bestimmten, eben der christlichen Perspektive heraus überzeugend tun kann, wurde bereits angemerkt. Diese Perspektive muss dann auch kenntlich gemacht werden.

Natürlich kann ein christlicher RU nicht ohne die christlichen Elementaria auskommen. Was ist christlich geprägte, ritualisierte und gedeutete Erfahrung? Entscheidend wird aber sein, ob und wie es ihm gelingt, anhand dieser Elementaria das Wesen und den Sinn der Religion für das Leben der Schüler (und ihrer Gesellschaft) aufzuschließen. Unverzichtbar ist darum der Bezug des RU zur alltäglichen Erfahrbarkeit. Was freilich gerade nicht heißt, dass der RU nur Alltagserfahrungen bearbeiten und nicht das Geheimnis und das Heilige kennen sollte – auch hier aber muss die Frage nach dem Lebensbezug gestellt werden. In der christlichen Tradition, vor allem in ihrer protestantischen Ausrichtung, hat dieser Bezug *gerade* angesichts des Heiligen seine gute und alte Tradition.

RU muss also die Vollzugslogik, die Welt- und Lebensperspektive des Christentums aufschließen. Darum ist er angewiesen auf eine ästhetische, d.h. wahrnehmende, performative und in aller Regel unmittelbar einleuchtende Erschließung christlicher Gehalte (→ 19.4), ferner auf eine Anbindung an gelebtes Christentum – leider ein problematischer Aspekt, da die Lebensformen in den Gemeinden und Kirchen heute oft wenig mit dem modernen Leben vermittelt und darum für viele Zeitgenossen kaum überzeugend sind.

In einer Leistungsgesellschaft, deren technisches, funktionales, effizienzbezogenes und oft genug entseeltes Denken sich permanent und umstandslos auf die Frage „Was nützt ...?" („Was bringt mir das?") eingespielt hat, in der Zukunftsängste und mangelndes Selbstwertgefühl ebenso verbreitet sind wie wachsender innerer Druck, Unzufriedenheit und Sehnsucht, hat eine solche Ausrichtung des RU eine hohe Chance. RU ist nicht (allein) dann individuell und öffentlich plausibel, wenn er „Wertfragen" bedenkt. Seine didaktische Bedingung, Religion auf Existenzfragen zu beziehen – auf Sinn, Glück, Leid, Ängste, Selbstwertgefühl, Erfüllung und Angenommensein – würde dagegen Religion in ihrer Lebensdienlichkeit ansichtig werden lassen und zur Orientierung beitragen, und das heißt: zur religiösen Bildung.

> **Zusammenfassung**
>
> Der RU ist als einziges Schulfach durch das Grundgesetz Art. 7 (3) rechtlich gesichert. Er muss aber um seiner Plausibilität willen pädagogisch begründet werden. So sehen das auch die Kirchen. Ihnen räumt der Staat, der in Sachen Religion nicht kompetent sein kann, für den RU ein Mitspracherecht ein. Religion ist ein sehr persönlicher Bereich; Schüler können sich darum aus Gewissensgründen dem RU entziehen. Sie besuchen dann ein Alternativfach (meist „Ethik"). Umstritten ist der RU heute auf Grund des kirchlichen Einflusses und der schwindenden Bedeutung des Christentums. In Brandenburg ist mit „LER" erstmals ein allgemein lebens- und religionskundliches Fach eingerichtet worden. Vieles spricht heute für einen gemeinsamen (ökumenischen) christlichen RU. Entscheidende Aufgabe ist die Ausbildung einer überzeugenden religiösen Didaktik.

Literatur: Zu 1: NHRPG IV.3.1 – H.F. Rupp ²1996. Zu 2: NHRPG IV.3.5, 6, 7, 8, 9 – M. Schreiner 1996 – K.-E. Nipkow ²1992, 496–554 – A. Pithan/G. Adam/H. Kollmann 2002 (Sonderschule). Zu 4: Kirchenamt der EKD 1994. Zu 5: G. Adam/R. Lachmann 2003, 87–103 – K.-E. Nipkow in ZThK 93 (1996), 124–148. Zu 6: H. Schmidt 1991, 168–183 – K.-E. Nipkow ²1992, 432–481.

7 Religiöses Lernen an der Hochschule

„In Bezug speziell auf das *Theologie*studium stellen sich ... Fragen nach der Einheit der Theologie und dem Zueinander der einzelnen Disziplinen. So genügt es nicht, wenn jedes Fach für sich die Frage nach der Verbindung von Forschung und Lehre, die dem Lernort eigentümlich ist, klärt; im Sinne einer Hochschuldidaktik der Theologie gilt es vielmehr, das Zueinander von (1) Wissenschaftsorientierung, (2) Berufsorientierung und (3) Persönlichkeitsbildung fächerübergreifend zu bedenken." (Güth in NHRPG 425)

Was trägt das Studium der Theologie aber zur Persönlichkeitsbildung bei? Ist das als Aufgabe überhaupt erkannt und anerkannt? Die Frage darf auch an die RP gestellt werden. Religiöses Lernen an der Hochschule wird hier bisher kaum eigens bedacht.

1. Die Universität

Zur Geschichte der Universität

Universitäten gibt es seit dem 11. Jahrhundert. Sie entstanden im Zusammenhang mit der Scholastik, der mittelalterlichen Hochblüte theologischer Gelehrsamkeit und haben sich unter anderem aus den alten Domschulen entwickelt. Es liegt darum auf der Hand, dass die Theologie von Anfang an die erste Fakultät abgab, neben der Juristischen, der Medizinischen und (in der Regel) einer weiteren vierten Fakultät, die mathematische und musikalische Fragen bearbeitete. Die Anfänge waren klein – die Gebäude hatten die Größe alter Dorfschulen – aber geistesgeschichtlich höchst bedeutsam. Denn zum ersten Mal wurde gelehrtes Wissen einem öffentlichen Kreis zugänglich, war also nicht mehr auf den Klerus beschränkt. Bücher mussten zu dieser Zeit noch mühsam von Hand geschrieben werden und waren auch wegen des kostbaren Materials für einen normalen Menschen unbezahlbar. Darum stellten die Vorlesungen der Universität eine erste Ausbreitung des Wissens dar. Vorlesungen wurden übrigens im Wortsinne abgehalten: der Dozent las aus kompendienartigen Büchern einfach vor, die Studenten machten sich Aufzeichnungen.

Eine eigenständige Veranstaltungsform etablierte sich in den Disputationen. Dozenten, die eine eigene Lehrmeinung vertraten – in der Regel eine Auslegung eines „kanonisch" vorgegebenen Textes (Konzils- oder Bekenntnistexte, Bibelstellen, Aristoteles) – stellten Thesen zusammen und forderten mit diesen einen Kollegen zur Diskussion, die (ebenso wie die Vorlesungen) in Latein abgehalten und von den Studenten neugierig beobachtet wurde. Eine Jury stellte am Ende der Disputation den „Gewinner" fest. Da konnte es vorkommen, dass die Studenten „ihren" Lieblingsdozenten nach einem akademischen Sieg ausgiebig in der Wirtschaft feierten. Übrigens hatte Martin Luther mit seinen berühmten 95 Thesen gegen den Ablass, die er 1517 an der Wittenberger Schlosskirche anschlug (dem „Schwarzen Brett" der Universität), genau eine solche Disputation anregen wollen, keinesfalls einen Streit von dem Ausmaß, den die Sache dann angenommen hatte.

Erst Wilhelm von Humboldt führte bei der Neugründung der Universität 1810 in Berlin das „Seminar" ein. Die Studierenden sollten hier auf Zeit an der Verbindung von „Forschung und Lehre" teilhaben, die seither als akademisches Ideal für die Dozenten gilt. Humboldt verstand das Studium nicht als *Aus*bildung und bloßes Fachwissen, sondern es sollte Anteil geben an einem „Gelehrtentum", das die Prinzipien des Faches so weitergab, dass bei den Studierenden echte Eigenständigkeit und Verantwortung für ihr Fach zu erwarten waren – und Bildung, d.h. persönliche Entfaltung (→ 19).

Die Universitäten sind heute Massenuniversitäten geworden, vor allem seit dem Bildungsschub Anfang der 1970er Jahre. Es gibt eine kaum noch überschaubare Vielzahl von Studienrichtungen. Die Verbindung von Forschung und Lehre wird immer mehr unterlaufen, vor allem durch anwachsende Lehrverpflichtungen in oft überfüllten Hörsälen, ferner durch die weitere akademische Funktion der Qualifikation sowohl des wissenschaftlichen Nachwuchses als auch der Studierenden, d.h. ein immer weiter ausgreifendes Prüfungswesen. Die alte professorale Selbstherrlichkeit geht hier in ihr anderes Extrem einer totalen Verplanung über.

In der Hochschullandschaft fallen derzeit zwei höchst bedenkliche Trends auf. Der erste ist die Verknappung der Finanzen. Das „Bildungsland" Deutschland, das kein Agrarland ist und über wenig Bodenschätze verfügt und einst als Land der „Dichter und Denker" galt, liegt bei den Ausgaben für seine Hochschulen (gemessen am Bruttosozialprodukt) regelmäßig im hinteren Drittel im europäischen Ländervergleich, vergleichbar mit Portugal und Griechenland. Zwischenzeitlich sind weitere drastische Sparmaßnahmen zu verkraften, die das Arbeiten an den Hochschulen nachhaltig behindern. Überfüllte Hörsäle, schlecht ausgestattete Bibliotheken, Mittelkürzungen, Abbau von Stellen, ungepflegte Gebäude usw. gehören inzwischen zum normalen Bild. Die Einführung der W-Besoldung für Professoren 2005 bedeutet eine drastische Absenkung der Eingangsgehälter; versprochene „Leistungszulagen" werden von den Universitäten in der Regel einfach eingespart und gar nicht gewährt. Das macht die Unikarriere zunehmend unattraktiv für die Guten. Die Dozenten müssen sich verstärkt mit hohem Aufwand um die Einwerbung von „Drittmitteln" (aus Firmen, privaten oder öffentlichen Etats) kümmern; gleichzeitig leiden sie unter einer stetigen Zunahme von Verwaltungsaufgaben.

Der zweite Trend ist das die massive Ökonomisierung und Funktionalisierung der „Bildung", die so eigentlich nicht genannt werden dürfte, denn es geht schlicht um eine *Aus*bildung, die konzeptionell nicht das geringste Interesse an der Entfaltung der studierenden Menschen hat. Die Ökonomie gibt zunehmend die erforderlichen Ziele vor: es geht um Effizienz, Output, Mithaltenkönnen im internationalen Konkurrenzkampf. Unausgesprochenes, aber faktisches Ideal ist inzwischen der hoch qualifizierte, flexible, anpassungsfähige, disziplinierte und innovativ denkende geistige Arbeiter, der sich die Erfordernisse der Ökonomie kritiklos zu eigen macht – eigentlich ein menschlicher Roboter.

Die gegenwärtige Studienreform

Die sog. „Bologna-Reform" sollte ein europaweit vergleichbares Studiensystem schaffen, das der größeren Transparenz, einem leichteren internationalen Wechsel des Studienortes, der internationalen Vergleichbarkeit und einem effektiveren (vor allem schneller zu absolvierenden, d.h. billigeren) Studium dienen sollte. So wie alle bildungspolitischen Maßnahmen der letzten Jahrzehnte ist auch diese Reform vor allem eine Sparmaßnahme. Mit enormem Aufwand an Zeit und Kraft werden an den Hochschulen inzwischen überall BA- und MA-Studiengänge (Bachelor: die ersten meist sechs Semester; Master: das Haupt- bzw. Aufbaustudium mit ca. vier Semestern) eingerichtet, deren Handbücher oft über 200 akribisch erarbeitete Seiten umfassen, und die von privaten Organisationen begutachtet werden – für teures Geld, das den Hochschulen allenthalben dringend fehlt, und oft nach ganz uneinheitlichen Kriterien (sog. Akkreditierung). Die neuen Studiengänge sind nach „Modulen" aufgebaut, die das Studium in die immergleichen Einheiten packen und drastisch verschulen; da jedes Modul am Ende des Semesters abgeprüft wird, orientieren sich die meisten Studierenden nur noch an ihren Vorlesungsmitschriften oder an Skripten und lernen mit Hilfe des Kurzzeitgedächtnisses. Viele Studierende haben die Lektüre wissenschaftlicher Texte praktisch eingestellt. Problembewusstsein, fachlicher Überblick und allgemeines fachliches Niveau sinken entsprechend rapide nach unten, und mit ihnen die Idee der Bildung (→ 19).

Mittlerweile hat sich herausgestellt, dass kein einziges der anvisierten Ziele der Reform erreicht wurde. Selbst die Zahl der Studienabbrecher in den neuen Studiengängen ist deutlich höher als in den bisherigen. Da es sich bei der Reform um ein von oben verordnetes bildungspolitisches Prestigeprojekt handelt, das gegen den starken Widerstand der Universitäten selbst durchgesetzt wurde, wird allerdings nichts zurückgenommen; statt einer fälligen Umkehr wird inzwischen die Reform der Reform der Reform versucht. Der Vorgang ist in mehrfacher Hinsicht symptomatisch: Er zeigt das umfassende Diktat von Ökonomie und Finanzwesen, das inzwischen auch den Bildungsbereich dominiert; er führt die zunehmende Ohnmacht der Intellektuellen vor Augen; und er zeigt das Desinteresse an einer Bildung, die diesen Namen wirklich verdient und die im Interesse der Entfaltung und Stärkung des Menschen stünde. Statt dessen wird der Mensch auch an der Hochschule zunehmend fremden (ökonomischen) Kalkülen und Zwecken unterstellt. Das entsprechende Denken ist utilitaristisch platt und seelenlos.

Symptomatisch ist schließlich auch die Übertragung technischen Denkens auf die Hochschulbildung, die sich im Streben nach quantitativ messbarer Effektivität zeigt. Kreatives Denken wird auch in den Geisteswissenschaften immer mehr durch *empirische Forschung* überholt, deren Bedeutung zunehmend an ihrer methodischen Korrektheit gemessen wird, während die Deutung der Erhebungen und ihr Zusammenhang mit übergreifenden Fragen oft gar nicht mehr angegangen wird. Der Begriff *Modul*, der das neue Studium unterteilt, meint ursprünglich ein funktional handhabbares, d.h. gut kombinierbares und schnell auswechselbares (Maschinen)Teil.

Standards und Kompetenzen

Natürlich sind diese Veränderungen nicht nur unsinnige Anpassungen an ökonomische Vorgaben. So können z.B. die neu geforderten *Bildungs-Standards* durchaus als Gelegenheit zur internen Reflexion verstanden werden. Diese Standards sollen die alten, allzu oft wirkungslosen und in der Praxis unbeachteten Lehrpläne ersetzen. Wer sie formuliert, muss Rechenschaft geben über Begründungen, Ziele und Geltungsansprüche fachlicher Ideen und Ansprüche. Standards engen allerdings ein. Und: Sie sind ergebnis- und kompetenzorientiert, verzichten also auf eine inhaltliche Festlegung. Alles kann jetzt zur Erreichung eines Standards herhalten – hier zeigt sich so wie überall ein Verlust der Würde des Vorgegebenen zu Gunsten von verfügbaren und schnell abrufbaren Funktionen. Und es zeigt sich auch noch einmal der Abschied von der alten, auf die Entfaltung der Person bezogenen Bildungsidee: Standards arbeiten einer Pauschalisierung zu und stellen sich in krassen Gegensatz zur allenthalben diagnostizierten Individualisierung, der man *so* pädagogisch gerade nicht gerecht wird – ohne dass dieses Problem irgendwo diskutiert würde.

Die neu geforderten *Kompetenzen* werden recht unterschiedlich definiert. Zumeist gelten sie als erlernte, verfügbare kognitive Fähigkeiten, verbunden mit der Bereitschaft zur situationsangemessenen Problemlösung. Damit sind schnell transparent zu machende und überprüfbare Funktionsdispositionen gemeint, die weder auf komplexe Verarbeitung, noch auf Hintergrundwissen, noch auf persönliche Beteiligung oder subjektiven Darstellungsstil Wert legen – und schon gar nicht auf kritische Prüfungen. Sie ergeben sich nicht aus den Stärken und Motivationen des Menschen, sondern aus den Erfordernissen des Systems: aus Arbeitsmarkt und Ökonomie. Auch hier ist das unausgesprochene Ideal das einer möglichst gut funktionierenden Maschine. Zur kritischen Überprüfung und Bilanzierung von Studiengängen und Studienleistungen haben sie ein gewisses Recht; sie engen aber den Horizont programmatisch von einem Erfassen der Welt auf passende Erfordernisse hin ein. Entsprechend gleichgültig ist, ob man so verstandene Kompetenzen durch mathematische Formeln, durch Google oder durch die Beschäftigung mit dem Buch Hiob erlangt. Für religiöse Bildung scheinen sie daher denkbar ungeeignet, werden gleichwohl aber bereits auch in die theologischen Studiengänge einbezogen.

Ein ganz anderes Bild ergibt sich, wenn Kompetenzen als Dimensionen echter Bildung verstanden werden – nicht also als anzustrebende und überprüfbare Lernziele. In dieser Sichtweise sind sie plausibler Ausdruck einer *Haltung*, die aus intensiver, immer auch emotionaler, persönlich engagierter und den Menschen innerlich bereichernder Begegnung, Auseinandersetzung und Beziehung heraus ergibt. Für die religiöse Bildung hat in diesem Sinne Ulrich Hemel bereits 1988 von „religiösen Kompetenzen" gesprochen, die er gerade nicht auf kritische Unterscheidungsfähigkeit religiöser Phänomene und ethischer Konflikte einschränkt, sondern vor allem als Fähigkeit zum Umgang mit der *eigenen Religiosität* begreift; als das also, was man religiöse Klugheit nennen könnte. Er zählt dazu neben der religiösen Inhaltlichkeit vor allem die religiöse Sensibilität, das religiöse Ausdrucksverhalten, religiöse Kommunikation und eine religiös motivierte Lebensgestaltung. Das alles sind Kompetenzen, die einen Menschen beschreiben, der die *Logik* der Religion kennt, sich in ihren Ausdrucksgestalten zu bewegen weiß und sie sich in persönlich bereichernder und prägender Weise zu eigen gemacht hat. In *diesem* Sinne ließe sich „religiöse Kompetenz" in der Tat als das oberste Idealbild allen religiösen Lernens verstehen!

So verstanden sind unverzichtbare und übergreifende religiöse Grundkompetenzen folgende wenigstens anfangsweise Fähigkeiten und Bereitschaften:

1. Gespür und Sensibilität für die Wahrnehmung religiöser Darstellungsformen und religiöser Erfahrungen
2. der respektvolle und selbst verantwortete Umgang mit der eigenen religiösen Tradition
3. ein Wissen um fremde religiöse Aussagen, Gehalte und Gestaltungsformen
4. das Wissen um die eigenständige und unersetzbare Logik (bzw. Rationalitätsstruktur) religiöser Aussagen und Formen (mythische, symbolische, expressive Aussagen; religiöse Erfahrungen; religiöse Lehren; Religion als kulturelle Form usw.)
5. Deutung des Lebens und der Welt mit Hilfe religiöser Tradition und Erfahrung
6. religiöse Selbstzuschreibung, Positionierung und Identifikation

Vor allem die religiöse Wahrnehmungsfähigkeit, die religiöse Lebensdeutung und die religiöse Identifikation sind von grundlegender religionspädagogischer Bedeutung. Wie sie zu Stande kommen, ist religionspädagogisch bemerkenswerter Weise kaum bekannt. Und sie entziehen sich weitgehend der standardisierten Festlegung.

Neben der Universität gibt es heute weitere moderne Hochschultypen, vor allem die Fachhochschulen, die eine tendenziell berufspragmatische und schulnähere Ausbildung anbieten, ferner die Pädagogischen Hochschulen, die sich nur in Baden-Württemberg erhalten haben und ausschließlich die Lehrer-Ausbildung betreiben, die in den anderen Bundesländern in den 1970er Jahren in die Universitäten integriert wurden. Da die Lehrerausbildung für alle Schularten wissenschaftlich sein soll, ist auch für die Pädagogischen Hochschulen die Didaktik (→ 10.1), d.h. die Analyse, Begründung und Aufbereitung von fachwissenschaftlichen Gehalten und die Bestimmung aller beteiligten Faktoren von Lernen und Unterricht von besonderem Gewicht. Die Studiendauer ist hier deutlich kürzer.

2. Universitäts-Theologie

Theologie

> „Wenn nicht alles trügt, scheinen gegenwärtig die Lebensfragen des Glaubens in der Theologie nicht hinreichend Raum zu finden und der Bedarf an theologischer Orientierung in der Praxis deshalb drastisch zurückzugehen. Das mag viele Gründe haben, die nicht allein von der Theologie zu verantworten sind, aber doch eben auch von ihr. Offensichtlich trägt die gegenwärtige Theologie in ihrer komplexen Fülle mehr zur Desorientierung als zur Klärung bei." (Fischer 1992, 245f.)

Dieses höchst kritische Votum stammt von einem systematischen Theologen, der die offensichtliche Wirkungslosigkeit der heutigen Universitäts-Theologie bemerkt. Warum hat sie so viel von ihrer Bedeutung verloren?

Die evangelische bzw. katholische Theologie, an den alten Universitäten nach wie vor die ersten Fakultäten, sind an der Universität regelrecht „zu Hause". Die Theologie ist heute hochgradig spezialisiert und in wissenschaftliche Einzelforschungsbereiche differenziert, die kaum noch eine zentrale Mitte erkennen lassen. Sie ist konzentriert auf kognitive Verstehbarkeit, die ein hohes intellektuelles Niveau voraussetzt. Die Universitätstheologie dient der theologischen Ausbildung, ist darüber hinaus nach außen zur Gesellschaft hin aber nahezu wirkungslos geworden.

Theologie ist wörtlich verstanden die „Lehre von Gott". Sie versteht sich als wissenschaftliche Selbstklärung des christlichen Weltverstehens. Vor allem die Systematische Theologie hat eine lange intellektuelle Tradition und zeigt eine deutliche Nähe zum oft hoch schwierigen Diskurs der Philosophie. Im Mittelalter war es vor allem Aristoteles, der als Grundlage jeden theologischen Denkens überhaupt galt; später wurden Bezüge zum philosophischen Denken der Aufklärung, zur Religionskritik, zum Teil zur Psychoanalyse aufgenommen, im 20. Jh. zur Philosophie des Existentialismus, zu Phänomenologie, Sprachphilosophie, Metaphern-, Symbol- und Ritualphilosophie, Kulturphilosophie, Positivismus, Strukturalismus, Konstruktivismus, Philosophie der Postmoderne usw.

Große Zeiten hatte die Theologie zur Zeit der Kirchenväter der Alten Kirche (Origenes, Tertullian, Augustin u.a.), in der von den Dominikanern geprägten Scholastik des Hochmittelalters (Thomas von Aquin, Bonaventura u.a.), in der Reformation (Martin Luther, Jean Calvin, Ulrich Zwingli u.a.), dann noch einmal mit Schleiermacher in der Romantik; eine weitere hohe Blüte erlebte sie im 20. Jh. vor allem in der Protestantischen Systematik: Paul Tillich, der Theologie, existenzielle Fragen und Kultur auf moderne Weise in „Korrelation" brachte; Karl Barth, dessen monumentale „Kirchliche Dogmatik" die Lehre vom dreifachen Wort Gottes ins Zentrum stellte; Rudolf Bultmann, eigentlich Neutestamentler, der mit seiner Idee der „Entmythologisierung" des Neuen Testaments Anschluss an das moderne Denken suchte; aber auch der katholische Theologe Karl Rahner, der die Theologie auf eine anthropologische Basis stellte, und viele andere sorgten oft für nachhaltige Diskussion auch in der gesellschaftlichen Öffentlichkeit.

Anfragen

> „Mehr als die Hälfte der evangelisch-theologischen Disziplinen arbeitet historisch ... Hier liegen Probleme zutage, die ihre Wurzeln in der augenfälligen Abkoppelung universitärer Wissenschaft von der Praxis des Evangeliums in der Gesellschaft besitzen." (Wegenast in Ritter/Rothgangel 1998, 69, 75f.)

Klaus Wegenast bezieht sich mit diesem Votum auf die theologischen Teilfächer Altes und Neues Testament und Kirchengeschichte, wie sie an den Universitäten gelehrt werden. Es gilt darüber hinaus auch für weite Teile der Systematischen Theologie – auch sie denkt von den biblischen Zeugnissen aus, reflektiert die Dogmengeschichte und die Entwicklung des theologischen Verstehens und bezieht sich dabei ganz wesentlich auf Tradition, vor allem auf ihre eigene dogmatische Tradition. Die „andere" Aufgabe der Systematik, das christliche Leben und Verstehen der Gegenwart zu bedenken, kommt dem gegenüber oft sehr kurz und bleibt der Praktischen Theologie überlassen. Anders ist das bei den Theologen, die innerhalb und außerhalb des Faches eine größere Wirkung erzielten. Etwa bei Luther, Schleiermacher und vielen der bekannten Theologen im 20. Jh. zeigt sich der Bezug zum Denken und Leben ihrer Zeit mit aller Deutlichkeit. Heute ist die Praktische Theologie (neben der Ethik) die einzige *vorwiegend* gegenwartsbezogene theologische Disziplin.

In einer Welt der Wahlmöglichkeiten werden auch alt-ehrwürdige Gehalte auf ihre „Tauglichkeit" befragt, oft mit einfachen Kosten-Nutzen-Rechnungen. Die intellektuelle Theologie sperrt sich gegen solche Funktionsfragen. Gleichzeitig kommen aber auch Vergangenheitslasten des Christentums in den Blick, die weitgehend durch das rationale, gegen jedes sinnliche und leibliche Wahrnehmen distanzierte theologische Denken bedingt sind.

Dazu gehört zunächst die recht negative Einschätzung des Menschen, die sich vor allem von einem wörtlich und moralisch verstandenen Gedanken der „Erbsünde" herleitet, allerdings wohl auch von einer zweifelhaften Demutshaltung vor Gottes „Allmacht", die sehr viel mehr die Furcht vor Gottes richtendem Zorn als seine vergebende Liebe bemerkte. Autorität und Schuld als theologische Basistheoreme konnten zwar das einsichtige heilsgeschichtliche Denkschema mit seinem Ablauf von Schöpfung – Sündenfall und menschliche Schuld – Erlösung durch Gottes Zuwendung in Christus motivieren, kaum aber ein Gespür für die heutigen Problemlagen von *Sinnfindung, Überforderung* und *innerer Leere* entwickeln und dadurch auch bisher keine überzeugenden Antworten auf das verbreitete mangelnde Selbstwertgefühl der Menschen und ihre Sehnsucht nach Liebe, Anerkennung und Geborgenheit entwickeln (→ 14.3, 15.1, 16.4). Die Grundannahme aller dogmatischen Theologie, das Christentum sei im Kern das Bekenntnis zu Christus als dem Mensch gewordenen Sohn Gottes als Herrn der Welt, ist keineswegs so zentral wie sie scheint. Es sollte zu denken geben, dass in dieser Grundlegung Leben und Botschaft Jesu fast notwendig übergangen werden. Die totale und umfassende Nähe und Liebe Gottes, die Jesus vor allem in seinen Gleichnissen der Wahrnehmung (also: dem veränderten Blick) empfiehlt, ist nicht priesterlich, dogmatisch oder kirchlich vermittelbar. Die Begriffe „Liebe" und „Reich Gottes", bei Jesus zentral, fehlen auffälliger Weise bereits im nicänischen Glaubensbekenntnis. Sie haben auch das christliche Denken nicht geformt – an seine Stelle sind absichernde *juristische* Begriffe und Vorstellungen getreten: Sündenschuld, Verdammnis, Verwerfung, Gericht, Rechtfertigung, Erlösung usw.

Die alte sinnenfeindliche und asketische Tendenz der Theologie und die generelle Leibfeindlichkeit des Christentums, die in der Weltflucht und asketischen Praxis der Mönche, einer rigiden Sexualmoral und einem oft mit Angst und inneren Zwängen verbundenen Glauben ihren Ausdruck fand, ist einer spaßorientierten (und darin oft genug latent verzweifelten) Welt kaum zugänglich; ebenso wenig die früher recht doktrinäre Tendenz der Theologie, deren „verkopfte" Inhaltsreflexion bis heute auf Kosten einer nachvollziehbaren Frömmigkeitspraxis und der Wahrnehmung der ästhetischen Gehalte der christlichen Religion geht (Räume, Gestalten, Vollzüge usw.). Die Neigung der Kirche zur Gewalt, die brutale Verfolgung der Ketzer, Kreuzzüge, Inquisition und Hexenverbrennungen gehören zwar längst der Vergangenheit an, lasten aber als Schatten bis heute auf dem christlichen Denken. Das muss gerade einer Zeit auffallen, die den Verlust von Autorität, einen nachhaltigen Tradierungsabbruch und die tief greifenden *Ambivalenzen der Vernunft* erfährt, die neben aller Vernünftigkeit auch die Atomtechnik, die Zwänge der Ökonomie und die Zerstörung der natürlichen Umwelt bedingt und gegen diese keine echte „Rationalität" auszubilden vermag.

Erklärungsversuche

Die Theologie hat schon früh, offensichtlich in der Abwehr der „heidnischen" Gedankenwelt, ihre Anstrengung in Verstand und Willen gelegt, dagegen Mythologie, Gefühl, Bild und Traum immer abgewertet. An Philosophie, Aufklärung, Religionskritik u.a. hat sie ihre Argumentationskraft geschärft, hat dabei allerdings weite Bereiche der rational nur bedingt fassbaren *Religion* aus dem Auge verloren – so die religiöse Erfahrung, die Formen religiöser Praxis, religiöse Sehnsüchte und Bedürfnisse usw. Religion ist ein Phänomen des Bewusstseins, und dieses ist rational nur schwer erfassbar. So wird verständlich, warum eine Wissenschaft, die sich vorwiegend als Hermeneutik von Texten begreift (also als Übersetzung und Auslegung für das gegenwärtige Verstehen), wenig Übersetzungsleistungen für das heutige religiöse Leben erbringt.

Fragen, die in der Theologie zu wenig beachtet werden, sind: Welchen Sinn hat die gegenwärtige Frömmigkeits- und Religions-Praxis? Wie kann man Zugang zu ihr finden? Wie lässt sich neues Interesse an christlichen Themen anbahnen und eine Motivation zur Beschäftigung mit ihnen? Wie ist eigentlich deren Plausibilität „nach außen" hin? Wie geschieht die (sprachliche, gestische, liturgische usw.) Kommunikation christlicher Gehalte, wie kann zu ihr angeleitet werden?

Diese Fragen werden inzwischen von RP und Praktischer Theologie in ihrer Bedeutung zunehmend erkannt. Initiiert wurde dieses Denken durch Friedrich Schleiermacher, der die Theologie als „positive" Wissenschaft verstand, die immer auf eine konkrete religiöse Praxis bezogen, dann Praxisreflexion, dann Rückwirkung auf eine veränderte Praxis zu sein hat. Schleiermacher hatte alles praktisch-theologische Denken auf die „Kirchenleitung" bezogen, also als Pastoraltheologie verstanden – allerdings mit einem weiten Blick, denn die Laien und die gebildete Öffentlichkeit galten ihm für jede Leitung von Kirche als konstitutiv.

Heute gilt zunehmend, dass vor allem die RP (als größter Teilbereich der Praktischen Theologie) auf Grund ihres Gegenwartsbezugs die anderen theologischen Fächer kritisch zu befragen vermag, und dass ein gegenseitiger Dialog ausgesprochen sinnvoll und wünschenswert wäre. Die RP stellt damit die Frage nach Relevanz und Plausibilität der Theologie insgesamt. Dazu aber müsste sie innerhalb des theologischen Fachverbandes ernster genommen werden, als das bisher der Fall ist (Karl Barth etwa sprach von den „sanften Auen der Praktischen Theologie"). Klaus Wegenast sieht nach wie vor eine „künstliche Trennung der Inhalts- und Vermittlungsfrage" in der Theologie; Theologie hat aber grundsätzlich eine „didaktische Verantwortung" (TRE 28, 702), derer sie sich oft nicht bewusst ist. Die RP erhält darum eine grundsätzliche theologische Bedeutung. Sie übernimmt mit ihrer gegenwartsbezogenen Hermeneutik Aufgaben, die bisher der Systematik vorbehalten waren; sie reflektiert gegenwärtiges Leben und Denken und weitet damit den eigenen Bereich deutlich über das Christentum hinaus aus in Richtung Kultur (→ 17), Subjekt- und Religions-Psychologie (→ 18.3), Ästhetik (→ 19.4) und andere Bereiche.

3. Fachdidaktik Religion und religionspädagogisches Studium

Fachdidaktik Religion

Die einst führenden Geisteswissenschaften stehen heute unter Druck. In einer Welt der ökonomischen „Systemzwänge" und kaum noch steuerbaren Selbstläufigkeiten, in der zugleich Essstörungen, Depressionen, Vereinsamung, Süchte usw. dramatisch anwachsen, sind ausgerechnet sie es, die sich plausibel machen müssen. Was ist ihre „Funktion" für die Gesellschaft heute? Das gilt für die Theologie in besonderem Maße, die einen deutlichen Verlust des Ansehens in der Öffentlichkeit, aber auch unter Christen erfahren hat. Theologie gilt als sperrig, „abgehoben", schwer verständlich, selbstbezogen und lebensfremd.

Noch einmal mehr als für die Geisteswissenschaften insgesamt gilt das aber auch für die Fachdidaktiken, die fälschlich oft als eine Art methodisches Anhängsel zu den „eigentlichen" Kernfächern gelten und darum wenig angesehen sind. Sie stehen bei Sparmaßnahmen schnell im Visier. Da sie alle für Lehr- und Lernprozesse (also im engeren Sinne für „Unterricht") bedeutsamen Faktoren analysieren – begründete Auswahl der Gehalte, Frage nach deren lehrender Erschließung, beteiligte Personen, deren Erwartungen, Vorverständnisse, Aufnahme- und Verarbeitungsfähigkeit u.a., Methodik des Unterrichtens, Lern-Umgebung – Räume, Gesellschaft, Denkhorizonte, Kultur usw. – haben sie faktisch eine hohe Bedeutung, und zwar auch für die Fachwissenschaften selbst! Sie sind genau genommen kein „Zusatz" zur Fachwissenschaft, sondern reflektieren deren zentrale Gehalte, Zugänglichkeit, Vermittlung, öffentliche Bedeutung und Wirksamkeit, müssen darum in aller Regel *komplexer* denken als die Fachwissenschaften. Man hat sie als „Spezialisten für das Allgemeine" bezeichnet.

Die Fachdidaktiken garantieren die Ausbildung der Lehrer (des trotz aller oft unberechtigten Kritik wichtigsten Berufsstandes der Gesellschaft überhaupt!), widmen sich aber darüber hinaus (wie die vorliegende Einführung für die RP deutlich machen soll) einer sehr eigenständigen und umfangreichen wissenschaftlichen Analyse mit deutlicher Tendenz zur Interdisziplinarität. Sie stehen für die Kommunikation der Fächer ein, d.h. für die begründete Darstellung und Vermittlung des Fachwissens nach außen hin, und leisten dadurch einen unverzichtbaren Teil der Kultur-Vermittlung.

Die Fachdidaktiken lassen derzeit eine Diskussion um ihr Leitbild vermissen. Die Zuständigkeit für die Lehrerausbildung reicht offensichtlich nicht aus für ihre Standortbestimmung. Die Erforschung von Lehr- und Lernprozessen sollte mehr in ihr Selbstverständnis eingehen; dann aber müssten Lernpsychologie, Neurobiologie usw. mehr Gewicht erhalten, ferner die Analyse von Bildungsprozessen, zu denen sowohl gesellschaftliche Institutionen als auch individuelle Entfaltung, also Bildungstheorie, Soziologie und Psychologie gehören.

Religionspädagogische Lehrstühle sind an vielen wichtigen deutschen Universitäten erst in den 1970er Jahren gegründet worden. Die RP analysiert heute, was für die gesamte Theologie eigentlich zentral bedeutsam ist, nämlich den Gegenwartsbezug, die Plausibilität und die Weitergabe christlich-religiöser Gehalte. Der Rückzug der Theologie auf Spezialfragen, der eine „akademisch abgekapselte Sonderwelt" (Falk Wagner) ausgebildet hat, könnte durch eine Stärkung und bewusstere Wahrnehmung der Didaktik ausgeglichen werden. Faktisch bildet die Theologie bereits weit mehr Studierende für das Lehr- als für das Pfarramt aus. Nicht nur die katholischen Priesterkandidaten, sondern auch die Studierenden-Zahlen der „Volltheologie" sind seit Anfang der 1990er Jahre drastisch zurückgegangen (z.T. betragen sie nur noch ein Zehntel im Vergleich mit den Höchstständen); faktisch werden die Lehramtsstudierenden aber an den theologischen Fakultäten nach wie vor als unwichtiger eingestuft.

Theologisches und religionspädagogisches Lernen an der Hochschule

Das Studium der Theologie wird inzwischen auch von der Tatsache behindert, dass viele Studierende selbst einfachste Kenntnisse der christlichen Religion vermissen lassen. Sie studieren eher aus persönlichem Interesse oder einer Suchhaltung heraus, oft auch mit einem pragmatischen Berufsziel (Einstellungserwartung), nicht mehr nur aufgrund vorangegangener religiöser Sozialisation. Die Hochschul-Theologie kann natürlich keine Katechese nachholen. Sie muss Wissenschaft sein, um des Fächervergleichs ebenso willen wie um der eigenen Seriosität.

Das bedeutet aber kein uneingeschränktes Plädoyer für kausal-logische Rationalität, denn diese kann den innersten Gehalt und die Vollzugslogik der Religion nur eingeschränkt erfassen. Darum ist es in der RP, die die theologische Fachdidaktik vertritt, inzwischen zu einer starken Ausweitung des wissenschaftlichen Denkens in Richtung Ästhetik, Semiotik, Phänomenologie, Prozessualität usw. gekommen, d.h. zu beschreibenden, an Form, Vollzug und Gestalt orientierten Zugangsweisen.

Nach wie vor erscheint als problematisch, dass das theologische und religionspädagogische Studium nur am Rande und kaum geplant der „Persönlichkeitsbildung" dienen, wie das Eingangszitat vermerkt. Wissenschaft sollte zur Bildung, d.h. zur persönlichen Entfaltung beitragen. Das ist gerade für die Theologie von unverzichtbarer Bedeutung, da sie existenzbestimmende Fragen und Gehalte traktiert. Darum ist die Frage nach einer spezifisch religiösen Hochschuldidaktik heute aktuell, wird aber noch kaum bemerkt. Wenn theologisches Lernen, das sich auf einen persönlich bedeutsamen und emotional grundierten Bereich bezieht, wissenschaftlich betrieben werden soll, wie kann dann eine angemessene Didaktik aussehen? Natürlich muss sie rational, kognitiv und evtl. empirisch verfahren; dennoch muss sie, wenn sie ihrem „Gegenstand" und seiner Bedeutung gerecht werden will, auch Emotionen aufzuschließen verstehen. Genauer: sie muss die Logik der Religion aufschließen, was nicht möglich ist ohne den Bezug zu faktisch gegebener Erfahrung und persönlicher Betroffenheit.

Religionspädagogische Kompetenzen im theologischen Studium sind darum nicht denkbar ohne den Einbezug eigener Erfahrungen. Theologische Gehalte lassen sich nicht vermitteln ohne ihren Bedeutungsgehalt für die jeweilige lernende Person. Darum müssen drei Dimensionen von Kompetenzen zusammenkommen:

(1) Fachwissenschaftliche Kenntnisse. Dazu gehören vor allem die Fundamente des Christentums, nämlich die zentralen Gehalte der Bibel und die möglichen Schlüssel ihrer Interpretation (historisch-kritische Exegese, Auslegung durch die Bekenntnisse, literarische und psychodramatische Zugänge usw.), ferner die grundlegenden Gehalte der christlichen Geschichte (Alte Kirche, Mittelalter, Reformation, Christentum in und seit der Aufklärung), der christlichen Lehre (die wichtigen Bekenntnisse, Aufbau und zentrale Inhalte der Dogmatik, Grundzüge der christlichen Ethik). Ebenso gehören dazu aber auch Kenntnisse der christlichen Kultur des Abendlandes, seiner Kunst, seiner Lebensweisen, seiner Weltanschauungen, seiner Sprache und seines Rechtsverständnisses, schließlich die Kenntnis der christlichen Kultur der Gegenwart: die Veränderungen in der Präsenz des Christlichen, die heutige Rolle der Kirchen, die Religion in der populären Kultur, der religiöse Markt zwischen Esoterik und fundamentalistischen Einstellungen usw.

(2) Grundkompetenzen theologischen Denkens und Argumentierens. Der Zugang zu den skizzierten Bereichen ist theologisch ein grundsätzlich hermeneutischer. Hermeneutik bezeichnet primär das verstehende Auslegen von Texten, inzwischen aber auch das Verstehen von Gegenwartshori-

zonten; zu diesen gehört nicht nur die Kenntnis, sondern auch ein *Gespür* für die Gesellschaftslage und die gegenwärtige Kultur, ferner das Vermögen, Denkrichtungen, Vorstellungshaltungen, typische Einstellungen und gängige Bedürfnisse „lesen" und in Beziehung zum Christentum setzen zu können – also das religiöse Verstehen zu verstehen.

(3) Didaktische Kompetenzen. Diese sind für Theologen generell unverzichtbar, nicht zuletzt, weil sich an ihnen das wirkliche Verstehen entscheidet. Zu ihnen gehören zunächst Kenntnisse der an religiösem Verstehen und Lernen beteiligten Faktoren (Personen, Orte, Inhalte, Begründungen, Auffassungs- und Wirkungsweisen usw.), Wissen um die Entstehung, Entwicklung und die persönliche wie gesellschaftliche Bedeutung von Religiosität, Kenntnis der Interessen und Motivationen zu religiösem und christlichem Lernen, Wissen um die Besonderheit einer religiösen Didaktik und Einsicht in den Sinn religiöser und christlicher Bildung.

> „Von daher heißt religionspädagogische Kompetenz heute nicht allein, dass man als Lehrer/in oder Katechet/in die in Traditionen gebundenen Formen von Religiosität sachgemäß zu erschließen versteht, sondern auch, dass man die Operationen nachvollziehen kann, mittels derer Kinder, Jugendliche und Erwachsene heute ihren eigenen Glauben konstruieren." (Englert in Schweitzer u.a. 2002, 41)

Dazu kommen Kompetenzen des Ausdrucks, der Darstellung und der Präsentation, die mehr sind als methodische Fähigkeiten, und die nicht denkbar sind ohne ein wirkliches Gespür für Religion, ihre Gestaltungsformen, ihre Vollzugslogik und ihre mögliche persönliche Bedeutung. Religionsdidaktische Kompetenzen setzen in besonderem Maße Erfahrung, vor allem religiöse Erfahrung voraus!

Zusammenfassung

Die Universität, hervorgegangen aus der kirchlichen Gelehrtenschule, steht heute zunehmend unter ökonomischem Druck. Die wissenschaftliche RP hat hier ihren traditionellen Ort, wo sie vor allem die Ausbildung der Religionslehrer betreibt. Als Teildisziplin der weitgehend vergangenheitszentrierten und allzu oft umständlichen und lebensfernen Theologie übernimmt die RP immer mehr deren Gegenwartsbezug. Das Aufgabenfeld Hochschule und die fachdidaktischen Kompetenzen im Studium werden im Fach bisher noch kaum eigens reflektiert.

Literatur: A. Feindt u.a. 2009 – U. Hemel 1988 – NHRPG IV.4.5 – M. Rothgangel in Ritter/Rothgangel 1988, 227–245.

8 Kinder-, Konfirmanden- und Jugendarbeit in der Gemeinde

„Ähnlich wie dies schon Ernst Troeltsch formuliert hatte, geht es auch heute um eine Anerkennung des religiösen Individualismus der Moderne bei gleichzeitigem Festhalten an der Notwendigkeit einer institutionellen Bindung ... Nun gilt aber auch, dass mündige Christinnen und Christen, die ihr Subjektsein in einer Kirchengemeinde entfalten können, ‚nicht vom Himmel fallen', sondern auf vorgegebene Lernorte angewiesen sind ... Das bedeutet ..., dass die Freiheit des Subjekts zum kritischen Prinzip jeglicher Gemeindepraxis wird, wie umgekehrt das mündige Subjekt nicht ohne vorgängige Sozialisation zu sich selber kommen kann." (Schwab in Schweitzer u.a. 2002, 175)

Das Zitat benennt genau die doppelseitige Aufgabe einer religionspädagogischen Arbeit in der Gemeinde. Die Gemeinde muss die (religiöse) Freiheit der Person wollen und fördern – und die Person muss wissen, dass Religiosität nicht ohne den Bezug zur Gemeinde lebbar und entfaltbar ist. Die Frage ist: wie kann dieser gegenseitige Bezug jeweils hergestellt werden?

Das wird wohl nur so gehen, dass in der Gemeinde (christliche) Religion wirklich angeboten und kommuniziert wird und dass die Gemeinde als Forum für den Austausch religiöser Erfahrungen bereit steht. Kinder und Jugendliche müssten also ihre Lebensfragen, Bedürfnisse und religiösen Erfahrungen artikulieren und einbringen können. Und sie müssten ebenso die Möglichkeit haben, die christliche Tradition in einer für sie nachvollziehbaren und fördernden Weise zu erleben. Hier gilt grundsätzlich dasselbe wie für die Gemeindearbeit mit Erwachsenen. Die Realität in den Gemeinden ist von dieser Vorstellung allerdings meist sehr weit entfernt.

1. Kindergottesdienst und Gemeindearbeit für Kinder

Der *Kindergottesdienst* ist ein Gottesdienst in einfacher Form, angelehnt an den Ablauf des Hauptgottesdienstes, gehalten meist von Mitarbeitern der Gemeinde, die oft ein festes Team bilden. Statt der Predigt gibt es in der Regel eine Erzählung. Das Abendmahl wird immer noch selten gehalten, statt dessen gibt es meist eine kreative Phase (malen, basteln oder spielen).

Der Kindergottesdienst hat sich aus der pädagogisch orientierten, vor allem in England seit der Aufklärungszeit verbreiteten Sonntagsschule entwickelt, die sich vorwiegend aus sozialen Gründen etabliert hatte. Er verbindet religiöses Lernen, Gemeinschaftserfahrung und Spiel. Lange wurde er als Teil der Katechetik verstanden (also als kindgemäße Verkündigung), dann auch als liturgische „Vorbereitung" auf den Erwachsenengottesdienst. Beides wird seiner Bedeutung nicht wirklich gerecht. Heute gilt er als eigenständige liturgische Form im Bereich der alternativen Gottesdienstformen, manchmal wird er sogar als Modell für eine Erneuerung des Hauptgottesdienstes angesehen.

Dieser gewachsenen Wertschätzung stehen allerdings große Probleme gegenüber, vor allem die zunehmende Ausdünnung (die Teilnehmerzahl hat sich in den letzten 20 Jahren etwa halbiert) und die Teilnahme von immer jüngeren Kindern.

Religionspädagogische Konzepte schätzen den Kindergottesdienst recht verschieden ein. Gemeinde-missionarisch gilt er als Vorstufe und Hinführung zum Hauptgottesdienst; damit ist er aber theologisch abgewertet. Dagegen steht eine pädagogisch ausgerichtete Einschätzung, die ihn als Ort für das Aufwachsen im Rahmen der Gemeinde versteht, der am kindlichen Erleben ausgerichtet ist; schließlich eine sozialpädagogische Einschätzung, die ausschließlich nach den Bedürfnissen der Kinder fragt, unabhängig von gemeindlichen Erwägungen. Hier wie in allen Bereichen der Gemeinde sollte allerdings ein wechselseitiges Begründungskonzept gegeben werden, das die Kinder ebenso ernst nimmt wie die christliche Gemeinde und beide in einen Erfahrungsaustausch stellt.

Religionspädagogisch gesehen stellt der Kindergottesdienst eine bedeutsame Chance dar, da er ein Vertrautwerden mit der Gemeinde und mit christlichen Themen und Vollzügen möglich macht. Er kann für viele Kinder eine prägende Wirkung haben, sollte daher wesentlich mehr Aufmerksamkeit erfahren als bisher. Zu überlegen wäre vor allem, wie mit den Kindern am besten religiöse Erfahrungen und Fragen ausgetauscht werden können, ferner, in welcher angemessenen Form das Abendmahl mit Kindern gefeiert werden könnte.

Im *Familiengottesdienst* besuchen Kinder mit ihren Familien und der Gemeinde zusammen den Hauptgottesdienst, der dann kindgerecht gestaltet ist und den Charakter eines kleinen Festes hat. Diese Form hat sich überall eingebürgert und wird gut angenommen. Sie ist eine der wenigen Anlaufstellen für Familien mit Kindern in den Gemeinden. Die normalen Gottesdienstbesucher empfinden den Familiengottesdienst für sich aber oft als unpassend. Außerdem gibt es meist wenig konzeptionelle Zusammenbindung mit anderen Gemeindeaktivitäten.

Speziell auf die Kinder zielt die relativ neue Angebotsform der *Kinderbibelwoche*, die sehr beliebt ist. Sie dauert mehrere Tage (inzwischen gibt es auch einzelne Kinderbibeltage). Im Zentrum steht meist ein biblisches Buch (Jona; Jesusgeschichten; Josef usw.). Der Tag (bzw. Nachmittag) beginnt in der Kirche mit der Geschichte des Tages und Liedern, dann folgt eine kreative Gruppenarbeit; am Ende sind wieder alle zusammen in der Kirche, präsentieren ihre Arbeiten und schließen gemeinsam ab. Die Kinderbibelwoche ist religionspädagogisch ausgesprochen sinnvoll, denn sie vereint die Begegnung mit biblischen Geschichten mit den Elementen einer Feier und dem Erleben der Kirche. Sie benötigt allerdings viel Vorbereitungszeit und organisatorischen Aufwand.

Weitere Angebote mancher Gemeinden für Kinder sind Mutter-Kind-Gruppen (Krabbelgruppen), die eher der Betreuung und der Begegnung mit anderen dienen als der religiösen Kommunikation. Schließlich werden Familienfreizeiten angeboten, die neben der Gemeinschaft mit anderen auch ein gemeinsames religiöses Tun möglich machen, z.B. in Liedern, Tageszeitengebeten, Andachten usw.

Unter konzeptionellem Blick kann Arbeit mit Kindern heute nicht mehr missionarisch sein, darf also auch nicht für die Gemeinde funktionalisiert werden. Dennoch sollte sie auf Kirche (zunächst als Ort und als soziale Gemeinschaft verstanden) hinführen bzw. zu ihr hin öffnen. Als Grundgedanke sollte erkennbar werden, dass Christsein nicht *allein* gelebt werden kann, sondern auf den Austausch und die Begegnung mit anderen angewiesen ist. Die offene Frage der Arbeit mit Kindern ist vor allem die nach dem organischen Übergang zur sonstigen Gemeindearbeit und zum Hauptgottesdienst.

Die Situation der Kinder in der Gemeinde kann insgesamt nicht als besonders günstig eingeschätzt werden. Gemeindearbeit und Gottesdienst sind theologisch auf das Hören des „Wortes" hin ausgerichtet, darum grundsätzlich auf Erwachsene zugeschnitten. Kinder spielen und machen Lärm, werden darum oft als störend empfunden. Als weiteres Problem kommt dazu, dass Familien und Kirche immer mehr in Distanz zueinander geraten (→ 15.3). Die Angebote bleiben darum punktuell und leider meist ohne konzeptionelle und nachvollziehbare Verbindung. Ein organischer Einbezug von Kindern in die Gemeinde, etwa durch Taufbegleitung und -erinnerung für Kinder ist selten; Orte für religiöse *Fragen* von Kindern sind im Kindergottesdienst oder in der Kinderbibelwoche oft nur theoretisch gegeben.

Wichtig sind nicht Antworten, sondern zunächst ein Raum für Fragen, deren Ausdruck und Gestaltungsmöglichkeit, Verlässlichkeit und eine vertraute Umgebung im Rahmen der Gemeinde. Die Orts-Kirche als Raum und Gebäude sollte in ihrer Bedeutung nicht unterschätzt werden, sie ist bewusst einzubeziehen (→ 20.1). Da alle christlichen Angebote um der Menschen willen gemacht werden, sollte vor allem die bedeutungsleitende Phantasie (→ 13.4) der Kinder geschätzt und kreativ gefördert werden; Gemeinde sollte als gute Heimat präsentiert und erfahrbar werden.

2. Kirchlicher Kindergarten

> „In allen Bundesländern sind Bildungsempfehlungen ... entstanden. Die religiöse Thematik allerdings ist dort weitgehend ausgeblendet." (Harz in Adam/Lachmann 2008, 194)

Der Kindergarten hat sich in seiner heutigen Form in den 1930er Jahren herausgebildet. Vorläufer sind die „Kinderbewahranstalten" und die „Kleinkinderschulen" des 19. Jh. Starken Einfluss hatten die Gedanken der italienischen Ärztin und Kinderpädagogin Maria Montessori, die für Motivierung, Anregung der Selbsttätigkeit und Sinnesschulung der Kinder eintrat; in der Erziehung machte sie keinerlei Inhaltsvorgaben. Der Erzieher sollte Begleiter, wohlwollender Beobachter und individueller Berater sein. Damit vertrat sie im Grunde ein echtes *Bildungs*konzept.

Der Kindergarten steht heute allen Kindern ab Vollendung des 3. Lebensjahres bis zum Schuleintritt offen. Er ist der „Jugendhilfe" zugeordnet, soll die Familienerziehung ergänzen und die Sozialisation beginnen. Der Staat will so die Selbständigkeit und Bedeutung der Familie betonen. Kinder lernen zum ersten Mal soziales Verhalten (die andern sind anders – darum muss der Umgang mit ihnen geregelt sein). Obwohl er eine öffentliche Einrichtung ist, stehen weit über 50% der Kindergärten in kirchlicher Trägerschaft.

Für die RP, die ihn lange Zeit nur am Rande beachtet hatte, ist er bedeutsam; denn oft werden hier erste Begegnungen mit christlichen Gehalten gemacht, die prägend bleiben. Die erste Erfahrung einer größeren Gemeinschaft, die Möglichkeiten des Gestaltens und Feierns bergen eine besondere erzieherische Chance. Das gilt auch für die Gemeinden, da der Kindergarten eine frühe zwanglose Kontaktaufnahme mit dem kirchlichen Leben ermöglicht und damit möglicherweise die Grundlagen einer oft lebenslangen Kirchenbindung legt. Der Zusammenhang mit der Gemeindearbeit ist faktisch aber oft nur sehr wenig strukturiert, wäre aber sinnvoll und wichtig. Dazu wären vor allem auch Konzepte für die Familienarbeit (Familiengottesdienste, Freizeiten, Gemeindefeste) anzustreben.

Frieder Harz stellt konzeptionell einen „diakonischen Auftrag" einem „Beitrag zum Gemeindeaufbau" gegenüber (ebd. 106f.). Religionspädagogische Ansätze für die Kindergartenarbeit haben sich früher auf die Einführung in das Gemeindeleben beschränkt, darum auf Kenntnisse, Ordnung und Wohlverhalten im Rahmen der christlichen Sozialisation; dafür wurden vor allem christliche Geschichten, Lieder und Gebete benutzt. Heute vorherrschend ist der sog. „Situationsansatz", der Lebenssituation und Umwelt der Kinder aufnimmt. Es werden keine Lerninhalte und festen Lernziele mehr vorgegeben. Implizite Ziele sind die Förderung der Autonomie und Kooperationsfähigkeit und die spielerische Entfaltung der Kinder. Der Mangel dieses Ansatzes ist, dass (Erziehungs-)Vorgaben unterbewertet werden; faktisch gehen auch in einen so offenen Ansatz immer normative Vorstellungen ein, die dann tendenziell unterbewusst bleiben.

Für den Kindergarten fehlt im Grunde eine einleuchtende und anwendbare religionspädagogische Konzeption. Die Arbeit geschieht pragmatisch, ist pädagogisch orientiert und an christlichen Geschichten, Bräuchen und Festen ausgerichtet. Solch bedürfnis- und erfahrungsorientiertes Lernen sollte aber auch konzeptionell mit dem Evangelium als befreiender, Geborgenheit gebender und entwicklungsfördernder Botschaft verbunden werden. Ausgangspunkt muss immer die alltägliche Erfahrung der Kinder sein. Der Einbezug der Eltern ist in der Regel durch Elternabende gegeben, muss aber ebenfalls konzeptionell weiterentwickelt werden: die Frage nach einer christlichen „Schulung" und einem Einbezug der Familien in die Gemeinden wird dringender.

Praktische Anlässe für die Kindergartenarbeit aus Sicht der RP sind vor allem biblische Geschichten, die die Zuwendung Gottes zum Menschen zeigen, ferner die Feste des Jahreskreises (Advent, Weihnachten, Ostern, Erntedank) und der eigene Geburtstag, schließlich die grundlegenden christlichen Rituale und Bräuche (Gebete, Lieder, Kindergottesdienst usw.). Sinnvoll wäre vor allem ein Ausbau der Tauferinnerung, da er den christlichen Zuspruch mit der Erfahrung der eigenen Bedeutung als Person verbindet. Die Grunderfahrungen Zuwendung, Freude, Konflikte und Angst lassen sich in der Beziehung zur Gruppe und in der Beziehung zur Natur (zu Wetter, Jahreszeiten, Pflanzen usw.) gestalten. Besonders wichtig ist der Umgang mit Symbolen (→ 11.2) wie Kerze, Engel, Kreuz, Brunnen, Regenbogen usw. Dabei sollte nicht von einem (kognitiven) Symbolverstehen ausgegangen werden, sondern besser von einer Sensibilisierung für Symbole, die eher erlebt als verstanden werden müssen; nicht zu übergehen ist dabei vor allem die spielerisch anzubahnende Fähigkeit, selbst symbolisieren zu lernen. Hier wie grundsätzlich im Kindergarten geht es um erfahrungsbezogenes Bedeutungs-Erleben. Auch die Gotteserfahrung und Gottesvorstellung sollte Thema des kirchlichen Kindergartens sein. Sie lässt sich nicht einfach aus einer Überführung von Alltagserfahrungen in Grunderfahrungen herleiten, sondern muss direkt zum Thema werden. Über und von Gott muss erzählt und gesprochen werden. Ausgesprochen sinnvoll scheint schließlich eine ortsangemessene Kirchenraumpädagogik (→ 11.3), die den Sakralraum sinnlich erschließt und als religiösen Heimatboden zugänglich macht.

3. Konfirmandenarbeit und Konfirmation

„Konfirmanden leiden an dem Tatbestand, daß im KU [= Konfirmandenunterricht] häufig Fragen bearbeitet werden, die niemand gestellt hat, daß eine vorbehaltlose kritische Auseinandersetzung mit der Tradition eher selten ist und daß der Glaube oft nur als unverständliches Lehrgebäude, nicht aber als Grundlage eines sinnvollen Lebens in der Gesellschaft erscheint ... Erst dann, wenn die Inhalte des KU kulturell und sozial plausibel sind und wirksame Motive für die Teilnahme an den sozialen Formen der Kirche sichtbar werden, wird sich Entscheidendes ändern können. Solange diese Voraussetzungen nicht erfüllt sind, hilft es deshalb nicht viel weiter, wenn viele sich Mühe geben, den Lehrbestand des Glaubens je neu intellektuell aufzuarbeiten und pädagogisch angemessen zu vermitteln." (Wegenast in Adam/Lachmann ²1994, 317, 315f.)

Klaus Wegenast benennt mit dem ihm eigenen scharfen Blick die Problematik der Konfirmandenarbeit genau. Jugendliche kommen hier nah mit ihrer Gemeinde in Berührung; dennoch wird der Kontakt mit ihr nach dem Abschluss der Konfirmandenzeit nur in seltenen Ausnahmefällen aufrecht erhalten. Es wundert nicht, dass der KU darum eine ähnlich bewegte Geschichte hat wie der RU; in seinem Bereich sind die konzeptionellen Veränderungen und Experimentierversuche sogar noch größer ausgefallen. Dennoch ist fraglich, ob er sein Ziel erreicht.

Die Konfirmation ist aus dem zweiten Teil der altkirchlichen Taufhandlung heraus entstanden, der Handauflegung und Stirnsalbung. Eingeführt wurde sie in der Reformation (erstmals 1538/39 in Hessen durch den Reformator Martin Bucer), die die Verantwortung des Einzelnen für seinen Glauben betonte und darum die Firmung als sakramentale Segenshandlung des Bischofs ablehnte. Angesichts der Kindertaufe wurde eine Form gesucht, in der der Glaube als Zustimmung zur eigenen Taufe öffentlich (d.h. vor der Gemeinde) bekannt werden konnte. Darum war die Konfirmation wie die altkirchliche Taufunterweisung mit Katechismusunterricht und -prüfungen verbunden (vgl. Mt 28, 19f), die sich bis ins späte 20. Jh. erhalten haben. Durch Pietismus und Aufklärung hat sich die Konfirmation weiter verbreitet. Vor allem seit dem Ausbau des staatlichen Schulwesens im 18. Jh. ist sie allgemein durchgesetzt, denn sie war nun verbunden mit der Schulentlassung und dem Eintritt in den Beruf und wurde auch als ein gesellschaftliches Ereignis verstanden.

Der KU dauert in der Regel ein Jahr, manchmal zwei; oft gibt es einen Vorkonfirmanden- oder Präparanden-Unterricht. Da er für die Jugendlichen zum Freizeitbereich zählt, und da keine katechetische „Einweisung" in den Glauben mehr möglich und sinnvoll ist (→ 2.1), haben sich zunehmend offene Gestaltungsformen ausgebildet, die vor allem um die christlichen Kerngehalte und den Versuch kreisen, mit dem Leben der Gemeinde, vor allem dem Gottesdienst bekannt zu machen. Die Jugendlichen interessieren sich allerdings kaum für christliche Themen (Gnade, Taufe, Abendmahl, Jesus, Kirche usw.), sondern deutlich eher für Weltreligionen und lebensweltliche Themen wie Freundschaft oder Identitätsfindung. Trotz methodischer Öffnung erreicht der KU nach wie vor nur in den seltensten Fällen eine religiöse Öffnung oder Inspiration.

Theologisch gesehen ist die Konfirmation keine „Ergänzung" zur Taufe (diese kann nicht unvollständig sein), sondern Tauferinnerung, die die eigene bewusste Zustimmung mit einer Segenshandlung und Fürbitte verbindet. Die katholische Firmung dagegen hat den Charakter einer Weihehandlung. Die früher mit der Konfirmation verbundene Zulassung zum ersten Abendmahl lockert sich heute mehr und mehr auf; das ist theologisch wie religionsdidaktisch sinnvoll. Die Konfirmation gilt heute vor allem als Bekräftigung des Zuspruchs und der Begleitung durch Gott. Der Segen soll zur Selbstannahme beitragen, ebenso wie der Kontakt mit dem christlichen Leben der Gemeinde als persönlicher Orientierungsrahmen und Lebensbegleitung dienen soll.

Die Konfirmation ist heute eine Kasual-Handlung mit stark volkskirchlicher Prägung. Sie begegnet sehr unterschiedlichen Erwartungen, die ihren theologischen Sinn und die Einführung in das Gemeindeleben oft kaum im Blick haben. Für die meisten Eltern ist sie eine familienreligiöse Feier, die das Erwachsenwerden des Kindes begeht. Noch einmal anders sehen das die Jugendlichen selbst. Auch für sie ist zunächst kaum eine Glaubensentscheidung, Tauferinnerung oder Kirchenmitgliedschaft wichtig, sondern der erste öffentliche Auftritt, der oft von Nervosität begleitet ist; das feierliche Im-Mittelpunkt-Stehen wird auch von ihnen als ein Schritt zum Erwachsensein erlebt – als Rest eines in unserer Gesellschaft sonst nicht mehr vorhandenen und für die eigene Entwicklung eigentlich höchst bedeutsamen Initiations-Ritus. Hier kommen manche Konfirmanden oft zum ersten Mal mit religiösen Handlungen in Verbindung, vor allem bei der Segenshandlung. Diese wird denn auch in der Regel als bewegend erfahren.

Der Ablauf der Konfirmation spiegelt ein Ineinander von theologischen und familienreligiösen Aspekten. Oft beginnt sie mit einer Feier am Vorabend, in der gemeinsam mit den Familien die Beichte gehalten und oft bereits das Abendmahl gefeiert wird, das nach wie vor für viele das erste ist.

Der kleinere Kreis nimmt die Aufregung des Auftritts, stimmt auf das öffentliche Fest ein und bringt die Privatisierung der Religion zum Ausdruck (→ 15.3). Der Konfirmationsgottesdienst ist ein großer Festakt, für die Familien ebenso wie für die Gemeinde. In der Regel beteiligen sich Kirchenvorsteher mit Grußworten. Als Höhepunkt gilt die Segnung, die Stärkung (con-firmatio) und Geleit durch Gott zuspricht. Eine öffentliche Katechismus-Prüfung, wie sie früher üblich war, passt zu diesem Segen auch theologisch nicht. Eine besondere Rolle spielt der Konfirmandenspruch, den sich die Konfirmanden heute meist selbst aussuchen, und der bei der Segnung den persönlichen Zuspruch bekräftigt.

Weniger die Konfirmation, sehr viel mehr aber die Vorbereitungszeit zu ihr zeigt mehrfache Schwierigkeiten. Zunächst ist die Konfirmandenzeit die Zeit der Pubertät und ihrer altersspezifischen Probleme (→ 16). Wichtiges Thema der Jugendlichen ist hier vor allem der Kontakt zum anderen Geschlecht, sehr viel weniger sind es religiöse Fragen. Die Gruppen sind oft heterogen aus verschiedenen Schularten zusammengesetzt, was größere Auffassungsunterschiede bedeuten kann. Der KU liegt außerdem meist am Nachmittag, gehört also prinzipiell dem Freizeitbereich an. In den neuen Bundesländern ist ferner die säkulare Jugendweihe, die zu Zeiten der ehemaligen DDR eine Entscheidung für oder gegen den Staat (und dadurch oft über eigene Karrierechancen) bedeutete, heute wieder ausgesprochen beliebt.

Vor allem aber: Kirche und Christentum spielen in der heutigen Jugendkultur praktisch keine verbindliche Rolle mehr. Das religiöse Interesse, das durchaus vorhanden ist, ist oft sehr vage und wird nur selten artikuliert oder gar bewusst kommuniziert. Es *dominieren* dadurch säkulare Motive die Teilnahme am KU: Es geht vorwiegend um den Kontakt zur Peer-Gruppe (= Gleichaltrige), ferner um den Ritus des Erwachsenwerdens, schließlich um die erwarteten Geschenke, so dass die Konfirmation faktisch heute die „*Konsum*-Mündigkeit" der Jugendlichen markiert. Eine Glaubensentscheidung mit 13 Jahren ist darum ebenso wenig zu erwarten wie das Hineinwachsen in den Gottesdienst, der faktisch auf Erwachsene zugeschnitten ist und für Jugendliche generell eine hohe Zugangs-Schwelle hat. Die Teilnahme am Sonntagsgottesdienst, die früher kontrolliert wurde, ist heute darum meist freiwillig.

Der volkskirchliche Charakter der Konfirmation ist trotz dieser Probleme aber plausibel und sinnvoll. Der KU bietet eine große religionspädagogische Chance: nach wie vor erreicht er eine relativ hohe Zahl von jungen Menschen, die hier eine erste intensivere Begegnung mit dem Christentum und der Gemeinde vor Ort erfahren können. Der Austausch über das Abendmahl und seine gemeinsame Feier stellen eine religionsdidaktisch einmalige Gelegenheit dar, mit christlich-religiösen Vollzügen und deren auf die eigene Person bezogenem Lebenssinn in Kontakt zu kommen und möglicherweise mit ihnen auch bereits vertraut zu werden. Einen besonderen Stellenwert sollte im KU darum das Abendmahl haben.

4. Konzepte und Didaktik der Konfirmandenarbeit

Konzepte

Die Konzepte der Konfirmandenarbeit folgen zum größten Teil denen des RU (→ 3), sind aber methodisch variabler und offener. Sie nutzen – auch wenn das gezwungenermaßen geschieht – die Chance erfahrungsbezogenen religiösen Lernens tendenziell eher als der schulische RU. Oft haben sich Kursmodelle herausgebildet, in die manchmal auch die Eltern einbezogen werden. Heute ist der Katechismusunterricht einem lebensgeschichtlich orientierten und erlebnisnah gestalteten Vorgehen gewichen, dessen Schwerpunkt zunehmend Erfahrung vor Ort ist. Auffällig ist, dass kaum noch von Konfirmandenunterricht, sondern von -arbeit gesprochen wird (beides ist in die Abkürzung KU eingeschlossen).

Als konzeptionelle Aufgabe bleibt nach wie vor, die Einführung in einen Grundbestand der christlichen Tradition, das Leben der Gemeinde und den Gottesdienst mit den Lebensfragen und Einstellungen der Jugendlichen in ein sinnvolles Verhältnis zu bringen. Das wurde bisher mit unterschiedlichen Akzenten gelöst. Als Modelle lassen sich nennen:

a. Klassisch-kirchlicher KU. Das Modell geht vom katechetischen Lernen aus und betont das Glaubens-Wissen, wenigstens als „eiserne Ration" für Notfälle des Lebens, ferner ein persönliches, öffentliches Bekenntnis, meist auch die bewusste (erste) Teilnahme am Altarsakrament. Bis Ende der 1960er Jahre waren die Inhalte vorgegeben, ähnlich wie im RU: Kleiner Katechismus, Bibel, Gesangbuch und Gottesdienstablauf sollten gelernt werden. Auswendiglernen von Bibelstellen und Liedversen, Prüfungen (oft vor der Gemeinde) und Kontrolle des Gottesdienst-Besuchs, die zu dieser Konzeption gehören, haben sich mancher Orts bis heute erhalten. Das Modell orientiert sich an der Hinführung zum bewussten Glauben und an einer persönlichen Bindung an Jesus Christus und nimmt damit pietistisches Erbe auf. Problem ist hier die Betonung des Glaubens, der bei den Jugendlichen nicht mehr allgemein vorausgesetzt werden kann und darum zu einem autoritären Unterrichtsstil verleitet.

b. Gemeindeorientierter KU. Dieses Modell betont die Einführung in das Leben der Gemeinde. Sein Ziel ist die mündige Mitgliedschaft in der Kirche mit der bewussten Wahrnehmung der zugehörigen Rechte und Pflichten (kirchliche Ämter, z.B. Patenamt, Kirchenvorstand usw.). Diesem Zweck dienen kleine Praktika, in denen die Jugendlichen die Gemeinde kennen lernen.

c. Volkskirchlicher KU nimmt diese Gedanken auf und versucht eine allgemeine Hinführung zu einem bewussten christlichen Leben in unserer Gesellschaft, also zu „lernen, was es heißt, als Christ in unserer Zeit zu leben". Kirche gilt hier als Rahmen und Hintergrund eines christlichen Lebens.

d. KU als persönliche Lebenshilfe. Dieses Modell geht vom Leben und Erleben in der Gruppe aus und zeigt eine Tendenz zur kirchlichen Jugendarbeit. Lebens-, Orientierungsfragen und Probleme der Jugendlichen sind der Ausgangspunkt. Erfahrbarkeit und Erlebnisorientierung werden betont in dem Wissen, dass durch Gemeinschaftserfahrung und Freizeiten, ferner durch selbst gestaltete Gottesdienstformen oft prägende Erlebnisse gemacht werden. Echte Lebenshilfe ist immer abhängig vom Klima in der Gruppe und von einer guten Gesprächskultur. Problem des Modells ist seine Offenheit, die eine Anpassung an Freizeitwünsche verrät.

e. Noch kaum bewusst verwirklicht ist ein Modell, das die Formen, Orte und Gestaltungen der Kirchengemeinde als Ausdruck der Logik des christlichen Glaubens versteht und allgemein einen Sinn für Religion aufzuschließen versucht, obwohl solche Elemente immer häufiger Eingang in den KU finden. Konfirmanden sollen *religiös* ernst genommen und angesprochen werden. Eine besondere Rolle spielt hier der Kirchenraum, ferner der Gottesdienst, mit dem allerdings experimentell verfahren wird (eigene Andachten, freie Mitgestaltung des Hauptgottesdienstes u.a.).

Es ist deutlich, dass die verschiedenen Modelle jeweils nur einzelne Aspekte betonen, die wohl nur zusammen sinnvoll sind. Eine deutliche Tendenz zeigt sich im Abschied von einer geschlossenen Glaubensunterweisung und der Hinwendung zu gelebtem Christentum, zu religiöser Mitgestaltung und religiöser Bildung.

Didaktik

Für die Inhalte des KU hat Klaus Wegenast einen „Minimal-Lehrplan" vorgeschlagen, der die Urkunden des Glaubens, die Praxis der Kirche, verantwortliches Leben (dazu die Themen: Lebenssinn, Krankheit und Leiden, Liebe und Partnerschaft u.a.) und Gemeinschaft umfasst. Für diese Aufteilung, die allerdings keine religiösen Vollzüge bedenkt, bietet sich auch heute noch der Kleine Katechismus Martin Luthers an (→ 2.1), da er das elementare christliche Wissen mit der persönlichen Erfahrung verbindet. Er beschreibt die „elementaren religiösen Formen, die der christliche Glaube von sich aus hervorbringt" (Schmidt 1991, 234) – macht also nur dann Sinn, wenn er mit dem eigenen Leben wirklich in Verbindung gebracht wird. Gerade dazu lädt der Kleine Katechismus allerdings ein:

Die Zehn Gebote stehen für das, was uns zwingt, fordert, manchmal bedrückt. Sie geben Anlass für die jugendspezifischen Themen (Erwachsenwerden, Umgang mit dem anderen Geschlecht, Frage nach der eigenen Identität usw.), mit denen die Gruppe gut beginnen kann. – Das Glaubensbekenntnis informiert zunächst nur darüber, was und wie Christen denken; dazu wäre dann die eigene Einstellung zu Gott, Religion und Kirche zur Sprache zu bringen. – Das Vaterunser zeigt Gott als Frage und persönliches Gegenüber und lädt zu einer eigenen Gebetspraxis ein. – Die Taufe ist Gottes Zuspruch von Anfang an, der sich gegen den Leistungsdruck und die funktionale Verrechnung des Menschen in der modernen Welt stellt und eng mit dem Segen, also dem eigentlichen Sinn der Konfirmation verbunden ist; hier liegt auch der Bezug zum Konfirmandenspruch als Lebensbegleitung nahe, ferner zur jugendlichen Grundfrage: wer bin ich? Dazu kann auch die Beichte als Möglichkeit des immer möglichen Neuanfangs und der neuen Perspektive auf das Leben als Geschenk kommen. – Das Abendmahl steht nicht nur als sichtbares Zeichen dieses Zuspruchs, der Geborgenheit und Kraft durch Gemeinschaft und Feier geben kann. Es ist darüber hinaus der exemplarische Ort, an dem religiöse Vollzüge miterlebt und eingeübt werden können. Es führt als liturgische Feier auch ein in gottesdienstliches Tun überhaupt.

Zu diesen Themenbereichen sollte die Erkundung der Gemeinde, ferner möglichst auch eine Einführung in das Kirchenjahr hinzukommen, das als Anlass für weitere christliche Grundthemen stehen kann (Weihnachten als Menschwerdung Gottes in Jesus von Nazareth, Ostern als Fest der Auferstehung usw.). Seine Chance nutzt der KU am besten, wenn er eine praktische Verbindung mit der Konfirmation herstellt, die von den Jugendlichen als bedeutsam eingestuft wird und entsprechendes Interesse weckt, vor allem aber wenn er die Jugendlichen beteiligt an religiösen Vollzügen und sie darin wirklich ernst nimmt.

Grundsätze einer Didaktik des KU folgen immer auch den allgemeinen religionsdidaktischen Überlegungen (→ 10 bis 13), haben aber eigene Schwerpunkte:

1. Vor allem soll die Vollzugslogik und die Perspektive des christlichen Glaubens aufgeschlossen werden. Es ist also am besten *nicht* bei Inhalten zu beginnen, nicht einmal bei „Fragen" (obwohl die immer ihr Recht behalten), sondern bei Eindrücken, die an religiösen Vollzügen und Formen gemacht werden, ferner bei selbst erlebbarer und anwendbarer

christlicher Praxis. Daraus ergibt sich oft erst die Motivation, religiöse Fragen zu stellen und (christliche) Religion wirklich kennen lernen zu wollen.
2. KU zielt auf den Segen der Konfirmation, darum soll er auch als Zuspruch gestaltet werden. Didaktisches Prinzip sollte also sein, den Jugendlichen die Erfahrung zu vermitteln: Ich bin geliebt, ich soll gesegnet werden, ich kann mich an der christlichen Überlieferung orientieren (Gebet, Lieder, Bibel ...) und finde Raum in der Gemeinde. Der Segen, persönlich erfahrbar auch im Konfirmandenspruch, ist ein Zuspruch, zu dem ich ein eigenes bewusstes Verhältnis haben kann. Spielerische Formen und Gemeinschaftserlebnisse (Freizeiten mit Tagesgebeten und Andachten) können das unterstützen.
3. Nachdrücklich zu empfehlen sind integrative Formen des KU: der Einbezug der Eltern und anderer Personen aus der Gemeinde, gemeinschaftliches Leben, Feiern, Bezug zum Gemeindeleben und zum Gottesdienst. Projekte, Wochenenden, KU-Wochen haben hier eine weit größere Chance als Einzelstunden am Nachmittag. Neben den Pfarrern sind möglichst weitere Personen zu beteiligen. Wo es möglich ist, sollte eine Zusammenarbeit mit der Schule vor Ort statt finden. KU und Konfirmation sollten sich schließlich zur Jugendarbeit hin öffnen, vor allem aber zu einer *jugendgerechten* Beteiligung in der Gemeinde.

Die bleibende Problematik des KU ist auch die der Religionsdidaktik insgesamt: Das Interesse an Religion ist ganz offensichtlich an plausible, zugängliche und lebensnah erfahrbare religiöse Vollzugsformen gebunden. Der Sonntagsgottesdienst aber ist sperrig, und insgesamt gibt es nur wenige persönlich praktizierbare spirituelle Formen im Christentum. So bleibt der KU tendenziell wohl vorerst ein mehr oder weniger abgeschlossener Sonderbereich der Gemeindearbeit.

5. Kirchliche Jugendarbeit

„Die Frage nach dem eigenständigen, evangelischen Profil der Jugendarbeit war historisch nie eindeutig zu klären und läßt sich auch heute nicht eindeutig beantworten. Kennzeichnend für evangelische Jugendarbeit sind vielmehr sehr unterschiedliche Interessen, die oft genug auch unvermittelt und kontrovers aufeinanderstoßen." (Schwab in: Schreiner 1999, 83)

Für manche schließt sich an die Konfirmandenzeit die kirchliche Jugendgruppe an, da hier Bekanntschaften weitergeführt werden können. Merkmale der kirchlichen Jugendarbeit sind freiwillige Teilnahme, Altershomogenität und weitgehend offene Strukturen. Sie ist an die einzelnen

Gemeinden gebunden; es gibt aber auch überregionale Jugendpfarrämter und Gremien, z.B. die Landesjugendkonvente. Neben der gruppenbezogenen „geschlossenen" Form, in der häufig eine tiefe soziale und erlebnishafte Dynamik entsteht, gibt es die sog. „offene": offene Treffpunkte, Partys, Einzelveranstaltungen wie Filme usw.; letztere sind gegenüber den geschlossenen zunehmend beliebt. Für viele wird die Jugendarbeit auf Grund der Gemeinschaftserfahrung prägend für das eigene Christsein.

Die kirchliche Jugendarbeit verzeichnet allerdings einen deutlichen Rückgang an Beteiligung, denn sie steht heute neben den Angeboten freier und öffentlicher Träger, meistens von Vereinen (Sport, Musik usw.).

Die kirchliche Jugendarbeit entstand etwa gleichzeitig mit der Volksbildungsbewegung im 19. Jh. Anlass waren damals die durch die Industrialisierung bedingten sozialen Schwierigkeiten vieler Jugendlicher, die ein sozial-diakonisches Engagement der Kirchen, Hilfsprojekte und eine „Jugendpflege" auf den Plan riefen. Eine der Wurzeln liegt auch in der deutschen Burschenschaft. Bekannte Verbände sind der CVJM (Christlicher Verein junger Männer, heute: „Menschen", 1883 gegründet) und die katholische Pfadfinderschaft (seit 1929).

Kirchliche Jugendarbeit bemüht sich um ein schwieriges Alter (→ 16). Die Jugend ist die Zeit der unklaren Übergänge, der Identitätsfindung, der frühen Selbständigkeit bei gleichzeitig fortbestehender Abhängigkeit. Materielles Verwöhntsein und Lustlosigkeit stehen neben einer Suche nach Geborgenheit und Zugehörigkeit, das Bedürfnis nach Erlebnis-Intensität neben der Suche nach Anerkennung; Jugendszenen und Peergroups sind wichtig, um das auszuleben und sich zu präsentieren.

Jugendliche legen sich in der Regel auf keinen alleinigen Anbieter mehr fest. Die improvisierte Party im Jugendkeller des Gemeindehauses hat Konkurrenz durch Discotheken, große Rave-Partys usw., selbst der Freizeitbereich am Wochenende wird inzwischen kommerziell angeboten (Outdoor- und Erlebnis-Altivitäten). Generell sind punktuelle Angebote beliebter, die keine längere Verpflichtung mit sich bringen, ferner erlebnisorientierte. Man kann von einer diffusen religiösen Erwartung ausgehen, die in den Gemeinden aber kaum passende religiöse Angebote findet.

Wichtigste konzeptionelle Ansätze der kirchlichen Jugendarbeit sind der sozial-integrative, der sich um eine Eingliederung in die Gemeinschaft bemüht; der emanzipatorische, der vor allem die Selbständigkeit der Jugendlichen anzielt; der erlebnisorientierte, der Jugendlichen zunächst schlicht Spaß bescheren will; schließlich der lebensweltorientierte, der sich an der Lebensfähigkeit der Jugendlichen orientiert.

Die grundsätzliche Aufgabe der Jugendarbeit ist es, ähnlich wie bei der Kinder- und Konfirmandenarbeit, christliche Tradition, Gemeindeleben und Lebensfragen in ein stimmiges und übernehmbares Verhältnis zu bringen. Für Jugendliche sind Stimmigkeit, unmittelbare Evidenz und Lebensbezug wesentlich wichtiger als die Übereinstimmung mit einer bestimmten Tradition. Das zeigt sich darin, dass nach der Konfirmation der Kontakt zur Kirche in aller Regel abbricht. Kirchliche Jugendarbeit muss mehrere Ebenen berücksichtigen: Einmal das Lebensgefühl der Jugendlichen, das oft durch Heimatlosigkeit, Unsicherheit und diffuse Sehnsüchte gekennzeichnet ist; dann eine unsicher und zweifelnd gewordene Religiosität, der klare Vorstellungskonturen, Sprache und Ausdruck fehlen; schließlich eine distanzierte Einstellung zu einer Kirche, die sich an alten Autoritätsbildern orientiert und von Erwachsenen dominiert wird.

Die spezifischen Themen der Lebensphase wären also mit der Frage nach der Religion in Verbindung zu bringen. Das betrifft zunächst die Fragen nach einer echten und lebensförderlichen, nicht nur angemaßten Autonomie und ihrer Erreichung; die Frage nach dem Selbstwertgefühl und nach dem Lebenssinn, usw. Dazu müssten die Fragen nach Sinn und Nutzen der Religion für das Leben, die Gottesfrage, religiöse Geborgenheitserfahrungen und die Orientierungsleistung der Religion ins Spiel gebracht werden.

Die konzeptionelle Grundfrage, die in den Gemeinden oft strittig ist, betrifft darum das *kirchliche Profil* der kirchlichen Jugendarbeit. Welchen Ort haben neben allgemeinen Lebensfragen Glaubensfragen und religiöse Fragen? Die kommen in den meisten Jugendtreffs in den Gemeinden nicht (mehr) vor. Darum sagt die eine Position: Will die Jugendarbeit Berechtigung im Raum der Kirche haben, so muss sie auch kirchliches Profil zeigen, d.h. christliche Themen bearbeiten; das anzubieten ist die Kirche den Jugendlichen auch schuldig. Die Gegenposition dazu: Jugendarbeit kann und soll den Lebensfragen Raum geben; darum sind Jugendliche immer willkommen, auch ohne Anbindung an christliche Themen. Kommunikation des Evangeliums kann sich auch in offenen Einladungen in die Räume der Gemeinde aussprechen; diese sind Orte für Inszenierung, Selbstdarstellung und Begegnung, nicht für kirchliche Rekrutierung.

Beide Positionen benennen unverzichtbare Aspekte. Am ehesten sollten darum neben den Bedürfnissen der Jugendlichen auch tatsächlich Lebensfragen angesprochen, darüber hinaus aber auch religiöse Themen angeboten werden; wie sich beide Ansätze mit einander verbinden lassen, ist eine Frage, die grundsätzlicher didaktischer Reflexion bedarf (→ 13). Eine Vernetzung des oft zersplitterten, pragmatisch zu Stande kommenden Angebots mit dem Gemeindeleben sollte zumindest versucht werden. Auch hier sollte die Möglichkeit der Beteiligung an religiöser Praxis bestehen. Ob das jeweils gelingt, hängt oft von tatkräftigen Personen, aber auch von Räumen und deren Gestaltung ab.

Zusammenfassung

Kindergottesdienst und Kindergarten sind traditionelle religionspädagogische Aufgabenbereiche in den Kirchengemeinden. Sie sind bisher noch wenig auf religionsdidaktische Prinzipien hin untersucht worden. Anders ist das bei der experimentierfreudigen Konfirmanden- und der kirchlichen Jugendarbeit, die mit weitgehend säkularisierten Jugendlichen zu tun haben und ihr Profil zwischen der Vermittlung von christlichem Kernwissen und der zeitgemäßen Bearbeitung von Lebensfragen suchen.

Literatur: G. Adam/R. Lachmann 2008. Zu 1: C. Grethlein in: Adam/Lachmann 2008, 215–236 – NHRPG IV.2.6 – LexRP, Art. „Kindergottesdienst, Sonntagsschule". Zu 2: F. Harz in: Adam/Lachmann 2008, 191–219. Zu 3 und 4: W. Ilg u.a. 2009 – H. Schmidt 1991, 215–239 (Kapitel VI) – K. Wegenast in: Adam/Lachmann ²1994, 314–354. G. Adam in: Adam/Lachmann 2008, 255–281. Zu 5: U. Schwab in Adam/Lachmann 2008, 283–303 – K.-E. Nipkow ²1992, 359–397 (Achtes Kapitel) E. Siggelkow 2008 – S. Kaiser-Creola 2003.

9 Kirchliche Arbeit mit Erwachsenen

„Auch wenn in religiöser Hinsicht heute eher eine Atmosphäre religionsfreundlicher Anspruchslosigkeit herrscht, haben die alten religionskritischen Verdachtsmomente gegenüber dem Glauben an einen personalen, in einem wahren Menschen Fleisch gewordenen Gott doch von ihrer Virulenz nichts verloren, im Gegenteil: Sie beherrschen das Alltagsbewusstsein der Zeitgenossen. Demgegenüber befinden sich bewusste Christinnen und Christen in der Situation einer kognitiven Minderheit und können als solche nur bestehen, wenn sie in der Lage sind, sich mit ihrem Glauben kritisch auseinander zu setzen und ihn gegenüber dem ‚Normalbewusstsein' eigenständig zu begründen. Erwachsenenbildung muss daher auch ein Ort sein, ... Glauben zu artikulieren, auf seine Relevanz und seine Wahrheit hin zu befragen und im Polylog zeitgenössischer Suchbewegungen zu begründen." (Englert in NHRPG 421)

Rudolf Englert benennt das klassische Anliegen der kirchlichen Arbeit mit Erwachsenen: Menschen sollen ihr Christsein so reflektieren können, dass sie es für sich selbst und nach außen hin eigenständig und überzeugend vertreten können. Schon das ist keine leichte Aufgabe, da Religion heute als etwas sehr Privates gilt. Dazu kommt eine fast noch schwierigere Aufgabe: wie kann die Kirche einen Ort für die existenziellen Fragen des Lebens von Erwachsenen geben, die Fragen nach Sinn, gelingenden Beziehungen, Erfüllung, Leid und Tod?

1. Gemeindearbeit mit Erwachsenen

Ganz ähnlich wie bei der Arbeit mit Kindern und Jugendlichen müssen auch für die Erwachsenen christliche Traditions- und heutige Lebensweltorientierung ineinander greifen und sich gegenseitig aufschließen. „In zunehmendem Maße wird [im Erwachsenenalter] die Frage wichtig: wer bin ich eigentlich, und zwar aufgrund meiner Lebensgeschichte? Was ist das Kontinuierliche in dieser Biographie? Was ist der Kern dessen, der dieses Leben lebt?" (Fraas ²1993, 264) Die christlichen Überlieferungen und Gehalte müssen darum in eine stimmige Beziehung zur Lebenserfahrung gebracht werden.

Erwachsensein bedeutet, auf der Höhe der eigenen Kraft und Leistungsfähigkeit im Leben zu stehen. Heute ist die wichtigste Aufgabe des mittleren Alters, eine persönlich stimmige Balance herzustellen zwischen der eigenen Selbstbestimmung und den äußeren Anforderungen, zu denen vor allem Beruf und Familie (Partnerschaft und Erziehung von Kindern), aber auch die Pflege von Bekanntschaften, gesellschaftliche Ehrenämter, der Bau eines Hauses usw. zählen. Dazu kommt immer mehr die eher unterschwellig empfundene Aufgabe, ein sinnvolles Verhältnis zu unserer Konsumkultur und zum Umgang mit der Zeit herzustellen – eines der Hauptprobleme des gegenwärtigen Lebens scheint darin zu liegen, dass die Menschen in einem Meer von Möglichkeiten „keine Zeit" mehr haben für das, was ihnen wirklich wichtig ist. Das gilt leider auch für die Religion.

Die lebensgeschichtliche Voraussetzung der kirchlichen Arbeit mit Erwachsenen ist, dass der Abschied vom Kinderglauben erfolgt ist, und dass in aller Regel Zweifel an althergebrachten religiösen Praktiken oder Vorstellungen bestehen. Der Bedarf nach Information über die Elementaria des Christlichen erklärt sich von daher genauso wie der Bedarf nach Erfahrungsaustausch.

Gravierendes Problem ist, dass es zwischen Jugendgruppe und Erwachsenenarbeit keine spezifische Gemeindegruppen für Heranwachsende gibt, in denen sich individuelle Religiosität weiter entwickeln könnte. Die Förderung und Entfaltung autonomer Religiosität ist ganz offensichtlich immer noch nicht als zentrale kirchliche Aufgabe erkannt.

Die Arbeit mit Erwachsenen in der Gemeinde geschieht in Gruppen, in Themenveranstaltungen und in der Beteiligung an der Gemeindearbeit. Zu den Gruppen gehören vor allem die Bibel- und Gesprächskreise, die ein Erbe des Pietismus sind. Sie lassen einen intensiven Austausch unter Menschen zu, die sich kennen, wirken darum aber nach außen hin auch oft abgeschlossen und wenig einladend. Alters-spezifische Gruppen wie Mutter-Kind-Gruppen und die Seniorentreffs, die es in fast allen Gemeinden gibt, dienen oft eher der Begegnung, Betreuung und Unterhaltung als einem echten (religiösen) Erfahrungsaustausch. Etwas anders ist das bei offenen Themenveranstaltungen, die auf bestimmte Abende oder Kurse begrenzt sind und dadurch einen offeneren Charakter haben.

Da auch bei Erwachsenen die Bereitschaft zur Verpflichtung sinkt, werden punktuelle Angebote zunehmend gewünscht und entsprechend angenommen. Zu ihnen gehören Gesprächsabende über aktuelle Zeitfragen oder über christliche Themen, die die Chance echter religiöser Kommunikation mit sich bringen. Ferner haben sich in vielen Gemeinden Glaubens- und Liturgiekurse etabliert, die elementare Informationen über Glaubensfragen, Einführungen ins Christentum oder liturgisches Grundwissen usw.

anbieten („Alpha-Kurs", „Gottesdienst leben" usw.). Diese Kurse sind sehr begehrt; sie bringen Menschen in Kontakt zur Gemeinde, die sich sonst nicht zeigen und können dem Gemeindeleben neue Impulse geben. Vor allem an Glaubensfragen, aber auch an theologischen Themen herrscht Informationsbedarf, der hier in Kommunikation überführt wird.

Die herkömmliche Form der Arbeit mit Erwachsenen stellt die Beteiligung am gemeindlichen Leben dar. Sie ist kaum reflektiert und auch religionspädagogisch konzeptionell kaum bedacht worden. Erst in jüngster Zeit tauchen die „Mitarbeiter" als Thema der „Gemeindepädagogik" (→ 1.3) auf. Zu ihnen gehören neben den Angestellten der Gemeinden vor allem die Teams, die sich am Gottesdienst beteiligen (Kindergottesdiensthelfer, Lektorengruppe), Besuchsdienste (für Geburtstage, Kranke, neu Zugezogene usw.), die Mithelfer für Gruppen- und Themenveranstaltungen, Feiern und Freizeiten (– befremdlicherweise oft noch „Rüst"zeiten genannt) usw. Die Arbeit, die hier geleistet wird, ist oft bewundernswert, erfährt aber wenig Anerkennung und meist noch weniger Förderung und Training.

Die Beteiligung der Laien am Gemeindeleben ist sinnvoll und ausgesprochen wichtig; durch sie sollte die Gemeinde mehr getragen werden als durch den Pfarrer/die Pfarrerin. Betreuungsmentalitäten bei den Mitarbeitern und pfarrherrliche Leitungsbefugnisse *behindern* darum das gemeindliche Leben. Wo Pfarrer meinen, alles selbst tun, steuern und verwalten zu müssen (das ist bedauerlicherweise der Regelfall), kann sich weder das Gemeindeleben noch die Kompetenz der Laien entfalten. Bewusste Delegation von pfarramtlichen Aufgaben an Personen der Gemeinde stellt darum zusammen mit einer kompetenten Anleitung das wirkungsvollste Instrument für eine intakte Gemeinde dar. Die Mitarbeiter sollten ermutigt, mit *verantwortungsvollen* Aufgaben betraut und wirksam angeleitet und begleitet werden. Nur wo Erwachsene Aufgaben im Gottesdienst, im Konfirmandenunterricht, in der Anleitung anderer übernehmen, kann sich ein Klima entfalten, in dem eine lebendige religiöse Kommunikation möglich wird.

Auch hier ist das Grundprinzip der Religionsdidaktik anzuwenden: die Logik des Christlichen und die in ihm aufgehobenen Lebenserfahrungen, die sich vor allem in den christlich-religiösen Ritualen, Symbolen und Ausdrucksgestalten zeigen, müssen mit den heutigen Grunderfahrungen, dem Weltverstehen und der Perspektive von Personen heute in Verbindung gebracht werden. Und darum sind vor allem die religiösen Themen und Einstellungen zu kommunizieren, religiöse Praxis, religiöses Verhalten und Sprechen. Die Befähigung zum persönlichen Umgang mit *Religion* sollte Grundbestand der *kirchlichen* Arbeit mit Erwachsenen sein.

2. Gemeindearbeit mit älteren Menschen

Gemeindearbeit mit älteren Menschen wird zunehmend bedeutsam. Überalterung ist ein Phänomen der Gesellschaft, noch mehr aber der Gemeinden. Viele Erwachsene haben den Kontakt zu ihrer Gemeinde verloren oder nie gesucht, da sie selbst bereits nicht mehr religiös sozialisiert und mit Arbeit, Familie und Freizeit ausgefüllt sind. Der Altersdurchschnitt in den Gemeinden wird darum immer höher. Aber auch lebensgeschichtliche Gründe erklären die Präsenz der Alten in Gemeinde und Gottesdienst: im Alter kann die gesellschaftliche Verdrängung des Todes durch Technik, Apparate-Medizin und vor allem durch das Ideal des Jung-, Dynamisch- und Vital-Seins meist nicht mehr aufrecht erhalten werden; der Gedanke an das eigene Sterben taucht spätestens dann auf, wenn der Tod bekannter Menschen verkraftet werden muss. Die Arbeit mit alten Menschen stellt denn auch eine starke Erwartung an die Kirche von außen dar: sie soll sich um Alte und sozial Schwache kümmern.

Alte Menschen fallen denen, die nicht an das eigene Alter denken, dadurch auf, dass sie langsamer, vorsichtiger und bedächtiger sind, ferner dass sie sich an der Vergangenheit orientieren. Schon äußerlich gehen sie nicht mehr „mit der Mode", hängen an lange gebrauchten Gegenständen, Kleidungsstücken, Gewohnheiten und Erlebnissen, die in einer schnell sich verändernden Zeit überholt und eben „von gestern" wirken. Alte Geschichten und Erinnerungen finden in einer mediengesättigten Zeit kein Interesse mehr, die Erfahrungen der Alten werden kaum noch für wichtig befunden. Damit verliert das Alter nachhaltig an der Würde, die es in allen Kulturen bis heute gehabt hat; dieser Verlust ist neben dem Nachlassen von Kraft und Gesundheit die gravierendste Beeinträchtigung des Alters.

Die Schwierigkeiten des Altwerdens lassen sich aus der Perspektive der alt werdenden Menschen selbst in drei Bereichen bündeln:

(1) Der Abbau von Kräften und Fähigkeiten, das „Nicht-mehr" und Loslassen-Müssen von gewohnten Leistungen fällt gerade in einer Zeit nicht leicht, die Vitalität, Jungsein und Dynamik nachgerade zu absoluten Werten erhoben hat. Altwerden ist darum oft begleitet von Trauer und depressiver Stimmung. Das Nachlassen der Lernleistung macht alte Menschen weniger offen für neue Eindrücke, lässt sie dagegen in Gedanken und Erlebnissen der Vergangenheit verweilen; das kann zu kraftzehrendem Grübeln führen. Viele haben Angst davor, „Pflegefall" zu werden – denn in einer Zeit, in der jeder für sich selbst sorgt, wird das Angewiesensein auf Hilfe als besonders bitter erlebt und entsprechend gefürchtet. Keine Beförderung, keine Veränderung mehr, sondern nur noch der Tod vor sich zu haben, ist aus ganz menschlichen Gründen eine Lage, die Kraft, Gelassen-

heit, verlässliche soziale Unterstützung und ein tiefes Vertrauen erfordert. Wo das nicht gegeben ist, führt die Vergangenheits- und Gewohnheitsorientierung oft zu einem wenig sinnvollen Ausfüllen der Zeit (Fernsehen, Zeitung lesen, Zeitschriften, Kreuzworträtsel usw.). Die Zeit kann als immer länger empfunden werden, so dass der gesamte Lebensvollzug einem unbestimmten Warten gleicht – obwohl die Lebenszeit insgesamt immer schneller zu vergehen scheint.

(2) Das verstärkte Alleinsein durch die Entfernung der Kinder, den Tod des Partners und die fehlende Kraft, Kontakt zu anderen Menschen aufzunehmen und zu unterhalten führt sehr häufig in soziale Isolation und zu dem Gefühl, nicht mehr gebraucht zu werden und deshalb nichts wert zu sein. Das verstärkt depressive Neigungen. Bereits die ersehnte Verrentung führt viele in eine unerwartete Depression.

(3) Die Aufgabe, die sich mit dem Altwerden unvermeidlich stellt, ist die nach der Bejahung und Akzeptanz des eigenen Lebens. Erik Erikson (→ 4.2) spricht von der letzten Lebenskrise, deren Bewältigung zu dem Gefühl der Integrität, der Zufriedenheit mit sich selbst und dem, was man geleistet hat, und zu einem grundsätzlichen Einverständnis mit allem führen kann, was das Leben an Erfahrungen, Höhen und Tiefen mit sich gebracht hat – oder auch, wenn das eigene Leben nicht akzeptiert werden kann, zu Lebensüberdruss, mehr oder weniger bewusster Verzweiflung und „Ekel". Zufriedenheit und Annahme des Lebens spiegeln natürlich die gesamte Lebenseinstellung eines Menschen wider und werden nicht erst im Alter zur Frage. Sie sind heute sehr erschwert durch die verbreitete Konsumhaltung (und die durch sie geförderte Unzufriedenheit), durch die faktische Abschiebung der Alten, ferner durch die Empfindung, das Leben sei schnell vorbeigezogen (was sich als Folge der dauernden Veränderungen und ihrer Flüchtigkeiten begreifen lässt). Viele leiden unter dem Gefühl, das Leben sei letztlich unsinnig, erfolglos, gar „verpasst", und wichtige Lebensaufgaben seien nicht bewältigt worden.

Die Bedingungen, unter denen das Altwerden menschlich bleibt, ergeben sich aus diesen Schwierigkeiten im Rückschluss. Es sind zunächst die Wertschätzung und Anerkennung der Alten, die sich in ihrer sozialen Einbindung ausdrückt und in der Betreuung mit verantwortlichen Aufgaben, nicht nur beruflichen, sondern selbst wiederum sozialen, etwa der Begleitung der Enkelkinder. Solange es irgend geht, sollten von alten Menschen Aufgaben für alle übernommen werden. Die relativ neue Gerontopsychologie bestätigt durchgehend den sehr langen Erhalt von Fähigkeiten und Lebendigkeit, wenn Menschen sich gebraucht wissen. Die faktische Abschiebung der Alten durch die hoch flexible Gesellschaft stellt ein riesiges, aber kaum sichtbares soziales Problem dar. Die Ablehnung ihrer Erfahrungen und vor allem ihrer Fähigkeiten belastet die Gesellschaft insgesamt: Studien über Kulturen, in denen die Alten je nach ihren Kräften so lange wie möglich an den gemeinsamen Arbeiten und Beschäftigungen beteiligt werden, zeigen, dass hier *alle* Mitglieder der Gemeinschaft am wenigsten von Stress belastet und insgesamt am glücklichsten sind. Falsch ist darum die übliche Betreuung der Alten durch Unterhaltung, wie sie leider in Altenheimen ebenso wie in Gemeinden die Regel ist. Sie wird den Menschen nicht gerecht. Weit besser wären Anregungen und Anleitung zu sinnvoller Alltagsgestaltung, besonders zur Unterhaltung menschlicher Beziehungen. Zur Anerkennung der eigenen Person gehört im Alter ferner vor allem die ihrer Lebensgeschichte bzw. Lebensleistung, und zwar unabhängig davon, ob diese auch unter heutigen Bedingungen einleuchtet. Die Lebensgeschichte wird im Alter besonders wichtig: das Sammeln von Erinnerungen, ihre Bewertung, der Umgang mit der Fragmentarität des eigenen Lebens und das Bedürfnis zu ordnen prägen das Lebensgefühl. Darum ist es so wichtig, Geschichten von sich selbst erzählen zu können und Menschen zu haben, die das interessiert.

Alle diese Überlegungen – Wertschätzung, Fragmentarität des Lebens, Erinnerungen, die Lebensgeschichte überhaupt – haben eine Nähe zur Religion. Nur die Religion bietet einen Ort an, über das eigene Leben auch aus einer anderen als der eigenen Perspektive nachzudenken, christlich gesprochen: es unter den Augen Gottes zu sehen und Gott als den eigentlichen „Autor" der eigenen Lebensgeschichte zu begreifen. Das kann von eigenen Anstrengungen entlasten, das Gefühl der Geborgenheit und des Friedens aufkommen lassen und das „Abgeben" des Lebens leichter machen.

Das erklärt das zunehmende Interesse an Religion, das sich bei alten Menschen zeigt. Bedingt ist es aber auch durch die reichlich vorhandene Zeit, die zum Nachdenken Anlass gibt, ferner durch frühe religiöse Prägungen, die meist schon in der Kindheit gelegt wurden. Die Alters-Religiosität hängt insgesamt sehr eng mit dem eigenen Lebenslauf und frühen Prägungen zusammen, die jetzt wieder stärker hervortreten. Die Akzeptanz der eigenen Lebensgeschichte, umfassende Geborgenheit und die Fähigkeit auch das Fragment Gebliebene abgeben zu können, lassen sich wohl nur im Glauben erreichen.

Gemeindearbeit mit alten Menschen sollte Ort und Gelegenheit für genau diese Themen sein. Sie zeigt denn auch bereits eine Tendenz von der Betreuungs- zur Befähigungsdiakonie, d.h. zur Aktivierung. Das bedeutet aber vor allem, Gelegenheit und Anreiz zu geben, über das eigene Leben zu sprechen und dazu, Erfahrungen religiöser Art auszutauschen. Das gemeinsame Nachdenken über die mögliche Akzeptanz des eigenen Lebens durch Gott wäre eine echte christliche Kommunikation.

3. Allgemeine und kirchliche Erwachsenenbildung

Allgemeine Erwachsenenbildung

Die Erwachsenenbildung (EB) umfasst alle organisierten Lern- und Weiterbildungsbemühungen neben und nach der Berufstätigkeit. Ihre Ziele sind Erweiterung des Wissens, berufliche Fortbildung, Emanzipation und Gesellschaftsfähigkeit; sie beruht auf politischer und weltanschaulicher Neutralität.

Die EB entstand im Zusammenhang mit der ersten demokratischen Revolution von 1848 und aus der Industrialisierung, die zu einer nachhaltigen Veränderung und Komplizierung der Lebenswelt führte; daraus formierte sich die breite Bewegung der „Volksbildung", die sozial benachteiligten Gruppen Anschluss an die bürgerliche Bildung gewähren wollte. Letztere hatte sich in den sog. „Lesegesellschaften", in der „Gesellschaft zur Verbreitung der Volksbildung" (1871) und in Vereinen zur „sittlichen Erhebung" ebenfalls eine breite öffentliche Wirkung verschafft. In Konkurrenz zu diesen, aber mit einem vergleichbaren Ziel, etablierten sich auch die sog. Arbeitervereine. Sie sind die Wurzeln der späteren Gewerkschaften und der SPD, die damals anti-kirchlich eingestellt war; allerdings hatte die sozialdemokratische Bewegung Einfluss auf die Theologie, in den 1920er Jahren vor allem in Form des „Religiösen Sozialismus" (Tillich, Barth).

Nach 1945 wurde die „Volksbildung" „EB" genannt. Sie richtete sich an Erwachsene, die aus Fürsorge und Schonraum des ersten Lebensalters entlassen waren und Interesse an Weiterbildung und Orientierung hatten. Der Bedarf daran steigt seither beständig an, und zwar durch Explosion des Wissens, immer differenzierter werdende Lebensverhältnisse, wachsende Komplexität der Gesellschaft, schwieriger werdende berufliche Anforderungen, steigende Freizeit; in letzter Zeit kommen vermehrt persönliche Fragen nach Heilung und Lebensführung hinzu, für die offensichtlich immer weniger Standards, Selbstverständlichkeiten und Hilfen zur Verfügung stehen.

EB dient heute den zwei Großbereichen der funktionalen beruflichen „Fortbildung" (Einarbeitung in neue Bereiche; Umschulung) und der persönlichen „Weiterbildung" (Grundbildung und persönliche Interessen, politische und gesellschaftliche Bildung, persönliche Fragestellungen; hier können dann auch Fragen der beruflichen Fortbildung auftauchen). Klaus Wegenast unterscheidet nach eher funktionalen Aspekten transitorische (d.h. lebensgeschichtliche Übergänge betreffende), kompensatorische und politische Bildung. Grundprinzipien sind Teilnehmerorientierung und weltanschauliche Toleranz. Die Arbeit geschieht vorwiegend in Gruppen und zeigt neuerdings eine Tendenz vom Wissen (Informiertsein) zur ganzheitlichen Erfassung von Sachverhalten, bei der Sinne und Emotionen einbezogen und persönliche Bezüge deutlich werden.

Themenbereiche der EB sind Politik (Macht, Verantwortung, Demokratie, Europa, Globalisierung usw.), Gesellschaft als ihr größter Bereich (Arbeitsmarkt, Ethik, Philosophie, Umwelt, Strafrecht, Medizin, Medien, Freizeit, Kunst, Kultur usw.), und der persönliche Bereich (Partnerschaft, Lebensfragen, Selbstbestimmung, Life-Style, therapeutische Themen wie Beratung, Umgang mit Trauer und Selbsthilfe, ferner auch Themen der Spiritualität wie Yoga, Meditation). Explizit religiöse Themen werden nach wie vor an die kirchlichen Träger delegiert, beginnen aber auch in freier Trägerschaft an Bedeutung zu gewinnen, da sie immer mehr nachgefragt werden.

Kirchliche Erwachsenenbildung

> Die „Kontroversen zwischen einer Position vorrangiger *Lebensweltorientierung* von [kirchlicher] EB und einer solchen vorrangiger Traditionsorientierung werden überflüssig, wenn entdeckt wird, daß der Glaube und seine Überlieferung nur dann für das Leben und Handeln der Menschen relevant werden können, wenn sie in verstandenen und geklärten Situationen verantwortet werden ... Hier tritt eine leider noch viel zu wenig gesehene Aufgabe in den Blick: Die Beantwortung der Frage nach den Bedingungen, unter denen bei der Erörterung aktueller Lebensfragen Glaube und christliche Tradition sinnvoll in einen Kommunikationsprozeß einkommen können."
> (Wegenast in Adam/Lachmann ²1994, 384 und 387)

Klaus Wegenast formuliert hier für die kirchliche EB die Grundfrage der RP, die auch für alle anderen Bereiche religiösen Lernens gilt: Wie kommen Religion und Lebenserfahrung konstruktiv zusammen? Wohl nur, indem die religiöse Tradition erlebbar und für Lebensfragen und gegenwärtige Bedürfnisse (Sehnsüchte, Wünsche, Ängste usw.) geöffnet wird. Der persönliche Zugang zur Religion und ihre entsprechende Präsentation und Darstellung sind heute ein unumgängliches Erfordernis jeder religiösen Didaktik geworden. Deduktive Modelle haben keinen Kredit mehr. Induktive aber müssen sich der selbstbestimmten, kritischen Befragung und Auswahl stellen, was die Kirche nicht gewohnt ist und ihr darum nicht leicht fällt.

„Christliche Erwachsenenbildung ist so alt wie die Kirche selbst" (Wegenast ebd. 379): die frühkirchliche Taufunterweisung, die Beichterziehung im Mittelalter, die Katechismen der Reformation, die private Herzensfrömmigkeit des Pietismus usw. sind Bildung Erwachsener aus christlichen Motiven heraus gewesen. Als Institution gibt es die christliche EB aber erst im 19. Jh. Sie etablierte sich parallel zur allgemeinen Volksbildungsbewegung. Vor allem die katholische Kirche war hier engagiert; Borromäus-Verein,

Kolping-Verein, katholischer Verein Deutschlands u.a. hatten hohe Mitgliederzahlen. Im Rückblick muss kritisch angemerkt werden, dass die kirchlichen Initiativen oft gegen die sozialistisch ausgerichtete Arbeiterbildung gerichtet war. Die evangelische EB hatte nachhaltige Inspiration durch Pfarrer Nicolai Grundtvig (1783–1872) erhalten, der in Dänemark aus christlicher Motivation heraus zum Anstoßgeber des Volkshochschulwesens wurde, wo er bis heute als eine Art Nationalheiliger verehrt wird.

Seit 1945 verläuft die Entwicklung wieder deutlich parallel mit der der allgemeinen EB. Wichtig ist vor allem die Entstehung der kirchlichen Akademien (s.u.) und weiterer regionaler kirchlicher Bildungszentren. Seit 1970 besteht ein staatlicher Gestaltungsauftrag an die kirchliche EB, die heute in der Deutschen Evangelischen Arbeitsgemeinschaft für EB (DEAE) und in der Bundesarbeitsgemeinschaft für katholische EB ihre Dachverbände hat. Neben den Landeskirchen gibt es weitere Organisations-Träger: Gemeinden, Kirchenkreise, Werke und Verbände. Zu letzteren zählen vor allem das Diakonische Werk (ev.) und die Caritas (kath.); ferner Heimvolkshochschulen, die für kirchliche und allgemeine berufliche Ausbildung und Fortbildung tätig sind und wie kirchliche Internate in einem kirchlichen Geist, aber ohne inhaltliche christliche Bestimmung geführt werden; ferner Familienbildungsstätten, die vorwiegend psychologische, soziale, alltagspraktische Themen und praktische Lebensfragen in Kursen anbieten. Zu diesen gehören vor allem Evangelisches und Katholisches Bildungswerk.

Die Situation der kirchlichen EB ist derzeit vor allem durch eine drückende Finanzlage bestimmt. Die Landeskirchen neigen angesichts rückläufiger Kirchensteuern zu rigorosen Kürzungen in den übergemeindlichen Arbeitsfeldern, während sie die Versorgung in den Kerngemeinden aufrecht erhalten wollen – ein höchst bedenkliches Vorgehen insofern, als es das Christentum auf kleiner werdende, nicht mehr öffentlich erkennbare und kommunikationsfähige Kreise zurückführt.

Begründungsargumente und Probleme der kirchlichen EB

> „Religiöse Bildung Erwachsener steht für uns im Schnittpunkt von Religion und Theologie: Einerseits erwachsen die thematischen Bezüge aus der Religion, andererseits ist von der Theologie erst eine auf diese Religion bezogene Strukturierungsleistung zu erwarten." (Lück/Schweitzer 1999, 71)

In der Tat wäre das theologisch strukturierte Angebot religiöser Themen die plausibelste Aufgabe der kirchlichen EB. Die Themenwahl richtet sich faktisch aber an den allgemeinen Interessen und Bedürfnissen der Menschen heute aus. Vortrag und offene Diskussion, kreative Arbeit in Gruppen (Malen, Tanz, Psychodrama usw.) sind gängige Formen, bei denen die Leiter nicht als Lehr-Autoritäten auftreten, sondern in der Regel nur Input und Moderation übernehmen. Wichtige religiöse Themen sind derzeit die plurale Religionslage (besonders der Islam, auch Judentum, Multikulturalität usw.), allgemein religiöse Themen (heilige Orte, religiöse Symbole usw.), Religion in der populären Kultur, der Alltagswelt und in säkularen Zusammenhängen, ferner persönliche und spirituelle Themen.

Karl-Ernst Nipkow hat wiederholt betont, die Bildungsverantwortung der Kirche sei doppelseitig, nach innen und nach außen hin zu begründen. Nach innen ist der Bildungsauftrag der Kirchen klar: Christen sollen ihren Glauben mündig leben können. Nach außen hin aber ist kirchliche Bildungsarbeit immer schwerer einsichtig zu machen. Die Kirche hat zwar, so wie andere öffentliche oder private Träger auch, ein *Recht auf Beteiligung* an der Gestaltung der Gesellschaft und kann auf entsprechende staatliche Unterstützung rechnen. Aus der Außenperspektive erscheint die Arbeit der Kirche aber als grundsätzlich ersetzbar. Was also ist ihre öffentliche Legitimation? Das „plurale" Begründungsmodell einer Bildung von Christen, Bürgern und der Gesellschaft insgesamt, mit dem Wolfgang Lück und Friedrich Schweitzer Nipkow folgen, bleibt also formal und muss inhaltlich plausibel gefüllt werden. Für die öffentliche Bildungsarbeit der Kirchen ist nämlich oft nicht klar, was deren kirchliches bzw. religiöses Profil ist – das gilt vor allem beim Angebot gesellschaftlicher, politischer und kultureller Themen. Für die kirchliche EB fehlt eine allgemein akzeptierte Leitidee.

Mögliche Begründungen sind:

a) Volksmissionarische Bildung. Diese Begründung ist klar kirchenorientiert; Evangelium, Bibel und christliche Grundsätze sollen verbreitet und für das Alltagsleben erschlossen werden. Öffentliche Begründungen dafür sind allerdings schwer zu geben. Die Annahme einer feststehenden Wahrheit muss sich ferner mit der Kritik einer Vereinnahmung auseinander setzen.

b) Dialogische Verständigung der Kirche mit der Welt. Intention ist hier die Verbindung von Glauben und Wissen, ferner die Lebensweltorientierung. Dieser Ansatz entspricht weitgehend dem problemorientierten Konzept des RU, der den Sinn von Religion nicht klärt.

c) Gesellschaftsdiakonische Aufarbeitung sozialer Benachteiligung. Das Konzept geht auf Ernst Lange zurück, der das Evangelium als „Sprachschule für die Freiheit" verstand und als erster davon ausging, dass der moderne Mensch nicht von der Arbeit, sondern eher von der Sinnfrage geprägt ist, also vom Sisyphus zum Tantalus geworden ist. Das Konzept ist plausibel, betrifft aber nur einen kleinen Kreis und ist darum kaum als allgemeines Begründungsargument kirchlicher EB denkbar.

d) **Theologische Information.** Erkenntnisse und Fragestellungen moderner Theologie sollen für Interessierte angeboten werden (so verfährt z.B. der Evang. Erwachsenenkatechismus). Das ist plausibel und als Teil der kirchlichen EB unverzichtbar, trifft aber auf ähnliche Kritik wie c).
e) **Subjektorientierte Lebenshilfe.** Lebensfragen, Identitätsfragen, soziale Rolle, kritische Urteilskraft, Sinn- und therapeutische Fragen bilden das Zentrum dieser Konzeptionsidee. Lebenshilfe ist grundsätzlich durch andere Bildungsträger oder Therapie ersetzbar; sehr plausibel ist diese Idee aber unter der Voraussetzung, dass die kirchliche EB sich hier aus *religiösen* Gründen als besonders kompetent zeigt.

Christliche EB sollte insgesamt und grundsätzlich erkennbar sein als kompetent in Fragen der Religion und Religiosität, und sie sollte das als (unverzichtbaren) Teil der Bildung kenntlich machen. Ihre kircheninterne Legitimation (über den Gedanken des Ebenbildes Gottes, den Bildungsgedanken der Reformation, der Mündigkeit des Glaubens usw.) muss unbedingt mit einer nach außen hin sichtbaren auch allgemeinen *religiösen Kompetenz* (→ 2.5) zusammenkommen. Diese religiöse Kompetenz besteht leider nur in geringen Ansätzen. So wird verständlich, warum die kirchliche EB – ganz zu Unrecht – nach wie vor mit kirchlicher Bestandssicherung assoziiert wird. Öffnung der Kirche auf öffentliche Themen hin sollte darum als Wendung zur *religiösen Bildung* geschehen (→ 19).

Die religiöse Frage scheint neben der finanziellen Notlage derzeit das größte Problem der kirchlichen EB zu sein. Dazu kommen als weitere Schwierigkeiten die eher punktuellen Einzelveranstaltungen, die meist keinen integrierenden Zusammenhang erkennen lassen. Defizitär scheint auch die Arbeit mit den kirchlichen Mitarbeitern: Obwohl diese einen großen Teil der Arbeit in den Gemeinden erledigen, werden sie kaum fortgebildet und angeleitet; Konflikte mit Pfarramtsführern treten gerade dann auf, wenn Mitarbeiter weiterreichende Verantwortungen übernehmen wollen. Schließlich fehlt eine spezifische, genauer: spezifisch religiöse Didaktik mit eigenem und unverwechselbarem Profil.

4. Kirchliche Akademien

Die kirchlichen Akademien haben sich in der Nachkriegszeit überall in Deutschland etabliert, die erste in Bad Boll 1945. Sie reagierten auf den damaligen akuten Bildungsbedarf, parallel mit den gleichzeitig entstehenden politischen Akademien. Sie bieten anspruchsvolle Information und bilden heute eine Art dritte christliche Bildungs-Kraft zwischen der Universität und den Aktivitäten der EB auf Gemeindeebene.

Die Akademien führen Tagungshäuser, die in kirchlicher Trägerschaft stehen und im Unterschied zu den Stadtakademien der Großstädte überregional agieren. Sie sind stark zur Gesellschaft hin orientiert und organisieren die Begegnung gesellschaftlicher Gruppen, von Kirche und Gesellschaft, von Einzelnen oder bestimmten Berufsgruppen mit Vertretern der Wissenschaft usw. Sie haben darum, trotz ihrer kirchlichen Trägerschaft, den Charakter eines offenen gesellschaftlichen Forums. Leiter und Studienleiter der einzelnen Ressorts können Theologen oder Laien sein. Die Kirchen bleiben eher im Hintergrund: sie sind Geldgeber und Träger, überlassen aber die Gestaltung des Programms der Autonomie der Akademien.

Die Angebote sind in der Regel Tagungen, die Themen aus den Bereichen Religion und Christentum (Religiöser Dialog, christliche Themen heute, Islam in Deutschland), Erziehung und Bildung, Gesellschaft (Politik, Arbeit, Medizin, Umwelt, Forschung), Kunst und Kultur und dem persönlichen Bereich der Lebensführung anbieten (Selbstfindung, Körperarbeit und Tanz, Männer und Frauen, Meditation usw.). Damit umfasst das Spektrum der Themen denselben Bereich wie in der EB insgesamt. Er wird in den Akademien aber meist auf dem höheren Niveau universitärer Wissenschaft angeboten. Dazu kommt das Angebot von Studienreisen, öffentlichen Diskussionsforen, von Predigtreihen usw.

Die Akademien bieten eine einzigartige Möglichkeit der niveauvollen Information über bestimmte, meist aktuelle Themenbereiche, ferner der Begegnung mit aufgeschlossenen Menschen und eines oft intensiven Austausches, für den es in der Gesellschaft heute kaum vergleichbare Orte gibt. Sie stellen einen der wertvollsten Aspekte kirchlicher Präsenz in der Öffentlichkeit überhaupt dar.

Zusammenfassung

Die Arbeit der Gemeinden mit Erwachsenen und älteren Menschen geschieht vorwiegend in Gruppen und Einzelveranstaltungen. Sie zeigt eine Tendenz zur Unterhaltung und Betreuung und lässt meist nur wenig Platz für eigene Initiativen und Beteiligungen. Anspruchsvoll sind die Angebote der kirchlichen Erwachsenenbildung und vor allem der kirchlichen Akademien. Die kirchliche Arbeit mit Erwachsenen sollte in allen Bereichen die Auseinandersetzung mit Lebensfragen und echte religiöse Kommunikation ermöglichen.

Literatur: Zu 1: R. Englert 1992 – K. Wegenast in Adam/Lachmann ²1994, 379–413. Zu 2: R. Evers in U. Pohl-Patalong 2003, 203–219 – NHRPG II.4.8 – LexRP,

Art. „Alte, Altenbildung". Zu 3: NHRPG IV.4.4 – W. Lück/F. Schweitzer 1999 – H. Schmidt 1991, 240–258 (Kapitel VII) – LexRP, Art. „Erwachsenenbildung" – J. Wolff in Adam/Lachmann 2008, 381–411 – R. Rogell-Adam ebd. 425–449.

Religionsdidaktik

10 Grundfragen der Religionsdidaktik

„Gelegentlich wird [für die religiöse Fachdidaktik] eine Anlehnung an die Strukturen wissenschaftlicher Theologie empfohlen. In diesem Fall sind Unterrichtsinhalte aus Bibel, Kirchengeschichte, Glaubenslehre, Ethik und Weltreligionen getrennt aufzuführen ... Eine solche Orientierung des Curriculums an der ‚Struktur der Disziplin' sichert die Wissenschaftlichkeit des Fachs zweifelsfrei ab. Eine Beziehung auf die Erfahrungswirklichkeit ist [*dann*] nicht ausgeschlossen, kann jedoch erst bei der Vorbereitung einzelner Unterrichtseinheiten in Betracht kommen. Problematisch erscheint dabei ..., daß der geschichtlich-symbolische Zusammenhang des christlichen Glaubens hinter der Pluralität verselbständigter einzelwissenschaftlicher Methoden verschwindet, die sich auch in der Theologie durchgesetzt haben." (Schmidt 1991, 185f.)

Damit ist nichts weniger behauptet, als dass die theologisch-wissenschaftliche Lehre nicht mehr zur Strukturierung religiösen Lernens taugt. Eine steile Behauptung – die aber durch Erfahrung gedeckt ist. Eine historisch-kritische oder eine deduktive, am Offenbarungsverständnis orientierte Weitergabe christlicher Inhalte ist inzwischen kontraproduktiv geworden, für das Christentum ebenso wie für die Menschen. Sie wird als „von außen" kommend verstanden und darum auf Distanz gehalten.

Im Bereich der Religion, auch der geistigen Orientierung insgesamt, geht es grob gesprochen nicht mehr um „Wahrheit", sondern um „Betroffenheit". Das lässt sich als Folge der „Optionsgesellschaft" (Kunstmann 1997) verstehen, deren kaum noch zu überblickende Angebote in allen Bereichen des Lebens zu einer Relativierung der Positionen führt. Man mag das als Verfall beklagen – kommt aber an dieser Veränderung des Denkens und der Einstellung religionsdidaktisch nicht mehr vorbei. Christliche Gehalte müssen *heute plausibel*, d.h. möglichst unmittelbar einleuchtend sein. Wie werden sie das? Grundfrage der Religionsdidaktik ist heute: welche sind die Bedingungen, unter denen christliche Gehalte überhaupt akzeptiert, für interessant befunden und möglicherweise übernommen werden? Welche Motivation führt eigentlich zu religiösem Lernen? Völlig unverzichtbar scheint da zumindest die unmittelbare Verbindung religiöser Gehalte zur individuellen Erfahrung und der Aufweis ihrer Bedeutung für das Leben.

1. Allgemeine Didaktik

Didaktik als Teil der Pädagogik

Die Didaktik umfasst alle Faktoren von Lern-, Unterrichts- bzw. Bildungsvorgängen sowie deren mögliche Begründung und Verantwortung. Sie ist darum Bestandteil jeder Pädagogik und keineswegs nur Lehr-Kunst oder gar nur „Methodik". Die Bedingungsfaktoren von Lehr- und Lernprozessen entscheiden darüber, ob Lernen gelingen kann. Zu ihnen gehören die beteiligten Personen (Lehrende und Lernende), die Inhalte und deren Auswahl und Begründung, Lernziele, Methodik, methodische Präsentation und Unterrichtsführung.

Didaktik gilt als „Theorie bzw. Organisation des Unterrichts" – sie muss dann nicht auf schulischen Unterricht begrenzt werden – oder, allgemeiner und umfassend, als „Theorie des Lehrens und Lernens" – dann gehören zu ihr auch empirische, lerntheoretische, psychologische, neurobiologische (usw.) Analysen und Reflexionen von Auffassungsvermögen, Lernvorgängen, Lehrformen und Lehrerverhalten, d.h. die Überprüfung und Optimierung des Lehrens und Lernens. Die „Fachdidaktik" bezieht sich in der Regel auf ein bestimmtes schulisches Unterrichtsfach (Fachdidaktik Deutsch, Religion, Musik usw.). Sie geht im besten Fall davon aus, dass jedes Fach nicht nur eigene Inhalte, sondern auch spezifische Voraussetzungen und Möglichkeiten des Lernens aufweist.

Allgemeindidaktische Positionen lassen sich unterteilen in

- erziehungstheoretische Didaktik, die vor allem Erzieher, „Zögling" und deren gegenseitiges Verhältnis reflektiert (den „pädagogischen Bezug")
- sozialisationstheoretische Didaktik, die an der Einweisung bzw. dem Hineinwachsen in Gesellschaft und Kultur interessiert ist
- curriculare Didaktik, die sich als Lehrplantheorie versteht und von der zentralen Bedeutung der Lernziele ausgeht
- lerntheoretische Didaktik, die (umfassend, aber auch etwas formal) die Bedingungen von Lern- und Lehrvorgängen vor allem durch Lernpsychologie und Unterrichtsforschung reflektiert und ein Interesse an der Operationalisierbarkeit (Überprüfbarkeit) von Lernprozessen hat
- bildungstheoretische Didaktik, die im Sinne Wolfgang Klafkis (s.u.) die gegenseitige Erschließung von Subjekt und Welt-Wirklichkeit bedenkt; anhand von „Schlüsselproblemen" der Gegenwart soll eine „kategoriale" Bildung entstehen, d.h. eine Bildung durch übertragbare Denk-Kategorien (Lernen anhand exemplarischer, auf andere Fälle übertragbarer und allgemein anwendbarer Einsichten). Diese didaktische Form wurde in der RP oft recht vorbehaltlos übernommen. Sie geht allerdings ganz of-

fensichtlich von einem halbierten Bildungsbegriff aus, denn sie kann weder Kriterien für die Auswahl der Schlüsselprobleme angeben, noch eine Begründung für Bildung durch rationales Problem-Denken. Zweifelhaft ist auch ihre Unterscheidung von formaler (charakterlicher) und materialer Bildung (Bildungs-„Stoffe", die eigentlich nur Lernstoffe sind; → 19).

Didaktische Grundformen und Modelle

Den folgenden vier didaktischen Grundformen lassen sich jeweils ausgearbeitete unterrichts-didaktische Modelle zuordnen:

1. Die *Inhaltsorientierte Didaktik* bedenkt „Bildungs"-Inhalte bzw. -gehalte, also Themenvorgaben und deren Vermittlung. Eine Überschreitung dieses Vorgabe-Denkens kann erst in einer „wechselseitigen Erschließung" (Formel von Wolfgang Klafki) zwischen Inhalten und Lernenden, zwischen Objekt und Subjekt stattfinden. Die offene Frage, die zumindest durch Klafki bisher keine Antwort gefunden hat, ist dann, *wie* eine solche Erschließung eigentlich zustande kommen kann. Das ist eine Frage, die sich nicht nur mit Methodik beantworten lässt. Das Vorgehen bleibt trotz Problembezug also einlinig, erinnert an alte Paukschemen und stellt die Lernenden vorwiegend als „Adressaten" und Empfänger dar; es lässt wenig Raum für Spontanität, Kreativität und die Entstehung von Bedeutungsbezügen. Im Schema dargestellt:

Was	➤ Warum	➤ Wem	➤ Wie
Inhalte, Themen, „Stoff"	deren Begründung	Die Lernenden	Methodik

Ein Modell, das die *Problematik* der inhaltsorientierten Didaktik zu bearbeiten versucht, ist die bekannte *Didaktische Analyse* von Wolfgang Klafki. Sie gilt als „bildungstheoretische" Didaktik, die eine verantwortliche Persönlichkeit anstrebt. Ihre Pointe liegt in der Vorstellung einer „kategorialen" Bildung: fundamentale und elementare Kategorien des Denkens sollen zu einem verantwortlichen Verhältnis des Menschen zu seiner (vor allem sozialen und politischen) Umwelt führen. Klafki spricht vom „Bildungsgehalt", nicht vom Bildungsinhalt, der durch exemplarische Bedeutung, Gegenwartsbezug, Zukunftsbedeutung, Struktur gekennzeichnet ist und bestimmte Zugangswege nahe legt. Das ist ein sinnvoller Schritt weg von der reinen Stoff-Orientierung früherer Zeiten. – Kritisch anzumerken ist, dass die Inhalte so vollständig funktionalisiert werden, dass ihre Eigenwertigkeit aus dem Blick gerät (das ist besonders für die Religionsdidaktik problematisch; der gesamte Bereich der Kultur und der Religion ist bei Klafki ohne tragende Bedeutung) – und zwar zu Gunsten von „Bildungs-Zielen" (auch das ein problematischer Begriff), über die sicher nicht die Lernenden (die Schüler) bestimmen. Und über das, was als fundamental und elementar zu gelten hat, wird immer Uneinigkeit bestehen. Die Vorgabe von Stoff verlagert sich hier in die Vorgabe von Strukturen; die didaktisch entscheidende Frage, wie Gehalte *Bedeutung* für die Lernenden erhalten können, ist nicht reflektiert.

2. Die *Lernzielorientierte Didaktik* dreht darum das Vorgehen um und setzt die Betonung auf die Lernziele, also das Ende des Lernprozesses. Auch die Lernziele aber bleiben Vorgaben und werden nicht von den Lernenden gemacht. Insofern entkommt auch diese didaktisch Form nicht einem deduktiven Denken, bei dem immer bereits feststeht, was beim Unterrichten herauskommen soll – wenn auch in diesem Fall „vom anderen Ende her". Die „kategoriale" Didaktik Klafkis und ihre Weiterführung zur „kritisch-konstruktiven" ließe sich auch hier zuordnen, da sie ganz eindeutig am Lernziel „Kritikfähigkeit" sowie an der von Klafki stark betonten „Selbstbestimmungs-, Mitbestimmungs- und Solidaritätsfähigkeit" orientiert ist.

Wozu	←	Wie	←	Wer	←	Wo/Womit
Lernziele						Gesellschaft, Wissenschaft usw.

Lernzielorientiert ist vor allem die *Curriculare Didaktik* (nach S.B. Robinsohn). Sie geht von der Priorität der Frage nach der Anwendbarkeit des gelernten Wissens in einer modernen Welt aus, bedenkt darum die gegenwärtige Lebenssituation anhand der drei „Curriculum-Determinanten" Gesellschaft, Fachwissenschaft und Schüler und nennt als übergreifendes Ziel jeden unterrichtlichen Lernens die „Ausstattung zum Verhalten in der modernen Welt". Das erfordert bestimmte *Qualifikationen*. Der Weg zu ihnen führt über Lernziele, die den Unterrichtsinhalten vorgeordnet und in curricularen Spalten-Lehrplänen verankert sind. – Auch hier zeigt sich der Versuch, von traditionslastigen Stoffvorgaben und Themenstellungen weg zu kommen. Auch übergreifende Lernziele bleiben aber eine Vorordnung (zwar nicht aus der Vergangenheit, dafür aus der Zukunft) und sind grundsätzlich auch anders denkbar; auch hier besteht die Gefahr einer Verzweckung der Inhalte. Man hat diesem Modell darum einen „Lernzielfetischismus" vorgeworfen.

3. Die *Lerntheoretische Didaktik* (Wolfgang Schulz u.a.) wendet sich vom deduktiven Vorgaben-Denken ab und beschreibt die faktischen Vorgänge beim Lehren und Lernen inklusive ihrer Voraussetzungen (Was geschieht in Unterrichtssituationen, was bleibt „hängen", wie wird Lernen vom Ver-

halten der Teilnehmenden beeinflusst, von ihren Voreinstellungen usw.?). Dazu nimmt sie wissenschaftliche Erkenntnisse über das Lernen auf (Lerntheorien, Lernpsychologie). Sie ist eher pragmatisch am Verfahren und an Methoden interessiert und betreibt empirische Unterrichtsforschung.

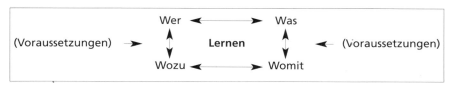

Lerntheoretisch argumentiert z.B. das *Berliner Modell* (Heimann/Otto/ Schulz). Es geht von einer Gleichwertigkeit der vier didaktischen Grundfaktoren Intentionen (Absichten, Lernziele), Inhalte, Methoden und Medien aus und bedenkt jeweils die soziokulturellen und anthropologischen *Voraussetzungen*, sowie die soziokulturellen und anthropologischen *Folgen* von Lehr- und Lernprozessen. Damit nimmt es die Lernenden aus dem Faktoren-Gefüge heraus und stellt sie zentral. – Hier liegt ein pragmatisch orientiertes Modell vor, das einen sinnvollen Einbezug der grundlegenden Bedingungs-Faktoren und der Folgen bei Lehr- und Lernprozessen vornimmt, darum den didaktischen Rahmen weiter ausspannt. Es bleibt dadurch allerdings etwas unbestimmt. Problematisch ist auch die behauptete Gleichrangigkeit von Methoden und Medien mit den Inhalten und Intentionen.

4. Die *Kommunikative Didaktik* geht von der grundlegenden Bedeutung der personalen Faktoren aus, also der Interdependenzen und komplexen Zusammenhänge bei allen Lehr- und Lernvorgängen. Sie ist darum der pädagogischen Wirklichkeit besonders angemessen. Sie stellt die beteiligten Personen in den Vordergrund. Ihr zentrales Interesse gilt den *Interaktionen* bei Lernvorgängen. Sie bedenkt neben den Inhalten auch die Lernatmosphären usw. (Darum wird die „kritisch-konstruktive Didaktik" von Klafki zu Unrecht oft hier zugerechnet).

Das *Hamburger Modell* (Wolfgang Schulz) ist eine Weiterentwicklung des curricularen. Es geht von einer *Partnerschaft* der beteiligten Personen aus, also im Unterricht zwischen Lehrer und Schüler. Inhalte und Lernziele werden zusammengesehen, Unterricht gilt als Raum für *Erfahrungen*. – Das ist eine sehr sinnvolle Aufnahme neuerer pädagogischer, psychologischer und kommunikationstheoretischer Einsichten; Lehr- und Lernprozesse sind als Interaktionen zwischen Personen und Themen beschrieben, die zu Bedeutungserfahrungen führen sollen, an denen immer auch Emotionen beteiligt sind. Das Modell ist in seiner Offenheit allerdings schwierig handhabbar für konkrete Unterrichtsplanung. –

Die Modelle zeigen eine deutliche Tendenz weg von Deduktion (feste Vorgaben) und Methodenlehren hin zu einer Reflexion, die den komplexen Interaktionszusammenhängen des Unterrichtens und Lernens und seiner begleitenden Umstände und Bedingungen gerechter zu werden versucht. Sie spiegeln die grundlegende Einsicht: *Lehren ist nicht Lernen!* Was „ankommt", ist oft etwas ganz anderes als das, was intendiert war. Lernen ist sehr viel eher (eigene) Konstruktion statt Instruktion (erzieherische Unterweisung). Darum muss jeder Unterricht so induktiv wie irgend möglich verfahren, d.h. *Erschließungswege* bereitstellen und gemeinsam beschreiten.

Speziell für den schulischen Fachunterricht gilt: Die „andere Aufgabe" der Schule wird immer wichtiger; neben Information und Wissensvermittlung muss die Ermöglichung von Erfahrung, Orientierung, Kommunikationsfähigkeit und Lebensfähigkeit treten. Fachliches Spezialwissen steht dem eher entgegen. Lernen sollte *nicht Ausbildung, sondern Bildung* sein. Jede Fachdidaktik muss darum die Perspektive der Lernenden und der Erfahrungswelt einnehmen.

2. Spezifika der Fachdidaktik Religion

Religionsdidaktik und Allgemeine Didaktik

> „Was die ‚Glaubenslehre' inhaltlich anzubieten hat, wird nach Maßgabe des subjektiv Stimmigen, als gut Empfundenen, gewählt und subjektiv umgeformt." (Gräb in Lämmermann u.a. 1999, 196)

Das ist Problem, Chance und didaktisches Strukturprinzip religiösen Lernens gleichermaßen: Die Frage nach der Wahrheit der christlichen Gehalte hat sich verschoben hin zur Frage nach deren *persönlicher Bedeutung*. In keinem anderen Fach gilt das so sehr wie in der Religion, dem persönlichsten Lebensbereich. Religionsdidaktik kann nicht (mehr) als „Anwendung" theologischer Einsichten verstanden werden! Dann wäre sie nicht nur unproduktiv, sondern unsinnig. Sie muss induktiv vorgehen und einen Erschließungsweg anbieten: zeigen, hinweisen, anstoßen, teilnehmen lassen, neugierig machen.

In der Religionsdidaktik (vgl. auch → 7.3) wurden bisher allgemeindidaktische Modelle weitgehend kritiklos übernommen. Grundsätzlich ist das zwar richtig, vor allem aus der kommunikativen Didaktik ist vieles ableitbar. Dabei gerät aber immer wieder die *spezifische Eigenheit der Religion* aus dem Blick. Das war etwa in der flächendeckenden Rezeption der curricularen Didaktik der Fall; da wurde kaum beachtet, dass die Curricula mit ihrer betonten Frage nach dem überprüfbaren Nutzen von Unterrichtsinhalten die Religionsdidaktik eigentlich in ihrem Selbstverständnis herausfordern müssen. Ähnliches gilt für die problemorientierte Erschließung: Religion, die vor allem Bewusstwerdung und „Feier des Lebens" (Fulbert Steffensky) ist, lässt sich nur sehr begrenzt als „Problembereich" einstufen und rational erschließen: „Eine Didaktik des Religionsunterrichts an öffentlichen Schulen wird sich davor hüten müssen, ihre Aufgaben aus vermeintlichen Schlüsselproblemen abzuleiten und auf diese hin die Kompetenzen zu definieren, die durch Religionsunterricht zu vermitteln sind"; dagegen müssen die „Möglichkeiten und Grenzen des religiösen Weltverhältnisses" im Zentrum stehen – das muss sich die Religionsdidaktik vom *Pädagogen* Dietrich Benner sagen lassen (in: A. Battke u.a. 2002, 69)!

Religiöse Lernprozesse sind grundsätzlich nicht operationalisierbar, sie lassen sich nicht am unmittelbaren Nutzen messen. Religion zielt immer auch auf Gefühle, Empfindungen, Haltungen und Lebenseinstellungen, generell: auf die bedeutsame Erfahrung. Religionsdidaktisch zentral ist darum die *Eigenwertigkeit religiöser Phänomene und die mit ihnen zusammenhängende spezifische Erfahrungsqualität*. Die Religionsdidaktik muss einen Sinn für Religion entwickeln. Religiöse Gehalte lassen sich weniger als alle anderen fachlichen Gehalte als „Themen", „Inhalte", „Stoffe" oder „Probleme" begreifen. Ähnlich wie Kunst zur Kunst-Geschichte oder Kunst-Theorie würde, wenn sie lediglich als theoretischer Inhalt gelernt würde, würde *Religion* zur *Theologie*.

Religionsdidaktik kann also nicht umstandslos als Spezialfall der Allgemeinen Didaktik verstanden werden – sie hat einen ganz eigenständigen Aufgabenbereich. Auszugehen ist sowohl von den Fragen und Verstehenshorizonten der Lernenden als auch von dem spezifischen „Gegenstands"-Bereich Religion:

Wer (Beteiligte Personen)	**Wie** (Verfahren und Methoden)
← Kommunikation →	
Was/Warum/Wozu (Inhalte *und* ihre Begründungen)	**Wo/Worin:** Der Ort und seine Atmosphäre; Relig. Erfahrung, Vollzüge und Ausdruck; Relig. Sprache, Bilder, Symbole...

Religionsdidaktik und Theologie (→ 7.2)

Exegetische Spezialuntersuchungen und kirchenhistorische Analysen lassen sich ebenso wenig auf Unterrichtsprozesse übertragen wie dogmatische Inhalte. Letzteres gilt aber oft immer noch als der didaktische Normalfall: die (dogmatische Glaubens-)„Lehre" gilt dann als Inhalt, der gelehrt und gelernt werden soll. Hier zeigt sich ein fachwissenschaftlicher Dünkel, der dem Ganzen der Theologie keineswegs zuträglich ist. „Deduktiven Theologieentwürfen wird da vorgeworfen, durch ihr statisches Verständnis von Offenbarung, Glaube und Lehre in einem unbilligen Positivismus, der niemandem hilft, erstarren und im Grunde zur Ideologie ohne Lebensbezug verkommen zu lassen" (Wegenast in Adam/Lachmann ²1994, 395) – wenn denn der Vorwurf überhaupt noch erhoben wird und nicht bereits bloßes Desinteresse herrscht. Die Aufgabe der Theologie ist um der internen Klärung willen unverzichtbar, theologisches Denken taugt aber nur wenig für religiöse Didaktik. Die Religionsdidaktik hält hier der eigenen Disziplin den Spiegel vor: der Geltungsverlust der Theologie insgesamt scheint ein Realitäts- und ein Erfahrungsverlust zu sein, der die religionsdidaktische Frage nach der Bedeutung theologischen Denkens für das Leben aus dem Blick verloren hat. Die religiösen Gehalte müssen verstehbar sein, sonst bleiben sie den Medien überlassen und treten dann unreflektiert und an Effekten orientiert in die Öffentlichkeit (→ 14.5).

Religionsdidaktisches Gespür wird nachgerade zur Bedingung dafür, dass das Interesse an Theologie insgesamt wach bleibt. Natürlich muss die Religionsdidaktik auch theologisch kompetent sein. Sie darf aber weder Abbilddidaktik noch „Resultatsdidaktik" (Dietrich Zilleßen) sein, also nicht deduktiv verfahren. Im Beispiel: Was Christentum bedeutet, wird nicht über die Reflexion des Trinitarischen Gottesverständnisses der Dogmatik gelernt – dies etwa einem Kind vorzusetzen wäre Unsinn – sondern durch religiöse Bilder, Symbole, Geschichten und die Anregung der Phantasie, durch den Austausch existenzieller Erfahrungen, durch die Kommunikation von Gottesvorstellungen usw.

Die Religionsdidaktik verweist also auf den konstitutiven Bezug der religiösen Gehalte zur Lebenswelt, der für alle Bereiche theologischen Denkens gilt – für religiöses Lernen ebenso wie für Predigten und theologische Erkenntnisse. Daraus ergeben sich gewichtige religionsdidaktische Folgerungen: Religiöses Lernen kann weder theologisch, noch kirchlich, sondern muss pädagogisch begründet sein. Es muss also der Entfaltung und Lebensfähigkeit von Menschen zufließen. Das gilt für alle Orte der RP, nicht nur für die Schule, und ist selbst für die Gemeindepädagogik anzunehmen. Die „Hermeneutik des schon gegebenen und des noch zu suchenden Einverständnisses" (Karl-Ernst Nipkow) lässt sich keineswegs so leicht auf Kirchenzugehörige und „die draußen" aufteilen – sie geht längst auch durch jeden einzelnen Christen hindurch. Niemand ist ohne Zweifel und Fragen; Einverständnis wird heute generell nicht mehr absolut und für immer erteilt, sondern situationsabhänig, auf Zeit, und wird immer wieder überprüft (→ 14, 15).

In einer nachchristlichen Gesellschaft, in der das Christentum nicht mehr die Kultur prägt, nicht mehr selbstverständlich und immer weniger verbindlich ist, kann zum Christsein nicht mehr *erzogen* werden. Sonst würde ein religiöses Getto, zumindest ein Privatbereich mit Vereinscharakter entstehen. Verbindliche Wahrheitsansprüche werden heute nicht mehr übernommen, sondern auf Distanz gehalten: „Schön für dich!" Wahrheitsansprüche sind relativ geworden und abhängig von Erfahrung, Einstellung und Interessen. Das bedeutet keineswegs, dass nicht mehr von Wahrheit die Rede sein darf. Sie muss aber als Angebot einer nicht nur fachlich, sondern auch persönlich erfahrbaren Position ausgewiesen sein. Die Wahrheit des religiösen Gehalts darf und soll dem Vermittler (dem Lehrenden) gegenwärtig sein, ist aber *beim Lernenden* nicht (mehr) vorauszusetzen. Deduktive didaktische Modelle haben hier ihre spätmoderne Grenze und Unmöglichkeit.

Die Notwendigkeit eines integralen didaktischen Konzepts

Religionsdidaktik muss über die Schule hinaus für alle Orte religiösen Lernens gelten, wenn sie überzeugend sein will. Die verschiedenen Orte haben natürlich je spezifische Erfordernisse und Möglichkeiten; der Grundsinn religiösen Lernens muss aber in allen Bereichen offensichtlich sein. Unbefriedigend ist darum das Nebeneinanderstellen von biblischen, kirchengeschichtlichen, persönlichen und gesellschaftlichen Themen, das die schulischen Lehrpläne bestimmt – auch der „konvergenztheoretische Ansatz" von Karl-Ernst Nipkow bleibt hier wenig mehr als Addition verschiedener Themenbereiche, und das gilt auch noch für das Prinzip der „Korrelation" (s.u.).

Die Religionsdidaktik sollte eher von der grundlegenden und für alle Bereiche religiösen Lernens gültigen Annahme ausgehen, dass die *Logik der Religion*, ihrer Einstellungen, Haltungen und ihrer Vollzüge (religiöse Bilder, Symbole, Mythen, Sprache, Räume, Rituale usw.) *mindestens* ebenso wichtig sind wie biblische, kirchenhistorische und dogmatische Inhalte. Es sind nicht primär Inhalte (Texte, Themen, Problemstellungen usw.), sondern sinnlich erfahrbare Gegenstände, Atmosphären und Vollzüge, die zur Religion hinführen. Darum ist hier auch nicht von Inhalten, sondern von religiösen „Gehalten" die Rede. Sie stellen religiöse Erfahrung bereit und können Bedeutung für Menschen heute annehmen. Der Schlüssel der Religionsdidaktik sind religiöse *Evidenzen*. Dazu freilich ist Religionsdidaktik auf gute religiöse Praxis angewiesen, die sie selbst aber nicht garantieren kann.

3. Religiöse Elementarisierung, Vermittlung und Aneignung

Vermittlung und Korrelation

Im katholischen Bereich ist seit 1972 die „Korrelationsdidaktik" das führende Modell. Sie stellt den ernst zu nehmenden Versuch dar, eine Vermittlung von christlichen Gehalten und Lebensfragen zu leisten. Hintergrund ist das Korrelations-Modell von Paul Tillich: Christliche Antworten müssen sich auf Existenzfragen beziehen, da sie sonst nicht gehört werden; umgekehrt müssen Fragen der Ausgangspunkt für religiöse Vorgaben sein. Diese Auffassung zieht natürlich eine Kritik und eine bestimmte Auswahl der „Antworten" nach sich.

Der Gedanke der Vermittlung hat die Religionsdidaktik insgesamt lange strukturiert. Die christliche Tradition sollte in ein sinnvolles und stimmiges Verhältnis zur Gegenwartserfahrung gebracht werden. „Etwas vermitteln wollen" zeigt aber bereits sprachlich, dass die Inhalte dominieren. Manche heutigen Fragen finden in der religiösen Tradition gar keinen konkreten Anhalt (z.B. gilt das weitgehend bei der Frage nach dem Lebenssinn). Der Vermittlungsgedanke steht darum in der Gefahr, die Trennung zwischen Tradition und Situation/Subjekten gerade zu verschärfen, statt sie zu überbrücken. Rudolf Englert hat denn bereits für einen „ehrenvollen Abschied" von der Korrelationsdidaktik plädiert.

Duale Zuordnungen (Tradition – Situation; Frage – Antwort usw.) unterschreiten die heutige Komplexität des didaktischen Problems. Weit angemessener erscheint darum ein prozessuales didaktisches Denken, das nach der *Entstehung von Einsicht*, Erfahrung und Evidenzen fragt: wann kommt eigentlich etwas „an"? Wann leuchtet etwas ein? Wann wird etwas so gelernt, dass es Folgen für das eigene Leben hat? Wann entstehen beim Subjekt religiöse Ideen, Strukturen, Haltungen? Die große Frage der Religionsdidaktik ist darum die nach der *Aneignung* religiöser Gehalte. Wie und wann geschieht diese, wie lässt sie sich fördern? Hier besteht Nachholbedarf, denn die RP weiß wenig kompetente Antworten auf die hier gestellten Fragen zu geben. Überlegungen, die in diese Richtung zielen, beginnen sich inzwischen unter der Frage nach der menschlichen *Religiosität* (→ 18) zu formieren.

Elementarisierung

Eine anhaltende Diskussion wird um eine religiöse „Elementarisierung" geführt, parallel übrigens zur allgemeinen Didaktik. Wolfgang Klafki hatte für eine Bildung an „Kategorien" und „elementaren Strukturen" plädiert. Dass auch diese einem deduktiven Denken nicht entkommen, wurde bereits angemerkt. Die Frage nach dem Elementaren hat aber didaktisch inspirierend gewirkt: was ist das Ursprüngliche, Authentische, Anfängliche, Charakteristische, Unverzichtbare, Übertragbare (usw.) eines Lerngehalts? Durch die Frage nach grundlegenden Kriterien – dem Fundamentalen, Repräsentativen – schien nicht nur eine Reduktion des immer mehr anwachsenden Wissens möglich zu werden, sondern vielleicht konnten so auch komplexe Lernvorgänge einsichtig strukturiert werden.

Für die Religionsdidaktik ist der Gedanke weniger wegen angewachsenen Wissens bedeutsam, sondern mehr wegen des Bedeutungsverlustes des Christlichen. „Elementarisierung" ist so zum evangelischen Spezifikum geworden. Anfangs wurde das Elementare noch als das der Theologie verstanden: Gott, Kirche, Bibel usw. galten als wichtige *Elemente*. Schon bald aber wurde deutlich, dass es auch elementare *Fragen* gibt: existiert Gott? Warum gibt es Leid? Was geschieht nach dem Tod? Elementarisierung musste also als wechselseitige Erschließung konzipiert werden, entsprechend dem Korrelationsgedanken, nur eben mit mehrfachen Faktoren. Das „Tübinger Modell" von Karl-Ernst Nipkow und Friedrich Schweitzer unterscheidet

- elementare Erfahrungen (Biblische Erfahrungen, Schülererfahrungen, Relevanz für die Lernenden usw.),
- Strukturen (Kategorien der Tradition, des Verstehens, das „grundlegend Einfache", das mit Hilfe der Fachwissenschaft geklärt wird),
- Anfänge (vor allem entwicklungspsychologische Lernvoraussetzungen und angemessener Zeitpunkt) und
- Wahrheiten (des christlichen Glaubens, seine Gewissheitserfahrungen),

die auf einander bezogen sein wollen. Man kann das als eine Weiterentwicklung des „Kerncurriculums" verstehen, zu dem Nipkow die Fragen nach dem Anfang, dem eigenen Ende, dem Leid, der Existenz Gottes und der Gerechtigkeit gezählt hatte. Schweitzer hat zu den vier Elementaria eine fünfte Dimension gefügt, die elementaren Formen des Lernens (Körperbezug, Ästhetik, spielerische Zugänge, Handlungsbezug usw.)

Diese Überlegungen sind sehr hilfreich für die didaktische Analyse, Strukturierung und Planung von Unterricht. Allerdings ist kaum verkennbar, dass das Nebeneinander von Tradition und heutigem Zugang allenfalls differenzierter wahrgenommen, nicht aber wirklich überwunden wird. Unterschätzt wird auch die Bedeutung elementaren religiösen Ausdrucks. „Elementarisierung" gibt keinen Hinweis auf eine überzeugende konzeptionelle Überbrückung zwischen Tradition und Person und für die Entstehung religiöser Evidenzen. Sie steht in der Gefahr einer bloßen Reduktion und Vereinfachung (wenn auch nicht allein einer theologischen), wenn sie nicht grundlegend Beziehungen und *Kommunikationsprozesse* mitbedenkt:

> „Die Elementaria religiösen Lebens müßten den didaktischen Elementarisierungsprozeß grundlegend bestimmen ... Ansätze zur Erfassung von Elementaria (Fachwissenschaftliche Strukturen, elementare Erfahrungen, Lernanfänge und Alltagslogik) erweisen sich mithin gegenüber den Elementaria des Gegenstands als sekundär ... Sie sind Hilfsmittel auf dem Weg des Lernens, aber nicht die Elementaria selbst." (Schmidt 1991, 202f.)

Heinz Schmidt geht darum didaktisch von den zentralen religiösen Symbolen, den Überlieferungen und der menschlichen Beziehungsqualität im Alltag als Ebenen der Elementaria aus. Dazu kommen als weitere Ebenen die der gesellschaftlichen Aneignung und die der Lernprozesse.

Es liegt also nahe, das Elementare in den religiösen Anstößen, Ausdrucksgestalten und Beziehungen zu lokalisieren. Welche vorfindlichen oder überlieferten religiösen Erfahrungen können elementare und weiterführende religiöse Erfahrungen heute anstoßen? Hier wären vor allem die elementaren *Bilder* symbolischer religiöser Erfahrungen aufzusuchen, die die ur-menschlichen sind und darum von sich aus Evidenzen hervorrufen. Dafür aber wäre dann eigentlich ein anderer Begriff sinnvoll, oder aber die Überführung in eine experimentelle religiöse Didaktik:

> „... Glaube begleitet ein Lernen, das sich nicht auf theologische Inhalte fixiert, also inhaltlich absichert, sondern ... dessen Ziele nur labil und fragmentarisch sein können. Deshalb heißt Elementarisierung: Elementares religiöses Lernen als Umgang mit dem Aufbruch, Fremdsein, Andersheit, Suchen und Versuchen, Unsicherheit, Fragwürdigkeit. [Das ergibt] ein Bild für Bildung, das sich durch Nebensächlichkeiten und Zufälligkeiten realisiert." (Zilleßen/Beuscher 1998, 134)

Elementare Bilder, Ausdrucksformen, Gestaltwerdungen und Kommunikationsformen unserer Religion müssen ins Zentrum religionsdidaktischen Denkens rücken: christliche Rituale, Formen der Klage, Meditation, Glückserfahrungen, die sich im Gebet niederschlagen, der Jubel über das oft überraschende Bewusstsein der eigenen Lebendigkeit, die Wahrnehmung von Kirchenräumen als Gestalt gewordener Ausdruck von Frömmigkeit usw. Das wäre eine Elementarisierung, die ihren Namen verdient, und nicht nur als Rückzugsformel für einen kleinsten gemeinsamen Nenner christlicher

Problembestände herhielte. Sie wäre weiter zu führen zu einer *mimetischen Religionsdidaktik* (Ingo Reuter), die um die Prozesse religiöser Angleichung und Nachahmung weiß.

4. Erfahrungsbezug

Religion und Erfahrung

> „Anstatt wie bisher auf die Tradition vertraut man nun auf eigene Erfahrung. An die Stelle der Autorität überlieferter Texte tritt die Evidenz der Dinge selbst." (Ebeling 1975, 3)

Dieses pointierte Zitat entstammt einem berühmten Aufsatz von Gerhard Ebeling: „Die Klage über das Erfahrungsdefizit in der Theologie als Frage nach ihrer Sache". Glaube und Religion sind nicht ohne Erfahrung denkbar; sie lassen sich gerade als das Erleben oder die Weitergabe und Kommunikation von verdichteter Existenzerfahrung verstehen. „Gelebte Religion besteht in gespürter Erfahrung" (Josuttis in Herrmann u.a. 1998, 250). Das gilt in der modernen Welt in verschärftem Maße, und es bezeichnet ein unverzichtbares Erfordernis der RP. Peter Biehl bezeichnet Erfahrung als *„die Schlüsselkategorie der RP"* überhaupt (LexRP 421).

Erfahrung ist, anders als ein Erlebnis, über sinnliche Erregung hinaus mit einer mehr oder weniger bewussten Deutung und verfügbaren Erinnerung verbunden. Erfahrungen sind persönlich zugeordnete Erlebnisse. Sie kommen so zu Stande, dass ein Mensch das Gefühl von Betroffenheit hat: ein Vorgang, Ereignis, Tatbestand etc. erhält eine *Bedeutung* und ragt darum über andere Ereignisse hinaus. Bedeutungen sind nicht nur Bedingungen jeden Lernens, da ohne sie unser Gehirn keine Einordnungen vornehmen könnte; auch gilt umgekehrt: genau das, was als bedeutsam eingestuft wird, wird gelernt. Bedeutungen haben darüber hinaus auch einen hoch interessanten Bezug zum Gefühl von Sinn (→ 13.4–5): genau das, was als bedeutend erlebt wird, wird auch als *sinnvoll* erlebt. Das Gefühl, nichts habe besondere Bedeutung, das in einer mit Luxus und offenen Möglichkeiten gesättigten Welt genährt wird (→ 14.1, 15.1, 16.2) scheint gleichbedeutend zu sein mit der Empfindung von Sinnlosigkeit. Darum dürfte Begeisterungsfähigkeit eines der sinnvollsten didaktischen Ziele überhaupt sein.

Aus diesen Überlegungen ergeben sich Folgerungen für die Religion, die der Bereich der *umfassenden und letztgültigen Bedeutungen* ist. Religion ist ein Erfahrungsphänomen. Dem wirklich religiösen Menschen gilt Wahrheit weniger als das Betroffensein von etwas für ihn unbedingt Bedeutsamen. Paul Tillich hat das in den Satz gefasst: „Religion ist das, was uns unbedingt angeht." Auch historisch und genetisch gilt: Religiöse Erfahrung ist der Ursprung jeder Religiosität (→ 17.1, 18.2). Die religiöse Entwicklung ist generell die (auch implizite) Verarbeitung von Vorerfahrungen. Kein anderer Bereich des menschlichen Lebens ist so sehr an Erfahrungen gebunden wie die Religion! Darum kann Religion auch nur sehr eingeschränkt als Faktenwissen und über kognitive „Informationen" gelernt und verstanden werden.

Der Erfahrungsbegriff in der RP

Der Erfahrungsbegriff wird in der RP immer wieder angemahnt, aber sehr unspezifisch gebraucht. Nimmt man den Begriff wirklich ernst, dann müssen vor allem folgende Dimensionen geklärt werden:

1. Welche Rolle spielt die *einschneidende* Erfahrung, die in der Regel eine negative ist (Schmerz, Leid, Erschrecken, Ohnmacht, Verlust, Sinnlosigkeit)? Die prägenden Erfahrungen sind meist die traumatischen.
2. Welchen Gehalt haben Erfahrungen? Sie sind selten eindeutig. In sie gehen in starkem Maße Atmosphäre, Anschauungen und Bedürfnisse ein, deren unbewusste Anteile kaum jemals restlos aufzuklären sind. „Die Klarheit der banalen Erfahrung täuscht darüber hinweg, daß sie der unklare verstellte Ausdruck von Widersprüchlichkeit, Wünschen und Ängsten, von Begehren nach Halt, Sicherheit und Evidenz ist." (Zilleßen in ders. u.a. 1991, 59f.)
3. Wie kann man schmerzliche Erfahrungen *loswerden*? Erfahrungen können die Offenheit von Wahrnehmungen *blockieren*: sie stehen in der Gefahr, sich gegen neue Erfahrungen zu immunisieren, können aber das Verhalten ebenso wie das Lebensgefühl nachhaltig bestimmen:

   > „Mit einem zentralen Topos der Psychoanalyse formuliert rückt ins Bewußtsein, daß Kindheitsleiden zum Schema der Existenz werden. Sicher sind wir in der Wahrnehmung von unseren Erfahrungen geleitet. Die Grundfrage wird sein, wie wir verhindern, daß unser Erkennen zu einem bloßen Wiedererkennen degradiert wird, wie man also ‚neue Erfahrung mit der Erfahrung' ermöglichen könnte" ... „Wer kann mich von meinen Erfahrungen, die stets nur Resultate sind, befreien? Wer macht es mir möglich, wieder unerfahren auf Fahrt zu gehen?" (Zilleßen/Beuscher 1998, 88 und 134)

Damit ist die Frage nach Heilung gestellt – die Urfrage der Psychotherapie, die der Religion keineswegs unbekannt sein darf. Heil und Heilung hängen zusammen. Die heilenden Möglichkeiten der Religion sind der Theologie und mit ihr der RP aber nahezu unbekannt.

4. Was ist eigentlich eine *religiöse* Erfahrung? (→ 18.2) Problematisch ist der oft zitierte Ausdruck, die christliche (bzw. religiöse) Erfahrung sei eine

„Erfahrung mit der Erfahrung" (Eberhard Jüngel). Das könnte von jeder bewegenden Erfahrung behauptet werden; und es legt das Missverständnis nahe, die religiöse Erfahrung sei eine, die den „normalen" Erfahrungen gegenüber qualitativ anders und überlegen ist. Welche Erfahrung aber sollte nicht eine menschlich empfundene sein? Dietrich Zilleßen und Bernd Beuscher weisen diesen Gedanken darum schroff als eine „Vergewaltigung von Lebenswelt" zurück: Religion ist keine Sonder- oder Meta-Erfahrung, eher eine *verdichtete* Erfahrung. „Religiöse Erfahrung ist profan, weil Religion eine Dimension profaner Erfahrung ist." (ebd. 50) Ihr ist eine „Erfahrens-" bzw. eine „Experimentierdidaktik" angemessener als jedes feste Wissen. Die religiöse Erfahrung hat grundlegend zu tun mit einem Neu-sehend-Werden. Sie ist genau diejenige Erfahrung, die zu einer großen neuen Offenheit dem Leben gegenüber führt. Sie ist „Umkehr", Veränderung, Bewusstwerdung, die wie ein Wunder erlebt werden kann.

Erfahrung ist in der Tat ein Schlüsselbegriff der RP. So hatte bereits Richard Kabisch (→ 2.2) gesagt, dass „objektive" Religion so angeboten werden müsse, dass sie „subjektive Religion" erzeuge – Religion ist also in Erfahrung zu überführen, und eine gelungene Religionsdidaktik ermöglicht religiöse Erfahrung. Ein Missverständnis wäre dagegen die Auffassung, Religion sei lediglich erfahrungskonform zu präsentieren:

> „Vielleicht besteht das große Versäumnis der Religionsdidaktik gerade darin, dass sie es intensiv unternommen hat, von Theologumena aus Erfahrungen herbei zu suchen, aber kaum versucht hat, durch Erfahrungen hindurch analoge Semantiken aufzudecken, wie sie in christlichen Einstellungen und Haltungen, Werten und Normen vorhanden sind." (Ziebertz in Schweitzer u.a. 2002, 62)

Die RP muss den Erfahrungshorizont der Lernenden kennen – deren Lebenseinstellung, biographisch bedeutsame Erlebnisse, Welt- und Lebensdeutungen, ihre tiefsten Bedürfnisse und Sehnsüchte, und natürlich ihre religiösen Voreinstellungen. An deren Erfahrung sind *unbewusste* Anteile (Phantasien, Projektionen, Konstruktionen) immer maßgeblich beteiligt. Religionsdidaktisch zentral bedeutsam sind aber weder die Erfahrbarkeit theologischer und traditioneller Vorgaben noch die Lebenserfahrungen der Menschen an sich – sondern *religiöse* Erfahrungen, in denen sich Teile der beiden genannten immer einmischen. RP sollte darum ein ausgearbeitetes Wissen um religiöse Eindrücke wie Visionen, Träume, Lichterlebnisse, Erfahrungen des Heiligen, spirituelle und mystische Erfahrungen usw. haben. An dieser Stelle zeigt sich auch, dass sie um ihrer religiösen Kompetenz willen nachhaltig an die Religionspsychologie (→ 18.3) verwiesen ist.

"Religiöse Erfahrung vollzieht sich in einer polaren Struktur. Ein Subjekt wird von einer Macht affiziert" (Josuttis in Herrmann u.a. 1998, 254). Sie wird also in aller Regel (aber nicht ausschließlich!) an religiösen Gestaltungen und im Feld religiöser Symbolisierungen gemacht. Sie verdichtet sich in neuen Symbolisierungen, die wiederum neue religiöse Erfahrungen anstoßen können.

5. Religionsdidaktische Grundprinzipien

"Mit einem Verständnis von Lernen, ‚das im voraus geplant und organisiert werden kann', haben sich Schule und Religionsunterricht aus dem Leben von Kindern und Jugendlichen wie auch von gelebter Religion faktisch bereits seit langem verabschiedet." (Heimbrock in Failing/ders. 1998, 240)

Die Religionsdidaktik kann sich also nicht mehr an vermeintlich klaren Inhalten orientieren – schon deshalb nicht, weil jeder diese Inhalte anders auffasst. Damit werden die (christlich-)religiösen Gehalte keineswegs preisgegeben. Sie kommen aber erst dann wirklich ins Spiel, wenn Religionsdidaktik als *religiöse Kommunikation* begriffen wird.

Um zu solcher Kommunikation und religiöser Erfahrung anzuleiten, sind folgende religionsdidaktische Grundprinzipien zu beachten:

1. Für religiöses Lernen sind zunächst die Bedingungen des Lernens überhaupt zu beachten. Religiöses Lernen ist exemplarisch bedeutungs-geleitetes Lernen. Es hängt in hohem Maße ab von der Anregung und Förderung der *Phantasie*, im Wortsinne der Ein-Bildung. Sonst bleiben die religiösen Gehalte, Bräuche und Überlieferungen „draußen", werden nicht wirklich angeeignet und können dann auch nicht kommuniziert werden. Resonanzen, Eindrücke und innere Bilder haben religionsdidaktisch einen herausgehobenen Stellenwert und müssen alle religiösen Lernprozesse strukturieren (→ 13).
2. Zur Anregung der Phantasie, aber auch zur Erfassung religiöser Gehalte (die ja oft Perspektiven, Sichtweisen, Deutungen sind, seltener klar konturierte „Gegenstände") muss die Religionsdidaktik vor allem offene und differenzierte *Wahrnehmungen* (→ 17.4) anstiften. So kann sie auch die Voraussetzung für religiöse Erfahrung schaffen. Der Sinn für Religion ist grundlegend gebunden an Sinneswahrnehmungen und eine entsprechende Sensibilisierung. Dietrich Zilleßen und Uwe Gerber haben darum ihr Religionslehrbuch „...und der König stieg herab von seinem Thron. Religion elementar" so eingeführt: „Religion ist nicht Ansammlung autorisierter Lehrsätze und normierter Verhaltensregeln, sondern Kompetenz, vertrauensvoll mit dem labilen und fragmentarischen Leben umzu-

gehen ... Darum orientiert sich das Buch an der *Lebenswelt* und ihren Phänomenen. Sie ist nicht objektiv wahre Welt, sondern *Wahrnehmungswelt*" (Zilleßen/Gerber 1997, 11 und 10). Religion gibt es nicht als Wissen um feste Inhalte, sondern nur als innere Einstellung, die sich an Erfahrungen orientiert. Darum legen die Autoren ein „Buch für die Sinne" vor, in dem Wahrnehmung und vor allem das Spiel (→ 20.3) eine zentrale Bedeutung erhalten. Religiöse Didaktik ist die „Inszenierung von Lernspielen", die eine innere Beteiligung, entsprechende Motivation und so die wirkliche Chance auf religiöse Bildung mit sich führt.

3. Religionsdidaktik muss neben der Reflexion religiöser Themen die Möglichkeit religiöser Erfahrung, die unverrechenbar ist und subjektiv verschieden bleibt, durch *Beteiligung an religiöser Praxis* anbieten. Damit ist sie an stimmig und kompetent vollzogene religiöse Praxisformen verwiesen und an die Befähigung zum religiösen Selbstausdruck. Nirgendwo sonst als in der Begegnung mit der Religion und ihren Vollzügen selbst kann klar werden, was Religion eigentlich bedeuten kann. Ebenso wie für Sprache, Mathematik, Kunst usw. gilt für die Religion: *Religion wird durch Religion gelernt* (Schleiermacher) – nicht durch Problemdenken und theologisches Wissen. Religiöses Lernen dient dabei nicht der Sicherung der Tradition, sondern der jetzt gelebten religiösen Selbst-Explikation. Vor allem sind es die kultischen Grundformen des religiösen Redens und Verhaltens, die zumindest probeweise auch selbst praktiziert werden müssen, wollen sie verstanden und angeeignet werden. Neben den religiösen Vollzügen erhalten auch die daran beteiligten Personen eine zentrale Bedeutung, diejenigen Menschen also, die an religiöser Praxis teilnehmen oder sie anleiten. Auch hier sind es zunächst nicht Inhalte, sondern Interaktionen und Beziehungen, die religiöses Lernen anstoßen.

4. Das Zentrum religiöser Didaktik ist die *religiöse Kommunikation*, also eigentlich der Kern dessen, was religiöse Praxis ausmacht. Zu ihr gehören Information, Mitteilung, Ausdruck, Darstellung, Gespräch und weitere kommunikative Formen, etwa das Spiel. Existenzbedeutsame, verändernde, umfassend bedeutsame Lebens-Erfahrungen sollen ebenso kommuniziert werden wie die Perspektive der (christlichen) Religion auf das Leben und wie explizit religiöse Erfahrungen, die in der religiösen Praxis oder anderswo gemacht werden. Dafür muss freilich eine religiöse Sprache gefunden und eingeübt werden – und zwar eine eigene, persönliche –, denn Erfahrungen religiöser Art lassen sich weder mit der Sprache des Alltags noch mit der der Wissenschaft noch im Berichtsstil austauschen. Die prägende und nicht ersetzbare Kraft religiöser Worte, etwa von Psalm- oder Liedversen, belegt das zur Genüge. Der Austausch von Er-

fahrungen, die die Beteiligten wirklich betreffen, erfordert eine religiöse Gesprächskultur; zu dieser gehört neben einer eher erzählerisch-poetischen Sprache auch ein Raum, in dem Menschen sich für solche Gespräche öffnen können. Auch hier sind religiöse Vorgaben niemals Selbstzweck, sondern Medien. Die *eigenen* Formen, Symbolisierungen und Selbsterfahrungen, die im Spiel mit der religiösen Tradition und Praxis ausprobiert und entfaltet werden wollen (→ 13.3).

Wenn gefragt wird: wie wird eigentlich religiös kommuniziert?, dann kann man sich natürlich auf Vorgaben beziehen – die Predigt, den Gottesdienst, biblische Erfahrungs-Überlieferungen, religiöse Rituale usw. Diese wären freilich nicht nachzusprechen, sondern so zu durchdringen und je für sich zu übernehmen, dass eine eigenständige religiöse Ausdrucksfähigkeit entsteht. Die Quellen der religiösen Tradition (die mit ihr verbundenen symbolischen, bildhaften, historischen und fiktiven Erfahrungen) sind also der existenziellen und experimentellen *Selbst*-Erfahrung der Menschen zuzuführen, ihrer Lebenserfahrung, also ihrer Bildung. Nur so ist ein echtes Interesse an Religion zu erwarten. Das angemessene Ziel der Religionsdidaktik ist darum ein Sinn für die Vollzugslogik der (christlichen) Religion – nicht Wissen, nicht Problemlösungsfähigkeit.

Religion und Lebenserfahrung sind sehr private Dinge. Das aber ist kein Grund, in bloße Kognition auszuweichen, sondern eher eine Aufforderung zur Behutsamkeit. Die Möglichkeit des Rückzugs muss bei religiösem Lernen immer gegeben sein. Die Erfahrung zeigt, dass Menschen sich in aller Regel sehr bereitwillig auf solche Kommunikationen einlassen. Es ist klar, dass alle religiösen Vollzüge und Erfahrungen immer auch kritisch reflektiert und kognitiv verstanden sein wollen – aber erst im Nachhinein, wenn sie denn gemacht wurden. Damit verändert sich auch die Rolle der religiösen Lehrer (Religionslehrer, Pfarrer, Katecheten). Sie sind weniger die, die Bescheid wissen und die traditionell verbürgte Lehre weitergeben, sondern eher *Moderatoren* eines gleichberechtigten Austausches. Moderatoren haben die Aufgabe zu leiten und zu steuern, beim Thema und der Fragestellung zu bleiben, alle zu Wort kommen zu lassen – nicht aber inhaltliche Vorgaben zu machen.

Religionsdidaktik ist eine *Kunst*. Nicht nur, weil Kunst und Können zusammenhängen; sondern vor allem, weil sie – wie jede echte Kunst – *sichtbar macht*, vor Augen führt. Gelungen ist sie nur dann, wenn sie bewegt und betrifft und einleuchtet. „Religiöse Kommunikation hat nur dann einen Sinn, wenn sie das *erschließt*, wovon sie spricht" (Höhn 1998, 130. Hervorh. v. Verf.). Damit kommen neue didaktische Zugänge in den Blick, die Religion anbieten, aufschließen und erfahrbar zu machen versuchen (→ 20).

Zusammenfassung

Religionsdidaktik kann nicht mehr theologisch normierte Glaubenslehre sein. Sie muss die heutigen Verstehens- und Verarbeitungsbedingungen religiösen Lernens kennen und nach Prinzipien religiösen Lernens fragen, die die eigenständige Logik der Religion aufnehmen, die für alle Orte religiösen Lernens gültig sind, und die sich darum von den Erkenntnissen der allgemeinen Didaktik unterscheiden. Über die Elementarisierung religiöser Gehalte und deren Vermittlung hinaus muss sie vor allem die individuelle Aneignung von Religion ermöglichen. Darum muss sie religiöse Wahrnehmungen und Erfahrungen und deren Kommunikation anstiften und zu religiöser Symbolisierung anleiten.

Literatur: Zu 1: H. Gudjons 2008. Zu 2: H. Schmidt 1991, 183–206 – JRP 18 (2002) – S. Leimgruber/H.-G. Ziebertz in G. Hilger/S. Leimgruber/H.-G. Ziebertz 2001, 29–41 und 42–66 – C. Grethlein 2005. Zu 3: K.-E. Nipkow in KatBl 111 (1986), 600–608 – NHRPG V.1.4 – F. Schweitzer 2003, 9–30 und 203–220. Zu 4: D. Zilleßen/B. Beuscher 1998 – LexRP Art. „Erfahrung" – JRP 16 (1999).

11 Formen christlicher Religionsdidaktik

„‚Die Erde ist voll der Güte des Herrn', so steht es im Psalm 33,5 ... Wir könnten die Erde auch ganz anders beschreiben; niemand könnte die Wahrheit meiner Worte bestreiten, wenn ich sagte: Die Erde ist voll von Tränen, von Ungerechtigkeit, von Gewalt und Unterdrückung ... Anleitung zu einer neuen Wahrnehmung der Wirklichkeit: das ist der erste grundlegende Schritt, den uns die Didaktik der Bibel gehen läßt. Es geht dabei noch gar nicht um Entscheidung und Bekehrung, um Gebot und Gehorsam; das wäre eine sehr unbarmherzige Didaktik. Es geht zuerst darum, die Güte wahrzunehmen, aus der unser Leben kommt und die unser Leben trägt und die all unser Begreifen weit übersteigt." (Baldermann 2007, 17 und 19)

Diese ausgesprochen plausible Bemerkung Ingo Baldermanns zur Biblischen Didaktik ist von grundsätzlicher Bedeutung für alle Formen christlicher Religionsdidaktik. Sie zeigt nämlich, dass sich religiöses Lernen noch vor aller rationalen Klärung und kritischen Reflexion an sinnlich wahrnehmbaren *Formen* orientiert (→ 19.4, 20), an Texten, Bildern, Symbolen, Sprachformen, Räumen, Ritualen, Figuren, Szenen usw., die einen bestimmten Blick auf das Leben und die Welt zum Ausdruck bringen – eine bestimmte Sehweise und Perspektive, die als religiöse durch eine eigene „Logik" und bestimmte Prinzipien gekennzeichnet ist. Zu diesen Prinzipien gehören z.B. die Einsicht, dass das Leben ein Geschenk ist, über das man eigentlich nur staunen kann; dass Gott die Entfaltung und die Fülle des einzelnen Lebens will; dass wir mit einem tiefen Vertrauen leben dürfen und keine Angst vor unserer eigenen Hingabe, Liebe, Begeisterung zu haben brauchen, usw. Welche religionsdidaktischen Formen lassen solche Erfahrungen zu?

Glaubensinhalte, Lehren und Bekenntnisse, die durch Katechese weitergegeben werden, können nicht mehr die zentrale Idee einer christlichen Didaktik abgeben (→ 2.1, 10.2). Eine solche Didaktik wäre rein deduktiv, da sie immer schon wüsste, was richtig und wahr ist; sie wäre Applikationsdidaktik, die nur funktional an der Anwendung von etwas interessiert ist, das immer schon fest stünde. Sie setzt damit genau das Einverständnis voraus, das sie eigentlich erst anzielen müsste. Unsinnig ist auch jede Resultatsdidaktik, die immer schon weiß, was am Ende herauskommen darf.

Auch die „Problemorientierung" kann nicht das Prinzip einer christlichen Didaktik abgeben, da sie religiöse Erfahrungen auf Rationalität begrenzt und ausblendet, worum es eigentlich gehen müsste: religiöse *Bedeutungen*, Erfahrungen und Evidenzen. Der rationale Zugang zur Religion ist unverzichtbar; aber er schränkt diese auf das rational Fassbare ein; er verkennt das Geheimnis, das Heilige und die unverrechenbaren religiösen Erfahrungen. Didaktisch zentral sind darum die Formen und Gestalten des Christentums. Sie lassen es zu, die Logik der Religion in Erfahrung zu überführen. Schon immer haben sie die Weitergabe und Tradierung des Christlichen maßgeblich bestimmt.

1. Bibeldidaktik

> „Wie kann Bibeldidaktik verstanden werden, wenn es in ihr nicht mehr einfach darum gehen kann, *den* Sinn eines Textes in *die* Wirklichkeit des Schülers rep. der Schülerin zu übersetzen, sondern ihre Aufgabe möglicherweise darin liegt, vielfältige Sinnperspektiven eines Textes mit komplexen, mehrperspektivischen Wirklichkeitskonstruktionen von Rezipientinnen und Rezipienten, die zugleich immer auch ihren Eigen-Sinn *produzieren*, in Beziehung zu setzen?" (Lämmermann u.a. 1999, 11)

In der Bibeldidaktik wurde zuerst bemerkt, dass nicht fest stehende Wahrheiten zu Lernenden transportiert werden können. Zu vielfältig sind die biblischen Zeugnisse, und zu unverrechenbar die Weisen ihrer Aneignung. Wilhelm Gräb sagt lapidar, aber treffend: „Eines ist das Bibelbuch, ein anderes sein Vorkommen und Ankommen bei den Menschen" (Gräb in ebd., 182).

Außerdem wurde immer deutlicher, dass die historisch-kritische Exegese der biblischen Bücher den „garstigen breiten Graben" (Lessing) zwischen damals und heute eher vertieft als überwindet. Dazu kommt die Erfahrung, dass vor allem Kinder sehr offen sind für biblische Geschichten – allerdings auch für die Stories der Medien. An der Bibel, also an einer zentral bedeutsamen Stelle christlicher Lehre, kommt es darum zu der Einsicht, dass christliche Didaktik heute weder durch Katechese noch durch theologische Lehre strukturiert werden kann. Biblische Didaktik soll nicht Glauben anzielen, sondern eine „Sprachschule des Glaubens" sein. Sie ist die erste didaktische Form, die die Eigenlogik der christlichen Religion ins Zentrum stellt und zum eigenständigen und unverrechenbaren Mitvollzug einlädt.

> „In der Bibeldidaktik geht es nicht mehr darum, *das* Entscheidende *des* Glaubens zu präsentieren, sondern um eine Vielfalt von Möglichkeiten des Glaubens, aus denen die Adressaten/-innen durch den intersubjektiven Dialog

ihre persönliche Überzeugung konstruieren können ... In der Postmoderne fragt die Bibeldidaktik nach der Dramaturgie des Textes und sieht anschließend, ob und wie sie den affektiven und kognitiven Möglichkeiten von Kindern und Jugendlichen entsprechen kann." (Baumann ebd., 40f.)

Ingo Baldermann hatte Mitte der 1970er Jahre als erster Einspruch gegen die Vorrangstellung der Lernziele des problemorienten Konzepts erhoben und für eine neue Aufwertung der „Inhalte" (d.h. hier der religiösen Formen der Tradition) plädiert: Die Bibel ist für das Christentum unverzichtbar. Und zwar nicht als wissenschaftlich zu verstehendes Buch, und nicht als Problemlösungsfundus, sondern als ein Buch der Erfahrungen, die aus der Beziehung zwischen Menschen und Gott resultieren, und die auch heute ohne große Umwege nachvollziehbar sind. Die Bibel ist Buch menschlicher Urerfahrungen. Darum gilt der einfache, aber treffende Satz: „Biblische Didaktik ist zuallererst die der Bibel eigene Didaktik, ihre Art zu reden" (Baldermann 2007, XIII). Die Bibel wurde „durchweg in ausdrücklich didaktischer Absicht" aufgeschrieben (ebd. 3). Sie ist ein „Buch des Lernens", und zwar des Lernens einer neuen und anderen Wahrnehmung und eines deutlicheren Sehens, nicht ein Lehrbuch im Sinne einer „Belehrung", die zu wissen und zu glauben wäre. Ihre Didaktik „ist nicht die der Unterwerfung unter Stoff- und Lernzwänge, sondern eine, die den Menschen zu sich selbst bringt" (ebd. 197).

Baldermann geht von der schlichten Erfahrung aus, dass die Bibel Menschen direkt anzusprechen vermag, die sich ihr aussetzen. Verstehen ereignet sich dann spontan in einem dialogischen Prozess, der ein *didaktischer* Vorgang ist. Vor allem die Gebete der Psalmen lassen sich als emotionale Erfahrungen in einer religiösen Sprache verstehen, die zu eigenen Erfahrungen und eigenem Ausdruck vor Gott verleiten wollen. Baldermann hat diesen Gedanken entfaltet in: „Wer hört mein Weinen?" (2006). Die Psalmen, in denen die Ur-Erfahrungen der Bibel ihren deutlichsten Ausdruck finden, leiten zu einer eigenen *religiösen Sprache* an, durch die Menschen religiös mündig werden können (– weit eher als durch rationales Begreifen religiöser Inhalte). Biblische Texte haben also schon immer eine didaktische Absicht: sie wollen Erfahrungen mitteilen, anstecken, zu einer bestimmten Sicht verlocken. Die Bibel ist ein Buch der Erfahrungen mit Gott; sie erzählt von Rettung und Befreiung, Leid und Klage, Schönheit der Welt, Lob und Dank. Baldermann verhandelt das unter den Stichworten „Worte zum Leben", „Geschichten gegen den Tod", „Die Sprache der Gerechtigkeit" und „Auferstehung lernen".

Horst Klaus Berg legt in „Ein Wort wie Feuer" (2000) und „Grundriß der Bibeldidaktik" (2003) eine ganze Reihe verschiedener Zugangs- und Auslegungsarten vor, die er in einer „Hermeneutik der Befreiung" im Kontext einer „erfahrungsbezogenen Auslegung" zusammenfasst. Die Bibel lehrt und inspiriert Hoffnung und Widerstand, man könnte also sagen: sie macht selbstbewusst. Auch Berg ist kritisch gegen eine einseitig rationale historisch-kritische Exegese eingestellt, die die Lebendigkeit und Wirkungskraft der biblischen Texte nicht mehr sieht. Er spricht von biblischen „Grundbescheiden": Gott schenkt Leben, stiftet Gemeinschaft, leidet mit und an seinem Volk, Gott befreit, usw. und versucht eine praxisnahe Verschränkung mit dem rationalen Zugang: bibelorientierte Problemerschließung und problemorientierte Texterschließung gelten für ihn als die beiden Grundtypen biblischen Lernens. Die „kritische und befreiende Dynamik" der Bibel soll erkannt werden.

Die Idee der Bibeldidaktik ist also: Die Bibel ist für das Christentum unverzichtbar, darum auch für christliches Lernen. Sie lässt sich keinen Zwecken unterordnen, da sie als Erfahrungsbuch gelesen werden will, das Menschen anspricht und inspiriert und darum eine eigenständige Didaktik mit sich führt. Eine von außen heran getragene allgemeine Didaktik wird ihr also nicht gerecht. Biblische Texte sind nicht „Lehren", sondern die Eröffnung eines Erkenntnis-Weges. Die „implizite Didaktik" biblischer Texte gibt also die Kriterien des Unterrichtens bereits vor. Biblische Didaktik kann auch nicht „aus der Methodik historisch-kritischer Exegese entwickelt werden" (Baldermann 2007, 41). Biblisch fundierte Lehren, Bekenntnisse und Theologie stehen *am Ende* eines Einsichts-Prozesses, der sich durch die Bibel zu eigener Erfahrung inspirieren ließ.

Inzwischen liegen neben dem historisch-kritischen Zugang der wissenschaftlichen Theologie mehrere *ästhetisch*, d.h. an der äußeren Gestalt inspirierte Zugänge zur Bibel vor. Der linguistische Zugang, der sich auch in der Systematik verbreitet, geht von den Einsichten der Rezeptions- und Lese-Ästhetik aus. Der Sinn von Texten ist nicht objektivierbar, nicht einmal vorgegeben. Sondern: Die Leser *schaffen* Sinn im Vollzug des Lesens (oder auch des Hörens), sie sind die eigentlichen „Autoren" dessen, was sich da zu lesen gibt. Dadurch lassen sich z.B. Gleichnisse als poetische Bilder und „Inszenierungen" von Gottes Nähe verstehen; Wundergeschichten spiegeln die Erfahrung des Überraschenden, Befreienden durch Gottes Zuwendung, die beim Lesen je neu möglich wird. Die Lese-Ästhetik betont den Bildgehalt der Texte: „Die Schrift hat ein Gesicht" (Klaas Huizing), sie blickt den Leser sozusagen an.

Der tiefenpsychologische Zugang geht ebenfalls in sehr plausibler Weise von der Einsicht aus, dass die biblischen Geschichten eben nicht aus historisch-dokumentatorischen Gründen aufgezeichnet wurden, sondern Niederschläge dramatisch-bewegender Erfahrung sind, die einem menschheitlichen Erfahrungsschatz zuzurechnen sind. Anders könnte man sich auch ihre starke Wirkungsgeschichte gar nicht erklären. Die Erfahrung z.B., die die Jünger bei der Sturmstillung auf dem See machen, ist nicht die eines historischen Moments an einem bestimmten Datum vor 2000 Jahren; sie erschließt sich in ihrer Bedeutung erst, wenn sie als Niederschlag einer das verschlingende Chaos beruhigenden Gotteserfahrung verstanden wird, die Menschen zu allen Zeiten im Innersten zu berühren vermochte und durch das Medium des textlichen Niederschlags hindurch eine vergleichbare Erfahrung je neu wieder auslösen kann – so wie das durch die Jahrhunderte ganz offensichtlich immer der Fall war. Zugänge zur Bibel sind darum vor allem spielerischer Art (→ 20.3), weil so ihre Dramatik am ehesten aufleuchten und zu je neuen Erfahrungen der Betroffenheit führen kann.

Die Bibel ist nicht sakrosankt (d.h. „absolut" heilig im Sinne von unberührbar). Das zu glauben führte faktisch zur Gleichgültigkeit ihr gegenüber. Sondern sie ist heilige Schrift, weil und insofern sie in ebenso dichter wie alltäglicher, jedenfalls nicht ersetzbarer Weise von Gottes- und Lebenserfahrungen erzählt. Sie ist also als Buch ur-menschlicher Erfahrungen zu verstehen. Sie setzt die Lebenserfahrung der Lehrenden voraus und eine didaktische Erschließung ihres Erfahrungsgehaltes, die darauf vertraut, dass auch und gerade in einer auf Erlebbarkeit und Betroffenheit ausgerichteten Zeit diese Erfahrungen selbst zu sprechen beginnen, wenn sie nur wirklich kommuniziert werden. Emotionales, engagiertes Erzählen und ästhetische Erschließungswege wie symbolischer Zugang und Bibliodrama scheinen dafür am ehesten geeignet.

2. Symboldidaktik

Symbol und Religion

> „Es gibt keine Religion ohne Symbole. Wo dies nicht berücksichtigt wird, gilt, dass mit den Symbolen auch die Religion schwindet. Religiöse Überlieferungen bieten ganze Symbolwelten an, die von den Religionsgemeinschaften tradiert werden." (Hilger in ders. u.a. 2001, 330)
>
> „Metapher und Symbol [sind] die eigentlichen Sprachformen der Religion." (Halbfas in NHRPG 457)

Symboldidaktik ist die meist diskutierte spezifisch religionsdidaktische Konzeption. Auch wenn sie sich nicht in ganzer Breite durchsetzen konnte, kann sie als symptomatisch für die religionspädagogische Entwicklung gelten. Denn offensichtlich sind Symbole weit besser als Zugang zur Religion geeignet als die abstrakte dogmatisch-lehrhafte systematische Theologie und der Katechismus. Die Symboldidaktik markiert einen religiös wirklich eigenständigen Zugang zum Bereich der Religion, indem sie sich den Ausdrucksgestalten der Religion selbst zuwendet und – noch deutlicher und folgenreicher als die Bibeldidaktik – ihre Didaktik aus diesen heraus entfaltet. Die alternative Logik dieses Zugangs wird im Titel „Das dritte Auge" von Hubertus Halbfas deutlich, die didaktische Eigenständigkeit in der Titelformulierung von Peter Biehl: „Symbole geben zu lernen" (s.u.).

Ein Symbol (griech. symbolon = Zusammenfügung) ist ein Zeichen mit einem nicht ablösbaren Bedeutungsgehalt, eine Synthese aus Materie und Bedeutung. Ein Zeichen ist Sache der Vereinbarung und lässt sich ersetzen; ein Symbol dagegen hat einen Verweis-Charakter und eine eigene Aura, die vom Symbol selbst nicht trennbar ist. In Symbolen verdichten sich persönliche oder gruppenspezifische bedeutsame Erfahrungen oder Einstellungen. Ein Symbol ist nicht eindeutig, sondern weitgehend offen für verschiedenartige subjektive Assoziationen und Bedeutungen. Es hält diese Bedeutungen präsent und kommunikationsfähig für alle, die den Symbolsinn verstehen, d.h. seine Bedeutung nachvollziehen können. Ein Ring aus Metall etwa, der Freundschaft oder Liebe bedeutet, kann für Menschen weit mehr als ein entsprechendes Zeichen Anlass für tiefe Emotion sein. Oder: Das Verbrennen einer beliebigen Nationalflagge wäre etwas ganz anderes als die Vernichtung eines Stücks Stoff oder eines Hinweiszeichens, das man ersetzen könnte; es würde im Sinne einer symbolischen Aktion als schwere Beleidigung empfunden und starke Aggression auslösen. Weitere Symbole, die ganze Lebenseinstellungen markieren können, sind der Baum, das Kreuz, die (Friedens)Taube oder Warensymbole wie der Mercedesstern, aber auch das Hakenkreuz usw. Symbole können ihre lebendige Bedeutung verlieren und werden dann zu leeren Klischees.

Symbolbildung geschieht vor der Sprachbildung, diese vor dem rationalen Verstehen. Symbole sind darum die erste Form des Weltverstehens und darin unverzichtbar für die menschliche Entwicklung. Symbole sperren sich darum auch gegen einseitig rationale Verrechenbarkeit; sie zielen eher auf Wahrnehmung und Erfahrung. Die Religion *lebt* in hohem Maße in ihren Symbolen, die die religiöse Erfahrung präsent halten. Sie sind darum nicht ersetzbar etwa durch argumentative Sprache. Symbole sind aber nicht eindeutig; und ihr Verstehen erfordert einen „Symbolsinn" (Halbfas), der sich weniger aus der kritischen Bearbeitung eines isolierten Einzelsymbols ergibt, sondern eher aus seinem symbolischen Kontext und aus seiner lebendigen Verwendung, ferner aus symbolischer Sprache und einem symbolisch-bildlichen Denken.

Symbole lassen sich als Ausdruck jener Dimension des Unverfügbaren verstehen, die der Religion wesentlich ist, und die als ein Aufscheinen oder „Angesprochensein" erfahren werden kann. Symbole präsentieren sich gleichsam selbst; das bedeutet aber, dass sie gezeigt, angeboten, eingeführt werden müssen. „Der distanziert-kritischen Behandlung der Religion im Unterricht, dem der Moderne verhafteten und der Rationalität verpflichteten Theoriediskurs über Funktion und Struktur von Religion und Christentum in der neuzeitlichen Kultur und Gesellschaft, tritt damit die unmittelbare Praktizierung der Religion im Medium symbolischer Wirklichkeitskonstrukte zur Seite" (Steck 2000, 467).

„Symbolsinn": Hubertus Halbfas

„Das Symbol ist die Sprache der Seele und des Glaubens." (Halbfas 1982, 92)

Der katholische Religionspädagoge Hubertus Halbfas hat in „Das dritte Auge" 1982 den Begriff „Symboldidaktik" eingeführt, in „Der Sprung in den Brunnen" 1987 den Begriff „Symbolsinn". Religion, verstanden als Dimension der Tiefe, des Betroffenseins und der Transzendenz, hat für Halbfas einen „apriorischen" Charakter, d.h. sie ist im Menschen angelegt und immer schon vorhanden. Religiöse Erfahrungen sind zwar individuell verschieden, weisen aber bestimmte Grundmuster auf und lassen sich darum miteinander vergleichen. Das gilt auch für Symbole: sie sind nicht überzeitlich, sondern haben eine vergleichbare archetypische (d.h. vorgeprägte, überall gegebene) Grundstruktur. Halbfas orientiert sich hier an der Symbol-Deutung von C.G. Jung. Er geht davon aus, dass die Psyche des Menschen symbolisch strukturiert ist, dass sie also in symbolischen Bildern und Gehalten „denkt"; insofern ergibt sich hier einer der wenigen expliziten Berührungspunkte der RP mit der Psychologie. Das Symbol „konkretisiert" sich im Ritual; auch der Mythos ist ein „Symbolzusammenhang". Symbole haben eine Entlastungs-, Vermittlungs- und Orientierungsfunktion.

Symbolische Erfahrung ist für religiöses Lernen unverzichtbar. Glaubenssprache ist immer symbolisch, sonst würde sie wortwörtlich missverstanden – rationale Theologie unterstützt das ebenso wie die moderne Reizüberflutung. „Mit der Zerschlagung der symbolischen Bilderwelt erfolgt ... immer auch eine Verkarstung der eigenen Seele, so daß die innere Unbehaustheit wächst." (Halbfas 1982, 113) Darum ist nicht der rationale Zugang, sondern die Schulung des Symbolsinns Aufgabe des RU. Er muss eine Partizipation am „Sinnstiftungspotential des Symbols" anbahnen, also nicht Symbole erklären oder gar kritisch einordnen, sondern sie zu erfahren geben und eine regelrechte Einübung anbieten. Zuerst ist der Symbolsinn zu entwickeln, dann erst kommt die Interpretation. Dazu müssen Lehrende der Religion ein „drittes Auge" besitzen, das Symbole wirklich versteht.

Schon seit dem 14. Jh. diagnostiziert Halbfas einen Verlust an religiösem Brauchtum, an Sagen, Märchen, Geschichten, damit an Symbolsinn. Das bedeutet eine geistige und seelische Verarmung und zugleich eine Zerstörung der Grundlagen des religiösen Verstehens. Die lehrhafte Tendenz verdeckt das spirituelle Element ebenso wie die persönliche Betroffenheit. Halbfas sieht auch ein „spirituelles Defizit" im RU. Hier müsste es zu einer Verschränkung von Selbsterfahrung und Gotteserfahrung kommen – eine „noch unbekannte didaktische Dimension". Sehr kritisch geht er nicht nur gegen die Funktionalisierung von Inhalten in der Problemorientierung vor, sondern auch gegen eine planbare „Symbolkunde". Symbole müssen ganzheitlich erschlossen werden. Vor allem das Erzählen ist ihnen angemessen, da es auf die menschliche Tiefenschicht treffen kann. Das erfordert aber auch eine Längsschnitt-Thematik, die wiederholend auf bereits gelegte Erfahrungen aufbaut und diese schrittweise weiterführt – statt der üblichen Verzettelung in Einzelthemenbereiche. Dazu müssten Kurse in religiöser Sprachlehre treten.

Symbole sind wirklichkeits-erschließend. Sie lassen die Welt in neuem Licht sehen. Sie sind für religiöses Verstehen zentral, und darum grundlegend und unverzichtbar für jeden RU. Halbfas zeigt mit seinen das Mystische streifenden Überlegungen ein typisch katholisches Gespür für die Eigenständigkeit der Religion, ihre Lebendigkeit und Faszination. Er zeigt ferner, dass ein echter Symbolsinn nicht nur sensibel für Religion, sondern auch kritischer macht als jeder rationale Zugang zu ihr.

„Symbole geben zu lernen": Peter Biehl

> „Andere theologische Disziplinen mögen sich auf das ‚reine Wort' zurückziehen können; die Praktische Theologie muß berücksichtigen, daß der Streit um die Auslegung der Wirklichkeit immer auch *ein Streit um die Bilder* ist, die Macht über den Menschen gewinnen." (Biehl 1989, 44)

Biehl stellt den Ideen von Halbfas eine „kritische Symbolkunde" gegenüber. Im Anschluss an Merleau-Ponty, der formuliert hatte: Symbole geben zu verstehen, sagt er: Sie geben zu *lernen*. Denn Symbole schaffen ein „Mehr an Sinn." Sie haben einen Hinweischarakter, sind Elemente eines kollektiven Bewusstseins, immer aber auch historisch und gesellschaftlich bedingter Niederschlag von Erfahrungen. Auch Sprache hat eine unverzichtbare symbolische Funktion: „In symbolischer Rede kommt die Verwandlung der Sprache von einem instrumentellen zu einem medialen (poetischen) Gebrauch exemplarisch zur Geltung. Symbolische Rede hat eine darstellende, eine anredende und kommunikative sowie eine expressive Funktion" (Biehl 1989, 11; dort kursiv).

Für die Religion haben Symbole eine zentrale Bedeutung, denn sie eröffnen einen Zugang zum Zentrum der Glaubenslehre. Sie ermöglichen eine ganzheitliche Wahrnehmung, die Erfahrungen anstößt. Symbole haben eine konfliktbearbeitende, therapeutische und kompensatorische Funktion. Sie dienen der Sprachfähigkeit und können Sinn stiften. Es gibt aber auch dämonische Symbole. Darum ist eine kritische Symbolkunde notwendig, die ein kritisches Verstehen von Symbolen anstößt.

Dazu ist der hermeneutische Zirkel zwischen Symbol und Erfahrung zu reflektieren, der der kritischen religiösen Bildung dient. Biehl führt das an den allgemeinen Symbolen Hand, Haus, Weg und an den christlichen Symbolen Brot, Wasser und Kreuz breiter aus. Die biblischen Symbole gelten ihm für eine christliche Religionsdidaktik als zentral. Sie haben eine Verankerung in der Geschichte; andere Symbole müssen sich laut Biehl am Wahrheitsanspruch der biblischen Verheißung messen lassen. Biehl führt eine typisch protestantische Position vor, die von der Bibel ausgeht und die Rationalität auch im Zugang zur Religion zu bewahren versucht.

Bedeutung, semiotische Korrektur und weitere Ergänzungen

Die Symboldidaktik ist die erste didaktische Form, die im genuin religiösen Bereich arbeitet. Damit kommt ihr eine Pionierfunktion zu. Ihre wichtigste Einsicht ist, dass das Christentum (und Religion überhaupt) in hohem Maße über seine Symbole kommuniziert wird; ohne deren Verständnis kann Religion nicht aufgeschlossen und gelernt werden.

Dabei ist mit den genannten beiden Autoren nicht nur die je spezifische katholische und evangelische Zugangsweise zum Thema benannt, sondern gleichzeitig zum einen auch die eher tiefenpsychologisch orientierte, die religiöse Symbole als meditativ zu erschließende archetypische Urbilder versteht (Halbfas) und zum anderen die eher verständigungsorientierte, die zu einer „kritischen" Symboldidaktik führt (Biehl). Biehl bleibt damit in relativ deutlicher Form weiterhin der problemorientierten Tradition verbunden. Hans-Martin Gutmann hat in seiner religionspädagogischen Untersuchung des Symbols (Gutmann 1996) eine entsprechende Kritik an Biehl geübt. Er wirft ihm vor, die Symbole didaktisch zu funktionalisieren und darum deren unverrechenbare und wirklichkeitssetzende Macht zu übersehen. Nicht belegt ist auch die Voraussetzung, die Biehl für das symbolische Lernen macht: dass nämlich die ursprüngliche Erfahrung oder Einstellung, die sich in einem Symbol verdichtet hat, durch die Bearbeitung des Symbols auch für diejenigen wieder erfahrbar werden kann, die die Erfahrung selbst gar nicht gemacht haben. Hier ist Halbfas nachvollziehbarer, der die „kritische" Bearbeitung von Einzelsymbolen ablehnt (da sie sich den Symbolen gegenüber von vornherein als überlegen aufdrängt) und für einen Symbolsinn plädiert. Der oft gemachte Vorwurf an Halbfas, er sei den Symbolen gegenüber unkritisch, überzeugt nicht unbedingt, denn der Symbolsinn weckt gerade eine der Religion gegenüber angemessene Form der Kritik, die oft sehr viel schärfer sein kann als die eines rationalen Verstehens.

Eine wichtige Korrektur an der Symboldidaktik hat Michael Meyer-Blanck vorgelegt. Er kritisiert die Auffassung von Halbfas und Biehl als falsch, Symbole hätten einen „Mehrwert" gegenüber profanen Zeichen oder seien gar als unmittelbare Repräsentationen des Göttlichen oder Heiligen zu verstehen, an denen dann nur Anteil zu geben wäre. Symbole sind dagegen immer abhängig von ihrer Kommunikation. Was ein Symbol „ist", erschließt sich nur durch die Analyse der entsprechenden Zeichenprozesse. Damit ist den Symbolen nichts von ihrer Bedeutung genommen. Die „Selbstmächtigkeit der Zeichen" (Meyer-Blanck in: Dressler/ders. 1998, 272) drängt sich dem Bewusstsein auf und nötigt zur Wahrnehmung. Um das genauer zu verstehen, verweist Meyer-Blanck auf die Semiotik, die die Formen und Abläufe der *Kommunikation* als die Mitteilung und das Verstehen von Zeichen beschreibt. Es gibt keine Mitteilung ohne den Gebrauch irgend welcher Zeichen. Zu diesen gehören neben konkreten Zeichen und Symbolen auch Sprachen, Begriffe usw., die durch gemeinsame „Codes", d.h. eine bestimmte „Grammatik" der Auffassung bedingt sind, welche Mitteilung und Verstehen überhaupt erst möglich machen. Da also „religiöse Traditionen und Lerninhalte nicht unabhängig von den Zeichen zu denken sind, mittels derer sie kommuniziert werden" (ebd. 6), sollte nicht Symbolkunde betrieben, sondern „Zeichenkompetenz" entwickelt werden. Das begreift „Unterricht als eine Inszenierung, die Lehrende als Regisseure und Lernende als Akteure in Zeichenprozesse verwickelt" (ebd.). Denn „die Aufgabe einer ‚kritischen Symbolkunde' besteht gerade darin, funktionierende *Codes symbolischer Kommunikation zu erproben*" (ebd. 18).

Die Symboldidaktik hat eine bleibende Einsicht in die „Macht der Symbole" gegeben und ihre grundlegende Bedeutung für die Religion wie für religiöses Lernen. Sie ist religionsdidaktisch höchst produktiv und zeigt eine deutliche Nähe zur Gestaltseite der Religion (→ 20). Ihre Grenzen liegen dort, wo sie sich den Symbolen mit einem Denken nähert, das ihnen nicht angemessen ist; ferner dort, wo sie sich auf christliche Einzelsymbole beschränkt und dann nicht frei von einem deduktiven didaktischen Denken bleiben kann. Eine umfassend ausgearbeitete Symboldidaktik müsste schließlich eine gewichtige Ergänzung vornehmen, nämlich die zu einer *Symbolisierungs*-Didaktik. Eine solche wird zwar gelegentlich angemahnt, bisher aber nirgendwo wirklich ausgeführt. Eine weitere, eigentlich zu erwartende Fortschreibung wäre eine *Ritualdidaktik*, die ebenfalls bisher noch ein didaktisches Neuland darstellt; schließlich eine auch methodisch ausgearbeitete Didaktik der religiösen Sprache, die über die vorhandenen Ansätze in der Bibeldidaktik hinaus das *religiöse Sprechen* lehren müsste.

3. Lernort Kirchenraum

> Kirchen sind „Benutzungsorte, geronnene Spielräume des Glaubens, weil sich Liturgie und Ritus aus Symbol und Spiel entwickelt haben. Die Bauwerke ‚predigen' ihre Geschichte und zugleich den Sinn, der hierbei in ihnen zur Darstellung fand ... Die Räume sind zur Form geronnene Gottesdienst- und Frömmigkeitsgeschichte." (Degen in JRP 13/1997, 153)

Die „Kirchen(raum)pädagogik" ist eine neue religionsdidaktische Bewegung, die sich – ähnlich wie Bibel- und Symboldidaktik – an der religiösen Form orientiert und auf Erfahrungsbezug setzt. Sie entstand im Zusammenhang mit dem Rückgang des Gottesdienstbesuchs und der Verwaisung vieler alter Kirchengebäude in den Großstädten. Was sollte man mit den ehrwürdigen großen alten Gebäuden tun? Hier hatte die sog. „City-Kirchen-Arbeit" vorgedacht. Sie präsentierte eine Neu-Entdeckung: die großen alten Kirchen hatten auch früher schon oft *weit* mehr Plätze als ihre Städte Einwohner hatten; sie hatten darum eine andere Funktion als (nur) die des Gottesdienstes: sie wurden als Agora (Marktplatz und Forum) der Städte genutzt. Überdies spiegeln sie wie nichts sonst den „Genius loci" der Städte. Es ist darum völlig unangemessen, Kirchen am Werktag geschlossen zu halten. St. Lorenz in Nürnberg und St. Petri in Lübeck (die bislang erste Gemeinde-freie Veranstaltungs-Kirche) waren Vorreiter einer Arbeit, die das zunehmende kunsthistorische Interesse der Kirchen-Touristen, aber auch die allgemein wachsende Neugier den alten Gebäuden gegenüber konstruktiv durch neue Veranstaltungsformen in diesen Räumen aufgegriffen hatte (nächtliche Jazz-Meditationen, Gebetsnischen, Ausstellungen, Turmführungen usw.).

Dabei kam es zu einer Neuentdeckung der Raum-Qualität von Sakralbauten. Räume sind nie nur Funktionsräume, sondern immer auch Stimmungsräume; denn sie können bergend und beschützend wirken. Sie geben in besonderer Weise Orientierung. Das lässt sich gerade am Sakralraum ablesen, der in exemplarischer Weise *Orient-ierung*, d.h. Ostung vorgibt: die alten Kirchenbauten sind in der Regel zum Orient hin ausgerichtet, zum Morgenland und nach Jerusalem hin, aus dem das Heil kam und in dem alter Vorstellung nach auch die Vollendung der Welt anbrechen soll. Entsprechend kann etwa auch die Vierung in einem Kreuzbau das Gefühl eines besonderen Raumpunktes vermitteln, der als Mittelpunkt der gesamten umgebenden Welt und des eigenen Lebens erfahren werden kann.

Räume ermöglichen in ganz besonderer Weise Resonanzerfahrungen. Denn ganz offensichtlich korrespondiert die Raumerfahrung mit der Körpererfahrung. Kirchliche Räume sind nicht Behälter für theologisch geformte Lehre, sondern eher Phänomene einer Aura-gefüllten *Leere*, die in besonderer Weise das Bewusstsein erfüllter Gegenwart ermöglicht. Sie geben einen „Weg ins Leben" (Manfred Josuttis) zu erkennen. Die Religion scheint an heiligen, kraftgeladenen Stätten „zu Hause" zu sein. In ihnen wird etwas „entdeckt, gewonnen, erschlossen. Das ist deshalb möglich, weil Räumen auch ein spezifischer Aufforderungscharakter, eine Atmosphäre, Gestimmtheit eigen ist" (Failing in: Ders./Heimbrock 1998, 114).

Aus religionsdidaktischer Perspektive lassen sich Kirchenräume darum als „Biotope" der Religion (Christoph Ricker) ansprechen. Sie führen ihre Religionsdidaktik immer schon mit sich. Sakralen Räumen wird weder eine funktionale Interpretation noch eine historische, kunstgeschichtliche oder problemorientierte Erschließung gerecht. Da sie die Atmosphäre des Religiösen spürbar werden lassen, laden sie ganz von selbst zur Empfindung von sinnlichen Resonanzen ein. Sakralräume erschließen sich nicht allein optisch oder nur von einem einmal eingenommenen Punkt aus. Sie erfordern ein prozessuales Durchschreiten, das die komplexe Struktur des Raumes und seine atmosphärischen Gehalte wirklich aufnimmt. Die „Begehung" (Christoph Bizer, → 20.1) von Kirchenräumen als Orten gelebter und formgewordener Religion bringt sinnlich-körperliche Wahrnehmung und subjektive Resonanzen (d.h.: Erfahrungen!) durch teilnehmenden Mitvollzug zusammen: das erhobene Auge erfährt im Gang die Verschiebungen der Gewölbe und die räumlichen Verbindungsstrukturen eines Sakralraumes als gleichsam selbst in Bewegung. Darum weisen neuere Veröffentlichungen zum Kirchenraum immer wieder darauf hin, dass diese Bauten keineswegs als Sitz-Räume konzipiert waren; in früheren Zeiten waren sie Orte der städtischen Versammlungen und vor allem der kultischen Prozessionen.

Die Zeitschrift Pastoraltheologie widmete 1997 dem Thema ein eigenes Heft (PTh 86, „Das neue Gespür für heilige Räume"), 1998/99 erschienen gleich vier verschiedene kirchenpädagogische Titel (Klie: Der Religion Raum geben; dazu die Praxishilfe, hg. von Julius u.a.; Degen/Hansen: Lernort Kirchenraum; Goecke-Seischab/Ohlemacher: Kirchen erkunden), denen die Absicht gemeinsam ist, religiöses Lernen an den Orten gelebter Religion festzumachen. Religiöses Lernen wird als ein Aneignungsprozess begriffen, der einen Erschließungsweg notwendig macht, wie er sich aus einer neuen Wahrnehmung der Semantik heiliger Räume selbst ergibt. Kirchenräume sind Erfahrungen anstoßende Sinnbilder, die die Logik religiösen Ausdrucks und religiöser Gestaltungsvorgänge zum Thema machen und insofern immer auch einen Einblick in die Entstehung und die Semantik von Religion überhaupt geben. Kirchen sind Stein gewordene Erfahrungen und Aussagen, die von großer Bedeutung für das Verstehen des Christentums sind.

Religionsdidaktische Konzepte setzen inzwischen nicht mehr nur auf eine kulturhistorische Erschließung, sondern verstehen die Kirchengebäude als Entdeckungsraum und Spiel-Platz. Vor allem für Kinder, aber keineswegs für sie allein, macht es wenig Sinn, Kirchen über Jahreszahlen und Einzelsymbole zu erschließen. Die „Begehung" gilt darum als zentrale Kategorie. Sie gibt der spirituellen Dimension Raum, d.h. der Erfahrbarkeit von Religion und ihrer Orientierungskraft. Sie macht darüber hinaus aufmerksam auf die „Vollzugslogik" der Religion, die allein in dynamisch-prozessualen Verfahren aufgedeckt werden kann.

4. Interreligiöses Lernen

> „Religiöse Pluralität stellt nicht nur die Aufgabe religiöser Verständigung auf eine verschärfte Weise, sondern auch die Aufgabe religiöser Beheimatung."
> (Englert 2008, 57)

Zwei Umstände haben dafür gesorgt, dass „Interreligiöses Lernen" inzwischen eingeführt und breit diskutiert wird: Der Anteil der Ausländer durch Migration beträgt in großen Städten wie Frankfurt, München oder Berlin über 20% der Einwohnerschaft; dadurch kommt es zum einen zu einer multireligiösen Präsenz, vor allem durch den Islam, der mit deutlichem Abstand die drittgrößte „Konfession" in Deutschland ist. Zum anderen macht die Globalisierung die Welt immer mehr zum „Dorf", vor allem durch die Medien; wo früher lange Reisen zum Nachbarhof nötig waren, sind heute entlegenste Regionen in Stunden erreichbar. Fremde Kulturen und Religionen werden dadurch immer bekannter, manchmal fast schon vertraut. Vor allem ist derzeit ein deutlicher, oft unterschwelliger Einfluss des Buddhismus (Dalai Lama, Tich Nath Han, Yoga, Meditation usw.) spürbar.

Das Christentum hat seine Monopolstellung abgegeben und muss sich konstruktiv mit anderen Religionen auseinander setzen. Viele politische und soziale Spannungen sind außerdem nicht verstehbar ohne ein Wissen um ihren religiösen Hintergrund (Israel und die Palästinenser, Nordirland, Hindus und Muslime in Pakistan, islamischer Fundamentalismus usw.). In Verbindung mit der interkulturellen Pädagogik, die die Folgen des Zusammentreffens verschiedener Kulturen für das Lernen bedenkt, ist es darum zur Idee eines interreligiösen Lernens gekommen. Deren Notwendigkeit ist offensichtlich; sie hat zu Begegnung und gegenseitiger Befragung geführt.

Wie aber kann ein echter Bezug zwischen den Religionen hergestellt werden, der fremdreligiöse Gehalte in ihrer Eigenwertigkeit respektiert, zugleich aber ein christliches Profil wahrt? Begegnungen können inspirierend sein, müssen aber didaktisch strukturiert werden. Sonst besteht die Gefahr, dass das Interreligiöse Lernen nicht mehr ist als ein Lehrplan-vorgegebener religionskundlicher Lerninhalt „Fremdreligionen", der über andere Weltreligionen lediglich „informiert".

Eine weitere, noch viel näher liegende und weit größere Gefahr ist die Relativierung und die Nivellierung religiöser Gehalte. Wer aufmerksam den interreligiösen *Dialog* beobachtet, der wird bemerken, dass hier weit eher freundliche Begegnung gepflegt wird als echte, gar kritisch engagierte Auseinandersetzung. Die theologisch gewichtigen Fragen werden in aller Regel freundlich umgangen, da sie auf Empfindlichkeiten stoßen. Daher sind auch im interreligiösen Lernen zuerst einmal keine echten Auseinandersetzungen zu erwarten, und sie werden auch gar nicht gesucht. Als weiteres gravierendes Problem kommt hinzu, dass nicht nur in der Schule die Gehalte der eigenen christlichen Religion inzwischen schon weitgehend unbekannt sind – vom Wissen um konfessionelle Differenzen ganz zu schweigen. Es braucht daher nicht allzu viel pädagogisches Gespür um einzusehen, dass viele eifrige, oft aber etwas schlichte Bemühungen um interreligiöses Lernen zu Effekten führen, die der eigenen Absicht völlig widersprechen. Sofern das interreligiöse Lernen nämlich nicht in der Lage ist, die scharfen religiösen Differenzen transparent zu machen, die die Religionen faktisch bestimmen, unterstützt es gegen die eigene Absicht gerade die modisch-bequeme *Gleichgültigkeit* gegenüber der Religion. Es arbeitet dann den allgemein üblichen Einstellungen zur Religion zu, die sich als tolerant geben, faktisch aber Ausdruck von Unwissen und Desinteresse sind: Wenn jede Religion etwas anderes sagt, kann eigentlich keine Recht haben; keine Religion kann eine besondere Gültigkeit beanspruchen; oder einfach: Das muss jeder selbst wissen. So aber wird die Einsicht in die Logik und Bedeutsamkeit der Religion natürlich nicht gefördert.

Grundaufgaben der interreligiösen Pädagogik sind daher

- das Kennenlernen anderer Religionen, das heute unverzichtbar zur Orientierung in der modernen Welt ist, wichtig auch zum Verständnis von interkulturell bedingten Konflikten. Die Frage nach der Verständigung zwischen den Religionen wird in einer „enger" werdenden Welt dringend.
- die Einsicht in den Reichtum anderer Religionen, ihren Bilder- und Erfahrungsschatz, ihr rituelles und spirituelles Wissen usw. Sie kann die eigene Religion neu sehen lassen und Bereicherung und Inspiration sein – wenn denn über das Kennenlernen hinaus eine echte *Auseinandersetzung* erfolgt.

– die Einsicht in die bleibende Fremdheit anderer religiöser Deutungsweisen und Kulturen. Das sollte nicht nur mitbedacht werden, sondern stellt das eigentliche Ziel interreligiösen Lernens dar. Nur so kann der religiösen Vergleichgültigung entgegengewirkt und ein wirkliches religiöses Verständnis angebahnt werden.
– eine bewusste und profilierte Neuwahrnehmung der eigenen religiösen Herkunft und deren begründete Vertretung. Die beiden letzteren Aufgaben sind die eigentlich zentralen, werden aber in der bisherigen Literatur noch viel zu wenig bedacht.

Problematisch und wohl kaum abschließend lösbar ist die Frage nach dem konkurrierenden Wahrheitsanspruch der verschiedenen Religionen. Hier lässt sich bei kritischem Blick nicht verschleiern, dass die interreligiösen Bemühungen bislang auf Vergleich und Verständigung ausgerichtet waren, Konfliktpotentiale aber eher umgehen. Was aber befremdet und ärgert an anderen Religionen?

Eine schwierige Frage bleibt auch die nach der Heimat in der *eigenen* Religion angesichts der fremden Religionen. Wohl kann der Blick auf das Fremde das Eigene neu sehen lassen – aber viele Menschen wissen heute so wenig von der eigenen religiösen Herkunft, dass im interreligiösen Lernen oft Verwirrung und Synkretismen gefördert werden. Wenn Begegnungen mit dem Fremden nicht sehr gut aufgearbeitet werden, führen sie automatisch zu einer Relativierung der eigenen Herkunft und Position. Das fördert dann die verbreitete, aber völlig unbefriedigende Einstellung: jeder muss selbst verantworten, was er für richtig hält. Und es fördert zudem vordergründige Erlebnis-Zugänge, gerade nicht Argumente oder gar Wahrheiten, Überzeugungen und Identifikationen. *Wie* also kann die Begegnung mit anderen Religionen die eigene religiöse Identität klären und stärken? Diese Frage ist eine didaktische, und wieder einmal ist sie von besonderem Gewicht. Überzeugende Antworten stehen bislang aus.

Das Ziel interreligiösen Lernens müsste sein, vom Verstehen zu echter Toleranz, d.h. zu Wertschätzung und Respekt zu führen, die zur *eigenen Bereicherung* beitragen und zu einer Klärung und Vertiefung des eigenen religiösen Verstehens und Empfindens. Dazu muss die Bedeutung fremder Religionen für das Leben von Menschen in anderen Kulturkreisen und Ländern erfasst werden (– es ist ein europäisches Spezifikum, die öffentliche Bedeutung der Religion als gering einzuschätzen; das gilt nur für wenige andere Länder der Welt). Dazu aber muss wiederum eine Didaktik religiöser Sprache, religiöser Weltdeutungen, Bräuche (Vollzüge) und Symbole integriert sein.

5. Didaktik religiöser Formen und Vollzüge

Die Katechetik hatte sich weitgehend auf Texte und Lehrer gestützt. Heute hat sich das Verständnis dessen, was als christlich-religiöser Gehalt gelten könne, stark erweitert: zu ihm gehören die Mythen mit ihren poetischen Weltdeutungen, deren didaktische Bedeutung erst in ersten Ansätzen erkannt wird; zu ihnen gehören Symbole, Bilder, Musik, Zeichen, Räume und eine religiöse Sprache, die die Logik der Religion zum Ausdruck bringen. Und zu ihnen gehören in ganz besonderem Maße die religiösen Vollzüge, etwa der Gottesdienst (die „Kult"-Handlung) und die religiösen Rituale und Bräuche. In ihnen drückt sich nicht nur der Gehalt der religiösen Ideen, Anschauungen und Einstellungen aus, sondern sie sind auch in besonderer Weise geeignet, je neue religiöse Erfahrungen anzustoßen (→ 10.4). Sie sind darum auch die geeigneten Medien für religiöse Kommunikation (→ 10.5).

An dieser Stelle lässt sich eine didaktische Alternative erkennen zur problemorientierten und rationalen Erschließung der Religion und zur Kommunikation *über* das Christentum. Da die Menschen nur noch sehr wenig von zentralen Gehalten des Christlichen wissen, kann ein Einverständnis mit ihm nicht mehr vorausgesetzt werden. Soll es aber hergestellt werden, dann gehören die Formen, Gestalten, Räume und Vollzüge ins Zentrum einer religiösen Didaktik (→ 20). Denn sie zeigen oft sehr viel genauer die „Eigenlogik" des Religiösen, die allem Re-Flektieren (d.h. Nach-Denken) voraus gehen muss; und sie wären vor allem in der Lage, der heutigen Erfahrungsarmut und dem religiösen Traditionsverlust zu begegnen.

Neue Aufmerksamkeit sollte dabei vor allem auf die religiöse Sprache und auf ein religiöses Ausdrucksverhalten gelegt werden. Sie sind zum Verstehen und inneren *Nachvollziehen* von Religion zentral bedeutsam. Ingo Baldermann geht in seiner Bibeldidaktik deshalb sinnvollerweise von den Psalmen aus, deren emotionale Sprachgewalt nicht nur unmittelbar nachvollziehbar ist, sondern fast von selbst ins Weitersprechen und in die (gestische) Darstellung führt. Für die religiöse Sprache sind an dieser Stelle Einsichten der Sprachanalyse fruchtbar zu machen, die die „pragmatische" Dimension der Sprache herausstellt. Neben der Informationsvermittlung (Inhalte) ist Sprache auch als Handlung begreifbar. Die „Sprechakttheorie" (J.L. Austin) betont, dass Sprache das herstellt, was sie sagt: sie hat eine *performative Dimension*. Das gilt etwa bei Beleidigung, Beschuldigung, Lob, Aufforderung, Ernennung, Entschuldigung usw., die mehr und anderes sind als Information. In der Religion ist die performative Funktion der Sprache sehr verbreitet, z.B. im Segen, in rituellen Formeln, in Gleichnissen. Auch hier zeigt sich, dass eine inhaltsbezogene theologische Auslegung oder Didaktik diese entscheidend wichtige Dimension nicht in den Blick bekommt.

Man muss sich sicher der Anfrage stellen, ob es sich bei diesen Überlegungen nicht um eine zeitbedingt modische Erlebnisdidaktik handele. Moden allerdings sind nicht per se verwerflich. Sie bringen immer auch etwas ans Licht, was bewahrenswert ist. Weder der Bibel- und Symboldidaktik noch der Kirchenraumpädagogik ist es aber um bloße Erlebnisorientierung zu tun. Sie halten die christliche Tradition präsent, machen sie allerdings in neuer Weise erfahrbar.

Auch der Vorwurf der Irrationalität greift zu kurz. Eine echte und tiefe Begegnung mit religiösen Formen und Vollzügen hat – neben der persönlichen Bereicherung – gerade *die* Bedeutung, einen Sinn für Religion zu entfalten und ein Gespür für sie zu entwickeln, das oft sehr viel empfindsamer und darum kritischer zu sein vermag als ein rationaler Zugriff, der die Religion immer zunächst nur „von außen" ansieht.

Schließlich kann auch nicht von Inhaltsvergessenheit die Rede sein, da die Religionsdidaktik hier lediglich bestimmte, dogmatisch-lehrhafte Inhalte relativiert, deren *religiöse* Bedeutung und Inspirationskraft oft als zweifelhaft gelten muss. Theologische Dogmatik ist unverzichtbar für die interne, kritisch-intellektuelle Klärung – sie taugt darum aber noch nicht automatisch als Inhalt religiöser Lehre. Sie war vor allem in früheren Jahrhunderten einem sehr kleinen Kreis von Spezialisten vorbehalten – und sie ist es heute wieder. Man kann aber davon ausgehen, dass das Christliche schon immer *weit* mehr über seine Formen und Gestaltungen vererbt wurde als über das Wissen von Inhalten. Denn Voraussetzung für seine Weitergabe ist seine Kommunikation, und *deren* Voraussetzung ist Erfahrbarkeit, d.h. eigene Betroffenheit, eigener Bezug und ein „inneres" Verstehen, das sich über die Wahrnehmung von religiösen Formen und die Teilnahme an religiösen Vollzügen herstellt. Auch wenn es schwer erklärbar ist, so zeigt eine verblüffende Erfahrung im religiösen Spiel (→ 20.3): Der ursprüngliche Gehalt stellt sich aller Erfahrung nach selbst dann immer wieder her, wenn die Spielenden fast nichts über die Inhalte wissen!

Ziel der religiösen Didaktik müsste es darum sein, *die Logik der Religion aufzuschließen, ihren Ausdruck zu fördern und die Lernenden sie selbst weiterdenken zu lehren*. Das geschieht vorwiegend über die Formen, Gestaltungen und Vollzüge der Religion, die zu Erfahrungen, inneren Bildern und Haltungen werden können. Religionsdidaktik muss darum *Deiktik* sein (Erich Weniger), d.h. Hinweis und Zeige-Lehre. Und sie muss Inszenierung und *Präsentation* von Religion sein, so dass eine *Teilnahme* an religiösen Vollzügen angeboten und möglich wird.

6. Performative Religionsdidaktik

„Niemand kann Glauben lehren oder lernen. Wohl aber kann didaktisch abgebildet werden, über welche Formgestalten Gewissheitskommunikation funktioniert." (Leonhard/Klie in dies. 2008, 16)

Die Performative Religionsdidaktik, die erstmals 2003 von Silke Leonhard und Thomas Klie programmatisch gemacht wurde, setzt diese Überlegungen konsequent um. Sie bringt genau das in eine konzeptionelle religionsdidaktische Form, was im vorausgehenden Unterpunkt (→ 11.5) zu einer Didaktik religiöser Formen gesagt wurde. Sie spiegelt ferner den „performative turn" in den Kulturwissenschaften, der auf die eigenständige und unverzichtbare Vollzugsdimension geistiger Gehalte aufmerksam geworden ist und in der allgemeinen Pädagogik längst seine Spuren hinterlassen hat. Performative Religionsdidaktik ist im Grunde gar keine eigenständige und abgrenzbare Form religiöser Didaktik, sondern stellt eher die gedankliche Konsequenz aus den Einsichten in die Struktur religiöser Lernprozesse dar, genau besehen aber auch in die Struktur und Verfassung von Religion überhaupt. Friedrich Schleiermacher hatte längst darauf verwiesen, dass es Religion nicht „objektiv" geben kann, sondern dass ihre Mitteilung grundsätzlich an ihre Darstellung gebunden ist. Religion tradiert keine Sachverhaltsbehauptungen und objektiven oder gar ab-soluten (d.h. wörtlich: losgelösten) Wahrheiten, sondern elementare Erfahrungen und Deutungsmöglichkeiten. Daher lebt sie vor allem in ihren Bildern, Gleichnissen und ereignishaften Geschehensabläufen. Die Performative Religionsdidaktik nimmt das ernst. Damit ist sie eine Art genereller Tendenzanzeiger für die Religionsdidaktik und religionspädagogisch entsprechend bedeutsam.

Konsequenzen zieht sie außerdem aus der Einsicht in die weitgehend abgebrochene christlich-religiöse Sozialisation. So kann vor allem im RU nicht mehr davon ausgegangen werden, dass Schüler die Religion noch mitbringen, über die dann im Unterricht kritisch nachzudenken wäre. Dagegen wird immer wichtiger, Schülern (und nicht nur diesen) überhaupt einen Zugang zur Religion anzubieten und entsprechende Erschließungswege zu bahnen.

„Religiöse Bildung, die Religion wie einen Sachverhalt zu erschließen versucht, bringt ihren Gegenstand zum Verschwinden, bevor sie auch nur eine Ahnung von ihm vermitteln konnte." (Dressler in Leonhard/Klie 2008, 90). Wer Religion verstehen will, kann sich daher nicht primär an Inhalten orientieren, sondern muss ihre *symbolischen Kommunikationswege* erschließen. Bisweilen gilt die Performative Religionsdidaktik daher auch als eine Weiterentwicklung der Symboldidaktik. Konsequenter Weise ist daher auch meist von „Lerngegenständen", nicht von Inhalten die Rede. Gerade die Texte, die für das Christentum so wichtig sind, sind ja keine objektiven Vorgaben. Diese Texte waren und sind in konkreten Situationen „zu Hause" und wollen nach-gesprochen und nach-vollzogen werden, damit je eigene und neue religiöse Erfahrungen angestoßen werden. Eine kognitiv-kritische Annäherung allein wird dem nicht gerecht; sie operiert sozusagen im luftleeren Raum. Ein liturgischer oder biblischer Text etwa verändert seine Qualität ganz erheblich, wenn er statt auf einem Arbeitsblatt gelesen gemeinsam und feierlich in einer Kirche gesprochen wird. Neben der klassischen Texthermeneutik, wie sie vor allem in der Exegese praktiziert wird, wird hier die unverzichtbare Notwendigkeit der Inszenierung und Präsentation, also einer gekonnten Dramaturgie der Religion, neu bewusst. Wer hier kompetent sein will, muss die *Grammatik* und die *Vollzugslogik* der Religion kennen.

Performative Religionsdidaktik geht von der Einsicht aus, dass Lernen an sinnliche Wahrnehmung gebunden ist und religiöses Lernen an die sinnliche Wahrnehmung religiöser Prozesse. *Religion wird durch Religion gelernt* (Friedrich Schleiermacher), nicht durch theoretische Sätze über sie – vorwiegend also durch ihre „Gebrauchszusammenhänge". Damit sind Rituale, Haltungen, Gesten und andere Ausdrucksformen der Religion gemeint, aber auch Sprechvollzüge, Liturgie oder die prozessuale Erschließung von Sakralräumen. Hier wirkt der Gedanke der „Begehung" weiter, den Christoph Bizer als gewichtige religionsdidaktische Kategorie ins Spiel gebracht hat; aber auch die neueren Einsichten in die grundlegend ästhetische Struktur religiöser Gehalte und Ausdrucksformen, die selbst für ihre Texte und deren Rezeption gültig ist (→ 19.4, 20).

Damit verfolgt die Performative Religionsdidaktik eine doppelte Absicht: einmal die Anbahnung einer Einsicht in die Vollzüge, Abläufe und damit in die Logik der Religion. Und zum anderen ein zumindest anfängliches Wissen darum, wie „es geht" – also ein Wissen um religiöse Ausdrucksmöglichkeiten und eine erste praktische Annäherung an solche. Ihre grundlegende methodische Idee ist die eines (freibleibenden) Probehandelns, das neben der Möglichkeit eines intensiveren Kennenlernens und Verstehens von religiösen Abläufen und Prozessen auch die der Identifikation anbietet. In jedem Fall ist hier eine innere Beteiligung angezielt, die die so oft störende Distanzierung von der Religion durch historische Echtheitsfragen überspringt und diese Fragen in die erst im Nachhinein sinnvolle *Re*-flexion, also ins Nach-Denken, stellt. Beides muss zusammenkommen: „Beobachtung ohne Teilnahme ist leer, Teilnahme ohne Beobachtung ist blind" (Klie/Dressler ebd. 233).

Die inzwischen vorgebrachte Kritik, dass hier vor allem der schulische RU einerseits seine Grenzen überspringe und andererseits Religion zur pragmatischen Spielerei verkommen lasse, trifft nicht. Probehandeln ist eine pädagogische Grundkategorie und in *allen* schulischen Fächern eingeführt und selbstverständlich im Gebrauch. Die Tatsache, dass man sich ausgerechnet im RU so schwer mit ihr tut, lässt sich aus den heiklen Freiheitsgrenzen, die dieses Fach berührt, erklären. Allen Beteiligten muss immer die Möglichkeit der Distanzierung eingeräumt werden. Die Unterscheidung religiösen Probehandelns von authentischer Religionspraxis muss deutlich sein. Keineswegs aber sollte man ausschließen, dass diese Grenze nicht im Einzelfall und für Einzelne durchlässig werden kann. Die Erfahrung zeigt gerade, dass performative Vollzüge höchst beliebt sind.

Performative Religionsdidaktik zielt denn auch keineswegs eine Einübung in vorgegebene Schemen an, sondern vielmehr ein freies Experimentieren und Ausprobieren. Sie geht davon aus, dass prinzipiell alles zum Anlass für religiöse Einsicht und Erfahrung werden kann, dass das vorrangig aber natürlich die geprägten Bilder und Rituale der Religion sind. Es ist darum kein Zufall, dass neben einer Vielzahl von unterschiedlichen performativen Ideen vor allem biblische Vorgänge und Erfahrungswege und liturgische Elemente bearbeitet werden. Hier ist wirklich Christentum als Religion im Blick, nicht Spekulation oder Moral.

Im Grunde müsste auch das Studium der Theologie an der Hochschule (→ 7) primär ein Studium religiöser Vollzüge sein, und nicht (nur) ein Studium von deren theologischer Verarbeitung und historischer Wirkung – ein ebenso ungewohnter wie folgenreicher Gedanke. Das theologische Studium ist wenig sinnvoll, wenn seine Abgänger theologisch versiert, aber religiös inkompetent sind.

Zusammenfassung

Am ehesten eignen sich für religiöses Lernen jene Ausdrucksformen der Religion, die Niederschlag von religiösen Erfahrungen sind und die darum eine didaktische „Absicht" mit sich führen. Das gilt vor allem für die Bibeldidaktik, die biblische Texte so aufschließt, dass neue Erfahrungen und Sichtweisen möglich werden. Die Symboldidaktik geht davon aus, dass Symbole zentrale Bedeutung für das Verständnis der Religion haben und deshalb den Weg zu ihr eröffnen können. Die Kirchenraumpädagogik erschließt Sakralräume so, dass Selbsterfahrungen möglich werden. Noch in der Entwicklung befinden sich Formen des interreligiösen Lernens und eine religiöse Sprach-, Ritual- und Symbolisierungsdidaktik.

Literatur: Zu 1: G. Lämmermann/C. Morgenthaler/K. Schori/K. Wegenast 1999; bes. M. Baumann, 33–43 – I. Baldermann 2007 und 2006 – H.K. Berg 2000 und 2003 – K. Wegenast in Ritter/Rothgangel 1998, 63–77. Zu 2: H. Halbfas 1982 – P. Biehl 1989 – G. Hilger in: G. Hilger/S. Leimgruber/H.-G. Ziebertz 2001, 330–339 – B. Dressler/M. Meyer-Blanck 1998 – NHRPG V.1.5. Zu 3: T. Klie 1998 – R. Degen/I. Hansen 1998 – M.L. Goecke-Seischab/J. Ohlemacher 1998. Zu 4: R. Englert 2008, 48–58 – H.-G. Ziebertz in Schweitzer u.a. 2002, 121–143 – S. Leimgruber 2007 – W. Haussmann/J. Lähnemann 2005 – LexRP Art. „Interreligiöses Lernen". Zu 5: → 20. Zu 6: S. Leonhard/T. Klie 2009 – T. Klie/S. Leonhard 2008.

12 Didaktik des Religionsunterrichts

„Als Resultat ... ergibt sich das magere Fazit, daß die Schülerorientierung des Religionsunterrichts von der Religionspädagogik bisher kaum theoretisch realisiert werden konnte. Sie bleibt Lehrern überlassen." (Lotz in Heimbrock 1998, 185)

In der Tat werden die Einstellungen, Bedürfnisse und Erfahrungen von Schülern – gar ihre religiösen Erfahrungen – in der RP bisher keineswegs als konstitutiver Ausgangspunkt der Religionsdidaktik gewertet. Der RU richtet sich in der Praxis des Schulalltags an den Lehrplänen aus, und diese gingen bisher auf Bedürfnisse eben so wenig ein wie auf die Eigenart religiösen Erlebens, Denkens und Ausdrucks. Erst die neueste Lehrplangeneration setzt hier andere Akzente.

„Didaktik" ist in diesem Kapitel im engen Sinne verstanden und auf die Faktoren der konkreten Unterrichtssituation bezogen. Vorausgesetzt ist hier wieder, dass Religion weniger als Inhalt, eher als Ort und Medium von Erfahrungen auftreten sollte: als Sprache, Bild, Symbol, Atmosphäre, Ausdruck usw. (→ 10.2). Die Frage ist jetzt: wie kann am Ort Schule guter RU gehalten werden? Was gehört zum „Handwerkszeug" eines guten Religionslehrers?

1. Schüler und ihre Einstellung zum RU

Schüler und Schulklasse

„Vor dem Klassenzimmer der 4a drängeln sich die Schüler, zwei fallen ... über einen Ranzen, die anderen 18 schieben und drücken von hinten. Michael und Thomas haben sofort Streit, boxen und schubsen sich. Andrea wischt mit dem Ranzen Tanjas Buntstifte vom Tisch. Tanja besteht darauf, daß Andrea die Stifte aufhebt, die weigert sich, prompt wird auch da gerangelt ... Im Geschichtsunterricht einer Münchner Hauptschule fällt ein Fünftkläßler ohne jeden Grund und mit lautem Knall vom Stuhl. ‚So was', berichtet die Lehrerin ..., ‚passiert immer wieder, die Kinder haben sich körperlich einfach nicht mehr unter Kontrolle.' ... ‚Früher', sagt sie, habe sie ‚vielleicht zwei, drei unruhige Fälle gehabt', heute sei ‚die Hälfte der Schüler undiszipliniert.' Sie pfeifen, singen, reden dazwischen und ‚merken es selbst nicht einmal' ... Lachend gesteht die elfjährige

Sandra..., daß sie kürzlich ... ‚heimlich ein Horror-Video' angeschaut habe. Nachts sei sie dann ‚schreiend aufgewacht' und am nächsten Morgen in der Schule ‚gar nicht mehr richtig wach geworden.' ... An allen Schulen mangelt es den Schülern an einfachen Grundfertigkeiten: Gedächtnis, Ausdauer, Einfühlungsvermögen, innere Disziplin." (Der SPIEGEL, 11.4.1988, 28f.)

Ist diese Schilderung übertrieben? Der Bericht, der unter dem Titel „Gestört und seelisch tot. Gewalt und Gefühlsarmut verändern das Klima an den Schulen" immerhin bereits 1988 (!) erschien (und immer wieder Nachfolger hat), bearbeitet ein Tabu. Weder Lehrer noch Eltern gestehen gern ein, was an unseren Schulen passiert. Der Befund gilt zunächst für die sozialen Brennpunkte der großen Städte; Medien und Mobilität gleichen das Verhalten aber auch in den übrigen Bereichen immer mehr an. Zwar lässt sich inzwischen wieder eine leicht ansteigende Leistungsbereitschaft bei Schülern feststellen, aber kaum eine Verbesserung des allgemeinen Trends (→ 16.1–2).

⌈Schüler heute sind individualisiert, haben viele Freiheiten und Möglichkeiten, aber oft wenig Disziplin. Reizüberflutung durch die Medien, geringe Verarbeitungszeit und vor allem mangelnde soziale Begleitung kennzeichnen ihre Situation. Dazu kommt meist eine konsumbedingte hohe Anspruchshaltung, die sich auch auf Reiz- und Impuls-Erwartungen auswirkt. Verbreitet ist die Einstellung: Man muss sehen, dass man zu etwas kommt; man darf sich nichts gefallen lassen (→ 16.1).

In internationalen Lernvergleichen („PISA-Studie") erscheinen deutsche Schüler auf den hinteren Plätzen. Das schafft Aufregung in der Bildungspolitik und in der Öffentlichkeit. Die bisherigen Unternehmungen – Einführung von Lernstandards, Erhöhung der Leistungsanforderungen – führen aus pädagogischer Sicht allerdings glatt in die falsche Richtung: anstatt den (auch im Leben allgemein) bereits vorhandenen Druck noch zu erhöhen, müsste die *Motivation* von Schülern und Lehrern verbessert werden. Darum gibt es *zwei* Gründe für schlechte Schülerleistungen: die Schüler der Konsumgesellschaft sind saturiert und müde. Und: Schulisches Wissen ist allzu oft überfordernde tote Information mit erstaunlich wenig Lebensbezug. Woher soll da die Motivation zum Lernen kommen?⌋

Es geht an der Feststellung kein Weg vorbei: Die gegenwärtige Schule stellt aus pädagogischer Sicht ein gravierendes Problem dar. Der Leistungsdruck steigt, die in der Schule verbrachte Lebenszeit wird immer länger, in Deutschland sind die Klassen mit oft über 30 Schülern *erheblich* zu groß. Bewegung, Kreativität, Spontanität, Ausdruck sind gegenüber kognitiven Informations- und Denkaufgaben stark untergewichtet. Schüler gehen bedenklich selten *gern* in die Schule – und wenn, dann vor allem, weil sie ihre Freunde treffen. Wenn Schüler der Schule etwas abgewinnen, dann oft auf deren „Hinterbühne": in Pausen, Exkursionen und Wahlkursen. Alternative Schulen (Montessori- und kirchliche Schulen, von Hentigs Laborschule u.a.) haben bisher keinen Einfluss auf das staatliche Schulsystem. Unglaublich, aber wahr: Motivation und Freude am Lernen spielen in ihm keine Rolle. Sie bleiben den Lehrern überlassen.

Der Umgang mit Schülern ist allerdings schwieriger geworden. Er erfordert neben der Lernmotivation eine klare Führungsrolle, die abhängig ist vom Selbstbewusstsein und der natürlichen Autorität der Lehrer. Diese entscheiden über das Wohl und Wehe einer Klassenführung, und oft auch eines ganzen Lehrerlebens – werden aber praktisch nirgendwo gelehrt und trainiert. Eine Schulklasse ist aus verhaltenspsychologischer Sicht ein „Rudel", in dem bestimmte Strukturen und Hierarchien gelten: es gibt Dominante und Unterlegene, Außenseiter, Angeber, „Klassenkasper". Die Abwehr einer Klasse gegen einen Lehrer, der seine Führungsrolle aus der Hand gegeben (oder nie eingenommen) hat, ist oft nur sehr schwer zu handhaben.

Einstellungen der Schüler zum RU

> „Der Religionsunterricht ist nicht zuletzt deshalb heute kein Fremdkörper in der Schule, weil sein didaktisches Niveau dem der übrigen Unterrichtsfächer vergleichbar ist." (Feifel in Ziebertz/Simon 1995, 86)

Die Debatte um die Konzeptionen (→ 3) hat also den Blick geschärft und Früchte getragen. Das didaktische Niveau des RU ist nicht nur „vergleichbar", sondern oft genug vorbildlich. RU ist *längst* nicht mehr das, wofür ihn viele noch halten: kirchliche Mission. Er vermag zwar die religiöse Sozialisation zu verstärken, sofern sie durch die Eltern betrieben wurde, kann aber nur selten einen eigenen religiösen Grund legen.

Der RU ist bei den Schülern keineswegs so unbeliebt, wie oft behauptet wird. Nach Untersuchungen von Anton Bucher ist die Beliebtheit bei Grundschülern sogar sehr hoch (eines der Lieblingsfächer nach Kunst und Sport), bei älteren Schülern nimmt sie allerdings kontinuierlich ab und landet in den oberen Klassenstufen auf den hintersten Rangplätzen. Auch die Akzeptanz der Kirche sinkt hier von 60% bei den Grundschülern auf gerade einmal 5%. „Bei den 12–15-Jährigen ist ... ein deutlicher Einbruch zu verzeichnen." Hier zeigt sich ein Unterschied zu den anderen Schulfächern. Die Religionslehrer werden dagegen sehr positiv bewertet. Geschätzt wird die „Aktivität mit als lebensnah eingeschätzten Themen ... Entscheidend ist jeweils, ob es gelingt, die SchülerInnen in Aktivität zu bringen." Einen schweren Stand hat der RU an den Berufsschulen. Die Mehrzahl der Schüler würde hier einer Abschaffung des RU allerdings nicht zustimmen. Auf alle Schularten bezogen liegt die Beliebtheit des RU im oberen Durchschnittsbereich. Jedoch: „Mittelmäßig ist die dem RU bescheinigte Effizienz. Am ehesten wird ihm attestiert, Kenntnisse über andere Religionen zu vermitteln, zur Allgemeinbildung beizutragen ... Deutlich geringer ist jedoch – von der Grundschule abgesehen – die Lebensrelevanz" (Bucher in KatBl 2000, 368ff.) Das gibt zu denken – offensichtlich wird der methodisch abwechslungsreiche Grundschul-RU mit seinen erzählenden, spielerischen, gestaltenden Elementen geschätzt, während das theologische Wissen und Reflektieren in den oberen Klassenstufen offenbar ohne Lebensbezug bleibt.

Die meisten Schüler stehen in Distanz zur Kirche, ebenso zur christlichen Lehrtradition. Allerdings zeigen sie ein hohes persönliches Interesse, Neugier und Sehnsucht nach Religiosität (→ 18) und religiöser Erfahrung. Ihre Einstellung zum RU beruht oft auf singulären persönlichen Erfahrungen und ist stark abhängig von der Lehrperson sowie von der Qualität des Unterrichts. Erwartet werden pragmatisches, lebensbezogenes Vorgehen und ein gutes soziales Klima. Niveau ist durchgehend erwünscht – Schüler wollen keineswegs eine „Gaudistunde" oder ein „Laberfach", ebenso wenig wie straffe Kirchlichkeit. Die beliebtesten Themenbereiche sind entsprechend die lebensbezogenen (Freundschaft und Liebe, Umgang mit der Zeit, Tod und Sterben, die Frage nach dem Sinn des Lebens usw.), auch Fremdreligionen u.a.; am wenigsten beliebt sind traditionelle biblische und theologische Themen.

2. Die Lehrenden

Die Religionslehrer kommen den Erwartungen der Schüler weitgehend entgegen. Untersuchungen (Feige u.a. 2001) zeigen, dass die Religionslehrer nach ihrer Selbsteinschätzung zum größten Teil in einer „kritischen Verbundenheit" mit ihren Kirchen stehen. Sie betrachten sich aber keineswegs als deren Agenten. Eine Ablehnung der Kirche ist ebenso selten wie eine starke Anbindung an sie; meist herrscht eine volkskirchliche, allgemeinchristliche Einstellung vor. Andreas Feige nennt das „symbiotische Distanz". Damit werden die Religionslehrer zum prominentesten Beispiel der „Entkoppelung" von kirchlicher und gesellschaftlicher Religionsauffassung. Interessanterweise verkleinert sich die Distanz zur Kirche bei den jüngeren Jahrgängen und macht einem pragmatischen Verhältnis Platz.

Religionslehrer wollen weder kirchliche Lehre verbreiten noch einer vagen, gesellschafts-stabilisierenden Zivilreligion das Wort reden. Ihr erstes Ziel ist es, die Schüler bei ihrer eigenen Religiosität abzuholen und diese zu fördern. Die Autonomie der Schüler, der Bezug zu ihrer Biographie und Lebenswelt, wird also – zumindest den Selbsteinschätzungen der Lehrer nach – durchgehend ernst genommen. Vor allem sind sie sich darin einig, dass alle Themen der christlichen Religion aus der Perspektive der Schüler heraus gesehen und entsprechend für sie aufgeschlossen werden müssen. Die Offenheit für ökumenische Kooperation ist bei fast allen gegeben, ferner ein Interesse an spirituellen Fragen.

Religionslehrer vereinigen in sich eine Reihe von verschiedenen Rollen mitsamt deren Erwartungen. Sie haben (sofern sie nicht im kirchlichen Auftrag oder in Teilzeit unterrichten) in der Regel Beamtenstatus und sind einem Kollegium und einem Schulleiter verbunden. Die Gesellschaft hat ebenso bestimmte Erwartungen an die Religionslehrer (vor allem Wertevermittlung) wie die Kirchen. Diese beauftragen die Religionslehrer mit der sog. „Vocatio" (evang.) bzw. „Missio" (kath.); niemand darf ohne diese kirchliche Genehmigung Religion unterrichten. Die Kirchen unterstützen die Religionslehrer z.B. durch die religionspädagogischen Zentren; der RU hat hier bemerkenswert viele und auch viel genutzte Fortbildungsmöglichkeiten. Schließlich gibt es die eigenen Erwartungen, die sich auf das eigene Selbstkonzept, Selbstbewusstsein, Ehrgeiz, Anerkennungswünsche und nicht zuletzt auf das eigene religionsdidaktische Konzept richten: Was will ich eigentlich erreichen? Religionslehrer sind ferner immer zugleich Theologen und Pädagogen. Faktisch haben sie mit der Ausbalancierung dieser Rollenzuschreibungen aber selten größere Schwierigkeiten.

Die Erinnerung an den eigenen RU kann zeigen, dass die Person des Religionslehrers höchst bedeutsam für das religiöse Lernen ist. Oft bleibt nur sie deutlich im Gedächtnis haften. Die Frage ist also religionsdidaktisch von Gewicht: Wann ist ein Religionslehrer anerkannt? Dann, wenn er sachliche, personale und didaktische Kompetenz vorweisen kann. Das heißt im Einzelnen:

a. Sachliche Kompetenz. Theologisches Wissen und Stoffbeherrschung machen einen Religionslehrer anerkannt. Höchst bedeutsam ist darüber hinaus aber seine Fähigkeit, das eigene Wissen auf das gegenwärtige Leben zu beziehen, was wiederum in aller Regel mit einer gewissen *Begeisterung* für die (christliche) Religion und die eigene Tätigkeit einhergeht.
b. Personale Kompetenz. Anerkannt ist ein Lehrer generell, wenn er bereit und fähig ist, die Führungsrolle vor der Klasse zu übernehmen. Das wird oft unterschätzt. Schüler mögen keineswegs liebe, harmoniebedachte und nachlässige Lehrer, die sich nicht durchsetzen können. In einer unübersichtlichen Welt werden Strukturen, klare Abmachungen und Konzentration (nicht: autoritäres Verhalten!) geschätzt. Für Religionslehrer sind neben solcher natürlichen *Autorität* ferner Authentizität (Echtheit

statt gekünsteltes Auftreten) und *Zuwendungsbereitschaft*, also Beziehungsfähigkeit, Achtung vor den Schülern und einfühlendes Verstehen besonders wichtig. Eine gute Leitung muss also Kontrolle und Zuwendung in Balance halten. Beides zusammen macht Souveränität aus, die entsprechend geschätzt wird. Mangelnde Kontrolle führt zur Unstrukturiertheit und wird bei den Lernenden als unbefriedigend empfunden; mangelnde Zuwendung wirkt sich negativ auf die Motivation aus.

c. Didaktische Kompetenz. Ein Religionslehrer muss die Erfahrungen, Bedürfnisse und Einstellungen seiner Schüler kennen und sich auf sie einlassen können. Er muss ebenso das Wesentliche an den christlichen Gehalten verstehen, herauskristallisieren und so anbieten und präsentieren können, dass alte Erfahrungen neue anstoßen können. Wenn es ihm gelingt, christlich-religiöse Gehalte so zu kommunizieren, dass sie bei Schülern Nachdenklichkeit, Lebenshilfe, neue Sichtweisen oder gar Begeisterung anstoßen, dann kann er als religionsdidaktisch kompetent gelten. Erreicht werden kann das, wenn ein Religionslehrer nicht nur informiert, sondern vor allem die *Moderation religiöser Erfahrung* betreibt (s.u.).

Schüler orientieren sich heute kaum noch an klassischen Vorbildern (→ 16.3). Sie schätzen weniger die „Glaubwürdigkeit" einer bestimmten Glaubensüberzeugung und Lebenspraxis (diese gilt heute als Privatangelegenheit!), sondern eher Authentizität, Lebenserfahrung, Stil des Auftretens und persönliche Ausstrahlung.

Die klassischen Konzeptionen der RP (→ 3) stellen jeweils eigene Erwartungen an die Religionslehrer. Diese sollen Verkündiger und Zeugen des Wortes Gottes sein (Evang. Unterweisung), wissenschaftlich kompetente Ausleger der Urkunden des Christentums und Anwälte existenzieller Fragen der Schüler (Hermeneutische RP), Moderatoren für die Diskussion von Gesellschaftsfragen (Problemorientierung), therapeutische Seelsorger und psychologisch geschulte Förderer der religiösen Sozialisation und religiöser Fragen der Schüler (Therapeutische RP). Außerdem sollen sie neuerdings symbolkundige Mystagogen sein, d.h. Einweiser in das (religiöse) Geheimnis. Keine dieser Erwartungen ist falsch oder überflüssig, kein Einzelner kann ihnen allen aber gerecht werden. Sinnvoll scheint darum die folgende Einschätzung:

> „Religionslehrer sollen und können in gleichsam gebrochener Authentizität in einem deiktischen, d.h. zeigenden Sinne nicht sich selbst, sondern Religion zeigen – und die Welt zeigen, wie sie sich aus der Sicht des Glaubens darstellt, ohne zu meinen, als ‚Glaubenszeugen' Glauben ‚lehren' zu sollen und zu können." (Dressler/Feige in NHRPG 403)

3. Lehrplan und Lernziele

Lehrpläne

Die Lehrpläne werden durch die Kultusministerien der einzelnen Bundesländer erstellt. Die Funktion des Lehrplans (auch „Bildungsplan", „Rahmenrichtlinien" u.a.) ist die Strukturierung, Steuerung und Kontrolle des fachlichen Lernens. Er gibt ein Raster vor, das einen Überblick über mögliche Themen, deren sinnvolle Abfolge und ihre Altersangemessenheit darstellt. Er hat also eine Koordinierungs- und Steuerungsfunktion: Für die Lehrer stellt der Lehrplan keineswegs nur eine Pflicht dar, sondern auch eine Anregung und dadurch eine Entlastung davon, die gesamten Unterrichtsthemen selbst ausdenken und strukturieren zu müssen. Außerdem: wo der Lehrplan nicht die Richtlinie vorgibt, entsteht automatisch ein „privater Lehrplan", der sich aus unterschwelligen Einflüssen wie Lieblings- und Modethemen oder simplen Gehalten zusammensetzt.

Der Lehrplan hat eine Geschichte hinter sich, die den Fortgang der pädagogischen Einsicht spiegelt. Für den RU verlief die Geschichte parallel zur allgemeinen Lehrplanentwicklung. Früher waren die Lehrpläne schlicht Stoffverteilungspläne. Seit der Curriculum-Diskussion (lat. curriculum = „Ablauf") ist die Bedeutung der Lehrpläne und die Diskussion um sie stark angewachsen. Vor allem durch Saul B. Robinsohns Programmschrift „Bildungsreform als Revision des Curriculum" (1967) ist die Analyse von Lernprozessen, die Reflexion von „Qualifikationen" für bestimmte Lebenssituationen, von „Bildungsinhalten", vor allem aber die Operationalisierung von Lern- und Unterrichtsabläufen durch *Lernziele* Teil der Lehrplangestaltung geworden. Lernziele dienen der Überprüfung des Erreichten und tragen zu einer Begründung und Legitimation von Lernprozessen bei.

Die Curriculum-Diskussion führte zunächst zu den sog. „Curricularen Lehrplänen"; diese waren Spaltenpläne, die Unterrichtsverhalten des Lehrers und erwartetes Schülerverhalten, Methoden, Medien und didaktische Hinweise und Vorschläge in Spalten nebeneinander stellten, dadurch den Unterricht stark mit Vorgaben belasteten und regelrecht verplanten. Im katholischen Bereich haben sich seit den 1970er Jahren die sog. „Zielfelderpläne" an dieser Struktur orientiert, sie aber relativ offen gehandhabt. Für den katholischen RU gibt es seit den 1980ern die „Grundlagenpläne", die eine verbindliche kirchliche Rahmenvorgabe für die Erstellung der jeweiligen RU-Lehrpläne vornehmen. Im evangelischen Bereich gibt es dafür kein Pendant.

Abgelöst wurden die curricularen Lehrpläne vom Modell der Rahmenrichtlinien, die statt der genauen Angaben in Spalten generelle Leitthemen und Hinweise zur Schülersituation und zu weiter reichenden Leitzielen geben und auf weitere Lernzieldifferenzierungen verzichten. Diese Lehrpläne sind im Laufe der letzten Jahre immer mehr auf wenige zentrale Hinweise zusammengeschrumpft, die den Lehrern wesentlich mehr Freiheit in der Unterrichtsplanung lassen, allerdings aber auch weniger Hilfestellungen geben. Einführende Überlegungen zu den Themenbereichen beschränken sich auf die Reflexion der Schülersituation und grundlegend wichtiger inhaltlicher Gehalte. Großer Wert wird auf fächerübergreifende Kooperation gelegt – ohne dass die Schulen dafür allerdings die nötigen Voraussetzungen haben.

Üblich ist inzwischen eine Aufteilung in ca. 3–4 übergreifende Pflicht-Themenbereiche pro Jahrgangsstufe, zu denen in der Regel (wenn nicht alle Themen verpflichtend sind) weitere etwa 4–6 Wahlpflichtthemen kommen, aus denen meist zwei auszuwählen sind, so dass pro Jahrgang und Fach etwa 5 oder 6 Themenbereiche abzudecken sind. Bei 52 Wochen pro Jahr, von denen etwa 35 Schulwochen sind, fallen für den meist 2-stündig erteilten RU damit etwa 70 Unterrichtsstunden an. Bedenkt man die Stunden, die für Feste, Besprechung unvorhergesehener Tagesereignisse u.a. benötigt werden oder die ausfallen, dann bleiben für die 5 oder 6 Themen des Jahres – je nach Bearbeitungszeit – jeweils ca. vier bis sieben Wochen (das wären 8 bis 14 Unterrichtsstunden).

Lernziele

Sinn der Lernziele ist weniger „Qualifikation", sondern sehr viel mehr die Schärfung des didaktischen Bewusstseins: Was soll im Unterricht erreicht werden? Das ist genau zu überlegen; die Erfahrung zeigt, dass Unterrichtsstunden, deren Lernziel nicht eindeutig klar erkennbar ist, bei den Schülern für Verwirrung sorgen und sehr häufig undiszipliniert ablaufen.

Mit einem Unterrichtsinhalt können sehr verschiedene Ziele angesteuert werden. Am Beispiel der Zachäus-Geschichte (Lk 19,1–10): sollen die Schüler das Gefühl des Außenseiters nachvollziehen? oder Gottes Annahme der Ausgestoßenen durch Jesus erfahren? oder verstehen, warum Jesus die etablierte Religion provoziert? oder die Möglichkeit von Veränderung im eigenen Leben durch die Begegnung mit Gott entdecken? usw.

Für Lernziele lassen sich verschiedene Ebenen unterscheiden: das Globalziel, das die übergreifende Aufgabe eines Schulfaches angibt; Richtziele für die einzelnen Jahrgangsstufen; Grobziele (die eigentlichen Stundenziele) für eine Unterrichtsstunde, evtl. auch für eine Einheit aus zwei oder drei Stunden; schließlich Feinziele, die den einzelnen Unterrichtsschritten zugeordnet sind. Unterscheiden lassen sich operationalisierbare (überprüfbare) und intentionale Lernziele, die eine Einstellungsveränderung oder eine Empfindung bezeichnen; letztere sind für den RU besonders bedeutsam.

Wichtig ist für die Unterrichtspraxis vor allem die genaue Reflexion des Grobzieles. Zur eigenen Kontrolle ist es sinnvoll, dieses nicht indikativ („Die Schüler lernen..."), sondern als Aufgabe zu formulieren: „Die Schüler *sollen...*". Sehr sinnvoll ist weiterhin die Unterscheidung in kognitive, affektive (emotionale) und pragmatische Lernziele, auch wenn sich manche Lernzielformulierungen zwischen diesen Ebenen bewegen und nicht genau zuordnen lassen. *Kognitiv* sind Lernziele, wenn sie Wissen anstreben (kennenlernen, verstehen, einsehen, wissen usw.). *Affektiv* sind sie, wenn sie auf eigene Erfahrung oder Betroffenheit zielen (nachvollziehen, sich hineinversetzen, empfinden können usw.). Dieser Bereich ist religionsdidaktisch der mit Abstand wichtigste! Denn er allein garantiert, dass wenigstens der Versuch gemacht wird, dass Lerninhalte nicht „draußen" bleiben, sondern in die Erfahrungswelt der Schüler Eingang finden. Auch hier zeigt die Erfahrung, dass affektive Lernziele für die höchste Aufmerksamkeit sorgen. – *Pragmatische* Lernziele sind solche, die ein praktisches Tun oder Können anzielen (malen, Fortsetzung schreiben, szenisch darstellen, religiöse Symbolisierungen und Vergleichbares).

4. Unterrichtsvorbereitung

> „Weil unterrichtliche Wahrnehmungsprozesse wie Rollenspiele strukturiert sind und etwas vom Theaterspiel an sich haben, kann Unterricht als eine Art Inszenierung und Dramaturgisierung von Lernprozessen verstanden werden." (Zilleßen/Beuscher 1998, 131)

Unterricht will gut geplant sein – am besten im Sinne dieser bedeutsamen Bemerkung. Unter Didaktikern gibt es den scherzhaft gemeinten Ausdruck der „Schwellenstunde" – ein Lehrer überlegt sich beim Übertreten der Schwelle zum Klassenraum, was er in der kommenden Stunde machen will. Bei erfahrenen Lehrern können solche Stunden im Ausnahmefall gut gelingen; bei Anfängern dürften sie gründlich schief gehen. Es geht also nicht ohne Unterrichtsplanung, und diese braucht Strategie. Solide Vorbereitung ist eines der besten Mittel für gute Klassenführung. Die Beobachtung von Unterrichtsabläufen zeigt die Ideen und Folgerichtigkeit der Vorbereitung sehr deutlich.

Ausführliche selbst erstellte Unterrichtsentwürfe werden unterschiedlich gehandhabt. Wichtige Elemente sind immer

a. die persönliche Begegnung des Lehrenden mit dem Lerninhalt (Text, Thema, Symbol, Szene, Problemstellung, Erfahrung usw.) und dem Lernziel. Wo die persönliche Einstellung (Vorurteil, Ablehnung, Begeisterung) unbewusst bleibt, mischt sie sich oft unterschwellig ein.

b. die Analyse der Lernvoraussetzungen der Schüler. Dazu gehören vermutetes Vorwissen und Vorerfahrungen, Interesse am Thema und am Fach, beobachtbares Verhalten, kultureller und sozialer Hintergrund usw.
c. die fachwissenschaftliche Analyse mit Hilfe von wissenschaftlichen Lexika, Monographien, Aufsätzen und Kommentaren (bei biblischen Texten)
d. die Begründung des Lerninhalts, die sich auf b. und c. beziehen und eigentlich von ihnen abgeleitet werden muss
e. die didaktische Strukturierung, die zu einer Modifikation des Lernziels führen kann; ihre Aufgabe ist die „Reduktion" bzw. Elementarisierung (→ 10.3) eines komplexen Gehalts auf übersichtliche unterrichtliche Abläufe und die Strukturierung des Stundenverlaufs durch sinnvoll aufeinander folgende einzelne Unterrichtsschritte und durch die begründete Wahl von Methoden, Medien und Sozialformen. Sie endet in der Erstellung eines Verlaufsplans.

Entscheidend bei der Unterrichtsvorbereitung ist die genaue *Bestimmung des Lernziels* und seine schrittweise Umsetzung, nicht die Vermittlung von Inhalten. Dabei kann der Gedanke der Elementarisierung hilfreich sein: was an dem, was ich vorhabe, ist elementar wichtig, bedeutsam, spürbar und übertragbar auf andere Bereiche? Das Lernziel soll affektiv formuliert sein, da nur so der *Erfahrungsbezug* bei den Schülern zum Tragen kommt. Für den RU ist ferner zu beachten, dass das Lernziel möglichst einen *religiösen Gehalt* spiegeln sollte, nicht einen allgemeindidaktischen, soziologischen oder historischen. Das wird oft übersehen.

Für die praktische Unterrichtsvorbereitung empfiehlt sich das von der ersten bis zur 13. Klasse bewährte fünfstufige Schema, das hinreichend komplex, zugleich aber noch überschaubar ist. Vier Schritte sind zwar möglich, erreichen aber weniger Differenzierung; sechs Schritte können bereits verwirren. Die fünf Stufen sind auch aus pragmatischen Gründen der Vorbereitung ausgesprochen nützlich und empfehlenswert, denn sie geben ein solides Raster für die einzelnen Planungsschritte an die Hand. Sie entsprechen dem sog. „lernpsychologischen Modell", und nicht zufällig auch dem antiken Rhetorikschema (Einleitung, Positionsdarstellung, Gegenposition, Lösung, Bekräftigung), dem Grundschema des klassischen Dramas (Exposition, Konflikt, Verschärfung, dramatischer Höhepunkt, Ausklang) und dem Aufbau guter Kinofilme – mit dem einen Unterschied, dass die Pointe von Schritt vier nach Schritt drei vorverlagert ist; der „Anmarschweg" wird dadurch kürzer, die Schüler erhalten außerdem mehr Raum für eigene Betätigung.

Der Aufbau soll *nachvollziehbar* und unmittelbar einleuchtend sein. Er soll einen *Spannungsbogen* zeigen. Eine Unterrichtsstunde erfordert ebenso wie ein gutes Theaterstück eine Dramaturgie und sollte darum eine regelrechte Dramatik haben! Der Verlauf einer normalen Unterrichtsstunde richtet sich dann nach folgendem Idealschema, das für alle religiösen Gehalte anwendbar ist und natürlich durch alternative Formen variiert werden kann:

I. Motivation
Sie führt unter Bezug auf die Schülererfahrung kurz und direkt in die anstehende Problematik (– nicht in den Inhalt!) ein, richtet sich also bereits am Lernziel aus. Geeignet sind Karikaturen, Bilder, graffitiartige Tafelanschriften, Impuls-Geschichten, Kurzfilme usw., die für Aufmerksamkeit und Interesse sorgen.

II. Information
*Im Normalfall: eine Erzählung (oder: ein Bericht, ein Text usw.), die wiederum so direkt als möglich das Lernziel ansteuert. Sie endet nicht mit einer Frage, sondern idealerweise mit einem echten **Impuls**, d.h. einer Herausforderung zur Stellungnahme.*

III. Diskussion
Hier wird das Lernziel erreicht. War der Impuls am Ende von II gut gesetzt, sorgt er nun dafür, dass ein Gespräch bzw. eine Diskussion eröffnet und das Lernziel von den Schülern selbst eingelöst wird („Aha-Moment", didaktische Pointe).

IV. Verarbeitung
*Sie gibt den Schülern an Hand einer **Arbeitsanweisung** Gelegenheit zur eigenständigen Rekapitulation oder besser zur Weiterführung dessen, was sie eingesehen oder erfahren haben (z.B. anhand eines Arbeitsblattes, einer Fortsetzung, eines Rollenspiels usw.).*

V. Ergebnissicherung
Eine kurze Phase zum Abschluss, klassischerweise ein Hefteintrag, der die Ergebnisse der Stunde (möglichst in der Formulierung der Schüler!) zusammenträgt; oft eignet sich das Tafelbild zum Übertrag.

Im *Planungsschema* entspricht jedem Schritt ein Feinziel. Hier werden (so knapp und übersichtlich wie möglich) angegeben: Die einzelnen Schritte und ihre Feinziele – beabsichtigtes Lehrerverhalten und mögliche Schüleräußerungen – Methoden/Medien und Sozialformen – geplante Zeitdauer der einzelnen Schritte. Impulse und Arbeitsanweisungen werden wörtlich formuliert.

Entscheidend wichtig sind die Klärung des Lernziels und der Bezug aller einzelnen Schritte darauf, gute Impulssetzung (die ebenso schwierig wie lohnend ist) und die Beachtung des Erfahrungsbezugs. Didaktischer Grundsatz ist: Die Schüler sollen den Verlauf als *nachvollziehbar* und *spannend* erleben – es soll „ihr" Thema und ihre Erfahrung werden. Also kein Informations-Unterricht, keine „Resultatsdidaktik", kein Lehrermonolog! Sondern ein entwickelnder, nachvollziehbarer Unterricht, der die Schüler auf einen spannenden Entdeckungsweg mitnimmt:

„Alle methodische Kunst liegt darin beschlossen, tote Sachen in lebendige Handlungen zurückzuverwandeln, aus denen sie entsprungen sind: Gegenstände in Erfindungen und Entdeckungen, Pläne in Sorgen, Verträge in Beschlüsse, Lösungen in Aufgaben." (Roth [15]1976, 123f.)

Merkregeln:

1. *Eine* Pointe, die wirklich klar sein muss. Problemstellung und mögliche Erfahrung (die im Lernziel formuliert sind) sind wichtiger als jeder Lernstoff. Das Lernziel soll eine religiöse Intention angeben.
2. Die Pointe soll *von den Schülern* kommen. Es ist ganz uninteressant, wenn der Lehrer selbst nennt, was (angeblich!) entscheidend ist; so kommen keine neuen Erfahrungen zu Stande. Deshalb: klare Impulse setzen, keine geschlossenen Fragen! Lehrerlastigkeit (fehlende Impulse; zu wenig aktive/kreative/mündliche Beteiligung der Schüler) macht Unterricht langweilig.
3. *Erfahrungsbezug*, nicht kognitive Information, die niemanden wirklich angeht. Die (wichtigsten) Lernziele sind möglichst affektiv zu gestalten.
4. Einfacher, jederzeit leicht nachvollziehbarer *Aufbau*. Jede Phase darf nur einmal vorkommen; also keine Doppelungen! Die Abgrenzung der einzelnen Arbeitsschritte wird durch Wechsel von Methode und Sozialform deutlich markiert.
5. Jedes *Medium* wird nur einmal verwendet und soll dem Verlaufspunkt angemessen sein. Medien haben einen Eigenwert; sie sollen darum ausführlich behandelt werden. Wiederholtes weiterführendes Aufgreifen eines bereits verwendeten Mediums ist empfehlenswert.

5. Methoden, Medien, Sozialformen und Orte des RU

Methoden und Medien

Medien sind Inhaltsträger. Man unterscheidet Print- und elektronische Medien, ferner auditive (Musik, Hörspiel), visuelle (Bilder) und audiovisuelle (Film, Fernsehen, Computer). Methoden sind Unterrichtsverfahren (z.B. Rollenspiel, Textarbeit, Erzählung, Bildbetrachtung, Gespräch). Die Arbeit mit einem Text oder eine Bildbetrachtung kann also Medium oder Methode sein, je nachdem, ob der Datenträger oder der unterrichtliche Umgang mit ihm gemeint ist. Der Einfachheit halber ist hier von „Methoden" die Rede.

Die methodische Grundregel ist: Methoden dienen nicht oder nur eingeschränkt der Illustration, sondern der *Evokation*, d.h. sie sollen eine neue Ansicht und Wirklichkeit hervorrufen, also: *Erfahrung* ermöglichen. Das heißt im Umkehrschluss: Methoden werden missbraucht als Unterstützung oder Umsetzungen von Stoff, ebenso als bloße Auflockerungen. Methoden und Medien sind in ihrer Eigenwertigkeit zu beachten. Prinzipiell gibt es unendlich viele von ihnen, in der Praxis aber nur wenige. Die wichtigsten Methoden sollen kurz dargestellt werden.

1. **Erzählung.** „Wer Kindern Geschichten erzählt, bereitet ihnen Vergnügen, ermöglicht spielerisches Lernen, fördert die Entwicklung ihrer Gefühlswelt und ihres prosozialen Verhaltens, aktiviert ihre Imagination und Kreativität und regt sie an, selbst zu erzählen" (Zimmer in NHRPG 483f.). Das entspricht einer modernen Einsicht: unsere Biographien sind aus Erzählungen gewebt, nicht aus Fakten und klar abgrenzbaren Erlebnissen. Die abendländische Kultur beginnt mit Erzählungen: denen Homers und der Bibel. Wichtige Überlieferungen sind über viele Jahrhunderte hindurch erzählend weitergegeben worden. Erzählen ist darum ein menschlicher Grundvorgang, der Ereignisse mit Hilfe von Phantasie und dichterischer Kraft in Szenen der Bedeutung übersetzt, in denen sich Menschen wiederfinden; die Erzählung überbrückt den Abstand zwischen damals und heute durch Einbezug der Einbildungskraft, sie schafft so eine „Horizontverschmelzung" (Gadamer). Gleichzeitig fördert sie die Einbildungs- und Vorstellungskraft wie nichts sonst. Erzählen ist bis heute eine nicht ersetzbare Grundform menschlicher Kommunikation. Wo es ausfällt, erleiden die Menschen Einbußen an Phantasie und an Bedeutungserleben: das Leben wird ärmer.

Die Erzählung ist die Hauptmethode im RU, gekonntes Erzählen darum ein großes Kapital. Vor allem müssen die biblischen Geschichten nacherzählt werden, und zwar möglichst frei – angemessene Ausschmückungen sind erlaubt und sinnvoll, da sie die ursprünglichen Erzählungen begleitet haben; lange Überlieferung und Verschriftung führten erst zu einer oft drastischen Verkürzung.

Erzählen ist zwar nicht jedermanns Sache, lässt sich aber gut üben. Dazu ist zu beachten: Eine Erzählung ist kein Bericht. Sie will nicht sachlich sein, nicht einmal informieren; es geht ihr primär nicht um Fakten, sondern um emotionale Beteiligung. Darum ist so lebendig wie möglich zu erzählen, möglichst in Ich-Perspektive und Gegenwartsform, mit ausbordenden Schilderungen von Gefühlen, Stimmungen und Atmosphären, mit direkter Rede („Willst du denn..."), Ausrufen („Tu das!", „Plötzlich ...", „Da!", „Du bist gemeint!"), Gesten, variabler Stimmführung (laut, leise, flüsternd), Spannung erzeugenden Pausen usw. Die freie Erzählung braucht nur am Anfang etwas Mut, kann aber schnell zu einer Lieblingsbeschäftigung werden. Denn Erzählen kann Spaß machen und vermag wie nichts sonst die Aufmerksamkeit von Schülern zu wecken, und zwar bis in hohe Klassenstufen hinein.

Beim Aufbau ist auf Dramatik und einen Spannungsbogen zu achten. Am besten eignet sich darum die Abfolge von drei bis vier Einzel-Szenen, die leicht gemerkt werden und relativ geschlossen jeweils für sich ausgeschildert werden können und gar keine Überleitungen brauchen.

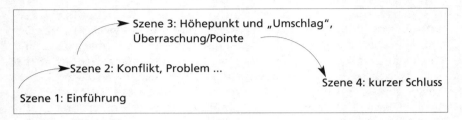

2. **Bildbetrachtung**. Wichtig ist hier eine sinnvolle Auswahl. Gute Bilder sind offene, verweisungskräftige Bilder, die nicht Informationen transportieren, sondern Emotionen wecken und etwas zeigen. Neben einer angemessenen Präsentation des Bildes sind immer drei Schritte zu beachten:

a. Abwarten – und zwar so lange, bis die ersten Schüler ihre Beiträge anmelden!
b. Zeit lassen, um alle (zunächst assoziativen) Wahrnehmungen einzusammeln. Schüler entdecken auf Bildern oft viel mehr als man selbst.
c. Dann erst sind gezielte Fragen und Hinweise zu geben, die vorher überlegt sein wollen.

Bei Bildern ist *besonders* wichtig, sie nicht nur zu Illustrationszwecken einzusetzen. Gute Bilder (vor allem Gemälde, aber auch gute Fotos usw.) können durch ihren atmosphärischen Gehalt sehr viel anstoßen; sie fördern die kreative Eigenleistung der Schüler, lassen viele Perspektiven zu, geben keine eindeutige Richtung vor – sind religionsdidaktisch also sehr wichtig. Bilder müssen für alle gut sichtbar sein, am besten über den Tageslichtprojektor.

3. **Arbeit mit Texten** und (Lehr-)Büchern stellen leider oft die Hauptbeschäftigung des RU dar, sind dann anstrengend, kognitionslastig und meist wenig kreativ. Natürlich ist Textarbeit wichtig, vor allem mit biblischen Texten, aber auch mit Dokumenten von Zeitgeschehen, religiösen Erfahrungen usw. – Religionsbücher waren früher nur (Schul)Bibel und Katechismus. Spätestens seit der Wende zur Problemorientierung gibt es Jahrgangsbücher mit zunehmend besserer Ausgestaltung und deutlichem Lebensweltbezug, die inzwischen viele Medien, kritische Texte, Anstöße zur Diskussion und Fragen bringen. Sie sind heute nicht mehr theologische Stoff-Bücher, sondern deutlich an den möglichen Verarbeitungen der Lernenden orientiert. Die Arbeit mit dem Religionsbuch kann durch verteilte

Leserollen und eigenständige Strukturierung der Texte (Absätze, Zwischenüberschriften, Skizzen etc.) gefördert werden. Bei Textarbeit sind unbedingt Fragestellungen und Arbeitsaufträge zu überlegen.

    4. **Arbeitsblätter** sollen eine angemessene Form haben und nie nur Textblätter sein. Sie sollen Raum lassen für eigenständige Bearbeitungen und Weiterführungen: Überschriften finden, Ergänzungen anbringen, Fragen beantworten, Zeichnungen erstellen, Fortsetzungen schreiben usw. Sinnvoll ist die Wiedergabe von zuvor verwendeten Bildmaterialien, die jetzt (weiter) bearbeitet werden.

    5. **Die Tafel** wird oft als Stichpunkt- und Notizensammlung missbraucht, obwohl sie sich ausgezeichnet zur entdeckenden Erarbeitung komplexer Themenstellungen eignet (entwickelnder Unterrichtsaufbau). Die Tafel eignet sich auch sehr gut als „mind-map" zur Visualisierung von gedanklichen Zusammenhängen (Skizzen, Zuordnungen), ferner für die Ergebnissicherung. Tafelanschriften müssen übersichtlich und vorstrukturiert sein. Sie sollten Platz dennoch lassen für die spontanen Beiträge der Schüler.

    6. **Rollenspiele** sind eine für den RU höchst lohnende und wirksame Methode, die sehr viel Spaß machen kann und szenisch *Wirklichkeit* werden lässt, was sonst oft nur im Kopf besteht. Allerdings sind sie sehr anspruchsvoll – Rollenspiele müssen bekannt sein und schrittweise eingeübt werden. Am besten ist mit wenigen motivierten Schülern und kleinen, überschaubaren Szenen zu beginnen, evtl. mit Pantomimen. Erst wenn die Schüler mit der Methode vertraut sind, kann das Spiel ausgeweitet werden; sonst ist die Gefahr von Peinlichkeit und Durcheinander groß. Spielregeln müssen eindeutig vorgegeben (d.h. vorbesprochen) sein und beachtet werden. Szenische Spiele eignen sich für nahezu alle Geschichten, Problemstellungen und Fragen. Ihre „Lösungen" sind oft ebenso verblüffend wie für alle Beteiligten auch überzeugend (→ 20.3).

    7. **Meditative Formen** sind für den RU besonders angemessen. Sie fördern Wahrnehmung, Aufmerksamkeit und Konzentration und sind, wo sie eingeführt sind, ausgesprochen beliebt. Sie müssen ähnlich wie Rollenspiele wiederholt und geübt werden. Möglich sind Atembeobachtung, Mandalas, Körperreisen und auch Anfänge der Meditation, bei der es auf reine Aufmerksamkeit durch die Entleerung von allen Gedanken ankommt. Vor allem Stilleübungen habe sich in letzter Zeit im RU eingebürgert. Sie wurden von der bedeutenden italienischen Pädagogin Maria Montessori entwickelt und bieten in der lauschenden Konzentration auf die Umgebung ein Gegenstück zur allgemeinen Reizüberflutung.

    Weitere Methoden sind Phantasiereisen, Hören von Musik, kreatives Schreiben, Verbildlichungen, Collagen, Kurz-Comics mit Sprechblasen,

Schreiben von (fiktiven) Briefen, Um-Schreiben von Texten aus einer anderen Perspektive, Einschätzungen auf einer Punkteskala (etwa von 1 bis 10 Punkten für schlecht bis gut bzw. unbeliebt bis sehr beliebt), Pro-Contra-Tabellenstände und deren Korrektur nach einer Diskussion oder Bearbeitung, Kurz-Kommentare reihum u.v.a. Für Lehrer empfiehlt sich die Erstellung eines persönlichen „Methoden-Pools", um Ideen zur Verfügung zu haben.

Sozialformen und Sonderformen

„Frontalunterricht" (Plenum) ist leider immer noch die häufigste Unterrichtsform, obwohl sie die Schüler wenig beteiligt und motiviert. Anregend kann darum Einzelarbeit sein, da sie die Eigenaktivität fördert und auf den individuellen Leistungsstand Bezug nimmt.

Partnerarbeit und Gruppenarbeit fördern soziale Kommunikation durch Arbeitsteilung, Aushandeln von Aufgaben usw. und lassen für kreative Ideen Raum. Sie sind darum sehr empfehlenswert, sollten aber auf bestimmte Phasen des Unterrichtsverlaufs begrenzt werden. Aufgabenstellung und Vorgehen müssen genau vorgeklärt sein. Wichtig ist die Rückführung der Ergebnisse von Gruppenarbeiten in die Klasse. Auch dies muss vorher methodisch überlegt werden; eine nacheinander gesetzte Präsentation von Ergebnissen ermüdet, darum ist ein gegenseitiger Bezug z.B. über ein Tafelbild, eine Collage, Anschlagszettel usw. sinnvoll. Bei Erzählungen und gegenseitigem Erfahrungsaustausch ist ein Sitzkreis empfehlenswert, vor allem in den unteren Klassenstufen. Neben methodischer Abwechslung sorgt er vor allem für erhöhte Aufmerksamkeit und eine sichtbare Gleichberechtigung in der Kommunikation.

Stationenlernen (auch „Lernzirkel") ist eine Form der Gruppenarbeit. An vorbereiteten „Stationen" im Klassenraum liegen Arbeitsaufgaben, die bearbeitet werden; dann geht die Gruppe zur nächsten Station. Vorteil der Arbeitsform ist die Bewegung und die variable Reihenfolge der Aufgaben, ferner die Beschränkung der Vorbereitung auf die Stationen (statt auf einzelne Schüler); dadurch werden umfangreichere Medienformen möglich.

Freiarbeit bezeichnet die weitgehend freie Wahl von Themenstellung, Arbeitsniveau, Methode, Zeiteinteilung usw., bedeutet darum eine eigenverantwortliche Gestaltung von Lernprozessen und eine Erhöhung der Lernmotivation. Ihre Wurzeln hat die Freiarbeit in der Reformpädagogik (Montessori, Freinet); Lernen wird dort als offener, selbst gestalteter Prozess verstanden und entsprechend stukturiert. Die Freiarbeit nimmt grundlegende Einsichten der neueren Pädagogik auf und wird darum nachhaltig diskutiert und praktiziert.

Projektarbeit ist eine sinnvolle Erweiterung des herkömmlichen Unterrichtsstils. Sie vereint in sich die Vorteile von Stationenlernen und Freiarbeit, führt darüber hinaus aber zu noch intensiverer Eigenverantwortung und Kommunikation in der Gruppe. Eigene Zielformulierung und praktisches Problemlösungsverhalten motivieren den Lernprozess; das gemeinsame Arbeiten (Aufgabenverteilung, Kontrolle und Präsentation) fördert soziales Lernen. Statt zeitlicher Zerstückelung kommt es zu intensiver Beschäftigung. Themenauswahl, Problemanalyse und -beschreibung, Zielangaben, Festlegung der Arbeitsschritte und der einzelnen Arbeitsaufgaben werden fast vollständig der Arbeitsgruppe überlassen, die entsprechend motiviert sein kann: es geht, wenn die Ausgangslage stimmt, wirklich um das eigene Thema. Projekte schließen mit einer Ergebnisformulierung und einer angemessenen Form der Präsentation (vor der Klasse oder auch in der Öffentlichkeit) ab. Projekte verbinden in der Regel mehrfache Themenstellungen miteinander. Sie ermöglichen genuine Erfahrungen weit eher als sonstige Unterrichtsformen. Vor allem aus den letzten beiden Gründen bieten sie sich für religiöses Lernen an. Themenstellungen könnten hier sein: Erstellung eines Prospekts für eine Kirche, Darstellung von religiösen Lebenslinien, Erforschung kirchengeschichtlicher Spuren vor Ort usw. Hier kommt es oft dazu, dass Orte der Religion aufgesucht werden: Gottesdienste, Friedhöfe, Kirchenräume, Klöster usw. Projekte erfordern sorgfältige Planung, die Bereitstellung von angemessenem Informationsmaterial und oft auch die Kooperation mit anderen Klassenlehrern. Ihre Durchführung richtet sich nach dem Schema: 1. Brainstorming, Arbeitsvorschläge und -aufgaben sammeln, 2. Arbeitsgruppen bilden mit konkreten Arbeitszuweisungen (oft eine zeitaufwändige Phase), 3. Zeit- und Arbeitsplan in der Gruppe erstellen inkl. Leitfrage und Präsentationsart (schriftlich), 4. Durchführung, 5. Präsentation, 6. Nachträgliche Auswertung.

Oft vernachlässigt wird die Aufmerksamkeit für den Ort, an dem RU geschieht. Die Atmosphäre des Klassenraumes hat nachhaltige Folgen für das Lernen, denn Lernen ist immer emotional bedingt. Darum sollte, so weit das irgend möglich ist, für eine angenehme Lernumgebung gesorgt werden; dafür können Teppiche, Sofas, Matten und anderes dienen. Ein eigener Religions-Fachraum ist sehr sinnvoll. Die Ausgestaltung des Raumes sollte unter Einbezug der Ideen und Kreationen der Schüler geschehen.

An der Methodenfrage sollte die religiöse *Kommunikation* (→ 10.5), der Austausch über deren Symbole, Sprache und Erfahrungen besonders beachtet werden.

6. Unterrichtsführung

„Lehrende unterscheiden zwischen ziel- und methodenkonformem oder störendem Verhalten. Lernende unterscheiden zwischen akzeptablen Informationen bzw. Aufgaben und inakzeptablen, denen sie auszuweichen suchen." (Schmidt 1991, 207)

Das Zitat zeugt von unterrichtspraktischer Erfahrung. Es zeigt: Lehren ist nicht gleich Lernen! Darum sind für die Unterrichtsführung vor allem die Lernbarrieren der Schüler zu beachten; oder positiv formuliert: gute Unterrichtsführung ist die richtige Mischung aus ebenso sicherer wie einfühlsamer Führung, interessanten Angeboten und didaktischer Kompetenz, die den Schülern motivierende und stimulierende Einsichten ermöglicht.

Das Problem des Unterrichtens ist es, dass Lehrer mehrere Ebenen gleichzeitig im Auge behalten und steuern müssen: Ablauf des Unterrichts, eigener Vortrag, Medieneinsatz, Konzentration auf das Klassengeschehen (Reaktionen, Beteiligung, Unruhe, Störungen), die zur Verfügung stehende Zeit, schließlich das eigene Auftreten (Haltung, Gestik, Sprechweise, Selbstgefühl), das die Aufmerksamkeit eher unterschwellig fordert. Oft sind schnelle Entscheidungen nötig, die nicht lange überlegt werden können, sondern routinemäßig zur Verfügung stehen müssen. Das braucht Erfahrung – aber immer auch bewusste Reflexion.

Auftreten und didaktische Kompetenz

Auftreten ist Ausdruck der eigenen Persönlichkeit. Es zeigt an unterschwelligen, aber deutlichen Signalen, ob ein Mensch sich seiner sicher ist – für den Lehrberuf eine (vor allem in der Ausbildung) stark unterschätzte Grundbedingung. Nicht jeder ist für diesen Beruf geeignet.

Nach Lewin lassen sich autoritärer, demokratischer und Laissez-faire-Stil (laxes Laufenlassen) als Führungsstile unterscheiden. „Demokratischer" Stil ist, da die Diskussionssucht der 1970er längst vergangen ist, nur bedingt möglich; Schüler sind heute eher desinteressiert als überengagiert. Die persönliche Anerkennung von Schülern durch die Lehrer setzt deren Respektierung voraus, die sich Lehrer immer erst erwerben müssen. Auch wenn das oft ohne Absicht geschieht, können Klassengemeinschaften Lehrern gegenüber erbarmungslos sein; das Austesten ihrer Grenzen (wie weit kann man gehen, bis eine Reaktion erfolgt?) und massive Frontstellungen durch Verweigerung oder durch Disziplinlosigkeit sind verhaltenspsychologisch im Prinzip leicht erklärbare Vorgänge, die Lehrern allerdings Kraft und Nerven rauben können. Höchst bedenklich muss da die Tatsache stimmen, dass in Deutschland 80% (!) aller Lehrer frühpensioniert werden. Darum: Lehren will gelernt sein – was leider im pädagogischen Studium stark unterschätzt wird.

Lehren setzt die bewusste Annahme einer Führungsrolle voraus. Gute Führung ist die Doppelung von echter Autorität und einfühlsamer Zuwendung. Sie zeigt sich in einem sicheren Auftreten (dessen Bedeutung keinesfalls unterschätzt werden darf) und im Kontakt zu den Schülern. Ausgesprochen lohnend ist es beim Erstkontakt mit neuen Klassen, schnell die Namen der Schüler zu lernen (auswendig, nach Klassenspiegel – eine Mühe, die sich lohnt, da sie für Sicherheit sorgt und für Respekt). Autorität und Souveränität eines Lehrers zeigen sich generell darin, dass er bereit und fähig ist, seine natürliche Führungsrolle zu übernehmen. Er soll Autorität sein, nicht autoritär sein. Das drückt sich in der Regel in Klarheit aus: darüber was gilt, was zu tun ist, was erwartet wird. Solche Klarheit sorgt weit mehr für Akzeptanz als weiche Nachlässigkeit.

Die Körperhaltung sollte bewusst sein und *geübt* werden, wenn nicht unter Kollegen, dann vor dem Spiegel. Die Körpersprache (hoch gezogene Schultern, vorgeneigter Kopf, verschränkte Arme, nervöse Bewegungen usw.) sendet Signale aus, die den Schülern schnell deutlich werden. Wichtig ist es vor allem am Anfang von Unterrichtsstunden, aber auch beim Beginn neuer Phasen, immer wieder ruhig und gerade am zentralen Punkt vor der Klasse zu stehen, um die Aufmerksamkeit aller zu versammeln. Dazwischen sollte man sich im Raum bewegen, um Präsenz zu zeigen und keine „toten Räume" entstehen zu lassen. Bedenklich, aber leider häufig sind unsicheres seitliches und abgewandtes Stehen, Bewegungslosigkeit, Sich-Festhalten an der Tafel, verschränkte Arme usw.

Nicht zu unterschätzen ist auch der Stil der Kleidung. Sie sollte ein gewisses Maß an Sorgfalt und nicht Nachlässigkeit zu erkennen geben (– was nicht gegen einen eigenen Stil spricht). Die Haltung sollte grundsätzlich freundlich, ruhig und bestimmt sein. Lebendige, aber sparsame Mimik, gerader Blick und eine grundsätzlich *leise* Stimme unterstützen das. Eine ruhige und tiefe Stimme trägt weiter und wirkt souveräner als eine laute und hohe. Wird sie laut, rückt der Geräuschpegel in der Klasse automatisch nach. Stimmbildung und gute Atemtechnik sind für Lehrer ausgesprochen empfehlenswert, nicht zuletzt, da sie enorm energiesparend wirken.

Völlig unverzichtbar ist Konsequenz. Wo Lehrer unklar wirken und die eigenen Forderungen nicht überprüfen, können sie schnell ihren Kredit vor der Klasse verspielen. Wenn das einmal geschehen ist, ist eine Korrektur höchst mühsam. Darum müssen alle Forderungen und Anweisungen (und erst recht alle Maßnahmen) gut überlegt sein und mit Ruhe, bestimmt und mit Nachdruck erfolgen. Dazu tragen Pausen, Abwarten, ruhige Stimme und möglichst präzise Formulierungen bei, die erkennen lassen, dass keine Wiederholung erfolgt.

Unterrichtsdidaktisch sind Lehrer anerkannt, die ein entdeckendes und entwickelndes Lehren betreiben, das auf Erfahrungsbezug und induktives statt deduktives Verfahren setzt und gut geplant ist. Ein guter Unterrichtsstil ist weniger durch Information, sehr viel mehr dagegen durch gute Moderation gekennzeichnet, d.h. durch die Förderung der Kommunikation zwischen Lerninhalten, Erfahrungen und der gegenwärtigen (Welt- und) Lebenssituation.

Gesprächsführung

Gute Gesprächsführung ist im RU besonders wichtig. Auch sie will gelernt sein. Hier vor allem gilt das Grundprinzip der Moderation: Bei einer guten Moderation hat der Lehrer die Fäden des Gesprächs klar in der Hand, hält sich selbst aber vollkommen zurück – wie ein Dirigent, der leitet, aber selbst keine Musik macht. Lehrer sollen in Gesprächen nicht selbst Beiträge liefern, erst recht nicht die „richtigen Ergebnisse", sondern hervorlocken, leiten, aufeinander beziehen und dabei das Thema im Auge behalten und zu ihm immer wieder Brücken schlagen („Was meint ihr: hätte das, was ... sagt, nicht Folgen für...?"). Betonungen von Beiträgen durch Gesten, Abwinken oder Lob („eine sehr gute Idee!") sind unverzichtbar, um den Schülern Orientierung zu geben – es verwirrt, wenn Lehrer unterschiedslos alle Beiträge mit einem Nicken quittieren. Wichtig ist allerdings: Kein Lehrerecho! Wiederholungen von Schülerbeiträgen machen den Eindruck eines Zweiergesprächs und enthalten die Botschaft, dass eigentlich keine Beteiligung nötig ist; alles wird ja noch mal präsentiert.

Auch die *Fragetechnik* will gelernt sein. Grundregel: keine geschlossenen Fragen (die mit Ja/Nein oder wenigen Worten beantwortbar sind)! ebenso schlecht sind Ergänzungs-, Suggestiv- und Entscheidungsfragen. Sie dienen in der Regel der Überprüfung eines „abfragbaren" Wissens und behindern Motivation und Selbstbeteiligung. Das gilt auch für viele „W-Fragen" (Wer tut, wo ist usw.), sofern sie nicht auf Einstellungen und Haltungen bezogen sind – dann erst werden sie zu *echten* Fragen: Was bedeutet ... (für dich)? Welche Konsequenzen hat ...? Welche Möglichkeiten stehen jetzt offen? Wie könnte man ... erklären? Was hat ... wohl motiviert? Welchen Sinn macht ...? Wie kann man verbessern oder helfen? usw. Unbedingt zu vermeiden sind Mehrfachfragen (Was hat... und warum... ja und wozu...?); sie verwirren. Grundsätzlich sollten Fragen klar und präzise formuliert werden. Am sinnvollsten sind echte *Impuls*fragen, die zur Stellungnahme herausfordern; meistens sind das „Fragen" in Form von Aussagen, die provozieren (Der ist ja verrückt! Das verstehe ich jetzt überhaupt nicht mehr. Ach –; oder einfach ein *stummer* Impuls, der das Gesagte wirken lässt). Gut gesetzte Impulse haben eine hervorragende didaktische Wirkung; man kann sich dann oft sehr viel Zeit lassen in dem Wissen, dass die Schüler sich – manchmal nach einer Denkpause – unweigerlich zu Wort melden.

Abweichende und unpassende Beiträge dürfen sehr wohl ignoriert werden, sonst besteht die Gefahr des Sich-Verlierens, das die Klasse eher verwirrt. Möglich ist dann eine gestische Form für das Ankommen der Botschaft, die gleichzeitig deren Nicht-Passen signalisiert (nicken, abwinken, „na ja ..."). Dasselbe gilt für manche kleineren Störungen: unterhalb einer gewissen Schwelle sollte man sich und die Klasse nicht ablenken lassen.

Am Gespräch ebenso wie am Unterricht überhaupt sind möglichst alle Schüler zu beteiligen, nicht nur die fleißigen und die Lieblingsschüler. Das verführt andere dazu „abzuschalten". Der Umgang mit schwächeren Schülern erfordert Sensibilität (Aufrufen bei einfacheren Fragen und leichte Arbeitsanweisungen, besonderes Lob).

Benotung und Disziplin

Der Diskurs im RU ist nicht herrschaftsfrei – die Schüler wissen und akzeptieren das. RU ist ein staatlich garantiertes und bereitgestelltes Fach, das ebenso wie andere Fächer der Benotung unterliegt. Das ist auch im RU sinnvoll und wird von den Schülern eingefordert. Bewertung ist als Honorierung zu verstehen, die einen Wert zuerkennt. Natürlich lassen sich nicht religiöse Einstellungen bewerten; bewertet werden dagegen die Leistungen der Schüler. Phasenweise (etwa bei sehr privaten Themen wie Liebe und Freundschaft) sollte die Benotung ausgesetzt werden.

Klassendisziplin kommt allen zugute. Sie hängt vom Klima zwischen Lehrern und Schülern ab, von der Stimmung in der Klasse (Gruppenzwänge, sozialer Umgang), vom Interesse am Unterrichtsgehalt (spannendes Thema oder „kognitive Dissonanzen" durch Fremdheit und Überforderung) und (sehr viel öfter als diese meinen) von didaktischen Fehlern der Lehrer. Wo zu schnell Maßnahmen ergriffen werden, können Schüler zu Recht gekränkt sein und entsprechend reagieren. Darum sollte als Grundregel gelten: so viel Lob als möglich! Lob motiviert wie sonst nur der unerwartete Erfolg und schafft ein gutes persönliches Klima, vorausgesetzt natürlich, der Lehrer ist anerkannt.

Und: klare, von allen akzeptierte Regelungen! Solche einzuführen ist zunächst anstrengend und will genau überlegt und eingeübt sein, ist aber höchst wichtig, denn Regelungen erübrigen die dauernde Anstrengung zu weiteren Maßnahmen, die in einer störungsanfälligen Atmosphäre entsteht. Unverzichtbare Regelungen sind das Melden bei Beiträgen und das aufmerksame Zuhören beim Lehrer ebenso wie bei den Mitschülern.

Tadel und Strafen sind aus pädagogischer Sicht grundsätzlich problematisch, da sie die Lernmotivation mehr stören als fördern. Darum darf Tadel niemals allgemein oder gar aggressiv sein. Der einzelne Schüler soll direkt, ruhig und freundlich angesprochen werden. Hier ist Nachdruck besonders wichtig. Es muss deutlich sein: Nicht der Schüler, sondern sein *Verhalten* wird getadelt bzw. bestraft. Ein guter Lehrer vermag zu strafen, ohne dabei den Respekt zu verweigern.

Strafen sollten so sparsam wie möglich angewendet werden, sind aber manchmal unvermeidlich. Abstufung, Durchsichtigkeit (Gerechtigkeit), Konsequenz und die klare Vermeidung von Bloßstellungen sind unverzichtbar. „Persönliche" Maßnahmen sind die weitaus sinnvollsten: das gilt vor allem für das Umsetzen (das oft nachhaltige Wirkung zeigt) und die Aufforderung zum Einzelgespräch. Da verändern Schüler ihr „Gesicht" oft grundlegend und sind dankbar für die geschehende Zuwendung.

Der folgende Katalog von Regelungen und Maßnahmen kann nur eine Anregung sein, die immer eigenständig zu handhaben, zu ergänzen und mit der eigenen Person zu decken ist:

Lob	*Regelungsbereiche*	*Formen des Tadels*	*Formen der Strafe*
Vor allem von Gesprächsbeiträgen, Beteiligung, Ideen, guten Arbeitsergebnissen	Unterrichtsbeginn	Unterbrechung	Versetzen von Schülern auf andere Plätze
	Sitzordnung	Unerwartete Zwischenfrage	
	Gesprächsverhalten		Einzelgespräch nach der Stunde
	Nebentätigkeiten	Anruf mit Namen	
	Vergessen von Büchern, Heften, nicht gemachte Hausaufgaben etc.	Namentliche Ermahnung	Nacharbeit
		Verwarnung	Gespräch mit Klassenleiter oder Eltern
			Verweis
Bemerkungen:			
Lob motiviert!	Regelungen entlasten Lehrer und Schüler	Nie allgemein tadeln, sondern konkrete Schüler, deutlich, bestimmt und freundlich – nicht emotionslos, aber mit klarer innerer Distanz	Das Verhalten, nicht der Schüler wird bestraft! Darum darf eine Strafe niemals bloßstellen
			Strafen müssen einsichtig sein
			Konsequenz ist entscheidend wichtig

Für regulierende Maßnahmen gilt allgemein: am sinnvollsten sind *Wechsel*. In der psychologischen Gruppenführung ist das Phänomen bekannt, dass

Gruppenkonflikte oft wie von selbst verschwinden, wenn die Gruppe den Raum wechselt – das ist in der Schule leider nicht möglich. Aber der Wechsel von Plätzen (des Lehrers selbst, dann eines Schülers), der Arbeitsform, auch von Themen schafft das Gefühl, dass es wieder neu „losgehen" kann. Bei größeren Schwierigkeiten kann es ratsam sein, das Problem zum Thema eines Klassengesprächs zu machen. Die Zeit dafür sollte aber klar begrenzt sein.

Zusammenfassung

Die Beliebtheit des RU bei den Schülern ist etwas höher als der Durchschnitt der anderen Schulfächer. Da die Schüler undisziplinierter und schwieriger werden, sind an die Lehrenden heute hohe Anforderungen gestellt. Sie müssen sich bei der religionsdidaktischen Umsetzung von Lernzielen, die in den Lehrplänen vorgegeben sind, auf die Schüler einstellen und didaktisch kompetent sein, was vor allem heißt, dass sie erfahrungsbezogene und spannende Unterrichtsstunden entwerfen, angemessen mit Medien umgehen können und bereit dazu sein müssen, vor der Klasse eine Führungsrolle zu übernehmen.

Literatur: C. Grethlein 2005. Zu 1: A.A. Bucher 2000 – A.A. Bucher in KatBl 125 (2000), 368–37. Zu 2: A. Feige in ZPT 53 (2001), 289–296 – NHRPG IV.3.13 – H.-G. Ziebertz in Hilger u.a. 2001, 180–200. Zu 4: M. Bahr in Hilger u.a. 2001, 491–518. Zu 5: L. Schmalfuß/R. Pertsch 1987 – G. Adam/R. Lachmann [4]2002 – LexRP, Art. „Erzählen" – NHRPG V.3.3 (Religionsbücher) – H.-G. Ziebertz in Hilger u.a. 2001, 455–470 (Projekte) – U. Riegel in Hilger u.a. 2001, 479–488 (Freiarbeit).

13 Was ist religiöses Lernen?

> „Wenn [es] die Wirklichkeit der Religion ist, durch einen ... Zeichengebrauch konstituiert zu sein, dann ... wird Religion lehrbar durch Anleitung zu diesem Zeichengebrauch, der im kulturellen System der Religion geübt wird." (Gräb 1996, 72)

Dieser scheinbar banale Satz stellt die herkömmliche Form religiösen Lernens auf den Kopf. Nicht Inhalte oder Lehren sind es, die religiöses Lernen ausmachen, sondern ein „Zeichengebrauch": wer Religion verstehen und sich aneignen will, muss ihre Symbole, Bilder und Rituale verstehen und nachvollziehen können. Darin unterscheidet sich *religiöses* Lernen vom allgemeinen Lernen. Dieser Unterschied wird in der bisherigen Religionsdidaktik und selbst bei ihren eingeführten Formen (→ 11) allenfalls implizit bedacht, noch kaum aber eigens bearbeitet. Wie aber wird ein Mensch eigentlich religiös? Wie entsteht religiöses Interesse? Und welche Rolle spielt dabei die „vorhandene" Religion, also die religiöse Tradition?

Dazu kommt die grundsätzliche Frage: was ist eigentlich Lernen, wie geschieht es? Lehren und Lernen sind zweierlei (→ 10)! Was gelernt wird, hängt ab vom Lernklima, der inneren Einstellung usw. Wirkliche Einsicht, ohne die es keine echte Religion gibt, kann kaum direkt gelehrt werden (→ 2), sie erfolgt subjektiv sehr verschieden nach Situation und Vorerfahrung, oft spontan und ungeplant. Für die Religion ist das ganz besonders wichtig: Emotionen, Existenzerfahrungen, Betroffenheiten werden sehr verschieden erlebt und jeweils anders aufgefasst; das gilt zum Teil selbst für einfache Informationen. Wie also geschieht Lernen? Wie lassen sich Möglichkeiten und *Wege der Aneignung* beschreiben?

1. Lernen

Lernen ist ein Grundvorgang des menschlichen Lebens, ein Aneignungsprozess, bei dem Umweltreize und interne Verarbeitungsreaktionen zusammenspielen. Es geschieht bei Kindern zunächst als Wahrnehmen von Atmosphären (also: ästhetisch; → 20), dann als Be-Greifen, später als Zuordnen zu bereits Erfahrenem, dann erst als Abstraktion. Das gilt entgegen verbreiteter Annahme nicht nur genealogisch, sondern generell. Eine bedeutende Rolle spielen außerdem mimetische, d.h. angleichende Prozesse. Es ist klar, dass im Erwachsenenalter das abstrakt-rationale Denken das Lernen dominiert – allerdings bleiben Lernen und vor allem Erfahrungen (d.h. Lernen von Einsichten, die die Person betreffen) nach wie vor in hohem Maße an Wahrnehmung und Emotion gebunden. Lernen geht, wenn es die Person betrifft, immer über kognitive Prozesse hinaus in Bildung (→ 19) über. Lernen gibt es nicht ohne Motivation, die Beteiligung der Phantasie und den Aufbau von Bedeutung.

Wer Lernen verweigert, wird unbeweglich und alt. Deshalb spricht man heute vom lebenslangen Lernen – was oft allerdings nur noch Informationen und flexible Einstellung auf neue Situationen meint, also ökonomisch verzweckt ist, an den Grundbedürfnissen des Menschen vorbei geht und entsprechend anstrengt. Übersehen wird da eine pädagogische Grundeinsicht: Lernen ist grundsätzlich mit Lust verbunden. Denn Neugier ist dem Menschen angeboren und macht Freude: das zeigt das kindliche Spiel und jedes Experimentieren, Ausprobieren und Tüfteln. Das Leben wird schal, wo Neugier und Begeisterung erlahmen oder nicht befriedigt werden. Das gilt ebenso für jedes Begreifen: der „Aha-Moment", der die „kognitive Dissonanz" auflöst, macht ebenso Freude wie jede gedankliche Ordnung und jedes Geschick. Darum gilt umgekehrt: Interesse und Motivation sind die Grundbedingungen für die Verarbeitung von Information. Sie hängen von der inneren Einstellung (Lernmotivation und innere Bereitschaft oder Stress-Blockaden), der Lernatmosphäre (Personen, Raum, Zeit) und von reizvollen Angeboten und Präsentationen ab.

Hier zeigt sich, dass entgegen der Annahme Sigmund Freuds (die auch in unserer Gesellschaft nahezu unbefragt gilt) nicht die Befriedigung von Bedürfnissen Grundlage aller Handlungsmotivation ist, sondern die Erfahrung von Kompetenz. Diese ist nicht nur mit einer tieferen Befriedigung verbunden, sondern hat auch eine stärkende Wirkung auf das Selbstwertgefühl eines Menschen (s.u.). An kleinen Kindern kann man sehen, dass ein neu erworbenes Können glücklich macht; und Menschen wenden oft weit mehr Zeit und Mühen an das Erlernen von Können (etwa des Radfahrens, oder des Klavierspielens) als auf Bedürfnisbefriedigungen. Wo sich dieses Verhältnis umkehrt, ist gerade ein Hinweis auf Demotivierung gegeben.

Es gibt zwei Grundtypen von *Lerntheorien*. Zum einen die behavioristische, die von der klassischen Konditionierung (nach Pawlow) ausgeht und *Reize* als Bedingungen für *assoziative Verknüpfungen* versteht; Lernen gilt hier als Informationsverarbeitung durch Herstellen von Verbindungen. Zum anderen die Theorie der kognitiven aktiven Organisation, die die innere Beteiligung hervorhebt; sie bezieht sich auf Jean Piaget, der das kognitive Lernen als „Äquilibration" (d.h. als Ausgleich und Herstellen einer Balance) von „Akkumulation" (Angleichung des Verstehens an das, was erfahren wird) und „Assimilation" (Angleichung des Lerninhalts an das eigene Begreifen) beschreibt. Lernen geschieht aber vor allem „am Modell". Der Mensch ist ein „reflexiv-epistemiologisches Subjekt" (Bandura), d.h. er lernt in der Regel durch unbewusste *Nachahmung*, also durch spontane Reaktion auf Personen, Szenen, Dinge usw.; so kommt es zu Übernahmen und Identifikationen.

Auffällig an den Lerntheorien ist, dass die Rolle der Motivation oft nur als Nebensache behandelt wird. Lernen sollte aber nicht nur die Verarbeitung von „Information", sondern vor allem die Änderung von Einstellungen beschreiben, denn nichts hat so weit reichende Folgen für das Begreifen und Leben insgesamt wie diese. Gelernt werden nicht nur Kognitionen und Verhaltensmöglichkeiten, sondern eben auch Einstellungen! Das ist offensichtlich höchst bedeutsam für das Begreifen und Nachvollziehen von Religion. Darum muss man sich klar machen, dass *Betroffenheit* der Beginn jeden Lernens ist, sei sie als mimetische Angleichung (s.u.) verstanden, als angeregtes Interesse oder als echtes Erstaunen. Betroffenheit ist weiter die Bedingung dafür, dass Dinge eine (subjektive) *Bedeutung* erhalten (s.u.), ohne die unser Verstehen ebenso leer bleibt wie unser Weltbezug und unser Lebensgefühl. Bedeutungen im umfassenden Verständnis sind ein Äquivalent für die Erfahrung von *Sinn*.

Sinnvolles Lehren (also: eine gute Didaktik) versucht darum den Erfahrungsbezug zu beachten und vor allem einen Entdeckungsweg zu eröffnen (→ 12.4), weil so Neugier stimuliert und Lernen als bedeutsam erfahren wird. Aus Lernpsychologie und Neurobiologie wissen wir heute, dass das menschliche Gehirn kein Ablageschrank ist. Lernen ist ein hoch komplexer Vorgang, der als Ausbau von Vernetzungen geschieht. Reine Rationalität gibt es nicht. Sie beruht immer auf Abstraktionsvorgängen, an denen Gefühle, Stimmungen und Atmosphären beteiligt sind. Diese werden bei jedem Lernen mit-codiert, sie lassen sich nur künstlich und im Nachhinein voneinander trennen. Darum sollte Lernen immer möglichst mehrkanalig geschehen, keinesfalls nur kognitiv.

Gelernt wird nur, was auch „abgespeichert" werden kann. Ob das geschieht, hängt weitgehend von inneren Strukturen und Ordnungsschemen ab, über die die Lernenden entweder bereits verfügen, oder die ihnen mit dem zu Lernenden mitgeliefert werden. Lehrende müssen darum immer Vernetzungsmöglichkeiten schaffen, Assoziationen bereitstellen, an bereits bestehendes Wissen, Können, Einstellungen und Erfahrungen anknüpfen und vor allem Zuordnungsmöglichkeiten und Strukturen „mitliefern", und keine Wissensaddition und -anhäufung betreiben. Sie sollten Lernatmosphäre und Motivation durch Beachtung von Raum, „Klima", Zeit, Pausen, kreativen und spielerischen Elementen usw. sehr bewusst gestalten. Welche Bedeutung Assoziationen für das Lernen haben, zeigt das folgende instruktive Beispiel: Ein Kind, das beim versonnenen Malen Wasser verschüttet und von der nervösen Mutter eine Ohrfeige bekommt, *lernt*: ‚Malen ist gefährlich!' Es wird jetzt möglicherweise keinen Spaß am Malen mehr haben. (Vester 1975, 44)

Darum ist das Wissen um Lernblockaden durch negativen Stress ein didaktisches Grunderfordernis. Stress ist die Ausschüttung von Hormonen, die bei störenden, befremdlichen oder erschreckenden Wahrnehmungen geschieht – ein sinnvoller biologischer Mechanismus, der den Körper bei Gefahr schlagartig für Kampf oder Flucht präpariert. Das Blut wird dem Gehirn und dem Magen-Darmbereich entzogen und läuft dort hin, wo es gebraucht wird: in die Muskeln, deren Spannung sich erhöht. So kommt es bei Schrecken zu Gesichtsblässe, Zittern, Herzklopfen usw., bei anhaltendem Stress zu Darmproblemen und Infarkten. Auslöser von Stress sind heute kaum noch akute Gefahrensituationen, sehr viel mehr aber Bedrohungen, die ganz unterschwellig bewusst sein können. Bereits das Ticken eines Weckers im Schlaf löst Stresshormone aus. Mehr noch geschieht das bei Unruhe durch innere Anspannung und äußeren Druck oder unbewältigte Probleme, oder etwa durch eine depressive Lebenseinstellung; oder natürlich durch (Lern)Situationen, die als schwierig, fremd, überfordernd erlebt werden, und erst recht natürlich in Prüfungssituationen. Dann kann es zum gefürchteten „Black out" kommen, der am besten natürlich durch körperliche Betätigung abzubauen wäre. Höchst bedenklich erscheint angesichts der nachhaltigen Individualisierung (→ 15) die Erkenntnis der Neurobiologen, dass der Entzug sozialer Unterstützung und der Wegfall zwischenmenschlicher Beziehungen den höchsten Stressfaktor überhaupt darstellen. Darum wirken stabile menschliche Beziehungen dem Stress entgegen, ferner das Gefühl von Übersicht, bewusste Entspannung, Kreativität und Bewegung.

Sinnvolles Lernen wird also gefördert durch den Einbezug von Gefühlen und Erfahrungen, durch die Transparenz des Lerninhalts auf seine Struktur hin und auf seinen *Sinn* (– wie häufig ist das in unseren Schulen anders!), durch die angenehme Gestaltung der Lernatmosphäre, durch mehrfache Annäherungen und Zugänge, schließlich durch Beteiligung und selbstgesteuertes Arbeiten, wodurch Neugier und Motivation erhöht werden. Auch für die eigene Strukturierung des Lernens kann man eine Menge tun: Ordnung durch Übersicht am Arbeitsplatz, feste zeitliche Abläufe und Pausen, Abschirmung vor fremden Einflüssen, thematische Übersicht durch Skizzen (Mind-Maps) usw. vermindern Stress ebenso wie den Aufwand an Energie, den man zum Arbeiten braucht; ebenso natürlich Bewegung und die Verfolgung vielfältiger Interessen. Nach wie vor spannend und ausgezeichnet beschreibt diese Zusammenhänge Frederic Vester (1975 und 1976).

2. Was ist ein religiöser Lernprozess?

„Auch heute ... laufen religiöse Lernprozesse nur da letztlich nicht ins Leere, wo sie aus der Distanz des Zur-Kenntnis-Nehmens von Religion irgendwann und irgendwie hinüberführen in die ‚Leidenschaft des Religiösen' und schließlich einmünden in eine Form personal integrierter Religiosität. Religiöses Lernen muß mehr sein als ein Gang durch das ‚Mausoleum der Religion'." (Englert 2008, 286)

Die scheinbar banale Frage nach dem religiösen Lernprozess und seinem „irgendwann und irgendwie" hat ein bedeutendes religionspädagogisches Gewicht. Herkömmlich fand religiöses Lernen durch die lehrende Weitergabe eines (gebündelten) religiösen Wissens oder Verhaltens statt, in der Regel durch den Katechismus. Der Katechismus aber kann totes Wissen sein, eine Kunst-Erfahrung etwa kann dagegen religiös bedeutsam sein. Denn Religion ist alles, was den Menschen „unbedingt angeht" (Paul Tillich).

Wie also entsteht Religiosität? Grundsätzlich durch die Übernahme und Nachahmung religiöser Gehalte und Vollzüge; diese Übernahme geschieht faktisch lange bevor sie bewusst und beabsichtigt ist, durch mimetische Angleichung (mimesis, griech = Nachahmung), d.h. durch mehr oder weniger unbewusste Angleichung des Verhaltens und auch des Empfindens an bestimmte Vorgänge und vor allem an Bezugspersonen und deren religiöses Verhalten. Das erklärt, warum die Eltern (→ 5), die Religionslehrer (→ 12.2) und das Spiel (→ 20.3) so bedeutsam und folgenreich sind für religiöses Lernen. Nicht die Gehalte also, sondern die mit ihnen verbundenen und durch sie ermöglichten Betroffenheits-Erfahrungen sind es, die wirkliche Religiosität entstehen lassen. Darum müssen *Erfahrungen* (→ 10.4) die Grundlage bewusster religiöser Lernprozesse sein, die in einen religiösen Kontext gestellt und in ihm gedeutet, oder aus diesem Kontext als bereits gedeutete übernommen werden.

Religionsdidaktisch gilt es also, bedeutsame Erfahrungen aufzuspüren, anzubieten, anzubahnen, zu gestalten und zu reflektieren. Geschehen kann das natürlich in allen Bereichen des Lebens, denn selbst ein simpler kognitiver Inhalt kann eine emotional besondere Erfahrung auslösen. Vorwiegend aber wird das im Bereich der Religion selbst geschehen.

Das bloße Informiertsein über die Gehalte der Religion reicht in der Regel keineswegs aus für ein echtes religiöses Lernen, oder gar für die Ausbildung von Religiosität (→ 19). Nachdenken über Religion leistet das schon eher; es kann sich nämlich mit einer bestimmten Sicht auf die Welt und das eigene Leben verbinden, möglicherweise also mit einer religiösen Überzeugung (einem Glauben, der allerdings sehr Verschiedenes meinen kann: abstraktes Interesse, fundamentalistisches Denken oder Lebensvertrauen). Am ehesten findet echtes religiöses Lernen im religiösen Handeln statt, das neben diakonisch-menschlichem, helfenden Verhalten vor allem *spirituelle Praxis* ist: Gebet, Gottesdienstbesuch, Meditation usw. Solche Praxis ist in der Regel Folge einer inneren Überzeugung – kann diese aber oft auch erst herstellen. Alle diese Komponenten sind planmäßig lern- und beeinflussbar; jeder Bereich kann je für sich trainiert werden.

Der innerste motivierende „Kern" eines religiösen Lernprozesses ist eine Grund-Erfahrung, die einen Menschen so trifft oder berührt, dass sich ihm eine neue Sichtweise auf das Leben und die Welt erschließt und sich dadurch seine gesamte Haltung verändert; eine solche Einstellungsänderung ist fast immer verbunden mit einer Veränderung des Verhaltens. In diesem Sinne kann die Kernbotschaft des Jesus von Nazareth, sein Ruf zur Umkehr angesichts der Nähe Gottes (Mk 1,15), als Aufforderung zur Totalveränderung der Lebenseinstellung verstanden werden. Der Begriff „meta-noete", der hier gebraucht ist, bedeutet nicht „Buße", sondern neue Sicht, Meta-Perspektive und Bewusstwerdung. Offensichtlich beruht dieser Aufruf selbst auf der Grunderfahrung Jesu, dass angesichts der Nähe Gottes das Leben ganz anders, leicht, frei, selbstverständlich und unbeeindruckt von falschen Rücksichten sein könnte; das Leben ist geschenkte Fülle und voller ungeahnter Möglichkeiten. Der häufige und gewichtige Satz: „Dein Glaube hat dir geholfen" ist im Übrigen nicht auf religiöse Lehren, Autoritäten, Priester, nicht einmal auf Gott bezogen; er meint schlicht den Lebens-Glauben eines Menschen.

Solche Ur-Erfahrungen liegen auch den anderen großen Religionen zu Grunde. Sie werden von den Menschen intuitiv als höchst bedeutsam erkannt, können sie doch Menschen und das Leben einer Gemeinschaft völlig verändern. Darum werden diese Erfahrungen aus verständlichem Grund entsprechend durch Traditionen und Institutionen geschützt – durch heilige Texte, Lehren, Regeln, Personen, usw. – und oft sind sie gar Anlass zur Gewalt. In den Gestaltungen der Religion kann deren ursprüngliche Kernerfahrung immer wieder neu freigelegt, entdeckt und angeeignet werden. Die sekundären Gestaltungen der Religion können diese Erfahrung freilich auch ersticken und pervertieren, besonders dann, wenn sie sich selbst als sakrosankt (unberührbar und absolut heilig) setzen, wie das im historischen Lauf der Religionen nur allzu oft geschieht – auch im Christentum. Um die religiöse Inspiration neu anzufachen, müssen Heilige, Reformatoren und Ketzer auftreten, Menschen also, die die Ur-Erfahrung der Religion in besonderer und zeittypischer Weise erneuern.

Religiöse Lernprozesse beziehen sich auf religiöse Formen, Inhalte und Vollzüge, vor allem aber auf das, was in diesen an persönlicher Erfahrung aufscheint. Sie lassen sich nach Rudolf Englert einer *Typologie* zuordnen:

a. Formation: Verinnerlichung von religiösen Erfahrungen durch traditionelle Lehre und Unterweisung, die Glaube als Haltung anzielt,
b. Inkulturation: traditionelle Form der religiösen Sozialisation, also des Hineinwachsens in die religiösen Prägungen und Hintergründe einer Gesellschaft (die heute auf Grund der religiösen Pluralität und des weitgehenden Ausfalls des religiösen Lebens immer mehr abnimmt),
c. Konversion: Bewusstwerdung, Sinneswandel und plötzliche Umkehr; heute wird dieser Begriff, der den Kern der eigentlichen und umfassenden religiösen Erfahrung meint, allgemein nur für den Wechsel der Konfession gebraucht,
d. Expedition: offener, meist allein unternommener Suchprozess, der heute immer mehr die Regel wird und zusammen mit anderen (nichtreligiösen) Sozialisationsfaktoren abläuft. Die „Expedition" bleibt fast immer unabgeschlossen und führt kaum noch zu Verbindlichkeit, nur sehr selten auch zu religiöser Identifikation und Gewissheit (Englert 2008, 282f.).

Behindert wird religiöses Lernen durch religiöse Traditionen, die sich selbst als absolut gebärden, die ohne Bezug zur Gegenwart und zum eigenen Leben bleiben, die zu früher Gelerntem in Widerspruch treten ohne dass das artikuliert werden kann, oder die ohne eigenes Interesse gelernt werden. Letzteres ist vor allem dann der Fall, wenn Religion als Fanatismus und Zwang (auch als unterschwelliger und Gruppenzwang) und in Form nicht einsehbarer Autorität auftritt, ferner wenn sie starr zwanghaft ritualisiert ist – dann also, wenn sie nicht um der Menschen willen, sondern um ihrer selbst willen besteht. Aus der Sicht lebendiger Religion liegen hier religiöse Fehlformen vor. Aber auch der weitgehende Verlust der Allgemeingültigkeit und *Selbstverständlichkeit* von religiösem Leben und der faktische Geltungsverlust der Kirchen und der christlichen Religions-„Experten" (Pfarrer, Priester und Theologen) verringern heute die faktische religiöse Kommunikation. Darum werden immer weniger religiöse Gehalte und Erfahrungen weitergegeben – auch wenn das *Interesse* an Religion ausgesprochen hoch ist.

3. Religiöse Traditionen als Medien religiösen Lernens

> „Nicht ob das Evangelium an sich wahr ist, ist die entscheidende Frage, sondern ob es in einer konkreten Situation für konkrete Menschen wahr wird, ob es tröstet, lehrt, orientiert, begeistert, zum Handeln hilft." (Meyer-Blanck in WzM 49/1997, 4)

Die christliche Tradition(→ 17.4) hat das gesamte Abendland geprägt, seine Denkweise, seine Kultur und seine Mentalität. Die christliche Überlieferung der Erfahrungen mit Gott, der Botschaft Jesu und seiner Sicht auf das Leben als von Gott geschenkte Fülle, hat durch seine kulturelle Dominanz und durch die abstrakte Denkform der Theologie oft zu einer unbewussten Verabsolutierung der christlichen Lehre geführt. Aus der verständlichen Angst heraus, gewichtige Inhalte preiszugeben, hat sie sich allzu oft gegen eine lebendige Nachvollziehbarkeit und eine plausible Übersetzung in die Lebenspraxis gesperrt. Ohne diese ist aber auch die Tradierung selbst blockiert. Durch die Abwertung von Sinnlichkeit, Traum und Mythologie ist die ursprüngliche religiöse „Idee" und Logik des Christentums immer wieder verschüttet worden (→ 7.2). Traditionsbrüche sind im Christentum daher keineswegs selten (vgl. vor allem die Reformation). Inzwischen erleben wir allerdings einen Bruch mit der Tradition, der sich von der religiösen Überlieferung und ihren Institutionen überhaupt abkoppelt. Traditionen gelten nicht mehr unbefragt, sie haben kaum noch Einfluss, oft sind sie nicht mehr bekannt. Wie lassen sie sich unter diesen Bedingungen sinnvoll für religiöses Lernen nutzen?

Das Verhältnis der Lernenden zum Traditionsbezug ist in der RP nicht geklärt. Es liegt auf der Hand: Religiöses Lernen ist heute an eine konsequente Subjektorientierung gebunden. Allerdings nicht an eine Verabsolutierung des Subjekts! Sonst würde die RP den alten Fehler der Einseitigkeit auf der anderen Seite der Tradition nur wiederholen. Subjekt und Tradition sind dagegen in ein stimmiges *Verhältnis* zu bringen – so allerdings, dass Menschen dabei sich selbst neu sehen und die Welt in einem neuen Licht erfahren können. Es kann also nicht primär um Traditionspflege gehen. Die gelungenste Subjektorientierung ist aber die, die Religion wirklich *anbietet*, und zwar so, dass Lernende aus ihren Lebens-Erfahrungen heraus Interesse entwickeln können und in ihrer Entfaltung gefördert werden. Das kann wiederum nur gelingen, wenn die Menschen nicht sich selbst überlassen, sondern in Auseinandersetzung und Bezug zu anspruchsvollen Gehalten der religiösen Tradition gebracht werden. Religiöse Traditionen sind religionsdidaktisch als *Medien der Selbst-Bildung* zu verstehen.

Für die RP legt sich eine Hermeneutik des werbenden Verstehens und Heranführens nahe, die Angebote zur versuchsweisen und zeitlich begrenzten Identifikation macht. Sie orientiert sich vor allem an den Möglichkeiten der *Aneignung*, zu denen persönliche Fragen und Bedürfnisse, aber auch Lebenskontexte und Vorerfahrungen gehören. Die Prozesse lebens- und personenbezogenen Lernens sind heute nahezu vollständig *selbstbestimmt*; sie richten sich an der Vorstellung uneingeschränkter Autonomie aus und vorwiegend an den Filtern der *Brauchbarkeit* und des unmittelbar einleuchtenden Situationsbezugs, oft auch der Erlebnisintensität. Das gilt entsprechend für die Annahme, Akzeptanz und Verarbeitung von religiöser Tradition.

Die christliche Tradition ist für christlich-religiöses Lernen gewichtig und unverzichtbar. Freilich sind es vor allem jene Gehalte der Tradition, die den oft genug faszinierenden Einblick in das religiöse Leben mit einer eigenen Beteiligung und Betroffenheit verbinden, die das Leben in ein neues Licht stellen und zur Entfaltung kommen lassen. Was Christsein bedeutet, wurde schon immer am wenigsten über seine theologisch reflektierten Inhalte und Lehrbekenntnisse gelernt. Bis weit über das Mittelalter hinaus wurde lateinisch gepredigt, es gab praktisch kein religiöses Wissen (Luther fand Klöster vor, in denen das Vaterunser unbekannt war); weitergegeben wurde die Religion über schlichte Nachahmung, über die Bilder in den Kirchen und über religiöse Spiele. Darum ist es auch heute noch (bzw. wieder) sinnvoll, auf die ästhetischen, d.h. sinnlich-leiblich wahrnehmbaren und spürbaren Gehalte der christlichen Tradition zu setzen, also auf ihre Formen, Gestaltungen, rituellen Praktiken und Vollzüge (→ 19.4). Man darf davon ausgehen, dass diese Formen ihre je eigene Didaktik und ihre Erschließungswege immer schon mit sich führen (→ 11), dass sie also zunächst nicht „reflektiert", sondern angeboten und mitvollzogen werden wollen.

Wie das Eingangszitat vermerkt, ist der *Zeichengebrauch* einer Religion der Zugang zum religiösen Lernen. Er ist vor allem an der liturgischen Praxis, an den Räumen und künstlerischen Gestaltungen des Christentums zu erfahren und zu studieren. Er führt in die Logik der Religion ein und schließt mehr als alle Inhalte die persönlich erfahrbaren Bedeutungsgehalte auf. Das setzt freilich religiöse Praxisangebote voraus, die gut inszeniert und nachvollziehbar sind. Die Probe auf diese Einschätzung macht die anhaltende Attraktivität der Gemeinschaft von Taizé, die in ihren aus der Ostkirche übernommenen Ikonen, ihren Liedern, den Kerzen und der meditativen Stimmung die Ästhetik der Religion ins Zentrum stellt; oder die feierlichen Gottesdienstformen wie Weihnachtsfeiern und Osternächte oder Gebetsnächte, die City-Kirchen-Arbeit etc., bei denen die religiöse *Stimmung* oft wichtiger ist als die Inhalte. Sie verbinden den neugierig-motivierten Zugang zur Religion mit deren Erlebnisgehalt und einer persönlichen Erfahrbarkeit und eignen sich darum exemplarisch für religiöses Lernen.

4. Die Schlüsselrolle der Phantasie

„Wenn die Phantasien Ausdruck der persönlichen und emotionalen Bedeutung sind, die die Dinge *für uns* haben, dann darf es wohl beim Lernen nicht nur darum gehen, die Grenze zwischen der Sachlichkeit und der Phantasie immer enger und strenger zu ziehen und die Phantasien aus dem Umgang mit der Welt (und die besteht aus Dingen, Ideen und Menschen) herauszuhalten. Denn das könnte dann nichts anderes bedeuten, als daß die Welt an persönlicher Bedeutung zunehmend verlöre." (Schäfer 1995, 132)

Das Kardinalproblem der Religionsdidaktik lässt sich auch so formulieren: wenn die christlichen Gehalte nicht mehr selbstverständlich sind, nicht mehr praktiziert werden und oft nicht einmal mehr bekannt sind, und wenn die Übernahme und Aneignung fremder geistiger Gehalte heute nur noch unter großen, an die Person gebundenen Vorbehalten geschehen, wie können dann die christlichen Gehalte *Bedeutung* gewinnen für die Person, *plausibel* und *erfahrbar* werden?

Für entsprechende Bedeutungserfahrungen ist die Phantasie (Imaginationsfähigkeit, Einbildungskraft) von großer Wichtigkeit. Sie ist nicht nur die Basis der Intelligenzentwicklung, denn offensichtlich stellt sie die Grundfähigkeit des Gehirns, den „spielerischen" Abgleich von Mustern (*pattern matching*) in Reinform dar. „Phantasiebilder können das Gehirn in fast demselben Maße formen wie echte Erfahrungen" (Klein 2002, 73). Sie sind auch verantwortlich für den Aufbau von persönlichen Bezügen. Darum ist gerade das religiöse Lernen nicht ohne sie denkbar.

Das ergibt einen weiteren starken Einspruch gegen die religiöse „Problemorientierung", die die Rolle der inneren Verarbeitungsmechanismen und entsprechender Gefühle verkennt. Ohne den Bezug zur eigenen Person, ohne Betroffenheit, ohne Evidenzen wird Religion nicht wirklich verstanden und gelernt, sondern tendenziell zur Äußerlichkeit. „Keine Bedeutung – keine Erinnerung." (Kuld 2001, 18)

Phantasie ist derjenige Bereich des Lernens, der die von außen kommenden, zunächst immer sinnlichen Wahrnehmungen und Eindrücke mit den eigenen Vorerfahrungen, Verstehenskategorien, Körpergefühlen und Bedeutungsgehalten so vermischt, dass sie zu einem subjektiv eigenständigen Lern- und Erfahrungsgehalt werden. Der englische Psychiater und Kinderarzt Donald W. Winnicott hat dafür den Ausdruck „Intermediärer Raum" (= vermittelnder Raum) eingeführt (Winnicott 1971). Er bezeichnet die innere Verarbeitungsinstanz von Selbst und Welt. Ein enger Zusammenhang besteht hier mit den dinglichen sog. „Übergangsobjekten": Kleine Kinder brauchen einen Teddy (→ 5), ein Schmusekissen oder einen Bettzipfel, die für sie die (noch) fremde Welt mit dem (bereits) Vertrauten (d.h. mit der Nähe der Mutter) verbinden. Übergangsobjekte symbolisieren Vertrautheit und Sicherheit, und sie erweitern, da sie beweglich sind, zugleich die Welterfahrung. Sie stellen im Kindesalter die Verbindung zwischen dem ursprünglich ganz aus Phantasie und Intuition bestehenden Verstehen und neuen Erfahrungen der Welt draußen her, darum auch den Übergang zwischen dem ursprünglichen Gefühl des Einsseins mit der Mutter und der nach draußen drängenden Neugier und größer werdenden Freiheit.

Übergangsobjekte sind aber auch Eindrücke aus dem Bereich der Kultur und dem der Religion. Das Gute-Nacht-Gebet, religiöse Bilder, selbst die Gottesvorstellung, fungieren als solche „Übergangsobjekte", die die abnehmende Geborgenheit durch den Mutterschoß und die sich erweiternde Freiheit so miteinander vermitteln, dass Freiheit und Geborgenheit zugleich bestehen können. Kein Zufall ist es darum, dass Gott Geborgenheit ebenso wie Freiheit ermöglicht; in der lebendigen Religion stehen immer ein bergendes, tröstendes, schützendes Grundelement und ein provozierendes, bewusst machendes, in die Freiheit führendes nebeneinander (→ 17.1).

Der Intermediäre Raum der Phantasie wird im Fortgang der Entwicklung keineswegs überflüssig. Er ist zunehmend strukturiert, bleibt aber unverzichtbar für den internen Vergleich mit bereits gemachten Erfahrungen und mit spontanen Gefühlsreaktionen auf neue Eindrücke. Daher ist Phantasie die Grundlage für *jedes* Lernen. Sie hat eine grundlegende Bedeutung vor allem für subjektiv bedeutsame, und darum insbesondere für die *religiösen* Lern- und Bildungsprozesse, da sie über die Bedeutung von Wahrnehmungen entscheidet. Als „bedeutsam" wird erfahren, was als bekannt (vertraut) und/oder neu und wichtig erscheint – vorwiegend also das, was auf die eigene Person beziehbar ist. Bedeutungen kommen zu Stande durch Wiedererkennen und Vertrautheit (diese sind, wie z.B. der Anblick eines bekannten Gesichts zeigt, immer lustvoll; woraus sich erklärt, warum Lust beim Lernen für nachdrücklichere Erfahrungen sorgt) oder durch Neuigkeiten (woraus sich die Bedeutung von Neugier und Interesse erklärt). Bedeutung hat, was *mir* wichtig erscheint. Bedeutungsvoll wird ein Gehalt umgekehrt auch durch den Bezug, den eine Person zu ihm einnimmt. Lerntheoretisch ist die Phantasie dafür verantwortlich, dass Phänomene überhaupt wahrgenommen, ausgewählt und angeeignet werden können. Sie ist der Raum der Resonanzen, den Wahrnehmungen auslösen. Ist dieser Raum klein und wenig entwickelt, wird wenig wahrgenommen, angeeignet und als bedeutsam erfahren. Die Folge kann eine Einstellung und Grundhaltung sein, die das ganze Leben als bedeutungs-, d.h. *sinnlos* erscheinen lässt.

Die Religion nun ist der Bereich *umfassendster* Bedeutungen. In keinem anderen Bereich des Lebens, allenfalls in dem der Kultur, werden so intensive Bedeutungserfahrungen tradiert und kommuniziert wie in der Religion. Sie ist darum mehr als andere Bereiche auf eine leistungsfähige Phantasie angewiesen. Das bedeutet: Religiöse Gehalte, die nicht der spontanen, poetisch-fiktionalen, unverrechenbaren, immer persönlichen und oft genug un-rationalen Phantasie zugeführt und von ihr durchdrungen sind, werden tendenziell zu toten Hülsen und leeren Formen, die das Leben mehr behindern als fördern. Interessanterweise sind es weniger die Theologen, sondern weit eher die Ketzergestalten, die die Religion mit ihren oft verrückten Ideen und Interpretationen lebendig gehalten haben (Äußerst lesenswert: Nigg 1949). Förderung und Anregung der Phantasie ist darum ein Grundgeschäft der Religionsdidaktik. Sie muss wissen, dass dabei nicht nur „schräge" religiöse Ideen entstehen, sondern Synkretismen (= Vermischungen religiöser Gehalte, die ursprünglich nicht zusammen gehören) und „Ketzereien" erlaubt, ja sogar erwünscht sind. Das Vertrauen darauf ist hoffentlich vorhanden, dass so nicht die Religion verunstaltet, sondern eher gefördert wird. Die großen tragenden Vorstellungsmuster der Religion stellen sich machtvoll ganz von selbst her, wenn man ihnen nicht die Lebendigkeit nimmt.

Für die Religionsdidaktik ist Phantasie schon deshalb bedeutsam, da es ihr grundlegend nicht um Dinge und „Sachverhalte", sondern (im gelungenen Fall) vor allem um Existenzfragen, um Gott, um das Heilige, um das Geheimnis des Lebens geht. Hier setzen Begreifen und Erfahren mehr als anderswo eine strukturierte Phantasie voraus. Das sei in Kürze an der Gottesvorstellung verdeutlicht. Friedrich Schleiermacher hatte in der ersten Ausgabe seiner „Reden" den wahrhaft ketzerischen (und später revidierten) Satz geschrieben: „Ob (der Mensch) zu seiner Anschauung einen Gott hat, das hängt ab von der Richtung seiner Phantasie" (Schleiermacher in Braun/Bauer 1981, Bd. 4, 286). Das heißt: nicht klare Vorstellungen oder Inhalte sind Grundlage der Religion, sondern Gefühle, innere Bilder und Einstellungen. Von ihnen hängt auch die Gottesauffassung ab; sie ist in keiner Weise normierbar und diktierbar, sondern *immer* Sache der persönlichen Erfahrung – wenn sie denn nicht steriles und unlebendiges „Wissen" sein will. Die Phantasie ist neben der Vernunft die höchste Möglichkeit des Menschen und Bedingung jeder Religiosität. Dieser Gedanke schließt das Risiko und die Möglichkeit einer Religion ohne Gott ein; an diesem Risiko aber hängt religiöses Lernen insgesamt.

Die Probe darauf kann eine einfache Beobachtung geben. Wenn Kinder Gott zeichnen (→ 5.3), ist immer eine gute Portion kindliche Phantasie im Spiel. Niemand käme heute auf die Idee, diese Phantasie zu korrigieren zu Gunsten eines dogmatisch korrekten Gottesbildes. Denn wir wissen, dass dann die Lust, sich mit Gottesvorstellungen überhaupt zu beschäftigen, schnell erlahmen würde. Umgekehrt aber liegt die Einsicht auf der Hand, dass die phantasievolle, persönlich-eigenständige Ausgestaltung dieser Vorstellung gerade die Garantie dafür abgibt, dass „Gott" für das Leben eines

Menschen wirklich *Bedeutung* erhält. Diese Überlegung kann unschwer auf den gesamten Bereich des religiösen Lernens übertragen werden.

5. Einsichten der Neurobiologie

Unsere gängige Vorstellung von der Entwicklung des Denkens beruht auf einer Vereinfachung, eigentlich auf einer Verzerrung; sie wird nämlich den tatsächlichen Vorgängen im Gehirn nicht gerecht. Wir gehen meist davon aus, dass die Instinkte des Kindes (angeborene Reaktionen auf äußere Reize) allmählich vom Vorstellungsvermögen und vom abstrakten Denken abgelöst werden. Das ist eine stark korrekturbedürftige Ansicht, die Folgen für das Lernen und für die Entstehung von Bewusstsein hat, damit mittelbar auch für das Verständnis von Religiosität. Unser Gehirn arbeitet nicht nach den Prinzipien kausaler Logik, und streng genommen ist unser Denken nicht einmal „rational".

Der amerikanische Hirnforscher Antonio R. Damasio (1994) hat gezeigt, dass die Trennung von Gefühl und rationalem Verstand Illusion ist. Damit widerspricht er der abendländischen Tradition des philosophischen Denkens (und ebenso dem alten Denken der Pädagogik), die das Gefühl als Störung des Denkens angesehen hat. Der Verstand ist dagegen auf die Fähigkeit angewiesen, Gefühle zu empfinden – ohne sie gibt es kein rationales Denken. Denn Gefühle sind (ebenso wie die Phantasien) unverzichtbar für einen Abgleich zwischen sinnlichen Wahrnehmungen und inneren Verarbeitungen. Die Trennung zwischen Denken und ausgedehnten „Körpern", die der Philosoph Descartes als Grundprinzip aller Philosophie annahm, ist also ein Irrtum. Faktisch werden unsere Handlungsentscheidungen durch Affekte gesteuert. Emotionen funktionieren wie Erkenntnis- und Entscheidungsfilter, die die Vorstellung einer objektiven Rationalität als überholt erscheinen lassen. Damasio kommt zu diesen faszinierenden Einsichten durch die Untersuchung von Hirnverletzungen, bei denen Menschen zwar weiterhin die Fähigkeit des Sehens, Sprechens und Denkens behalten, dagegen die Fähigkeit verlieren, Entscheidungen zu treffen oder moralische und soziale Verbindlichkeiten zu befolgen. Diese Patienten sind oft emotionslos und sehr sachlich; sie wägen stundenlang Argumente hin und her, ohne zu einer Folgerung zu gelangen, können Einsichten also nicht mehr auf reale Lebenssituationen übertragen. „Es gibt keine Handlung und keinen Gedanken, der nicht affektiv motiviert ist." (Basch 1992, 72)

Persönliche und soziale Entscheidungen sind offenbar so komplex und risikobehaftet, dass zu ihrer Organisation eine ganze Reihe von im Gehirn räumlich getrennt abgespeicherten Daten abgerufen und kombiniert werden müssen: Gedächtnis (also: bisherige Erfahrungen), sinnliche Wahrnehmungen, Aufmerksamkeit, momentanes Körperempfinden usw. Die Kombination geschieht mittels komplexer „Vorstellungsbilder" („dispositionelle Repräsentationen"), die für Damasio die „Grundlage geistiger Funktionen bilden" (Damasio 1994, 130) – eine für Lernprozesse höchst wichtige Einsicht! Unser Gehirn verfügt also nicht über eine zentrale Verstandes-Instanz, sondern arbeitet mit bildlichen *Muster-Vergleichen*. Wahrnehmung ist dabei immer schon vorstrukturiert durch Erfahrungen, die einem Menschen gezeigt haben, wie er sich bisher in seiner Umgebung orientieren und bewegen konnte.

Wahrnehmungen und Erinnerungen werden *emotional codiert*. Das ist eine glatte Bestätigung der neueren pädagogischen Auffassung, nach der eine stimmige Atmosphäre, sinnliche Wahrnehmungen und Erfahrungsbezug die Grundlage gelingender Lernprozesse bilden. Wahrnehmungen sind vom Gehirn in der Regel nur verwertbar, wenn sie als „bekannt" bzw. „vertraut" eingestuft werden können; andernfalls werden sie ausselektiert. Neurologisch gesehen funktioniert der Mustervergleich des Gehirns nach dem Prinzip des dauernden Feedbacks. Die Ergebnisse neuronaler Veränderungen werden ständig mit den sinnlich wahrgenommenen Eingangssignalen verglichen, überprüft und so lange angeglichen, bis ein Gleichgewichtszustand erreicht ist. Die Tätigkeit des Gehirns ist also ein fortwährendes Schaffen und Aufrechterhalten von Ordnung. Das Gehirn lernt immer, selbst im Schlaf. Und es lernt leichter, wenn *Ordnungen erkennbar und Kompetenzen erreichbar* sind. Bei diesem Prozess spielen *Imagination* (Phantasie) und *symbolische Repräsentation* eine zentrale Rolle, denn sie sind Ausdruck der Grundtätigkeit des Gehirns: des Mustervergleichs.

Die Motivation *allen* Verhaltens – also auch jeden Lerners – ist durch das *Streben nach Kompetenz* bedingt, die sich in der Fähigkeit zu *Kontrolle, Anpassung und Selbstachtung* äußert (Basch 1992, 32f.). Ein- und Übersicht bedeuten die Erfahrung von Kompetenz (d.h. von angemessener Reaktions-, Anpassungs- und Handlungsfähigkeit) und sind immer mit Lust verbunden; und sie sind Grundlagen des Selbstwertgefühls. Gelernt wird vorwiegend das, was Spaß macht – und Spaß machen Dinge, die die eigenen Fähigkeiten stärken. Selbstachtung, Entscheidungsfähigkeit, Verhaltensweisen und Kompetenz beeinflussen sich gegenseitig und bauen aufeinander auf – können freilich umgekehrt, wenn sie nicht ausreichend vorhanden sind, auch zu einer wechselseitigen Schwächung führen.

Daraus lassen sich einige grundlegende Einsichten für die Gestaltung von Lernprozessen ableiten. Lernen ist zunächst abhängig von sinnlich wahrnehmbaren Eingangssignalen. Durch diese konstruiert sich das Gehirn regelrecht seine Wirklichkeit. Signale werden in einem Mustervergleich nach den Empfindungen „neu" und „wichtig" sortiert, einem nicht kausallogischen, sondern komplexen und bildhaften Geschehen, bei dem Gefühle eine Schlüsselrolle spielen (auch Abstraktionen sind, ebenso wie Phantasien, bildhafte, mehrfach ineinander liegende Mustervergleiche). Emotionen sind also überlebenswichtig, da sie jedes Lernen strukturieren. Stimmung und Atmosphäre werden (durch bestimmte Botenstoffe im Gehirn) immer mit verarbeitet – was einer erfahrungsorientierten Pädagogik längst bekannt ist. „So eng hängen Begehren und Begreifen zusammen. Lust macht klug, und ohne Lust ist schwer lernen" (Klein 2002, 111). Neugier und Interesse steigern die Lebenslust, mehr als jedes passive Konsumieren.

Das Gehirn ist ständig damit beschäftigt, metakognitive Strukturen herzustellen. „Metakognitive Kompetenzen" wie z.B. Problemlösungsfähigkeit lassen sich darum nur sehr eingeschränkt rational und direkt trainieren, sondern entstehen eher durch das stimmige Angebot sinnlicher Wahrnehmungen. Von den tausenden von Wissensdetails aus der Schule z.B. sind später meist nur sehr wenige direkt verfügbar; dennoch sind Menschen nach der Schule oft gut orientierungsfähig und wissen sehr viel mehr als das, was sie konkret gelernt haben. *Strukturen* entstehen allerdings vorwiegend dann, wenn Wissen mit *Motivation* zusammenfällt, also beim Gefühl von „Neu" und „Wichtig". Angst und Stress dagegen und Faktenwissen ohne Bedeutungsbezug, die in unseren Bildungsinstitutionen verbreitet sind, erschweren die Assoziationsfähigkeit, blockieren die verarbeitende Phantasie und erleichtern nur eingelernte Routinen. Emotionen werden in einer technisierten Welt zunehmend als störend empfunden (cool sein ist längst zur Mode geworden; → 16.4) und nirgendwo geübt. Dabei wären sie Basis einer gesunden, wirklich auf den Menschen bezogenen Bildung. Sinnvollste Organisation von Lernprozessen ist darum gestalthaft-sinnliche, d.h. ästhetische Erfahrung, die über die Einbildungskraft zu bildhaft und emotional codierten Ordnungsstrukturen führt und auf ein gebildetes, d.h. kompetentes Selbst bezogen ist.

Lernen lässt sich als Zuweisung von Bedeutungen beschreiben. Das Aufmerksamkeitssignal des Gehirns für „neu" und „wichtig" ist dabei gleichbedeutend mit *Bewusstsein*; waches, strukturiertes Bewusstsein ist ein Überlebensvorteil, da es für schnelle und angemessene Entscheidungen sorgt. Interessanterweise lässt sich *Religion* als eine bestimmte Form und Ausprägung von Bewusstsein beschreiben – in ihr werden die Momente der höchsten, auf das ganze Leben und die Welt bezogenen Bewusstheit überhaupt erlebt und kommuniziert. Darum ließe sich mit gutem Grund eine genealogische Abfolge von einfachen Instinkten über Emotionen hin zu bewusster Religiosität (statt zu abstrakter Rationalität) als menschlich angemessen vermuten, die freilich alle immer mit kognitiver Rationalität *verbunden* sind bzw. sein sollten.

Die Nähe von Bewusstsein und Religion zeigt sich in der religiösen Erregung, in Meditation und spirituellen Erfahrungen. Die Beschaffenheit des Gehirns *ermöglicht* religiöse Erfahrung, legt sie sogar nahe. Das sagt zwar noch nichts über die Natur religiöser Phänomene aus, kann aber zumindest deutlich machen, dass geistige Zustände immer abhängig sind von leiblichen und emotionalen Bedingungen. Es legt auch die Einsicht nahe, dass Religion (als höchste Form des Bewusstseins verstanden) zur Orientierung, Selbststärkung und Lebenskompetenz, darum zum entfalteten Menschsein beitragen kann.

6. Didaktik religiöser Lernprozesse

Religiöses Bewusstsein ist nicht direkt lehrbar. Auch Religiosität und Glaube sind nicht lehrbar – dennoch aber lernbar, da sie sich vorbereiten und *anzielen* lassen (→ 2). Das gilt allerdings vor allem für die hinter religiösem Wissen, Fakten, Einstellungen liegende Motivation, d.h. für das religiöse *Interesse*. Dieses vor allem sollte angeregt und gefördert werden, und zwar durch nachvollziehbaren Lebens- und Erfahrungsbezug. Wie kann das geschehen?

Grundsätzlich gilt für alle Bildungsprozesse:

> „Wenn man menschliche Entwicklung als einen Weg versteht, auf dem ein Individuum seine eigenen Möglichkeiten in der Auseinandersetzung mit der umgebenden Wirklichkeit gewinnt, dann benötigt es auch in allen späteren Bildungsprozessen dieses Zusammenspiel dreier Dimensionen: einer förderlichen Umwelt, eines inneren Raumes, in dem sich ein subjektiver Wunsch und ein innerer Prozeß der Auseinandersetzung entfalten kann, sowie einer ‚Sprache' (auch im übertragenen Sinn), in der sich Subjektives und Objektives (innere Welt und äußere Welt) artikulieren und mitteilbar machen lassen." (Schäfer 1995, 32)

Für Religion gilt entsprechend, dass eine *„förderliche Umwelt"* (anregende Angebote, Möglichkeiten der Beteiligung, spielerische und kreative Zugänge usw.) einen inneren „intermediären" Raum eröffnen und anregen soll, und zwar durch Anleitung zu einer *differenzierten Wahrnehmung* und *Anregung der Phantasie*; das geschieht vor allem in religiösen Geschichten, Mythen, Symbolen und Bildern und in der eigenen spielerisch-experimentellen Beschäftigung mit ihnen, also in Nachahmungen, Symbolisierungen und anderen Formen des eigenständigen Ausdrucks und der Darstellung. Zu diesem Ausdrucksbereich gehört auch die religiöse Sprache, die in Klage, Dank, Hymnus, Lied usw. eine eigenständige Form des Ausdrucks zeigt, ferner religiöse Gestik, wie sie z.B. in der spirituellen und liturgischen religiösen Praxis vorkommt. Die Bedeutung der religiösen Sprache und der religiösen Ausdrucks- und Symbolisierungsfähigkeit ist religionspädagogisch von zentraler Bedeutung.

Religiöses Lernen muss seine Lebensdienlichkeit offensichtlich machen. Plausibilität, Nutzen, Anwendbarkeit religiösen Lernens sind nicht mehr selbstverständlich und müssen darum religionsdidaktisch immer „mitgeliefert" werden. Ausgewiesen werden muss also ihre *Bedeutung*, was in der Regel durch Erfahrungsbezug und Mitvollziehbarkeit geschieht und dadurch, dass die Vollzugslogik der Religion nachvollziehbar wird. Darum sind nicht Teilstücke der religiösen Tradition zu „elementarisieren" und an heutige Erfahrungen „anzuschließen", sondern es ist die christliche *Sichtweise und Perspektive* auf Leib, Menschen, Welt und Gott zu kommunizieren und mit der heutigen Sicht auf das Leben in Verbindung zu bringen. Genau dies meint Hubertus Halbfas mit seinem allzu oft kritisch abgewerteten „Dritten Auge": Lernende sollen einen Sinn und ein Gespür für Religion bekommen, die das eigene Leben neu sehen lassen. Entsprechende Wahrnehmungs- und Deutungsstrukturen lassen sich anhand der Überlieferung, aber ebenso gut auch anhand eigener Fragen, Ausdruckshaltungen und Ideen erschließen.

Das heißt:

1. Religionsdidaktisch zentral sind nicht Lehre und Wissen, sondern die *Kommunikation* von religiösen und Lebens-*Erfahrungen*. Lebensbedeutsame Erfahrungen, Erlebnisse, Schicksale, die Fragen nach Leid, Erfüllung, Sinn usw. regen das Fragen nach dem an, was über bloße Informationen, über das funktionale Denken und lebensweltliche Alltagsgewohnheiten hinaus geht. Solche Erfahrungen können (ebenso wie religiöse Erfahrungen) in der Regel nicht direkt „angeboten" werden – es sei denn über die Präsentation von religiöser Tradition und Kultur (s.u.). Darum sollte ein Rahmen für sie geschaffen werden, in dem Erlebnisse, Nachdenken und spontane Befindlichkeiten abgerufen werden können. Die Atmosphäre eines Kreises in einer mit Kerzen erleuchteten Kapelle bringt mehr und anderes zu Tage als ein Klassenzimmer oder ein weiß gekalkter Gemeindesaal. Oder: Wesentlich sinnvoller als der übliche Konfirmanden-Unterricht, in dem die Grundgehalte des christlichen Denkens vermittelt werden, sind Konfirmandenwochen, in denen sinnvolle Elemente religiösen Lebens kommuniziert und neue Erfahrungen möglich werden: die einer Gemeinschaft, eigener liturgischer Gestaltungen, gemeinsamer Gebete usw.
2. Nicht die Deduktion von fest stehenden Wahrheiten (wie sie Lehrsätzen zu eigen ist) ist religionsdidaktisch und lerntechnisch angemessen, son-

dern Angebote von lebensbezogenen, als stimmig und sinnvoll erlebbaren *Erschließungs-Wegen*, die die *Logik der Religion* erfahren lassen. Das geschieht durch erfahrungsbezogene Begegnung mit Religion – religiöse Texte (Bibel, theologische Texte), Orte (Kirchenräume), Personen (Pfarrer, Religionslehrer) usw. können Fragen und Lebensgefühl der Lernenden in Bezug zu Phänomenen stellen, die Gestalt gewordene Antwort-, Denk- und Verhaltensangebote zu ihnen darstellen. Voraussetzung für lebendiges religiöses Lernen ist dabei, dass diese Phänomene nicht als sakrosankt oder fremd erlebt werden, sondern ihrerseits als Niederschlag des Umgangs mit Lebensfragen. Traditionen sind Medien der religiösen Selbst-Bildung.
3. Das geschieht am besten durch *Inszenierungen*, Arrangements und Dramaturgien religiöser Erfahrungen und Gehalte und durch *Teilnahme* an religiösen Vollzügen. Religiöse Lernprozesse müssen also sorgsam gestaltet werden. Mehr als allem anderen Lernen ist ihnen ein persönlicher Bezug zu eigen. Sie können darum nur gelingen, wenn sie so präsentiert werden, dass dieser Bezug auch wirklich deutlich wird. Das geschieht – abgesehen von der spannenden und stimmigen methodischen Umsetzung – am ehesten durch teilnehmenden Mitvollzug und durch eigenständige Ausdrucksgestaltung, ferner durch eine eigene religiöse und spirituelle Praxis. Der religiöse Ausdruck (Sprache, Symbolisierung, Kommunikation usw.) müsste religionsdidaktisch weit mehr entwickelt werden. Vor allem aber in der religiösen Praxis kommen Lebenserfahrung und religiöse Erfahrung zusammen. Solche Praxis ist auf eine gewissenhafte Anleitung und auf gute Lehrer angewiesen, ferner auf konstante Übung. Es ergibt sich als Leitsatz:

> Die Quellen der religiösen Tradition (Symbole, Bilder, Sprache, Deutungen, Räume, Personen, Rituale, Vollzüge) sind als gestalthaft vorgegebene religiöse Erfahrungen zu erschließen und in stimmiger und angemessener Form der individuellen, experimentierenden Selbsterfahrung, Selbstdeutung und Selbst-Verortung zuzuführen.

Bei aller religionsdidaktischen Kriteriensuche ist natürlich nicht zu vergessen, dass religiöses Lernen letztlich nicht operationalisierbar ist.

„Nur dann, wenn die Differenz, die Fremdheit, die Irritation Raum haben dürfen, erstarrt das Leben nicht in endlosen Bestätigungen des Gleichen, sondern bleibt lebendig ... Religionsunterricht hat ins Spiel zu bringen, was marginalisiert, tabuisiert, verdrängt ist." (Zilleßen/Gerber 1997, 38 und 40)

Der Zielhorizont solcher Bemühungen sollte darum ein möglichst offener sein und nicht mehr und nicht weniger als *religiöses Interesse* und eine eigenständige – möglicherweise auch kritische oder ablehnende – *religiöse Einstellung* anstreben. Deren Weckung und Förderung stellt das höchste religionsdidaktische Ziel dar (→ 2.4–5); das zu verfolgen ist weitaus sinnvoller als Wissensvermittlung, bei der allenfalls zufällig (und immer seltener) *Bedeutungen* entstehen. „Interesse am Christentum" war denn auch die Formel, die für Friedrich Schleiermacher einen Christen ausmachte. Solches Interesse ist ganz natürlich da zu erwarten, wo im christlichen Rahmen wirklich religiöse Erfahrungen angeboten werden, wo also unter Beachtung von persönlichen Fragen über christliche Gehalte kommuniziert wird. Religiöses Interesse schafft die Motivation zu religiösem Weiterfragen und Lernen, und dies kann im besten Fall zu einer eigenständig verantworteten religiösen Identifikation, also einer religiösen Haltung oder gar Leidenschaft werden. Es ist klar, dass das ebenso wenig direkt lehrbar ist wie religiöse Erfahrungen überhaupt. Im Übrigen gilt Meister Eckharts kritisch-weise Bemerkung, die die hohe Bedeutung der lehrenden Personen und deren Lebenserfahrung unterstreicht: „Auf hundert Lehrmeister kommt ein Lebemeister."

Zusammenfassung

Lernen ist die Verarbeitung von Wahrnehmungen, die durch Assoziation geschieht und an Motivation und Bedeutungs-Erleben gebunden ist. Neurophysiologisch ist Lernen der bildhaft-komplexe Mustervergleich des Gehirns, an dem Gefühl und Phantasie in hohem Maße beteiligt sind. Religiöses Lernen zielt über die Aneignung religiöser Kenntnisse hinaus auf die höchste Möglichkeit des Lernens überhaupt, nämlich auf existenzbedeutsame Erfahrungen, die eingespielte Sichtweisen und selbst die Lebensführung verändern können. Angestoßen werden solche Erfahrungen in der Regel nicht durch traditionelle religiöse Lehren, noch allein durch die Orientierung an den Bedürfnissen der Menschen, sondern vorwiegend durch religiöse Gestaltungen und Ausdrucksformen, die als Medien religiösen Lernens und als Anlässe zur Selbsterfahrung zu betrachten sind – nicht als Selbstzwecke.

Literatur: Zu 1: F. Vester 1975 und 1976. Zu 2: R. Englert 2008, 272–286 – J. Kunstmann 2010 – B. Porzelt 2009. Zu 3: W. Gräb 1998. Zu 4: W.H. Ritter 2000 – G.E. Schäfer 1995, bes. 99–139, 231–247 (Kapitel 7, 8, 9, 15). Zu 5: M. Spitzer 2002 – H.-F. Angel in KatBl 127 (2002), 321–326. Zu 6: D. Zilleßen/U. Gerber 1997.

Herausforderungen

14 Religion in der modernen Welt

> „Während in traditionalen Ordnungen die Beziehungen zwischen dem Menschen und seiner Umwelt durch standardisierte Verhaltens- und Handlungsregeln bestimmt waren, die so etwas wie eine ‚ontologische Sicherheit' garantierten, bleibt den Mitgliedern moderner Gesellschaften nichts anderes als die Hoffnung, daß die Funktionssysteme die Erwartungen erfüllen mögen. Doch am Grund lauert das Wissen um ihre Instabilität und Gefährdung, die mit der reflexiven Dynamisierung wächst." (Beck 1996, 293)

Das Zitat benennt eine Veränderung der Weltsituation und des Lebensgefühls, die in ihrer Bedeutung kaum zu überschätzen ist. Während im Mittelalter den Menschen Ort, Sinn und Aufgaben nahezu vollständig durch die Kirche, die Herrschaft und die geltende Sitte vorgegeben und so statisch waren, dass jede Veränderung schnell als Aufruhr und Ketzerei galt, so hat sich die Situation heute in ihr glattes Gegenteil verkehrt. Wir leben seit der Aufklärung, vollends seit der Technisierung der Welt im 20. Jh., im Bewusstsein und mit dem Anspruch einer maximalen persönlichen Freiheit, bei der Ordnungen und vorgegebene Pflichten nur stören können. Flexibilität, Dynamik, Vitalität, Erfolg und Kaufkraft sind die Voraussetzungen des Lebens geworden, dessen Sinn nicht mehr in der geduldigen Pflege altbewährter Beziehungen liegt, sondern in Selbstverwirklichung und intensivem Erleben.

Damit wurden freilich auch alte Sicherheiten gegen neue Bedrohungen eingetauscht. Spätestens seit dem „ästhetischen Jahrzehnt" (Hermann Timm) der 1980er Jahre zeigt sich eine deutlich veränderte Wirklichkeitsauffassung, die sich nicht mehr an vorgegebenen Wahrheiten orientiert, sondern an Möglichkeiten, Optionen und Betroffenheiten. Technik und Medien machen die Wirklichkeit virtuell und manipulierbar. Sie verändern auch die religiöse Wirklichkeit. Was bedeuten diese massiven Veränderungen für die RP?

1. Pluralisierung – Leben in der spätmodernen Welt

Der Weg der Neuzeit

> „Fragmentierung, Szenenwechsel, Kombination des Diversen, Geschmack an Irritation sind heute allgemein, von der Medienkultur über die Werbung

bis zum Privatleben. Penthouse und Öko-Hütte, Zweitbürgerschaft und Halbgeliebte, Termininversionen und Freizeitsprünge gehören zum Setting. Unser Alltag ist aus inkommensurablen [= nicht miteinander vereinbaren] Bausteinen zusammengesetzt, und wir haben die Fähigkeit entwickelt, diese so zu verbinden, daß das Heterogene [= Verschiedenartige] uns mehr belebt als anstrengt." (Welsch ³1991, 194)

Diese Pluralisierung, die uns heute so selbstverständlich erscheint, hat historische Wurzeln, aus denen sie sich recht genau erklären lässt. Sie beginnt mit der sog. „Neuzeit", die das Mittelalter ablöst; mit der italienischen Renaissance und der deutschen Reformation erwacht – auf weltlicher und geistlicher Ebene – das bewusste „Ich", das sich erstmals aus festen Ordnungen und Hierarchien herauslöst. Das Mittelalter war eine vollkommen geschlossene Welt des einheitlichen Denkens und Glaubens. Erste Schocks für das Einheitsbewusstsein kündigten sich auf mehreren Ebenen an: geistig etwa in Abälards (1079–1142) frecher Schrift „Sic et Non" (eine Zusammenstellung widersprüchlicher Konzilsaussagen) und bei den Occamisten, die den „Nominalismus" verbreiteten (die Auffassung, dass die Vernunft nicht mit der Welt übereinstimmt, sondern sie lediglich benennt). Politisch standen im Investiturstreit (seit Mitte des 11. Jh.) Papst und Kaiser erstmals gegeneinander, später auch in der päpstlichen Bannung des frommen Kaisers Ludwig des Bayern (1324); im Schisma der Päpste (1309–1377) konkurrierten zwei Päpste gegeneinander in Rom und in Avignon. Umberto Eco hat in seinem Roman „Der Name der Rose" (1980) ausgesprochen realistisch und spannend gezeigt, wie die Einheit des mittelalterlichen Kosmos zerbricht und dies die Menschen unsicher, verbissen und gewalttätig macht.

Hier vollzieht sich die große Wende vom deduktiven Denken (das von festen Wahrheiten und Ursprüngen ausgeht) zum induktiven (d.h. suchenden, experimentellen), das später die Wissenschaft möglich macht. Es öffnet das Tor zur individuellen Freiheit. Wenn aber die Wahrheit nicht mehr voraus liegt, sondern immer erst in einem langen, anstrengenden, grundsätzlich offenen Prozess gesucht werden muss, stellt sich große Verunsicherung ein. Auch die religiöse Wahrheit ist nicht mehr garantiert.

Symbolische Konfrontation gegen die alten religiösen Autoritäten ist Luthers (historisch nicht gesicherter) Satz, mit dem er sich 1521 in Worms vor Kaiser und Reich verantwortete: „Hier stehe *ich*, ich kann nicht anders ..." Luther konnte aus *Gewissensgründen* für sich nicht mehr Konzilsaussagen, Kirchenrecht oder päpstliche Autorität gelten lassen, sondern allein vernünftig einleuchtende Gründe und Aussagen der Schrift. Luthers gesamtes theologische Denken ist durchzogen von diesem Prinzip des existenziellen Bezugs, aus dem sich auch seine enorme Wirkung erklärt. Das Heil ist „pro nobis" (für uns) gegeben; der Glaube ist persönlich verantwortet:

„Ich glaube, dass *mich* Gott geschaffen hat..." (→ 2.1), „Woran du nun dein *Herz* hängst, das ist eigentlich *dein Gott*..." Die Zeit war offenbar reif für ein solches Denken.

Die Durchsetzung dieses Denkens dauerte lange. Auf die Reformation folgten schreckliche Religionskriege, die die alte Einheit nochmals herzustellen versuchten, sich aber nur noch durch ein Nebeneinander der verschiedenen Religionsauffassungen schlichten ließen. Aus den Verwüstungen des Dreißigjährigen Krieges (1618–1648) entwickelte sich im 18. Jh. die religiöse Kritik und Distanz der *Aufklärung*, die die Idee der *Autonomie* ganz umfassend gegen jede Beherrschung durch Kirche, Fürsten und Könige stellte, die jetzt zunehmend als willkürlich empfunden wird. Die „beste aller möglichen Welten" (Leibniz) ist Anlass zu optimistischem Zupacken; eigentätige, mündige Vernunft wird zum tragenden Prinzip des Denkens und des Lebensgefühls. Ihr symbolisches Fanal haben diese Gedanken im politischen Ereignis der Französischen Revolution (1789). Gleichzeitig kommt es zu einer Entfesselung von Kräften, deren Unheimlichkeit Goethe im „Zauberlehrling" beschrieben hat, die aber auch zu persönlicher Freiheit und zur „Industrie" (lat. = Fleiß) führen.

Eine politische Rückwendung zu alten Herrschaftsformen geschieht vorübergehend durch Napoleon; vor allem aber stellt die *Romantik* (Kernzeit ca. 1820–1840) eine Art Gegenschlag gegen die Vernunft-Euphorie und die Fortschritts-Gläubigkeit der Aufklärung dar. Der Mensch ist wesentlich *Gefühl*, nicht Rationalität! Die *technische* Vernunft kann großen Schaden anrichten, da sie den Menschen fremden Zwecken unterwirft; Vernunft ist außerdem angewiesen auf Motivationen, für die die Aufklärung wenig einleuchtende Gründe angeben kann. Denn der Mensch ist gefühlsabhängig und bequem, er braucht vertraute Szenen (Märchen, Rituale), Anerkennung, wiedererkennbare Orte, Heimat und Verwurzelung. Die Romantik stellt neben der Aufklärung eine zweite enorme Erweiterung des Bewusstseins dar, bleibt aber trotz ihrer hellsichtigen Diagnosen in Theologie und Pädagogik bis heute merkwürdig unberücksichtigt – unsere Welt ist rational, technisch geprägt und gefühlsarm (→ 14.1). Das Leben wird immer nachhaltiger ökonomischen Kalkülen unterstellt; der Mensch verliert dabei zunehmend an Würde.

Die Moderne

Die Moderne, die Zeit, in der wir leben, beginnt mit der Aufklärung, im engeren Sinne im *19. Jh.* Sie verändert alle Lebensbereiche rasant und von Grund auf, vor allem durch die moderne Wissenschaft und die durch sie ermöglichte Technik (Dampfmaschine, Telegrafie, Elektrizität usw.) und die

Industrialisierung (Kohlebergbau, Eisenbahn, Fabriken usw.). Materielle Versorgung, Hygiene und moderne Medizin lösen den Hunger ab, der bis zur Mitte des 19. Jh. für einen großen Teil der Bevölkerung Normalzustand war, führen zum Ende der großen Epidemien, zu stark steigender Lebenserwartung und *Bevölkerungswachstum* (etwa Verzehnfachung der Bevölkerung seit der Aufklärung). Vorandrängende Naturwissenschaften, die Neuordnung Europas durch Napoleon, das Ende der Kirchen- und Klosterherrschaft (Säkularisierung 1806; s.u.), der Leibeigenschaft und der Kleinfürstentümer, führen zu einem Erstarken der Nationalstaatlichkeit, einem Ausbau des Rechtswesens, aber auch zu einer massiven *sozialen Umschichtung* und einer dramatischen Zerstörung gewachsener Ordnungen. Vor allem die neue Arbeiterklasse bringt neues Elend mit sich; die Standes- wird zur Berufsgesellschaft, das Haus wird zur Familie (→ 5.1). Die geistige Entwicklung, die vorwiegend durch das Bürgertum getragen wird, zeigt einen Ausbau der philosophischen *Vernunft*, die zur Letztbegründung allen Denkens und Lebens wird (Descartes, Kant, Hegel); dadurch kommt es zu gravierender Kritik an der Religion. Dennoch bleibt die Lebenswelt eine deutlich christlich, genauer *kirchlich* geprägte („Verkirchlichung" des Christlichen).

Das *20. Jh.* erlebt zunächst eine kulturelle Blüte im Jugendstil. Das Zeitgefühl ist zunehmend linear, nicht mehr zyklisch (Fortschrittsgläubigkeit und Leben nach der Uhr). In Deutschland folgt auf das *Ende des Kaiserreiches* und der liberalen Kultur nach dem Ersten Weltkrieg (1918) die Weimarer Republik mit einer weiteren Kulturblüte, die seit 1931 durch das *Nazi-Regime* und den Zweiten Weltkrieg (1939–1945) abgelöst wird; Masseneuphorien, Regression und Rückfall in alte Pseudomythen und Einheitsmuster, verbunden mit brutalster Gewalt und nie dagewesenen Verheerungen zeigen die Folgen der modernen Entwurzelungen mit aller Deutlichkeit. Nach 1945 sorgt das *deutsche „Wirtschaftswunder"* für einen rasanten Wiederaufbau, die schnelle Verdrängung der NS-Zeit und einen schnellen Luxus. Weltweit verändern sich Kultur und Gesellschaft durch die neue Popkultur, die *68er-Revolte*, amerikanische Einflüsse und die immer stärkere *Vorherrschaft der Ökonomie*, die Politik, Denken und Leben zunehmend bestimmt. Auto, Flugzeug, Telekommunikation und Computer gehören seit den 1980er Jahren zum Alltag. Das Leben wird durch Auswahl unter kaum übersehbaren Konsum- und Erlebnisoptionen bestimmt. Zeitgleich zur Luxus-Sättigung kommt es zu ersten Wahrnehmungen nachhaltiger *Umweltzerstörung* (Klimakollaps, Waldsterben, Raubbau an Bodenschätzen, Tschernobyl 1986, Dezimierung der Tierwelt, Vergiftung von Luft, Wasser, Böden und Nahrung usw.) und stark anwachsenden Zivilisationskrankheiten (Sucht, Neurodermitis, Asthma, Krebs usw.), ferner zu einer Destabilisierung der Partner- und Familienbindung. Internationale Industrie, Verkehr, Medien und elektronische Kommunikation bedingen die *Globalisierung*, die die Welt zum Verfügungsraum des Menschen macht. Das Lebensgefühl wird zunehmend von Zeitknappheit, Anspannung, Einsamkeit, Erschöpfung und diffusen Sehnsüchten bestimmt und vom Gefühl der alleinigen Verantwortung für das eigene Lebensgeschick und -gefühl. Das Christentum verliert seinen gesellschaftlichen und kulturellen Einfluss innerhalb weniger Jahrzehnte fast vollständig.

Grundnenner dieser Veränderungen ist die *Pluralisierung*, die auch auf das Denken durchschlägt: Lebensstile, Denkhaltungen, Werte, Überzeugungen usw. gelten als unverrechenbar und relativ (→ 15). Pluralisierung ist das Ergebnis von stark forcierten Differenzierungsprozessen, die durch das neuzeitliche Grundprinzip der freien Entfaltung bedingt sind. Durch die Zunahme des Wissens, Forschens und der planmäßigen Erfindungen, durch massive Beschleunigung des Informationsaustauschs usw. stellt sich eine immer größere Anzahl von Dingen, Informationen und Möglichkeiten her.

In der Moderne wird die Welt zum *Markt*. Waren, aber auch Informationen und geistige Güter werden als Angebote, Optionen und Spielräume zur freien Wahl verstanden, bei denen Vorschriften nur stören. Waren, Fernsehprogramme, Urlaubsziele, Berufswege, selbst mögliche Partner gelten in einer *Optionsgesellschaft* (Kunstmann 1997) prinzipiell als austauschbar. Exklusivitätsansprüche werden obsolet und oft kaum noch verstanden; sie gelten als fundamentalistisch. Ansprüche überhaupt gelten nur noch funktional („was nützt?") und regional begrenzt und müssen sich legitimieren.

Die Situation der Moderne ist hochgradig *ambivalent*. Die enormen Verfügungsräume, die jeder Einzelne heute zur eigenen Selbstverwirklichung besitzt, bringen eine Entwertung der Eigenwertigkeit der Dinge und ihrer Bedeutung (→ 13.4) mit sich. Die Technik führt mit ihren Systemrationalitäten und Selbstläufigkeiten zu einer *„Rationalisierung"* (d.h. Reduzierung, nicht Vernunft-Werdung!) und „Kolonialisierung" der Lebenswelt, zur Angst vor unkontrollierbaren *Risiken* und zu einem *funktionalen Denken*, das ausschließlich nach Effizienz und Verbrauch fragt (was nützt, was „bringt mir" das?) und sich gegen die Würde der Person richtet. Der Mensch wird zum Mittel, zur „Arbeits-Kraft" und zum ersetzbaren Lebensabschnittspartner, und ist nicht mehr Zweck seiner selbst. Die Idee der Autonomie schlägt um in das Gefühl, Teil eines „Räderwerks" zu sein, aus dem kein Entkommen ist. Maximale Auswahlmöglichkeiten bedingen das Gefühl, alles ist relativ, könnte auch anders sein, nichts ist wirklich bedeutsam. Der scheinbar alternativlose Konsum befriedigt die Menschen nicht wirklich.

Die maximale Freiheit, die durch Bildungschancen, reiche Versorgung und durch Abstreifen alter äußerer Zwänge, Beschränkungen, Begrenzungen, Verbindlichkeiten und Autoritäten entstanden ist, führt zu einem Grundgefühl der Haltlosigkeit, Unbegrenztheit, Unentschlossenheit und inneren Leere, das anfällig macht für neue Zwänge und Uniformierungen. Wenn *jeder seines Glückes Schmied* ist, wie das heute zu einer glaubensähnlichen Grundüberzeugung geworden ist, dann ist auch jeder verantwortlich für das eigene Unglück. Freiheit bedeutet automatisch auch eine Reduktion der verlässlich-stabilen sozialen Bindungen, dadurch eine programmierte Einsamkeit. Dadurch kommt es zum Rückzug auf Karriereerfolge, Privatleben, Medienwelten und wiederum auf Konsum.

Beschreibungsversuche der gesellschaftlichen Lage

(1) Ulrich Beck unterscheidet in „Die Risikogesellschaft" (1986) Gefahr und zeitlich verzögertes, aber akkumuliertes „Risiko", das global gilt (Bedrohung durch technische und Umweltkatastrophen, z.B. durch Atomtechnik) und sozial (Arbeitslosigkeit). Wir erleben die „Vorzeichen eines neuen Mittelalters der Gefahr" (ebd. 8), deren Kennzeichen die Nichtwahrnehmbarkeit ist, und die sich aus dem *Erfolg* der Modernisierung ergibt. Hintergrund sind Technik und *Individualisierung* (→ 15), die Herauslösung der Menschen aus traditionellen Strukturen wie Stand, Klasse, Familie, sozialen Rollen, die nur noch auf Zeit eingenommen werden („Freisetzungsschübe"). Die gesellschaftlichen Risiken werden dadurch den einzelnen Individuen aufgebürdet. Arbeit, Umweltbezug, Privatleben sind durch Freiheiten gekennzeichnet, deren Folgelasten niemand tragen hilft. Wir leben unsere Freiheiten auf Kosten der Umwelt, der Zukunft, der individuellen Beheimatung. Die frühere Not wird flächendeckend durch *Angst* ersetzt.

(2) Wolfgang Welsch hat in „Unsere postmoderne Moderne" (1986) die „Postmoderne" beschrieben. Feuilletonistisch gilt der Begriff als „Beliebigkeit" und stellt für viele eine Art Buhmann für jene Defekte dar, die sich eigentlich konsequent aus den Prinzipien der *Moderne* (Vernunft, Fortschritt usw.) ergeben. Sinnvollerweise sollte Postmoderne jedoch verstanden werden als das genaue reflexive Wissen um die Codes, d.h. um das Zustandekommen der Dinge. Statt verlorene Einheiten zu betrauern, setzt die Postmoderne auf Neukombination der Tradition durch Zitat, Collage und Ironie. „Die Grunderfahrung der Postmoderne ist die des unüberschreitbaren Rechts hochgradig differenter Wissensformen, Lebensentwürfe, Handlungsmuster ... Fortan stehen Wahrheit, Gerechtigkeit, Menschlichkeit im Plural" (Welsch [3]1991, 5). Postmoderne ist darum ein *philosophischer* Begriff, der benennt, dass die Menschen faktisch längst nicht mehr an die klassischen Einheitsprinzipien der Moderne glauben. Jean-François Lyotard hat das als „Ende der Metaerzählungen" (der großen übergreifenden Geschichtsdeu-

tungen) bezeichnet, zu denen er Emanzipation, Fortschritt, kommunistische Revolution, Hegelschen Weltgeist und auch die christliche Heilsgeschichte zählt. Diese Auffassung spiegelt die gängige Lebenshaltung, die keine Einheitskonzepte mehr will, sondern mit Differenzen lebt. Differenzen sind nicht zu überwinden, sondern im Sinne echter demokratischer Toleranz gerade zu stärken.

(3) Gerhard Schulze hat in seiner kultursoziologischen Untersuchung „Die Erlebnisgesellschaft" (1992) gezeigt, wie die alten gesellschaftlichen Schichten (Adel, Kaufleute/Beamten, Arbeiter/Handwerker/Bauern) heute weitgehend durch *erlebnisorientierte Milieus* ersetzt sind, die sich jeweils unterschiedlich den Grundschemen „Hochkultur-", „Spannungs-" (Aktion, Genuss) und „Trivialschema" zuordnen lassen und die an der deutschen Gesellschaft demonstriert werden. Erlebnisorientierung geht von ganz subjektiven Geschmacksurteilen und entsprechenden Stilen und Kommunikationen aus, erlaubt aber trotzdem eine schlüssige Zuordnung der Menschen zu sozialen Gruppierungen: Das „Niveaumilieu" liebt Hochkultur, z.B. klassische Musik, und geht auf Distanz zu allem „Trivialen". Das „Integrationsmilieu" ist eine moderate Mischung von Hoch- und Trivialkultur, hält aber Distanz zum Spannungsschema. Das „Harmoniemilieu" setzt auf traditionelle und einfache Werte wie Familie und Vereinswesen. Gemütlichkeit, überschaubare Ordnung, Schlichtheit; es liebt Volksmusik, Volksfeste usw. Diesen drei Milieus, die die ältere Altersstufe betreffen, stehen zwei jüngere gegenüber: Das „Selbstverwirklichungsmilieu", das zwischen Hochkultur- und Spannungsschema steht und junge Aufsteiger, Erfolgsorientierung, Dynamik, Spaß (Popmusik, Sport) und Raffinement umfasst, und das „Unterhaltungsmilieu", zu dem die jungen Hedonisten (= Lust-Orientierten) gehören, die „Action" und schnelle Bedürfnisbefriedigung, Fußball, Motorsport, elektronische Spiele lieben. – Erlebnisrationalität ist zum grundlegenden Imperativ geworden: Erlebe dein Leben! Intensiv und spannend muss alles sein, egal fast, woher die Spannung bezogen wird. Erlebnisorientierung wird zum „Filter" für alle materiellen und geistigen (auch religiösen) Angebote; sie bewirkt zwangsläufig eine fortschreitende Entwertung der einzelnen Erlebnisse, eine zunehmende „Melancholie der Erfüllung".

2. Säkularisierung? – Der Weg der Religion in der Moderne

„Habe nun, ach! Philosophie, / Juristerei und Medizin / Und leider auch Theologie / Durchaus studiert, mit heißem Bemühn. / Da steh ich nun, ich armer Tor! / Und bin so klug als wie zuvor. / Und sehe, dass wir nichts wissen können! / Das will mir schier das Herz verbrennen." (Goethe, Faust I)

Dass wir „nichts wissen können" ist nicht nur die Erkenntnis des rastlos suchenden Faust, sondern steht auch symbolisch für den enormen Wissenszuwachs der Moderne, der immer neue Räume aufmacht, das Wesentliche aber aus dem Blick verliert. Sinn des Lebens, Erfüllung und Glück hängen offensichtlich nicht an Wissen, Erkenntnis und Freiheit (oder gar am Konsum)! Woran aber dann? Die Frage wird um so drängender, je mehr der Abschied von alten Strukturen und Gewissheiten vollzogen wird. „Leider" kann offensichtlich „auch die Theologie" keine Antworten mehr geben. Das spiegelt eine große Enttäuschung: die Religion scheint angesichts des himmelstürmenden, grenzenlosen Verstandes ihren Sinn zu verlieren.

Der aufgeklärte Verstand steht kritisch zu allen Autoritäten, darum auch zu Kirche und Religion. Die Aufklärung nahm allenfalls eine „natürliche", allgemeine Religion hinter allen Weltreligionen an und favorisierte Pantheismus (Göttlichkeit aller Dinge) und Deismus (Gott hat sich aus seiner Schöpfung zurückgezogen). Für den Sinn von Religion hatte sie wenig Gespür. Religion galt pragmatisch und einseitig als Beitrag zur „Sittlichkeit" (Ethik). So ist im Gottespostulat von Immanuel Kant Gott eine Forderung der *Vernunft* für die ausgleichende Gerechtigkeit. Erst Friedrich Schleiermacher, der der Romantik nahe stand, lehrte in seinen geistesgeschichtlich Epoche machenden „Reden" (1799), *Religion als Gefühl*, Anschauung und Betroffenheit zu verstehen; sie ist das Gewahrwerden des ganzen Lebens und die nicht ersetzbare Bewusstheit davon, dass ich mich vorfinde, verdanke und nicht selbst herstellen kann.

Das 19. Jh. war trotz der aufgeklärten Religionsdistanz immer noch stark christlich-kirchlich geprägt. Theologische Orthodoxie, die Spätphase des Pietismus, neu entstehende kirchliche Werke, vor allem aber die katholische Kirche mit ihrem Antimodernismus (1870 wird die päpstliche Unfehlbarkeit dogmatisiert) und einem profilierten katholischen Milieu (Marienfrömmigkeit, Maifeiern, katholische Vereine) wirkten gesellschaftlich stark prägend. Gegen Ende des Jh. wird jedoch die philosophische Religionskritik besonders durch Ludwig Feuerbach (Religion ist Projektion menschlicher Wünsche) und Karl Marx (Religion ist das „Opium des Volkes", das die Falschheit der Religion ebenso zeigt wie das Elend der Menschen) immer stärker; Sigmund Freud führt diese Linie weiter durch seine Einschätzung, Religion sei regressive, aus kindlichen Wunschprojektionen entstehende und vernünftiges Erwachsenwerden blockierende „Illusion".

Der weitaus interessanteste Kritiker des Christentums ist allerdings Friedrich Nietzsche. Denn seine Polemik gegen das Christentum entstammt einer eigenen stark religiösen Einstellung. Nietzsche ist Verehrer des Rausch-Gottes Dionysos und zugleich fasziniert von der Christusgestalt, um deren tiefe Bedeutung er weiß; gleichzeitig diagnostiziert er den „Tod Gottes" im menschlichen Denken und eine erstarrte Leblosigkeit im Christentum seiner Zeit. Nietzsche nimmt das Lebensgefühl und die heutige Einstellung zur Religion vorweg. Breitenwirksam wird die Religionskritik erst im 20. Jh.

Das Verblassen der Religion wird unter dem Begriff der *Säkularisierung* (= Ver-Weltlichung) beschrieben. Der Begriff war ursprünglich Fachterminus für die Verstaatlichung der Klöster kurz nach 1800, wurde dann aber zum Generalbegriff für den Weg der Religion in der Moderne. Er enthält die Annahme, dass die einzelnen Funktionen und Teilbereiche der Religion nach und nach in weltliche Ämter, Funktionen und Bereiche übergehen, Religion damit überflüssig werde und absterbe. Dieser Gedanke war oft mit der Hoffnung auf zunehmende Mündigkeit verbunden (so bei Marx und Freud); der Wegfall der handlungslähmenden religiösen „Illusion" sollte zur Verbesserung des Lebens beitragen. Diese Erwartung hat offensichtlich getäuscht. Das Leben wird in einer rationalen, technisierten, undurchschaubaren, von Religion immer mehr „befreiten" Welt eher schwieriger. Aufklärung und Fortschritt haben eine unheilvolle „Dialektik": „Der Einzelne wird gegenüber den ökonomischen Mächten vollends annulliert ... Aufklärung schlägt in Mythologie zurück." (Adorno/Horkheimer 1971, 4f.) Erst seit kurzem verbreitet sich wieder die Einsicht, dass Religion eine Kraftquelle und ein sinnvolles *Widerlager* gegen manche lebensweltlichen Erosionsprozesse der modernen Entwicklung sein kann. Sie ist eine unverzichtbare Quelle für die Auseinandersetzung mit den Lebensfragen, ohne die das Leben verarmt und auch kaum echte Bildung möglich ist.

Im 20. Jh. wurde die Säkularisierungs-These auch von Theologen begrüßt. Friedrich Gogarten etwa sah in ihr die ur-christliche Idee einer Freigabe der Welt durch ihre Ent-Götterung. Heute ist ein differenziertes Urteil nötig: Teilbereiche der Religion werden in der Tat säkularisiert: Heilung, Recht, Familienbande, Besitz usw. sind heute nicht mehr religiös legitimiert; dadurch erfährt die Religion eine starke Relativierung, den Verlust ihrer Selbstverständlichkeit und vor allem ihrer Verbindlichkeit. Die Gleichsetzung von Moderne und Säkularisierung ist allerdings ein Irrtum. Die Moderne erzeugt auf Grund ihrer Destabilisierungen inzwischen eine neue Aufmerksamkeit für Religion. Sie tritt heute allerdings in stark veränderter Gestalt auf, als oft unverbindliche Suche nach tragenden Erlebnissen und als diffuse Sehnsucht.

Postmoderne, Optionsgesellschaft und Erlebnisrationalität betreffen die Religion in hohem Maße. Religion ist zum plural verfügbaren Markt-Angebot geworden, das in vielfältigsten Formen zur privaten Verfügung steht und auch nachgefragt wird, allerdings als Erlebnis, das kaum noch zu bindendem Bekenntnis, langfristiger Verpflichtung und Gewissheit führt. Das gilt zunehmend auch für gläubige Christen. In dieser Situation ist oft nur noch schwer auszumachen, was eigentlich die Bezeichnung „religiös" verdient. Elemente der populären Kultur, freie Spiritualität, selbst der Konsummarkt zeigen Strukturen einer neuen unbewussten Religion: Star-Kulte, Fußball-Gemeinden, Einkaufen als Ritual und Erfüllung usw.

Das anhaltende Interesse an Religion hat zur Rede von Neuerwachen und „Wiederkehr" der Religion geführt, die der Säkularisierungsthese noch einmal widersprechen. Multireligiöse Lage, Interesse an Spiritualität, buddhistische Praktiken, New Age und Esoterik und der kaum abgrenzbare Übergang von Religion und Therapieszene haben einen kaum noch überschaubaren *religiösen Markt* etabliert. Bis in die Etagen der Manager hinein ist das Interesse vor allem an spiritueller Praktik (bes. Meditation) neu erwacht. Dazu kommt in jüngster Zeit auch eine neue philosophische und soziologische Aufmerksamkeit für Religion, die hier unter funktionalen Kriterien beschrieben wird. Religion gilt in ihrer Funktion für gesellschaftliche Zusammenbindung und Strukturierung als nicht ersetzbar, ebenso für die Sinnfindung der Menschen (→ 17.1).

Die Wiederkehr der Religion führt freilich nicht zu einer neuen Beheimatung. Sie bleibt ohne Verbindlichkeit und ohne praktische Folgen. Sie ist fast ausschließlich das Bemerken eines Fehlens: mit dem Verlust der religiösen Praxis und Gewissheit ist das Leben um vieles ärmer geworden. – Bemerkenswert ist, dass das Christentum von der neuen Suche nach Religion nicht im mindesten profitiert. In Theologie und Kirche wird das aber nicht zur Kenntnis genommen, und schon gar nicht zu einer kritischen Selbstbesinnung genutzt.

Neben und gegenläufig zu diesem neu erwachten offenen Interesse an Religion gibt es auch eine erstarkte Tendenz zu religiösen Fundamentalismen. „Fundamentalismus" ist ein Begriff und eine Erscheinung der Moderne (Begriff seit ca. 1910). Er bezeichnet eine „rigide Sicherung" durch den Rückzug auf wenige, überschaubare Grundannahmen, die als Wahrheiten rigoros (und oft mit Gewalt) auch gegen Vernunft und Kritik verteidigt werden. Religiöse Formen reichen vom Biblizismus bis zur Sektenbildung. Letztere garantiert klare Zugehörigkeit, innere Ordnung und Orientierung, verlangt aber Freiheitsverzicht und geht mit hoher Manipulation einher. Möglich wurde der Fundamentalismus erst durch das Unsicherheitsbewusstsein einer radikal pluralen Welt (– es wäre darum unsinnig, etwa die religiöse Haltung des Mittelalters als Fundamentalismus zu bezeichnen). Er stellt eine erstmals auf religiösem Gebiet aufgetretene Regression in die längst vergangene Einheit der Vormoderne dar, die einen Verzicht auf Wissen und Vernunft und ein geistiges „Aussteigen" bedeutet.

Religionsverlust und -wiederkehr spiegeln auch die veränderte Auffassung der Zeit. Einst wurde die Zeit als zyklisch wiederkehrend erfahren (das ist das Muster des Jahreskreislaufs mit seinen christlichen Festen), heute dagegen lässt das effektbezogene technische Nutzen-Denken die Zeit als linear erscheinen (vorausgreifende Planungen, „Fortschritt", permanentes Witschaftswachstum). Quer dazu liegt eine neue präsentische Zeiterfahrung, die Ereignis-Inszenierungen in Computer, Sport und Medien in intensiv erlebter Gegenwart anbietet. Von dieser Zeiterfahrung ist auch der neue Zugang zur Religion mitgeprägt.

3. Christentum heute

> „*Margarete*: Nun sag, wie hast du's mit der Religion? ... / Glaubst du an Gott? *Faust*: Mein Liebchen, wer darf sagen: / Ich glaub an Gott! / Magst Priester oder Weise fragen, / Und ihre Antwort scheint nur Spott / Über den Frager zu sein ... / Wer darf ihn nennen? / Und wer bekennen: ich glaub ihn? ... / Drängt nicht alles / Nach Haupt und Herzen dir / Und webt in ewigem Geheimnis / Unsichtbar sichtbar neben dir? ... / Nenns Glück! Herz! Liebe! Gott! / Ich habe keinen Namen / Dafür! Gefühl ist alles; / Name ist Schall und Rauch" (Goethe, Faust I. Szene in Marthens Garten).

Die Szene ist treffend für die heutige Einschätzung des Christentums. Gott ist nicht mehr fassbar und sagbar. Religion ist allenfalls eine Sache des unbestimmten Gefühls, eine Privatsache, die durch dogmatische und kirchliche Vorgaben mehr behindert als gefördert wird. Zusammen mit der oben unter 2. zitierten Szene führt Goethe hier ein doppeltes religiöses Dilemma vor Augen: wo die *Vernunft* (obige Szene) zur Selbsttätigkeit und zur historischen Einsicht, und damit zwangsläufig zur kritischen Distanz gegen die Religion führt, da führt das *Gefühl* (hier) zu einer offenen, vagen, diffusen und nicht mehr klar benennbaren Auffassung der Religion, die kaum noch kommunizierbar ist und darum als sichtbare Größe zunehmend aus dem Alltag der Gesellschaft verschwindet. Margarethe antwortet dem Faust denn auch verwirrt: „Wenn mans so hört, möchts leidlich scheinen, / Steht aber doch immer schief darum; / Denn du hast kein Christentum." In der Tat: sind allgemeine private religiöse Gefühle christlich?

Geltungsverluste und Rückzugstendenzen

Nach dem Zweiten Weltkrieg war es vorübergehend zu einer starken Rückwendung zu den Kirchen gekommen. Eine erneute Wende leiteten die Austrittswellen sei Ende der 1960er Jahre ein, die zu einer Entkirchlichung des im 19. Jh. *ver*kirchlichten Christentums und zu seiner weitgehenden Privatisierung führten. Kirchenintern werden jetzt ein religiöses „Bildungsdilemma" und ein „Tradierungsabbruch" (s.u.) diagnostiziert. Mitgliedschaftsbefragungen zeigen ein immer distanzierteres Interesse an den Kirchen. Gegen Ende des 20. Jh. ist der Verlust des kirchlichen Religionsmonopols offensichtlich.

Die „funktionale Differenzierung" (Niklas Luhmann) aller gesellschaftlichen Bereiche führt für die Religion dazu, dass sie ihre Zuständigkeit für das Gesamte abgibt und – wie andere Bereiche auch – zu einem Teilbereich des öffentlichen Lebens wird, der für spezifische *Funktionen*, d.h. Nutzanwendungen zuständig ist, z.B. für Orientierung, Lebens- und Weltdeutung, Kontingenz-Bewältigung (s.u.), bestimmte Erlebnisse, Lebensbegleitung usw. Die Entwicklung ist nicht rückgängig zu machen: Religion ist nicht mehr um ihrer selbst willen da und geachtet. Wo sie sich nicht als kompetent ausweisen kann, wird sie schnell übergangen.

Für das Christentum heißt das, dass es zu seinen „Angeboten" Alternativen gibt. Steile Behauptungen und interne Sicherungen (Rückzug auf die „Kern"-Gemeinde, Dogma und Bekenntnis, Besinnung auf das „Eigentliche" usw., die in Theologie und Kirche leider häufig praktiziert werden) *verstärken* von außen gesehen die Einschätzung, das Christentum sei eine Möglichkeit unter anderen. Die christliche Tradition bleibt zwar zugänglich, ist faktisch aber immer mehr an eine bestimmte gesellschaftliche Gruppe gebunden. Die Zugangsschwellen erscheinen nach Rückgang der kirchlichen Sozialisation als hoch. Das Christentum verliert dadurch seine kulturprägende Rolle (→ 17) und seinen Bezug zur Gesellschaft. Es gerät in den Sog einer gefährlichen und lähmenden Musealisierung. Kennzeichen für diese Entwicklung ist der Ausfall der öffentlichen Rede von Gott und das Verblassen dogmatischer Grundaussagen, das auch unter gläubigen Christen feststellbar ist.

Die Kirchen werden bei ethisch unentscheidbaren Fragen gehört, öffentlich vernehmbar ist das Christentum ferner beim „Wort zum Sonntag" und in Radio-Kurzbotschaften (zu denen die Sender gesetzlich verpflichtet sind), in den kirchlichen Akademien und den Kirchentagen. Das gemeindliche Leben gleicht aber bereits dem von geschlossenen Vereinen, zu dem nur eine bestimmte Gruppe von Mitgliedern Zugang findet. Die Vokabel „Gott" taucht außer in der dahingesagten Alltagssprache nur noch in der Präambel des Grundgesetzes und in der Vereidigungsformel von Politikern auf („So wahr mir Gott helfe"), die oft nicht mehr gesprochen wird. Es gibt eine christliche Kunst und christliche Popmusik (sog. Sakropop), die nicht öffentlich werden.

Der Glaube an einen persönlichen Gott findet sich bei den über 64jährigen zu 73%, bei Menschen zwischen 16 und 24 Jahren nur noch zu 33% (Jörns 1997, 41); an eine Allmacht Gottes glauben noch 20% der Gesamtbevölkerung, an Christus als Gottessohn 12% („Eine christologische Fas-

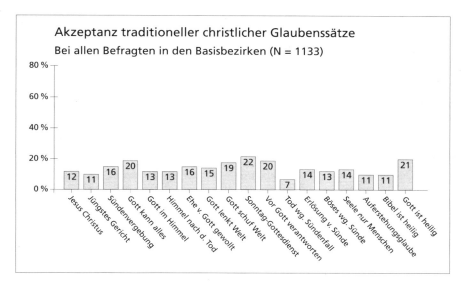

(Jörns 1997, 211)

sung des Gottesbegriffs scheint nicht zum Grundbestand neuzeitlicher Religiosität zu gehören"; Schmidt 1991, 49), an ein Jüngstes Gericht 11%, an den Tod als Folge des Sündenfalls gerade einmal 7%, an eine Auferstehung 11% (Jörns 1997, 211). Hier wird das Ende des heilsgeschichtlichen Denkens deutlich, das das Grundmuster der theologischen Dogmatiken abgab (Gott, Schöpfung, Sündenfall, Christus, Erlösung, letzte Dinge usw.) – das Ende der christlichen „Metaerzählung". Inzwischen ist eine Umstellung auf die Fragen nach *Geborgenheit* und *Sinn* erfolgt, für die Theologie und Kirche kaum überzeugende Antworten anbieten.

Der Gesamttrend ist eine umfassende „Enttraditionalisierung". Nicht mehr die Tradition bestimmt über Gültigkeiten, sondern der momentane Bedarf. Darum kann auch der Kursverlust der dogmatischen Lehre nicht verwundern. Inzwischen zeigt sich vor allem bei den Jüngeren der Ausfall christlicher Verhaltenssicherheit und christlichen Grundwissens (z.B. über die Bibel, den Sinn kirchlicher Feiertage, den Gottesdienst, das christliche Ethos usw.). Der Monopolverlust der Kirchen spiegelt sich in stetig ansteigenden Kirchenaustrittszahlen, einem zunehmenden Desinteresse bei gleichzeitig unterschwellig bleibenden Erwartungen an die Kirchen, vor allem im rückläufigen Gottesdienstbesuch (der aber bei Festen, vor allem an Weihnachten, und bei den individuell bedeutsamen Kasualien weitgehend stabil ist).

„Religion steht im Zeichen der Marginalisierung und der ‚Exkulturation'. Mit diesem Vorgang verbindet sich mehr als die institutionelle Trennung von Kirche und Staat. Er beschreibt einen Prozeß, in dem Christen und ihre säkularen Zeitgenossen sich zunehmend fremd werden ... [Es handelt] sich um die allmähliche Auszehrung der Plausibilität und Relevanz einer christlichen Sicht auf die Welt überhaupt." (Höhn 1998, 15)

Selbst-Abschottung

Eine hausgemachte Tendenz der Selbstabschottung ist unverkennbar. Die Untersuchungen von Jörns, aber auch viele immer wieder geäußerte Einschätzungen zum Christentum („Ich bin schon religiös, aber natürlich nicht so wie die Kirche"; „Ich glaube an Gott, halte aber nichts von Dogmen"; „Ich lasse mich nicht anpredigen" usw.) zeigen, dass die Grundfragen der Menschen heute – etwa die nach Sinn, Gewissheit, Beheimatung, Anerkennung, Motivation zum Leben – im Christentum allenfalls am Rand bekannt sind. Nicht Dogmenkritik und Kirchenaustritt sind daher das Problem, sie sind nur dessen Symptome. Die *Logik der christlichen Religion* und deren *Lebensbezug* sind kaum noch bekannt, und sie werden von Theologie und Kirche offenbar nicht mehr plausibel dargestellt. Es ist nach außen hin kaum noch klar, warum es sinnvoll ist, als Christ zu leben, und was das überhaupt heißt.

Das kirchliche Glaubens-Ideal ist nach wie vor eine vorgegebene, fest verbürgte, scheinbar objektiv und überzeitlich gültige *Glaubens-Wahrheit*, die dem gegenwärtigen Leben aber kaum noch plausibel verständlich zu machen ist. Diese Auffassung bewirkt den kulturellen Präsenzverlust des Christentums, dadurch seine erhebliche Relativierung. Durch den Ausfall des religiösen Wissens, den religiösen Markt und die Präsenz anderer Religionen wird diese Relativierung noch einmal verstärkt. Das Christentum verliert seine absolute Gültigkeit und seine unbedingte Bedeutung und wird zu einem kulturellen Teilbereich, den es meint verteidigen zu müssen. Daher die Tendenz des immer weiteren Rückzugs in ein kulturelles und gesellschaftliches Getto.

In der katholischen Kirche zeigt sich die Tendenz zum Rückzug von der Welt derzeit am deutlichsten. Sowohl der Vatikan als auch viele junge Priester sind der Auffassung, Kirche sei „nicht von dieser Welt" und dürfe sich ihr nicht anpassen. Damit wird der Trend in die christliche Isolierung natürlich weiter verstärkt; und das geschieht noch einmal mehr, wenn offenbar wird, dass es auch in der Kirche oft allzu weltlich zugeht (Kirche als Finanzgröße, Unterdrückung Andersdenkender, Verweigerung der Altargemeinschaft, sexuelle Vergehen von Priestern usw.). In der evangelischen

Kirche zeigt sich eine deutliche Unsicherheit über die eigentliche Aufgabe. Die vermehrten Anstrengungen um interne organisatorische Verbesserungen können nicht darüber hinwegtäuschen, dass die Suche nach dem eigenen „Profil" nach wie vor mit nur scheinbar einsichtigen, aber de facto recht verschiedenen und wenig nachvollziehbaren theologischen Formeln beantwortet wird und im Grunde völlig offen ist. Die oft genannte diakonische Verantwortung und Präsenz ist zwar sinnvoll, keineswegs aber das Kerngeschäft der Kirche.

Die Kirche ist mit *religiösen* Erwartungen konfrontiert – und nicht mit dem Wunsch nach Traditionshütung und Glaubenssicherung. Nur im Bereich der Religion ist sie ohne bedeutende Konkurrenz. Das aber scheint intern kaum wirklich klar zu sein. Der Begriff „Religion" stößt in Kirche, Theologie und Frömmigkeit nach wie vor auf Misstrauen.

Das lässt sich vor allem an drei gewichtigen Themen des traditionellen christlichen Glaubens und Denkens ablesen, die bei den allermeisten Zeitgenossen auf erhebliche Verständnisschwierigkeiten stoßen. Zum einen ist das der *Theismus*, die Vorstellung also, Gott sei eine überweltliche, in die Geschehnisse eingreifende, allmächtige Persönlichkeit; diese Vorstellung ist mit aufgeklärtem naturwissenschaftlichen Denken kaum in Einklang zu bringen. Dann ist es die recht negative Einschätzung des Menschen als *Sünder*, der schuldig und daher zur Demut vor Gott aufgefordert ist. Das steht im krassen Widerspruch zur modernen Selbstverwirklichung, übergeht die (oft mühsam errungene!) Autonomie des heutigen Menschen und kann natürlich auch keine kluge Hilfe für die Schattenseiten dieser Autonomie bieten: Isolation, Überforderung, Depression usw. Schließlich muss die *Erlösungslehre*, die vom Heil des sündigen Menschen durch das Selbstopfer Christi am Kreuz spricht, für heutiges Verstehen geradezu als absurd gelten. Das gilt bereits theologisch: wie kann im Zentrum der Religion der Liebe von einem Gott die Rede sein, dessen Zorn das Blut des eigenen Kindes zu seiner Versöhnung braucht? Vor allem aber gilt es für die Menschen: sie fühlen sich nicht schuldig vor Gott, und sie suchen auch weit eher nach einem erfüllten und sinnvollen Leben als nach „Erlösung"; was da der längst vergangene Tod eines Anderen für mich heute bedeuten soll, ist ihnen kaum noch nachvollziehbar.

Diese Schwierigkeiten lassen sich vor allem durch die bereits vor vielen Jahrhunderten festgelegten Grundentscheidungen von Dogma und Bekenntnis erklären, die in einer Weise metaphysisch argumentieren, die für Menschen des 21. Jahrhunderts nur befremdlich sein kann. Im Glauben vieler Christen gilt dieses Denken aber nach wie vor unbefragt, und es steht oft völlig unvermittelt neben der heutigen Wirklichkeitserfahrung. Auch in den Kirchen herrscht weit eher ein ängstliches Sicherungsbemühen um die

„Glaubens-Substanz" als eine offene, erfahrungsgesättigte und kritische religiöse Kommunikation. Die akademische Theologie denkt da zwar sehr viel offener, ist aber so sehr mit internen Spezialfragen beschäftigt, dass sie sich nicht mehr öffentlich bemerkbar zu machen vermag.

So bleiben die tiefen Einsichten und heilsamen Erfahrungen der christlichen Tradition immer mehr unter dem Verschluss überholter Denkschemen. Die befreienden, souveränen und provozierenden Einsichten Jesu, die „Sünde" als Chiffre der Trennung (Sund, absondern), die Erfahrung des in allem nahen Gottes, das Kreuz als ebenso kluges wie nüchternes Symbol für die Unfähigkeit des Menschen zur Liebe usw. usw. werden kaum noch kommuniziert.

In Korrespondenz zur allgemeinen Erlebnissuche gibt es im Christentum freilich auch ästhetische Aufbrüche, die intensive Erfahrungen anbieten (→ 20). Die City-Kirchen-Arbeit hat die atmosphärische Qualität der Kirchenräume neu entdeckt und geöffnet, neue ästhetisch inspirierte Liturgien (Osternacht, Thomas-Messe u.a.) sind gefragt. Ein neues Gefühl ist auch für die Bedeutung von qualitativ guter Inszenierung und Präsentation religiöser Gehalte und Vollzüge erwacht. Wie weit diese Erneuerungen den allgemeinen Trend korrigieren können, ist derzeit nicht abzusehen.

4. Religion in der populären Kultur

Religion tritt seit kurzem an ungewohnter Stelle und in deutlich veränderter Form an die Öffentlichkeit: In der populären Kultur. Wie das Werbeplakat zeigt, ist sie individualisiert, erlebnisbezogen und nicht mehr eindeutig als „Religion" identifizierbar.

Die populäre Kultur (auch → 17) oder Popkultur hat in der RP für einen regelrechten Boom an Veröffentlichungen gesorgt, der sich vor allem religiösen Themen in einzelnen ihrer Bereiche zuwendet. Die Popkultur tritt als eigener Zweig innerhalb der Kulturentwicklung seit den 1950er Jahren in die Öffentlichkeit. Ihre Quellen liegen vor allem in der Popmusik, die sich in den USA aus der Gospelmusik der schwarzen Sklaven entwickelte. Blues, Rhythm'n'Blues, später Soul (der sich zu Funk, Disco u.a. weiter entwickelte) usw. waren die ersten Formen. Dazu kam die „weiße" Musik des Rock'n'Roll (Elvis Presley), ferner Einflüsse aus England („Beatles" seit etwa 1960, „Rolling Stones" u.a.). Neben der Musik entfaltete sich der Pop vor allem in den Comics und im Kinofilm.

Die Hochkultur hatte schon immer hohe Zugangsschwellen, geschultes Wissen und Kenntnisse als Voraussetzung, ist darum in der Regel an aufwändige Präsentationen gebunden und an das gebildete Publikum gerichtet. Die Popkultur wendet sich dagegen an ein Massenpublikum und ist entsprechend an momentanen Bedürfnissen orientiert, hat niedrige Zugangsschwellen (ansprechende Ästhetik, klare Rollen- und Identifikationsmuster, einfache Gehalte) und ist durch die elektronischen Massenmedien stark verbreitet. Die Popkultur ist ein guter Spiegel des gegenwärtigen Lebensgefühls (→ 5.1–2).

Bereiche der Popkultur, die religiös interessant sind:

Werbung. Hier finden sich in aller Regel religiöse Zitate (Nonnen, ironisch veränderte Bibelsprüche, Symbole wie Paradies, Teufel usw.). Religion wird als Reiz-Stimulierung und Stimmungs-Hintergrund eingesetzt, da sie bekannt ist, als wichtig eingestuft wird und eine besondere Atmosphäre mit sich führt. Bekannt geworden sind die Werbungen von Stuyvesant („Glaube" als Motto über einer Bungee-Jumperin), C&A (Kinospot mit indianischen Ritualen), Otto Kern (biblische Motive für Bekleidung) und Benetton (dramatische Szenen menschlicher Existenz).

Fußball. Hier gibt es Halbgott-ähnlich verehrte Stars, Wallfahrten der Fan-Gemeinden mit quasi religiösen Ritualen, fester Zugehörigkeit, eindeutig erkennbaren Symbolen, Gesängen usw., ferner oft eine starke Gefühls- oder gar Existenzbestimmung durch den „eigenen" Verein.

Die *Popmusik* bearbeitet – zumindest durch ihre ernsteren Vertreter (Genesis, Sting, U2, Peter Gabriel u.a.) – persönliche Fragen wie das Leiden am Leben, Zweifel, Sehnsucht nach Liebe, Sinnsuche. Interessant ist das Popkonzert, das dem Fußballspiel als Ereignis vergleichbar ist. Es zeigt nahezu alle gängigen religiösen Äquivalente: die Fangemeinde, ihre Wallfahrt ins Heiligtum der Szene, Extase, liturgische Gesänge (Responsorien) und Rituale. Bei Madonna, Prince, Michael Jackson und anderen lässt sich eine sehr bewusste quasi-religiöse Selbst-Inszenierung beobachten.

Fernsehen führt Religion auf mehreren Ebenen vor: Gottesdienste, religiöse Nachrichten, Serien mit Pfarrern stellen Religion in mediengerechter Verformung dar. Die eigentlich nicht-religiösen „Soaps" (simple Familienromane), aber auch Krimis usw., bringen mit ihrer Darstellung von Existenzfragen eine quasi-religiöse Bearbeitung von Lebensgefühlen, sorgen für Orientierung bei der Suche nach Vorlagen für das eigene Leben und geben ein Gefühl der Zugehörigkeit zu einer „Fernsehfamilie". Man hat den Fernsehapparat als „elektronischen Hausaltar" (H.-N. Jannowski) bezeichnet. Die Tagesschau trennt den Tag vom Feierabend wie einst das Abendläuten; Fernsehen überhaupt bringt eine „liturgische Ordnung" mit sich (G. Thomas).

Der *Kinofilm* dürfte der religiös interessanteste Bereich sein. Man hat statt von Erlösung im Film (wie das im Happy End üblich ist) von „Erlösung durch Film" (I. Kirsner) gesprochen; genauer geht es nicht eigentlich mehr um Erlösung, sondern um Erleichterung (P. Sloterdijk). Im Kinofilm werden die großen Fragen und Gefühle inszeniert und erzählt. Er ist darum der beste Spiegel für das gegenwärtige Lebensgefühl, für diffuse Ängste, Schwierigkeiten in der Aufnahme und Erhaltung von Beziehungen, die Sehnsucht nach Liebe und Halt, ferner für das um sich greifende Gefühl von Wirklichkeitsverlust und Bedrohung (Vor allem die SF-Filme wie „Terminator", „Matrix" u.a., aber auch „Titanic", „Truman Show" usw.). Das Kino bietet Vorbilder und Lösungen auf Zeit an. Es verlässt sich nach wie vor auf die Wirkung der klassischen Erzählstruktur (Identifikation, Konflikt und Lösung) und bietet Orientierung durch die Beschauung von lebensbedeutsamen Szenen und Geschichten, die früher in der Religion traktiert wurden. Der Kinogang lässt sich im Übrigen als Ritual beschreiben.

Comics thematisieren ähnlich wie *Krimis* und oft auch der Film neben Abenteuergeschichten (z.B. Asterix) häufig Erlösergestalten (Batman, Spiderman u.a.) und bieten Lösungen für Lebensprobleme an (Peanuts, in ironisierter Form Fred Feuerstein, Die Simpsons u.a.). Weitere Formen, in denen sich religiöse Zitate und Äquivalente zeigen, sind Western und Trivialliteratur mit ihren ausgeprägten Schemen für Gut und Böse, SF (Science Fiction), Mode, ferner massenpopuläre Symbolgestalten wie die kultisch verehrte Lady Diana usw.

In der Popkultur finden sich zunächst viele religiöse, meist christliche Zitate, die aber kaum selbst noch als *christlich* anzusprechen sind, sondern durch die Veränderung des Kontexts selbst verändert werden. Oft wirken sie allein durch ihre Bekanntheit und geben mehr die Schemen für wirksame Inszenierungen vor als einen christlichen Sinn. Dafür sprechen Widersprüche zum Christentum, z.B. die Verzweckung religiöser Symbole, simples Schwarz-Weiß-Denken (klare Erkennbarkeit von Gut und Böse), die Identifikation mit dem Mächtigen, Heldenverehrung usw., die weder die Gottesvorstellung kennen noch die Deutung des Schmerzes durch das Kreuz.

Ob die religiösen Zitate, Anspielungen, Rituale, Symbole, Erzählstrukturen überhaupt als *Religion* zu bezeichnen sind, ist ebenfalls strittig. Zunächst handelt es sich neben religiösen Elementen vor allem um *funktionale Äquivalente* zur Religion: Die Popkultur übernimmt Funktionen, die bisher die Religion innehatte. Hier muss eine objektive von einer subjektiven Ebene unterschieden werden. Objektiv lassen sich bestimmte Zitate, Symbole usw. sicher als „religiös" einschätzen. Subjektiv dagegen ist schwer zu sagen, ob und inwiefern die religiösen Äquivalente und Funktionen der Popkultur (die ja in der Tat für Orientierung, Betroffenheit und die Bearbeitung von Lebensfragen sorgen können) für die Menschen tatsächlich eine religiöse Wirkung haben, oder ob man hier besser nur von einer Vergleichbarkeit sprechen sollte. Diese Vergleichbarkeit und Ähnlichkeit zur Religion ist allerdings oft verblüffend. Sie gilt jedoch nur für die Beschreibung von außen – die Nutzer der Popkultur und ihre Erlebnisse sollte man nicht gegen ihren Willen als „religiös" einstufen.

Die klarste, gleichzeitig aber komplexeste Zuordnung nimmt Paul Tillich vor mit seiner Aussage: „Alles ist profan, und alles Profane ist potentiell religiös" (Tillich 1962, 93). Das heißt: es gibt keinen von der Wirklichkeit abgetrennten religiösen Sonderbereich. Potentiell, d.h. der Möglichkeit nach kann aber *alles* für einen Menschen religiöse Qualität bekommen, je nach Situation und Erfahrung, und ganz unabhängig von der Selbsteinschätzung, ob es sich dann um Religion handelt oder nicht. Die RP muss darum das Eigenrecht der Popkultur wahren und sich vor ihrer Vereinnahmung für eigene Zwecke hüten (Popkultur ist kein modischer „Aufhänger" im RU!), aber auch vor der Konstruktion von leeren und nichtssagenden Analogien. Dieser Gefahr lässt sich nicht durch den Verzicht auf die Zuschreibung „religiös" entkommen, sondern nur durch deren explizite Handhabung.

5. Veränderung der Religion durch die Medien

> „An die Stelle der – früher nicht immer unbedingt von den Kindern als positiv erlebten – Allgegenwart Gottes ist für sie heute die Allgegenwart der Medien getreten." (Mette 2006, 36)

Die Veränderung der Religion lässt sich darum auch anhand der Medien beschreiben, die heute in der Tat allgegenwärtig sind. Das gilt vor allem für Fernsehen, Telefon, Computer und Film (der Tonfilm existiert seit 1927), inzwischen für „Multimedia" (dieser Begriff bezeichnet vor allem die mediale mehrfache Interaktion zwischen Computer und Nutzer).

Medien sind eigentlich Kommunikationsträger; sie bestehen aus Zeichen und Techniken zur Übermittlung von Information. Heute sind mit „Medien" in der Regel die elektronischen Massenmedien gemeint, die den Alltag bestimmen. Deutsche Jugendliche verbringen über 4 Std. täglich vor Fernseher und Computer – mehr also als in der Schule! Nur jeder dritte sieht eine Fernsehsendung von Anfang bis Ende. „Zappen" bestimmt die Nutzung. Die stetige Beschleunigung der Schnittfrequenzen in Video-Clips und Computerspielen (bei Werbespots durchschnittlich alle 1,7 Sekunden) führt zu einer Veränderung der Wahrnehmung und einer Erhöhung der Reiz-Schwelle; der Rückgang des Lesens (Belletristik, also Romane, Erzählungen, Gedichte, und Wissenschaft zusammen machen heute nur noch 20% des gesamten Buchmarktes aus) bedingt ein Nachlassen der Phantasie (→ 13.4), des Sprachgefühls, der Kommunikationsfähigkeit und des eigenständigen Denkens.

Die Medien, die der Kommunikation dienen sollen, lassen die Nutzer von Handys, Fernsehen, Chatrooms und Computer faktisch zunehmend allein; sie betreiben also *auch* einen Abbau von menschlichen Beziehungen und eine Zunahme des Schweigens. Die klassischen Funktionen der Massenmedien, Information, Bildung und Unterhaltung (die die übrigen Faktoren längst dominiert), sind inzwischen durch die Funktion der Orientierung ergänzt worden (Sichtweisen, Stile, Vorbilder und Identifikationen verschiedener Art). Medien bringen auf Distanz – obwohl sie Unmittelbarkeit suggerieren. Sie *formen* Erfahrungen.

Für die Religion stellen die elektronischen Medien eine dramatische Veränderung dar. Nach der Verschriftung und dem Buch (Das Christentum ist eine Buchreligion; das zeigen die Bibel und z.B. die Rolle des Buchdrucks für die Reformation) tritt das „Wort" in die Welt der bunten und schnellen Bilder ein, in der es sich offensichtlich nur schwer behaupten und überhaupt zu erkennen geben kann. Auch die elektronischen Massenmedien zeigen zwar die Präsenz von „Religion", die hier aber immer komplexer und immer schwerer zu bestimmen ist. Auffällig ist die starke Konjunktur einer wiederkehrenden Mythologie und Symbolik, die im von der neuzeitlichen, theologischen Rationalität geprägten Christentum kaum noch lebendig gehalten sind. Anzunehmen ist, dass die neuen Medien einen eigenständigen, oft an die populäre Kultur (s.o.) gebundenen religiösen Artikulationsbereich darstellen und z.T. als unterschwellige und unbewusste Konkurrenz zum Christentum einzuschätzen sind. Sie gehen mit religiösen Strukturen, Symbolen und Mythen inszenatorisch geschickt und ungeniert bedürfnisorientiert, darum erfolgreich um.

Ähnlich wie in der Popkultur lassen sich drei religiöse Dimensionen unterscheiden. Religiöse Sendungen (Gottesdienstübertragung, Wort zum Sonntag usw.) sind *explizit religiös*. Religiöse Zitate, Elemente, Symbole, Mythen oder die Übernahme von mythischen bzw. religiösen Erzählstrukturen (der Sieg der Gerechtigkeit im Krimi oder bei James Bond; Erlösergestalten wie Superman; der Mythos der Geborgenheit in der Arche in „Titanic"; Rituale im „König der Löwen" usw.) lassen sich als religiöse oder *religions-ähnliche Elemente und Strukturen* verstehen, die nicht mehr im Kontext einer überlieferten Religion stehen. Religiöse Äquivalente schließlich, vor allem die (quasi)religiösen *Funktionen* (die Strukturierung des Tages durch das Fernsehen, Identifikationen, Orientierungen, Problembewältigungen, ferner der Kino-Gang als Ritual, usw.) stellen einen weiteren, nur durch Analogiebildung (oder durch eigene Betroffenheit) als religiös qualifizierbaren Bereich dar.

Die Religion der Medien ist nicht (mehr) die christliche Religion. Auch bei christlichen Zitaten und Anspielungen steht sie in einem anderen Kontext, hat meist eine deutlich andere Intention und unterliegt oft auch der Ironisierung, tritt manchmal gar als Persiflage auf (so z.B. der Film „Dogma"). Religiöse oder religionsanaloge Gehalte bleiben in aller Regel immanent, d.h. ohne Bezug zu Gott, und an simple Schemen gebunden, die der Komplexität, dem Wissen und dem Erfahrungsreichtum der überlieferten Religion kaum gerecht werden. Für die Medienreligion ist darüber hinaus auch eine eigenständige Entstehung und Weitergabe anzunehmen, d.h. sie ist prinzipiell unabhängig von der etablierten Religion und stellt darum eher eine unterschwellige Konkurrenz zu ihr dar. Was aber nicht heißen muss, dass die traditionelle Religion nicht auch die Medien für sich *nutzen* könnte.

Neu sind vor allem die veränderten religiösen Zugangs- und Rezeptionsweisen, denen die Medienreligion unterliegt. Die *Teilnahme ist privatisiert*. Freie Auswahl, Zappen nach Lust und Laune, spielerische Zugänge und die eigenständige Bestimmung über das, was betreffen soll, lassen einerseits Erfahrungen unmittelbarer Nähe und Betroffenheit zu, andererseits aber führen sie faktisch in zunehmende Isolation. Medien vermitteln, stellen als Brücken aber immer auch Distanz dar und her. Ferner zeigen sich mit Deutlichkeit *ästhetische Präferenzen*. Die Erlebnisorientierung schlägt in den Medien voll durch. Die Fiktionalität der in aller Regel künstlichen medialen Inszenierungen ist heute nicht mehr Problem, sondern Lustgewinn. Wahr ist, was betrifft. Atmosphären und Bilder sind wichtiger als Inhalte. Filme, die mehrere Wirklichkeitsschichten nebeneinander stellen, sind besonders beliebt („Jesus von Montreal", „Truman Show", „Matrix", „Lola rennt", „Bin ich schön" usw.). Dabei stehen die großartig inszenierten Bilder einer zunehmenden Entzauberung und Abnutzung gegenüber, die auf ihre Weise eine Erhöhung der Reiz- und Wahrnehmungsschwelle zur Folge hat. Folgen für die Auffassung der christlichen Religion und Teilnahe an ihr sind offensichtlich. Das Christentum kann der Opulenz von Filmbildern nicht konkurrieren; es lebt nur in einer Gemeinschaft, die ein Minimum von Beziehung und Verbindlichkeit erfordert.

6. Tradierungsabbruch, Bildungsdilemma und die RP

Die Pluralität der Lebenswelt und die mit der Individualisierung verbundenen Autonomieansprüche (oft auch die moderne Rationalität) werden in der RP weitgehend als Herausforderungen gewertet, die die Anbahnung religiösen Lernens schlicht schwieriger machen. Das stimmt zwar, denn Pluralität bedeutet notwendigerweise immer auch Fremdheit und Konflikt; und Individuen, von denen „Jede(r) ein Sonderfall" (Dubach/Campiche 1993) ist, sind schwerer zu erreichen. Die massiven Veränderungen der Lebenswelt durch Pluralisierung, Säkularisierungen, populäre Kultur und Medien verändern die Auffassung der Religion und die Rolle des Christentums im gegenwärtigen Leben erheblich und stellen damit schwer wiegende Fragen an die RP.

Pluralität und Autonomie sind Bedingungen und Äquivalente von Freiheit, darum zunächst vorbehaltlos als Gegebenheiten zu akzeptieren. Die Frage muss also sein, wie sie als Chance für ein neues religionspädagogisches Verstehen genutzt werden können. Alte christliche Inhalte und Traditionen müssen unter gegenwärtigen Bedingungen keineswegs aufgegeben werden – allerdings stellt sich die Frage nach ihrem Angebot und ihrer *plausiblen Präsentation*, also nach ihrer Kommunikation unter den Bedingungen der Gegenwart, mit ungewohnter Schärfe. Öffentlichkeitsbezug ist für die RP ein konstitutives Merkmal. Darum muss die Plausibilität der christlichen Gehalte und Sichtweisen nach außen hin zentrale Frage sein, und darum ist die Religion in Medien und Alltagskultur genau wahrzunehmen. Andernfalls droht ein Rückzug ins Getto christlicher Bestandssicherung, die unter pluralen Lebensbedingungen auch intern kaum noch überzeugen kann.

Der Verlust geschlossener Kontexte und Zuordnungsmöglichkeiten, die diffuse, oft schwer abgrenzbare Erscheinung der Religion und der Verlust eines von allen geteilten religiösen Verstehens hat zum drastischen Begriff eines religiösen *„Tradierungsabbruchs"* (vorsichtiger auch: „Tradierungskrise") geführt: die (christliche) Religion wird nicht mehr so wie früher weitergegeben. Religiöse Tradierung ist bisher abhängig von Autoritätsleitung, konkret von einer familiären Religionserziehung, die heute durch Kleinstfamilien (→ 5) und verbreitetes Verfügungs- und Selbstverwirklichungsdenken immer mehr abnimmt. Alte religiöse Muster scheinen oft nicht mehr passend für die gegenwärtige Situation. Auch sind sie schwerer zugänglich als viele spontan zur Verfügung stehenden Deutungsmuster, z.B. eben die der Medien. Das Christentum ist nicht mehr allgemein plausibel oder gar verbindlich. Eltern sind darum religiös heute oft unsicher.

Ein weiteres Schlagwort für die religiöse Situation ist das religiöse *„Bildungsdilemma"*, das Ernst Lange angesichts der Kirchenmitgliedschaftsstudien für die Praktische Theologie gefolgert hat. Die Kirche fördert Bildungsbemühungen und muss das tun – gerade die Gebildeten aber kehren der Kirche den Rücken. Das Bildungsdilemma hat für die RP aber auch eine grundsätzliche Bedeutung. Wenn religiöses Lernen nicht mehr als autoritäre Einweisung verstanden werden kann, sondern die Autonomie des modernen Menschen ernst nehmen muss, dann wird sie sich als Angebot seiner Bildung verstehen und plausibel machen. Wenn aber religiöse Bildung dazu führt, dass gebildete Menschen zum Christentum auf Distanz gehen, dann liegt in der Tat ein Dilemma größten Ausmaßes vor.

Welche Antwort hat die RP auf den Abbruch christlicher Traditionsweitergabe und das religiöse Bildungsdilemma? Beide hängen ja offensichtlich eng zusammen. Wie geht sie mit der Tatsache um, dass die unverbindliche Religiosität der Individuen heute sich immer weniger artikuliert, immer weniger sichtbar und kommunizierbar wird und sich in aller Regel kaum noch begründen will? Man muss sich klar machen, dass die Religion früher *das* Bildungsmedium schlechthin war: lesen und schreiben lernte man anhand der Bibel und des Katechismus. In der Neuzeit aber sind Religion und Bildung auseinander gefallen. Für die RP, ebenso wie für Kirche und Theologie, geht aber kein Weg an der Umstellung des religiösen Selbstbezugs auf Lebensbezug, und das heißt: an *Bildung* vorbei (→ 19).

Angesichts der religiösen Pluralität (multireligiöse Lage, verschiedene Frömmigkeitsformen und Religionsstile, Religions-Patchwork) ist die RP zunächst auf eine gewissenhafte Analyse und *Beschreibung* von Religion und religiösen Phänomenen in der gegenwärtigen Welt (in der Lebenswelt, in der populären Kultur, in den Medien, in der Geisteswissenschaft usw.) im Sinne einer religiösen Kulturhermeneutik (→ 17.2-3) angewiesen; dabei kann das Christentum als Kontext und Hintergrund verstanden werden, nicht mehr aber als einziger Gehalt.

Dazu kommt weiter die Frage nach dem individuellen Aufbau von Religion, der Entstehung von Religiosität, von religiösen Interessen, Akzeptanzen und Identifikationen (→ 18.2). Die RP muss die Generierungs-Muster individueller Religionsstile genau kennen und um deren guten Sinn wissen. Sie muss auf die religiöse Suche und die menschlichen Orientierungsbedürfnisse im Kontext allgemeiner Bedürfnisse eingehen. Wenn sie ihre Arbeit einsichtig machen will, kommt sie an einem soliden (religions)psychologischen Wissen und Gespür nicht vorbei (→ 18.3).

Schließlich hängt ihre Plausibilität zentral an ihrem Einsatz für die (religiöse) Bildung der Person. Bildung aber beginnt immer mit geschulter Wahrnehmung. Das „Bildungsdilemma" darf daher größtenteils als Dilemma eines *rationalen Zugangs* zur christlichen Religion gelten, der zwar nicht ersetzbar ist, der aber die oft faszinierende Eigenlogik und Lebendigkeit der Religion übersieht und ihre Lebens- und Bildungsbedeutsamkeit daher nur eingeschränkt zu Gesicht bekommt (→ 19). Darum muss die RP den Bedingungen und Möglichkeiten persönlicher religiöser Sinnkonstruktionen und Selbstverantwortung zuarbeiten.

Zusammenfassung

Im 20. Jh. hat sich die Welt stärker verändert als in vielen Jahrhunderten zuvor. Vorgegebene Ordnungen, feste Strukturen und allgemeine Verbindlichkeiten sind einer kaum noch überschaubaren Pluralität von Möglichkeiten gewichen, die dem Einzelnen zur freien Verfügung stehen. Gestalthafte und institutionsgebundene Religion verblasst, verliert an Selbstverständlichkeit und an Verbindlichkeit. Das Christentum ist nicht mehr kulturprägend und erlebt einen Tradierungsabbruch. Gleichzeitig tauchen religiöse Elemente und Äquivalente in der populären Kultur und in den Medien auf, allerdings tendenziell in Form einer nur schwer kommunizierbaren Suche und Sehnsuchthaltung.

Literatur: Zu 1: U. Beck 1986 – W. Welsch 1986 (bes. Einleitung und Kapitel VII) – G. Schulze 1992 (bes. 1. und 6. Kapitel) – U. Eco 1980 – J. Kunstmann 1997. Zu 2: N. Mette 2006, 13–42 – C. Grethlein 1998, 1–41. Zu 3: H.-J. Höhn 1998 – K.-P. Jörns 1997 – J. Kunstmann 2010. Zu 4: J. Kunstmann/I. Reuter 2009 – H.-M. Gutmann ²2000 – B. Schwarze 1997 – I. Kirsner 1996 – T. Klie 1999 – LexRP, Art. „Populäre Kultur". Zu 5: ZPT 51 (1999) Heft 3 (Themenheft Multimedia) – EvThl 63 (2003) Heft 6 (Themenheft Theologie und Medien) – M. Pirner 2001. Zu 6: F. Schweitzer/R. Englert/U. Schwab/H.-G. Ziebertz 2002, bes. R. Englert, 17–50 und 89–106.

15 Individualisierung der Religion

„Von pädagogischer Seite ist vielfach kritisiert worden, daß das Kind in der theologischen Lehre vom Menschen so gut wie nicht vorkomme (A. Flitner 1958) bzw. in der evangelischen Pädagogik verleugnet werde (W. Loch 1964). Das gilt keineswegs nur für das Kind, sondern für den Menschen in seiner jeweiligen Situation überhaupt." (Fraas ²1993, 11)

„Wir müssen lernen, die Menschen weniger auf das, was sie tun und unterlassen, als auf das, was sie erleiden, anzusehen." (Bonhoeffer 1951, 17)

Dietrich Bonhoeffer gibt vor der Zeit eine Antwort auf die harsche Kritik von Hans-Jürgen Fraas. Er hat mit der für sein spätes Denken typischen, skizzenhaften Bemerkung die Theologie in eine neue, den modernen Verhältnissen gerechtere Richtung gelenkt. Die Theologie hatte vom Menschen bisher wenig Gutes zu sagen gewusst; sie beschrieb ihn als Geschöpf Gottes, das fern von seiner Bestimmung lebt und nur im gnadenhaften Geschenk des Glaubens das Heil finden kann. Prinzipiell ist der Mensch Sünder, stolz und aufrührerisch gegen Gott, und verfällt darum dem Richterspruch Gottes. Hier wird ein „kindliches" Abhängigkeitsverhältnis unterstellt, das dem Autonomie-Bewusstsein des modernen Menschen nicht mehr gerecht wird. Vor allem aber vermag es die Not nicht mehr zu sehen und zu heilen, die eben diese Autonomie bedeutet: Selbstbewusstsein und Ich-Stärke müssen oft mühsam erkämpft und durchgehalten werden. Autonomie ist eine Notwendigkeit geworden; oft aber führt sie in die Einsamkeit. Und sie verlangt ein Maß an psychischer Energie, das viele überfordert und in die Depression führt. Sie kann darum theologisch keineswegs mehr angemessen als Stolz und Überheblichkeit gegen Gott verstanden werden. Finden Selbstbewusstsein und Lebensgefühl des modernen Menschen in der RP eine angemessene Einschätzung? Welches Bild hat die RP vom Menschen?

1. Individualisierung und Subjektsein heute

Individualisierung

„Der (unendliche) Regreß der Fragen: ‚Bin ich wirklich glücklich?', ‚Bin ich wirklich selbsterfüllt?', ‚Wer ist das eigentlich, der hier *ich* sagt und fragt?', führt in immer neue Antwort-Moden, die in vielfältiger Weise in Märkte für Experten, Industrien und Religionsbewegungen umgemünzt werden. In der Suche nach Selbsterfüllung reisen die Menschen nach Tourismuskatalog in alle Winkel der Erde. Sie zerbrechen die besten Ehen und gehen in rascher Folge immer neue Bindungen ein. Sie lassen sich umschulen. Sie fasten. Sie joggen. Sie wechseln von einer Therapiegruppe zur anderen. Besessen von dem Ziel der Selbstverwirklichung reißen sie sich selbst aus der Erde heraus, um nachzusehen, ob ihre Wurzeln auch wirklich gesund sind." (Beck 1986, 156)

Ulrich Beck hat die Individualisierung erstmals umfassend beschrieben. Er deutet sie als „Rückseite" der gesellschaftlichen Differenzierung und Pluralisierung (→ 14), die mit ihren unzähligen Optionen und Möglichkeiten in allen Bereichen des Lebens eine weitgehend unabhängige, flexible und anpassungsfähige Persönlichkeit fordern. Individualisierung bedeutet: der Mensch wird zum unabhängigen und selbstbestimmten „Planungsbüro" seiner Umstände und seines Lebens. Individualisierung folgt zunächst den Freisetzungs-Schüben (→ 14.1) der Neuzeit. Vor allem nach dem Zweiten Weltkrieg hat sich ein „gesellschaftlicher Individualisierungsschub von bislang unerkannter Reichweite und Dynamik vollzogen" (ebd. 116).

Eine Verstärkung dieses Trends bedeutete die „68er-Bewegung". Die sog. Hippies hatten in den 1960er Jahren in den USA scharfen Protest gegen den sinnlosen Vietnamkrieg und die fassadenhafte Bürgerlichkeit eingelegt. Erstmals gab es eine Generation von „Aussteigern". Die „Blumenkinder" trugen provozierende Tücher und Frisuren, gammelten durch Parks, konsumierten Rauschgift und praktizierten freie Sexualität. In Deutschland zündete der Protestfunke als Revolte der Studenten, die gegen die steife, ordnungs-, macht- und traditionsorientierte deutsche Bürgerlichkeit vorging. Scharfe Diskussionen und Proteste, die Gründung von Kommunen mit gemeinsamem Eigentum und freier Sexualität führten zu einer radikal neuen Lebensauffassung, einer gesellschaftskritischen Einstellung und zur öffentlich verbreiteten Idee der persönlichen Verantwortung.

Von einer gegenläufigen Seite her wurde die Individualisierung später durch das Aufblühen der kapitalistischen Wirtschaft und des Konsummarkts, einschließlich der Medien gefördert. Die kapitalistische Optionenlandschaft braucht die freie, durch nichts behinderte Wahlmöglichkeit; Traditionsorientierung und Bindungen aller Art können die freie, individuell verschiedene und spontane Befriedigung von Bedürfnissen durch Konsum nur einschränken. Das „Neue" gilt grundsätzlich als das Bessere. Aus Wahl-Entscheidungen entstehen individuelle Auswahl- und Konsum-Stile.

Auch die differenzierten gesellschaftlichen Teilsysteme mit ihrer funktionalen Logik (plurale Zuständigkeitsbereiche mit entsprechenden Dienstleistern, Spezialisten und Experten, → 14.1) spiegeln sich in den Individuen ab. Oft bestehen funktional ausgerichtete und unverrechenbare „Sinnprovinzen" in ein und demselben Individuum neben anderen. Manager mit Fahrrad und Kleinbürger mit Sportwagen, Doppelleben und Rollenwechsel, „fragmentierte Identitäten", private Kulte und neue Religionsstile werden immer alltäglicher. Eine „feste" Persönlichkeit, früher das Inbild von vorbildlicher Verlässlichkeit, gilt heute als Unding, fast schon als lächerlich; der individualisierte Mensch hat eine „Patchwork-Identität" (Heiner Keupp); er ist flexibel, dynamisch, aktiv, anpassungsbereit, jung und auf jeden Fall etwas Besonderes.

Das Leben war lange durch Unfreiheit und Ohnmacht, aber auch durch selbstverständliche Fügung, fraglose Geborgenheit und Gewissheit bestimmt. Lebenswichtige Entscheidungen wurden weitgehend von Tradition und Sitte bestimmt, Unglück und Schicksal wurden als Gottes Wille verstanden und angenommen. Wo früher die Menschen „hineingeboren" wurden in Lebensumstände, die sich meist ein Leben lang nicht wesentlich veränderten, da werden sie heute zu bewussten Konstrukteuren ihrer Umgebung, ihrer Bindungen und ihrer „Bastel"-Biographie.

Die zunehmende Auflösung der alten Milieus, die die Individualisierung möglich gemacht hat, bedeutet gleichzeitig einen Verlust stabiler Zugehörigkeiten. Beruf, Partner, Familie, Lebensort und -umstände können nicht nur, sondern *müssen* jetzt gesucht, ausgehandelt und gestaltet werden. Das bedingt nicht nur einen oft erheblichen Aufwand an Lebensenergie und Selbstreflexion (vgl. das Eingangszitat), sondern führt vor allem die Gefahr des Scheiterns mit sich. Wenn das Leben zum selbst verantworteten Projekt wird, ist jeder allein auch für die eigene Not zuständig. Individualisierung bedeutet die Wende „vom Schicksal zur Wahl" (A. Feige), und ein neues Bewusstsein, das nicht revidierbar ist.

Zum individualisierten Lebensgefühl

> „Die Gruppe der mißmutig Erfüllten wächst. Ihr Problem sind sie selbst, die Abnahme ihrer Faszinierbarkeit geht einher mit der Steigerung des Reizangebots. Wie Süchtige greifen sie nach immer mehr und haben immer weniger davon. Im Moment der Wunscherfüllung entsteht bereits die Frage, was denn als nächstes kommen soll." (Höhn 1998, 64)

Wir dürfen alles, wissen aber oft nicht mehr was wir wollen sollen. Der Verlust jeglicher Vorgaben und Hilfestellungen durch stabile Beziehungen kann durch Konsumangebote, boomende Beratungsdienste und Therapieszene nicht wirklich ausgeglichen werden. Wenn selbst Partnerschaften nicht mehr durch Eltern oder gesellschaftliche Standards vorgegeben, sondern Sache der

Auswahl und bestimmter Stimmigkeits-Kriterien werden, ist das Leiden an Verunsicherung vorprogrammiert. Maximale Freiheit ist zur Selbstverständlichkeit geworden. Die Akkumulation immer raffinierterer Reize, die Tempoerhöhung durch die modernen Verkehrsmittel, der Verlust der Primärerfahrung durch die Medien, die starke Verschiebung des Zeit- und Entfernungsbewusstseins durch die prinzipielle Erreichbarkeit aller Orte der Welt, lassen der Entfaltung freien Raum, führen aber auch ein Grundgefühl von Austauschbarkeit, Relativität und Bedeutungslosigkeit mit sich.

Individualisierung führt die Möglichkeit intensiver Erlebnisse und freier Entfaltung mit sich, aber auch einen hohen Aufwand an Selbstreflexion (wie fühle ich mich eigentlich? Bin ich motiviert? Bin ich schön? usw.), der zum fruchtlosen Grübeln und zu einem Kontrollzwang über das eigene Auftreten werden kann und entsprechende Unsicherheiten bedingt. Die freie Selbstgestaltung des eigenen Lebens ist nicht nur Möglichkeit, sondern auch mühsame Arbeit. Alles, was irgend von Bedeutung ist, muss selbst gewählt, gestaltet, aufgesucht werden; das aber heißt zugleich, dass nichts, was wichtig und wesentlich ist, einfach „da", vorzufinden und sicher erreichbar ist. Ungebundene Freiheit bedingt heute immer mehr ein Gefühl der Heimatlosigkeit (nicht zu wissen, „wo man hingehört"), der Unbestimmtheit und der Leere. Dass auch der Lebenssinn nicht mehr vorgegeben, sondern Sache der eigenen Verantwortung ist, bedeutet für viele eine programmierte Überforderung.

Zu diesen Verunsicherungen gesellt sich ein Ohnmachtsgefühl, das sich aus der Erfahrung der Überkomplexität einer nicht mehr zu begreifenden und zu steuernden Welt ergibt. Die Selbstläufigkeiten kaum noch versteh- und korrigierbarer „Systemrationalitäten", technischer und wissenschaftlicher Prozesse (Atomtechnik, Gentechnik, Globalisierung, verstärkter Druck auf dem Arbeitsmarkt, Umweltzerstörungen usw.) bedingen ein Gefühl politischer und persönlicher Ohnmacht. Politik, Wissenschaft und Ökonomie sind längst undurchschaubare Expertenarbeit, ihre Zuarbeit zur Konsumindustrie scheint alternativlos, nicht mehr steuerbar und jedem persönlichen Einfluss entzogen. Zunehmender Leistungsdruck und die Situation auf dem Arbeitsmarkt verstärken die Ohnmachtsgefühle. Wozu sich eigentlich noch anstrengen?

Ulrich Beck hat eindrucksvoll gezeigt (1986), dass diese Verunsicherungen und Risiken die Zurechnung sozial und politisch bedingter Lasten auf die einzelnen Individuen sind. So wird die sozial bedingte Arbeitslosigkeit heute als *persönliches* Versagen erlebt, ebenso jedes Scheitern, Einsamkeit usw. Verbreitet ist darum der Rückzug in den privaten Winkel (Cocooning), vor allem aber ein Grundgefühl von Freudlosigkeit. Depressivität bedeutet einen *Verlust* des Gefühls: die Psyche schützt sich vor Überstimulation durch emotionalen Rückzug. Verstärkt wird diese Gefühlsreduktion durch das „kühle" funktionale Denken (Was nützt? Was bringt?). Von der Krankheit bis zum Unfall kann alles „abgegeben" werden an schnelle Knopfdrücke, Tabletten und juristische, medizinische, psychologische und andere Experten. Emotionen „erübrigen" sich immer mehr; sie *stören* den funktionalen Ablauf des modernen Lebens. Auch die starke Erhöhung der Reizschwelle durch die enorme Zunahme der Reizverarbeitung (Medien, Verkehr usw.) wirkt emotions-dämpfend. Soweit Emotionen vorhanden sind, werden sie tendenziell bereits versteckt; sie widersprechen dem Ideal der individualisierten Selbstmächtigkeit und Durchsetzungsfähigkeit. „Cool" sein ist darum Mode (→ 16.1); kühle Fassaden bedeuten auch Schutz vor Verletzlichkeit. Geht es zu weit, wenn man die Models der Laufstege als einen symbolischen Ausdruck für diese Entwicklung sieht? Sie sind äußerlich schön und begehrenswert, bekanntlich aber oft depressiv, angespannt, mager- und drogensüchtig.

Die Theologie hat, ebenso wie die Pädagogik, lange Zeit den Tenor der Aufklärung nachgesprochen: Freiheit galt ihr als höchstes Ziel. Das ist richtig – heute wird aber immer deutlicher sichtbar, dass wir an einem Übermaß an Freiheit zu leiden begonnen haben. Die Suche nach echter Identität, nach tragender Beziehung und Bindung, nach Vergewisserung, Beheimatung und wirklicher Erfüllung hat längst rastlose Züge angenommen. Die Religion bekommt an dieser Stelle eine höchst wichtige Bedeutung. In Theologie und Kirche wird aber bisher noch kaum gesehen, dass christliche Gehalte auf diese Situation einzustellen sind.

2. Von der Außen- zur Innenorientierung

Die Wendung vom Schicksal zur Wahl, von der Außen- zur Innenorientierung, kann als Grundkennzeichen der Individualisierung gelten. Sie hat gravierende Folgen für die religiöse Einstellung. Möglichst große Freiheiten und möglichst wenige Vorgaben führen zu einer maximalen Aufmerksamkeit auf sich selbst und die eigenen *Bedürfnisse*, die Entscheidungen, Handlungen und Haltungen strukturieren. Unterstützt wird die Innenorientierung durch den Imperativ des Konsummarktes: „Du sollst begehren!", der für die Weckung immer *neuer* Bedürfnisse sorgt. Das Begehren kann sich verselbständigen und wird dann zur nicht mehr stillbaren Melancholie, zur „Null-Bock"-Stimmung oder zur Sucht.

Innenorientierung bedeutet den Abschied von Autorität (damit von Schuldgefühlen). Autorität und Macht waren früher der selbstverständliche Ausdruck des sozialen Ordnungsgefüges; sie haben auch das Verständnis der christlichen Religion geleitet. Grundproblem war hier die menschliche Schuld. Im Mittelalter zeigen das die verbreiteten Vorstellungen vom Jüngsten Gericht, Buße, Fegefeuer und Höllenstrafen. Auch die Reformation hat mit ihrer befreienden Rechtfertigungs-Lehre juristische Terminologie verwendet (Gerecht-Sprechung durch Gott). Im Bürgertum galt Religion als sittliche Pflicht. Heute dagegen weicht das Gefühl von Schuld und belastetem Gewissen immer mehr dem Ideal der eigenen Durchsetzungsfähigkeit.

Die ethische Einstellung insgesamt ist durch sehr neue Werte bestimmt, die sich von Pflichtwerten zu Akzeptanz- und Selbstverwirklichungswerten gewandelt haben. Allgemeinverbindlichkeit aus Außenvorgaben wie Pflicht, Treue, Disziplin, Pünktlichkeit, Verlässlichkeit, Fleiß usw. haben massiv an Bedeutung verloren. Die Beachtung von Regeln und Verhaltensgeboten, selbst von Höflichkeit ist im Rückzug. Dagegen sind die heute gelebten Werte vorwiegend Pflichten gegenüber sich selbst: Authentizität, Dynamik, Flexibilität, Karriere-Erfolg, Spaß. Individualisierte Werte bedeuten ein höheres Maß an Selbst-Erfüllung und eine geringere Verlässlichkeit für andere; Treue, Verlässlichkeit und Gerechtigkeit werden gesucht und eingefordert – oft aber nicht selbst garantiert. Das bedeutet: „Der Ehrliche ist der Dumme". Auch bei klarem Selbstverschulden haben immer mehr Menschen keine Schuldgefühle mehr, sondern die Einstellung: „Ich muss mich wehren". Die sog. Kavaliersdelikte weiten sich aus, Durchsetzungsfähigkeit und Selbstbewusstsein scheinen heute bereits attraktiver zu sein als bloße Emanzipation oder „Mündigkeit".

Das drückt sich zunehmend auch in Selbst-Stilisierung aus: Mode, Stilbewusstsein, luxuriöses Ambiente, Körperkult durch Sport, Fitness, Wellness, „Schönheitsfarmen" usw. werden (trotz ihrer uniformen Vorgabe durch den Markt) als persönliche Markenzeichen erlebt, die Unterscheidung signalisieren sollen. Oberster Wert ist Erlebnisintensität: intensiv muss das Leben sein, egal fast, wodurch. Bevorzugt werden Reize, die aufregend, individuell steuerbar und schnell abrufbar sind: Autos, „Erlebnis"bäder, Fernreisen, Extremsportarten und – symbolisch – der Bungee-Sprung. Gleichzeitig zeigen sich auch neue soziale Werte wie wachsende Sensibilität, Authentizitäts-Bewusstsein, wachsendes Bewusstsein für Umwelt, Effekte der Globalisierung, Ökumene usw.

Die Innenorientierung bringt neue Nöte und Schwierigkeiten mit sich. Die Bezeichnung „Egoismus" oder gar „Sünde" ist darum nicht angemessen. Immer mehr Entscheidungen müssen unter immer mehr Möglichkeiten getätigt werden. Das kann für manche eine „Optionenparalyse" bedeuten – sie wissen dann nicht mehr, was sie überhaupt *wollen* sollen. Erlebnisrationalität ist auf Bedürfnisse gerichtet; Bedürfnisse aber lassen sich nie auf Dauer befriedigen. Statistiken belegen, dass das Lebensgefühl selbst von Lottogewinnern sich nach wenigen Monaten wieder dem bisherigen Normalwert annähert. Die Steigerung der Reize bringt automatisch immer neue Bedürfnisse mit sich, was zu einer gesteigerten Suche nach neuen Reizen und einer weiteren Erhöhung der Reizschwelle führt, darum zu Unrast und innerer Anspannung. Folge ist eine allmähliche Entwertung von Reizen und von Befriedigung überhaupt, die ein Gefühl der nicht mehr zu befriedigenden Leere hinterlässt. „Alles ist möglich", zugleich aber ist nichts mehr etwas Besonderes, unersetzbar oder wirklich wichtig.

Der materielle Reichtum unserer Zivilisation hat zu einer Kultur des psychischen Mangels geführt. Menschen sehnen sich nach Anerkennung, Zärtlichkeit, Liebe, Nähe, Heimat und Verlässlichkeit, sozusagen nach der psychischen Grundversorgung, gehen deren Bedingungen aber faktisch immer mehr aus dem Weg. Stressforscher und Neurophysiologen wissen ebenso wie Lebenserfahrene: „Bindungen an andere sind einer der wenigen äußeren Faktoren, die unter praktisch allen Umständen die Lebenszufriedenheit steigern" (Klein 2002, 172) – Freiheitswünsche und Konsumbedürfnisse stehen ihnen aber entgegen. Stark zunehmende Essstörungen (vor allem Magersucht und Übergewicht) belegen eine unbewusste Verweigerung gegen diesen Lebensstil; das Ritzen, das sich vor allem unter Jugendlichen schnell verbreitet (→ 16.1), spiegelt eine Suche nach Empfindung, die nur noch im Schmerz gefunden wird. Der Mensch ist in zentralen Bereichen des Lebens ausschließlich sich selbst überlassen.

3. Privatisierung der Religion

> „Mit Lissa in der Kirche. Der Zwang, an A. zu denken, ist stärker. Da darf ich in meinen eigenen Worten denken. Die feierliche Amtssprache der Kirche klingt fremd. Kunstgewerbe-Vokabular. Luft aus einem Fön ... Mein Leben ist in der Gebetssprache nicht mehr unterzubringen. Ich kann mich nicht mehr so verrenken. Ich habe Gott mit diesen Formeln geerbt, aber jetzt verliere ich ihn durch diese Formeln." (Martin Walser 1960, 354)

Das trifft die Situation: das traditionelle Christentum wird in Zeiten der Individualisierung als fremd erlebt. Der Bezug zum eigenen Leben wird nicht mehr deutlich; es kommt zum Zweifel am gelernten Glauben, dann zum religiösen Verstummen.

Auch die Religion ist also individualisiert. Die Ablösung von traditioneller Sprache, Dogmatik und Formen, von geschlossenen Gruppen, Institutionen und Verbindlichkeit überhaupt, belegt das mit aller Deutlichkeit. Die Teilnahme am Gottesdienst, früher eine soziale Verbindlichkeit, wird heute durch die Frage nach persönlicher Hilfestellung und Lebensorientierung motiviert. Wer zum Gottesdienst geht, versucht *zu sich selbst* zu kommen. Religion gilt als Privatsache; sie ist so intim wie sonst nur die Sexualität und die private Partnerschaft. Es fällt kaum noch auf, wenn heute von „meiner" Religion die Rede ist. Menschen wählen die religiösen Gehalte und Vorstellungen aus und kombinieren sie nach persönlicher Stimmigkeit. Der Soziologe Peter L. Berger hat das den „Häretischen Imperativ" genannt: Auch Religion *muss* inzwischen *gewählt* (griech. hairesis = freie Auswahl) und selbst angeeignet werden, denn unverstandene Vorgaben überzeugen niemanden mehr.

Mit der Wahlmöglichkeit werden die alten religiösen Inhalte nachhaltig relativiert (→ 14.2–3). Ähnliche Folgen hat die multireligiöse Präsenz, ferner die Religionslosigkeit, die von vielen praktisch gelebt wird: „Ich glaub nix, mir fehlt nix". Gott ist für viele keine Frage mehr. Der weitgehende Ausfall der religiösen Primärsozialisation und die fehlende öffentliche Präsenz der bekannten christlichen Religion bedeuten einen Ausfall von „Verstärkungen". Die christliche Religion gilt zunehmend als unbedeutsam und ersetzbar.

Die wachsende Entfremdung von kulturell gegebenen und eingespielten Kulturformen scheint im religiösen Bereich (d.h. im traditionell christlichen) größer als andernorts zu sein. Der übertrieben-pointierte Ausspruch „Was Gott ist, bestimme ich" benennt die Situation treffend, zeigt aber auch die Schwierigkeit. Denn der Ausfall an religiöser Anleitung führt zum Wegfall kommunizierbarer Gehalte. Wo keine *übernommene* und gelernte religiöse Sprache, Symbolik, Ausdrucksfähigkeit und keine religiöse Verhaltenssicherheit mehr gegeben sind, wird die Religion auch für religiös interessierte Individuen undeutlich und sozial unsichtbar. Und: Religion wird zur Suche, für die es praktisch keine Anleitung und Führung mehr gibt. Gefunden werden kann sie überall, in Privat-Kulten, okkulten Praktiken, auch in der Popkultur und den Medien (→ 14.4–5) – dort ist sie aber immer weniger erkennbar, verbindlich und auf Dauer tragfähig. Auch für diese Suche bleibt die alleinige Selbstverantwortung bei der einzelnen Person. Die Privatisierung der Religion, d.h. eine zu Ende gedachte religiöse Individualisierung, führt in die religiöse Sprachlosigkeit und würde Religion als gegebenes (Kultur-)Phänomen auflösen. Damit stünde sie auch der *individuellen* Aneignung nicht mehr zur Verfügung.

Gleichzeitig mit dem Verblassen der institutionalisierten Religion kommt es zu einer religiösen Auflandung *säkularer* Lebenseinstellungen und Werte. Erfolg, Leistung, Jungsein, materieller Besitz, Selbst-Stilisierung usw. erhalten eine quasi-religiöse Bedeutung. Eine Umfrage zu dem, was Schülern „heilig" ist, hat die Rangfolge ergeben: allem voran die Familie, dann Freunde, Gegenstände (meist private „Schätze"), Werte, erst an unbedeutender Stelle explizit Religiöses; es folgen freie Zeiten und Orte (vor allem: das eigene Zimmer, das eigene Bett) usw. Als heilig gilt also die eigene Lebensbasis, vorwiegend die Privatsphäre und die „Kuschelecke" des eigenen Lebens (Hilger in Ritter/Rothgangel 1998, 246–263) – offensichtlich auch eine Folge der riskanten, unüberschaubaren, „kalt" gewordenen Welt draußen.

Thesenartig könnte man sagen: *Religion* verblasst, *Religiosität* hat Konjunktur. Die verfasste und vorgegebene christliche Religionsgestalt wird zunehmend als belanglos eingestuft; sie wird zum „Material" der eigenen religiösen Suche. Die privatisierte religiöse Erfahrung und Haltung geht praktisch nicht mehr in den objektiven, für andere und spätere bereitgestellten Gestalt-„Fundus" der Religion ein, sondern bleibt privat verschlossen – woran auch eine komplizierte und lebensferne Hoch-Theologie Verantwortung trägt. Damit ist die Tradierung des Christentums in Frage gestellt (→ 14.6).

4. Religiöse Nutzen- und Erlebnisorientierung

„Ich habe keine Beweise, daß es Gott gibt und alle anderen Menschen auch nicht. Und da gibt es auch noch Hindus, Moslems usw. Kann man denn da behaupten, daß diese Menschen an das Falsche und die Christen an das Richtige glauben? Ich glaube nicht! Meiner Meinung nach ist eine Religion oder ein Gott dazu da, den Menschen durch schwierige Situationen zu helfen. Da hilft nämlich nicht der angebliche ‚Gott', sondern nur der Glaube an diesen Gott und der Wille. Bis jetzt habe ich noch nicht auf Gott zurückgreifen müssen, weil ich seither gut alleine durchgekommen bin. Aber wie gesagt: Wer Gott braucht, der soll eben!" (Zit.: Hilger/Reilly 1993, 222)

Diese Aussage eines Jugendlichen zeigt fast alle Kennzeichen des neuen Umgangs mit Religion: Zweifel, das Bewusstsein von der Relativität aller religiösen Gehalte („keine Beweise", „Hindus und Moslems", „eine Religion *oder* ein Gott"), offene Toleranz und ein klar funktionales und nutzenorientiertes Denken („Religion ist dazu da", „Wer Gott braucht"). Religion wird als Hilfe zur Bewältigung von Schwierigkeiten eingeschätzt – an einen Eigenwert oder eine bestimmte Würde wird gar nicht gedacht. Was hilft, ist aber gar nicht Gott oder eine religiöse Wahrheit, sondern die *eigene Gläubigkeit*, also die eigene Anstrengung. Jeder ist seines Glückes Schmied! Gott ist hier zwar nicht „Illusion", aber doch zumindest eine fiktive Vorstellung, deren Wahrheitsgehalt „am Effekt" gemessen wird.

Auch die Religion wird also inzwischen auf das konkrete Leben und auf Bedürfnisse bezogen und nach ihrem Nutzen befragt: Was „bringt" mir eine religiöse Einstellung? Hier schlägt die soziale Folge der Individualisierung durch: Der Mensch ist auf sich selbst gestellt und kann keine Hilfe erwarten – außer von sich selbst. Die Frage nach dem Lebensbezug, die von den Kirchen wenig bedient wird, scheint für die Weitergabe der Religion darum zum entscheidenden Punkt zu werden. Nicht Wahrheit, sondern *Bedeutung* und *Betroffenheit* bestimmen über ihre Aneignung und über ein entsprechendes Interesse – „Wahr" ist, was betrifft. Das ist für das traditionelle christliche Denken eine höchst ungewohnte Wendung, die auf teils entrüstete Ablehnung stößt. Sie markiert allerdings eine Veränderung des allgemeinen Bewusstseins, ist also nicht rückgängig zu machen. Wo die RP nicht zu einem konstruktiven Umgang mit dieser Einstellung findet, steht sie in der Gefahr, die christlich-religiösen Gehalte sich selbst zu überlassen und sie faktisch in einen nicht mehr attraktiven Getto-Bereich zu stellen.

Bezeichnenderweise gibt es eine große Sehnsucht danach, *glauben* zu *können*. Religion, die funktional eben auch als zuständig gilt für Trost angesichts der Beschädigungen des eigenen Lebens, wird zum Bereich der Suche und der Sehnsucht. In einem erweiterten funktionalen Sinn wird sie auf Erlebnisse bezogen. Wenn nicht Wahrheit, sondern Betroffenheit über ihre Akzeptanz entscheiden, dann sind nicht religiöse Inhalte, sondern religiöse Erlebnisse, Stimmungen und Atmosphären attraktiv. Sie werden in der Religion auch vermutet.

> „Erlebnisorientierte Religiosität hält religiöse Objektivierungen (Riten, Bekenntnisse) nur insoweit für belangvoll, wie sie gewünschte innere Wirkungen hervorrufen: Gefühle, Stimmungen, Ekstasen, Betroffenheit, Ergriffenheit ‚durch ein Übermächtiges, das den Grauschleier des Alltags zerreißt'." (Höhn 1998, 78)

Die „Erlebnisgesellschaft" (→ 14.1) kennt die Möglichkeiten der Erlebnis-Erfüllung und weiß auch um deren Herstellung. Befindlichkeiten werden befragt und befriedigt. Das gilt offensichtlich inzwischen auch für die Religion. Folge ist eine Ästhetisierung der Religion: die Sehnsucht nach religiöser *Erfahrung* führt dazu, dass sinnliche Zugänge die lehrhaften ablösen. An dieser Stelle besteht ein höchst bedeutsamer Zusammenhang mit dem allgemein schwindenden Gefühl von Präsenz. Menschen klagen vermehrt darüber, nichts zu spüren, von nichts mehr wirklich ergriffen zu werden. Entsprechend groß ist die Sehnsucht nach Affiziertwerden und Berührung durch die Dinge, nach dem wirklich gespürten Erlebnis von Schönheit und des Lebens überhaupt. Auch hier wieder ist eine Verfalls-Diagnose schnell zur Hand; in diesem Zusammenhang ist die Erlebnisorientierung aber auch aus religiösem Interesse heraus sehr ernst zu nehmen. Möglicherweise kann die Religion die Sehnsucht nach Erfahrung und die Sucht nach Erlebnissen ja besser und dauerhafter stillen als anderes.

Problematisch ist die Umorientierung in jedem Fall. „Das Leben ist nach erlebnisrationaler Vorstellung lediglich fortsetzungs-, aber nicht erlösungsbedürftig" (Höhn 1998, 172). Deshalb aber werden die Fragen nach *Sinn, Erfüllung und Glück* zentral bedeutsam für den Zugang zur Religion, für die religiöse Bildung, und damit für die RP.

5. Der lange Weg der RP zum Subjekt

> „So sehr religiöse Individualisierung Menschen einerseits die Möglichkeit eröffnet hat, aus kirchlicher Bevormundung herauszutreten und auch in religiöser Hinsicht sprachmündig zu werden, so sehr droht die gewachsene Tendenz zu religiöser Atomisierung auf die Dauer auch dazu zu führen, dass Menschen unfähig werden, die großen Überzeugungen ihres Lebens in Worten, Symbolen, Ritualen und mitmenschlicher Praxis zum Ausdruck zu bringen. Eine pluralitätsfähige Religionspädagogik hätte Kindern, Jugendlichen und Erwachsenen hier Schneisen in ihre eigene Selbst-Verborgenheit zu bahnen, ihnen Möglichkeiten zur Exploration ihres eigenen Lebensglaubens anzubieten." (Englert in Schweitzer u.a. 2002, 100)

Rudolf Englert markiert mit seinem Votum die Abkehr von religiösen Gehalten, die als Selbstzwecke auftreten. RP hat nach dieser Auffassung die Aufgabe, Menschen bei der Suche nach ihren Einstellungen, Werten und nach ihrem Vertrauen zu begleiten und sie dadurch lebensfähig zu machen.

Für diese sehr offene Aufgabe sprechen verschiedene Beobachtungen. Das Interesse gilt heute der gelebten und ins eigene Leben übersetzbaren Religion, die immer nur als Ausdruck von Subjektivität, nicht als Fremdbestimmung verstanden werden kann. Der Zugang zur Religion und das Interesse an ihr hängen an spontan einsichtigen Erlebnissen und Erfahrungen, die unmittelbar auf ihren Nutzen für das eigene Leben hin bezogen werden. Die Verbindung von Religion und Subjektivität ist im Übrigen, wie sich an Luthers existenzbezogener Theologie ablesen lässt, ein „Grundprinzip des neuzeitlichen *Protestantismus* ... Religion ist ... der innerste Kern einer Persönlichkeit, die Instanz, auf die sich der einzelne im Interesse seiner Selbstkonstitution beruft." (Steck 2000, 118f.)

Die RP muss und kann sich darum auf die Individualisierung und Privatisierung der Religion einstellen, wenn sie nicht erfolglos sein will. Das meint nicht kritiklose Anpassung, zeigt aber doch, dass hier alles andere als eine Selbstverständlichkeit berührt ist. Das „Subjekt" wird in den klassischen Konzeptionen der RP (→ 3) allenfalls am Rande bedacht. In der Evangelischen Unterweisung wird es überhaupt nicht, in der hermeneutischen Konzeption nur wenig eigenständig reflektiert; die Problemorientierung meinte das Subjekt zu beachten – faktisch wurden aber Gesellschaftsprobleme traktiert, nicht die Lebensfragen von Schülern. Willi Loch hat darum 1964 den berüchtigten Satz von der „Verleugnung des Kindes in der evangelischen Pädagogik" ausgesprochen, der nicht nur für Kinder gilt.

Das Misstrauen gegenüber den Subjekten ist theologisch bedingt: Der Mensch ist Sünder und soll Dankbarkeit und Demut gegenüber Gott lernen; außerdem: wo kämen wir hin, wenn jeder glaubt, was er will? Entsprechend wurde „Erfahrungsbezug" (→ 10.4) allzu oft eingeschränkt auf eine Erfahrbarkeit theologischer oder traditionell christlicher Vorgaben.

In der (Praktischen) Theologie hat erst Henning Luther mit seinem viel beachteten Aufsatzband „Religion und Alltag. Bausteine für eine Theologie des Subjekts" (1992) für eine Veränderung des theologischen Denkens gesorgt. Praktische Theologie wird hier als klare Zuwendung zu den heutigen Individuen betrieben. Lebenslauf, fragmentarische Identität u.a. geben die Themen ab. Ihrer Zeit voraus ist auch die „Religionsdidaktik in Grundregeln" der katholischen Autoren Engelbert Gross und Klaus König (1996). Vier prinzipielle didaktische „Grundregeln" gehen auf Subjektorientierung, Erschließung der ästhetischen Dimension der Religion, Beachtung der allgemeinen und religiösen Pluralität (die ja ersichtlich inzwischen auch die Religions-Stile der Individuen betrifft), schließlich den Sinn für eine der Religion angemessene Kommunikation ein, die vor allem eine darstellende und performative Sprache betrifft.

Ein wirklicher Subjektbezug der RP wäre gleichbedeutend mit dem Plädoyer für religiöse *Bildung* (→ 19). Das aber heißt: Christliche Tradition muss als Anstoß und Anregung, nicht mehr als Selbstzweck verstanden und angeboten werden. Das impliziert einen grundsätzlich offenen und unkalkulierbaren Ausgang des religiösen Lernens, der allerdings für echte Bildungsprozesse typisch ist. Es widerspricht dem theologischen Bedürfnis nach klarer Identifizierung von Gehalten und nach der Weitergabe des „Eigentlichen", der „Sache selbst" (und ähnliche Formulierungen) – die es so feststehend aber gar nicht *gibt*, sondern die allenfalls Ideale sind, die der eigenen internen Orientierung dienen. Was Christentum bedeutet, wäre theoretisch nur aussagbar, wenn alle, die überhaupt „Interesse am Christentum" (Schleiermacher) haben, ihre Einstellung zusammentragen würden. Die Theologie (und mit ihr die RP) darf aber ruhig das Vertrauen darauf haben, dass sich bei der offen-lebendigen Begegnung mit Religion ihre elementaren Erfahrungen und Gehalte je von selbst herstellen.

Die RP verzeichnet eine schrittweise und fortlaufende Annäherung an die Lebensbedingungen der Menschen. Das kann ein Buchtitel wie „Das Recht des Kindes auf Religion" deutlich machen (Schweitzer 2000, ein Zitat von Richard Kabisch → 2.2). Was aber sind die Erfahrungen der Menschen heute? Welche Fragen haben sie, und wichtiger noch: welche Bedürfnisse und Interessen? Das wird in der RP bisher kaum bearbeitet und noch weniger konzeptionell fruchtbar gemacht. Einzige deutliche Ausnahmen sind das Konzept des „therapeutischen RU" (→ 3.5) und die Religionspsychologie (→ 18.3).

Die RP muss darum in drei Bereichen kompetent sein, die der Auffächerung des Christentums in einen kirchlichen, öffentlichen und privaten Bereich entsprechen (Dietrich Rössler). Zunächst muss sie das Christentum kennen, seine Wurzeln, seine Gehalte und seine Lebensbedeutung; hier ist sie auf die Kooperation mit den anderen theologischen Fächern angewiesen (→ 1.4). Dann muss sie die Erscheinungsformen, Funktionen, Veränderungen und Wirkungsweisen der Religion in der Gegenwart kennen; hier kommt sie nicht ohne Philosophie, Soziologie, Religionswissenschaft, Kulturhermeneutik, Medientheorie usw. aus (→ 14). Schließlich braucht sie eine besondere Kenntnis und Klarheit in ihrer Sicht der Subjekte, also der Menschen und ihrer Denkweisen, Wertvorstellungen, Lebensziele und Lebensumstände heute. Die RP hat bisher nur religiöse „Fragen" (Nipkow ^{4}1992) wie die nach der Existenz Gottes, dem Leid, dem eigenen Tod usw. bearbeitet; höchst bedeutsam und entscheidend für das Verständnis und die Akzeptanz der Religion sind aber die allgemeinen Interessen und Bedürfnisse der Menschen. Hier braucht die RP eine gute Portion psychologisches Wissen und Verstehen.

Damit ist für den Subjektbezug der RP eine zweifache Aufgabe gestellt. Die RP muss zum einen die existenziellen Fragen, Erfahrungen, Bedürfnisse und Sehnsüchte der Menschen wirklich ernst nehmen, und sie zum Ausgangspunkt religiöser Pädagogik machen. In einer Kommunikation, die den Menschen gerecht werden will, müssen sich christliche Glaubenslogik und christliches Lebens- und Weltverstehen organisch, nachvollziehbar und orientierend mit den Einstellungen und Bedürfnissen der Menschen verbinden. Wenn Traditionen heute ihre Selbstverständlichkeit und ihre Verbindlichkeit verloren haben, dann werden sie damit nicht schon wertlos. Die Entwicklung der RP hat gerade gezeigt, dass die Traditionen zwar immer weniger fraglos übernommen, dafür aber als *frag-würdig* befunden werden. Das belegt nicht nur das anhaltende Gespräch über die Symboldidaktik, sondern etwa auch die starke Aufmerksamkeit, die in jüngster Zeit der Rezeptionsästhetik beim Lesen biblischer Texte oder dem christlichen Ritual und der Liturgik zuteil werden. Worauf es entscheidend ankommt ist, dass diese Traditionen subjektiv aufgeschlossen und vermittelt werden. Die christlichen Themen, Einstellungen, Gehalte und Lebensformen werden dadurch zu Medien der persönlichen Bildung – was ihrer Würde keineswegs Abbruch tut.

Zum anderen stellt sich die Aufgabe, religiöse Kompetenzen anzubahnen, wiederum das also, was religiöse Bildung meint. Die funktionalen Bestimmungen der Religion – Kontingenzbewältigung, Lebensdeutung, Orientierung, Lebensfreude – dürfen und sollen bei aller Begrenztheit ernst genommen werden und das Vorgehen der RP bestimmen. Um dieses Ziel zu erreichen, ist allerdings eine religiöse Grundbildung nötig, die Menschen zuallererst sprachfähig macht in religiösen Dingen; dazu sind vor allem eine religiöse Sprache und religiöse Verhaltensformen anzubieten, zu lehren, zu leben und zu kommunizieren. Dies wiederum kann nicht gelingen ohne ein konsequentes Eingehen auf *Lebens*-Fragen; ebenso gut aber kann es immer auch angebahnt werden durch die überzeugende Begegnung mit christlichen Gehalten. Dafür schließlich scheint nicht einmal nur die Möglichkeit der Teilnahme an (öffentlicher) religiöser Praxis der einzige gute Weg zu sein, sondern das Angebot einer privaten Praxis pietatis, d.h. von Formen oder wenigstens von Elementen nachvollziehbarer und lebbarer Spiritualität.

Zusammenfassung

Individualisierung bedeutet Befreiung von alten Zwängen und die Orientierung an den eigenen Bedürfnissen. Autonomie, freie Selbstentfaltung und Erlebnisorientierung sind tragende Selbstverständlichkeiten des modernen Lebens geworden, die durch den materiellen Wohlstand, den Konsummarkt und die Medien bedient werden. Gleichzeitig bedeutet Individualisierung aber auch den Verlust von Hilfen, tendenzielle Vereinsamung und die alleinige Verantwortung für das eigene Leben, die eigenen Entscheidungen, das eigene Scheitern und Unglück. Religion wird zur Privatsache, die nach ihrem „Nutzen" für die eigenen Bedürfnisse, Erlebniswünsche oder den Umgang mit persönlicher Not befragt und ausgewählt wird. Im eigenen Interesse und dem des Christlichen muss sich die RP auf diese neue Situation einlassen.

Literatur: Zu 1: U. Beck 1986, bes. Kapitel IV und V. Zu 2: M. Horx 1987 und 1993. Zu 3: A. Dubach/A.J. Campiche 1993 – NHRPG III.4.2. Zu 4: H.-J. Höhn 1998. Zu 5: H. Luther 1992 – F. Schweitzer 2000 – J. Kunstmann 2010.

16 Jugend und Religion

„Das Lebensthema des Menschen schlägt in der Jugendzeit konzentriert durch: in der Spannung zwischen Sich-Empfangen und Selbstbestimmung, zwischen Bindung und Freiheit ‚man selbst' zu sein." (Fraas [2]1993, 229)

„Der Kernkonflikt der Heranwachsenden erwächst nicht aus dem Leiden, was alles verboten sei, sondern daraus, was alles sie in ihrem Leben zustandebringen sollen. Die Repressionsfrage verschiebt sich zur Sinn- und Motivierungsfrage." (Ziehe in Pädagogik 7–8/1996, 36)

„Wer bin ich?" ist die Frage des Jugendalters. Es ist die grundlegende Lebensfrage nach der eigenen Identität. Sie muss eine Antwort finden, wenn dem Heranwachsenden das Ende seiner kindlichen Abhängigkeiten von den Eltern bewusst wird und die Notwendigkeit, einen eigenen Standpunkt und eine eigene Rolle einzunehmen. Das ist psychologisch nicht denkbar ohne die Abgrenzung von den Eltern, aber auch von alten Autoritäten, Gewohnheiten, Erziehungsidealen usw. – darum auch von der bis dahin gelernten Religion. In einer Options- und Risikogesellschaft (→ 14) mit ihren endlos scheinenden Möglichkeiten und ihren gleichzeitig düsteren Zukunftsaussichten ist das eine schwierige Aufgabe geworden.

Die Individualisierung (→ 15) der Auffassungen, Stile und einer entsprechenden Selbstverantwortung zeigt sich bei den Jugendlichen mit besonderer Auffälligkeit. Sie repräsentieren hier den Trend der allgemeinen Entwicklung. Im Bereich der Religion zeigen sie gravierende Veränderungen. Das rechtfertigt ein eigenes Kapitel als „Herausforderung" für die RP, hat sie doch faktisch vor allem mit Jugendlichen zu tun.

1. Jugend heute

„Seelische Stabilität, Selbstsicherheit, Vertrauen in die eigenen Kräfte und Bewältigungsmöglichkeiten sind ... in heutiger Zeit von größerer Wichtigkeit denn je. Die Auswirkungen unzureichender Bindungssicherheit sind gravierender als sich dies in epidemiologisch zu belegenden Daten ausdrücken läßt. Es sind Begriffe wie Heimatlosigkeit, Bindungslosigkeit, innere Leere, Vereinsamung, Langeweile, Neigung zu Angst- und Panikzuständen und das Fehlen einer eigenen, persönlichen, unverwechselbaren Identität, welche die seelische Situation solcher jungen Individuen kennzeichnen. Durch Alkohol- und Drogenkonsum oder andere Süchte (Magersucht, Eßsucht, Bulimie und selbstverletzende Verhaltensweisen) versuchen sie diesen Gefühlen zu entrinnen bzw. die innere Leere aufzufüllen." (Eggers in Forschung und Lehre 7/2002, 350/352)

Das Jugendalter ist heute, wie das Zitat belegt, nicht nur mit phasentypischen, sondern auch mit gesellschaftlich bedingten Schwierigkeiten konfrontiert, die ihre seelischen Spuren hinterlassen. Die Überlegungen in diesem Kapitel sollen (ebenso wie die beiden vorangehenden) keine ausschließliche Tendenz zum Schlechteren suggerieren. So haben sich z.B. Sensibilität, Authentizitätsgespür und Toleranz verstärkt; Jugendliche leiden heute auch weit weniger unter aggressiven Grabenkriegen mit Eltern und Autoritäten. Die Tendenz der Problemlage ist allerdings auffällig und wichtig für eine genaue Erfassung der Lage. Darum sollen vor allem Schwierigkeiten möglichst pointiert benannt werden.

Die Jugend ist eine historisch neue Lebensphase, die sich etwa seit der Romantik zwischen Kindheit und Erwachsenenalter geschoben hat. Sie beginnt grundsätzlich mit der Pubertät und endet mit dem Eintritt in den Beruf, dehnt sich aber inzwischen immer mehr ins junge Erwachsenenalter hinein aus, was bereits als neue Phase verstanden wird („Adoleszenz"). Die Verschiebung nach hinten ist besonders auffällig beim Heiratsalter, das früher fast immer vor dem 20. Lebensjahr, heute im Durchschnitt knapp beim 30. liegt.

Die Pubertät ist die Zeit der höchsten Belastung in den Familien. Sie gilt als eine Erscheinung, die historisch an das Bürgertum gebunden ist. Bis dahin kannte man eigentlich nur Erwachsene und Kinder, die mit der Geschlechtsreife und der Fähigkeit zur Übernahme einer eigenständigen Arbeit – also spätestens mit 15 – selbst erwachsen wurden. Der Eintritt in Ehe oder Beruf wurde mit Initiationen begangen (Gesellenstreich u.a.), Riten, die weitgehend verloren gegangen sind; darum fehlt den Jugendlichen heute diese Erfahrung der öffentlichen Bekräftigung und der Akzeptanz als Erwachsene, die die Ablösung vom Elternhaus und die Demonstration der Selbständigkeit erleichtern würde. Einen Restbestand hat die Initiation z.B. in der Konfirmation (→ 8.3). Da auch helfende Großeltern oft nicht mehr vor Ort sind, erfolgt die Abgrenzung von der familiären Herkunft und der Schritt zu einer eigenen und selbst verantworteten Identität schleppend und oft sehr zögerlich.

Wer bin ich? Antworten auf die grundlegenden Fragen des Selbstverständnisses sind nicht mehr so leicht zu geben wie früher. Sich in manchen

Lebensbereichen nicht oder nicht sofort zu entscheiden, unklar und undeutlich zu bleiben, ist vielfach zur Überlebensstrategie geworden; unsere Zeit erfordert Flexibilität und schnelle Anpassung, behindert dadurch aber auch das Erreichen fester Identitäten und Strukturen. Überforderungen, Frustrationen und Versagensängste wiegen im Jugendalter besonders schwer, weil die finanziellen Mittel, die Unabhängigkeit und die stabilisierenden Erfahrungen der Erwachsenen fehlen. Deshalb reagieren viele Jugendliche auf Anforderungen mit Rückzug und Verweigerung, aber auch mit der Suche nach starker Empfindung, denn Gefühle entscheiden darüber, welche Entscheidungen jemand trifft und wer er sein will (→ 13.5). Darum lieben Jugendliche laute Musik, „Action" und schnelle Reize.

Viele schließen sich aber auch zu Jugendkulturen zusammen; die Gruppe der Gleichaltrigen und Gleichgesinnten („Peers") erlaubt ein Ausleben dessen, was im Elternhaus oft nicht möglich ist. Jugendkulturen sind durch bestimmte Verhaltensweisen, Stile und Moden gekennzeichnet, die sich zu „Szenen" verdichten können. Es lassen sich folgende Jugendkulturen unterscheiden (vgl. Ferchhoff/Neubauer 1997), die allerdings immer schwerer voneinander abgrenzbar sind und sich in eine Fülle von Untergruppierungen ausdifferenziert haben (vgl. Ferchhoff 2007):

1. Integrierte, *familienorientierte* Jugendliche, die die vorhandenen Kulturmuster schätzen und leben, dabei eine Tendenz zu Harmonie und Bequemlichkeit haben. Nach fast drei Jahrzehnten der Opposition gegen jegliche familiäre und kulturelle Etablierung nimmt diese Gruppe inzwischen zu; in der Werbung tauchen entsprechend wieder Eheringe auf.
2. Die größte und weiter wachsende Gruppe sind konsequente *hedonistische Genießer*, die sich an „fun" und Konsum orientieren und dafür die nötigen Mittel mitbringen. Die Gefahr dieser Gruppe: innere Leere, die durch immer mehr Erlebnis-Befriedigung gestillt wird und dadurch eine Neigung zur Sucht zeigt; außerdem soziale Isolation durch Selbstbezug.
3. *Körperorientierte* Jugendliche, die Sport praktizieren und auf Fitness und gutes Aussehen Wert legen, dabei vorwiegend für den Moment leben.
4. Eine wachsende Gruppe sind auch die *Spirituellen*, die sich an geistigen und religiösen Werten orientieren, dabei durch hohe Selbstbeobachtung, diffuse Sehnsüchte, Neigung zum Grübeln und oft durch mangelnde Vitalität gekennzeichnet sind.
5. Kleiner wird die Gruppe der *kritisch Engagierten* mit ihrer alternativen Verhaltenskultur, die für Umwelt, soziale Gerechtigkeit u.a. eintritt, dabei oft eine Neigung zu Rigidität und Kopflastigkeit hat.
6. Wenige, aber sozial auffällige Jugendliche brauchen rigide Sicherungen, d.h. Identität durch Abgrenzung in verschiedenen Bereichen. Hier lassen

sich vor allem politische und religiöse *Fundamentalisten* (bes. Sekten) zurechnen. Kennzeichen sind soziale Isolation und Selbstbezug.

Auffällig bei heutigen Jugendlichen ist zum einen eine hohe Sensibilität, vor allem im Bezug auf Authentizität und Echtheit, ferner eine hohe Versiertheit im Umgang mit Technik und Medien. Sie sind fast durchgehend sehr tolerant (bisweilen auch gleichgültig gegen andere Positionen), ihr Auftreten wirkt nach außen hin locker und „cool". Sie sind selbständiger, freier und unbefangener als früher. Zugleich sind sie auffällig konsumorientiert, darum prinzipiell „egozentrisch" eingestellt, anspruchsvoll und oft respektlos.

Verwöhntsein, hohe Anspruchshaltung, Spaßsucht und Erlebnisorientierung gehen oft auf Kosten von Verantwortung und Solidarität. Auffällig ist das Nachlassen der äußeren und inneren Disziplin: Konzentrationsschwäche, Lustlosigkeit, mangelnde Motivation, schlaffe Körperhaltung, Passivität und schnelle Frustration nehmen zu; das Bewusstsein für Verhaltensregeln schwindet, Kommunikationsbereitschaft und -fähigkeit (Sprachfähigkeit, Argumentationslust, Zuhören usw.) sind rückläufig. Auch Lese- und Schreibschwäche nehmen stark zu. Auseinandersetzungen werden immer häufiger nicht verbal und argumentativ geführt, sondern mit Neigung zur Gewalt oder durch Rückzug. Hier sind vor allem die Medien (schlechte) Vorbilder. Der Protest der 1970er Jahre hat sich zur *Unlust* als vorherrschendem Kennzeichen verschoben.

2. Veränderungen der jugendlichen Lebenswelt

> „Alles fließt, ist verhandelbar geworden, es gibt keine verbindlichen Vorgaben für die Lebensgestaltung mehr. Den heranwachsenden Jungen und Mädchen fehlen Bindungen und Anbindungen. Gewissheiten und Grenzen, wichtige Voraussetzungen für die persönliche Identitätsfindung, sind weitgehend verschwunden. Welchen Beruf die Jugendlichen ergreifen, mit wem sie wie und wo zusammenleben wollen – alles müssen sie heute selbst entscheiden. Je mehr gesellschaftliche Normen wegfallen, desto mehr müssen sich die Jugendlichen eigene Normen schaffen. Der Leistungszwang, unter dem jeder Einzelne steht, wird stärker." (Kirbach in Die ZEIT 33/2002, Dossier)

Im Leben der Jugendlichen spiegeln sich die gesellschaftlichen Veränderungen brennpunktartig ab; die pluralen Möglichkeiten und die individualisierten Lebensschicksale führen hier zu ungewohnten Freiheiten, aber auch zu größerer Verunsicherung als bei den Erwachsenen, die über mehr Hilfen und Orientierung verfügen.

Komplexe Anforderungen und funktionaler Anpassungsdruck

Pluralisierung und Individualisierung führen zu der Grundeinstellung: „Alles ist möglich" und: „Jeder muss sehen, wo er bleibt". In einer komplexen, kaum noch zu begreifenden Welt wird es immer schwerer, einen eigenen Platz zu finden. Deshalb ziehen sich immer mehr auch ältere Jugendliche ins „Hotel Mama" zurück, in dem sie versorgt sind und für sich bleiben können. Die permanente schnelle Veränderung der Welt und ihre kaum noch überschaubaren Optionen strengen an.

Bereits die Berufswahl wird für viele zu einem hochgradigen Problem: die beruflichen Tätigkeiten ähneln sich immer mehr, zugleich gibt es hunderte von Ausbildungsmöglichkeiten. Was also wählen? Gleichzeitig steigen andere Anforderungen: der schulische Druck ist zu einem Kennzeichen der „Leistungsgesellschaft" geworden, in der ausschließlich beruflicher Status und finanzielles Vermögen zählen. Gutes Aussehen bedeutet einen weiteren Anpassungsdruck. Immer schwieriger wird auch die Partnerfindung, bei der sich die alltäglich gewordene Erfahrung der Instabilität von Beziehungen (→ 5.1) mit oft stark überhöhten Erwartungen kreuzt, die sich als Ventil einer als kälter und unangenehmer werdenden Welt verstehen lassen, für Partnerschaften aber gerade die höchsten Belastungen darstellen.

Verschärft wird die Situation durch das Wissen um die fortschreitende Umweltzerstörung und die hohe Arbeitslosigkeit. Auch gute Prüfungsergebnisse sind heute keine Garantie mehr dafür, Arbeit zu bekommen. Die Selbstläufigkeiten der Ökonomie, die zunehmende Unbeherrschbarkeit und Undurchschaubarkeit der Technik, eine komplizierter werdende und ökonomisch gesteuerte Politik, der Geltungsverlust fester Verhaltensformen und ethischer Verbindlichkeiten, die in allen Lebensbereichen zunehmende Geschwindigkeit und der fast vollständige Verlust der Muße führen vermehrt zu diffusen Ängsten und Ohnmachtsgefühlen. Entscheidende Dinge, die das eigenen Leben beeinflussen, laufen heute unerreichbar über den Köpfen ab.

Der äußere Druck wird verinnerlicht. Auch in der Einstellung der Jugendlichen dominieren immer mehr die Prinzipien von Konkurrenz und Erfolg. Das führt bei vielen zum Gefühl von Überforderung und zum Rückzug auf den privaten Bereich, auf einsame Konsumhaltung und zunehmende Passivität. Isolation, Desinteresse und Frustrierbarkeit nehmen zu. Exzessiver Medienkonsum unterstützt einen zunehmenden Wirklichkeitsverlust; denn die Medien fördern das Sensationelle, Grelle, Auffällige und schaffen eine eigene künstliche Wahrnehmungswelt.

Das technische Denken, das sich an Effizienz, Nutzen, Brauchbarkeit, Leistung und Output orientiert, hat längst auf das persönliche Denken abgefärbt. Das durchgehend verbreitete funktionale Denken und die Erlebnisorientierung, die nach Nutzen und Brauchbarkeit fragen, lassen keine Würde des Gegenstandes, der Situation oder der Person und keinen fraglosen Sinn mehr erkennen. Die „Vernutzung" der Lebenswelt lässt die Welt als kurzlebig und wenig stabil erscheinen. Sie trägt zur Vereinsamung und zum Gefühl einer zunehmenden sozialen Kälte bei.

Materielle Sättigung, die komplexe, „vorgefertigte" und als instabil erlebte Welt, Reizüberflutung und Überangebot des Konsummarktes (der kaum noch Verarbeitungszeiten und -hilfen bereitstellt) und vor allem die wachsende soziale Isolation machen viele Jugendliche zu Einzelkämpfern. Das aber erhöht wiederum den Anpassungsdruck – man möchte ja dazugehören – und führt zu neuen Uniformierungen (Moden, Stilisierungen, Sich-etwas-leisten-Können usw.). Die Medien verstärken mit ihrem starken Einfluss den Trend. Sie lassen zwar durchaus auch sinnvolle Identifizierungen zu, verstärken aber durch ihre schrillen Töne, ihr Tempo und die Schamlosigkeit vieler ihrer Bilder und Themen in kaum abschätzbarer Weise die *Erwartungshaltung* der Jugendlichen, die vom „realen Leben" fast nur noch enttäuscht werden können.

Fehlen von Leitlinien, Hilfen und Begleitung

Jeder kann tun, was er will. Nur: was soll er wollen? Die Konsum- und Freiheitsfrage geht an dieser Stelle nahtlos über in die existenzielle Frage: Was soll ich überhaupt, was soll das alles? Unbeschränkte Freiheit geht also in Hilflosigkeit über. Erlebnisorientierte Konsumhaltung, das Bewusstsein umfassender Relativität (zu allem gibt es Alternativen, alles kann immer auch anders sein) und funktionales Denken kennen keine moralischen und autoritären Verbindlichkeiten mehr, darum auch keine allgemein gültige Orientierung und keine Gewissheiten. Der Wegfall von Tabus und Grenzen lässt ein Gefühl von Desorientierung und von Verschwimmen im Grenzenlosen zurück; die Freiheit des Einzelnen ist mit der Last der Verantwortung für die eigenen Entscheidungen, das eigene Scheitern und Leiden verbunden. Niemand hilft.

Das soziale Miteinander, das früher in einer überschaubaren Dorfgemeinschaft mit festen Regeln bestand, wird nicht mehr *geübt*. Über 50% aller an unseren Amtsgerichten eingereichten Klagen sind inzwischen Nachbarschaftskonflikte. Vor allem die tendenzielle Auflösung und der Funktionswandel der Familie (→ 5.1) machen soziale Nähe für Jugendliche zur Mangelware. Emotionale Vernachlässigung, mangelnde Interessenförderung durch stabile Begleitpersonen, Konflikte und Trennungen der Eltern, vor allem ein Mangel an Zeit, Anerkennung, Erziehung und Grenzziehungen überhaupt lassen die Welt als instabil erscheinen.

Eine besondere Belastung für junge Männer ist in unserer überzivilisierten Welt der Mangel an Formen sinnvoller aggressiver Auseinandersetzung, von Mutproben und Wettbewerbssituationen. Jungen in der Pubertät suchen aber nach Herausforderungen. Nach vollbrachter Emanzipation fehlen ihnen außerdem starke männliche Vorbilder. Mädchen leben inzwischen ihre Erotik offen aus, erwarten von den Jungen aber nach wie vor Initiative und Souveränität, verstärkt auch ein gutes Aussehen. Das verunsichert und überfordert viele junge Männer, für die hier keine Verhaltenssicherheiten mehr zur Verfügung stehen. Mädchen bringen bessere Leistungen; unser Schulsystem benachteiligt die Jungen. Anders als bei Mädchen, die in Krisen dazu neigen, sich selbst zu verletzen und Schmerz zuzufügen, wenden Jungen ihren Frust und ihre Verletztheit als Aggression eher nach außen. Sie berauben Mitschüler, schlagen und treten. Jungen erleiden mehr als doppelt so oft wie Mädchen eine Körperverletzung und werden sogar achtmal häufiger beraubt. Mädchen haben dagegen häufig Probleme beim Einstieg ins Berufsleben. Er fällt ihnen schwerer und kommt später als bei Jungen.

3. Ziele, Vorbilder und Lebensgefühl der Jugendlichen

Die durchgehend sehr hedonistische Orientierung der heutigen Jugendlichen führt zu einem verstärkten Gefühl des Unbefriedigtseins. Auffällig ist zugleich ein „ausgesprochener Souveränitätswille und Autonomieanspruch, dem sich ‚von außen' angesonnene Erwartungen grundsätzlich zunächst einmal unterwerfen müssen". (Mette 2006, 20) Die 13. Shell-Jugend-Studie (Dt. Shell 2000) zeigt einen deutlichen und fast vollständigen Wegfall von Ideologien und großen Welt-Erklärungskonzepten. Das politische Interesse wird geringer. Jugendliche sind auf Abstand zu den gesellschaftlichen und religiösen Institutionen gegangen. Es gibt auch mit der Elterngeneration kaum noch Kampf und aktive Auseinandersetzung. Statt dessen herrscht ein starker Pragmatismus, dem Beruf und Familiengründung vorrangig wichtig sind. Die Zuversichtlichkeit unter den Jugendlichen steigt wieder etwas an, ist allerdings stark vom Bildungsniveau abhängig; für Hauptschulabgänger zwischen 18 und 21 Jahren gilt das nur zu 10%!

Die Shell-Studie listet als wichtigste Lebensziele der Jugendlichen auf: 1. eigene Fähigkeiten entfalten, 2. das Leben genießen, 3. frei und unabhängig sein, tun können was man will, 4. durchsetzungsfähig sein, 5. sich selbst verwirklichen – ein sehr deutlicher Spiegel der Individualisierung mit ihrem Selbstbezug. Am wichtigsten ist das private Umfeld. Die anderen kommen inzwischen immer mehr mittelbar, d.h. als Zuträger und Partner von Erlebnissen in den Blick. Dennoch steht die Selbstverwirklichung, die auch zum unhintergehbaren *Erfordernis* geworden ist, nicht mehr im Widerspruch zu einer altruistischen Einstellung. Schließlich zeigt sich ein neues Stadium des Wertewandels: nicht mehr ethische Inhalte stehen in Frage, sondern deren Gültigkeit, Passung und Reichweite, d.h. also ihr unmittelbarer Lebensbezug. Hier zeigt sich, ähnlich wie bei der Religion, eine *funktionale* Einschätzung der Werte (→ 15.4).

Pubertierende von heute setzen wieder auf traditionelle Tugenden wie Pflichtbewusstsein oder Hilfsbereitschaft – allerdings im Sinne von Erwartungen, die selbst oft nicht eingelöst werden. Sie wollen das Leben genießen. Die einstige Hoffnung ihrer Eltern, die gesellschaftlichen Verhältnisse verändern zu können, ist bei den Jugendlichen heute einer pragmatischen Haltung gewichen: Sie ergreifen die Chancen zur Selbstverwirklichung und engagieren sich nur noch im persönlichen Umfeld.

Die Funktion der *Vorbilder* hat sich für Jugendliche kaum verändert: sie dienen nach wie vor der Orientierung und Identitätsfindung. Stark verändert hat sich allerdings ihre Auswahl und Übernahme, die heute nach emotionalen und stilistischen Kriterien erfolgt. Früher waren Vorbilder vor allem persönliche und öffentliche Autoritäten: Könige, Väter, historische Figuren wie Feldherren oder Abenteurer usw. Heute werden Vorbilder nach privaten Interessen bestimmt: Vorbilder sind vor allem die Eltern, die Nestwärme und Zugehörigkeit verbürgen bzw. verbürgen *sollen*, aber auch Figuren aus den Medien, vorwiegend Stars der Popmusikszene. Sie verkörpern Reichtum, Ansehen und Selbstsicherheit. Vorbilder sind nicht mehr Menschen, die die Welt bewegen, sondern die für die eigene Selbstdarstellung attraktiv sind.

Vorbilder werden also aus dem familiären Nahbereich und aus den Medien gewählt, nur selten aus der Religion. Sie sind stark *individualisiert* – denn sie haben kaum moralische Funktion, und entgegen der vorherrschenden Meinung ist auch „Glaubwürdigkeit" kaum besonders attraktiv. Authentizität (man selbst sein, selbstbewusst auftreten, usw.) wird vorausgesetzt. Was aber vorwiegend interessiert, ist die pragmatische Übernehmbarkeit ins eigene Leben. Vorbilder dienen also nicht mehr als Repräsentanten kollektiver Werthaltungen, Handlungsmuster, moralischer, ethischer oder weltanschaulicher Standards und Verbindlichkeiten, sondern der konkreten privaten Lebensbewältigung. Darum sind vor allem Stilisierungen, Formen des Auftretens und des Ausdrucks, Zugehörigkeitsmotive und Gefühlserzeugungen attraktiv.

Das Lebensgefühl der Jugendlichen ist nur schwer pauschal auf einen Nenner zu bringen, lässt sich jedoch durch Selbstaussagen und äußerlich wahrnehmbares Verhalten rekonstruieren. Seine hervorstechendsten Kennzeichen sind ein stark angewachsenes Autonomie-Bewusstsein und die Versorgung mit Geld, Sicherheit und Möglichkeiten auf der einen Seite, zunehmender äußerer und innerer Leistungs- und Anpassungsdruck, Vereinsamung, Labilität und Unlustgefühle auf der anderen. Freudlosigkeit, geneigte Körperhaltung und verschlossene Gesichter zeigen, dass die psychischen Belastungen unter heutigen Jugendlichen hoch sind. Sie sind vor allem durch Ausbildung und abwesende Eltern bedingt. „Von den 12–17-jährigen Schülern nehmen 32 Prozent einmal pro Woche Medikamente gegen Streß ... 59 Prozent der 17–21-jährigen fühlen sich manchmal oder häufig überfordert, 64 Prozent angespannt, 68 Prozent erschöpft und 54 Prozent traurig oder unzufrieden, wobei ... bei dieser Altersgruppe die schulischen und beruflichen Anforderungen die häufigste und die Beziehungsprobleme mit Eltern die zweithäufigste Ursache von Belastungen bilden." (Grom 169) Eine erschreckende Statistik!

Selbstverletzungen sind ein Trend, der sich vor allem unter Jugendlichen fast epidemisch verbreitet. Offenbar sind sie besonders anfällig für das Leiden an der wachsenden Empfindungslosigkeit, das sich aus der Abnahme von verlässlichen Bindungen und der Zunahme von äußeren Reizen erklären lässt (→ 15.1). Das Fehlen von sozialer Wärme und Nähe, geringes Geborgenheitsgefühl, hohe materielle Ausstattung, Medien- und Warenkonsum und Bewegungsmangel führen zu mangelndem Selbstwertgefühl und geringer Lebensenergie. Auf der einen Seite verstärken sie Apathie, Flucht- und Suchthaltungen; das Ritzen löst allmählich die Essstörungen ab (beides ist wesentlich häufiger bei Mädchen);

> „L. nimmt Glasscherben, die sie meistens von Flaschenhälsen abgeschlagen hat. Weil sie ritzt, trägt sie auch im Hochsommer langärmelige Sweatshirts, unter denen sie ihre vielen Narben versteckt. ‚Wenn ich mit meiner Glasscherbe dasitze, bin ich irgendwie weg', sagt sie. Wenn sie dann zum Schnitt ansetzt und das Blut hervorquillt, ‚löst ein äußerer Schmerz für einen Moment den inneren ab'. Den inneren Schmerz? ‚Ja, ich habe oft so ein Gefühl, erdrückt zu werden. Es erdrückt mich.' Die Schnitte helfen den Betroffenen, unerträgliche Gefühle und Gedanken zu verscheuchen. Spüren können die jungen Mädchen sich erst wieder, wenn sie ihr Grenzorgan, die Haut, fühlen." (Kirbach in Die ZEIT, Dossier, 33/2002; Auszüge)

Sucht ist verbreitet: Rauchen, Alkoholkonsum, Magersucht, Fettleibigkeit (durch Fast-Food, fehlende Sorge für angemessene Ernährung, dafür Ausstattung mit Geld). Die dadurch ausgelösten Frustrationen verstärken die Sucht. Auf der anderen Seite schwächen sie das ohnehin labile Selbstwertgefühl. Ein Alarmzeichen dafür ist auch die wachsende Depressivität. Die Chance, im Leben an einer schweren Depression zu erkranken, hat sich bei Jugendlichen in den letzten zehn Jahren verdreifacht.

4. Narzisstische Sozialisation

Bei Jugendlichen fällt ein hohes Maß an Selbstbespiegelung auf. Das zeigt sich nicht nur im dauernden Nachdenken über sich selbst, sondern z.B. auch darin, dass sie Versäumnisse nicht mehr als eigene Schuld einschätzen, sondern etwa mit einer schlechten Betreuung durch die eigenen Eltern „entschuldigen". Die permanent lauernden Fragen „Wie bin ich ‚drauf'?" oder „Bin ich eigentlich motiviert?" zeigen Feinfühligkeit und eine stark angewachsene Innenaufmerksamkeit, zugleich aber auch hohe Stimmungsabhängigkeit und Labilität. Das verbreitete „Coolsein" verdeckt eine hohe Verletzlichkeit, die nicht mehr durch innere Stabilität, Disziplin und Selbstvertrauen abgefedert wird. Starke Harmoniebedürfnisse und innere Leere sind die Folgen.

Soziale Wärme, Geborgenheit und Verbindlichkeit fehlen im selben Maße, wie die Sehnsucht nach Anerkennung und Liebe steigt und oft zu übersteigerten Wunschphantasien wird. Immer mehr Jugendliche haben in allernächster Nähe von Paaren das Gefühl, selbst in Dunkelheit und Kälte zu stehen, während sie diese Paare in Wärme und Licht sehen. Diese Sicht verstärkt das Gefühl von Hilflosigkeit, Misserfolg und Ohnmacht, das bereits durch den äußeren Leistungs- und Anpassungsdruck bedingt ist. Sie führen zu einem „narzisstischen" Kreisen um sich selbst. Bin ich schön, erfolgreich, souverän genug? In diesen Fragen spiegeln sich die gesellschaftlichen Veränderungen; vor allem: der Verlust fragloser Anerkennung und Würde. Mangelndes Selbstwertgefühl scheint das psychische Grundmerkmal einer ganzen Generation von Jugendlichen zu sein. Es kann sich in Rückzug und Verweigerung ebenso ausdrücken wie in überzogenem Ehrgeiz, Unruhe und innerer Anspannung.

Der Begriff *Narzissmus* ist vom deutsch-amerikanischen Psychoanalytiker Heinz Kohut zu einer faszinierenden und höchst aktuellen Theorie ausgebaut worden. Kohut geht davon aus, dass das Grundproblem des Menschseins nicht wie Freud annahm die Triebregulierung ist, sondern die *narzisstische Befriedigung*. Neben der „libido" (Trieb-Energie) steht die „narzisstische Energie", die nicht auf das „Ich", sondern auf das eigene *Selbst* gerichtet ist. Grundlage für alle Entwicklung ist demnach der Aufbau eines gesunden Selbstwertgefühls, was durch Gehaltenwerden, psychisch stabile Eltern, Liebe, Anerkennung usw. geschieht. Fehlentwicklungen stellen sich ein, wenn der sinnvolle „primäre Narzissmus" des Säuglings (das unbewusste Wissen um uneingeschränkte Versorgung und Wohlbefinden durch die Mutter) zu sehr verlängert wird, oder wenn das Selbstwertgefühl des kleinen Kindes nicht gefördert oder beschädigt wird. Fehlt die „narzisstische Zufuhr", kann es zu einer Selbstschwäche kommen, die sich in Labilität, erhöhter Bedürftigkeit, Anspruchshaltung oder verzerrten Verehrungshaltungen ausdrückt. Kohut unterscheidet hier zwei Grund-Fehlformen: das „Grandiose Selbst", das (im Selbst-Bezug) durch aufgeblähtes Verhalten und Angeberei auffällt und im Extremfall zur Hypochondrie und zu Allmachtsphantasien führen kann; und die „Idealisierte Eltern-Imago", die (im Außen-Bezug) zur Idealisierung und überzogenen Verehrung von Bezugspersonen neigt und im Extremfall zur blinden Gläubigkeit gegenüber Führern, Stars und Gurus, aber auch zum Verfolgungswahn führen kann.

Die Heilung von der narzisstischen Verletzung führt dazu, dass die narzistischen Energien wieder der Selbststärke, den eigenen Kompetenzen (Kreativität, Ehrgeiz usw.) und der Achtung vor der Wirklichkeit zugeführt werden. In seiner reifen Form ist der Mensch nach innen dann fähig zu Selbstachtung und Selbstvertrauen, nach außen zur Begeisterung und zur reifen Bewunderung anderer.

Der Soziologe Thomas Ziehe hat in diesen Mechanismen erstmals die psychischen Bedingungen für das Heranwachsen einer ganzen Generation gesehen und von einer „narzisstischen Sozialisation" als „neuem Sozialisationstyp" gesprochen (Ziehe 1975). Zur Kennzeichnung der Auffassungen und des Lebensgefühls der Jugendlichen scheint eine ausführliche Darstellung sinnvoll, wie sie Hans-Jürgen Fraas vorgelegt hat, und die auch die religiösen Implikationen der narzisstischen Sozialisation aufzeigt:

„Zur Beschreibung dieses Wandels ist die Unterscheidung zwischen dem *ödipalen* und dem *narzißtischen Sozialisationstyp* hilfreich.

Im Normalfall bietet der *ödipale Sozialisationstyp* das Grundmodell der autonomen Persönlichkeit, des Menschen, der Selbstbewußtsein und Selbstverantwortung gelernt hat, Verantwortung zu übernehmen bereit ist und in Partnerschaft dem anderen begegnet. Dieser Typ ist gekennzeichnet durch ein klares Ordnungsgefüge: Der Mensch gewinnt schon als Kind seinen festen Platz, lernt in der Auseinandersetzung mit Geschwistern und auch mit der väterlichen Autorität sein Ich zu stärken, Verantwortung zu übernehmen, Verzicht zu leisten, sich zu beherrschen.

Er ist auf eine patriarchale Gesellschaftsordnung bezogen Er entspricht in religiöser Hinsicht dem Theismus mit den Problemkreisen von Sünde, Schuld und Vergebung.

Der *narzißtische Sozialisationstyp* ist mehr mutterorientiert, steht im Zeichen eher mangelnder Differenz [d.h. der Einheitssehnsucht], kreist um die Probleme der Geborgenheit bzw. Harmonie, zeigt bei Übersteigerung depressive Züge, neigt religiös zu holistischem [= ganzheitlichem] Denken, zur Mystik. Er macht den Menschen nicht entscheidungs- und widerstandsfähig, und bereitet nicht auf die Pluralismusfähigkeit vor.

> Narzißtische Haltungen entstehen durch Übersteigerung kindlicher Größenphantasien [oder] ein überhöhtes Ichideal. Diese Größenphantasien werden durch die Verwöhnungstendenz der Eltern genährt. Der narzißtische Typ ist verbunden mit Idealen der antiautoritären Erziehung, nach denen der eigene Wille alle Freiheit erhält (das Allmachtsgefühl festgeschrieben wird), dem Menschen Widersprüche, Herausforderungen, Versagungen „erspart" werden, ein klares „Ja" oder „Nein" in der Erziehung vermieden wird.
>
> Dieser Typ steht im Extremfall in der Gefahr des Indifferentismus [= Gleichgültigkeit] als der nunmehr vorherrschenden Bekenntnis-Haltung, deren Bekenntnis darin bestünde, kein Bekenntnis zu haben, sondern die Dinge in der Schwebe zu halten. Auf der einen Seite besteht die Gefahr der Intoleranz, auf der anderen die des Absinkens des geistigen Standards auf ein Mittelmaß." (Fraas in Schreiner 1999, 56f. Hervorh. v. Verf.)

Diese sehr genaue Beschreibung zeigt, dass die Individualisierung in aller Regel gerade keine wirkliche *Individuation* (d.h. Selbst-Werdung) ist; eher gibt sie eine Illusion von Autonomie vor, die mit hohem Aufwand aufrecht erhalten wird, auf Grund der neuen Uniformierungen und des allgegenwärtigen Drucks aber immer schwerer erreichbar scheint.

Enttäuschung wird unter diesen Bedingungen zunehmend als persönliche Kränkung erlebt. Die Folge ist Depressivität oder narzisstische Wut, die sich ansammeln und unvorhergesehen explodieren kann. Der Psychoanalytiker Wolfgang Schmidbauer spricht darum vom „explosiven Narzissmus", der lange unbemerkt bleiben und in blinde Zerstörung ausarten kann. Diese richtet sich dann nicht nur gegen den Auslöser der Enttäuschung (das kann die ganze Gesellschaft, die Welt sein), sondern zugleich auch gegen sich selbst: als Wut über die eigene Verletzlichkeit. Narzisstische Wut ist ebenso wie Selbsttötungsabsicht oft sehr lange als (meist leider sehr schwer erkennbares) Zeichen der Zuwendungssehnsucht vorhanden, das verstanden werden will. Als Gegenmittel wirken vor allem Kreativität, zu der allerdings angeleitet werden und Ressourcen vorhanden sein müssen; ferner Humor, der aber in der Jugend oft noch nicht verfügbar ist.

Die narzisstische Diagnose ist hilfreich zur Einschätzung der Jugendlichen. Sie ist mit der herkömmlichen christlichen Kultur kaum vermittelbar! Aus dieser Perspektive wird noch einmal deutlicher, warum die Zugangsschwellen zum Gottesdienst als hoch, Sprache und Themen der Religion als lebensfremd und die Logik der alten bürgerlich-kirchlichen Kultur als autoritär erfahren werden. Die RP sollte darum weniger die Verbesserung klassischer Themen betreiben, sondern zunächst diesen neuen Sozialisationstyp, seine Denkstrukturen, Gefühle und Lebensgewohnheiten genau kennen.

Schließlich wird sie die christliche Religion nicht im alten rechtlichen Verstehens-Schema (→ 15.5) anbieten können, sondern eher in ihren unmittelbar plausiblen und lebensbezogenen ästhetischen Ausdrucks- und Vollzugsgestalten (→ 20).

5. Existenzielle Fragen und religiöse Einstellungen

Existenzfragen

> „ich will nicht wollen / Ich möchte / in mir eine Schleuse öffnen / und ausfliessen. / Ich möchte / Die Enge des Lebens sprengen, / ehe ich ersticke. / Ich will nicht mehr fühlen, / weder lachen noch weinen, / nicht zittern vor Freude / noch vor Furcht / ... / überall Ketten / Ich selber" (Zit. in Kappeler ²1981, 251)

Dieses Gedicht einer Jugendlichen zeigt eine große Sehnsucht nach Verbindung mit dem Leben, zugleich aber das Gefühl von Überforderung. Der Wunsch nach Hingabe steht im Widerspruch zur Angst vor Gefühlen, wohl auch vor Verletzlichkeit; das eigene Ich wird als Gefängnis erlebt. Die Individualisierung (→ 15) lässt die Lebensfragen immer mehr ohne Antworten und macht die Suche nach Sinn zu einem der größten Bedürfnisse von Jugendlichen heute. Diese Suche wird durch zwei Faktoren erschwert: zum einen lassen sich Jugendliche kaum noch von anderen sagen oder gar vorschreiben, wie sie ihr Leben zu meistern hätten. Zum anderen fehlen Sprache und Ausdrucksfähigkeit für die Lebensfragen.

Die Shell-Studie „Jugend 2000" (Dt. Shell 2000; hier wird, wenn auch methodisch fragwürdig, erstmals die Religion einbezogen) zeigt, dass bereits ein Viertel aller deutschen Jugendlichen ohne kirchliches Bekenntnis ist, im Westen 13%, im Osten sogar 80%; 6% von ihnen gehören dem Islam an. Das Gebet wird von einem Drittel praktiziert, Gottesdienstbesuch von weniger als einem Sechstel; Gottesdienst und Gebet sind „Praktiken von kleinen Minderheiten" geworden. Eine engere Bindung zur Kirche gibt es nur bei einem sehr kleinen Teil. Die deutlichste, allerdings wenig artikulierte Fragerichtung zielt auf das eigene Selbstwertgefühl, auf Anerkennung durch andere und auf Zugehörigkeit, d.h. auf seelische Heimat. Das Erleben von Glück stellt die stärkste Lebenserwartung dar. Es ist die Generation der Sinnsucher: Die große offene Frage hinter allem ist die nach dem Sinn des Tuns und des Lebens überhaupt, die meist eine unausgesprochene, diffuse Frage und Sehnsucht bleibt.

In der Gesellschaft lassen sich freilich immer mehr Strategien der „Sinnvermeidung" ausmachen; Konsum, exzessive Arbeit, teure Erholungsprogramme usw. drängen existenzielle Fragen nach Tod, Leid, Sinn, Glück, Liebe, Gerechtigkeit, Erfüllung usw. in die private Sphäre ab, wo sie wenig Hilfen und Orientierung finden.

Trotz der durchgehenden Konsumorientierung erwarten die Jugendlichen in dieser inzwischen kaum noch eine echte Erfüllung; hier sind sie realistischer geworden als viele Erwachsene. Natürlich wird sie auch da gesucht, ferner vor allem in Selbststilisierungen durch das besondere „Outfit", durch Piercing und Tätowierungen, im coolen Auftreten, und immer wieder in besonderen Erlebnissen. Dafür dienen vor allem die Medien, die Vorbilder im Auftreten und in Stilisierungen liefern und dichte Erlebnisse anbieten. Jugendzeitschriften und Comics sind inzwischen stark rückläufig, immer mehr werden Fernsehen und Computer mit ihren virtuellen Räumen genutzt (Chats, virtuelle Spiele, online-Dienste usw.). Für ihre Fragen finden Jugendliche vor allem in der Popmusik und im Kinofilm einen Spiegel ihres Lebensgefühls. Im Film haben sich zu den alten Erlösungsmythen und Rettergestalten inzwischen auch anspruchsvolle Auseinandersetzungen mit existenziellen Themen gesellt, etwa zum Sinn von Ritual und Opfer, zur Frage nach der unbedingten Liebe usw. (→ 14.4)

Religiöse Einstellung und religiöses Interesse

> „Die Identitätssuche Jugendlicher in der modernen Gesellschaft ist komplex und vollzieht sich in vielfältigen Realisierungsformen des Jugendalters. Gegenüber den Vorgaben gesellschaftlicher Institutionen und Traditionen wird weithin der Subjektstatus in Anspruch genommen. Für das, was in ihrem Leben Sinn ausmacht, wollen die Jugendlichen selbst Verantwortung übernehmen. Von diesen allgemeinen Merkmalen des Jugendalters sind auch die religiösen Einstellungen betroffen ... Bezeichnend für das Jugendalter ist die Suche nach dem *eigenen Glauben*." (Baumann in NHRPG 199)

Es ist nicht mehr die etablierte Religion, die Jugendliche für ihre eigene Sinnsuche befragen. Bei ihnen zeigt sich der religiöse Traditions- und Bindungsverlust am deutlichsten. „In der gegenwärtigen Jugendkultur stellen Kirche und Christentum nur noch für eine verschwindende Minderheit eine bedeutungsvolle Größe dar." (Mette 2006, 182) Religion gilt als Privatsache und ist kaum noch Gesprächsthema. Private Überzeugungen rangieren auch bei religiösem Interesse eindeutig weit vor dogmatischen und kirchlichen Lehren. Wo eine christliche Sozialisation noch stattfindet, wird die Pubertät meist zur biographischen „Einbruchstelle". „Insgesamt haben wir eine Entwicklung hinter uns, die den Kirchen wenig Chancen beläßt, unter den derzeitigen Bedingungen und in den bisherigen Formen Einfluß auf die junge Generation zu gewinnen" (Dt. Shell 2000, Bd. 1, 21).

Als religiös bezeichnen sich nur ein Fünftel aller Jugendlichen, eine sehr große Gruppe antwortet unentschieden. Durch den Rückgang religiöser Kommunikation in der Öffentlichkeit, den Verlust ihrer Verbindlichkeit und ihrer Selbstverständlichkeit (→ 14.2), ist es inzwischen zu einem weitgehenden Ausfall religiösen Wissens, religiöser Praxis und religiöser Artikulationsfähigkeit gekommen. Konfessionelle Grenzen zwischen katholisch und evangelisch sind kaum noch feststellbar. Begriffe wie Papst, Luther, Offenbarung, Weihnachten oder Pfingsten können die meisten nicht mehr zuordnen. Die Rede von „Sünde" ist kaum noch verstehbar.

Die für die Jugend typische Identitätssuche bedingt eine Abwehr von dem, was die Eltern überliefert haben. Auf der Suche nach Antworten und Lebenskonzepten *in sich selbst* stößt man auf Fragen, Bedürfnisse, Sehnsüchte, nicht mehr aber auf religiös Tragfähiges. Religiöse Entwicklung ist entscheidend auf übernehmbare Vorgaben angewiesen – das aber widerspricht dem Streben nach Autonomie und alleiniger Selbst-Verantwortung. Wo religiöse Identifikation stattfindet, zeigt sich eher eine „Exodus-Religion" (Ingo Reuter), die sich als eigenständig versteht und nicht als Vergewisserung im Althergebrachten.

Zweifel und Unsicherheit sind verbreitet. Ist die religiöse Überlieferung glaubwürdig? Was ist beweisbar? Widerspricht das Gebet nicht der Kausalität? Widerspricht nicht die Naturwissenschaft dem Glauben? Religion ist unübersichtlich und perspektivenabhängig geworden. Religiös sein, Christ sein, in die Kirche gehen, glauben und an Gott glauben sind unterschiedliche, nicht mehr von vornherein zusammengehörige Einstellungsmöglichkeiten geworden. Die Auffassung, alles sei relativ, wird durch die multireligiöse Präsenz (Islam und Buddhismus im eigenen Land) und die Medien verstärkt, vor allem aber durch den Ausfall nachvollziehbarer religiöser Praxis und den Verlust religiöser Erfahrung. Religion lebt als Frage, Suche und diffuse Sehnsucht fort.

Die erhellende und ausgezeichnet ausgewertete empirische Studie „Gesucht wird: Gott?" von Holger Oertel (2004), die in der Sekundarstufe II durchgeführt wurde, zeigt neben erheblicher Kirchen- und Dogmendistanz eine durchgehend materialistisch-positivistische, an der Naturwissenschaft orientierte Grundeinstellung der Jugendlichen. Religion gilt durchaus als interessant, das Christentum jedoch wird als eine geradezu mittelalterliche magisch-naive Illusion eingeschätzt.

Dennoch gibt es unter Jugendlichen *religiöses Interesse*, das zwar nicht als zentral bedeutsam, aber auch nicht als unwichtig gilt. Religion wird kaum noch generell abgelehnt wie in den 1970er Jahren, sondern mit Neugier betrachtet. Religiöse Einstellungen können durchaus faszinieren und bewundert werden – sie bleiben aber die von anderen (nach dem Motto: „Schön für dich"!) und werden nicht leicht übernommen. Auch der Okkultismus ist ein Neugierthema und faktisch wenig verbreitet. Die Orientierung an Religion geschieht, vergleichbar dem gesellschaftlichen Trend, an der eigenen Person und am Erleben. „Glaube wird zunehmend als etwas verstanden, was die Menschen selbst ‚herstellen' müssen" (Ziebertz in Hilger u.a. 2001, 83). So lässt sich das deutliche Interesse an Spiritualität verstehen. Religiös attraktiv sind freilassende atmosphärische Erfahrungen, wie sie etwa an Kirchentagen gemacht werden können.

Dieser Religiosität ist nicht mehr mit Belehrung zu entsprechen. Gleichzeitig braucht sie aber das Angebot klar erkennbarer und auf das eigene Leben beziehbarer religiöser Gehalte, Orte und Abläufe und eine respektvolle Begleitung, die den jugendlichen Autonomieanspruch nicht kritisiert, sondern stärkt und ihm zu echtem Selbstwertgefühl verhilft. Das freilich setzt bei den Lehrenden eigene Stabilität und strukturierte religiöse Erfahrung voraus.

Gottesvorstellungen

> „Also ich weiß nicht, ob man den eben als Person ansehen kann, daß er irgendwie zu Leuten gesprochen hat und so, weil das eben aus der alten Zeit ist, weil die das eben so empfunden haben. Und das ist ja auch so, daß das übertragen ist und der Vorstellung der Menschen entsprochen hat. Ja und also, da ich das halt erkannt hab, es ist halt einfach so überall das Gute, oder auch alles, was nicht böse ist, oder auch überhaupt alles, denn das mit Gut und Böse ist ja nochmal die Frage." (Zit. in Schwab in Schreiner 1999, 89; Auszüge)

> „Einmal im Traum ihn sprechen hören. / Wissen wie's wirklich war. / Trotz allem ist Gott eine schöne Erfindung, an die man sich hält. / Die Angst, nicht an ihn zu glauben!" (Zit. in Nipkow [4]1992, 70; letzter Satz in großer Schrift)

Die Zitate von Jugendlichen zeigen den mit Sehnsucht untermischten Zweifel an einem persönlichen Gott. Viele haben eine Gottesvorstellung; sie gehen aber recht vage davon aus, dass es „jemanden" geben muss, der alles gemacht hat oder vermuten „ein größeres Ganzes" hinter allem. Gott ist vor allem ein Gefühl (Kuld 2001, 63), steht aber weitgehend unter dem Verdacht der Fiktionalität. Dennoch wird bei Schwierigkeiten häufig gebetet. Nur bei wenigen ist noch die christliche Vorstellung eines persönlichen Gottes vorhanden, der sich in Christus offenbart hat.

Karl-Ernst Nipkow hat diese Einschätzung zu dem Buchtitel „Erwachsenwerden ohne Gott?" geführt (1987, [5]1997). Die häufigsten religiösen Fragen, so Nipkow, kreisen um Gott und zeigen eine individualisierte Suche nach eigenem Glauben (ebd. 43ff.):

1. Die Theodizee-Frage nach dem Leid, dem Sinn und Gottes fehlendem Eingreifen, darum die Frage nach seiner Gerechtigkeit. Ist Gott Garant des Guten? Hilft Gott? Hilft er *mir*, wenn ich ihn brauche?
2. Die Frage nach Schöpfung und Evolution. Hat Gott die Welt geschaffen? Wie ist das Verhältnis von Theologie und Naturwissenschaft? Wo kommt alles her? Wo komme *ich* her? Was geschieht mit mir nach dem Tod?
3. Die Frage nach Gott selbst. Existiert Gott? Ist Gott nur ein Wort, ein Symbol, eine Hypothese, eine Einbildung, gab es ihn nur früher?
4. Die Frage nach der Glaubwürdigkeit der Kirche und ihrer Überlieferung von Gott. War Gott in Jesus, am Kreuz und in seiner Auferstehung? Wie ist das zu denken? Hat Jesus wirklich gelebt?

Die Fragen nach Gott, mit denen Jugendliche in der Regel allein gelassen werden, sind für viele „von der biblisch-christlichen Überlieferung abgekoppelt." (ebd. 9) „Gott wird unter dem Gesichtspunkt begriffen, was er in umfassender Weise persönlich *bedeutet*." (ebd. 68) Auch hier zeigt sich die funktionale Fragerichtung: was hilft, was nützt mir Gottesglaube?

Bedeutungen sind allerdings nur sehr begrenzt kognitiv vermittelbar, sie leben von Eindrücken und Erfahrungen. Darum können die aufgelisteten Fragen kaum mit Antworten gestillt werden, und auch nicht mit problemorientierten Diskussionen; sie brauchen Erfahrungen. Natürlich ist es schwer, im Jugendalter aufzuholen, was in der familiären Erziehung nicht grundgelegt wurde. Dennoch kann das Gebet – das für die meisten nach wie vor sinnvoll erscheint und praktiziert wird – ein Anknüpfungspunkt für die RP sein, über Vorstellungen und Erfahrungen mit Gott mit Jugendlichen ins Gespräch zu kommen. Sie setzt eine eigene reflektierte Gottesvorstellung voraus, die es nicht nötig hat, belehren zu wollen. Möglicherweise kann dann auch der Versuch gemacht werden, die christliche Urerfahrung zu kommunizieren: das „Gesicht" und die Erscheinung Gottes in Jesus Christus. Auch sie will als Erfahrungsangebot kommuniziert werden, um den Bedeutungsbezug zum eigenen Leben mit seinen Fragen und Bedürfnissen offen zu halten.

Zusammenfassung

In der Jugend bricht die Frage nach der eigenen Identität auf, nach dem Ich und seinen Rollen und nach dem Lebensziel. In einer Zeit, in der alles möglich erscheint, feste Grenzen, Konturen und Zuwendung aber immer mehr fehlen, wird die Antwort auf diese Frage schwieriger. Leistungsanforderungen, Stilisierungszwänge und eine als instabil und bedrohlich erlebte Welt erhöhen den psychischen Druck und führen zu einer narzisstischen Haltung, die sich in Unlust, Freudlosigkeit, hoher Anspruchshaltung, Sehnsucht nach Anerkennung und seelischer Labilität ausdrückt. Religion wird zwar nicht abgelehnt, aber mit erheblicher Skepsis betrachtet, oft aber auch mit Neugier. Christliche und kirchliche Einstellungen finden sich nur noch bei einer Minderheit.

Literatur: Zu 1: W. Ferchhoff 2007, bes. 174ff. – B. Grom ^{5}2000, 265–279. Zu 2 und 3: Deutsche Shell 2000. Zu 4: T. Ziehe 1975 – H.J. Roth 1990. Zu 5: H. Oertel 2004 – L. Kuld 2001 – B. Grom ^{5}2000, 115–230 – NHRPG 4.6, 2.2, 2.5, 3.2 – K.-E. Nipkow ^{5}1997.

Perspektiven

17 Religion und Kultur

> „Neue Probleme, die noch nicht ausdiskutiert sind, betreffen das Verhältnis von Religion und Bildung, Kultur und Religion, die ökumenische Kooperation, das interreligiöse Lernen, ... das Gespräch zwischen Religionspädagogik und Phänomenologie ... Wichtig ist auch die interessante Diskussion um eine Religionspädagogik als ‚Wahrnehmungslehre'." (Wegenast in NHRPG 43)

Mit den Begriffen Kultur, Phänomenologie und Wahrnehmung spielt Klaus Wegenast in seiner Bilanzierung neuer Aufgaben für die RP gleich dreimal auf ein genaues Betrachten der Erscheinungsweisen von Religion an. Er zieht damit die klare Konsequenz aus dem heute durchgehend verbreiteten induktiven Denken, das nicht mehr an feste, vorausliegende Wahrheiten glaubt, sondern in allen Lebensbereichen von der Notwendigkeit von eigenständigem Suchen und Finden überzeugt ist. Für die religiöse Didaktik wurde daraus bereits gefolgert, dass sie Erschließungswege für eigene Erfahrungen anbieten muss (→ 13.6). Religion suchen die Menschen heute nicht mehr ausschließlich in den Kirchen oder den etablierten Religionen, sondern prinzipiell überall. Die RP muss darum eine genaue Wahrnehmung haben für alle Formen von religiösen Gehalten, deren Phänomene sich im gesamten Bereich der menschlichen Kultur zeigen können. Wie also hängen Religion und Kultur zusammen? Wie lässt sich Religion in der Kultur wahrnehmen, und wie lässt sich herausfinden, wie die Menschen sie wahrnehmen?

1. Religion

Begriff und Situation

> „Religion ist die im Horizont des Unbedingten sich auslegende humane Selbstdeutung, die zugleich den transzendenten Einheitsgrund alles menschlichen Realitätsbewußtseins überhaupt thematisch macht." (Gräb in Faßler u.a. 1998, 54)

„Religion" war lange Zeit in der RP kein Thema. In der Evangelischen Unterweisung wurde der Begriff abgelehnt (→ 3.2; auch Karl-Ernst Nipkow hat ihn in seinen „Grundfragen der RP" und bis heute für eine Grundlegung der RP als ungeeignet angesehen). Die Wortbedeutung der Religions-Pädagogik ist ohne eine Klärung des Phänomens Religion aber nicht zu verstehen; RP bezieht sich heute auf weit mehr als auf christliche Erziehung, da sie sich ohne eine Kenntnis von Religion und deren Kontexten nicht mehr verständlich machen kann. Sie muss Religion, Christentum, Theologie, Kirche, Glaube und Frömmigkeit, Religiosität und Spiritualität – die früher weitgehend deckungsgleich waren – kennen und unterscheiden.

„Religion" ist ein ausgesprochen vielschichtiges und komplexes Phänomen, dem nur mehrfache Erklärungsdimensionen gerecht werden. Der Begriff *religio* bezeichnete bei den Römern jede rituelle Verlässlichkeit; heute wird er meist im Wortsinne von „Rückbindung" (an transzendente Gehalte) verstanden und meint dann den Bezug zu übernatürlichen Mächten, dem Heiligen, Göttlichen oder die Herkunft unbedingter Bedeutungen. Religion, genauer: Religiosität (→ 18), ist innerstes Ergriffen- und Überzeugtsein, das also, was unserem Leben Bedeutung, Halt und Sinn gibt und was durch nichts anderes ersetzbar ist. Sie ist also „unter den Begriff der Lebensauffassung, Weltanschauung, Daseinsgrundhaltung, Gesamtorientierung u.ä. zu subsumieren." (G.R. Schmidt 1993, 111) Die Abgrenzung zu nicht-religiösen Orientierungen und Haltungen ist darum nicht prinzipiell, sondern nur graduell möglich. Zugleich ist Religion aber immer auch der kulturell sichtbare Kontext entsprechender Symbolisierungen (Bauten, Lehren, Ideen, Verhaltensweisen usw.). Hier bedeutet Religion „Weltreligion".

In der Antike war die Religion integraler Bestandteil des Lebens und der Kultur. Die griechische Religion, die aus Mythen (= Götter-, Helden- und Ursprungserzählungen), Volkssagen und Homerischen Epen entstand und später von den Römern übernommen wurde, spaltete sich im Lauf der Zeit immer mehr auf. Private Hausgötter und verschiedenste öffentliche oder geheime Kulte führten im Ausgang der Antike zu einer verwirrend bunten religiösen Landschaft, in der das junge Christentum zunächst als eine unter vielen neuen Formen galt. Das Christentum ist von Anfang an ein Synkretismus (Religionsmischung): Altes Testament, Weihnachtsdatum und Weihnachtsbaum, Theologisches Denken, Gebetshaltungen und vieles andere wurden aus anderen Religionen oder der Philosophie übernommen.

Vor allem im Mittelalter bildeten Christentum und Kultur eine große Einheit: Philosophie und Theologie, Kirche und Kunst, Denken und Verhalten der Menschen waren stark christlich geprägt. Seit der Reformation standen zwei große religiöse Kulturen nebeneinander, die sich auf protestantischer Seite in vielfache Untergruppen aufspalten; daneben gab es erstmals wieder eine profane Kultur. Die Aufklärung bedeutete eine nachhaltige Säkularisierung (→ 14.2) und den Beginn einer Konkurrenz zwischen religiösen Weltdeutungen und Naturwissenschaften. Sie unterschied die „positive" (Welt-)Religion von einer „natürlichen" Religion, die sie als gemeinsames menschliches Fundament hinter allen religiösen Gestaltungen vermutete. Der aufgeklärte Mensch will durch den Gebrauch seiner Vernunft und seiner Freiheit autonom und unabhängig von der Religion werden. Als Symbolfigur für diese Grundidee wurde immer wieder der himmelsstürmende Prometheus gesehen, der den Menschen das Feuer brachte. Damit schien das Verblassen oder gar das Ende der Religion unvermeidlich.

Gegen die religiöse Haltung der Aufklärung setzte Friedrich Schleiermacher die fundamentale Einsicht: auch Autonomie, Vernunft und Freiheit sind grundsätzlich verdankt! Der Mensch macht sich nicht selbst. Wir leben von Vorgaben und Beziehungen, die zum erheblichen Teil der eigenen Verfügbarkeit entzogen sind. Eine Reduktion des Menschen auf seine Vernunft käme einer geistigen Verarmung gleich; mindestens eben so bedeutsam sind für ihn Gefühl und Phantasie. Auf ihrer Seite steht die Religion.

Heute erleben wir eine nachhaltige Privatisierung der Religion (→ 15.3) und den Rückgang ihrer Bedeutung in der Öffentlichkeit, gleichzeitig eine neue Suche nach ihr und ihr Auftauchen in der Populären Kultur und den Medien (→ 14.4–5), dort allerdings in Form von Zitaten und meist diffusen funktionalen Äquivalenten. Hier macht sich die Ahnung breit, dass der Mensch in Leistung, Ehrgeiz, Konsum, Mediennutzung usw. nur bei sich selbst und in aller Regel unerfüllt bleibt. Die neue Aufmerksamkeit auf die Religion geht jetzt weit über das Christliche hinaus; die christlichen Traditionen werden nicht mehr so wie früher gelebt, sind oft nicht einmal mehr bekannt und haben darum ihre Verbindlichkeit fast vollständig verloren. Die religiöse Suche macht Positionierungen oder gar Gewissheiten immer schwerer.

Religionstheorien

„Substanzielle" Religionstheorien versuchen auf das „Wesen" der Religion einzugehen, das allerdings schwer bestimmbar und darum auf Phänomenbeschreibungen angewiesen ist. Zu ihnen gehören die Dimensionen: Wissen (um Herkunft, Kernsätze, Praxis usw.), Weltanschauung (mythologische oder rationale Deutung der Welt und des Lebens), Überzeugung (Glaube, subjektives Bekenntnis), Denken (Theologie, Dogmen, Bekenntnisse), Haltung (Glaube oder Frömmigkeit als Vertrauenshaltung, innere Einstellung, Lebensweise), ferner ein Symbolsystem, Sprache, Gemeinschaft, Rituale (Liturgik, private Praxis) u.a.; Religion ist eine eigene „Kultur" mit spezifischen Zeichen und Ritualen.

Jede Religion vereint in sich zwei widersprüchliche Grunddimensionen: Geborgenheit, Heimat, Gewissheit, Trost und Vertrauen auf der einen Seite (Glaube, Weltdeutung, rituelle Praxis usw.), Aufbruch, Umkehr, Neuwerden, Protest und Freiheit auf der anderen (Propheten, Provokationen und Umkehrruf Jesu, Ketzergestalten usw.). Die erste Seite kann zu zwanghafter Erstarrung führen, die zweite zur zersetzenden „Schwärmerei". Nur beide zusammen machen eine lebendige Religion aus.

„Funktionale" Religionstheorien (→ 14.2) fragen heute nach dem Effekt der Religion für Menschen oder die Gesellschaft. Diese Frage tauchte erstmals in der Psychologie auf. Sigmund Freud hatte Gott als projizierte Wunsch-Vatergestalt, Religion überhaupt als Regression und Vermeidung vernünftigen Erwachsenwerdens verstanden. Carl Gustav Jung dagegen ging davon aus, dass keine Selbstfindung ohne religiösen Kontext und Symbolik möglich sei; Religion drücke sich in den seelischen Archetypen und entsprechenden Erfahrungen aus und sei unverzichtbar zur Reifung (Individuation) eines Menschen.

Vor allem in Soziologie und Philosophie wurden genauere funktionale Religionstheorien entwickelt. Émile Durkheim hielt Religion für unverzichtbar zur sozialen Integration einer Gruppe oder Gesellschaft, da sie die grundlegenden Legitimationen des gemeinsamen Lebens bereitstelle. Religion gilt heute verbreitet als „Kontingenzbewältigungspraxis" (die Praxis, in der den Kontingenzen des Lebens, d.h. den nicht steuerbaren Schicksalsfällen wie Unfall, Leid und Tod mit Stabilisierung, Trost, Vergewisserung und Beheimatung begegnet wird; Hermann Lübbe), als „Komplexitätsreduktion" (Religion hat eine eigene „Systemrationalität", die die Benennung und Symbolisierung des schwer Fassbaren und auch Bedrohlichen leistet; Niklas Luhmann) oder als „Sinngebung", die durch verschiedene „Transzendenzen" geschieht (Tagträume, Wünsche, große Visionen; Thomas Luckmann).

Funktionale Theorien beschreiben schlüssig Kontingenz-Umgang, Stabilisierung, Orientierung, Sinnversorgung als Effekte der Religion. Diese Effekte sagen über den spezifischen Gehalt einer Religion allerdings wenig aus, da sie auch von anderen „Systemrationalitäten" geleistet werden könnten. Der Begriff „Kontingenzbewältigungspraxis" trifft am ehesten auf das Ritual einer Beerdigung zu und auf regressive Formen religiöser Vertröstung. Das zeigt deutlich, dass (abgesehen davon, dass Kontingenzen gar nicht „bewältigt" werden können) in den funktionalen Theorien das treibende, unruhige Moment der Religion (Aufbruch, Protest, Neuperspektivierungen) unterschätzt wird; Religion *eröffnet* Kontingenz mindestens ebenso viel wie sie mit ihr umgeht.

Auch wird das religiöse Selbstverständnis übergangen. Religion lebt in ihren Bildern, in einer weitgehend poetischen Sprache, im Drama des Kultus, in der Pracht liturgischer Gewänder, in der Atmosphäre von sakralen Räumen und Gebäuden, in der Gestik des Rituals, in der Musik. Der Übergang von religiöser und profaner Kunst ist fließend und oft kaum genau anzugeben. Hier werden Erfahrungen nicht um irgendeiner Funktion willen gemacht.

Wichtig zum Verständnis von Religion ist deren Bezug zu dem, was für Menschen nicht ersetzbare Bedeutung hat. In einer Welt, in der Dinge, Waren, Ideen und auch die Menschen zunehmend austauschbar werden (im Arbeitsprozess, selbst in der Liebe) und in der vielen das Leben entsprechend bedeutungs-los erscheint, wird darum untergründig nach Religion gefragt. Das Christentum lässt sich als diejenige Religion begreifen, die im Gedanken der Liebe Gottes zum Menschen der einzelnen Person eine hohe individuelle Wertschätzung zuspricht; das Leben ist unendlich wertvoll und schön.

Religiöse Erfahrung

„Eine Religion, die durch und durch wissenschaftlich erkannt werden soll, ist am Ende dieses Weges zugleich vernichtet." (Nietzsche 1998 Bd. I, 296)

Die Wahrheit religiöser Wirklichkeit kann nicht deduktiv von vorausliegenden Gültigkeiten abgeleitet werden; sie sperrt sich auch gegen den analytischen Zugriff. Der Protest gegen Rationalisierung und auch gegen Moralisierung und Konvention ist in der Religion selbst präsent; denn sie ist, so Nietzsche, an die Erfahrung von Schmerz, Tragik und Lust gebunden.

Objektiv gegebene und wahrnehmbare religiöse Gehalte, Formen, Inhalte, Abläufe, Strukturen usw. („Religion") sind der Klarheit halber von subjektiven religiösen Einstellungen, Prägungen, Erfahrungen und Praktiken („Religiosität", → 18) zu unterscheiden. Religiöse Erfahrung (→ 10.4, 18.2) ist der Ursprung jeder echten Religiosität, selbst dann, wenn diese zunächst aus Nachahmung entsteht. Die Religion ist der Bereich der für einen Menschen umfassenden und letztgültigen Bedeutungen, darum abhängig von Erfahrungen. Dem religiösen Menschen gilt objektive Wahrheit weniger als das Betroffensein von etwas für ihn unbedingt Relevantem. Paul Tillich hat dafür die berühmt gewordene Formulierung gefunden: „Religion ist das, was uns unbedingt angeht" – eine Weiterentwicklung der Formel von Friedlich Schleiermacher, der Religion als das Gefühl und Bewusstsein „schlechthinniger Abhängigkeit" verstanden hatte. Auch Luther hatte bereits so subjektiv gedacht: „Woran du nun dein Herz hängst, das ist eigentlich dein Gott".

Auch die großen Weltreligionen entfalten sich um eine religiöse Ur-Erfahrung herum, die sich ihrer Bedeutung wegen in heilige Überlieferungen,

Lehren, Haltungen und Praxisvollzüge usw. übersetzt. Der Buddhismus etwa kreist um die Urerfahrung: Das Leben ist Leid; darum müssen Mitleid und Sich-Enthalten gelebt werden. Der Taoismus begreift das Leben als die harmonische Spannung zwischen Gegensätzen, führt darum zur Gelassenheit. Das Christentum sieht das Leben als geschenkte Fülle aus der Hand des nahen Gottes an, das zur weiteren Entfaltung drängt, zum Dank und zur Weitergabe des Erfahrenen. Der sog. Heilandsruf Jesu (Mk 1,15) und sein Hinweis auf die Lilien auf dem Feld (Mt 6,19ff.) – zentrale Stellen seiner Botschaft – fordern dazu auf, den Sinn zu ändern und das Leben neu zu sehen. Alles ist von Gott großartig und wunderbar gemacht; es kommt entscheidend darauf an, das auch wahrzunehmen. Das tiefste Lebenswissen der christlichen Religion ist: die Wirklichkeit ist unauslotbar, sie ist weder vernünftig noch gerecht, aber staunenswert schön.

Will die Urerfahrung einer Religion rekonstruiert werden, so sind ihre Gestaltungen (zu denen auch ihre Texte gehören) zunächst phänomenologisch (und d.h. im weitesten Sinne ästhetisch, also als Wahrnehmung von Formen; → 20) zu erschließen. Gewichtige und oft unterschätzte Frage neben und unter aller theologischer Vergewisserung ist darum: Wo ist diese Urerfahrung bewahrt, wo findet sie Ausdruck, und – religionsdidaktisch besonders bedeutsam – wo lässt sich diese Erfahrung *selbst* neu machen?

Religion hat eine wesentliche Nähe zum Gefühl. Schleiermacher hatte sie darum scharf abgegrenzt gegen Metaphysik und gegen Moral: Religion ist nicht Denken und Wissen, nicht übersinnlich und nicht übernatürlich. Zwar ist sie auf ein Geheimnis bezogen, dieses aber ist das Geheimnis des Lebens überhaupt und darum erfahrbar, konkret mitteilbar und praktizierbar. Und: Religion ist nicht Ethik und auch nicht eine bestimmte Form des Verhaltens – auch wenn Aufklärung, bürgerliches Christentum und heutige politische Meinung das so sehen, und auch wenn aus einer Religion immer eine Ethik *folgt*. Religion hat eine „eigene Provinz im Gemüt", sie ist durch nichts ersetzbar. Schleiermacher formulierte: Religion ist „Sinn und Geschmack fürs Universum", d.h. fürs Unendliche der umgebenden Welt und des Lebens. Sie ist an Anschauung und sinnliche Wahrnehmung gebunden und Sache des Gefühls, also der emotionalen Bewusstheit. Allein ein subjektiver Zugang führt zur „Religiosität", wobei diese grundsätzlich (aber nicht immer) an Vorgaben, d.h. an bereits gegebene Gestaltungen, Ideen und Formen religiöser Erfahrung und an deren Kommunikation gebunden bleibt; Schleiermacher nannte hier „religiöse Virtuosen" als Vorbild. Das „schlechthinnige Abhängigkeitsgefühl", die Einsicht in die eigene Vorfindlichkeit und das Sich-Verdankt-Wissen, ist Kern der christlich-religiösen Erfahrung und Lebensdeutung. Ein überzeugendes Konzept!

Religion ist ihrer subjektiven Seite nach emotionale Bewusstwerdung. Sie ist grundlegend an Erfahrung(en) gebunden und selbst eine spezifische Art der Erfahrung, die in aller Regel durch religiöse Gehalte (sakrale Bilder, Worte, Texte, Symbole, Mythen, Räume, Personen usw.) angestoßen wird, die ihrerseits Kristallisationen religiöser Erfahrung sind. Sie bezeichnet den Umgang mit dem Unverfügbaren und das Verhältnis zu ihm. Konkret ist sie Daseinsauslegung und -verständnis, grundlegende Orientierung in existenziellen Fragen (Lebenssinn, grundsätzliche Ausrichtung, das für einen Menschen Bedeutsamste, Umgang mit Leid und Glück usw.), bei der Außen-Vorgaben und innere Einstellung eine subjektiv je verschiedene Verbindung eingehen. Diese ist grundsätzlich (aber nicht zwingend) gebunden an eine religiöse Gemeinschaft, ohne die die religiösen Erfahrungen verschlossen bleiben und nicht weitergegeben werden.

2. Religion und Kultur – religiöse Kulturhermeneutik

„Religion ist die Kultur der Symbolisierung letzter Sinnhorizonte in der alltagsweltlichen Lebensorientierung." (Gräb zit. in Hilger u.a. 2001, 111)

Diese umfassende Definition von Wilhelm Gräb weist die objektive Seite der Religion als ihre Kulturform aus. Religion ist selbst eine bestimmte Kultur, sie wird aber auch nur in allgemein verstehbaren kulturellen Formationen wahrnehmbar. Auch aus aktuellem Grund ist der Bezug zur Kultur heute bedeutsam: Wenn Religion nicht mehr primär über ihre Lehrgestalt und über ihre Institutionen erfasst und erfahren wird, dann stellt sich die Frage nach ihrer Wahrnehmbarkeit; diese aber ist an die allgemeine Lebenswelt verwiesen, d.h. an die Kultur. Nur in der Kultur lässt sich Religion auffinden und verstehen. Die Beziehung zwischen Religion und Kultur ist nicht auflösbar. Das Christentum hat mehr als alles andere die abendländische Kultur geformt, und seine Gehalte, Aussagen und Formen sind nur in dieser Kultur auffindbar und aus ihr heraus verstehbar.

Kultur (cultura, lat. = Pflege) bedeutet die gesamte vom Menschen gestaltete Lebenswelt und alle in dieser gebrauchten Ideen, Gestaltungsformen und Techniken, also die bearbeitete Lebensumgebung: Haus, Familie, Institutionen, Staat, Kunst, Wissenschaft, Ethik, Lebensanschauungen usw. (der Begriff „Zivilisation" wird etwas eingeschränkter für die rationale und technische Lebensgestaltung des Menschen verwendet). Der Mensch ist ohne lange Erziehung und kulturelle Formung nicht überlebensfähig: als zwar instinktarmes „Mängelwesen" (Herder), aber mit einem sehr plastischen Gehirn und „Weltoffenheit" (Arnold Gehlen) ausgestattet, ist er auf Kultur angewiesen und verwirklicht sich gleichzeitig in dieser. Zentrale Aussagen über den Menschen sind darum nicht metaphysisch ableitbar, sondern ergeben sich im Rückschluss aus seiner Kultur. Vor allem die Religion, der Bereich der Existenzfragen, Lebensdeutungen und -einstellungen, drückt sich in der Kultur aus. Paul Tillich nahm sogar an, dass die Kultur die Form der Religion überhaupt, und dass Religion umgekehrt der tiefste Kern und Gehalt jeder Kultur sei.

Der kulturelle Ausdruck und Niederschlag der Religion sorgt nicht nur für Sinngebung und existenzielle Antworten, sondern ist auch Bedingung für die Tradierung der Religion selbst. Religion, die keinen Ausdruck in der öffentlichen Kultur findet, verblasst, wird unsichtbar und unverständlich; in vereinsähnlichen oder sektiererischen Strukturen koppelt sie sich vom gegenwärtigen Leben ab. Es ist darum eine zwar verbreitete, aber gefährliche Illusion, Religion als eigene und „rein" zu haltende Sphäre über oder neben dem normalen Leben verstehen und bewahren zu wollen. Es gibt keine lebendige Religion, die sich nicht vorbehaltlos mit den Formen des kulturellen Lebens vermischt. Es gibt darüber hinaus nicht einmal Aussagen oder Ideen, die jenseits kulturbedingten Verstehens Gültigkeit haben könnten: „verum et factum convertuntur" (das Wahre und das kulturell Geschaffene bedingen sich wechselseitig; das „kulturelle Axiom" von Giambattista Vico). Das heißt nicht, dass Religion durch jede konkrete Kultur ersetzbar wäre, sondern dass sie in, und nicht „hinter" ihrer kulturellen Erscheinung liegt. Das religiöse Geheimnis scheint in ihren kulturellen Ausdrucksformen selbst auf, und es ist abhängig von der Art seiner Präsentation und Inszenierung (→ 19.4).

Religion – hierzulande vorwiegend die kirchlich organisierte christliche, aber auch bereits der multireligiöse Markt – ist zwar ein eigener Bereich der Kultur mit einer eigenen Systemrationalität (Luhmann). So waren etwa die christlichen Kirchenbauten mit ihren Kunstwerken oder die christliche Musik (Gregorianik, Bachsche Motetten, Oratorien, Orgelwerke usw.) ein abgrenzbarer Bereich von Religion. Darüber hinaus ist Religion aber immer auch eine Dimension der *gesamten* Kultur. Die christlichen Ideen etwa haben immer auch die Auffassung von Kunst, Ethik, Recht und das Verständnis des Lebens und der Welt überhaupt geprägt. In der traditionellen Hochkultur waren diese Berührungs- und Vermischungspunkte relativ klar benennbar. Seit der Vorherrschaft der populären Kultur, in der sich die allgemeinen Bedürfnisse, Einstellungen und das Lebensgefühl der Mehrzahl spiegeln, lässt sich Religion zunehmend nur noch in Form von kulturell sichtbaren Zitaten, Analogien, Äquivalenten oder als „implizite" Religion aufspüren (→ 14.4).

Eine besondere Bedeutung hat der Kulturbezug der Religion auch seit der Präsenz anderer Religionen im eigenen Land. Interreligiöse Begegnungen und interreligiöses Lernen sind ohne den Bezug zum jeweiligen kulturellen Hintergrund nicht zu denken. Daraus leitet sich die Aufgabe ab, Religion in ihren kulturellen Erscheinungsformen genau wahrzunehmen. Diese Aufgabe ist für Praktische Theologie und RP zu einer neuen Forschungsrichtung geworden:

> „Die gelebte Religion, auch die gelebte christliche Religion, die zu verstehen insgesamt die Theologie ein Interesse hat und haben muß, geht im Leben der Kirchen und Gemeinden nicht auf. Es ist daher zur spezifischen Aufgabe der Praktischen Theologie geworden, nicht nur Kirchenkunde zu betreiben, sondern darüber hinaus eine ‚religiöse Gegenwartskunde' aufzubauen."
> (Editorial, IJPT 1/1997, 7)

Schleiermacher hatte die Praktische Theologie noch als „Theorie der Kirchenleitung", also der kirchlichen Praxis begriffen. Heute aber ist die „gelebte Religion" weit über ihre kirchliche Verfasstheit hinaus verbreitet. Will die Theologie das christliche Leben verstehen, muss sie sich darum der religiösen Praxis im gesamten Bereich der gegenwärtigen Kultur zuwenden. Sie muss eine religiöse Kulturhermeneutik betreiben, also ein genaues Verstehen religiöser Gehalte in der Kultur. Wie das Zitat aus dem Editorial einer 1997 gegründeten internationalen wissenschaftlichen Zeitschrift belegt, ist das Bewusstsein von dieser Aufgabe noch sehr jung.

Die Hermeneutik bezog sich klassischerweise auf historische *Texte*, die für die Gegenwart ausgelegt und im Sinne ihrer ursprünglichen Absicht interpretiert und verstanden werden sollten. Eine *Kultur*hermeneutik stellt demgegenüber eine erweiterte Hermeneutik eigenen Zuschnitts dar: nicht Texte allein sind zu verstehen, sondern vor allem Formen, Ausdruckshaltungen, Ideen, Analogien, Vollzüge usw. – allgemein: religiöse oder religiös beschreibbare Phänomene. Der analytische Zugang zu diesen braucht neben empirischen und den klassischen texthermeneutischen Methoden darum vor allem phänomenologische Verfahrensweisen, welche äußerlich wahrnehmbare Formen beschreiben. Die philosophische Phänomenologie kann hier zu einer religiösen Kulturphänomenologie erweitert werden. Sie zeigt: Religion ist keineswegs vollständig erschließbar durch Texthermeneutik und Empirie!

Religiöse Kulturhermeneutik muss induktiv, also möglichst ohne theoretische Vorannahmen vorgehen. Sie führt zu einer Erweiterung und sogar Neubestimmung der Praktischen Theologie insgesamt, an der die RP ein besonderes Interesse hat und entsprechend stark beteiligt ist. Bisher liegen allerdings sehr viele Einzelforschungen, kaum aber übergreifende Zusammenbindungen vor. Religiöse Kulturhermeneutik ist eine dringend notwendige Ergänzung zu einer tendenziell vergangenheits- und auf sich selbst zentrierten Theologie. Ihre Themen beziehen sich auf Lebenswelt und *Alltags*kultur – auf Phänomene wie Raum, Klang, Feste und Feiern, Körper und Sinne, Weisheit usw. (vgl. vor allem Failing/Heimbrock 1998).

3. Hermeneutik religiöser Wahrnehmung

Da sich Religion bei uns über die bekannte christliche hinaus in verschiedenartigen Formen und Stilen zeigt, liegt eine religiöse Kulturhermeneutik ausgesprochen nahe. Diese wiederum müsste eigentlich unmittelbar zu einer Hermeneutik religiöser Wahrnehmung erweitert werden, wenn denn verstanden werden will, wie sich *die Menschen* in dieser Situation religiös orientieren. Was ist *subjektiv* als religiös zu erkennen, was ist religiös attraktiv, welche Phänomene, Ideen und Haltungen werden überhaupt als „religiös" bezeichnet?

Für diese Fragen besteht in der RP derzeit Fehlanzeige. Es gibt keine entsprechende empirische Forschung, ausgenommen nur die Befragungen zum RU (→ 12.1) oder Bezüge zu soziologischen Studien wie etwa den Shell-Jugend-Studien. Wenn religiöse Kulturhermeneutik die Hermeneutik der „objektiv" wahrnehmbaren religiösen Formen und Gehalte ist, dann muss eine Hermeneutik religiöser Wahrnehmung nach der subjektiven Seite religiösen Sehens und Erlebens fragen, also danach, welche Wirkung religiöse Gehalte auf die Individuen haben. Was interessiert die Menschen an Religion, wie nehmen sie sie wahr, wie und warum interessieren sie sich für sie, welche religiösen Phantasien haben sie, wie nehmen sie religiöse Deutungen vor? Welche religiösen Analogien und Orientierungsmuster werden faktisch ausgebildet? Religiöse Darstellungen, Verhaltensweisen, aber eben auch Wahrnehmungsweisen müssen religionspädagogisch „gelesen" werden können wie Texte.

Mit dieser „Wahrnehmung der religiösen Wahrnehmung" ist auch die Frage nach der Religiosität der Menschen gestellt, ihrer Entstehung und den Faktoren ihrer Entwicklung (→ 18). Die objektive Religion wird immer uneindeutiger; Religion kann in Zeiten der Individualisierung (→ 15) zureichend nur noch über die subjektive Seite der religiösen Auffassung erschlossen werden. Darum muss die RP wissen, unter welchen Umständen Menschen heute Erfahrungen „unbedingten Betroffenseins" machen.

„Wahrnehmung" ist ein Erschließungsbegriff und rein induktiv verstehbar. Er markiert auf seine Weise den Abschied von theologischen bzw. katechetischen Vorgaben und deren Deduktion. Das Problem der Wahrnehmung ist allerdings ihre oft nicht verallgemeinerbare Subjektivität. Wahrnehmungen können denen, die sie haben, ganz „objektiv" erscheinen – von einem anderen Standpunkt aus erweisen sie sich aber möglicherweise als abhängig von früher gemachten Wahrnehmungen, von Interessen, von momentanem Befinden und von Projektionen, die unsere Alltagskommunikation durchziehen: man sieht außen, was einen selbst bewegt. Auch für die Religion gilt, dass ihre Wahrnehmung prinzipiell nicht abgrenzbar ist von Fiktionalität, verzerrter Wirklichkeitsauffassung und Illusion.

Auch religionsphänomenologische Themenstellungen (sinnliche Wahrnehmung von Religion, sakraler Raum, Existenzfragen der Lebenswelt, vor allem aber religiöse Erfahrungen) können darum nur durch die Auffassung und Beteiligung der Subjekte erschlossen werden. Für deren Einschätzung eignen sich vor allem Populäre Kultur und Medien (→ 14.4–5), da sie einen relativ genauen Spiegel von Bedürfnissen, Auffassungsweisen und gegenwärtigem Lebensgefühl abgeben.

Hier zeigen sich als religionsbezogene gegenwärtige Bedürfnisse die nach Überschaubarkeit, gedeuteter Ordnung und Orientierung, bei denen nach wie vor die Erklärungskraft und Spannung des mythischen Erzählschemas genutzt wird; die Suche nach starken Identifikationsmustern und -möglichkeiten, die meist an Einzelpersonen aus den Medien fest gemacht wird und nach Zugehörigkeit fragt; der Wunsch nach Teilnahme an etwas irgendwie Bedeutsamen (Kinofilm, Popkonzert, Fußball usw.); das Spiel mit Apokalypse, Zeitverschiebung, Illusion, ironischen Brechungen usw., die eine Auseinandersetzung mit der Wirklichkeitsfrage bedeuten (was ist real, was ist Fiktion?); die Suche nach starken Gefühlen und ästhetisch gekonnten Inszenierungen, die die Sehnsucht nach Emotion und intensiven Erlebnissen spiegeln.

Ungebrochen attraktiv ist die Frage nach der bedingungslosen Liebe, die bis zum Selbstopfer geht, und die eine Sehnsucht nach dem Unbedingten, Tragfähigen und nach nicht relativierbarer Bedeutung offenbart; ferner die Frage nach dem Glück, der in einer oft rastlosen Suche nachgegangen wird (Glück als zufallende Erfüllung oder als Lohn eigener Anstrengung, im Konsum, im Erfolg, in der Liebe, als Lebenszufriedenheit usw.), und die Frage nach dem Sinn des eigenen Lebens. Ohne Bezug auf die Sinnfrage lässt sich kaum noch die Frage nach Wesen und Nutzen von Religion für das Leben des Einzelnen beantworten. Offensichtlich ist es die Sehnsucht nach Bedeutung des eigenen Lebens und der Dinge, die die religiöse Suche motiviert. Alle diese Fragen werden oft nicht explizit, sondern eher unterschwellig gestellt. Sie entsprechen dem narzisstischen Lebensgefühl mit seiner Sensibilität, Labilität, inneren Unruhe (äußerst lesenswert: Skårderud 2000) und diffusen Sehnsucht nach Dingen, die über Konsum hinausgehen und wirkliche Bedeutung haben (→ 16.4).

4. Die Rolle der Tradition

> „Wenn menschliche Religion im weiteren Sinne als kulturbezogener Ausdruck und Gestaltung von Lebenssinn und von individueller Identität betrachtet wird, dann gewinnen diese im Licht der Symbole der christlichen Tradition neue Bedeutung. Dann lassen sich die alltäglichen Erfahrungen und die lokalkulturellen Strukturen als ‚implizite Theologie' interpretieren. Sie können nämlich auf Gottes verborgene Anwesenheit hin befragt werden." (Heimbrock in Lämmlin/Scholpp 2001, 227)

Das Zitat zeigt nicht nur, dass auch das Christentum eine Religion ist und darum nur in Zeichen und Symbolen der allgemein verständlichen Kultur überhaupt sichtbar wird. Es zeigt auch, dass die Religion aus der kulturellen Perspektive neu und anders wahrgenommen werden kann als aus ihrer eigenen; die vielen Synkretismen im Christentum etwa müssen keineswegs abgewertet werden, sondern belegen gerade, dass prinzipiell alle kulturellen Formen zu Trägern der christlichen Idee und Botschaft werden können.

Schließlich zeigt das Zitat, dass jede Religion, in diesem Fall die christliche, sich dennoch immer auch gegenüber der allgemeinen Kultur und ihren auch religiösen Ausprägungen noch einmal eigens verhalten kann. Die Suche der Menschen nach Sinn und Selbstfindung kann aus christlicher Perspektive in einen bestimmten *Deutungsrahmen* gestellt werden, der für die Bewältigung des je eigenen Lebens hilfreich und sinnvoll ist. Dafür aber muss sich das Christentum (bzw. seine Agenturen: Kirche, Theologie, RP usw.) als Religion verstehen, die spezifische, nicht anderweitig ersetzbare Erfahrungen und Deutungen mit sich führt; diese müssen der Erfahrung von heutigen Menschen geöffnet und zugeführt werden. Für solche Öffnung wiederum ist die genaue Wahrnehmung religiöser Interessen und Identifikationsmuster unverzichtbar.

Es muss nach diesen Überlegungen auffallen, dass das Christentum praktisch nicht mehr kulturprägend ist. Kennzeichen für den Verlust der kulturellen Präsenz des Christentums sind vor allem auch die immer weniger besuchten Gottesdienste, die eine hochkulturelle Sozialisation voraussetzen und wenig Lebens- und Bedürfnisbezug erkennen lassen; christliche Sprach- und Verhaltensformen werden fast nur noch innerkirchlich oder privat gebraucht und gehen nicht mehr in die Öffentlichkeit.

Die neue religiöse Suche hat dem Christentum bisher keinen neuen Aufwind beschert. Traditionen sind in einer Zeit schwieriger Orientierung wieder neu frag-würdig geworden, und auch christliche Gehalte interessieren durchaus; sie werden aber meist nicht so angeboten, dass sie erkennbar auf heutige Bedürfnisse passen. Die religiöse Suche geht darum am kulturell etablierten Christentum vorbei.

Das stark geförderte interreligiöse Lernen kann hier bisher wenig weiterhelfen. Es ist unverzichtbar, hat aber auf das Problem der religiösen Relativierung keine überzeugende Antwort (→ 11.4). Wenn lebendige Religion auf kulturelle Prägekraft angewiesen ist, dann wird sie sich auf die Bedingungen der Kultur einlassen müssen. Zu ihnen gehören heute die plurale Geltung differenter Lebenseinstellungen und Wahrheiten (→ 14), die Individualisierung und die mit ihr verbundene Nutzenfrage (→ 15) – also ihr Lebensbezug. Ohne den bewussten Abschied vom Status vorgegebener, objektiv gültiger Wahrheit wird Religion heute kaum noch gehört und übernommen. Die religiöse und weltanschauliche Marktsituation ist also vorbehaltlos zu akzeptieren, ferner die individualisierte Wahl von Lebensmöglichkeiten und Perspektiven, schließlich die damit verbundenen Nöte und Schwierigkeiten.

An dieser Stelle zeigt sich mit Deutlichkeit, dass die Bedeutung und Rolle der christlichen Tradition weder in der RP noch im Christentum auch nur ansatzweise geklärt ist. Nicht nur für die RP liegt hier ein fundamentales, in seiner Bedeutung noch viel zu wenig erkanntes Problem. Auf der einen Seite ist unverkennbar, dass Traditionen im modernen Leben ihre Bedeutung fast vollständig verloren haben; wo sie auftauchen (Trachtenvereine, Volksmusik, Volkstrauertag usw.) haben sie daher oft den Anstrich von bezugslosen Posen. Zugleich aber gelten die eigenen Traditionen christlich nicht nur als völlig unverzichtbar, sondern werden faktisch oft auch als ausschließlicher Bezugs- und Ausgangspunkt verstanden und gehandhabt. Welche Rolle kommt den christlichen Traditionen heute zu?

Traditionen haben früher das gesamte Leben maßgeblich bestimmt. Im Lauf der Moderne haben sie aber ihre Autorität und ihren Verpflichtungscharakter vollständig eingebüßt; man kann diesen Prozess sogar als Kern von Modernisierungen überhaupt verstehen. Daher kann auch die RP nicht mehr von einem Vorrang oder gar einer besonderen Würde christlicher Traditionen ausgehen. Freilich weiß sie darum, dass in den religiösen Traditionen ein unverzichtbares Lebenswissen aufbewahrt ist; ohne sie verliert das Leben, nicht nur das religiöse, einen konstitutiven Bezugspunkt der Selbstdeutung und der Selbstvergewisserung. Lange hat man daher versucht, Tradition und Situation (bzw. „Subjekt") in einen Zusammenhang der gegenseitigen Vermittlung zu stellen; in der katholischen RP sprach man von „Korrelation" (→ 10.3). Traditionen können nur gelten, soweit sie dem Menschen heute etwas zu sagen haben; und die Menschen heute müssen mit ihren Fragen an die Tradition herantreten. In dieser Zuordnung behalten die Traditionen freilich ihr mehr oder weniger unbefragtes und unbegründetes Gewicht.

Philosophie und Lebenswissen der Postmoderne haben sich inzwischen von den permanenten Verabschiedungen einer auf Fortschritt fixierten Moderne distanziert. Eine so verstandene Postmoderne hat erkannt, dass die Moderne weniger Zukunft gestaltet als vielmehr dauernd neue Vergangenheiten schafft. *Historisierung* ist ihre Weise, sich von Geltungsansprüchen aller Art zu befreien, auch von denen der Religion. Man kann an dieser Stelle deutlich erkennen, wie modern die Theologie in weiten Teilen geworden ist und wie ambivalent dieser Vorgang ist: sie beschäftigt sich fast ausschließlich noch mit Vergangenheit. Der Postmoderne dagegen kommt der Wert von Tradition neu zu Bewusstsein – nicht mehr freilich als fraglose Autorität, sondern eher als Reservoir und Fundgrube für die Lebensbewältigung der Gegenwart. Das ist legitim, denn es ist geradezu ein Grundzug der christlichen Geschichte, dass immer wieder alte Deutungen durch neue ersetzt wurden und die religiöse Überlieferung gerade so lebendig blieb.

Eine heute sinnvolle Einschätzung religiöser Traditionen wird daher zum einen davon ausgehen, dass deren Unverzichtbarkeit gerade nicht in ihrer sakrosankten Gültigkeit besteht, sondern in ihrer Lebensdienlichkeit. Traditionen sind ein Erfahrungszusammenhang, der einer eigenen Logik folgt und nicht nur eine eigene „Grammatik", sondern durchaus auch eine – allerdings nur *interne* – eigene Verbindlichkeit hat, die zu übernehmen Sache freier Entscheidung und eigenen Überzeugtseins bleiben muss. Auch ein individualisierter Mensch kann einsehen, dass Traditionen weit größer sind als die eigene persönliche Erfahrung. Sie haben so verstanden vor allem eine Orientierungsfunktion: „Die Tradition liefert eine Grammatik zur Generierung immer wieder neuer Lesarten von Welt" (Englert 2008, 100), die nicht nur strukturierend, sondern auch verwandelnd wirken können. Sie sind das Angebot eines „Resonanzraumes" (Rudolf Englert), dessen Deutungen und Sichtweisen für das eigene Leben inspirierend sein können. Dazu freilich müssen – zum anderen – die religiösen Traditionen auch begehbar sein und entsprechend offenstehen, klug inszeniert und angeboten werden. Hier erhält das postmoderne Wissen um Ausdrucksgestalten, Formen und Prozesse seine auch religionspädagogische Bedeutung (→ 20).

Die Weitergabe des Christlichen kann und soll sich nach wie vor an den traditionellen Gehalten, Formen und Vollzügen orientieren. Die RP muss diese aber den Lebens- und Entfaltungsmöglichkeiten konkreter Menschen zuführen, d.h. ihrer Bildung. Sie muss darum ein genaues Wissen – eigentlich eine Expertenkompetenz – in Sachen Religion überhaupt und in Sachen der gegenwärtigen Kultur- und Lebensverhältnisse haben. Sie muss also vor allem kulturhermeneutisch und psychologisch kompetent sein (→ 18.3). Und sie muss einen kompetenten Umgang mit den religiösen Traditionsgehalten zeigen. Das bedeutet nicht Traditionspflege, sondern die Bereitstellung attraktiver Angebote, die zur freien Verfügung zu stellen sind und durch ihre Präsentation überzeugen. Ähnlich wie das bei anspruchsvollen Theaterstücken der Fall ist, wirken schlechte religiöse Inszenierungen schnell peinlich, und sie sind im Christentum leider nicht selten. Religion braucht gut gemachte Präsentationen und ästhetische Inszenierungen, die verlocken und ansprechen. (Überflüssig zu sagen, dass eine rationale theologische Klärung darum nicht ihren Zweck verliert!)

Versteht man den Begriff „Religionsbildung" im doppelten Sinn als religiöse Bildung und als Bildung der Religion selbst, so kann man, lapidar und bedeutsam zugleich, zusammenfassen:

> „Der Prozess von Religionsbildung kann gegenstandsbezogen wie dimensional als Ineinander von Rezeption und Produktion, als Aneignung der Tradition sowie ihrer innovativen Weiterentwicklung (Leben und Lehre) in konkreten gesellschaftlichen und geschichtlichen Situationen verstanden werden." (Heimbrock in Lämmermann u.a. 1999, 253)

Zusammenfassung

In der Religion sind subjektive Betroffenheitserfahrungen (religiöses Erleben, Religiosität) und objektive Gestaltungen (religiöse Institutionen, Lehren, Ausdrucksformen usw.) untrennbar miteinander verbunden. Funktionale Religionstheorien werden der Religion darum nicht ganz gerecht. Religion lässt sich eher über die Wahrnehmung ihres Niederschlags in der Kultur erfassen. Für die RP tritt zu dieser kulturhermeneutischen Aufgabe die der Wahrnehmung religiöser Fragen und Bedürfnisse. Sie muss wissen, wie christliche Gehalte verstanden werden und wie sie sich auf das alltägliche Leben beziehen lassen.

Literatur: Zu 1: H.-G. Ziebertz in Hilger u.a. 2001, 107–122 – G R. Schmidt 1993, 105ff. – J. Kunstmann 2010. Zu 2: W.-E. Failing/H.-G. Heimbrock 1998 – H.-G. Heimbrock 1998 – B. Beuscher/D. Zilleßen 1998, 106–123 – D. Zilleßen/S. Alkier/R. Koerrenz/H. Schroeter 1991. Zu 3: B. Beuscher/H. Schroeter/R. Sistermann 1996. Zu 4: H.-J. Höhn 1998 – W. Gräb 2006 – R. Schröder 2008.

18 Religiosität

> „In der religiösen Praxis bzw. im Glauben geht es grundsätzlich um Veränderungsprozesse (um Buße, Umkehr, Wachstum, Bewußtseinserweiterung), also um Lernvorgänge. Damit wird die Psychologie generell relevant ... Ohne die Diskussion mit psychologischen Denkmodellen unter Einbezug empirischer Einzeluntersuchungen wird man den Aufgaben der Religionspädagogik nicht mehr gerecht werden können." (Fraas in Ritter/Rothgangel 1998, 127 und 131)

Hans-Jürgen Fraas schlägt mit diesem Votum einen neuen Ton in der RP an, in der die Religionspsychologie (und psychologisch geschultes Denken überhaupt) immer noch ein Randdasein fristet. Ein psychologisch kompetentes Verständnis der Bedürfnisse, der Lebensfragen und des Lebensgefühls der Menschen heute ist aber ein Grunderfordernis jeder Subjektorientierung, ohne die die RP ihrer Aufgabe nicht mehr nachkommen kann. Vor allem aber muss sie um die Entstehung, Förderung und Bedeutung von religiösen Erfahrungen wissen. Wie entsteht Religiosität? Welche Bedeutung hat sie für das menschliche Leben? Welche ihrer Ausprägungen sind sinnvoll, welche unsinnig oder gar schädlich? Was bedeutet die Umstellung von Religion (als Inhalt, Bekenntnis und Institution) auf subjektive religiöse Empfindungen?

1. Von Religion zu Religiosität

Im Lauf des 19. und 20. Jh. sind die objektiv sichtbaren, institutionell gestalteten Religionsformen immer mehr verblasst. Die Distanz zu den Kirchen nimmt zu, religiöses Wissen, Bekenntnisse und Überzeugungen sind rückläufig (im Christentum etwa das Bibellesen, Tischgebete usw.). Multireligiöse Lage und religiöser Markt haben ein Bewusstsein der Relativität auch in Sachen Religion mit sich gebracht: alles ist möglich, alles kann immer auch anders sein. Behauptete Transzendenz steht in einer funktional denkenden Zeit unter Vorbehalt.

Dennoch: „Religiosität" erfährt faktisch eine hohe Wertschätzung. Sie koppelt sich allerdings von der christlichen Tradition und objektiven religiösen Gehalten immer mehr ab. Das belegen New Age, Esoterik, Astrologie, Okkultismus, Interesse an Spiritualität und die boomende „Psychoszene". Religion als Metaphysik, Glaubensinhalt und Bekenntnis wandelt sich zu Religiosität als erlebnisbezogenes Gefühl, als Sehnsucht, Suchhaltung und als gelebte Praxis. Hier wird die Individualisierung (→ 15) deutlich, die nachlassende Bedeutung objektiv gültiger Allgemeinverbindlichkeiten und die zunehmende freie Wahl in der Optionenvielfalt. Religiosität spiegelt einen „Freiheitsvorbehalt", der Autonomiebewusstsein und individuelle Religionsstile zulässt und sich immer weniger an Vorgaben hängt. Sie ist Ausdruck einer weniger auf Autorität und Schuld, vielmehr auf Erlebniswünschen und entsprechender narzisstischer Bedürftigkeit, Selbstschwäche und Scham basierenden psychosozialen Situation (→ 16.4).

Religiosität ist ein anthropologischer Begriff, der die *subjektiven* Fragen und Bedürfnisse nach Transzendenz, Orientierung, Deutung usw. aufzunehmen erlaubt. Sie hat eine deutliche Nähe zu Erfahrung (→ 10.4 und s.u.) und Praxis. Religiosität ist formal gesehen die subjektive Annahme, Verarbeitung, Ausprägung und Darstellung von Religion. Sie bezeichnet also eine bestimmte Einstellung, Haltung, Orientierung oder Suchrichtung und evtl. ein damit verbundenes Tun, die für einen Menschen unbedingte (nicht: „absolute") Gültigkeit haben (oder sich auf Unbedingtes beziehen) und nicht ersetzbar sind. Zu ihnen gehören auch bestimmte Fragen und Symbolisierungen. Spiritualität, Glauben und Frömmigkeit sind bestimmte Formen von Religiosität.

Grundsätzlich ist Religiosität das *Gefühl* (bzw. das Gestimmtsein) eines Menschen, das sich auf sein Dasein im umgebenden Kontext der Welt (Natur, Kultur, sozialer Kontext) bezieht. Sie ist die zum besonderen Bewusstsein kommende Empfindung des Ich in seinem Lebenskontext, die sich mit einer mehr oder weniger bewussten Deutung der eigenen Person „in ihren Selbst- und Weltbeziehungen, also auf die Grundlagen des eigenen Daseins" hin (Schmidt 1993, 95) verbindet. Diese Empfindung ist an besondere, herausgehobene Momente der *Bewusstwerdung* gebunden, Erfahrungen des Transzendenten, Heiligen oder Numinosen, existenzielle Schlüsselerlebnisse und Vergleichbares – Schleiermacher nannte das „religiöse Erregung" –, wobei sie diese Momente aber überdauert. Über die wachen und gegenwärtigen Sinne ist Religiosität auf Sinn bezogen: sie ist in der Regel gleichbedeutend mit der Gewahrung des eigenen Ortes im Leben (Orientierung, Selbst- und Welt-Deutung) und mit der Erfahrung von Sinn. Sie hat immer eine Tendenz zum Ausdruck ihrer Erfahrungsgehalte, zur Darstellung und Mitteilung, ferner zur gedanklichen Durchdringung.

Religiosität geht nicht auf in Metaphysik, Lehre, Begriffen oder in Ethik. Sie mag sich an diesen orientieren, entfaltet sich aber vor allem an der Begegnung mit religiösen Symbolisierungen und in der religiösen Gemeinschaft. Sie ist wesentlich Erfahrung, Ergriffenheit, unbedingte Bedeutung und eine besondere Weise der Bewusstwerdung. Religiöse und spirituelle Erfahrungen entstehen wesentlich aus religiösen Ausdrucksformen und Vollzügen.

Religiosität ist die *subjektive Seite* von Religion, ihre „anthropologische Form" (Ulrich Hemel), ohne die Religion nicht verstehbar ist. Sie lässt sich in die Dimensionen Wahrnehmen – Denken – Sprechen – Ausdruck/Handeln unterteilen (ders.). Sie ist nicht unerklärlich, sondern so menschlich wie Sprechen, Fragen und Denken; allerdings ist sie für den einzelnen Menschen nicht ersetzbar. Schleiermacher sprach von einer „eigenen Provinz im Gemüt". Religiosität und Religion bedingen sich wechselseitig. Dabei ist unter Religion die objektiv wahrnehmbare Gestalt gegebener Religionsformen zu verstehen, die sich selbst immer auf religiöse Erfahrung zurückführen lässt (religiöse Schriften, Lehren, Gebäude, Kunst, Rituale usw.), unter Religiosität die subjektive Betroffenheit, die sich auf gegebene Religionsformen zurückführen lässt und durch sie in der Regel angestoßen wird. Prinzipiell gibt es Religion ohne Religiosität (leere religiöse Routine) und Religiosität ohne Religion (unverrechenbarer Eindruck, spontane und nicht ableitbare Moment-Empfindung).

Mit der weitgehenden Umstellung von „Religion" auf „Religiosität" ist keine automatische Abwertung überlieferter religiöser Formen und Traditionen verbunden. Auch diese können Anlass und Gegenstand der Suche und Identifikation werden. In der Religiosität lebt die Sehnsucht nach Sinn fort, die sich von der religiösen Tradition gelöst hat und dort immer weniger Ausdruck findet. Religiosität gibt es darum auch „nicht-religiös", z.B. als Orientierung an Kunst, Leistung, Moral, Besitz usw.; das macht ihre Bestimmung schwierig. Statt von „Religionsersatz" sollte man darum von religiösen Äquivalenten sprechen, die sich drei Bereichen zuordnen lassen: „Äußere" Formen (Geld, Konsum, Besitz, Macht), „innere" Formen (Selbstverwirklichung, Leistung, Erfolg) und Identifikationen mit Kulturphänomenen (Fußball, Popmusik, Heldenverehrung usw.).

Die RP insgesamt ließe sich begreifen als die plausible (d.h. angemessene und einsichtige) Überführung von objektiv gegebener christlicher Religionsgestalt (einschließlich ihrer Vollzüge) in subjektiv sinnvolle (bewusste, stützende, auf Freiheit und Offenheit bezogene) Religiosität, mit der unverfügbar bleibenden Absicht, Glauben als Vertrauenshaltung zu wecken. Um diese Überführung leisten zu können, muss die RP genauer als bisher wissen, welche „Attraktivität" christliche Inhalte und Praxis heute haben, was davon einleuchtet, hilft und heutigen Bedürfnissen entspricht, und was faktisch übernommen wird; ferner wie sich religiöses Interesse und religiöse Identifikationen erklären und fördern lassen. Anzunehmen ist, dass religiöses Interesse wie Interesse allgemein sich schlicht an der Beschäftigung mit dem „Gegenstand" entzündet und darum von der Qualität der Angebote abhängt, und eben nicht (nur) als Voraussetzung/Bedingung solcher Beschäftigung zu gelten hat. Religiöses Interesse entsteht bzw. wächst mit religiösen Erfahrungen.

Die Bereitschaft zu religiöser Identifikation und Lebensorientierung scheint deutlich rückläufig; sie hängen heute offensichtlich in hohem Maße an lebenspraktischer Plausibilität und an Erlebnis-Intensität. Als weitere Schwierigkeit kommt hinzu, dass religiöse und nicht-religiöse Selbst- und Fremddeutung heute nicht mehr übereinstimmen; deutlich „religiöses" Verhalten/Empfinden kann von den Betroffenen selbst ganz säkular beschrieben werden, säkulare Phänomene dagegen (etwa in der populären Kultur) erscheinen als religions-analog.

2. Religiöse Entwicklung durch religiöse Erfahrung

> „Jener geheimnisvolle Augenblick, der bei jeder sinnlichen Wahrnehmung vorkommt, ehe noch Anschauung und Gefühl sich trennen, wo der Sinn und sein Gegenstand gleichsam ineinander geflossen und eins geworden sind ... – ich weiß, wie unbeschreiblich er ist, und wie schnell er vorübergeht, ich wollte aber, ihr könntet ihn festhalten und auch in der höheren und göttlichen Tätigkeit des Gemüts ihn wieder erkennen. Könnte ich ihn doch aussprechen, andeuten wenigstens, ohne ihn zu entheiligen! ... Ich liege am Busen der unendlichen Welt: ich bin in diesem Augenblick ihre Seele ... Dieser Moment ist die höchste Blüte der Religion." (Schleiermacher 1981, 254f.)

Religiöse Erfahrung ist Anschauung, Erscheinung, Begebenheit, die von einem großen inneren Gefühl des Erwachens und der Einswerdung begleitet ist; ein intensiv gefühlter Moment, der ein atmosphärisches inneres Bild abgibt. Erst im Nachhinein lässt sich die Anschauung vom Gefühl trennen, und noch viel später setzt bewusste Reflexion ein, wie Schleiermacher an dieser bedeutsamen Stelle seiner „Reden" zeigt („Über die Religion", 1799).

Die Entstehung von Religiosität und ihre weitere Entwicklung lassen sich ohne religiöse oder wenigstens auf die Religion bezogene Erfahrung nicht verstehen. Sie sind abhängig von religiöser Veranlagung (z.B. Sensibilität), von diese fördernden bzw. anregenden Umfeldern (religiöse Sozialisation, → 2.4; 5), von spezifischen Anlässen (die eine religiöse Erfahrung, religiöse Nachahmung und Aneignung möglich machen, → 5.2; 10.4; 11; 13.3) und von religiösem Interesse (Neugier oder Suchverhalten, → 13.4,5; 16.5).

Eine *anthropologische Anlage* kann ähnlich verstanden werden wie die allgemeine Disposition zur Sprachfähigkeit oder wie musikalische Veranlagung, meint also keinen geheimnisvollen Sonderbereich. Als *Umfeld* lassen sich vor allem Elternhaus, Kindergarten, Kirche, Schule und nahe stehende Personen angeben. *Anlässe* sind kaum genauer bestimmbar; sehr häufig aber wird religiöse Entwicklung durch Personen und Symbolisierungen aus der bestehenden Religion (religiöse Sprache, Symbole, Mythen, Bräuche, Vollzüge, der Gottesbegriff usw.), aber auch durch existenziell bedeutsame Erfahrungen angestoßen. Die Nachahmung religiöser Vorgaben erfolgt automatisch, wenn sie angeregt und nicht gebremst wird. Religiöses *Interesse* wird offensichtlich durch ein förderliches Umfeld und entsprechende Angebote geweckt. Es kann explizit (wahrnehmbar) oder implizit sein (in Form einer Suche oder Sehnsucht). Es kann sich an Religion ebenso orientieren (z.B. Faszination buddhistischer Praxis oder religiöser Kunst) wie an Religiosität (z.B. spirituelle Erfahrungen) und an Profanem. Religiöses Interesse bleibt in unserem Kulturkreis heute weitgehend privat und darum kaum sichtbar.

Die Entwicklung von Religiosität geschieht in der Regel parallel zum Lebensalter. Es gibt typische Stufen der religiösen Entwicklung (→ 4.2–3). Generell gilt, dass religiöse Anlage *und* religiöse Sozialisation *und* religiöse Identifikation die Chance zu religiösem Bewusstsein ergibt (Ulrich Hemel), ferner zu religiöser Ausdrucks- und Verstehensfähigkeit. Eine erhebliche, bisher unterschätzte Rolle für die religiöse Entwicklung spielt die Einbildungskraft (Phantasie) (→ 13.4).

Entstehung und Entwicklung von Religiosität sind grundsätzlich an Erfahrung gebunden. Formen explizit religiöser Erfahrung sind innere Betroffenheitserfahrungen (wie etwa die Bekehrungserfahrungen im Pietismus oder die Konversion) oder nach außen hin wahrnehmbare Erregungen (wie bei Rausch und Ekstase). Sie sind die innere Resonanz eines oft unfassbaren Anstoßes oder Erlebnisses, etwa die einer göttlichen Präsenz und Macht, die in Verehrung und Anbetung umschlägt, oder einer mystischen Erfahrung des Einsseins mit dem Göttlichen oder dem Kosmos. Der Religionswissenschaftler Rudolf Otto hatte in seinem Buch „Das Heilige" (1917) die religiöse Erfahrung als Verbindung des „tremendum" (Erschrecken) und des „fascinans" (Erstaunen) beschrieben, zu dem immer auch das „Kreaturgefühl" (Empfindung der Abhängigkeit, des Geschaffenseins, des Sich-Vorfindens) gehört.

Religiöse Erfahrung lässt sich als eine Urerfahrung unbedingter Evidenz, d.h. unmittelbar überzeugender Einsicht beschreiben. Sie liegt darum als Kristallisationskern auch den großen Religionen zu Grunde (→ 17.1), in denen sich diese Urerfahrung in vielfache Gestaltungen hinein übersetzt hat, die diese Urerfahrung weitergeben und lebendig zu halten versuchen. Darum sind religiöse und ästhetische Erfahrung, die solche oder vergleichbare Gestaltungsformen wahrnehmen, schwer voneinander abgrenzbar; das zeigt auch die Nähe von Religion und Kunst (→ 19.4). Religion ist ein Erfahrungsphänomen; sie ist darum theoretisch schwer fassbar und zugänglich letztlich nur über praktische Beteiligung (→ 20.2). Schwer zu beantworten ist auch die Frage, ob das, was religiös erfahren wird, ein eigener „Wirklichkeitsbereich" ist. Religiöse Erfahrung lehrt allerdings, die Wirklichkeit als komplex und rational keineswegs so leicht fassbar zu verstehen, wie das der aufgeklärte Verstand in der Regel annimmt.

3. Religionspsychologie

Religionspsychologie als Zugang zur Religiosität

> Es „ist festzuhalten, daß die Theologie der empirischen Erkenntnisse der Humanwissenschaften bedarf, um sich von ihnen sagen zu lassen, wie konkrete seelische Befindlichkeiten den Alltag des Menschen beeinflussen und möglicherweise auch behindern können." (Beck 2003, 357)

Psychologie erforscht die „Seele" des Menschen. Auch wenn die Theologie hier eine Konkurrenz vermutet, muss sie selbst ein fundamentales Interesse an solcher Menschenkenntnis mitbringen. Die individualisierte Religion und die heutigen Fragen nach Heil, Sinn und Glück sind auf Erkenntnisse der Psychologie unbedingt angewiesen. Kaum eine Wissenschaft ist der Theologie so benachbart wie diese, abgesehen nur von Pädagogik und Ästhetik (→ 19.4). Für die RP hat Bernhard Grom ein „Psychologiedefizit" festgestellt. Neben der recht schematischen religiösen Entwicklungspsychologie (→ 4.3) werden trotz angemahnter Subjektorientierung kaum die gegenwärtigen Lebensfragen (nach Selbstwertgefühl, Belastungen, sozialem Empfinden usw.) einbezogen.

Die Psychologie hat sich ihrerseits immer wieder mit der Religion beschäftigt (→ 14.2; 17.1). Eine deutliche Nähe zwischen Religion und Psychologie zeigt sich bei Carl Gustav Jung, der das Unbewusste mit der Religion in Verbindung bringt; deren Symbole und Mythen sind für ihn Widerhall und notwendiges Umfeld einer gesund sich entwickelnden Psyche. Jung hielt die religiöse Einstellung jenseits der Lebensmitte für das zentrale psychologische Problem. Das „Selbst" als Ziel der „Individuation" (der Weg zur bewussten Ganzheit der Person) sah er als Symbol für die Erfahrung Gottes an (was aber keine Identifizierung meint). Eine vergleichbare Nähe zeigt sich auch bei Erik Erikson (Grundvertrauen und Identität, → 4.2) und bei

Heinz Kohut (das tiefe Bedürfnis des Menschen nach Liebe und Zuwendung und die Selbstwerdung, → 16.4).

„Gegenstand der Religionspsychologie ... ist die Religiosität des Menschen: die religiöse Erfahrung und ihre Ausdrucksformen, das religiöse Verhalten des einzelnen und von Gruppen." (Fraas ²1993, 9) Dazu gehören religiöse Vorstellungen, Haltungen, Handlungen und vor allem religiöses Erleben, ferner die lebensgeschichtliche Entwicklung (→ 4) und Persönlichkeitsbildung. Nach Grom untersucht sie (auf der positiven Seite der Religiosität) 1. religiöses Vertrauen im Sinne eines unbedingten Bejahtseins, das sich aus dem „Grundvertrauen" (→ 4.2) entwickelt, 2. dankbare Zustimmung, die sich aus einer positiven Lebenseinstellung entwickelt und zur Akzeptanz des eigenen Lebens und zu umgreifender Güte und Größe führt, 3. altruistisches Mitlieben („Nächstenliebe"), die aus prosozialem Empfinden entsteht und zu einer unbedingten Zuwendung zu allen und zu allem führt (Grom 2000). Schließlich bedenkt sie religiöse Fehlformen.

Klassisches Grundlagenwerk ist „Die Vielfalt der religiösen Erfahrung" von William James (1901). James versteht das religiöse Empfinden nicht als eigenständig, sondern ganz „biologisch" als „Enthusiasmus bei feierlicher Bewegtheit". Religion ist „die Gesamtreaktion eines Menschen auf das Leben" (ebd. 67); sie dient der *Steigerung des Lebensgefühls*. Religionspsychologie muss empirisch vorgehen mit der pragmatischen Frage nach den Folgen religiöser Einstellungen und Erfahrungen; im Zentrum stehen darum bei James Berichte von Bekehrungen, die als Gefühl der Gegenwärtigkeit, einbrechender Gnade, mystischen Einsseins beschrieben werden und zu unverrechenbar verschiedenen religiösen Typen führen.

Forschungsfelder der Religionspsychologie

Religionspsychologie erforscht und systematisiert also a) Entstehung und Entwicklung von Religiosität, b) ihre Erscheinungsformen und c) ihre gesunden und Fehlformen.

a) Die Entstehung und Entwicklung von Religiosität geschieht über Nachahmungen, Projektionen (die nicht Illusionen, sondern unverzichtbar sind. Beispiel: die kindliche Identifikation Gottes mit dem eigenen Vater) und innere Symbolisierungen. Der Prozess der Entwicklung und der Selbst-Werdung vollzieht sich von der symbiotischen Einheit mit der Mutter zu einem immer differenzierteren Weltverhältnis, das ein gereiftes Selbst mit immer größerer Freiheit verbindet; die Balance zwischen Bei-sich-selbst-Sein und Außenbezug, die sich immer weiter ausdifferenziert, ist dabei gleichbedeutend mit der Zunahme von Bewusstsein. Menschsein ist wesentlich Beziehung – zu sich selbst und zugleich zu einem prinzipiell immer schrankenloser werdenden Umfeld. In dieser Entwicklungsdynamik ist der religiöse Gedanke bereits präsent: der Mensch verdankt sich; und er ist auf ein Umgreifendes, letztlich nicht Erreichbares bezogen. Er lebt aus Beziehungen (vor allem zum eigenen Körper, nahen und fernen Menschen, zu Natur und Kultur), die er trotz aller eigenständigen Gestaltung als ihm vorgegeben erfährt. Echte Autonomie gibt es darum nur im Bezug. Höchste Möglichkeit des Menschseins ist die bewusste Hingabe. Religiöse Symbolisierungen spiegeln die Beziehungsstruktur eines Menschen.

b) Die Erscheinungsweisen der Religiosität reichen von der Naturreligion (Animismus, Magie, Fetischismus u.a. Formen) bis zur mystischen Erfahrung. Religiosität (also auch Glaube) entwickelt sich je nach Person, Situation und Prägung verschieden. Religiöse Prägungen sind durch ihre Relativität keineswegs „Illusion", sie zeigen lediglich die Bedingtheit aller Erfahrung.

Ein besonders stimmiges Grundmuster für verschiedene Religionsstile und -typen lässt sich in Anlehnung an die Typologie von Fritz Riemann (1978) entfalten, der eine „schizoide" und eine „depressive" Struktur, ferner eine „zwanghafte" und eine „hysterische" einander paarweise gegenüberstellt. Schizoide Charakterstruktur bedeutet die Angst vor Nähe und Abhängigkeit, die Betonung von Unabhängigkeit, Distanz und das Bedürfnis nach (intellektuellem, oft theologischem) Überblick und Neigung zur Sachlichkeit. Hier finden sich rationale oder skeptische Menschen mit geistigen Stärken, die Religion als Schicksal, Gott oft als allmächtigen Richter erfahren. Depressive Struktur (das Gegenüber zur schizoiden) bezeichnet die Angst vor Distanz und Alleinsein, darum die Suche nach Trost; die Abwertung des eigenen Selbst, Neigung zu Schuldgefühlen, Unbehaustheit und Sehnsucht nach Liebe führen zu romantischen religiösen Vorstellungen. Hier finden sich oft sensible Menschen mit Fähigkeit zur Hingabe, die zu mystischer Religiosität und Erlösungsvorstellungen neigen; Gott ist der große Weise. Zwanghafte Struktur zeigt Angst vor Veränderung und Vergänglichkeit, darum die Betonung von Ordnung, Gesetzlichkeit und Struktur und die Neigung zu innerem Druck und zur Tragik. Hier finden sich Genauigkeit liebende Menschen, die als Bewahrer von Sicherheit und Strukturen auftreten: sie sind die Wahrer von Recht, Zeremonie und Tradition in der Religion, neigen zur strengen Rechtgläubigkeit und zum Aberglauben; Gott ist für sie die Struktur der Welt. Hysterische Struktur (das Gegenüber zur zwanghaften) hat Angst vor Fixierung, Monotonie und Endgültigkeit, neigt zu Spontanität, schneller Begeisterung, Unverbindlichkeit, Abenteuer und zum Komischen. Hier finden sich lebendige, manchmal schauspielerhafte Menschen mit religiösem Charisma, aber auch pragmatische und flüchtige religiöse Bindungen; Gott ist für sie der erneuernde Geist.

c) Gesunde Religiosität steht immer *zwischen* Heimat, Geborgenheit, Gewissheit *und* Aufbruch, Bewegung, kritischer Erneuerung. Sie ist organisch mit dem Leben verbunden, etwa in Vorgängen der Heilung und Reifung, und bedeutet Entfaltung und Steigerung des Lebens. Gesunde Religiosität gibt es oft nur nach bewussten, oft schmerzlichen Ablösungsprozessen von alten Sicherheiten. Sie ist ausdrucks-, symbolisierungs- und kommunikationsfähig und führt zur echten Beziehung, die den Menschen über sich hinausführt und gleichzeitig bereichert.

Religiöse Fehlformen sind schwer eingrenzbar, bilden aber einen gewichtigen Untersuchungsbereich der Religionspsychologie. Religiöse Neurosen (Ängste, Übertreibungen, Verzerrungen) oder Wahnvorstellungen können regressive Schutzbedürfnisse befriedigen und die freie Entfaltung und Entwicklung des Menschen behindern. Verbreitet sind vor allem zwanghafte Formen, die durch Autoritätsmissbrauch oder durch Moralisierung oder Verzweckung der Religion zum Macht- oder Erziehungsmittel bedingt sein können. Tilman Mosers Buch „Gottesvergiftung" (1976) beschreibt eine derartige religiöse Zwangs- und Angstneurose und hat eine ganze Generation bewegt. Auch überzogene Formen der Askese (Selbstschädigungen, aber auch Leibfeindlichkeit oder sexuelle Verklemmung) und religiöse Fundamentalismen sind zwanghaft bedingt, denn sie dienen der Absicherung gegen unbewusste Ängste. Die Religionspsychologie kann hier zu der Einsicht führen, dass die (christliche) Religion im Kern genau auf die Ur-Ängste des Menschen (Alleingelassenwerden, Misserfolg, Entzug der Anerkennung, Unbehaustsein usw.) zu antworten versucht.

Auch die *Verdrängung* oder Verleugnung von Religion kann neurotisch sein. Sie macht sich dann häufig als primitive Gläubigkeit mit Ersatz-Charakter bemerkbar, z.B. in Konsum, Erfolgsausrichtung, Besitz- und Machtstreben, Überschätzung der Partnerschaft, Selbstüberschätzung, illusionären Lebensträumen, Vertrauen auf Versicherungen, gesteigerter Ordnungsliebe, Angst vor Veränderung usw., inzwischen immer häufiger auch in einer geradezu fanatischen Wissenschafts-Gläubigkeit (besonders ausgeprägt z.B. in Richard Dawkins' Bestseller „Der Gotteswahn"). Fehlendes Vertrauen in einen tragenden Grund wird auch hier durch vordergründige Sicherheiten ersetzt.

Die Religionspsychologie führt zu folgenreichen Grundeinsichten für die RP:

1. Es gibt keine objektivierbaren theologischen Erkenntnisse. Sie sind grundsätzlich abhängig von Interessen, Bedürfnissen, dem Unbewussten, von subjektiv verschiedenen Erfahrungen. Hier ist die Frage nach dem Wirklichkeitsbezug der RP gestellt – der an subjektiver Evidenz nicht vorbeikommt.

2. In der religiösen Praxis (auch im Glauben) geht es grundlegend nicht nur um Stabilisierung, sondern immer auch um Veränderungsprozesse, verändernde Einsichten und Erfahrungen, Umkehr, Neuanfang und Perspektivenwechsel, Buße, Reife und Bewusstwerdung – also um umfassende Formen des Lernens.
3. Religiosität ist in einer schwer bestimmbaren Weise auf gestalthaft vorgegebene Religion bezogen: sie nimmt sich ihre Anstöße und Erfahrungen grundsätzlich aus deren Symbol-, Sprach-, und Deutungsvorrat. Religiöse Erfahrungen sind aber auch unabhängig von gegebener Religionsgestalt möglich.
4. Sinn der Religionspsychologie für die RP ist keine „Psychologisierung" von religiösen Inhalten, sondern Transparenz. Psychologie fragt grundsätzlich nach den verdeckten, d.h. unbewussten Motiven hinter allem Verhalten, Denken und selbst hinter dem Empfinden. Sie ermöglicht damit Einsicht in die unbewussten Anteile von religiösen Standpunkten und Kommunikationen, in Absicht, Sinn und Nutzen religiöser Tradition und in die Bildstruktur religiösen Erlebens und religiösen Verstehens.

4. Religiosität von Männern und Frauen

„Jungen zeigen in ihrem Verhalten in der Klasse und auf dem Pausenhof vorwiegend einen an Konkurrenz und Durchsetzungsvermögen orientierten Umgangsstil. Sie gebrauchen z.B. eine offenere und raumgreifendere Körpersprache als Mädchen, stellen Regeln auf oder belegen Mädchen mit sexuell anzüglicher Fäkalsprache. Die meisten Mädchen reagieren auf diese ‚Anmache' entweder mit Rückzug oder mit Anpassung. Überhaupt agieren sie eher ruhig und konsensorientiert." (Riegel/Ziebertz in Hilger u.a. 2001, 362)

Diese allgemeine Bemerkung zum Geschlechtsunterschied lässt sich auf die Differenz der Religiosität zwischen Mädchen und Frauen und Jungen und Männern übertragen. Auffällige Unterschiede zeigen sich etwa in der Gottesauffassung bei Jugendlichen: Mädchen haben eher eine Beziehung zu Gott, die von Gespräch und Vertrautheit gekennzeichnet ist; Jungen empfinden eher seine Allmacht und Größe. Die Erforschung solcher Zusammenhänge ist im Zuge der feministischen Theologie entstanden, steht aber noch am Anfang. Sie untersucht soziokulturelle Zuschreibungen und Prägungen, Rollenmuster, Verhaltensspielräume der Geschlechter („gender" im Gegensatz zum engl. Begriff „sex", d.h. biologisches Geschlecht). Frauen gehören empirisch oft dem depressiven religiösen Typ an, sie sind anhänglicher und liebesfähiger als viele Männer. Dem widerspricht nicht, dass sie in Sachen Disziplin oder Partnersuche oft den Ton angeben (→ 16.2).

In der Religionssoziologie kam es zu ersten empirischen Forschungen geschlechtlich unterschiedlicher Auffassungen von Religion in den 1990er Jahren. Die religiöse Einstellung (Gebet, Kirche, Gottesdienstbesuch usw.) hat bei Frauen meist deutlich höhere Werte (20–50% mehr als bei Männern). Ihr Verständnis von Religion ist metaphorischer und symbolischer; Versöhnung, Liebe, Mitgefühl und Geborgenheit sind ihnen deutlich wichtiger als den Jungen und Männern, die tendenziell eher in Kategorien des Einflusses (Kraft, Stärke, Macht), der Unabhängigkeit und der Sicherheit denken. Die weibliche „Affinität" zu Religiosität überhaupt ist so deutlich, dass Bernhard Grom bereits davon ausgeht, dass die Förderung allgemeiner weiblicher Merkmale Religiosität fördert, während die der männlichen für die Entwicklung von Religiosität eher hinderlich ist (^{5}2000, 288). Erklärungen befinden sich noch im Anfangsstadium. Diskutiert werden Veranlagung (Vererbung), soziale Beeinflussung und psychologische Projektionen.

Feministisch orientierte RP (H. Kohler-Spiegel, R. Köcher u.a.) fragt nach der Rolle der Frauen in der Religion und nach den „geschlechtsspezifische(n) Besonderheiten religiöser Sozialisation" (Grom ebd. 280). Viele biblische Frauengestalten sind für heutige Frauen Identifikationsfiguren; es gibt bedeutende Mystikerinnen, und bis heute wird ein Großteil der Arbeit in den Gemeinden von Frauen geleistet (nach Schätzungen: 70%); sehr viele Frauen arbeiten als religiöse Erzieherinnen (Mütter, Kindergärtnerinnen, Grundschullehrerinnen). Warum bleiben die wichtigen religiösen Ämter aber in der Regel den Männern vorbehalten? Gott hat bereits im Alten Testament durchaus mütterliche Züge; das Gottesbild Jesu ist zwar als Vater tituliert, aber auch hier ist kein machtvoller Despot, sondern ein liebender, mitleidender Vater gezeigt, dem vertraut werden kann. Insgesamt sollte Gott von ausschließlich männlichen Vorstellungen abgelöst werden; diese sind entwicklungsbedingt und vorübergehend wohl sinnvoll, ein angemessenes Gottesverständnis geht aber darüber hinaus.

Die feministische RP übernimmt aus der feministischen Theologie die Kritik am patriarchalen theologischen Denken und kirchlichen Strukturen, an Leibfindlichkeit und Gefühlsverschlossenheit. Sie geht davon aus, dass religiöses Erleben und Entwicklung von Mädchen und Frauen anders als die von Jungen und Männern verlaufen. Auffallend ist, dass auch bei Mädchen und Frauen (vor allem in den Zeichnungen von Kindern) das Gottesbild, wenn anthropomorph dargestellt, weit überwiegend männlich ist. Die Ergebnisse zeigen, dass der „weiblichen Seite" der Religion mehr Aufmerksamkeit geschenkt werden muss.

5. Spiritualität als religionspädagogisches Thema

> „Mir scheint, daß sich gegenwärtig ... die Frage nach dem eigentlich Christlichen elementar mit der Frage nach dessen Gestaltwerdung im Leben verbindet." (Ruhbach 1987, 19)

Entfaltete Religiosität ist nicht denkbar ohne spirituellen Ausdruck, spirituelles Interesse und spirituelle Praxis. Spiritualität ist Religion als „Handwerk" (Manfred Josuttis), die bewusst praktizierte Seite der Religion. Sie hat eine klar bestimmbare Methodik, verweist gerade in dieser Methodik aber auf das Unverfügbare. Spiritualität gibt es nicht ohne Übung. Sie führt ein bestimmtes Wirklichkeitsverständnis und -bild mit sich.

Der Begriff Spiritualität bezeichnet sowohl gelebte, phänomenologisch beschreibbare Formen von Frömmigkeit, als auch eine Einstellung. Er löst den christlichen Begriff der „Frömmigkeit" (Einstellung und Praxis des Glaubens) ab und ist heute allgemein gebräuchlicher Ausdruck für persönliche religiöse Ausdruckshaltung, Suche und Entfaltung. Das spirituelle Wirklichkeitsverständnis steht einer funktionalen, technisierten Welt gegenüber und denkt in umfassenden, „ganzheitlichen" Kategorien, die neben der Vernunft vor allem die Sinne mit einbeziehen und auch für übersinnliche Erfahrungen offen sind. Das Interesse an Spiritualität (u.a. an buddhistischen Formen) ist derzeit hoch. Es lässt sich als Gegenbewegung zu Unübersichtlichkeit, Ungeborgenheit, mangelnder Emotion und Vitalität begreifen (→ 15.1–2; 16), aber auch als Folge einer Enttäuschung durch die traditionellen Religionsformen. Spiritualität ist individuell frei und mit besonderen Erlebniserfahrungen verbunden.

Spirituelle Übungsformen sind immer eine (mit bewusstem Verzicht verbundene) Konzentration auf wenige und elementare Lebensvollzüge, die das wache Bewusstsein religiöser Erfahrung und Gestimmtheit anzielen. Wer wenig isst, auf den Atem hört, immer geradeaus geht usw. kann in diesen schlichten, oft als befreiend erfahrenen Vollzügen ein neues Gespür für das eigene Leben entwickeln und entsprechende Kräfte freisetzen.

Grundformen der Spiritualität lassen sich den Wahrnehmungsarten Sehen, Hören, Gehen und Träumen zuordnen. Zu ihnen gehört als zentrale Form der bewusst und rituell vollzogene Atem (Meditation), bei dem regelmäßige Anspannung und Entspannung zu innerer Ausgeglichenheit und der Empfindung führen: „Es" atmet mich; hier zeigt sich eine Tendenz zur Erfahrung des Göttlichen. Eine weitere wichtige Form ist die Askese (Fasten, Enthaltsamkeit), die sich als Reinigung und Vorbereitung für alle religiösen Bewusstwerdungsprozesse verstehen lässt.

Spezifisch christliche Formen sind Gebet, Traum, Wallfahrt (Pilgerschaft), gottesdienstliche Liturgik, Segenshandlungen (die als Zuspruch von Kraft erfahren werden) usw. Christliche Spiritualität ist konfessionell unterschiedlich ausgeprägt. Evangelische Tendenzen sind schlicht und auf Wort und Musik zentriert; sie zeigen sich in Bibellektüre, Predigthören, Gemeindegesang und einer entfalteten Kirchenmusik. Katholische sind eher auf sinnlich-mystische Wahrnehmung bezogen, weihevoll und feierlich, etwa in der Messfeier (Kirche gilt hier als corpus mysticum), der Verehrung von Heiligen und der Maria, in spezifischen Formen wie Rosenkranzgebet, ignatianischen Exerzitien usw. Die orthodoxe Spiritualität kennt vor allem die Ikonenverehrung und eine reich ausgeprägte Liturgie. Eine interessante Mischform aus allen drei christlichen Konfessionen stellt die Spiritualität von Taizé mit ihren Kerzen, Ikonen, litaneiartigen Gesängen, Predigten und Gemeinschaftserfahrungen dar. In der Theologie wird die (christliche) Spiritualität kaum beachtet, obwohl sie doch eigentlich als Kern gegenwärtig gelebter Frömmigkeit gelten kann. Hier besteht dringender Nachholbedarf.

Spiritualität ist abhängig von Anleitung und Übung. Sie fördert Achtsamkeit und kommt der Sehnsucht nach Präsenz, intensivem Spüren und wacher Wahrnehmung entgegen. Sie kann zu Gelassenheit führen, einem Freisein von allem, was in Beschlag nimmt. Nach Meister Eckhart ist echte und tiefe Gelassenheit die Bedingung und zugleich die Gewissheit dafür, dass der Mensch von Gott erfüllt wird.

Spirituelle Kompetenz kann neben der liturgischen als *religionspädagogische Grundkompetenz* gelten. Denn Religion kann eigentlich nicht verstanden und entsprechend nicht gelehrt und gelernt werden ohne den Vollzug religiöser Praxis. Für die RP ist Spiritualität deshalb von besonderer Bedeutung, weil sie als Niederschlag der Vollzugslogik der Religion verstanden werden kann, die den Zugang zur Religion möglich macht wie nichts sonst. Im RU sind inzwischen Stilleübungen eingeführt, die einen ersten spirituellen Anfang bilden, an dessen fernem Ende mystische Erfahrungen stehen können.

Zusammenfassung

Die fortschreitende Individualisierung führt dazu, dass Religion als vorgegebene Lehre und Institutionsgestalt zunehmend abgelehnt wird, Religiosität – verstanden als spirituelle Erfahrung, religiöse Haltung und Einstellung – aber immer mehr interessiert. Die Ermöglichung und Förderung religiösen Lernens und religiöser Entwicklung durch religiöse und spirituelle Erfahrung und deren religionspsychologische Erforschung (einschließlich geschlechtlich bedingter Differenzen) werden zu gewichtigen Arbeitsfeldern der RP.

Literatur: Zu 1: LexRP, Art. „Religiosität". Zu 2: U. Hemel 1986. Zu 3: W. James 1901 – B. Grom 2007 – H.-J. Fraas 1993 – B. Grom 2000 – H.-J. Fraas in Ritter/Rothgangel 1998, 118–131 – A.A. Bucher in IJPT 3 (1999), 94–126 – PrTh 35 (2002) Heft 2 (Themenheft Psychologie, Religion, Theologie). Zu 4: B. Grom 2000, 280–290 (Kapitel 8) – H. Kohler-Spiegel in Ziebertz/Simon 1995, 204–221 – S. Becker 1995 – A. Pithan u.a. 1997 – EvErz 45 (1993) Heft 4: (Themenheft feministische RP). Zu 5: G. Ruhbach 1987 – M. Josuttis 2002.

19 Religiöse Bildung

„Das Leben bildet ... Tatsächlich bildet, d.i. veredelt [den Menschen] jedoch nur weniges, fast nichts." (von Hentig 1996, 11 und 16)

„Religiöse Bildung bedeutet erstens die Einsicht in die lebenspraktische Unumgänglichkeit religiöser, in der Unbedingtheitsdimension sich bewegender Sinnreflexion und zweitens gesteigerte Urteilskompetenz in der lebensdienlichen Wahl und somit dem individuellen Aufbau ihrer semantischen Gehalte. Es geht nicht um wahre oder falsche, wohl aber um mehr oder weniger sinnvolle, mehr oder weniger lebensdienliche, eine sinnhafte Kohärenz in der Lebensführung stiftende Deutung von Wirklichkeit." (Gräb in Faßler u.a. 1998, 157)

„Bildung" wird als Begriff derzeit für schulische Systeme und als Synonym für Wissen, Vernunft und kritische Problemorientierung gebraucht. Damit aber ist wenig anderes als die simple Idee von *Erziehung* zum rationalen Denken und berufsbezogener *Aus*bildung gemeint, die weder die Voraussetzungen, noch den Sinn, noch die bedeutsame Tradition einer Bildung kennt, die diesen Namen wirklich verdient.

Das *Leben* bildet, und zu ihm gehören sehr viel weitere und andere Dimensionen als Verstand und angemessenes Funktionieren: Gefühl, wache Wahrnehmung, Interesse, Bereitschaft, Kultiviertheit usw. Bildung betrifft den einzelnen Menschen; sie ist darum nicht denkbar ohne die *Motivation* zu ihr, ohne das Wissen um geeignete Anlässe (die wesentlich, aber keineswegs ausschließlich aus dem Bereich der gestalteten Kultur kommen), ohne ihre individuelle Unverrechenbarkeit und Nicht-Funktionalisierbarkeit (Bildung ist immer *Selbst*-Bildung) und nicht ohne ihren tiefen Bezug zu je subjektiver Bedeutung, Sinnerfahrung und zur Religion.

Bildung ist nicht aufgeklärtes Denken – ihre hohe pädagogische Bedeutung hat sie gerade in ihrer Entfaltung *gegen* das Vernunft- und Erziehungsdenken der Aufklärung erfahren. Gemeinsam mit der Vergleichbarkeit von Religion, Bildung und Kunst, die den Bereich persönlichster Betroffenheit und Entfaltung bezeichnen, liegen hier für die RP höchst bedeutsame Zusammenhänge vor, die über das Verständnis und die Ziele religiösen Lernens entscheiden.

1. Was ist Bildung?

„Die Antwort auf unsere behauptete oder tatsächliche Orientierungslosigkeit ist Bildung – nicht Wissenschaften, nicht Information, nicht die Kommunikationsgesellschaft, nicht moralische Aufrüstung ... Für die Bestimmung der Bildung, die dies leistet, sind die Kanonisierung von Bildungsgütern, die Entscheidung für ein bestimmtes Menschenbild, die Analyse der gegenwärtigen und zukünftigen Lebensverhältnisse (zur Ermittlung der geforderten ‚Qualifikationen') gleichermaßen untauglich." (v. Hentig 1996, 11)

Bildung ist Antwort auf zerbrechende Selbstverständlichkeiten. Sie ist darum heute, in einer pluralen und individualisierten Welt (→ 14;15), so aktuell wie zu Zeiten der Aufklärung, die die Menschen von alten Verbindlichkeiten und Gewohnheiten befreite. Individualisierung erfordert Bildung: die Lebensaufgaben müssen heute selbst gestaltet werden. Dazu braucht es zwar immer eine gute Erziehung, mehr noch aber Selbstbewusstsein, Kreativität, Gespür, einen weiten Horizont und gute Ideen, d.h. die Befähigung dazu, das eigene Leben in die Hand zu nehmen und zu gestalten.

Bildung verträgt darum (anders als Erziehung) keine vorgegebenen Ziele, sondern braucht Anlässe und „Maßstäbe". Zu letzteren zählt Hartmut von Hentig die Abwehr von Unmenschlichkeit, die Wahrnehmung von Glück, die Fähigkeit und den Willen sich zu verständigen, das Bewusstsein von der Geschichtlichkeit der eigenen Existenz, Wachheit für letzte Fragen und die Bereitschaft zu Selbstverantwortung und Verantwortung in der Öffentlichkeit (ebd. 75) – ein bemerkenswerter Katalog, zu dem ersichtlich nicht erzogen werden, und für den die Ausbildung einer kritischen Rationalität nur sehr bedingt verhelfen kann. Wo wird die institutionalisierte „Bildung" (vor allem die Schule) heute auf solche Maßstäbe hin ausgerichtet? Sie sind im gängigen Bildungsbetrieb eher Störungen und „Abfallsprodukte", die sich zwar durchaus einstellen sollen, faktisch aber dem Zufall überlassen bleiben. Schlimmer noch: Bildung ist heute zur Ausbildung degeneriert, die auf die persönlichen Belange, die vielgestaltige Bereicherung und freie Entfaltung der Individuen keinerlei Rücksicht mehr nimmt, sondern sie eher ökonomischen Zwecken unterwirft. „Aus Bildung ist ein Instrument gesellschaftlicher Konditionierung geworden." (ebd. 50) Der ursprüngliche Sinn der Bildung ist damit in sein glattes Gegenteil verkehrt. Begriffszusammensetzungen wie Bildungseinrichtungen, Bildungspolitik, Bildungspläne verweisen auf eine Institutionalisierung von „Bildung", die im Prinzip funktionale Zurichtung, nicht Entfaltung bedeutet.

Bilden ist immer Sich-bilden. Das verträgt keine vorgeordneten Autoritäten und keine festen Zielangaben – ganz dem entsprechend, wie das Leben sich in einer pluralen und freien Welt vollzieht und vollziehen muss. Bildung braucht allerdings Anlässe, d.h. Anstöße und motivierende Förderung, und sie kann nicht ohne die maßgebliche Beteiligung der Ein-Bildungs-Kraft und ohne innere Motivation gedacht werden: „‚Anlässe für *Einsicht* und *Freude*' – dies scheint mir die knappste Formel für das zu sein, was wir den ... Menschen schulden, damit sie zu sich bildenden Subjekten werden können." (ebd. 74). Zu solchen Anlässen zählt von Hentig – in deutlichem Unterschied zu den gängigen Bildungstheoretikern – Geschichten (vor allem mythologische und religiöse), Sprache und kultiviertes Gespräch, Theaterspiel, Naturerfahrung, das Feiern von Festen und Musik. An diesen können sich Menschen ihren Anlagen nach entfalten und entwickeln.

Bildung meint die Entfaltung der Person. Andernfalls sollte man nicht von Bildung sprechen! Solche Entfaltung ist (wenn sie echt ist) immer verbunden mit Auswirkungen nach außen hin – auf das Umfeld des Gebildeten und auf die Gesellschaft. Bildung kann aber nicht bei der Gesellschaft ansetzen – das wäre immer Sozialisation oder Erziehung. Erziehung muss der Bildung zwar immer vorausgehen. Entfaltung aber verträgt keine normierten Vorgaben, das also, was in der Erziehung die Regeln, Lerninhalte, anvisierte Kompetenzen und Curricula sind; Bildungsinstitutionen und (berufliche) Ausbildung können zur Bildung eines Menschen beitragen, sie aber nie garantieren und oft genug nur verfehlen.

Bildung ist sowohl ein Prozess als auch dessen Ergebnis. Sie geschieht grundlegend über die Wahrnehmung der Sinne: Sensibilität, Empfänglichkeit, Offenheit, Aufnahmebereitschaft sind deren Grundlage; Rationalität ist durch solche Wahrnehmungsprozesse bedingt und baut auf ihnen auf (→ 13.5). Es gibt keine Bildung ohne gesellschaftliche bzw. politische Verantwortung und ohne kritische Rationalität. Sie sind logische Folge und notwendiger Ausdruck echter Bildung. Es ist aber ein prekäres Missverständnis, wenn – wie sehr verbreitet – Verantwortung und Rationalität mit Bildung *gleichgesetzt* werden (denn es gibt sehr rationale, sehr ungebildete Menschen) oder wenn gar davon ausgegangen wird, Bildung sei über Rationalität *anzubahnen* (die mag Bildung stimulieren, nie aber wirklich begründen). Sie geschieht also nicht über Problembewusstsein, sondern weit eher über Evidenzerlebnisse.

Bildung ist nicht denkbar ohne die Kommunikation und das Erleben von *Bedeutungen* und ohne *Sinn*verstehen. Sie ist das nur als tiefe Emotion zu verstehende Bewusstsein davon, dass wir – trotz aller eigenen Initiative – von Vorgaben und Beziehungen leben, die wir selbst nicht garantieren, sondern nur annehmen können. Hier hat Bildung einen offenen Rand hin zur Religion.

Gebildet ist ein Mensch, der interessiert daran ist, „wie die Welt aus anderen Augen aussieht", dem das Fremde als Bereicherung gilt, der über

Neugier verfügt und über ein Selbstwertgefühl, das er nicht aus dem Vergleich mit anderen beziehen muss, der eine persönliche und differenzierte Sprache spricht, und der *genussfähig* ist (Merkmale nach Spaemann, zit. v. Hentig 22f.). Bildung ist Kultiviertheit, Empfänglichkeit und wacher Sinn. Solche Merkmale entstehen nicht automatisch, sondern setzen eine förderliche, d.h. kultivierte Umwelt voraus, die die Anstöße zu einer entsprechenden Entfaltung gibt, und das Interesse dessen, der sich bildet. Sie lassen sich – anders als bei Erziehung – nicht systematisieren und operationalisieren. Der Bildungsgedanke stellt den größten denkbaren Einspruch gegen die Funktionalisierung des Menschen und gegen Ideologie überhaupt dar. Darum kann Bildung fast gleichgesetzt werden mit Menschwerdung.

2. Der Bildungsbegriff in der RP

Lange hat man den Bildungsbegriff vermieden; er war durch das Bürgertum allzu sehr in Verruf geraten. Inzwischen aber ist er als grundlegende Kategorie in der RP wieder eingeführt. Bezugnahmen zur pädagogischen Bildungstheorie und zu den Bildungsinstitutionen sind inzwischen eine Selbstverständlichkeit. Bildung gilt als unverzichtbar, bisweilen sogar als Grundbegriff der RP insgesamt. Demgegenüber fällt auf, dass der Bildungsgedanke in keiner einzigen Gesamtdarstellung der RP eigens reflektiert wird (Einzige Ausnahme ist die neue 5. Auflage des Kompendiums von Adam und Lachmann [5]1997, wo ein Kapitel „Religiöse Bildung als Aufgabe der Schule" neu aufgenommen ist).

Populärster pädagogischer Bildungsdenker war Wolfgang Klafki, der die Pädagogik für mehrere Jahrzehnte bestimmt hat und zum Vorbild der RP wurde, obwohl er weder die ästhetische Grundstruktur von Bildungsprozessen, noch die Religion bedenkt und auch der Entfaltung des Individuums keinerlei zentrale Bedeutung zumisst. Stattdessen geht Klafki von *gesellschaftlichen* Problemstellungen aus, gegen die die Klassiker die Bildungsidee gerade gewendet haben (s.u.). Plausibel und dem Denken der Klassiker gemäß ist seine Grundformel: „Bildung ist Erschlossensein einer dinglichen oder geistigen Wirklichkeit für den Menschen, aber auch zugleich: Erschlossensein dieses Menschen für diese seine Wirklichkeit" (Klafki [5]1996, 43), die zu einer „kategorialen Bildung" wird, d.h. zu Strukturen vernünftigen und übertragbaren Verstehens. Solche Bildung wird nach Klafki durch „epochaltypische Schlüsselprobleme" erreicht, an denen im didaktischen Sinne das Elementare und Fundamentale dargestellt werden kann – also nicht mehr an fest vorgegebenen Inhalten. Klafki bearbeitet damit allerdings nicht die Fragen von Individuen („Bildungsfragen sind Gesellschaftsfragen") und kann auch keine Auskunft darüber geben, wer eigentlich über die zu thematisierenden Probleme bestimmt. Die Rolle von Kultur (Kunst, Stil, Geschmack), Motivation und individueller Erfahrung für die Bildung wird nicht bearbeitet. Darum trägt Klafkis Denken eher die Züge einer Sozialisationstheorie.

Den wichtigsten Anstoß zur Neuaufnahme des Bildungsbegriffs in der RP hat Karl-Ernst Nipkow gegeben; er hat ihn zu einer Grundlage seines Denkens gemacht. Nipkow orientiert sich in vielem an Klafki. Religiöse Bildung bedeutet für ihn die Balance zwischen der christlichen, in der kirchlichen Überlieferung präsent gehaltenen Glaubens-„Identität" und ihrer gesellschaftsöffentlichen „Verständigung" (vgl. den Titel der von Nipkow maßgeblich gestalteten Denkschrift, → 6.4). Nipkows Bildungsdenken ist – anders als das der Klassiker (s.u.) – an aufgeklärter Rationalität und an den Bildungsinstitutionen, vor allem an der „Bildungsmitverantwortung" der Kirche interessiert, die „mehrperspektivisch" entfaltet, aber nur aus einer intern überzeugenden Sicht heraus begründet wird. Nipkow verwendet „Bildung und Erziehung" fast synonym. Religiöse Bildung sei auf eine „kritische" Religiosität angewiesen. Die Frage nach Sinn und Bedeutung der Religion für die persönliche Entfaltung kann für diese Position, die Bildung als Mündigkeit, Urteilskraft und Verständigungsfähigkeit versteht, nicht das zentrale Feld abgeben. Darum steht auch ihre Plausibilität unter heutigen Bedingungen in Frage.

Eine bedeutsame Weiterführung hat Peter Biehl vorgelegt. „Bildung vollzieht sich auf dem langen Weg über die sinnvermittelnden Objektivationen und Symbole der Kultur. In dieser Perspektive ist der Bildungsvorgang als Verstehensprozess zu begreifen. In ihm wird der vorgegebene Sinn reflexiv wiederangeeignet oder kritisch abgewiesen." (Biehl in EvErz 43/1991, 577f.; dort mehrere Kursivsetzungen) Bildung ist also angewiesen auf Anstöße „von außen", und die Religion lässt sich hier als Anstoß gut zurechnen. Auch Biehl spricht gern von „kritischer" Bildung, die zwar an Erfahrung (besonders an „Schlüsselerfahrungen") gebunden ist, immer aber auch mit rationalem Denken in Verbindung bleibt. Wer die Gehalte und Symbole der Kultur erschließen will, ist ferner auf deren genaue *Wahrnehmung* angewiesen – an dieser Stelle bemerkt Biehl als erster den Zusammenhang von religiöser Bildung und Ästhetik, dem er selbst auch ausführlich nachgegangen ist.

Ein engagierter Vertreter des Bildungsgedankens in der katholischen RP ist Rudolf Englert. Er geht davon aus, dass Glaubensgeschichte und Subjektwerdung unter modernen Zeitbedingungen nicht mehr getrennt nebeneinander herlaufen können. Darum muss die RP sie so fördern, dass sie als Bildungsprozesse erinnert werden können. „Plausibilität" ist für Englert eine grundlegende Kategorie. In der religiösen Erwachsenenbildung müssen darum die Erkenntnistätigkeit des Subjekts und die „Relevanz der Alltagswelt" beachtet werden. Erwachsenenbildung muss lebensweltorientiert und teilnehmerbezogen arbeiten. Die RP kann sich generell nicht mehr als Glaubensweitergabe verstehen, sondern muss der religiösen Bildung der Menschen zuarbeiten.

Erst allmählich gewinnt der Bildungsbegriff in der RP Kontur und beginnt sich von Rationalität, Verständigungsfähigkeit und kritischer Mündigkeit (die zwar Anteile von Bildung sind, aber eigentlich *Erziehungs*ziele darstellen) zu unterscheiden. Bildung muss konsequent als Entfaltung der Person gedacht werden, wenn sie nicht durch Erziehung und Sozialisation ersetzbar sein soll. Das verlangt von der RP offenbar immer noch eine Umorientierung.

Inzwischen ist man sich weitgehend einig: Die RP kann die Vermittlung der religiösen Tradition nicht mehr so betreiben, dass die Subjekte als deren „Adressaten" und Empfänger gesehen werden, ihre Bedürfnisse, Alltags-Erfahrungen und Lebensorientierung aber außen vor bleiben. Religiöse Emotionen, Betroffenheiten und Interessen und deren Sinn für die einzelne Person müssten plausibel und lebensbezogen herausgearbeitet und in nachvollziehbarer Weise der Bildung der Menschen zugeführt werden.

3. Die Bildungstheorie der Klassiker

„Der wahre Zweck des Menschen – nicht der, welchen die wechselnde Neigung, sondern welchen die ewig unveränderliche Vernunft ihm vorschreibt – ist die höchste und proportionierlichste Bildung seiner Kräfte zu einem Ganzen. Zu dieser Bildung ist Freiheit die erste, und unerlässliche Bedingung. Allein ausser der Freiheit erfordert die Entwicklung der menschlichen Kräfte noch etwas anderes, obgleich mit der Freiheit eng verbundenes, [nämlich eine] Mannigfaltigkeit der Situationen. Auch der freieste und unabhängigste Mensch, in einförmige Lagen versetzt, bildet sich minder aus." (Humboldt 1903, 106; orthograph. angepasst)

Diese berühmten Sätze von 1792 beschreiben Bildung als die freie und verantwortete *Entfaltung* des Menschen durch Selbsttätigkeit, die durch *Anregung* zwischen Selbst und Welt, zwischen Individuum und Gesellschaft geschieht. Bildung ist also die *Selbstverortung* des Menschen in den spannungsreichen Bezügen des Lebens, ja sie ist der *Sinn* („Zweck") des menschlichen Lebens überhaupt. Sie kann nur in Freiheit gedeihen, die in Zeiten vollbrachter Aufklärung Bedingung und Anlass zugleich für die Bildung ist. Bildung antwortet also auf die große Herausforderung, die den Menschen aus alten Bindungen, Gewohnheiten, Traditionen und Gewissheiten in eine

Situation entlassen hat, in der alle Horizonte offen und die Möglichkeiten der Gestaltung prinzipiell unendlich geworden sind.

Bildung ist die Entfaltung des Menschen, seiner immer schon mitgegebenen Anlagen, zu einer größtmöglichen Blüte. Vielfältige Anlässe führen zu größtmöglicher Entfaltung. Je *verschiedener* die Menschen sind und sich entwickeln, desto besser für sie und für das Gemeinwesen, das nur so zu größtem Reichtum kommt. Eine bemerkenswerte Idee! Menschen, die sich frei entfalten können, stellen in der Tat ihre Fähigkeiten und Interessen gerne dar und bringen sie vor anderen ein. Freigabe und Anregung sind darum die zentralen Stellen moderner Pädagogik – und nicht Wissensvermittlung und Vernunftschulung. Nur so lassen sich auch *Antrieb und Motivation* begründen. Bedingung jeden sinnvollen Lernens: „Alle Kraft setzt Enthusiasmus voraus ... Was nicht von dem Menschen selbst gewählt, worin er auch nur eingeschränkt und geleitet wird, das geht nicht in sein Wesen über." (ebd. 114/118) Der Dichter Friedrich Schiller (der mit Humboldt befreundet war) hat diese pädagogisch wie menschlich höchst bedeutsame Einsicht auf ein psychologisches Fundament gestellt: „Der gebildete Mensch macht die Natur zu seinem Freund" – das heißt, er verdrängt oder diszipliniert seine „Triebe", modern gesprochen: seine Bedürfnisse nicht; im Bildungsprozess müssen Triebe und Vernunft vielmehr so zusammen kommen und ineinander greifen, dass der *ganze* Mensch in Motivation und Lust zur Entfaltung seiner selbst kommt. Nach Schiller geschieht das nirgends sonst so wie im Spiel, das für alle Bildungsprozesse eine tragende Bedeutung hat (→ 20.3).

Humboldt antwortet mit seiner Bildungstheorie auf die mit der Aufklärung gegebene Wendung der Traditionsorientierung zur Subjektivierung des Weltbezugs: wenn Lebensorientierung und Weltdeutung nicht mehr durch autoritativ vorgegebene Tradition erfolgen kann, muss jeder Mensch selbstbewusst und autonom selbst sein Leben gestalten. Bildung geht also (ebenso wie die Religion, was Humboldt aber nicht gesehen hat) zunächst und zutiefst die einzelne Person an und muss grundsätzlich kritisch gegen die Institutionen gerichtet sein. Diese können nur den Rahmen garantieren, Bildung selbst aber nie herstellen.

Interessanterweise hat der Bildungsbegriff, der zu den geistesgeschichtlich bedeutsamsten überhaupt gehört, eine religiöse Wurzel. Meister Eckhart hat ihn aus dem Gedanken des Menschen als „Ebenbild" Gottes (Gen 1,26) abgeleitet, der seinem ganzen religiösen Denken zu Grunde liegt. Nach Eckhart setzt jede Bildung eine Entbildung voraus, also das Freiwerden von geprägten Vorstellungen. Dann erst, wenn der Mensch ganz „gelassen" und „abgeschieden" ist, kann er die mystische Erfahrung der „Gottesgeburt" in der Seele machen, die ihn Gott hinter allen Begriffen, Bildern und Denkvorstellungen erkennen lässt; er wird dann ein wahrhaft gebildeter, d.h. nach dem Bild Gottes geformter Mensch, der Gott in und hinter allen Dingen wahrzunehmen lernt. Das meint keineswegs eine ekstatische Erfahrung in der Klosterzelle – sondern ein umfassendes Bewusstwerden, das jedem Menschen offen steht und sich (modern gesprochen) in Hingabefähigkeit und Souveränität äußert.

Nach der Aufklärung hat erst Friedrich Schleiermacher wieder an den religiösen Zusammenhang von Bildung und Religion erinnert und ihn neu fundiert. Bildung und Religion sind wechselseitig aufeinander angewiesen, sonst stehen eine ungebildete Frömmigkeit und eine unfromme, pietätlose, „barbarische" Vernunft und Wissenschaft unverbunden nebeneinander. Religion hat außerdem strukturelle Parallelen zur Bildung, beide erklären sich darum auch gegenseitig: beide meinen den Bezug des Menschen zur umgebenden Welt und ein umfassend entfaltetes Gewahrwerden, das Gespür voraussetzt und als Bewusstwerdung erfahren wird. Beide leben in sinnlich wahrnehmbaren Gestaltungen. Und weder Bildung noch Religion lassen sich begreifen ohne diese innerste Empfindung einer Person, die in ihr zu einem bedeutsamen *Bild* ausgeformt wird (– hier zeigt sich der Wortzusammenhang mit der Bildung).

Friedrich Nietzsche schließlich, der gegen die hohle „Bildung" des Bürgertums polemisierte, hat vollends klar gemacht, dass es für echte Bildung keine festen Vorgaben oder gar Wahrheiten mehr geben kann. „Es giebt keine ‚materielle Bildung'" (Nietzsche 1999, Bd. 1, 682f.) – Bildung kann sich an allem ereignen, und sie ist immer „formal", d.h. Bildung des Menschen selbst. Es hat darum keinen Sinn, mit „Bildungsgütern", gar festen „Bildungskanones" oder festen Wertvorstellungen zu beginnen. Diese mögen Anstoß sein, können sich aber eigentlich immer erst ergeben – während oder am Ende eines Bildungsprozesses. Diesen anzustoßen wäre das Geschäft einer Bildung, die wirklich den Menschen meint, und ihn nicht zum Funktionsteil gesellschaftlicher oder technischer Mechanismen macht.

Die klassische Bildungstheorie benennt folgende Grundgedanken, die miteinander zusammenhängen:

1. Bildung ist die nicht berechenbare, nicht direkt steuerbare und durch keine Inhalte vorzuzeichnende Entfaltung der individuellen Person. Alles kann einen Menschen bilden; am ehesten tun das allerdings Lebenserfahrungen und die Ausgestaltungen der Kultur, am wenigsten Wissen und Ausbildung.
2. An Bildung ist kritische Rationalität immer beteiligt, sie beruht aber nicht auf dieser. Bildung wird durch sinnliche Wahrnehmungen angestoßen, die für eine Person Bedeutung erlangen – unberechenbar verschieden nach Individuum und Situation. Der Prozess der Bildung (gera-

de auch der rationalen und ethischen!) ist also immer ein grundlegend ästhetischer. Er ergibt sich aus dem Zusammenspiel von Selbst und Welt, d.h. von Wahrnehmungen und Resonanzen (inneren Bildern, Mustern, Bedeutungen). Für ihn spielt die Einbildungskraft (→ 13.4) eine Schlüsselrolle; ihr „Ergebnis" ist eine immer differenziertere Wahrnehmungsfähigkeit (Sensibilität, Gespür, Geschmack).
3. Es gibt keine echte Bildung eines Menschen, die nicht von einem bestimmten Moment ihrer Entfaltung an sich ganz von selbst der Gemeinschaft zur Verfügung stellt, sei es in Form von politischer oder ethischer Verantwortung, in der Übernahme einer Aufgabe, als kritische Sicht auf die Verhältnisse, als Belebung der Kommunikation, als künstlerische Gestaltung oder wie immer.
4. Bildung und Religion haben eine parallele Struktur und Bedeutung und sind in hohem Maße vergleichbar. Beide bezeichnen das Verhältnis zwischen Selbst und Welt, das auf Wahrnehmung aufbaut und das sich zu einem bewussten Gespür und Sinn für das Leben entfaltet.

4. Bildung und Religion als ästhetische Phänomene

„Ohne Formulierung, das heißt ohne ästhetische Präsentation ist Religion nicht wahrnehmbar." (Zilleßen/Beuscher 1998, 15)

„Die der Praktischen Theologie spezifischen Fragen sind Gestaltungsfragen, solche der Ästhetik der kirchlichen Religionspraxis." (Gräb 1998, 100f.)

„Kunst und Religion sind Geschwister in einer Welt, in der zweckrationale Kalküle den Ton angeben, aber wesentliche Fragen nicht beantworten." (Lesch 1994, VII)

Auch die Religion dient, wenn man sie nicht auf dogmatische Lehre verengt, sondern als Lebensvollzug und -deutung begreift, der Entfaltung der Person. Religion ist der Bereich, in dem Menschen sich ihre Lebensorientierungen suchen und ihren existenziellen Fragen, Emotionen und Ausdrucksbedürfnissen nachgehen, in dem Verhaltensmodelle und Gewissheiten erprobt, diskutiert, weitergegeben und ausprobiert werden, die sich auf das Leben beziehen und zu deren Praxis nicht erzogen werden kann, schon gar nicht allein mit aufgeklärter Rationalität. Religion ist darum ein fundamentaler Bereich menschlicher Bildung.

Religion und Bildung

Religion und Bildung verweisen aufeinander. Religion ohne Bildung wird Fundamentalismus-anfällige Gläubigkeit, die zwanghaft nachspricht, ohne den Sinn auf sich selbst zu beziehen. Bildung ohne Religion bleibt unvollständig und ohne Fundament: niemand ist wirklich gebildet, der nicht die Symbole und Kommunikationen der Religion und deren tiefen Inhalt kennt, und der nicht um die innerste Einsicht der Religion weiß: unser Leben ist ein Geschenk.

Exemplarisch steht für diesen Zusammenhang von Religion und Bildung der Name Friedrich Schleiermacher. Wie kein anderer hat er gesehen, dass mit der Aufklärung rationaler Verstand und Religion auseinander rücken – damit beginnt sich das menschliche Leben in eine pietätlos-kalte Vernunft auf der einen Seite und eine geistlos-unlebendige Religion auf der anderen zu spalten. Vor allem der emporstrebenden Vernunft stellt Schleiermacher darum eine gebildete Religion an die Seite, die auf Gefühl und wahrnehmenden Anschauungen basiert. Religion ist „Sinn und Geschmack fürs Unendliche": diese berühmte Definition aus den „Reden" (1799) ist eine ästhetische, und sie versteht Religion ganz analog zur Bildung als eine Aufmerksamkeit gegenüber dem umgebenden Leben, als innerlich entfalteten Bezug zur Welt. Nicht nur die Vernunft, sondern gerade auch die echte Religiosität setzt die autonome Freiheit der Person voraus – mitnichten also unmündige religiöse Hörigkeiten. Über die „Kenntnisse", die „jämmerliche Empirie" der Zeit und den „toten Buchstaben" der Theologen kann Schleiermacher nur spotten, und damit ist er angesichts einer bürokratisch und technisch verwalteten Welt nach wie vor höchst aktuell.

Bildung ist immer ästhetisch grundiert. Darauf verweist der Gedanke der Ebenbildlichkeit, ihr Formungs- und Prozesscharakter, ihre Wahrnehmung von Gestaltungen und ihr Bezug zu persönlichen Bedeutungs-Erfahrungen. An Lernprozessen generell sind Wahrnehmungen, Körpergefühle, Erinnerungen und Stimmungen beteiligt. Sie gehen eine komplexe Mischung im „intermediären Raum" ein, wo sie über die Beteiligung der Phantasie mit Bedeutungen für die eigene Person assoziiert werden. Unterstützt wird dieser Prozess durch äußere und innere Symbolisierungen und symbolischen Ausdruck (Sprache, Kreativität, Gestik usw.). Das Lernen beruht also zum überwiegenden Teil auf ästhetischen Bedingungen! Rationales Lernen bildet in diesen komplexen Prozessen nur einen Ausschnitt, der durch Abstraktionen und Verallgemeinerungen von sinnlich generierten Mustern entsteht. Weite Bereiche des Lebens (es sind gerade die wichtigsten) kommen weitgehend ohne rationale Logik aus, alle nämlich, in denen *Bedeutungen* verhandelt werden: Geschmack, Kunst, Liebe, Religion; selbst die ethische Entscheidung ist an Gefühle gebunden (→ 13.4,5).

Religion und Kunst

Der Begriff „Ästhetik" meint nicht „Schönheit" oder ein kunstkritisches Urteil. Er leitet sich von griech. *aisthesis* ab, das „Wahrnehmung" bedeutet. Ästhetik ist also keinesfalls nur Kunst-Theorie, auch wenn sie in der Kunst ein interessantes Feld hat. Ihre Grundbegriffe neben der Wahrnehmung sind Inszenierung, Bild, Atmosphäre, Resonanz usw. Die Ästhetik hat eine stark zunehmende Bedeutung in der derzeitigen Philosophie, Pädagogik und Theologie, da sie den primär sinnlichen Zugang des Menschen zur Welt zum Gegenstand hat und auf die Unhintergehbarkeit der subjektiven Erfahrung verweist. Ein Grundgedanke ist, dass Form (bzw. Vollzug) und Inhalt nicht trennbar sind, dass also alle Inhalte (Themen, Theorien, Gedanken) immer in Gestaltungen übergehen und aus ihnen heraus erschließbar sind.

Genau dasselbe gilt nun auch für die Religion. Auch sie ist an Darstellung gebunden: „Niemand wird meinen können, daß für die religiöse Wahrheit die Ausführung der Kulthandlung etwas Unwesentliches sei." (Gadamer 1960, 110f.) Auch im Verweis auf die Unverfügbarkeit der Dinge und der Welt hat Religion eine deutliche Nähe zur Ästhetik. Darum ist das Bilderverbot des Alten Testaments („Du sollst dir kein Bildnis machen ... bete sie nicht an", Ex 20,4) kein Kunst-Verbot; es verbietet das Götzenbild, also die ideologische Fixierung des Unaussprechlichen, und stellt diesem Verbot übrigens gleichberechtigt auch ein Sage-Verbot zur Seite („Du sollst den *Namen* Gottes nicht missbrauchen"). Das Bilderverbot ist darum gerade das *Gebot* zu einer echten Kunst, die auf das Nicht-Darstellbare anspielt und das Geheimnis offen hält.

Die Religion hat darüber hinaus schon immer eine Nähe zur Kunst, dem Kernbereich der Ästhetik. Sie geht immer dann, wenn sie sich ausdrückt, von sich aus in Kunst über. Ihre Bilder, Bauten, Räume, Symbole, Rituale, Liturgien, Sprachformen usw. zeigen das mit Deutlichkeit. Jeder religiöse Ausdruck versinnbildlicht sich in (ästhetischen) Zeichen, Prozessen und Formen. Vor allem das Bild, das anfangs Kultbild war, hat eine weit reichende Bedeutung in der Religion; auch übertragen ist es für einen religiösen Menschen wichtig, ein „Ebenbild" Gottes zu sein oder ein „Bild" Christi vor Augen zu haben. Die religiöse Sprache ist eine poetische, wie Psalmen, Gleichnisse, Hymnen, Klagen, Schöpfungserzählung und viele Liedtexte zeigen; auch in der religiösen Musik lassen sich profan und sakral kaum voneinander trennen.

Die Kunst lässt ästhetische Erfahrung exemplarisch am Kunstwerk (aber auch: an Natur, Design und sonstigen Gestaltungen) zu. Echte Kunst ist nicht Abbild oder Illustration: „Kunst gibt nicht das Sichtbare wieder, sondern macht sichtbar" (Paul Klee). Sie hat darum weniger etwas mit (handwerklichem) Können zu tun – was sie kann, ist vielmehr zeigen, erscheinen und bewusst werden lassen. Auch hier ist die Parallele zur Religion so eng, dass Schleiermacher sagte: „Religion und Kunst stehen nebeneinander wie zwei befreundete Seelen" (Schleiermacher 1981, 312) und die Kunst als „Sprache" der Religion verstand.

Religiöse und ästhetische Erfahrung

Religion will ebenso wie Kunst sinnlich wahrnehmend, also ästhetisch erschlossen sein. Beide sind abhängig von ihrer Rezeption, und beide sind Bereich der tiefsten menschlichen Freiheit. Ästhetische und religiöse Erfahrung sind bezeichnenderweise kaum genau voneinander abgrenzbar, sie gehen ineinander über. Ästhetischer Genuss kann in einem sakralen Raum, religiöse Erregung an einem profanen Kunstwerk oder in einem Museum erfahren werden. Die Abgrenzung scheint schwieriger als der Vergleich; religiös sind Erfahrungen am ehesten dann, wenn sie Existenz-betreffend, Sicht-verändernd, umfassend auf das Leben bezogen und „unbedingt" sind. Das wird je nach Person verschieden aufgefasst werden, ebenso wie die Deutung solcher Erfahrung als „religiös" oder nicht. Religion kann allerdings, anders als Kunst, Gewissheit und Selbstverpflichtung bedeuten und zu einem besonderen Symbolzusammenhang und einer eigenständigen Tradierung, ferner zur Bildung einer besonderen Gemeinschaft führen, in der die Grunderfahrungen in vielfältigen Formen aufbewahrt, weitergegeben und gelebt werden.

Will man Religion verstehen, so ist man primär auf ihre (ästhetischen) Formen, Gestaltungen und Vollzüge angewiesen, muss sie aufsuchen, wahrnehmen, nachvollziehen, mitvollziehen. Wollte man Religion mit dem Verstand begreifen, käme man zur Theologie – so wie in der Kunst zur Kunsttheorie. Der erste Zugang zur Religion selbst ist darum ein ästhetischer. Wer Religion begreifen will, muss seine Sinne schulen und *wahrnehmen* lernen. Kreative und spielerische Zugänge und Formen, in der Pädagogik längst bekannt, müssen auch die Religionsdidaktik strukturieren. Sie folgen der Einsicht: die Sinne führen zu Empfindungen, die zusammen mit der Ein-Bildungskraft (Imaginationsfähigkeit) die Zuordnung von Bedeutungen erlauben und zu einem inneren Bild für die Verankerung als Erfahrung führen, die wiederum der bildenden Entfaltung dient.

Wenn Bildung als Gespür, entfaltete Sensibilität und wache Wahrnehmungsfähigkeit verstanden werden kann und eine deutliche Parallele zur Religion hat, dann lässt sich die Religion als Sinn für das Leben überhaupt verstehen.

5. Religiöse Bildung als Aufgabe der RP

Bildung als religionspädagogische Notwendigkeit

„Anderen zu der ihnen eigenen Sprache zu verhelfen ist die höchste Bildungsaufgabe des Christen." (Volp 1994 Bd. 2, 942)

Religion ist unter modernen Bedingungen eine Bildungsfrage. Sie ist gebunden an die Ermöglichung einer freien Entfaltung der Person, denn ohne solche Entfaltung könnte die Religion für moderne Menschen weder plausibel noch lebendig sein. Je größer die Bildung der Menschen, je größer also ihre Wachheit für die Welt und das Leben, desto lebendiger wird auch die Religion sein. Es gibt keine Religion an den Menschen vorbei.

Bildung, als Selbstformung und Entfaltung verstanden, geschieht in der Begegnung mit Phänomenen, die einen Menschen innerlich bereichern und ihm Gestalt und Ausdrucksvermögen geben. Dass die Begegnung mit Religion hier eine herausgehobene Rolle zu spielen vermag, liegt auf der Hand. Für Religion gilt dasselbe wie für Gefühle: Gefühle verkümmern, wenn sie die Möglichkeit und Fähigkeit zum Ausdruck verlieren; sie werden erst gar nicht gelernt, wenn – bei kleinen Kindern – nicht Affekte gespiegelt und als Reaktionsmuster eingeübt werden. Religiosität zu fördern, mitsamt der ihr entsprechenden Wahrnehmungs- und Ausdrucksfähigkeit, hieße darum Subjektivität zu fördern, innere Entfaltung und Bereicherung. Dass zur religiösen Bildung immer auch die kritische Reflexion der religiösen Gehalte und Erfahrungen gehört, braucht kaum eigens erwähnt zu werden; nur darf diese Reflexion nicht ihren eigenen Gegenstandsbereich aus den Augen verlieren.

Religiöses Lernen macht wenig Sinn, wenn Religion blind übernommen oder gar auswendig gelernt wird; viel dagegen, wenn der lernende Mensch so motiviert und stimuliert wird, dass er selbst religiös denken und fühlen und sich ausdrücken lernt. Religion lässt sich nicht „lehren":

„Was durch Kunst und fremde Tätigkeit in einem Menschen gewirkt werden kann, ist nur dieses, daß ihr ihm eure Vorstellungen mitteilt und ihn zu einem Magazin eurer Ideen macht, daß ihr sie so weit an die seinigen verflechtet, bis er sich ihrer erinnert zu gelegener Zeit: aber nie könnt ihr bewirken, daß er die, welche ihr wollt, aus sich hervorbringe ... Aus dem Innersten seiner Organisation aber muß alles hervorgehen, was zum wahren Leben des Menschen gehören und ein immer reger und wirksamer Trieb in ihm sein soll. Und von dieser Art ist die Religion; ... [Sie] liegt weit außer dem Gebiet des Lehrens und Anbildens." (Schleiermacher 1981, 294)

Darum gibt es für Schleiermacher zwei unverzichtbare Voraussetzungen für religiöse Bildung, die quer liegen zu gängigen religionspädagogischen Auffassungen: „freie Mitteilung" und „Muße". Nur sie lassen die individuelle Entfaltung durch Religion zu ihrem Recht kommen, und nur sie verankern die Religion nicht im Kopf, sondern im Gemüt. Die „Barbarei des Nützlichen" (das funktionale Denken) und die „Wut des Verstehens" (die rein rationale Annäherung an die Religion) verhindern nach Schleiermacher religiöse Bildung mehr als sie ihr nützen.

Unter Bedingungen der Individualisierung, eines pluralen religiösen Marktes, weitgehend funktionalen Denkens und der Ablehnung fragloser Autorität und Tradition ist RP konsequent auf Bildung um- und einzustellen. Nur im Bezug zur persönlichen, lebensdienlichen Entfaltung wird religiöses Lernen heute plausibel – und es hat gerade hier seine tiefste Bedeutung. Die Quintessenz aus dem religiösen Traditionsabbruch und Bildungsdilemma (→ 14.6) wäre es, die religiösen Traditionen als Medien der Selbstbildung zu verstehen und sie nicht als Wissensstoff, sondern als bedeutsame symbolische Erfahrungen zu kommunizieren.

Diese Umstellung ist auch aus christlicher Perspektive geboten; denn sie entspricht der Zusage des Evangeliums. Die „Liebe Gottes" meint nicht eine narzisstische göttliche Selbstliebe, die Verehrung und Unterwerfung nötig hätte, sondern sie gilt dem Menschen. Die Konsequenz daraus haben viele Ketzer und religiöse Denker, und schon Jesus selbst gezogen: Nichts im Christentum, und nichts in der Welt ist sakrosankt, tabu und unberührbar, alles aber ist heilig, sofern es dem Liebeswillen Gottes entspricht, d.h. sofern es dem Leben und seiner freien Entfaltung dient. Jesu Verweis auf den suchenden und vergebenden Vater (Lk 15), seine Aufforderung zu bitten (Mt 7), keine „Pfunde" zu vergraben, sondern frei mit ihnen zu wuchern (Lk 19), alles stehen zu lassen und selbst die Familie zu verlassen (Mk 10,29), sein Lob der energischen Witwe, die für ihr eigenes Recht eintritt (Lk 18) und der quängelnden Kinder, die sich vordrängeln (Mt 18) usw. usw. meinen die frei sich entfaltende Lebendigkeit und liegen auch quer zu jeder normierenden Moral.

Der Weg zu einer gebildeten Religiosität

Eine gebildete Religiosität bezieht sich auf das konkrete Leben. So verstanden sollte religiöse Bildung der Kern allen religionspädagogischen Bemühens sein; es diente dann der Orientierung des Menschen, und nicht primär der eigenen Herkunft und Tradition.

Die geeignetsten Anlässe für solche religiöse Bildung sind da zu finden, wo die Erfahrungen und Gehalte der Religion am ehesten zugänglich sind – in ihren Bildern und Symbolen (→ 11.2), ihrer Musik und ihrer besonderen Sprache, in Ritualen, Liturgien, Andachten, Gängen und Haltungen, in ihren künstlerischen Ausdrucksformen, Gebäuden, Räumen und Atmosphären. „Das sinnlich Wahrnehmbare ist Ort der Wahrheit." (Werbick in RpB 30/1992, 20) Es trägt wenig aus, über Religion nur zu informieren oder sie problemorientiert zu reflektieren, wenn sie nicht zuerst wenigstens in Andeutung gespürt, wahrgenommen und sinnlich erfahren wurde! Darum ist auch die christliche Religionsdidaktik konsequent auf ästhetische Erfahrungen einzustellen. Dies bedeutet nicht den Verrat an den Inhalten, sondern gerade den Vollzug von deren innerstem Sinn. Die Kristallisationen der christlichen Glaubenserfahrungen in Lehren, Bräuchen, Gebäuden usw. sind nicht der „Stoff", der zu vermitteln und zu lernen wäre, sondern sie sind als Medien der grundlegenden Glaubenserfahrung, als Träger der „Idee" des Christlichen so zu vermitteln, dass sie den Menschen bilden.

Das ästhetische Gespür für die Religion zeigt in ganz unerwarteter Weise einen oft sehr kritischen Zug gegen Verfestigungen im Bereich der Religion selbst, der einer rationalen Beurteilung überlegen ist; denn er sieht sehr genau, wo Religion ihre Lebendigkeit hat und wo sie sie zu verlieren droht. Lebendig ist sie vor allem in ihren Formen, Vollzügen und Atmosphären, tendenziell „festgestellt" dagegen in ihren Lehren und überall dort, wo sie sich in Strukturen begibt. Auch wenn religiöse Strukturen unverzichtbar sind, ist ein Wesenskern lebendiger Religion der religiöse Protest gegen jede Vergegenständlichung (vgl. die Tempelreinigung Jesu, seine Polemik gegen die Pharisäer, vgl. Propheten und Ketzergestalten). Kirche, Theologie, Bekenntnisse und religiöse Moral dürfen sich selbst niemals absolut setzen; ein Glaube, der seine Mythen und Symbole wörtlich versteht, ist Aberglaube.

Der „Protestantismus" versucht diese Kritik an festgestellter Religion als Prinzip aufrecht zu erhalten. Religiöse Bildung wäre in diesem Sinne ein Gespür und Bewusstsein für lebendige Religion, die sich aus praktischen religiösen Vollzügen ergibt. „Religion kommt als Element der Bildung nur dann zur Geltung, wenn in ihr neben und mit dem Reden über Religion auch das religiöse Reden selbst Raum hat." (Härle in Faßler u.a. 1998, 174) Dasselbe gilt für religiöse Symbolisierungen, für kultische Mitgestaltung, für spirituelle Praxis, für religiösen Ausdruck überhaupt.

Die RP als „Agentur" religiöser Bildung muss sich darum als ein Ensemble verschiedener, allerdings miteinander verbundener Verfahren begreifen: als *Hermeneutik*, die Religion ebenso verstehen muss wie Religiosität und religiöse Wahrnehmung; als *„Deiktik"*, d.h. als das Zeigen auf Gebilde, Personen, Formen, Vollzüge der Religion, also auf ihre ästhetische Ausdrucksgestalt; als *Präsentation* und Inszenierung von Religion, anhand derer sie Religion anbietet und sichtbar und erfahrbar macht und Beteiligung an religiösen Vollzügen und Handlungsweisen, also religiöse Praxis möglich macht; schließlich als *Lehre religiösen Selbst-Ausdrucks* und religiöser und spiritueller Praxis. Diese Aufgabenbeschreibung geht erkennbar weit über eine Lehre von Inhalten hinaus und versucht religiöses Interesse, religiöse Kompetenzen und Identifikationen im Sinne der Selbstentfaltung der Person, also der Bildung in einem ästhetischen Vorgehen anzubieten. Hier ist der Begriff einer religiösen „Sensibilisierung" diskutiert worden; ästhetische Forschungen sind inzwischen so breit, dass Albrecht Grözinger von einem sich ankündigenden „Paradigmenwechsel" in der RP spricht.

> „Es ist naheliegend, daß auch das Christentum dazu übergeht, das bisher vorwiegend im Modus des Behauptens und Aufforderns Eingeklagte nun mit den Mitteln der Ästhetik zu erschließen und nahezubringen. Dabei muß eine entsprechende theologische Ästhetik an den ursprünglichen Wortsinn anknüpfen und sich nicht als Theorie der Kunst, des Erhabenen, des Schönen oder des guten Geschmacks verstehen, sondern als Kunst der Wahrnehmung, als Schule der Empfindungsfähigkeit für das Unscheinbare, als Einübung in das Gewahrwerden blinder Flecke, als Anleitung, wie man zu querstehenden Einsichten kommt, wie man ein aufmerksamer Mensch wird." (Höhn 1998, 101)

Zusammenfassung

Bildung bedeutet die freie Entfaltung des Menschen. Sie ist mehr und anderes als kritische Urteilsfähigkeit, auf die sie in der RP oft reduziert wird. Zur Bildung eines Menschen tragen trotz öffentlich und pädagogisch vorherrschender Meinung Erziehung, Schule, Bildungspolitik und Ausbildung nur im Ausnahmefall etwas bei. Die Klassiker wussten, dass Bildung immer Selbstbildung ist und darum nur Anstöße und Motivationen braucht, Autoritäten, vorgegebene Inhalte, Problemstellungen und Zielangaben dagegen nicht verträgt. Am nachhaltigsten wird Bildung durch die wahrnehmende Begegnung mit Kunst und Religion gefördert, die die Bereiche der Ästhetik und der tiefsten Bedeutungen sind. Religiöse Bildung und gebildete Religiosität sind das vornehmste Ziel der RP.

Literatur: Zu 1: H. von Hentig 1996 – W. Klafki 1996 – G.E. Schäfer 1995. Zu 2: K.-E. Nipkow 1990 – P. Biehl 1991 – J. Kunstmann 2002, 63–122 (Kapitel II). Zu 3: J. Kunstmann 2002, 123–227 (Kapitel III) – H. Rupp 1996. Zu 4: J. Kunstmann 2002, 229–344 (Kapitel IV) – P. Biehl in JPR 5 (1988), 3–44 – G. Lange in Ziebertz/Simon 1995, 339–350 – J. Herrmann/A. Mertin/E. Valtink 1998 (hier vor allem die Beiträge von Gräb, Natorp und Josuttis). Zu 5: W. Gräb 1998.

20 Ästhetische Zugänge zur christlichen Religion

„Das Interesse an der biblischen Botschaft erlischt, wenn es kein Interesse an seiner dramatischen Wahrheit wird ... Nur wo jeder *selbst* zum Text der Botschaft wird, diese also leiblich wiederherzustellen versucht, kann ernsthaft von so etwas wie Verbindlichkeit und ‚Verkündigung des Evangeliums' geredet werden." (Volp 1994 Bd. 2, 951)

„Der Mitteilungs-, Darstellungs- und Gestaltungsprozeß des Evangeliums und dessen unterschiedliche Formen rücken ... in den Mittelpunkt des Interesses, und Bezugswissenschaften dieses neuen Weges ... sind Ästhetik und Semiotik." (Meyer-Blanck in WzM 49/1997, 4)

Ähnlich wie die Kunst stellt Religion verdichtete Erfahrungen von Wirklichkeit dar und auch her (→ 19.4). Der Umgang mit der religiösen Wirklichkeit geschieht darum nicht primär durch Erkenntnis, sondern durch - *Erfahrung* (→ 10.4; 18.2), die an *dramaturgischen Gestaltungen* gewonnen wird. In jeder Erfahrung spielen Atmosphären, kulturelle Deutungen, Konventionen, eigene Interessen, Einstellungen, momentanes Körpergefühl, Emotion und vorausliegende Erfahrungen zusammen; die moderne Hirnforschung bestätigt dieses Zugleich durch die Beschreibung der Gehirntätigkeit als pattern matching (komplexer Mustervergleich, → 13.5). Religiöse Wirklichkeit zeigt und erschließt sich performativ, bildlich, symbolisch und rituell. Damit werden Phänomenologie und Ästhetik (→ 17.2-3; 19.4) zum neuen Erschließungsweg der RP. Sie führen zu einer Reihe von neuen religionsdidaktischen Zugangs-Ideen zur Religion, die bei aller Neuerung oft auf altbekannte, aber vergessene Strategien zurückverweisen.

Pluralisierung, Privatisierung und Relativierung der Religion durch religiöse Vielfalt und funktionales Denken (→ 14; 15) haben die Frage nach ihrem Lebensbezug und ihrer unmittelbaren Erfahrbarkeit und Erlebbarkeit wachgerufen. Entsprechende Betroffenheitserfahrungen sind in der Religion selbst präsent – in weit höherem Maß als in allen anderen Lebensbereichen. Die Religion kommuniziert in ihren Gestaltungsformen und Vollzügen unbedingte Bedeutungs- und Sinnerfahrungen (→ 13.2,3). Sie wurde darum schon immer weit mehr über ihre Bilder und Räume, kultischen Vollzug, heilige Spiele und die Teilnahme an ihren Mysterien weitergegeben als über Katechese und diskursive Rationalität.

Der Zugang zur Religion ist an religiöse Symbolisierungen gebunden. Wenn diese nicht mehr kompetent und nachvollziehbar präsentiert und der heutigen Lebenserfahrung zugeführt werden (wie das bei verschlossenen Kirchen, durch veraltete Bilder und Sprachformen, in den oft schwerfälligen Gottesdiensten u.a. der Fall ist), dann befindet sich die Religionsdidaktik in einem Dilemma, das sie selbst zwar nicht lösen kann, aber deutlich benennen sollte.

1. Wahrnehmung und Begehung von Religion

„Wer alles erklären und übersetzen ... will, degradiert die andern zu dummen Besuchern." (Volp in Grözinger/Lott 1997, 236)

„Die Religion wird heute primär über ‚Begehung' gelernt." (Bizer 1995, 183) – „Grundlegend für diesen Vorschlag [der Begehung] ist die Einsicht, daß Religion nur am Gegenstand ihres Lebensvollzuges wahrgenommen und auch gelernt werden kann. Religion kann nicht zuerst und nicht allein durch die Interpretation der Dokumente gelernt werden, die über ihre Entstehung Aufschluss geben." (Gutmann 2000, 233)

Existenzbedeutsame Erfahrung, Betroffenheit, Sinn und selbst die Lebenseinstellung sind auf ästhetisches Lernen angewiesen. In ihm stehen Wahrnehmungen an erster Stelle; diese werden an Formen und Ausdrucksgestaltungen gemacht und führen selbst wiederum hin zu gestaltendem Ausdruck.

Mit dieser Überlegung, die sich an der Logik der Religion orientiert, ist eine deutliche Abkehr von einer inhalts- und problemorientierten religiösen Didaktik markiert, die sich auf eine kognitive Kommunikation *über* Religion beschränkt, statt sie selbst aufzusuchen. Sie versucht eine Orientierung an den Lernenden, die eigentlich fast gleichbedeutend sein muss mit einem echten Erfahrungsbezug (→ 10.4). Die Erfahrbarkeit christlicher Gehalte wahrnehmen und aufsuchen: das ist keine neue Konzeption, sondern Grundbedingung einer heute sinnvollen religiösen Didaktik. Die Idee dabei ist, dass Erfahrungen je neu entstehen und subjektiv unverrechenbar sind, dabei aber dennoch immer den Grundgehalt der religiösen Form aufscheinen lassen. Christliche *Gehalte* (in der Regel also nicht: Themen, Inhalte) sind also so darzubieten, zu präsentieren und zu inszenieren, dass echte Erfahrungen möglich werden, die bildend wirken. Das Interesse gilt einer *Didaktik christlich-religiöser Formen*, wie sie die Symboldidaktik (→ 11.2) begonnen hat und wie sie von der Performativen Religionsdidaktik fortgeführt wird (→ 11.6). „Der Gebrauch christlich-religiöser Zeichen, nicht ihr Inhalt ‚an sich' sollte im Vordergrund eines solchen Unterrichts in der christlichen

Religion stehen ... Texte, Lieder, Bilder, Bewegung und Begehungen sind probeweise, quasi experimentell zu inszenieren." (Meyer-Blanck in Gräb 1996, 91)

Das führt zur Aufgabe, *Wahrnehmungen* religiöser Art anzubieten bzw. möglich werden zu lassen. Wahrnehmungskompetenz und Sprachfähigkeit sind Bedingungen der Einsicht in die Logik der Religion, und sie stehen vor jeder Handlungsorientierung und rationalen Kritik. Das bedeutet zunächst, dass Lehrende ein Gespür dafür entwickeln müssen, wo sich Religion zeigt und abspielt, und dass sie solche Formen und Prozesse der Wahrnehmung von Lernenden zuführen und anbieten müssen. Religiöse Wahrnehmungen und Erfahrungen lassen sich vor allem durch Teilnahme und Mitvollzug machen. „Die Religionspädagogik ist darauf angewiesen, die christliche Religion da aufzusuchen, wo sie anschaulich und konkret ausgeübt wird." (Bizer 1995, 7)

Da wir heute wissen, dass jedes Bewusstsein an Leiblichkeit gebunden ist (→ 13.5), Leiblichkeit wiederum in herausgehobener Weise in Räumen und den ihnen zugehörigen Atmosphären erlebt wird, ist die *„Begehung"* (Christoph Bizer) sakraler Räume zu einem Grundbegriff der neuen religionsdidaktischen Orientierung geworden. Eine solche Begehung lässt sich über ein konkretes Beschreiten von Kirchenräumen auch übertragen verstehen: als die „Besichtigung" von bzw. die Teilnahme an religiösem Geschehen überhaupt. Begehung ist ein Begriff, der der Erfahrung verwandt ist. Bizer verweist assoziativ auf den „Gedankengang" und den Kirchgang, an den sich viele vor allem aus ihrer Kindheit erinnern, ferner auf die Verbindung von religiöser Erfahrung mit dem alten christlichen Thema des Heils-Weges. Lange Zeit haben auch Prozessionen und Wallfahrten zum Grundbestand des religiösen Lebens gehört. Sinnliche Abstraktion, so Bizer, hat dagegen im Gefolge der Aufklärung zu einer „Ortlosigkeit" religiöser Erfahrung und zu einer unsichtbaren Innerlichkeit geführt, die im Übrigen durch die heutige Privatisierung der Religion (→ 15.3) verstärkt wird. Religion wird dann unsichtbar.

Die Konsequenzen aus dem Begehungs-Gedanken sind weitreichend. Er markiert auf seine Weise eine Abwendung von „auswendig gelernten Wortlauten" und lässt Erfahrungen, Resonanzen und selbsttätige Verarbeitungen zu; nur im eigenen Ausprobieren lässt sich wirklich lernen. Begehungen müssen zwar initiiert, geleitet und inszeniert werden. Auch der schulische RU bietet dafür aber Gelegenheit, denn auch er muss Bezüge herstellen zu gelebter Religion. Er muss Religion also zunächst einmal „besichtigen" (Rudolf Englert), was dann aber immer auch die Aufgabe oder zumindest den freibleibenden Versuch mit einschließt, elementare Formen des religiösen Vollzugs selbst zu praktizieren. „RU wäre dann ein Lernort, an dem Wahrnehmungsvorschläge von Wirklichkeit aus der Glaubenstradition als gemeinschaftliche Vision erprobt werden und an dem ferner auch Angebote von religiösen Erfahrungsmöglichkeiten gemacht werden. die alle Sinne ansprechen" (Hilger in Heimbrock 1998, 139). Gerade in Zeiten des „Traditionsabbruchs" wird das zur Grundfrage christlicher Religionsdidaktik.

2. Liturgik und religiöser Mitvollzug

> „Im liturgischen Geschehen finden die grundlegenden Wahrnehmungen und Erfahrungen der (christlichen) Religion ihre verdichtete Gestalt."
> (Grethlein in IJPT 1/1997, 90f.)

> „Um Religion zu finden, braucht es keine vorgängige familiale Sozialisation, keine Zeugen mit frommem Selbstbewusstsein, keine Meditationsübungen, und keine kritische Selbstreflexion, keine Erfahrung mit dem Unbedingten und kein Verständnis für Metapher und Symbol. Hingehen, mitmachen – das wäre zunächst alles. Und wenn es mit Unterricht zu tun haben soll, dann würde sich noch anschließen: Beobachtungen austauschen, Befremdliches in Worte fassen, über Lächerliches lachen und sich an Eigenartiges herantasten, schließlich – wo es lockt – in der Aneignung, im Ausfüllen und im Zurechtschleifen der vorgegebenen Formen sich selbst erproben." (Bizer in JRP 5/1988, 84)

Wenn Religion aufgesucht, „begangen" und wahrgenommen werden soll, so ist sie mit dieser Idee auf das Zentrum ihres rituellen Vollzugs verwiesen, der zugleich ihr bedeutendster Selbst-Ausdruck ist: auf den Kultus, d.h. auf Gottesdienst, Andacht und liturgische Rituale. Hier, im Lebenszusammenhang ihrer Lerninhalte, und nicht in der Kultivierung von Innerlichkeit oder in der inhaltlich gesicherten Weitergabe von Tradition. kann „Religion im Vollzug" (Christoph Bizer) erlebt werden. Damit wird der „Ausblendung des Liturgischen aus den katechetischen Überlegungen" (Grethlein 1998, 138) gewehrt.

Im liturgischen Vollzug zeigen sich die grundlegenden Erfahrungen der (christlichen) Religion in symbolisch und rituell verdichteter Gestalt. Sie lassen sich hier so konzentriert erschließen wie nirgendwo anders. Gottesdienst ist der symbolische „Weg in das Leben" (Manfred Josuttis), er transportiert elementare menschliche Erfahrungen, die aber oft schwer zugänglich bleiben und aufgeschlossen werden müssen. Eine solche Erschließung bringt automatisch eine gesteigerte Aufmerksamkeit für Formen verdichteter symbolischer Kommunikation mit sich, die zugleich ein neues Gespür für die Bedeutung der Ästhetik für religiöses Lernen nach sich zieht. Außerdem wird hier auch noch einmal sichtbar, dass die bisherige fast exklusive

Ausrichtung der RP am RU eine Engführung ist; sie muss Kirche und Gemeinde mit einbeziehen.

Wer Religion lehrt, muss darum etwas von Religion verstehen; genauer: von religiöser Form und vom Gebrauch religiöser Form. Die liturgische Form ist deshalb zunächst nicht Ziel, sondern Ausgangspunkt religiöser Bildung (Michael Meyer-Blanck). „Am Anfang ausdrücklicher Religiosität steht das kultische Handeln, das gemeinschaftliche Vollziehen der Selbstdarstellung des Glaubens." (Fraas ²1993, 136).

Liturgische Didaktik sucht Religion da auf, wo sie in konzentrierter und in lebendiger Form eigene Erfahrungen zulässt. Hier können Prozesse zum Mitmachen und zum eigentätigen Gestalten von Religion erschlossen werden, die Religion wirklich verständlich machen. Liturgiefähigkeit ist darum die religiöse Kompetenz schlechthin; Schleiermacher, der das ebenso sah, nannte die „Kultusfähigkeit" das Ziel jeden religiösen Lernens. Zu ihrer Anbahnung ist freilich immer auch liturgische *Gestaltungsfähigkeit* wichtig. Die besondere Pointe dieses Ansatzes ist also nicht eine liturgische Didaktik, die den Gottesdienst erklären will; sondern sie liegt in einer generellen Horizonterweiterung der religiösen Didaktik überhaupt, die aus liturgischen Vollzügen heraus zu ästhetischen Erschließungswegen zur Religion und damit zur subjektiven Religiosität führt.

Die Liturgik zeigt mit aller Deutlichkeit, dass ein ästhetisch geschultes bildendes Lernen Wahrnehmung, Erfahrung, Einsicht und Gestaltungsvollzüge nicht voneinander abtrennen kann. Freilich wird auch erkennbar, dass die Entdeckung der Liturgik für die religiöse Didaktik bisher nur eine (allerdings folgenreiche) Rahmenvorgabe abgibt. Liturgisch-didaktische Konzepte lassen noch auf sich warten. Wie eine entsprechende „Mystagogie" (s.u.) aussehen könnte, lässt sich allenfalls in ersten Umrissen erkennen und hat sich didaktisch bisher zunächst nur in der neuen Wertschätzung einzelner liturgischer Gestaltungsformen im Religionsunterricht niedergeschlagen. In den Blick sind zunächst vor allem alternative Gottesdienstformen gekommen, die in der Regel erfahrungsnäher, weniger lehrhaft gestaltet und mit niedrigerer Zugangsschwelle versehen sind als der übliche Hauptgottesdienst.

3. Bibliodrama und religiöses Spiel

„Das Leben ist ein Spiel. Nicht eins, das wir spielen oder nicht spielen können. Sondern eins in das wir verwickelt sind ... Unsere Grundthese ist, daß sich Leben, Kommunikation, Wahrnehmung und Erkenntnis als Spiel, sogar als eine Art Theater darstellen. Didaktik und Methodik nicht nur des Religionsunterrichts, sondern auch der anderen Unterrichtsfächer können nur dann sinn-

> volle Lernprozesse anregen, wenn sie dem Spiel des Lebens entsprechen ... Immer geht es ... um neue Perspektiven, neue Sehweisen, das Leben wahrzunehmen, es für wahr zu nehmen. Leben wird auf die Bühne gebracht, um es mit anderen Augen zu sehen." (Zilleßen/Beuscher 1998, 17 und 127)

Das Spiel ist die höchste Form innerer Beteiligung. Es macht Lust, lässt andere Sichtweisen und Perspektiven erleben und kann zu tiefen Einsichten, Veränderungen und zu Heilung führen.

Spiel

Deutlichster Ausdruck des Welt- und Selbstbezugs bei Kindern ist das Spiel: sie sind ganz bei der Sache, und zugleich ganz bei sich selbst. Jedes Spiel ist das probeweise Eintauchen in ein Netz von Regeln, den Freiheiten, mit diesen Regeln umzugehen und der Erfahrung eines spannungsvollen Ablaufs, dessen Ende – so sehr es auch vom eigenen Mittun abhängt – immer offen ist. Das Spiel erlaubt die Erfahrung von unmittelbarer Präsenz. Wer spielt, kann die Erfahrung machen, dass nicht er selbst es ist, der handelt, sondern dass er sich inmitten eines geheimnisvollen Vollzugs befindet.

> „Das Spiel hat ein eigenes Wesen, unabhängig von dem Bewußtsein derer, die spielen ... Das Subjekt des Spieles sind nicht die Spieler, sondern das Spiel kommt durch die Spielenden lediglich zur Darstellung ... *Alles Spielen ist ein Gespieltwerden*. Der Reiz des Spieles, die Faszination, die es ausübt, besteht eben darin, daß das Spiel über den Spielenden Herr wird." (Gadamer 1960, 108 und 112)

Das Spiel kommuniziert in verdichteter Form Grunderfahrungen des Lebens. Das Leben überhaupt lässt sich als Spiel verstehen, in dem wir uns immer schon vorfinden. Echtes Spiel ist immer dramatisch (Theater, Rollenspiel, therapeutisches, sportliches und religiöses Spiel). Es erlaubt eine starke Identifizierungen mit Rollen, aber auch mit Geschichten und Mythen und deren Erfahrungspotenzial. Es ermöglicht ein „szenisches Verstehen" (Alfred Lorenzer) und dadurch eine Bewusstwerdung, die die Welt und das eigene Leben in ein neues Licht stellt und darum zu nachhaltigen Veränderungen und Umorientierungen führen kann. Das Spiel ist darum alles andere als Spielerei; es kann eine deutliche Nähe zur religiösen Erfahrung haben und ist darüber hinaus das Grundphänomen einer als Entfaltung verstandenen Bildung des Menschen. „Spiel könnte ein Modell für alle Formen von sozialen und sachlichen Beziehungen abgeben, in denen Räume der Freiheit im Verhältnis zwischen Subjekt und Welt verwirklicht werden. Es wäre damit auch der wesentliche Bildungsbereich" (Schäfer 1995, 175).

Spiel ist grundsätzlich mit Lust verbunden, da es Neugier mit Spannung, Körpererfahrung, eigenem Ausprobieren und wacher Aufmerksamkeit verbindet. Es ist darum auch ein grundlegender Ausdruck für Lernen überhaupt.

Bibliodrama

> „Religiöse Erfahrungen im Bibliodrama werden als sinngebende Erfahrungen lebendiger Religiosität erlebt. ... [Es kann aber auch dazu kommen], daß Menschen hier etwas wie eine ‚seelische Wiedergeburt' erleben." (Kiehn 1987, 114f.)

Die Bibliodramabewegung begann in den 1970er Jahren. Sie versteht die biblischen Texte als Erfahrungen (nicht also als Niederschlag historischer Daten) und will diese im Spiel neu für die Gegenwart erschließen. Die Erfahrungen, die sich hier einstellen, erlauben einen Nachvollzug und ein Eintauchen in religiöse Gehalte und Szenen, die von unmittelbar gespürter Bedeutung sein können und oft zu einer starken Betroffenheit führen. Sie stehen dann jenseits jeder dogmatischen Verrechenbarkeit. Es zeigt sich jedoch auch, dass die großen theologischen Themen sich auch auf solche unkonventionelle Weise oft wie von selbst herstellen.

Im Bibliodrama hat das Körper-Erleben eine besondere Bedeutung. Biblische Texte gelangen, wie im Theater, zu einer Aufführung, die spontane Impulse und freie Entfaltung erlaubt. Bei der szenischen Umsetzung des Gleichnisses von den Arbeitern im Weinberg z.B. (Mt. 20) ist damit zu rechnen, dass keineswegs die Anerkennung des unverschuldet gegebenen Lohns zum Ausdruck kommt, sondern angesammelte Wut aus Enttäuschungen, Kränkungen und Ohnmachtserfahrungen. Das Bibliodrama ist, ähnlich wie Begehung und Liturgische Didaktik, eine Korrektur einseitiger Zugangs- und Verstehensweisen zu den Gehalten der christlichen Religion. Es füllt religiöse Formen mit neuem Leben und korrigiert auch die starke Vergangenheitsausrichtung der Theologie.

„Zuerst und zuletzt geht es um Gegenwart" (Martin 1995, 108) – auch wenn das Bibliodrama keineswegs „traditionsblind" ist, sondern Traditionen gerade auf neue Weise erschließt. Es kennt nach Gerhard M. Martin, einem seiner Protagonisten, nicht nur die Form des tragischen „Dramas", sondern auch die der „göttlichen Komödie" und des absurden Theaters. Antje Kiehn hat die dramatische Seite des religiösen Spiels besonders betont. Die „großen Augenblicke" (Tillich) sind jene Erfahrungen im Bibliodrama, die Aspekte des „dunklen Gottes" ans Licht bringen können; oft tauchen abgespaltene und verdrängte Erfahrungen und psychische Inhalte auf. Immer wieder kommt es zu Wandlungs- und Durchbruchserfahrungen durch Identifikation, die dogmatische Sicherungen unterlaufen können. „In diesen ‚großen Augenblicken' wird durch das Alltagsbewußtsein hindurch eine Bresche geschlagen." (Kiehn 1987, 110f.) Solche Erfahrung kann als die Erfahrung von Sinn erlebt werden, sie kann zu größerem Einverständnis mit dem Leben und zu Reifung führen.

Für den Ablauf eines Bibliodramas hat sich ein gewisses Schema etabliert. Die Gruppe, die einen biblischen Text zur Aufführung bringen will, beginnt im Sitzkreis mit einer Meditation über den Text (meist ein kürzerer Abschnitt); dann werden Rollen zugeteilt und es beginnt das Spiel. Es endet mit einem Gespräch über die Erfahrungen, die sich eingestellt haben. Der Verlauf des Spiels selbst ist unplanbar und führt oft zu überraschenden Aussagen, Wendungen und neuen Szenen. So kann es etwa vorkommen, dass bei einem Spiel zwischen Jesus und Judas Jesus in die Defensive gerät. Die Spieler spielen auf Grund der starken Identifikationsmöglichkeiten sich selbst, ihre oft unbewussten Anschauungen und Probleme. Dabei kann es zu Durchbruchserfahrungen, aber auch zu Krisen kommen. Erstaunlich ist die Erfahrung, dass auch das freie Spiel meist keineswegs weit weg kommt von der biblischen Vorlage.

Religiöses Spiel und seine Bedeutung für religiöses Lernen

> „Das Spiel erklärt nicht, aber es führt dazu, daß die Geschichte nochmals Geschichte wird. Wenn jemand den mythischen Schock auch nur einmal ahnend erfahren hat, dann ist ein Stück Bewußtsein erweckt worden. Das Erwachen des Bewußtseins ist der Anfang der Verwandlung." (Laeuchli in Kiehn 1987, 39)

Was in Lektüre, Lehre oder Verkündigung ein fremdes Geschehen bleibt, kann im religiösen Spiel zu einer tief bewegenden religiösen Erfahrung werden. Der „mythische Schock", von dem Samuel Laeuchli spricht, ist der Moment der Bewusstwerdung, der die Dramatik der alten religiösen und mythischen Szenen bei *sich selbst* erkennt und entdeckt. Das kann Verunsicherung, aber auch Wandlung bedeuten, auf jeden Fall aber gesteigerte Bewusstheit – und damit ist die tiefste Dimension von Religion überhaupt erreicht. Solche Erfahrung kann als Gnade, Wunder und Erlösung erlebt werden; denn nichts vermag einen Menschen so zu bewegen wie eine Wandlung seiner selbst. So können Reifung und neue Kräfte entstehen. Heil und Heilung liegen sich im religiösen Spiel so nahe wie nirgends sonst.

Kultus und religiöses Spiel sind exemplarische Orte für religiöse Erfahrung. Sie haben darum eine nicht zu ersetzende Bedeutung für religiöses Lernen. Der Zusammenhang zwischen heilendem Spiel und Religion ist im Übrigen auch historisch deutlich: Von den antiken Mysterienkulten bis hin zu den mittelalterlichen Mysterienspielen ist die Religion immer aufgeführt worden. Auch Kultus und Liturgie sind Spiel: religiöse Rituale sind Kult-Spiele.

In kaum einem anderen Lebensbereich kommt es so schnell und mit oft so nachhaltiger Wirkung zu Perspektivveränderungen und neuen Erfahrungen wie im rituellen Spiel. Existenzielle und religiöse Grundthemen wie das menschliche Begehren, die Angst, der Wunsch nach Gemeinschaft und die Sehnsucht nach Wandlung finden hier zugleich mit der Emotion, die sich als Freude am Spiel und als unmittelbares Berührtsein zeigen, zu einer herausragenden Bildungswirkung. Das Spiel ist gleichermaßen Ausdrucks- wie Wahrnehmungs- und Bewusstwerdungsphänomen. Die Grundeinsicht des Spiels ist einer Grunderfahrung des Lebens selbst vergleichbar: mir *wird* mitgespielt – ich muss und kann aber wieder ins Spiel kommen. „Verändern kann ich überhaupt nichts, wenn ich es will. Erst wenn mir klar geworden ist, daß die einzige Chance ist, das, was ich nun schon bin, auch zu spielen, dann kann sich alles verändern." (Zilleßen in Beuscher u.a. 1996, 34)

Mythen, alte Geschichten und religiöse Szenen lassen sich als szenische Bilder verstehen, die die bewegenden Ur-Erfahrungen der Menschen aufheben und aus genau diesem Grund auch aufgeschrieben und bis heute überliefert worden sind. Die alten Szenen sind oft so gewichtig, dass manchmal nur wenige Andeutungen über eine (klassische, mythologische) Szene genügen, auch unbekannte Szenen regelrecht neu im Spiel entstehen zu lassen. „Historische" Wahrheit hätte ihre lange Überlieferung und ihre bis heute erfahrbare Wirkung niemals erklären können. Sie geben also einen Zugang zu dem, was Menschen bewegt, was sie oft nicht aushalten und oft nicht direkt anzusehen vermögen.

Wer die mythischen und religiösen Szenen spielt, macht eine im Wortsinne *dramatische* Erfahrung, die eine Bewusstwerdung durch „Somatisierung des Verstehens" (Samuel Laeuchli) bedeuten kann, eine Überbrückung zwischen damals und heute durch unmittelbares Nacherleben, und oft auch eine starke Gemeinschaftserfahrung. Jenseits aller moralischen Ausdeutung zeigen sich „Gefühl, Reaktionen, Ehrlichkeit, Partizipation als Elemente des Verstehens." (Laeuchli in Kiehn 1987, 31).

Inszenierung und Leitung religiöser Spiele setzt eine solide Ausbildung und Erfahrung voraus, auch therapeutische Erfahrung, ferner sorgfältige Inszenierungskompetenz. Diese lässt sich lernen. Dabei ist klein anzufangen, mit knappen Szenen und wenigen Spielern, und mit Einbezug der eigenen Selbsterfahrung im Spiel. Bei unerfahrenen Gruppen sind klare Absprachen wichtig. Erst wenn sich eine gewisse Sicherheit und Routine einstellt, kann das Spiel vergrößert und freigegeben werden. Vorgaben brauchen nur knapp zu sein: eine kurze Einführung in Text oder Szene genügt. Wichtig ist der

Austausch im Gespräch hinterher, der allerdings auf „Erklärungen" verzichten und lediglich der Mitteilung von Erfahrungen dienen sollte.

4. Private religiöse Praxis

Eine weitere höchst wichtige Sorge der RP sollte der Ausbildung einer privaten religiösen Praxis gelten, die unter heutigen Lebensbedingungen plausibel und nachvollziehbar ist. Individualisierte Menschen werden ein Interesse an Religion nur so lange aufrecht erhalten, wie sie ihre religiösen Erfahrungen und Bedürfnisse auch in eine eigene private Frömmigkeitspraxis einbinden können. Zudem ist das Interesse an spiritueller Erfahrung und Übung derzeit hoch (→ 18.5). „Besteht das Christentum erst einmal aus ‚Traditionen', ist es eigentlich auch schon abgestorben." (Bizer in JRP 5/1988, 100) Darum muss die RP Formen religiösen Verhaltens kultivieren (d.h. benennen, profilieren und anbieten), die von einzelnen Individuen übernommen und praktiziert werden können.

Diese Einsicht ist Folge des wahrnehmungsorientierten Ansatzes in der Religionsdidaktik, die die Übung der Sinne und der Aufmerksamkeit als Grundbedingungen für religiöses Lernen und religiöses Bewusstsein angibt (Ein erster didaktisch ausgebauter Ansatz zu dieser Idee findet sich bei Dietrich Zilleßen und Uwe Gerber 1997). Als Vorbild lässt sich die Stilleübung nach Maria Montessori nennen, die vor allem an vielen Grundschulen im RU eingeführt und bei den Schülern sehr beliebt ist, oder auch die christliche Spiritualität von Taizé, die sich nicht nur dem intensiv erlebten Mitvollzug, sondern auch kleineren Gruppen als religiöse Praxisform anbietet.

Private religiöse Vollzüge können der Konzentration, dem Körperbewusstsein, generell der Selbstwahrnehmung und der Erhöhung der Aufmerksamkeit zu Gute kommen. Angesichts der Überreizung durch Medienkonsum, Informationsverarbeitung, Schnelligkeit im Verkehr, wechselnde Anforderungen und Orte usw. trifft das auf ein großes allgemeines Bedürfnis. Eine Didaktik der privaten religiösen Praxis wäre immer auch eine spirituelle Didaktik.

Die Aufmerksamkeit auf den eigenen Körper wird vor allem durch konzentriertes Atmen erreicht, das wiederum das Grundelement jeder Form von Meditation ist. Meditation, die ein hohes Maß an Übung braucht, lässt sich durchaus ganz säkular verstehen; sie hat allerdings im dynamischen Ausgleich von Anspannung und Entspannung, der zur Erfahrung von Ausgeglichenheit führen kann, einen offenen Rand hin zur Religion, in der sie einen entsprechend hohen Stellenwert hat (so vor allem im Buddhismus, aber auch in der klösterlichen und mystischen Tradition des Christentums).

Wer meditiert, kann die Erfahrung der Ausweitung des eigenen Ich ins Grenzenlose machen, was einer religiösen Erfahrung benachbart ist oder auch gleich kommt. Der Übergang zu einer religiösen Erfahrungsoffenheit durch den Atem ergib sich durch die Empfindung: „Es" atmet mich. Das kann zu einem intensiven Spüren der Umgebung, der Empfindung des Geborgenseins durch etwas Größeres, das mich wohltuend umfängt, und zur Erfahrung tiefer Präsenz führen (→ 18.5).

Vergleichbarkeiten und Übergänge zeigen sich auch zu den Formen und Erfahrungen des Gebets, das seines sehr persönlichen Charakters wegen selbst von Religions-Skeptikern nach wie vor geschätzt und praktiziert wird. Eine Religionsdidaktik, die in Sachen Religion und religiöser Erfahrung kompetent sein will, muss an diesem zentralen Punkt religiösen Vollzugs Angebote und Hilfen geben können, die die religiöse Praxis der Menschen strukturiert, verbessert und zu verstehen hilft. Das kann bei der freibleibenden Erprobung von Gebetshaltungen beginnen, bei der Meditation von Worten oder beim Nachvollziehen geprägter Gebetstexte.

Durch die privat praktizierbare Religiosität ergibt sich eine enge Verbindungsmöglichkeit der christlichen Tradition mit der eigenen Erfahrung, wie sie sonst wohl nur noch durch liturgische oder spielerische Erfahrung möglich ist. Es ist selbstverständlich, dass an dieser sensiblen Stelle religionsdidaktischen Arbeitens die Achtung vor der Würde der Person und ein besonderes Gespür für den Umgang mit Bedürfnissen von Nöten ist.

Zu einer individuellen religiösen Praxis gehört immer auch das, was zum umfassenden Verständnis von Religion überhaupt unverzichtbar ist: die Befähigung zum eigenen Ausdruck. Religiöse Ausdrucks- und Kommunikationsfähigkeit hat sich auch bei den genuin religiösen Lernformen gezeigt: Symboldidaktik muss immer auch Symbolisierungsdidaktik sein, Liturgische Bildung immer auch Liturgiefähigkeit, d.h. kultische Gestaltungskompetenz anbahnen und fördern.

> „Symbole des christlichen Glaubens lassen sich nur dann in ihrer lebensbedeutenden und heilenden Kraft erahnen, wenn Kinder und Jugendliche selber gelernt haben zu symbolisieren, wenn sie gelernt haben, eine ‚Sprache', einen Ausdruck dafür zu finden, was für sie in ihrem Leben Bedeutung hat, was für sie sinnvoll und sinnlos ist." (Hilger in Heimbrock 1998, 150)

Noch praktisch unbekannt ist eine religionsdidaktische Forderung, die sich hier eigentlich konsequent anschließen muss: die nämlich nach einer *religiösen Sprachlehre* (die die Formen von Klage und Lob, ferner ein hymnisches und poetisch beschreibendes Sprechen lehrt) und nach einer *Ritualdidaktik* (die die Vollzüge und den Sinn religiöser Bräuche studiert, übt und in eine eigene Ritualisierungsfähigkeit überführt). Erste didaktische Schritte in diese Richtung hat die Performative Religionsdidaktik unternommen (→ 11.6).

5. Religionsdidaktik zwischen Hermeneutik, Präsentation und Mystagogie

Religionsdidaktik hat es mit Religion zu tun, einem höchst vielschichtigen Phänomen. Sie muss darum mit differenzierten und mehrperspektivischen Strategien arbeiten: zunächst mit Kenntnis der Formen, Aussagen und Vollzüge der (christlichen) Religion, dann mit religiösen oder religiös deutbaren Wahrnehmungen und Verhaltensweisen von Menschen, schließlich mit Formen und Wegen der Anbahnung und Förderung von religiösen Erfahrungen und Interessen. Ihrer Aufgabe wird sie am ehesten gerecht, wenn sie Religion wirklich aufsucht und *religiöse* Erfahrungen anbietet, d.h. wenn sie Partizipationsangebote in Sachen Religion macht. Religion wird durch Religion gelernt.

Das Prinzip der Anwendung und Einübung, das im schulischen Fächerkanon nicht nur für den Kunstunterricht, sondern für alle Fächer konstitutiv ist, wird derzeit ausgerechnet im RU gering geschätzt bzw. gar nicht praktiziert. Dafür gibt es keine einsichtigen Gründe. Grundprinzip der RP insgesamt muss die *religiöse Kommunikation* in allen ihren Formen sein. Diese ist an tiefe, in der Regel emotionale Einsicht gebunden, welche vor allem durch den *Zeichengebrauch* (Symbolik, Ritual, Bildlichkeit usw.) und die *„grammatischen Regeln"* der Religion erreicht wird. Die ebenso faszinierende wie geheimnisvolle Wirklichkeitsdimension der Religion ist nur dann zu verstehen, wenn Religion selbst vollzogen, erfahren und gestaltet wird.

Will die RP in diesem Sinne die religiöse Kommunikation fördern, so muss sie vor allem auf drei Ebenen kompetent sein.

1. *Hermeneutik*. Hermeneutik bedeutet Verstehen. Nicht nur (religiöse) Texte sind zu verstehen, d.h. zu beurteilen und zu kommunizieren, sondern auch religiöse Texturen, zu denen Prozesse, religiöse Wirklichkeit und religiöse Wahrnehmungen und weitere religiöse Zusammenhänge des gegenwärtigen Lebens gehören, z.B. Religion in der Kultur (→ 17; 14.4), religiöse Äußerungen Jugendlicher usw.

2. *Präsentation*. „Ohne Formulierung, das heißt ohne ästhetische Präsentation ist Religion nicht wahrnehmbar." (Zilleßen/Beuscher 1998, 115) Darum braucht die RP grundsätzlich eine Inszenierungs-, zumindest eine Zeige-Kompetenz, die eine religiöse Partizipation an Religion ermöglicht und auch hier die „Grammatik der Religion" erlebbar werden lässt. Das

bedeutet eine Hinwendung zur Religion selbst, die nach ihren impliziten, längst gegebenen, inhärenten Resonanzmöglichkeiten hin aufgeschlossen werden will. Nicht nur die Bibel hat eine eigene, implizite Didaktik und ein „didaktisches Interesse" (→ 11.1), sondern auch alle anderen in Form geronnenen Erfahrungen des Christentums. Religiöse Formen sind wirklichkeitssetzende (performative) Formen. Darum sind sie keineswegs nur als verweisend oder abbildend zu verstehen. *In* ihnen selbst kommt das Religiöse ans Licht. Ihnen wird nur eine Ästhetik gerecht, die weiß, dass Religion aus evozierenden Formen besteht, die die religiöse Wirklichkeit selbst immer erst herstellen.

3. *Mystagogie*. Die Didaktik des Zeigens, des vor-Augen-Führens, des Umgangs mit persönlichen Betroffenheiten und der Vermittlung bzw. des Aufschließens religiöser Praxis, ist eine Kunst, die keineswegs in bekanntes und vermessbares Gebiet führt, sondern im Gegenteil in die Unverrechenbarkeit des persönlichen Erlebens, in das Geheimnis, ins Staunen. Religionsdidaktik geht darum immer in Mystagogie über; sie ist Führerin in das Geheimnis des Lebens. Immer öfter geben religiöse Menschen den Hinweis (Rahner, Sölle, Zink), dass die Zukunft des Christentums in der Mystik liegt. Mystik bezeichnet die innerste Erfahrung des religiösen Geheimnisses. Sie fußt auf einer umfassenden Verschmelzungserfahrung, die die Welt in einer neuen Deutung erscheinen lässt und den Alltag durchdringt. Sie ist darum alles andere als weltabgewandt. Wer das religiöse Geheimnis erfährt, wird ins Zentrum des Lebens geführt.

Im Hinweisen auf, im Aufsuchen von und im Sich-Beteiligen an religiösen Vollzüge und Formen kommen religiöse Gehalte mit individuellen Zugängen und Erfahrungsmöglichkeiten zusammen, die bildend sind. Dabei muss die Ahnung von religiösen Erfahrungsgehalten ebenso behutsam wie kompetent geöffnet und der Selbstbildung der Menschen heute zugeführt werden. Religionsdidaktik eine Kunst.

> „Religiöse Praxis ist nicht mehr nur die wechselseitige Vergewisserung eines gemeinsamen Besitzes, sondern kennzeichnet immer auch den Prozess seines Erwerbs ... Es wird zunehmend darum gehen, ‚strukturbildend' zu arbeiten, d.h., solche Kommunikationsmilieus zu stiften, in denen lebenspraktische Fragen und Sinnsuche mit substanzieller Religion zusammenkommen können. Der Rekurs auf substanzielle Religion allein reicht dazu heute nicht mehr hin. Dies verlangt von Theologinnen und Theologen eine hermeneutische Kompetenz, die sie befähigt, ‚Grenzgänger' zu sein. Es geht um die Kompetenz, zwischen ‚Innen' und ‚Außen', zwischen christlichen Traditionsbeständen, individualisierten Religionsstilen und allgemeinen Mustern

von Kulturreligiosität zu oszillieren und Zusammenhänge herzustellen mit dem Ziel, zu religiöser Wahrnehmung, zu religiösem Sprechen und Urteilen und – unter günstigen Bedingungen – zu einer Glaubensentscheidung zu kommen." (Ziebertz in Schweitzer u.a. 2002, 74)

Zusammenfassung

Da sich die Logik der Religion vorwiegend in ihren Vollzügen und Gestaltungen Ausdruck verschafft, sind sakrale Räume, Liturgik, religiöses Spiel und private religiöse Praxisformen die besten Wege zu ihrem Verständnis. Ästhetische Wahrnehmung und teilnehmender Mitvollzug machen religiöse Erfahrungen möglich und geben darum am ehesten einen überzeugenden Zugang zur Religion. Religionsdidaktik muss darum über verstehende Hermeneutik hinaus immer auch „performativ" verfahren, also entsprechende Darstellungs- und Begehungsangebote machen.

Literatur: Zu 1: C. Bizer 1995, bes. 167–184 – H.-G. Heimbrock 1998 – D. Zilleßen/U. Gerber 1997. Zu 2: C. Bizer in JRP 5 (1988), 83–111 – NHRPG III.3.2. Zu 3: G.M. Martin ²2001 – S. Laeuchli 1987 und 1988 – A. Kiehn ²1989 – LexRP Art. „Spiel" – D. Zilleßen/B. Beuscher 1998. Zu 5: LexRP Art. „Mystagogie".

Literaturverzeichnis

Abkürzungen für Zeitschriften und Lexika:

EvErz = Der Evangelische Erzieher, inzwischen: ZPT
EvTh = Evangelische Theologie
IJPT = International Journal of Practical Theology
JRP = Jahrbuch der Religionspädagogik
KatBl = Katechetische Blätter
LexRP = Lexikon der Religionspädagogik
NHRPG = Neues Handbuch religionspädagogischer Grundbegriffe
PrTh = Praktische Theologie
PTh = Pastoraltheologie
RGG = Religion in Geschichte und Gegenwart
RpB = Religionspädagogische Beiträge
TRE = Theologische Realenzyklopädie
WzM = Wege zum Menschen
ZPT = Zeitschrift für Pädagogik und Theologie
ZThK = Zeitschrift für Theologie und Kirche

Adam, Gottfried/Lachmann, Rainer (Hg.): Gemeindepädagogisches Kompendium, Göttingen ²1994.
–/– (Hg.): Neues Gemeindepädagogisches Kompendium, Göttingen 2008.
–/– (Hg.): Religionspädagogisches Kompendium, Göttingen ⁶2003.
Adorno Theodor W./Horkheimer, Max: Dialektik der Aufklärung. Philosophische Fragmente, Frankfurt/M. 1971.
Angel, Hans-F.: Profil und Profilierung der universitären Religionspädagogik, in: Esterbauer, Reinhold/Weirer, Wolfgang (Hg): Theologie im Umbruch. Zwischen Ganzheit und Spezialisierung, Graz u.a. 2000, 243–267.
–: Religiosität im Kopf?, in: KatBl 127 (2002), 321–326.
Bahr, Matthias: Religionsunterricht planen und gestalten, in: Hilger u.a. 2001, 489–524.
Baldermann, Ingo: Einführung in die Biblische Didaktik, Darmstadt ³2007.
–: Wer hört mein Weinen? Kinder entdecken sich selbst in den Psalmen, Neukirchen-Vluyn ⁸2006.
Basch, Michael F.: Die Kunst der Psychotherapie. Neueste theoretische Zugänge zur psychotherapeutischen Praxis, München 1992.
Baumann, Maurice: Bibeldidaktik als Konstruktion eines autonomen Subjekts, in: Lämmermann u.a. 1999, 33–43.

Beck, Matthias: Seele und Krankheit. Psychosomatische Medizin und theologische Anthropologie, Paderborn ³2003.
Beck, Ulrich: Risikogesellschaft. Auf dem Weg in eine andere Moderne, Frankfurt/M. ¹⁹2007.
Becker Sybille/Enders-Dragässer, Uta (Hg.): Religiöse Sozialisation von Mädchen und Frauen, Stuttgart 1995.
Benner, Dietrich: Bildung und Religion. Überlegungen zu ihrem problematischen Verhältnis und zu den Aufgaben eines öffentlichen Religionsunterrichts heute, in: Battke, Achim/Fitzner, Thilo/Isak, Rainer/Lochmann, Ullrich (Hg.): Schulentwicklung – Religion – Religionsunterricht. Profil und Chance von Religion in der Schule der Zukunft, Freiburg 2002, 51–70.
Berg, Horst K.: Ein Wort wie Feuer. Wege lebendiger Bibelauslegung, München ⁴2000.
–: Grundriss der Bibeldidaktik, Stuttgart ³2003.
Beuscher, Bernd/Zilleßen, Dietrich: Religion und Profanität. Entwurf einer profanen Religionspädagogik, Weinheim 1998.
–/Schroeter, Harald/Sistermann, Rolf (Hg.): Prozesse postmoderner Wahrnehmung. Kunst – Religion – Pädagogik, Wien 1996.
Biehl, Peter: Religionspädagogik und Ästhetik, in: JRP 5 (1988), 3–44.
–: Symbole geben zu lernen. Bd. 1: Einführung in die Symboldidaktik anhand der Symbole Hand, Haus und Weg, Neukirchen-Vluyn ²1991.
–: Theologische Aspekte des Bildungsverständnisses, in: EvErz 43 (1991), 575–591.
Bizer, Christoph: Kirchgänge im Unterricht und anderswo. Zur Gestaltwerdung von Religion, Göttingen 1995.
–: Liturgik und Didaktik, in: JRP 5 (1988), 83–111.
Bohne, Gerhard: Das Wort Gottes und der Unterricht, Berlin 1929.
Bonhoeffer, Dietrich: Widerstand und Ergebung. Briefe und Aufzeichnungen aus der Haft, hg. von E. Bethge, München 1951.
Boschki, Reinhold: Einführung in die Religionspädagogik, Darmstadt 2008.
Bucher, Anton A.: Religionspsychologie – Ein Forschungsüberblick, in: IJPT 3 (1999), 94–126.
–: Religionsunterricht zwischen Bildung und Chaos. Eine Befragung von 7200 SchülerInnen in der Bundesrepublik, in: KatBl 125 (2000), 368–373.
Damasio, Antonio R.: Descartes' Irrtum. Fühlen, Denken und das menschliche Gehirn, München 1995.
Degen, Roland: Kirchenräume als Gedächtnis der Christenheit, in: JRP 13 (1997), 145–161.
–/Hansen, Inge/Scheilke Christoph (Hg.): Lernort Kirchenraum. Erfahrungen – Einsichten – Anregungen, Münster 1998.
Deutsche Bischofskonferenz (Hg.): Die bildende Kraft des Religionsunterrichts. Zur Konfessionalität des katholischen Religionsunterrichts, Bonn 1996.
Deutsche Shell: Jugend 2000. 13. Shell Jugendstudie, 2 Bände, Opladen 2000.
Drehsen, Volker: Wie religionsfähig ist die Volkskirche? Sozialisationstheoretische Erkundungen neuzeitlicher Christentumspraxis, Gütersloh 1994.
Dubach, Alfred/Campiche Roland J. (Hg.): Jede(r) ein Sonderfall? Religion in der Schweiz. Ergebnisse einer Repräsentativbefragung, Zürich 1993.

Ebeling, Gerhard: Frömmigkeit und Bildung, in ders.: Wort und Glaube Bd. 3, Tübingen 1975, 60–95.
Eco, Umberto: Der Name der Rose, München 1980.
Eggers, Peter: Zwischen Bindungssicherheit und Desorientierung. Jugend aus psychotherapeuthischer Sicht, in: Forschung und Lehre 7 (2002), 350–353.
EKD 1995: s. Kirchenamt der EKD.
Englert, Rudolf: Dimensionen religiöser Pluralität, in: Schweitzer u.a. 2002, 17–50.
–: Religionspädagogische Grundfragen. Anstöße zur Urteilsbildung, Stuttgart ²2008.
–: Religiöse Bedürfnisse der Kinder. Ausgangspunkt für den RU an der Grundschule, in: KatBl 118 (1993), 844–851.
–: Religiöse Erwachsenenbildung. Situation, Probleme, Handlungsorientierung, Stuttgart 1992.
–: „Schwer zu sagen ...": Was ist ein religiöser Lernprozeß?, in: EvErz 49 (1997), 135–150 (neu in: Englert 2008)
–: Skizze einer pluralitätsfähigen Religionspädagogik, in: Schweitzer u.a. 2002, 87–106.
–: Wissenschaftstheorie der Religionspädagogik, in: Ziebertz/Simon 1995, S. 147–174.
Erikson, Erik: The life cycle completed. A review, New York 1982.
Evangelischer Erwachsenenkatechismus. Suchen – glauben – leben, hg. von M. Kiessig u.a., Gütersloh ⁸2010.
Evers, Ralf: Alphabetisierung in einer Sprache der Hoffnung. Erwägungen zur Altenbildung, in: Pohl-Patalong 2003, 203–219.
EvErz 45 (1993), Heft 4: Themenheft feministische Religionspädagogik.
EvTh 63 (2003), Heft 6: Themenheft Theologie und Medien.
Failing, Wolf E.: Die eingeräumte Welt und die Transzendenz Gottes, in: Ders./Heimbrock 1998, 91–122.
–/Heimbrock, Hans-G.: Gelebte Religion wahrnehmen. Lebenswelt – Alltagskultur – Religionspraxis, Stuttgart 1998.
Faßler, Manfred/Lohmann, Margret/Müller, Eberhard (Hg.): Bildung – Welt – Verantwortung. Festschrift 50 Jahre Evangelisches Studienwerk Villigst, Gießen 1998,
Feifel, Erich: Didaktische Ansätze in der Religionspädagogik, in: Ziebertz/Simon 1995, 86–110.
Feige, Andreas: Die Religionslehrerinnen und -lehrer als Symptom der Entkoppelung von Kirche und Gesellschaft, in: ZPT 53 (2001), 289–296.
–/Dressler, Bernhard/Lukatis, Wolfgang/Schöll, Albrecht: „Religion" bei ReligionslehrerInnen. Religionspädagogische Zielvorstellungen und religiöses Selbstverständnis in empirisch-soziologischen Zugängen, Münster 2001.
Feindt, Andreas/Elsenbast, Volker/Schreiner, Peter/Schöll, Albrecht (Hg.): Kompetenzorientierung im Religionsunterricht. Befunde und Perspektiven, Münster 2009.
Ferchhoff, Wilfried: Jugend und Jugendkulturen im 21. Jahrhundert. Lebensformen und Lebensstile, Wiesbaden 2007.
Fischer, Hermann: Systematische Theologie. Konzeptionen und Probleme im 20. Jahrhundert, Stuttgart 1992.

Fowler, James W.: Stages of faith. The psychology of human development and the quest for meaning, San Francisco 1981.
Fraas, Hans-J.: Pietas und eruditio. Chancen und Grenzen religiöser Sozialisation heute, in: Schreiner, Martin (Hg.): Vielfalt und Profil. Zur evangelischen Identität heute, Neukirchen-Vluyn 1999, 50–63.
–: Die Religiosität des Menschen. Religionspsychologie, Göttingen ²1993.
–: Theologie und Psychologie, in: Ritter/Rothgangel 1998, 118–131.
Gadamer, Hans-Georg: Wahrheit und Methode. Grundzüge einer philosophischen Hermeneutik, Tübingen ⁶1990.
Goecke-Seischab, Margarete/Ohlemacher, Jörg: Kirchen erkunden, Kirchen erschließen. Ein Handbuch mit über 300 Sachzeichnungen und Übersichtstafeln sowie einer Einführung in die Kirchenpädagogik, Stuttgart 1998.
Gräb, Wilhelm: Bildung als Selbstbildung und lebenskundliche Deutungskompetenz. Über Schwierigkeiten und Unumgänglichkeiten religiöser Bildung in der pluralen Gesellschaft, in: Faßler u.a. 1998, 145–157.
–: Lebensgeschichten, Lebensentwürfe, Sinndeutungen. Eine Praktische Theologie gelebter Religion, Gütersloh 1998.
–: Die Pluralisierung des Religiösen in der „Postmoderne" als Problem der „Bibeldidaktik", in: Lämmermann u.a. 1999, 182–197.
–: Sinnfragen. Die Transformation des Religiösen in der modernen Kultur, Gütersloh 2006.
Grethlein, Christian: Fachdidaktik Religion, Göttingen 2005.
–: Gemeindepädagogik, Berlin/New York 1994.
–: Liturgische Elementarbildung als notwendige religionspädagogische Aufgabe im modernen Deutschland, in: IJPT 1 (1997), 83–96.
–: Religionspädagogik, Berlin/New York 1998.
Grom, Bernhard: Religionspsychologie. Neuausg. München 2007.
–: Religionspädagogische Psychologie des Kleinkind-, Schul- und Jugendalters, Düsseldorf ⁵2000.
Gudjons, Herbert: Pädagogisches Grundwissen, Bad Heilbrunn ¹⁰2008.
Gutmann, Hans-Martin: Der Herr der Heerscharen, die Prinzessin der Herzen und der König der Löwen. Religion lehren zwischen Kirche, Schule und populärer Kultur, Gütersloh ²2000.
–: Symbole zwischen Macht und Spiel. Religionspädagogische und liturgische Untersuchungen zum „Opfer", Göttingen 1996.
Halbfas, Hubertus: Das Christentum. Erschlossen und kommentiert, Düsseldorf ²2005.
–: Das dritte Auge. Religionsdidaktische Anstöße, Düsseldorf ⁷1997.
–: Der Sprung in den Brunnen. Eine Gebetsschule, Düsseldorf ²1998.
Hanisch, Helmut: Die zeichnerische Entwicklung des Gottesbildes bei Kindern und Jugendlichen. Eine empirische Vergleichsuntersuchung mit religiös und nicht religiös erzogenen Kindern und Jugendlichen von 7 bis 16 Jahren, Stuttgart 1996.
Haussmann, Werner/Lähnemann, Johannes (Hg.): Dein Glaube – mein Glaube. Interreligiöses Lernen in Schule und Gemeinde, Göttingen 2005.
Härle, Wilfried: Religion als Horizont und Element der Bildung, in: Faßler u.a. 1998, 159–178.

Heimbrock, Hans-G. (Hg.): Erlösung in Lehre und Alltagskulturen, in: Lämmermann u.a. 1999, 246–260.
–: Gelebte Religion im Klassenzimmer, in: Failing/Heimbrock 1998, 233–255.
– (Hg.): Religionspädagogik und Phänomenologie. Von der empirischen Wendung zur Lebenswelt, Weinheim 1998.
–: Wahr-Nehmen der Gestalten von Religion, in: Lämmlin Georg/Scholpp, Stefan (Hg.): Praktische Theologie der Gegenwart in Selbstdarstellungen, Tübingen/Basel 2001, 219–237.
Hemel, Ulrich: Ermutigung zum Leben und Vermittlung religiöser Kompetenz. Ziele des Religionsunterrichts in der modernen Gesellschaft, in: Angel, Hans F. (Hg.): Tragfähigkeit der Religionspädagogik, Wien 2000, 63–76.
–: Religionspädagogik im Kontext von Theologie und Kirche, Düsseldorf 1986.
–: Theorie der Religionspädagogik. Begriff – Gegenstand – Abgrenzungen, Niederaula 1984.
–: Ziele religiöser Erziehung. Beiträge zu einer integrativen Theorie, Frankfurt/M. 1988.
Hentig, Hartmut von: Bildung. Ein Essay, Weinheim ^{8}2009.
Hermann, Jörg/Mertin, Andreas/Valtink, Eveline (Hg.): Die Gegenwart der Kunst. Ästhetische und religiöse Erfahrung heute, München 1998.
Hilger, Georg: Symbollernen, in: Ders. u.a. 2001, 330–339.
–: Wahrnehmung und Verlangsamung als religionsdidaktische Kategorien. Überlegungen zu einer ästhetisch inspirierten Religionsdidaktik, in: Heimbrock 1998, 138–157.
–: Wahrnehmungsschulung für die Religiosität Jugendlicher. Ein religionsdidaktisches Projekt im Horizont der enzyklopädischen Frage, in: Ritter/Rothgangel 1998, 246–263.
–/Kropac, Ulrich/Leimgruber, Stephan: Konzeptionelle Entwicklungslinien, in: Ders. u.a. 2001, 42–66.
–/Leimgruber, Stephan/Zieberts, Hans G. (Hg.): Religionsdidaktik. Ein Leitfaden für Studium, Ausbildung und Beruf, München 2001.
–/Reilly, George (Hg.): Religionsunterricht im Abseits? Das Spannungsfeld Jugend, Schule, Religion, München 1993.
Höhn, Hans-Joachim: Zerstreuungen. Religion zwischen Sinnsuche und Erlebnismarkt, Düsseldorf 1998.
Horx, Matthias: Die Wilden Achtziger. Eine Zeitgeist-Reise durch die Bundesrepublik, München 1987.
Humboldt, Wilhelm v.: Gesammelte Schriften Bd. 1, hg. von A. Leitzmann, Berlin 1903.
IJPT 1 (1997): Editorial, 6–10.
Ilg, Wolfgang/Schweitzer, Friedrich/Elsenbast, Volker (Hg.): Konfirmandenarbeit in Deutschland. Empirische Einblicke, Herausforderungen, Perspektiven, Gütersloh 2009.
James, William: Die Vielfalt religiöser Erfahrung. Eine Studie über die menschliche Natur. Aus dem Amerikanischen von E. Herms, Frankfurt/M. 1997.
Jörns, Klaus-Peter: Die neuen Gesichter Gottes. Was die Menschen heute wirklich glauben, München 1997.

Josuttis, Manfred: Du mußt dein Leben ändern! Religion als Erfahrung, in: Hermann u.a. 1998, 250–260.
–: Religion als Handwerk. Zur Handlungslogik spiritueller Methoden, Gütersloh 2002.
Kabisch, Richard: Wie lehren wir Religion? Versuch einer Methodik des evangelischen Religionsunterrichts für alle Schulen auf psychologischer Grundlage, Reprint der 3. Aufl. Göttingen 1913, Hildesheim 1988.
Kaiser-Creola, Stephan (Hg.): Kirchliche Jugendarbeit. Berichte, Reflexionen, Perspektiven, Zürich 2003.
Kalloch, Christina/Leimgruber, Stephan/Schwab, Ulrich: Lehrbuch der Religionsdidaktik. Für Studium und Praxis in ökumenischer Perspektive, Freiburg 2009.
Kappeler, Ernst: Es schreit in mir. Briefdokumente junger Menschen, München ^{2}1981.
Kaufmann, Hans-B.: Muß die Bibel im Mittelpunkt des Religionsunterrichts stehen?, in: Otto, Gert/Stock, Hans (Hg.): Schule und Kirche vor den Aufgaben der Erziehung, Hamburg 1968, 79–85.
Kiehn, Antje: Bibliodrama, Stuttgart ^{2}1989.
Kirchenamt der EKD (Hg.): Identität und Verständigung. Standort und Perspektiven des Religionsunterrichts in der Pluralität, Gütersloh ^{5}2000.
Kirsner, Inge: Erlösung im Film. Praktisch-theologische Analysen und Interpretationen, Stuttgart 1996.
Kittel, Helmuth: Vom Religionsunterricht zur Evangelischen Unterweisung, Berlin/Hannover ^{3}1957 (1947).
Klafki, Wolfgang: Neue Studien zur Bildungstheorie und Didaktik. Zeitgemäße Allgemeinbildung und kritisch-konstruktive Didaktik, Weinheim ^{6}2007.
Klein, Stefan: Die Glücksformel, oder Wie die guten Gefühle entstehen, Nachdruck Reinbek ^{17}2003.
Klie, Thomas (Hg.): Der Religion Raum geben. Kirchenpädagogik und religiöses Lernen, Münster ^{10}2003.
– (Hg.): Spiegelflächen. Phänomenologie – Religionspädagogik – Werbung, Münster 1999.
–/Leonhard, Silke (Hg.): Performative Religionsdidaktik. Religionsästhetik – Lernorte – Unterrichtspraxis, Stuttgart 2008.
Kohlberg, Lawrence: Stages in the Development of Moral Thought and Action, New York 1969.
Kohler-Spiegel, Helga: Religionspädagogik im Spiegel feministischer Theologie, in: Ziebertz/Simon 1995, 204–221.
Kuld, Lothar: Das Entscheidende ist unsichtbar. Wie Kinder und Jugendliche Religion verstehen, München 2001.
–: Glaube in Lebensgeschichten. Ein Beitrag zur theologischen Autobiographieforschung, Stuttgart 1997.
Kunstmann, Joachim: Christentum in der Optionsgesellschaft. Postmoderne Perspektiven, Weinheim 1997.
–: Religion und Bildung. Zur ästhetischen Signatur religiöser Bildungsprozesse, Gütersloh/Freiburg 2002.

–: Rückkehr der Religion. Glaube, Gott und Kirche neu verstehen, Gütersloh 2010.
Lachmann, Rainer: Religionspädagogik und Systematische Theologie, in: Ritter/Rothgangel 1998, 36–49.
Laeuchli, Samuel: Die Bühne des Unheils. Das Menschheitsdrama im mythischen Spiel, Stuttgart 1988.
–: Einführung in eine mimetische Bewältigung, in: Kiehn 1987. 16–43.
–: Das Spiel vor dem dunklen Gott, Neukirchen-Vluyn 1987.
Lämmermann, Godwin: Religionspädagogik und Praktische Theologie, in: Ritter/Rothgangel 1998, 81–93.
– /Morgenthaler, Christoph/Schori, Kurt/Wegenast, Philipp (Hg.): Bibeldidaktik in der Postmoderne, Stuttgart 1999.
Lange, Günter: Religionspädagogik und ästhetische Bildung, in: Ziebertz/Simon 1995, 339–350.
Leimgruber, Stephan: Interreligiöses Lernen, Neuausg. München 2007.
–/Ziebertz, Hans-G.: Religionsdidaktik als Wissenschaft, in: Hilger u.a. 2001, 29–41.
Leonhard, Silke/Klie, Thomas (Hg.): Schauplatz Religion. Grundzüge einer Performativen Religionsdidaktik, Leipzig ³2009.
Lesch, Walter: Theologie und ästhetische Erfahrung. Beiträge zur Begegnung von Religion und Kunst, Darmstadt 1994.
Lexikon der Religionspädagogik, hg. von N. Mette/F. Rickers, Neuausg. Neukirchen 2007.
Lotz, Thomas A.: Viertel nach zwölf bis eins: Gott usw., in: Heimbrock 1998, 178–201.
Lück, Wolfgang/Schweitzer, Friedrich: Religiöse Bildung Erwachsener. Grundlagen und Impulse für die Praxis, Stuttgart 1999.
Luther, Henning: Religion und Alltag. Bausteine zu einer Praktischen Theologie des Subjekts, Stuttgart 1992.
Martin, Gerhard M.: Sachbuch Bibliodrama, Stuttgart ²2001.
Mette, Norbert: Religionspädagogik, Düsseldorf 2006.
Meyer-Blank, Michael: Der Ertrag semiotischer Theorien für die Praktische Theologie, in: Dressler, Bernhard/Meyer-Blanck, Michael (Hg.): Religion zeigen. Religionspädagogik und Semiotik, Münster 1998, 241–277.
–: Inszenierung und Präsenz. Zwei Kategorien des Studiums der Praktischen Theologie, in: WzM 49 (1997), 2–16.
–: Kleine Geschichte der evangelischen Religionspädagogik. Dargestellt anhand ihrer Klassiker, Gütersloh 2003.
–: Liturgik und Didaktik – die Religion in Form. Zur Frage liturgischer Elemente im schulischen Religionsunterricht, in: Gräb, Wilhelm/Baldermann, Ingo (Hg.): Religionsunterricht jenseits der Kirche? Wie lehren wir die christliche Religion? Neukirchen-Vluyn 1996, 83–93.
–: Vom Symbol zum Zeichen. Plädoyer für eine semiotische Revision der Symboldidaktik, in: Dressler, Bernhard/Meyer-Blanck, Michael (Hg.): Religion zeigen. Religionspädagogik und Semiotik, Münster 1998, 10–26.
Moser, Tilmann: Gottesvergiftung, Frankfurt/M. 1976.

Neues Handbuch religionspädagogischer Grundbegriffe, hg. von G. Bitter/R. Englert/G. Miller/K.E. Nipkow, München 2002.
Niebergall, Friedrich/Emlein, Rudolf: Der neue Religionsunterricht. Methodik und Anleitungen im Geist der Arbeitsschule, Langensalza 1922.
Nietzsche, Friedrich: Kritische Studienausgabe Bd. 1, hg. von G. Colli und M. Montinari, München/Berlin 1999.
Nigg, Walter: Das Buch der Ketzer, Zürich 1949 (Neudruck München [3]1998).
Nipkow, Karl E.: Bildung als Lebensbegleitung und Erneuerung, Gütersloh [2]1992.
–: Elementarisierung als Kern der Unterrichtsvorbereitung, in: KatBl 111 (1986), 600–608.
–: Erwachsenwerden ohne Gott? Gotteserfahrung im Lebenslauf, München [5]1997.
–: Grundfragen der Religionspädagogik, 3 Bände, Gütersloh 1975–1982.
–: Die Herausforderung aus Brandenburg. „Lebensgestaltung – Ethik – Religionskunde" als staatlich anerkanntes Pflichtfach, in: ZThK 93 (1996), 124–148.
Oberthür, Rainer/Mayer, Alois: Kinder und die großen Fragen. Ein Praxisbuch für den Religionsunterricht, München 1995.
Oertel, Holger: „Gesucht wird: Gott?" Jugend, Identität und Religion in der Spätmoderne, Gütersloh 2004.
Oser, Fritz/Gmünder, Paul: Der Mensch – Stufen seiner religiösen Entwicklung. Ein strukturgenetischer Ansatz, Zürich 1984.
Otto, Gert: Schule, Religionsunterricht, Kirche. Stellung und Aufgabe des Religionsunterrichts in Volksschule, Gymnasium und Berufsschule, Göttingen 1961.
Otto, Rudolf: Das Heilige. Über das Irrationale in der Idee des Göttlichen und sein Verhältnis zum Rationalen, Breslau 1917 (mehrfache Neuaufl.).
Picht, Georg: Die deutsche Bildungskatastrophe, Olten 1964.
Pirner, Manfred: Fernsehmythen und Religiöse Bildung. Grundlegung einer medienerfahrungsorientierten Religionspädagogik am Beispiel fiktionaler Fernsehunterhaltung, Hannover 2001.
Pithan, Annebelle: Religionspädagoginnen des 20. Jahrhunderts, Göttingen 1997.
–/Adam, Gottfried/Kollmann, Roland: Handbuch integrative Religionspädagogik. Reflexionen und Impulse für Gesellschaft, Schule und Gemeinde, Gütersloh 2002.
Pohl-Patalong, Uta: Religiöse Bildung im Plural. Konzeptionen und Perspektiven, Schenefeld 2003.
Porzelt, Burkhard: Grundlegung religiöses Lernen. Eine problemorientierte Einführung in die Religionspädagogik, Bad Heilbrunn 2009.
PrTh 35 (2000), Heft 2: Themenheft Psychologie, Religion, Theologie.
PrTh 36 (2001), Heft 1: Themenheft religiöse Kompetenz.
PTh 86 (1997), Heft 9: Themenheft Das neue Gespür für heilige Räume.
Rang, Martin: Handbuch für den biblischen Unterricht Bd. I, Berlin [2]1947.
Riegel, Ulrich: Freiarbeit, in: Hilger, Georg u.a. 2001, 479–488.
–/Ziebertz, Hans G.: Mädchen und Jungen in der Schule, in: G. Hilger u.a. 2001, 361–372.

Riemann, Fritz: Grundformen der Angst. Eine tiefenpsychologische Studie München ³⁹2009 (1978).
Ritter, Werner/Rothgangel, Martin (Hg.): Religionspädagogik und Theologie. Enzyklopädische Aspekte, Stuttgart u.a. 1998.
Rizzuto, Ana-Maria: The birth of the living God. A psychoanalytic study, Chicago 1979.
Robinsohn, Saul B.: Bildungsreform als Revision des Curriculum, Neuwied ²1969.
Roth, Hans-J.: Narzißmus. Selbstwerdung zwischen Destruktion und Produktivität, Weinheim u.a. 1990.
Roth, Heinrich: Pädagogische Psychologie des Lehrens und Lernens, Hannover u.a.¹⁵1976.
Rothgangel, Martin: Im Kern verrottet? Fachdidaktik als Chance für deutsche Universitäten, in: Ritter/Rothgangel 1998, 227–245.
Ruhbach, Gerhard: Theologie und Spiritualität, Göttingen 1987.
Rupp, Horst F.: Religion, Bildung, Schule. Studien zur Geschichte und Theorie einer komplexen Beziehung, Weinheim ²1996.
Schäfer, Gerd. E: Bildungsprozesse im Kindesalter. Selbstbildung, Erfahrung und Lernen in der frühen Kindheit, Weinheim u.a. ³2005.
Schleiermacher, Friedrich: Werke. Auswahl in vier Bänden, hg. von O. Braun und J. Bauer, 2. Neudruck der 2. Aufl. Leipzig 1928, Aalen 1981.
Schmalfuß, Lothar/Pertsch, Reinhard: Methoden im Religionsunterricht. Ideen, Anregungen, Modelle, München 1987.
Schmidt, Günter R.: Religionspädagogik. Ethos, Religiosität, Glaube in Sozialisation und Erziehung, Göttingen 1993.
Schmidt, Heinz: Leitfaden Religionspädagogik, Stuttgart u.a. 1991.
Schreiner, Martin: Im Spielraum der Freiheit. Evangelische Schulen als Lernorte christlicher Weltverantwortung, Göttingen 1996.
Schröder, Richard: Abschaffung der Religion? Wissenschaftlicher Fundamentalismus und die Folgen, Freiburg 2008.
Schulz, Wolfgang: Unterrichtsplanung. Mit Materialien aus Unterrichtsfächern, München ³1981.
Schulze, Gerhard: Die Erlebnisgesellschaft. Kultursoziologie der Gegenwart, Frankfurt/M. ⁸2000 (mehrere Nachdrucke).
Schwab, Ulrich: Familienreligiosität. Religiöse Traditionen im Prozess der Generationen, Stuttgart 1995.
–: Kinder- und Jugendarbeit in der Gemeinde, in: Schweitzer u.a. 2002, 172–183.
–: Das Profil evangelischer Jugendarbeit heute, in: Schreiner, Martin (Hg.): Vielfalt und Profil. Zur evangelischen Identität heute, Neukirchen-Vluyn 1999, 80–92.
Schwarze, Bernd: Die Religion der Rock- und Popmusik. Analysen und Interpretationen, Stuttgart 1997.
Schweitzer, Friedrich: Elementarisierung im Religionsunterricht. Erfahrungen, Perspektiven, Beispiele, Neukirchen-Vluyn 2003.
–: Lebensgeschichte und Religion. Religiöse Entwicklung und Erziehung im Kindes- und Jugendalter, Gütersloh ⁶2001.
–: Das Recht des Kindes auf Religion. Ermutigungen für Eltern und Erzieher, Gütersloh ²2001.

–/Englert, Rudolf/Ziebertz, Hans-G./Schwab, Ulrich: Entwurf einer pluralitätsfähigen Religionspädagogik, Gütersloh/Freiburg 2002.
Shell-Studie s. Deutsche Shell
Siggelkow, Eckard: Gretchenfrage Menschenbild. Anspruch und Wirklichkeit kirchlicher Bildung in der offenen Kinder- und Jugendarbeit, Münster 2008.
Spitzer, Manfred: Musik im Kopf. Hören, musizieren, verstehen und erleben im neuronalen Netzwerk, Stuttgart 2002.
Stallmann, Martin: Christentum und Schule, Stuttgart 1958.
Steck, Wolfgang: Praktische Theologie Bd. 1. Horizonte der Religion, Konturen des neuzeitlichen Christentums, Strukturen der religiösen Lebenswelt, Stuttgart 2000.
Stoodt, Dieter: Religion und Emanzipation, in: Offele, Willi (Hg.): Emanzipation und Religionspädagogik, Zürich 1972, 49–64.
Tillich, Paul: Gesammelte Werke, hg. von R. Albrecht, Band VII, Stuttgart 1962.
Vester, Frederic: Denken, Lernen, Vergessen. Was geht in unserem Kopf vor, wie lernt das Gehirn, und wann läßt es uns im Stich?, Stuttgart 1975 (Neuaufl. 1998).
–: Phänomen Stress. Wo liegt der Ursprung, warum ist er lebenswichtig, wodurch ist er entartet?, Stuttgart 1976 (Neuaufl. 1993).
Volp, Rainer: „Die Kunst, Gott zu feiern". Sieben Grundsätze zur Gestaltung einer lebendigen Religion, in: Grözinger, Albrecht/Lott, Jürgen (Hg.): Gelebte Religion. Im Brennpunkt praktisch-theologischen Denkens und Handelns, Rheinbach-Merzbach 1997, 225–240.
–: Liturgik. Die Kunst, Gott zu feiern, Band 2: Theorien und Gestaltung, Gütersloh
Walser, Martin: Hölderlin auf dem Dachboden, Frankfurt/Main 1960.
Wegenast, Klaus: Hermeneutik und Didaktik. Vorläufige Bemerkungen zu einem nach wie vor ungelösten Problem im Hause der Theologie, in: Zilleßen u.a. 1991, 23–43.
–: Konfirmandenunterricht und Konfirmation, in: Adam/Lachmann ²1994, 314–354.
–: Religionspädagogik und biblische Wissenschaft, in: Ritter/Rothgangel 1998, 63–80.
–: Religionspädagogik und exegetische Wissenschaft – zu einem umstrittenen Verhältnis im Hause der Theologie, in: Ritter/Rothgangel 1998, 63–80.
–/Lämmermann, Godwin: Gemeindepädagogik. Kirchliche Bildungsarbeit als Herausforderung, Stuttgart u.a. 1994.
Welsch, Wolfgang: Unsere postmoderne Moderne, Berlin ⁷2008.
Werbick, Jürgen: Theologische Ästhetik nach dem Ende der Kunst, in: RpB 30 (1992), 19–29.
Winnicott, Donald W.: Vom Spiel zur Kreativität, Stuttgart ¹²2010.
Ziebertz, Hans-Georg: Gesellschaftliche Herausforderungen der Religionsdidaktik, in: Hilger u.a. 2001, 67–88.
–: Grenzen des Säkularisierungstheorems, in: Schweitzer u.a. 2002, 51–74.
–: Interreligiöses Lernen und die Pluralität der Religionen, in: Schweitzer u.a. 2002, 121–143.
–: Projektorientiertes Lernen, in: Hilger u.a. 2001, 455–470.

–: Warum die religiöse Dimension der Wirklichkeit erschließen? in: Hilger u.a. 2001, 107–122.
–: Wer initiiert religiöse Lernprozesse? Rolle und Person der Religionslehrerinnen und Religionslehrer, Hilger u.a. 2001, 180–200.
–/Simon, W. (Hg.): Bilanz der Religionspädagogik, Düsseldorf 1995.
Ziehe, Thomas: Adieu 70er Jahre! Jugendliche und Schule in der zweiten Modernisierung, in: Pädagogik 48 (1996), 35–39.
–: Pubertät und Narzißmus. Sind Jugendliche entpolitisiert?, Frankfurt/M. 1975.
Zilleßen, Dietrich: Religionspädagogische Wege der Wahrnehmung, in: Ders. u.a. 1991, 59–85.
–/Alkier, Stefan/Koerrenz, Ralf (Hg.): Praktisch-theologische Hermeneutik. Ansätze – Anregungen – Aufgaben, Rheinbach 1991.
–/Gerber, Uwe: Und der König stieg herab von seinem Thron. Das Unterrichtskonzept Religion elementar, Frankfurt/M. 1997.
ZPT 51 (1999), Heft 3: Themenheft Multimedia.

Register

Aufgenommen sind die Begriffe nur in ihrer Grundform und soweit sie nicht aus dem Inhaltsverzeichnis hervorgehen.

Abendmahl 35, 40, 100, 113, 135f., 141ff., 145
Adam, G. 30
Altwerden 69
Aufklärung 11, 17ff., 43, 130, 251, 256, 308f., 336f., 341f., 345

Baldermann, I. 184, 186, 199
Barth, K. 19, 52, 127, 130, 156
Baudler, G. 62
Beck, U. 249, 254, 272ff., 276, 286
Bedeutung(en) 96, 99, 168, 170, 177, 185, 189, 229, 230, 237–240, 244, 262, 282, 311, 338, 345
Begehung 195, 202, 238, 354
Bekenntnis/Glaubensbekenntnis 34, 112, 129, 145, 260, 263, 272, 312
Benotung 225
Berg, H.K. 186
Berger, P.L. 280
Berufsschule 105
Beuscher, B. 32
Bewusstsein 242
Bibel/biblische Geschichten 56, 64, 94, 99, 139, 185–187, 261
Biehl, P. 177, 191, 340
Bild 130, 176, 187, 205, 216ff., 269, 331, 343, 346f., 360, 363
Bilderverbot 346
Bildung 5f., 18, 32, 41f., 45ff., 104, 122ff., 170, 201, 235, 271, 284ff.
Bizer, C. 195, 354f.
Bohne, G. 53
Bonhoeffer, D. 273
Bucher, A. 207
Bultmann, R. 127

Christentum 1, 15, 31, 90ff., 129, 134, 196, 202ff., 233, 256–258, 262ff., 300, 308, 312, 318
City-Kirchen-Arbeit 194, 236
Comenius, J.A. 17
Curriculare Didaktik 163
Curriculum(theorie) 58 211
CVJM 147

Damasio, A.R. 240
Denkschrift 113–116
Dialektische Theologie 52
Drehsen, V. 47
Durkheim, E. 310

Ebeling, G. 177
Eberhard, O. 51
Eckhart Meister 246, 354, 342
Eco, U. 250
Emotion s. Gefühl
Englert, R. 12, 31, 47, 150, 174, 196, 234, 283, 320, 340
Erfahrung/Erfahrungsbezug 5, 62, 70, 80, 98, 119, 126, 157, 169ff., 174, 177–182, 185–187, 189, 201ff., 208–216, 229, 231–233, 244f., 264, 282, 311f., 320, 325ff., 347ff., 352f., 359, 362
Erikson, E. 71, 154, 327
Erwachsener 69, 86
Erzählung 217
Erziehung 43ff., 95ff., 298, 336, 338, 341
Ethik 41, 65, 103ff., 115ff., 128, 256, 278, 312ff., 323

Fachhochschule 126
Familie 141

Familiengottesdienst 136
Familienreligiosität 91, 141
Fernsehen 266
Feuerbach, L. 256
Fowler, J. 75, 77
Fraas, H.-J. 32, 273, 297, 322
Fragetechnik 224
Freiarbeit 220
Freud, S. 21, 71, 229, 256f., 296, 310
Fundamentalismus 258, 290

Gebet 99, 362
Gefühl/Emotion 18, 46, 51, 88, 95, 171, 229f., 231, 240, 242, 251, 256, 259, 266, 275ff., 288, 296, 299, 312, 323ff., 338, 345, 348, 360
Gemeindepädagogik 2f., 13, 152
gemeinsamer ökumenischer RU 116
Gerber, U. 180
Gesprächsführung 224
Glaube(n) 11, 14, 38f., 62, 129, 233, 261ff., 282, 300
Glaubensbekenntnis s. Bekenntnis
Gleichnis 129, 187
Gmünder, P. 74
Gott/Gottesbild 11, 15, 17, 32, 35f., 53, 67ff., 74ff., 91ff., 98f., 107, 112ff., 127, 145, 155, 175, 186f., 238f., 251, 256, 259ff., 273, 279ff., 281, 301ff., 310ff., 329ff., 342f.
Gottesverständnis 75
Gottesvorstellung 302
Grethlein, C. 23, 30, 355
Grundgesetz 107
Grundschule 104ff.
Grundtvig, N. 158
Grundvertrauen 71, 89
Gruppenarbeit 220
Gutmann, H.-M. 32
Gymnasium 105

Halbfas, H. 31, 190ff., 244
Hamann, J.G. 68
Hammelsbeck, O. 53
Hauptschule 105
Heilung 42, 60, 178
Hemel, U. 46, 324
Hentig, H. v. 337
Hermeneutik 202, 315, 350, 363
Höhn, H.-J. 32, 182, 262, 275, 282f., 351

Humboldt, W. v. 122, 341, 342

Individualisierung 323
Intermediärer Raum 89, 97, 237, 238

James, W. 328
Jesus 57, 129, 141, 233, 312, 349f.
Jörns, K.-P. 261
Jugend(licher) 68
Jugendkulturen 289
Jung, C.G. 68, 190, 310, 327

Kabisch, R. 18, 38, 50, 179
Kant, I. 256
Katechese/Katechetik 2f., 15, 22, 143, 184
kategoriale Bildung 167, 339
Kaufmann, H.-B. 56
Kiehn, A. 358
Kind/Kindheit 18, 39, 43f., 67ff., 72, 75f., 80, 109, 229, 273, 287f.
Kinderbibelwoche 137
Kinofilm 216, 265, 266ff., 300, 317
Kirche 62, 92, 110, 194f., 202, 208, 258–263, 300f.
Kirchliche Schulen 107
Kittel, H. 53
Klafki, W. 166–168, 175, 339
Kleiner Katechismus 144
Kohlberg, L. 74
Kohut, H. 71, 296, 328
Kompetenzen 6, 46f., 104, 107, 124f., 133f., 171, 241f., 286, 297, 338, 351
Korrelationsdidaktik 30, 62, 174ff., 319
Kultur 11, 51, 54, 244, 262
Kunst 41, 80, 108, 171, 182, 216, 260, 311, 314, 346f., 350f.,

Lachmann, R. 30
Laeuchli, S. 359f.
Lange, E. 159, 271
Lebensgefühl 148, 155, 275, 278, 294, 328
Lebensgeschichte 150, 155
Lebenshilfe 60, 144, 160
Lebenswelt 172, 181
Lehrer 222–224
LER 117f.
Lernen 96, 166, 170, 180, 197, 202, 222, 345
Lerntheorie 229
Lernziel 58, 168, 214, 215
Lernzirkel s. Stationenlernen

Loch, W. 96, 284
Lübbe, H. 310
Lück, W. 159
Luckmann, T. 310
Luhmann, N. 310
Luther, H. 68, 284
Luther, M. 16, 35f., 40, 102, 122, 127f., 144, 250
Lyotard, J.-F. 254

Martin, G.M. 358
Marx, K. 256
Medien 60, 87, 92, 182, 292
Meditation 333, 361
Mette, N. 29
Meyer-Blanck, M. 193
Mitarbeiter 152, 160
Mittelalter 250
Moderne 17ff., 251–254, 319ff.
Montessori, M. 138, 361
Moser, T. 330
Motivation 206, 215, 229, 241f., 336
multireligiöser RU 117
Mythologie 93
mythologisch 97

Nachahmung 230, 232, 326
Neugier 229f.
Neuzeit 43, 250, 274
Niebergall, F. 51
Nietzsche, F. 256, 343
Nipkow, K.-E. 28, 32, 61, 159, 173, 175, 302, 307, 340

Oser, F. 74, 77
Otto, G. 25, 58
Otto, R. 326

Pädagogik 12, 166ff., 201
Pädagogische Hochschule 126
Performative Religionsdidaktik 64, 201, 202f., 353, 363
performative Sprache 199
Pfadfinderschaft 147
Phantasie 97f., 180, 229, 241
Piaget, J. 73, 229
Popkultur 269
Popmusik 265
Postmoderne 254
Praktische Theologie 128, 315

Projektarbeit 221
Psalmen 199

Rahner, K. 127
Rang, M. 53
Reformation 140, 250
Religion 1, 3, 11, 18, 26, 38f., 41f., 50, 52, 60, 64ff., 113, 119, 125f., 130, 152, 157, 160, 171, 177, 181, 188f., 197, 200ff., 232f., 236, 238, 242, 245
Religionsdidaktik 2, 4, 13, 30, 64
Religionsfreiheit 108, 114
Religionskritik 256
Religionslehrer 35, 105, 207
Religionspsychologie 322
Religionstheorie 309f.
religiöse Kommunikation 25, 125, 180f., 264, 363
religiöses Interesse 80, 245, 300ff.
Religiöses Lernen 180, 195, 202, 359ff.
Religiosität 42, 65, 79, 125, 151, 174, 281, 311, 316, 349ff.
Riemann, F. 329
Ritual 99
Rizzuto, A.-M. 94
Robinsohn, S.B. 57, 168, 211
Romantik 251
Rosenboom, E. 21
Rousseau, J.J. 86

Sakrament 112f., 143
Schiller, F. 342
Schleiermacher, F. 15, 18, 23, 34, 37f., 127–130, 239, 246, 256, 284, 309, 311f., 315, 323–325, 343, 345, 347–349
Schmidbauer, W. 298
Schmidt, G.R. 25, 29, 309
Schmidt, H. 12, 29, 44, 56, 165, 176, 222, 261
Schule 62, 101–103, 206
Schüler 60, 102, 209, 201, 210, 222
Schulz, W. 168f.
Schulze, G. 255
Schweitzer, F. 32, 40, 93, 96, 159, 175
Segen 141f., 146
Semiotik 193
Shell-Studien 293, 299
Sinn(frage) 129, 148, 177, 230, 276, 283, 299, 338
Sonderschule 106

Spiel 20, 72, 76, 96ff., 181, 194, 200, 219, 229, 232, 239, 342, 357ff.
Stallmann, M. 55
Stationenlernen 220
Stock, H. 55
Stoodt, D. 59
Störung 225
Stress 231, 242
Symbol 64, 99, 139, 172, 188–190
Systematische Theologie 127f.

Taizé 236, 334, 361
Taufe 140f., 145
Theologie 15, 26, 28, 121, 126ff., 132, 165, 171f., 203, 258, 262ff., 273, 318, 320
Tillich, P. 62, 126f., 174, 177, 232, 244, 264, 267, 311, 314, 319f.
Tradition 98, 143, 174, 182, 233–245, 261, 285

Übergangsobjekt 68, 94, 97, 237

Vico, G. 314
Vocatio 209

Wahrheit V, 173, 244, 250, 262, 282, 319
Wahrnehmung 126, 129, 180f., 189, 202, 240, 243, 307, 333, 340, 347, 354
Wegenast, K. 24, 128, 130, 140, 144, 156, 157, 307
Welsch, W. 254
Werbung 265
Winnicott, D.W. 97, 237
Wunder 187

Zeichen 99, 189, 193, 228, 236
Ziebertz, H.-G. 48
Ziehe, T. 297
Zilleßen, D. 32, 180, 344, 361

Dagmar Fenner

Einführung in die Angewandte Ethik

UTB M
2010, VIII, 448 Seiten, diverse Abb. und Tab.,
€[D] 24,90/SFr 44,00
ISBN 978-3-8252-3364-8

Dieser Band führt in die Grundlagen und Methoden der Angewandten Ethik ein. Er zeigt auf, wie ethische Normen und Prinzipien auf konkrete menschliche Handlungsweisen angewendet werden können, und bietet einen Überblick über die wichtigsten Bereichsethiken: Medizinethik, Naturethik, Wissenschaftsethik, Technikethik, Wirtschaftsethik und Medienethik. Zahlreiche Beispiele aus der Alltagspraxis sowie Abbildungen und eine unkomplizierte Sprache erleichtern den Zugang.

Narr Francke Attempto Verlag GmbH + Co. KG
Postfach 2560 · D-72015 Tübingen · Fax (07071) 9797-11
Internet: www.francke.de · E-Mail: info@francke.de

Dagmar Fenner

Ethik.

Wie soll ich handeln?

UTB 2989 basics
2008, VIII, 244 Seiten,
€[D] 16,90/Sfr 31,00
ISBN 978-3-8252-2989-4

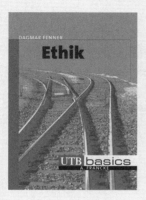

Eine gut verständliche und anschauliche Einführung in ein Pflichtthema des Philosophiestudiums: Dagmar Fenner definiert alle wichtigen Begriffe der philosophischen Ethik und stellt die bedeutendsten Konzepte vor. Der Band gibt damit einen systematischen Überblick über die ethischen Grundbegriffe und ihren Zusammenhang untereinander. Eine Fülle von Beispielen aus der ethischen Alltagspraxis und zahlreiche Abbildungen und Tabellen erleichtern den Zugang ebenso wie die unkomplizierte Sprache. Übungsaufgaben mit Lösungen dienen der Kontrolle des Lernfortschritts.

Narr Francke Attempto Verlag GmbH + Co. KG
Postfach 25 60 · D-72015 Tübingen · Fax (0 70 71) 97 97-11
Internet: www.francke.de · E-Mail: info@francke.de

Stefan Alkier

Die Realität der Auferweckung in, nach und mit den Schriften des Neuen Testaments

Neutestamentliche Entwürfe zur Theologie
Band 12
2009, XVI, 281 Seiten
€[D] 59,00/Sfr 93,00
ISBN 978-3-7720-8227-6

Die Rede von der Auferweckung des gekreuzigten Jesus von Nazareth bestimmt maßgeblich die Textsammlung des Neuen Testaments. Mit ihr verknüpft ist die Rede von der Auferweckung der Toten.
Der erste Teil der Untersuchung geht der Frage nach, wo und wie Auferweckung bzw. Auferstehung in den neutestamentlichen Texten thematisiert wird und unter welchen Realitätsannahmen und rhetorischen Strategien die neutestamenliche Rede von der Auferweckung bzw. der Auferstehung ihre Plausibilität entfaltet. Der zweite Teil der Untersuchung interpretiert die exegetischen Ergebnisse unter der Fragestellung, wie christliche Theologie die Auferweckung der Toten heute denken kann. Der dritte Teil versucht exemplarisch nach der existentiellen Tragfähigkeit der erzielten exegetischen und systematischen Ergebnisse zu fragen.

Narr Francke Attempto Verlag GmbH + Co. KG
Postfach 25 60 · D-72015 Tübingen · Fax (0 7071) 97 97-11
Internet: www.francke.de · E-Mail: info@francke.de